중국 등산사

中国登山运动史 by 中國登山协会

© 1993 by 武漢出版社

Korean translation copyright © 2018 by Haroojae Club

* 이 도서의 국립중앙도서관 출판예정도서목록(CIP)은 서지정보유통지원시스템 홈페이지 (http://seoji.nl.go.kr)와 국가자료공동목록시스템(http://www.nl.go.kr/kolisnet)에서 이용하실 수 있습니다. (CIP제어번호: CIP2018007686)

중국 등산사

초판 1쇄 2018년 3월 23일

지은이 장차이젠
옮긴이 최유정

펴낸이 변기태
펴낸곳 하루재 클럽
주소 (우) 06524 서울특별시 서초구 나루터로 15길 6(잠원동) 신사 제2빌딩 702호
전화 02-521-0067
팩스 02-565-3586
이메일 gitae58@hotmail.com
출판등록 제2011-000120호(2011년 4월 11일)

편집 유난영
디자인 장선숙

ISBN 979-11-962490-2-1 03900

* 책값은 뒤표지에 있습니다.

중국 등산사

中國登山運動史

장차이젠 지음
최유정 옮김

하루재클럽

'오성五性'의 정수를 운동사에 담아내다

장차이젠張彩珍[†]

———

역사 편찬은 오랜 시간 공을 들여야 하는 중요한 일이다. 중국 국가 체육위원회는 1985년에 항목별로 운동사 집필 팀을 조직하기로 하였다. 이에 따라 중국 각 분야 운동협회와 집필 팀은 운동사 편찬에 전력투구하였다. 완성도는 물론이고, 최대한 이른 시일 안에 집필을 마쳐야 했다.

중국 체육 운동사는 기존 역사서와 다르다. 일반적인 민족사나 통사도 아니며 체육백과사전과도 거리가 있다. 우리는 운동 항목별 기원과 발전과정, 변천, 역사를 정리하는 데 중점을 두었다. 그뿐만 아니라 중국에서 행하는 여러 운동의 발전상황과 대중의 삶에 미친 영향, 중국 체육의 국제적 지위 및 역할 등을 반영하려고 노력하였다. 또한 비슷한 사례를 많이 수집하고 정리해서 다음 세대를 위한 역사적 근거와 간접경험을 제공하고자 하였다. 옛말에 '나라에 제대로 된 역사 기록이 없다면 학자로서 부끄러워해야

[†] 1930년생, 1991년 제9회 세계연식정구선수권대회에 세계연맹 부회장과 중국 국가 체육위원회 부위원장 자격으로 방한한 바 있다.

한다.'라고 하였다. 중국은 중화인민공화국이 설립된 후에 공산당의 활약에 힘입어 나날이 번영하는 오늘날에 이르러서야 오천 년 역사를 제대로 기록하려는 의지가 싹텄다. 이에 따라 우리는 정확하고 믿을 수 있는 역사 자료를 토대로 권위 있는 운동 역사서를 사실에 근거하여 편집하였으며, 본 책이 향후 체육 교육은 물론이고 역사적으로도 의미 있는 지침서 역할을 하기를 기대하는 바이다.

본 운동 역사서 편찬을 위하여 『건국 이래 공산당의 몇 가지 역사적 문제에 관한 결의‡』의 정신과 원칙에 입각하여 항목별 주요 사건과 주요 인물을 역사 유물주의적 관점에서 분석하고 평가하였다. 그리고 '오성五性', 즉 과학성, 역사성, 논리성, 사회성, 가독성을 유지하여 편집하려고 노력하였다. 이 책에서 말하는 오성, 즉 다섯 가지 특징을 설명하자면 다음과 같다.

1. 과학성: 역사서를 집필할 때 우선 과학적 지도 사상, 즉 마르크스·레닌주의와 마오쩌둥 사상에 근거하여 유물주의 및 역사 유물주의를 논증하여야 한다. 그다음으로 운동사는 모든 항목이 과학적이어야 하며, 역사적 유래와 사회 배경을 반영하여야 한다. 시대별 주요 사건과 중심 인물을 과학적으로 평가하고 당시 중국이 처한 국내외 거시적인 상황을 항목마다 반영하여, 각 운동 항목이 중국 역사에서 자리를 잡아가는 과정과 세계 속에서 중국의 위치 및 역사 경험을 과학적 가치를 담아 정리하여야 한다. 그리고 그 과정에서 일련의 규율을 찾아

---

‡　1981년 6월 27일, 중국공산당 제11기 제6차 중앙위원회 전원회의에서 통과한 결의.

이론적으로 분석하고, 향후 발전을 위한 지침으로 활용하여야 한다. 그렇다고 정치사상 발전사나 기술적인 면에 전적으로 치우쳐서는 안 되며, 운동 역사서의 총결서 역할을 오롯이 수행하여야 한다. 마지막으로 각 운동 항목 자체의 발전 과정을 단계별로 정리하되, 정치 형세에 따라 구분하여서는 안 된다.

2. 역사성: 사실에 따라야 한다. 즉 공리공론을 떠나서 정확한 고증을 바탕으로 과학적이고 객관적인 자세를 유지하여 역사 본래의 모습에 부합한 내용을 실어야 한다. 이를 위하여 체계적이고 공신력 있는 자료를 엄선하여 역사의 본질과 진실에 가까운 역사서를 집필하여야 한다. 반드시 공명정대하게 진행해야 하며, 저자가 임의로 왜곡하거나 주관적인 의견을 개진해서는 절대로 안 된다. 역사적 사실을 현시대 관점에서 재평가하고 재인식하되, 당시 역사 배경을 반영하지 않거나 오늘날의 정책을 기준 삼아 역사적 사실을 재단하는 일도 지양해야 한다. 중화인민공화국의 운동사를 쓰되, 과거의 운동사도 함께 수록하여야 한다. 특히 고대 사료를 꼼꼼하게 고증하고 연구하여 확실하지 않은 내용은 담지 않아야 한다. 운동 역사에서 의미 있는 새로운 경험은 반영하여도 좋지만, 충분히 검증하지 않은 내용은 수록하지 않아야 한다.

역사적인 성과 위주로 기록하되, 부족한 점이나 실수도 기록하여야 한다. 단점을 기록할 때는 반드시 그로 인해 큰 영향을 미친 일이나 대표적인 일화를 담아야 하지만, 그렇다고 사소한 실수를 모두 기록할 필요는 없다.

그렇다면 어떤 관점에서 집필해야 하는가? 과거에 겪은 실수나 결점을 되짚고 바로잡아서 더 나은 길을 모색하는 방향으로 집필해야지, 잘못을 지나치게 비판한 나머지 앞으로 나아갈 수 있는 용기마저 모조리 꺾어버리면 안 된다. 예를 들어, 중국 전통 무술인 우슈武術는 과거에 좌경 세력의 영향을 받아서 부정적인 면이 상당히 많이 드러난 바람에 연구가 잠시 중단되기도 하였다. 훗날 다시 회복세를 보였지만, 연구 속도가 예전에 비하여 상당히 지지부진하였다. 제11회 중국 공산당 중앙위원회 전체회의 이후에야 '좌파' 개념을 다시 잡았고, 이때부터 우슈를 비롯한 중국 소수 민족의 체육 활동이 다시 주목받았다. 덕분에 우슈는 오늘날 행하는 각종 체육 활동과 더불어 발전해서 중국만의 특색 있는 체육 항목으로 자리 잡았으며, 짧은 시간 동안 비약적으로 발전하였다. 이처럼 우여곡절을 겪으며 발전한 과정은 기록하여도 좋다. 그러나 우슈 등 체육 활동이 '좌파'의 간섭을 항목별로 어떻게 받았는지 세세하게 옮길 필요는 없으며, 상징적인 일화만 기록하면 된다. 역사상 필연적인 사건이나 시련을 극복하고 발전의 밑거름으로 삼은 경험담을 수록하여 후대에 길이길이 전할 역사서를 편찬하여야 한다.

3. 논리성: 역사 편찬은 역사와 논리를 결합하는 일이다. 다시 말하자면 역사를 중심으로 도리에 맞게 퍼즐을 하나둘씩 맞추어 가는 작업이므로, 반드시 논점이 정확하고 논리가 맞아야 한다. 또한 역사적 사실에 근거하여야 설득력이 생긴다. 누군가

가 중국 인구가 약 14억 명이나 되는데, 실력 있는 축구선수 11명조차 제대로 선발하지 못하는 이유가 무엇인지 물은 적이 있다. 선수 개개인의 실력이 그저 그래서 중국 축구팀 수준이 전반적으로 낮은 것이 아니냐는 사람도 있다. 그러나 아무리 공을 차는 방법과 관련한 이론과 지식을 섭렵하더라도 성과를 직접 내기란 어려운 법이다. 축구는 한 나라의 경제와 국민의 기본 체력, 기술 수준이 한데 어우러진 운동 종목이다. 중국 전체 인구 중에 운동 분야 종사자 수는 그다지 많지 않으며, 축구 훈련을 받아 본 사람은 극소수에 불과하다. 중국의 축구 수준을 세계적인 반열에 올리려면 아마 몇 대를 거쳐도 힘들지 모른다. 이와 같은 현실적인 상황을 먼저 파악하면 중국 축구의 특징을 이해하고 발전 방향을 모색하는 데 도움이 된다. 이렇듯 심오한 내용을 보편적인 지식에 따라 알기 쉽게 표현하여야 한다.

4. 사회성: 운동 발전이 중국의 사회주의와 사회에 미치는 효과, 사회적 기능 등 여러 분야에 미치는 영향을 항목별로 돋보이도록 하고, 중국 사회주의 제도의 우수성을 드러내어 신중국 사회주의 노선이 올바르고 정당하다고 표현하여야 한다. 운동의 사회적 기능에서 가장 눈에 띄는 점은 바로 '민족정신 고무'이다. 국경 최전방에서 나라를 지키는 군인은 자신을 희생함으로써 10억여 중국인의 평화를 지킨다. 이를 운동 분야에 적용한다면 '내 몸 하나를 희생하면 10억이 넘는 중국인이 고무된다.'라고 할 수 있다. 물론 세계 각지에 흩어져 있는 중국 젊

은이에게도 큰 힘이 될 것이다. 중국은 현재 국가 정책상 보편적으로 한 가구당 한 자녀를 둔다. 각 가정에서 자녀가 어릴 때부터 각종 운동 활동에 참여하도록 유도하여 중국 청년층의 평균 체력을 끌어올리고, 나아가 운동으로 얻는 사회적 효과와 기능을 널리 알릴 필요가 있다.

5. 가독성: 역사서의 수준을 한층 높이기 위하여 정확하고 깔끔한 어휘로 표현해야 한다. 대중이 이해하기 쉽도록 통속적이고 생동감 있는 표현을 유창하게 표현하여 책장이 저절로 넘어가도록 해야지, 지나치게 딱딱하고 무미건조하거나 난해한 문장 일색이어서는 안 된다. 역사적 사실을 쓸 때는 생동감 있으면서도 감동적인 발전 과정을 함께 나타내야 한다. 또한 중국 운동사와 관련한 배경지식이 전혀 없는 사람이 읽어도 쉽게 이해할 수 있어야 하며, 전문가가 읽어도 무리가 없을 정도로 깊이 있게 집필해야 운동사 분야의 명저로 세계적인 입지를 굳힐 수 있다.

책을 편집하는 과정에서 '다섯 가지 어려움'을 잘 극복하려고 노력하였다. 무엇보다도 시간을 효율적으로 활용해야 했다. 숨이 턱 막힐 만큼 시간이 부족하더라도, 계획을 합리적으로 세운다면 불가능한 일은 없다고 믿으며 집필하였다. 천재란 부지런한 사람을 일컫는다. 그러므로 재능이 있더라도 반드시 시간을 소중히 활용하여야 한다. 역사서 집필은 결코 말처럼 쉽지 않다. 하물며 우리 집필진은 본업이 끝난 후에 자투리 시간을 활용해서 집필하다 보니 늘 시간에 쫓겼고, 얼마 없는 시간을 쪼개며 머리를 맞댈 수밖에 없었다. 따라서 우리는 해당 분야에서 이미 은퇴했거나 퇴임을 앞둔 간부 중에서 역사서를 집필할 만한 인재를 물색하는 데 온 힘을 쏟았다. 그래야 충분한 시간을 확보하여 다년간 쌓아온 경험과 지식을 충분히 담아낼 수 있기 때문이다. 이외에도 막대한 예산 관련 문제와 출간하기까지 여러 애로사항, 자료 부족, 그리고 역사 속 인물과 사건 고증 및 평가의 어려움 등을 극복해야 했다. 필자인 나 역시 중국 운동사가 더욱 빛을 발하도록 앞으로도 함께 노력하기로 약속한다.

1986년 단일 종목 운동사 편집회의 연설문에서 발췌

목 차

제6편

고산 과학연구 및 기타 활동

제 1 편

중국의 고대·근대 등산활동

제1장

중국의 고대 등산활동

—

중국은 세계적으로 오랜 역사를 자랑하는 문명국가 중 하나이다. 높은 산과 험준한 봉우리가 9,600,000km²에 이르는 드넓은 대지를 서쪽에서 동쪽으로 가로지르며 높은 곳에서 낮은 곳까지 광범위하게 펼쳐져 있다. 또한 산지와 언덕, 고원이 중국 국토 면적의 3분의 2를 차지한다. 중국 서남부에는 '세계의 지붕'이라고 불리는 유명한 티베트고원이 분포한다. 티베트고원의 서북단에 있는 파미르고원에서 알타이산맥, 천산산맥天山山脈, 곤륜산맥崑崙山脈, 히말라야산맥, 횡단산맥橫斷山脈, 기련산맥祁連山脈, 진령산맥秦嶺山脈, 음산산맥陰山山脈, 대흥안령산맥大興安嶺山脈, 장백산맥長白山脈, 남령산맥南嶺山脈, 대만산맥臺灣山脈 등 웅장한 산맥이 많이 뻗어 나왔다. 이러한 산맥은 중국의 척추 역할을 하며, 서쪽에서 동쪽으로 3층 계단식 지형을 형성했다. 티베트고원의 남서부 일대는 해발 4,000m가 넘으며, 세계에서 가장 높은 산인 초모룽마8,848m, 에베레스트산⁰¹가 바로 이 티베트고원의 남부, 즉 중국과 네팔의 국경

01   초모룽마 명칭에 관한 내용은 본 책 제3편 8장 1절 초모룽마 개요 참고.

에 있다. 티베트고원 북동쪽은 해발 2,000m 이하로 지대가 비교적 낮으며, 운귀고원, 황투고원, 타림분지, 몽골고원 및 사천분지 등이 두 번째 계단 층을 이루었다. 대흥안령산맥, 태항산太行山, 무산巫山 및 운귀고원雲貴高原의 동쪽에는 해발 500m보다 낮은 언덕과 평원의 교착지가 펼쳐지며 세 번째 계단 층을 이루었다. 중국인은 오천 년이 넘도록 거대한 산맥과 드높은 고원이 많은 곳에서 생활하며 눈부신 발전을 이룩했다. 또한 오랜 시간 동안 높은 산봉우리와 밀접한 환경에서 살며 산과 관련한 다양하고 유구한 문화와 독특한 등산 역사를 형성하며 발전했다.

제1절

상고시대 선조와 등산

중국 고대 황제黃帝[02]시대에 등산과 관련하여 여러 전설이 전해진다. 사기史記에는 황제黃帝가 염제炎帝와의 전쟁에서 승리한 내용, 황제가 반란을 일으킨 치우蚩尤를 살해하는 내용을 비롯하여 수많은 산에 오른 이야기 등이 상세하게 기록되어 있다. 또한 '황제가 산을 헤쳐 길을 내었으나, 편안하게 기거하지 못했다.'라는 기록을 통하여 높고 가파르며 산세가 험한 산을 개척하며 길을 내는 고생을 마다하지 않았다고 추측할 수 있다. 황제가 동해안에 이르렀을 때 환산丸山 또는 동악산東嶽山이라고도 부르는 태산泰山에 올랐다

02　중국에서 시조始祖로 섬기는 옛 전설 상上의 임금. 오방신장五方神將의 하나. 중앙中央을 맡은 신神.

고 한다. 서쪽에 이르렀을 때는 위구르와 티베트 사이에 우뚝 솟
은 공동산崆峒山과 곤륜산崑崙山에 올라서 광성자廣成子[03]에게 불로
장생하는 방법을 묻기도 했다. 남쪽으로는 상산湘山과 웅이산熊耳
山에 올랐다. 이어서 북방의 흉노족을 물리치고 제후들과 부산釜山
에서 모인 후에 마지막으로 탁록산涿鹿山에 올라 그곳에 도읍을 정
했다고 한다. 요순시대에도 순제舜帝가 등산을 했다는 기록이 있
다. 또한 상서尙書에도 순제가 전국을 순시할 때 태산에 올랐다는
기록이 있다.

　　등산 역사의 관점에서 보면, 상고시대 제왕 중에 가장 돋보이
는 사람은 단연 하夏나라[04] 우禹왕이다. 하우夏禹는 수많은 고산을
오르내리며 최초로 등산화를 신었다. 사기에 의하면, 황제의 현손
玄孫[05]인 하우는 부친 곤鯀이 치수에 실패했던 일을 교훈으로 삼아
홍수를 다스리는 일에 특히 신경을 썼다고 한다. 또한 평지와 강
그리고 산을 마다하지 않고 각지를 두루 돌아다니며 수많은 고산
을 평정했다고 전한다. 하우가 치수에 온 마음을 쏟은 것과 관련하
여, '노심초사하며 13년을 밖에서 살면서 세 차례 대문 앞을 지났
지만, 성과를 얻기 전까지 차마 문안으로 들어갈 수 없었다.'라는
기록이 있다. 하우는 자주 등산을 하며 '산에 오를 때 덧신을 신었
다'고 한다. 이 '덧신樺'은 옛 선조들이 만든 등산 전용 신발이다. 사

03　공동산에 살던 배달족 선인이다. 헌원은 광성자를 여러 번 찾아 지도至道와 치신治身하
　　는 방법을 물었다고 한다. [역주]

04　기원전 2070년~기원전 1600년경, 중국에서 처음으로 상나라 이전 수백 년간 존재했다
　　고 기록된 나라이다. 하 왕조의 시조인 우는 오제의 손자 중 한 명이다. 요의시대에 우
　　는 치수 사업에 실패한 아버지의 뒤를 이어 순에게 추천 받는 형태로 황하의 치수 사업
　　을 맡았고, 공적을 이루어 크게 인정받았다. 45년 동안 재위했다고 한다. [역주]

05　고손자高孫子: 증손자의 아들 [역주]

전통적인 황제 초상화

기에는 '신발 바닥에 반 촌^寸 정도의 톱니 같은 것을 붙여놓아, 산에 오를 때 미끄러지지 않도록 했다.'라는 기록이 있다. 또한 이 톱니는 상황에 맞게 바꿔 장착할 수 있었다. 산에 오를 때는 앞쪽 톱니는 짧게 하고 뒤쪽 톱니를 길게 했고, 하산할 때는 앞쪽 톱니는 길게 하고 뒤쪽 톱니를 짧게 해서 언덕을 오를 때에도 균형과 안정감을 유지하기 쉽게 했다. 이러한 기록을 토대로 4-5천 년 전 중국 선조도 등산 경험이 많았을 뿐 아니라 등산용 장비도 만들어 사용했다는 사실을 알 수 있다. 통상 동진東晉⁰⁶시대 시인 사령운謝靈運, 385-433년이 등산을 좋아해서 만든 '사공극謝公屐'⁰⁷이라는 등산화가 최초의 등산 전용 신발이라고 하지만, 2천여 년 전에도 이미 원시 등산화가 존재했다.

중국 소수민족은 오랜 세월 동안 산간지역에서 거주했다. 고사古史에는 소수민족이 고산을 상당히 좋아했다는 기록이 많으며, 그와 관련해 이러한 이야기가 있다. 황제黃帝⁰⁸의 증손인 고신高辛은 왕위를 계승한 후에 일찍이 큰 공을 세운 반호槃瓠에게 자신의 딸인 공주 미호美好를 아내로 맞이하도록 했다. 반호는 슬하에 자식을 열두 명 두었는데, 그 아이들이 모두 높은 산과 깊은 골짜기

---

06 진晉나라 후반에 해당하는 중국의 왕조서기317-419년. [역주]

07 사령운이 신던 나막신사공극謝公屐: 사령운謝靈運, 극屐: 나막신 [역주]

08 중국인의 시조이자 상上나라 임금. 문명의 창시자로 숭배되고 있는 헌원씨軒轅氏를 말한다. 황제黃帝: 군주의 이름와 황제皇帝: 군주의 호칭는 다른 것이다. [역주]

를 좋아하여 평원에 살기를 원하지 않았다고 한다. 고신은 이에 손 주들의 바람대로 수많은 명산을 하사했다. 산지에 사는 수많은 소 수민족의 선조가 여기서 유래했다고 한다.

중국에서 가장 오래된 문자 체계를 보아도 상고시대 선조들 이 '산' 및 등산활동과 관련한 여러 상황을 문자에 반영했음을 알 수 있다. 지금으로부터 3-4천 여 년 전인 상나라 때 사용한 갑골 문甲骨文과 금문金文에는 산이나 등산과 관련한 글자가 상당히 많 다. 예를 들면, 갑골문 중에서 '丘언덕 구', '陟오를 등', 금문 중에서 '山 뫼 산' 등이 있다. 상형자와 회의자는 한자의 가장 큰 특징으로, 고대 문자 체계는 종종 고대사회의 생활과 고대인의 사고방식을 생동 감 있게 반영하곤 했다. 앞에서 언급한 산이나 등산과 관련한 갑골 문과 금문은 고대 사람의 생활이 나타난 기록에서 많이 볼 수 있으 며, 이를 통해 당시에 고대인들이 등산과 관련한 활동을 많이 했다 고 추측할 수 있다.

고대 중국인은 지혜로운 중국인의 선조답게 산에 관련한 지식 과 이해가 매우 깊었다. 한나라 허진許愼의 『설문해자說文解字』에 는 '산은 베푼다. 기를 베풀고 퍼지게 해 만물을 살린다. 산에는 돌 이 있어 높은 모양을 하고 있다.'라고 산을 풀이했다. 산을 '높고 바 위가 있다'라는 외형적 특징 외에 '산'과 '기'를 결부하여 산이 '기'를 베풀어 '만물을 살리는' 작용을 한다고 설명했다. 이는 고대 중국인 이 산에 대한 전반적인 지식이 얼마나 풍부한지를 나타내는 예이 다.

제2절

고대 제왕의 봉선 의식과 등산

중국 고대 제왕은 봉선封禪 의식이라는 제사를 지냈다고 한다. 고대 봉선 의식은 등산과 매우 관련이 깊었다. 사기史記의 대표적인 주석서 중 하나인 사기정의史記正義에는 봉선 의식에 대하여 '태산 위에 흙으로 제단을 만들어서 하늘에 제사를 지내 천자의 공에 보은한다. 그래서 봉封이라 부른다. 태산 아래 작은 산에 올라 흙을 쓸고 땅이 준 은공을 갚는다. 그래서 선禪이라 부른다.此泰山上築土 爲壇以祭天, 報天之功, 故曰封. 此泰山下小山上除地, 報地之功, 故曰禪.'라고 기록되어 있다.

사마천司馬遷이 쓴 사기·봉선서史記·封禪書에는 춘추시대 관중의 말을 인용하여 봉선을 설명했다. 상고시대 복희씨伏羲氏 이전 제왕이었던 무회씨無懷氏 때부터 태산泰山에서 제사를 지내기 시작했고, 태산 아래 운산雲山에서 지제地祭를 지냈다고 한다. 이후 복희, 신농, 황제, 요, 순, 우 등 고대 황제 72명은 모두 봉선 의식을 시행했으며, 진시황, 한 무제, 한 광무제, 당 고종, 당 현종, 송 진종 등 여러 제왕도 봉선 의식을 지냈다고 한다. 송나라 이후에는 수도에 제단을 만들어서 천제를 지내기 시작했는데, 이때의 천제 의식은 등산과는 다소 거리가 멀었다. 명나라 성조成祖 영락永樂 연간 1403-1424에 북경에 천단天壇을 짓기 시작했고, 가정嘉靖 연간1522-1566부터 천단과 지단을 구별했다고 한다.

사기에 의하면, 상고시대 제왕은 제사와 순행巡行을 함께 진행하며 고산에 올랐다. 순왕과 하 우왕은 매년 2월에 태산泰山, 1,532m에 올랐고, 5월에는 남악南嶽 형산衡山, 1,265m을 오르며 순행했다.

8월에는 서악西岳 화산華山, 2,437m에 올라 순행했고, 11월에는 북악北岳 항산恒山, 2,052m에 오르며 순행했다는 기록이 있다. 그리고 5년마다 한 번씩 중악中岳 숭산嵩山, 1,512m을 오르며 순행했다. 후대 제왕은 대부분 태산에서 봉선 의식을 시행했다. 태산은 동악東岳이라는 별명답게 중국 동쪽에 있다. 동쪽은 태양이 떠오르는 곳이자 만물을 양성하는 생명의 원천이며, 예부터 음양이 화합하는 곳이라고 여겨졌다. 더욱이 태산에는 사람의 수명을 알 수 있는 옥책이 담긴 금궤가 있다는 전설이 있다. 이에 태산에서 봉선 의식을 시행했다고 전한다.

상고시대 봉선 의식과 관련된 구체적인 기록은 없다. 황제와 여러 신하가 고산에 올라서 제사의식을 마친 후 제례용품을 봉하고 입산을 금지했다는 내용만 간단히 전할 뿐이다. 사기에는 진시황과 태산 봉선 의식과 관련한 이러한 기록이 있다.

진시황은 즉위 3년째 되던 해에 봉선 의식을 준비하며 유생 70명을 태산에 불러 모아 봉선 의식에 관련하여 이러저러한 질문을 했다. 이에 유생들이 저마다 와자지껄하게 의견을 내세웠다. 어떤 이는 고대에는 봉선 의식을 위하여 산에 오를 때 흙, 돌, 초목 등 자연을 해치지 않기 위해 포거蒲車, 포로 바퀴를 감싼 수레를 이용했으니 이에 따라야 한다고 했다. 또 어떤 이는 땅을 깨끗하게 치운 후에 그곳에서 제사를 올리고, 벼 줄기로 깔개를 만들어 써야 한다고 주장했다. 진시황은 유생들의 견해가 저마다 다르고 사리에 맞지 않아서 시행하기 어렵다고 판단했다. 이에 유생들을 모두 쫓아내고는 홀로 제사 방법을 고안하여, 태산 남쪽에서부터 정상까지 자신의 공덕을 칭송하는 비석을 세워서 입산 금지 표시를 하기로 했다. 그 후 북쪽 길로 내려와 양부산梁父山에서 지신地神에게 제사를 지냈다.

하루는 진시황이 태산에 올랐다가 산 중턱에서 어마어마한 폭풍우를 만나는 바람에, 발길을 돌려 큰 소나무 아래에 서서 비가 멈추기를 기다린 적이 있었다. 훗날 진시황은 그 소나무에 오대부五大夫 작위를 주었다고 한다. 진시황은 태산에서 봉선 의식을 지냈지만 어떠한 길조도 나타나지 않았다. 결국 진나라는 12년 후에 멸망했다. 진시황에게 배척당한 유생들은 '덕망 없는 왕이 봉선 의식을 지내니, 하늘이 노해서 폭우를 내리고 나라를 망하게 했다.'라며 비웃었다고 한다.

한나라 무제는 농서隴西에 있는 공동산崆峒山에 올라 봉선 의식을 시행했다고 전한다. 한 무제는 우선 양부산梁父山에서 지신에게 제사를 올린 후에 태산 동쪽에 올라 6미터가 넘는 제단을 만들었다. 그 후 신하를 최소한으로 거느리며 태산 정상에 올라서 비석을 세우고는, 이튿날 북쪽으로 하산했다. 한 무제는 이후에도 수차례 태산에 올라 제사를 지냈다. 남조南朝 양진梁陳의 관리 우려虞荔가 쓴 『정록鼎錄』에는, '한 무제가 태시太始 4년에 태산에 올라 동과 은으로 솥을 만들었는데, 그 높이가 4척이었다. 솥은 마치 항아리처럼 생겼고, 발이 세 개 달렸다.'라고 묘사한 부분이 나온다. 또한 '태산에 올라 만수무강을 기원하며, 온 나라가 평안하기를 신정神鼎이 널리 전달했다.'라는 기록도 있다.

중국 당나라 제3대 황제인 고종 이치李治가 집권하던 건봉乾封, 당 고조 연호 원년서기 666년에 치른 봉선 의식은 굉장히 특색 있었다. 당 고종은 태산에 올라 연회자리를 만들고 술을 따라 마음껏 즐기며, 잔을 들어 온종일 춤을 추며 의식을 치렀다고 한다.

제3절

설산을 등정한 고대 중국인

'세계의 지붕'이라고 일컫는 중국 서부 일대 고원에는 곤륜산맥과 히말라야산맥 등 거대한 산맥이 널리 뻗어 있다. 지금으로부터 약 3천 년 전 상·주나라 사람은 중국 영토와 중국을 벗어난 세계가 얼마나 넓은지와 관련한 기초지식을 어느 정도 갖추고 있었다. 중국 선조는 기원전 2세기경 한 무제시대에 이르러 설산을 오르기 시작했다고 전한다.

고대부터 전하는 신화와 전설을 통하여 알 수 있듯이, 중국 서부에 있는 수많은 고산은 오랜 세월 동안 수많은 사람이 등정하기를 꿈꾸던 목표였다. 그중에서도 곤륜산이 가장 대표적이다. 전국시대 굴원屈原[09]이 쓴 『구가·산귀九歌·山鬼』에 곤륜산과 관련한 구절이 있다.

登崑崙兮四望 등곤륜혜사망   곤륜산에 올라 사방을 바라보면

心飛揚兮浩蕩 심비양혜호탕   마음 날아오를 듯 호탕해진다.

옛 중국인은 중국 서부 파미르고원에 분포한 설산을 총령葱嶺이라고 불렀다. 총령이라는 명칭에서 알 수 있듯이, 중국인은 이미 설산의 험준한 산세와 환경을 어느 정도 파악하고 있었다. 천축기天竺記에는 이러한 기록이 있다.

葱嶺冬夏有雪, 有毒龍, 犯之則風雨晦冥, 飛沙揚礫, 過此者萬無一全.

09   기원전 343?-278?, 중국 전국시대의 정치가이자 비극 시인. [역주]

총령은 여름, 겨울 할 것 없이 내내 눈으로 덮였고, 독을 품은 용이 산다. 자칫 잘못 건드렸다가는 사방이 캄캄해지고 비바람이 거세게 몰아쳐 온갖 모래와 자갈이 날아다니게 되니, 이곳을 돌아다니는 자는 모든 것을 잃고 말 것이다.

설산에 오르려면 위험을 무릅써야 하는 것은 물론이고 목숨이 위태로울 정도로 어마어마한 대가를 치러야 하지만 고대 중국인은 이에 굴하지 않고 설산에 오르려고 끊임없이 시도했다.

1. 장건과 감영, 설산을 넘어 서아시아에 사신으로 가다

기록에 따르면 서한西漢시대 장건張騫이 설산을 넘었다고 한다. 한 무제는 원수元狩 원년기원전 122년에 장건을 서역에 사신으로 보냈다. 『한서·서역전漢書·西域傳』에는 이러한 내용이 있다.

> 서역에 이르는 길은 두 갈래로 나뉜다. 하나는 선선鄯善 옆에 있는 남산 북쪽을 끼고 강을 따라 서쪽으로 가서 사차莎車, 지금의 야르칸드에 이르는 길로, 이를 남도南道라고 하며 서쪽으로 총령을 넘어서 대월지·안식으로 이어진다. 또 하나는 거사전왕정車師前王庭에서 북산을 따라 서쪽으로 가서 소륵疏勒, 지금의 카슈가르에 이르는 길로, 이를 북도北道라고 한다. 북도에서 총령을 넘으면 대완, 강거, 엄채 등 서역 제후국에 이른다.

남도와 북도 두 길의 끝은 모두 총령을 넘어간다. 즉 곤륜산이나 히말라야산맥에서부터 시작하여 오늘날의 이란과 아프간, 파키스탄 등지에 이른다. 한 무제가 흉노족을 토벌할 당시에 흉노족 투항자가 대월지[10] 역시 흉노족을 싫어한다고 했다. 이 말을 들은 무제

---

10   중국 전국戰國시대에서 한漢나라 때까지 중앙아시아 아무다리야강 유역에서 활약한 이

는 대월지와 동맹을 맺고 흉노를 치기 위해 즉시 장건을 대월지에 사신으로 보냈다. 대월지는 옛 인도 북천축北天竺에 속한 곳으로, 후에 쿠샨제국이 들어선 곳이다. 『한서·장건전漢書·張騫傳』에는 다음과 같은 기록이 있다.

> 장건은 대월지로 가던 중에 흉노족에 잡혀 10여 년 동안 포로로 살다가 우여곡절 끝에 탈출하는 데 성공했다. 이후 수십 일 넘게 서쪽으로 향하며 큰 설산을 넘고 대완과 강거를 지나, 마침내 대월지국에 도착했다. 장건은 그곳에서 수년 동안 머물렀는데, 다시 설산을 넘어 돌아가다가 그만 흉노족에게 다시 붙잡히고 말았다. 이후 흉노족 간 내전이 벌어진 틈을 타서 겨우 탈출하는 데 성공하여 한나라로 돌아갈 수 있었다. 장건이 한나라에서 사신으로 떠날 때만 해도 함께 떠난 부하 수가 백여 명에 이르렀지만, 서역에서 10여 년간 머문 후에 다시 돌아왔을 때는 부하가 단 두 명밖에 없었다.

그러나 서역행이 전혀 성과가 없다고 할 수는 없었다. 장건이 서역으로 사신이 되어 떠난 일을 계기로 중국과 고대 중앙아시아 간 국제 교류의 물꼬를 트게 되었으며, 이는 중국이 서역과의 외교 역사에서 비중 있는 지위를 차지하는 데 일조했다. 또한 총령을 수차례 오르내리며 설산을 등정하는 등 고대 등산 역사상 의미도 크다.

　　동한시대 반초班超가 서기 97년 서역에 사신으로 나갔을 당시, 부사인 감영甘英을 대진大秦, 지금의 로마으로 파견했다. 이로써 감영은 장건 이후 두 번째로 총령 설산을 넘어 서아시아로 간 중국 사신이 되었다. 감영은 조지국 서쪽 해안지금의 페르시아만에 이른 후에 다시 돌아왔다. 『후한서·서역전後漢書·西域傳』에는 이 험난한 여

란게 또는 투르크게 민족.

정을 이렇게 기록했다.

> 산에 계단을 만들고 골짜기마다 잔도棧道를 놓아 밧줄로 묶어서 사막을
> 건널 길을 만들었다. 더위와 두통에 시달리는데다가 바람까지 거세니
> 각종 병에 걸리지 않을 수가 없는 땅이로다.

이러한 기록을 통해 고대에는 과학기술을 토대로 계단과 잔도를
설치하고 밧줄을 이용하여 암벽을 오르고 골짜기를 넘으며 설산
에 올랐다는 것을 알 수 있다. 그뿐만이 아니라 혹독한 환경으로
인한 각종 병고를 극복하고 설산을 넘어 서아시아에 도달했다는
것도 괄목할 만한 업적이다.

2. 법현과 지맹, 총령 설산을 등정하다

동한 시기에 중국으로 유입된 불교는 위진魏晉 시기에 이르기까
지 굉장히 성행했다. 이 시기에 나타난 수많은 승려는 고난을 무릅
쓰고 불교 발원지인 천축지금의 인도까지 머나먼 길을 떠나며 불전과
계율을 구법하기도 했다. 법현法顯과 그 이후에 나타난 지맹智猛은
이 시기에 파미르고원의 설산을 숱하게 넘나들며 장거리 여정에
성공한 위대한 인물이다.

동진의 사문 법현은 평양平陽 무양武陽, 지금의 산서성 임분臨汾 사
람으로, 속성俗姓은 공龔씨다. 법현은 3살 때 출가하여 승려가 되
었다. 이후 계율 및 경전의 부족함에 한계를 느껴, 홍시弘始 2년399
년에 혜경慧景, 도정道整, 혜응慧應, 혜외慧嵬 등 승려와 함께 장안
長安, 지금의 서안西安을 떠났다. 서쪽으로 유사流沙를 건너 설산을 넘

고 총령蔥嶺을 지나 6년 만에 천축에 이르렀다. 법현은 천축에서 6년 동안 머무르며 계율과 범어를 익혔고, 30여 개 나라를 거친 뒤에 남해에서 상선에 올라 진나라로 돌아온 후에 서기 414년까지 건강建康, 남경南京의 옛 지명에 머물렀다. 귀국 후에는 장기간 여행을 하며 견문한 내용을 담아『불국기佛國記 또는 법현전法顯傳이라고도 함』를 저술했다. 『불국기』는 고대 중국과 인도 간 교역 및 문화를 연구하는 데 매우 중요한 자료이다.

법현 외에도 수많은 사람이 수년 동안 머나먼 길을 오가며 설산을 수차례 오르내렸다. 불국기에는 이러한 기록이 있다.

> 천축을 향해 서쪽으로 떠난 지 한 달 만에 총령을 넘을 수 있었다. 총령은 여름에도 눈으로 덮였고 독을 품은 용이 있는데, 만약 용이 노하면 독풍毒風과 눈비를 토하며 모래와 자갈을 마구 날리므로, 이를 만나는 자는 누구도 온전할 수 없다. 그래서 이 지역에 사는 사람은 그 산을 설산雪山이라 부른다. 총령을 지나면 천축에 도착한다.

여기서 말하는 '독을 품은 용'은 설산의 변덕스러운 날씨 변화를 의미한다. 예부터 이 일대에는 폭우나 폭설 등으로 기온이 급격히 떨어져 등산객이 조난을 하거나 목숨을 잃는 일이 적지 않았다.

파미르고원은 산세가 매우 험준한데, 이에 대한 기록은『불국기』에서도 볼 수 있다.

> 길은 험하고 울퉁불퉁한 산길이며, 낭떠러지는 험준하기 짝이 없다. 암석으로만 이루어진 이 산은 천 척 만 척의 벽처럼 우뚝 솟아 있어, 가까이 가면 어지러워 앞으로 나아가려 해도 발 놓을 곳조차 찾을 수 없었다. 아래로는 신두강辛頭河, 지금의 인더스강이 흘렀다. 옛사람이 이곳에 돌을 깎고 쪼아서 통로를 만들고 의지할 만한 사다리를 만들어 놓았는데,

그 사다리 계단 수가 700개나 되었다. 사다리를 밟고 줄로 묶어 신두강을 건넜더니 신두강의 서쪽까지 가는 거리가 80보 가량 줄어들었다. 홍범구주洪範九疇[11]에 의하면 한나라의 장건과 감영 모두 여기까지 오르지는 못했다고 한다.

등산장비가 아주 낙후된 고대에 험준하고 높은 산을 오르고 계곡을 지나려면 상당한 의지와 용기가 없이는 불가능했을 것이다. 장건과 감영이 총령까지 가지 못했다는 기록을 통하여 중국에서 이 산을 최초로 오른 사람이 법현이었음을 알 수 있다.

『불국기』에는 법현과 수년 동안 장거리 여정을 함께한 동행자 중에 고산적응에 실패하여 안타까운 죽음을 맞이한 승려의 일화도 수록되어 있다.

> 법현을 비롯한 승려 세 명은 3월에 소설산小雪山, 지금의 힌두쿠시산에 올랐다. 소설산은 가을, 겨울 할 것 없이 눈으로 덮여 있다. 승려 일행이 소설산 북쪽을 향해 올라가던 도중에 갑자기 찬바람이 강하게 불어 모두 어찌할 바를 몰랐다. 일행 중 혜경은 더는 일어날 수가 없게 되자 허연 거품을 토하며 법현에게 이렇게 말했다.
>
> "저는 도저히 살아서 가기는 어려울 것 같습니다. 그러니 저를 두고 빨리 길을 떠나십시오. 여기에서 더 머뭇거리다가 다 죽어서는 안 됩니다."
>
> 혜경은 이 말을 끝으로 결국 숨을 거두고 말았다. 법현은 이미 죽은 혜경을 끌어안고는 매우 애통해하며 울부짖었다.
>
> "아직 계획을 다 이루지도 못했는데 여기에서 죽는다니, 이게 어인 일이오!"

뜻을 품고 머나먼 여정을 떠난 이들의 비극적인 죽음을 그린 안타

---

11 『서경』홍범에 기록된, 하 우禹가 정한 정치 도덕의 아홉 원칙 [역주]

까운 대목이다.

『법현전』에 의하면, 법현은 위구르 남서쪽에서 히말라야산맥을 넘어 지금의 카슈미르 지역을 거쳐서 인도에 갔다고 한다. 이곳에는 유명한 카라코람산맥이 있으며, 중국 국경을 따라 K2 8,611m, 무즈타그아타Mt. Muztagh-ata, 7,546m, 콩구르산Mt. Kongur, 7,719m을 비롯한 수많은 설산과 그 외에 알려지지 않은 작은 설산도 많이 분포한다. 그러니 이 길을 따라 천축으로 가기가 결코 쉽지 않았을 것이다. 훗날 법현은 고국으로 돌아갈 때 남해를 거쳐 가는 방법을 택했다. 그러나 당시에는 해로를 통한 여정도 쉽지 않아서 3년이라는 긴 시간 동안 온갖 고초를 겪고 나서야 귀국할 수 있었다고 전한다.

프랑스의 한 매체가 법현의 귀국 여정과 관련한 일화를 소개한 적이 있다. 중국 근대 민주 혁명가 장태염章太炎이 이 내용을 번역했다. 일화에 의하면, 법현은 배편으로 해적이 들끓는 구간과 무시무시한 폭풍을 뚫고 야와드위파지금의 수마트라에 도착했다고 한다. 이 매체는 수마트라가 남미의 에콰도르와 멕시코의 남쪽에 있고, 동쪽으로는 태평양과 인접한 나라라고 소개했다. 게다가 미주 신대륙을 발견한 사람이 콜럼버스가 아니라 법현이라고 했다. 비록 근거가 불충분하고 사실과 다른 내용도 있지만, 해외 학자들이 법현에게 얼마나 관심이 높았는지, 그리고 법현을 고대 역사상 얼마나 위대한 인물로 간주했는지를 짐작할 수 있다.

위진 시기에는 불교가 상당히 성행했다. 중국 내 수많은 승려가 불교 성지인 천축으로 향했다. 법현 외에도 위험을 감수하고 험난한 천축으로 떠난 승려가 다수 있었다. 법현이 천축으로 떠난 지

5년 후인 서기 404년에 지맹 등 승려 15명은 장안을 떠나 서역을 거쳐서 천축으로 구법 여행을 떠났다. 지맹 일행의 여정은 법현과 거의 비슷했다.

『고승전高僧傳』에 의하면, 지맹 등 승려 일행은 우전于闐, 한대 서역 국가 중 하나에서 남서쪽으로 2천 리를 더 지나서 총령을 올랐다고 한다. 그러나 총령은 너무 높고 추운데다 산세도 험해서 일행 15명 중 9명은 지레 겁을 먹고 되돌아갔다. 지맹은 할 수 없이 남은 일행과 설산을 넘었다. 1,700리 정도 더 갔을 때쯤, 일행 중 한 명이 너무 기력이 쇠진한 나머지 쓰러졌다가 그대로 죽고 말았다. 지맹 일행이 그를 애도하며 망자의 시신을 화장하려고 했으나 별안간 시신이 사라져버렸다. 일행은 더욱 슬픔에 잠겼다. 남은 승려 다섯 명은 먼저 떠난 일행을 마음속 깊이 애도하며 다시 설산에 올라 천신만고 끝에 드디어 천축에 도착했다. 승려 일행은 약 20년 동안 천축국에 머무르다가 육로를 거쳐 고국으로 돌아왔다. 돌아오는 길에 승려 세 명이 유명을 달리하여, 결국 지맹과 담참曇讖 두 명만 겨우 양주涼州, 지금의 감숙로 돌아왔다. 법현과 지맹은 고대 중국과 인도 양국의 문화 교류에 큰 공헌을 했을 뿐 아니라, 중국 등산 역사 초기에 설산을 등정한 인물이기도 하다. 이들의 희생정신과 대자연 앞에서도 굴하지 않는 강인한 의지는 훗날 많은 사람의 본보기가 되었다.

3. 당나라 현장, 총령을 넘어 서역 천축으로

당나라 승려 현장玄奘, 600-664의 서역 유람기는『서유기』를 통해 이미 널리 알려졌다. 현장은 천산산맥을 지나고 중앙아시아를 거쳐서 천축에 간 후에 총령을 넘어 고국으로 돌아왔다. 현장의 본명은 진위陳褘로, 낙양洛陽 구씨緱氏, 지금의 하남성 언사偃師 구씨현緱氏縣 지역 출신이다. 불교 법상종의 창시자이며, 우리에게는 삼장법사라는 호칭으로 유명하다. 현장은 불경을 깊이 공부할수록 교리와 경전에 대한 의문이 깊어져 불교 발상지인 천축에 가서 불전 원본을 보고 공부하며 의문을 해결하고자 했다. 이에 현장은 당 조정에 천축행을 허락해달라고 청원했다. 그러나 당시는 당나라가 건국된 지 얼마 되지 않은 시기라, 조정에서는 국정이 불안정하다는 이유로 백성이 국경을 넘는 일을 엄격히 금지했다. 결국, 현장은 당 정관貞觀 원년서기 627년에 몰래 장안을 떠나서 국경을 넘어 천축으로 향했다. 현장은 여러 사람의 도움을 받아 갖은 위기를 넘기며 안서安西, 지금의 감숙성 서쪽에 있는 작은 도시 북쪽의 천산산맥에 이르렀다. 이후 현장은 천산산맥을 넘고 눈 덮인 총령을 지나서 중앙아시아에 도착했고, 남쪽으로 더 나아가 지금의 아프가니스탄과 파키스탄을 지나서 드디어 천축에 도착했다. 현장은 천축을 두루 돌아본 후에 약 20여 년간 천축국에 머무르며 불교 연구에 매진했다. 그 후 서기 641년에 수많은 경전과 불상을 가지고 귀국길에 올랐다. 현장은 곤륜산맥을 넘고 사막을 지나는 등 여러 험로를 넘고 우전을 거쳐서 정관 19년645년 정월에 장안으로 돌아왔다. 그 후 천축을 비롯한 중앙아시아 130여 개 나라를 유람하며 견문한 내용을 바탕으로『대당서역기』를 저술했다. 『대당서역기』는 고대 지리와 역사, 문화 연구의 정수라 할 수 있는 책으로, 최초로 천축을 '인도印度'라고 칭한 책으로도 유명하다.

현장은 17년간 서역을 유람하며 험준한 산천을 수없이 지났다. 대표적인 사적 몇 곳을 소개하자면 다음과 같다.

현장은 신강위구르의 카라샤르에서 서쪽의 굴지屈支, 구자龜茲라고도 함와 천산 동쪽에 있는 발록가국跋祿迦國을 거쳐 약 2천 리를 이동하여 천산산맥 북쪽의 능산凌山, 천산산맥 주봉에 도착했다. 능산은 현장이 처음으로 인도를 지나 마주한 설산이다. 『대당서역기』에는 다음과 같은 기록이 있다.

> 발록가국에서 북서쪽으로 삼백여 리쯤에 있는 모래사막을 지나면 능산에 이른다. 이곳은 총령의 북원北原으로, 수많은 물줄기가 동쪽으로 흐른다. 산골짜기에는 눈이 쌓였고 봄과 여름에도 늘 얼음으로 뒤덮였다. 이따금 얼음이 녹을 때도 있으나 이내 다시 얼어붙는다. 길은 몹시 험하고 찬바람이 매섭게 불어댄다. '사나운 용'이 지나가는 사람에게 해를 입히는 일이 많으니, 이 길을 지나는 사람은 검붉은색 옷을 입으면 안 되고 조롱박을 가지고 다녀서도 안 된다. 그리고 큰소리를 내는 것도 삼가야 한다. 만일 조금이라도 이를 어기면 거센 바람이 매섭게 불어대고 모래가 마구 휘몰아치며 돌멩이가 억수같이 쏟아지는 등 재앙을 면치 못할 것이다. 그리 되면 누구든 목숨을 부지하기 어렵다.

눈사태가 등산객에게 얼마나 큰 재앙을 주는지를 생생하게 묘사한 구절이다. 여기에서 말하는 '능산'은 지금의 어느 지역일까? 학자들은 이를 두고 두 가지 이론을 제시한다. 하나는 이리伊犁와 온숙溫宿, 지금의 신강위구르 아커쑤 사이에 있는 얼음지대라는 설이다. 이 지대는 북쪽의 가커차하얼대와 약 50km 정도 떨어진 남쪽의 타무가타스대 사이에 난 얼음길을 지나야 하는 매우 험난한 곳으로, 근처에 한텡그리산Mt. Khan Tengri, 6,995m이 있다. 또 하나는 온숙을 기준으로 서쪽으로 80km 정도 떨어진 곳에 있는 우스 투루판Uch-Turfan 서북쪽 베델고개Bedel Ashuu, 4,284m라는 설이다.

『대당서역기』에 나온 '사나운 용'이란 눈사태를 가리킨다. 눈이 많이 쌓이면 강풍이나 소리에 의한 진동 때문에 거대한 빙설이 바위나 돌과 함께 무너져버린다. '거센 바람이 매섭게 불어대고 모래가 마구 휘몰아치며 돌멩이가 억수같이 쏟아질 것이다.'라는 문장만 보아도 눈사태의 위력이 얼마나 무시무시했는지 알 수 있다. 그러니 이곳을 지나는 사람은 검붉은색의 옷을 입어서는 안 되고 조롱박을 가지고 다녀도 안 되며, 큰소리도 삼간 채 아주 조심히 숨죽여 지나가야 했다. 현장을 비롯한 여러 도반은 이 험난한 곳을 지나기에는 매우 열악한 차림새였음에도 불구하고 담대히 이겨내었으며, 후대인에게 길이길이 칭송받았다.

현장은 철문鐵門, Buzgala, 지금의 우즈베키스탄 테르메스이라는 높고 험한 고개를 지나 겨우 중앙아시아에 이르렀다. 철문은 갈상나국지금의 우즈베키스탄 동부 샤흐리사브즈, 당대에는 사국史國이라 칭했음에서 서남쪽으로 약 200km 떨어진 험준한 산지에 있다. 『대당서역기』에 철문과 관련된 구절이 있다.

갈상나국에서 서남쪽으로 2백여 리를 가면 산속으로 들어가게 된다. 산길은 험난하고 시내를 따라 난 길도 위험하며, 아무리 걸어도 사람들이 사는 마을이 나오지 않고 물과 풀조차 거의 없다. 산길을 따라 남동쪽으로 3백여 리를 가다 보면 철문에 이른다. 철문은 좌우로 매우 높고 험한 산을 낀 것 같은 모습이다. 길이 있기는 하지만 좁은데다가 험하기까지 하다. 길 양쪽에 돌로 만든 벽이 있는데 그 색이 마치 철과 같다. 문짝에는 철로 만든 꺾쇠와 방울이 많이 달렸다. 길이 이렇듯 험하므로 '갈상나'라고 이름을 붙였다.

철문은 고대의 유명한 협곡 입구를 가리킨다. 이곳은 몽골군이 중앙아시아를 정벌할 당시 이란과 인도로 통하는 전략 요충지였다. 칭기즈칸이 이곳을 지날 때 잠시 머무르며 더위를 피하기도 했다. 원대元代의 유명한 도사道士 장춘진인長春眞人, 1148-1227, 본명 구처기丘處機도 칭기즈칸의 초청을 받아서 철문을 경유하여 설산에 갔다는 기록이 있다.

> 현장은 남쪽으로 더 이동하며 설산 주변의 산세가 험한 여러 나라를 지나갔다. 게직국지금의 파키스탄 다라 가즈Darrah Gaz 동남쪽으로 가면 대설산에 이른다. 이곳은 산이 높고 계곡이 깊으며 바위와 봉우리가 몹시 험준하다. 바람과 눈이 연이어 불며 한여름에도 얼음이 얼어붙는다. 쌓인 눈이 계곡을 메운데다 길이 좁아서 걸어가기가 어렵다. 산신과 도깨비는 이곳을 오가는 사람에게 제멋대로 난폭하게 굴거나 재앙을 내린다.

옛사람은 이렇게 요괴나 신 같은 소재를 이용하여 고산 환경과 변화무쌍한 기후가 산을 오르는 사람에게 어떻게 위협을 가하는지를 표현했다.

현장이 거쳐 간 대설산은 지금의 아프가니스탄 수도 카불kabul 북쪽에 있는 힌두쿠시산맥이다. 가필시국의 아로노산도 힌두쿠시산맥에 속한다. 아로노산은 '낭떠러지가 가파르기 그지없고 바위 골짜기는 끝없이 깊다. 봉우리는 해마다 수백 척씩 더 높아지는 곳'이라고 전한다. 그러나 봉우리가 일정 높이에 달하면 산사태가 발생하여 무너지곤 했다. 아로노산 지역에는 이에 관련한 전설이 있다.

아로노산의 남쪽 경계에 천신이 살고 있었다. 그는 위엄을 부리고 복을
베풀다가도 이내 난폭한 일을 저지르곤 했다. 그를 믿고 따르는 이에게
는 복을 내렸으나 그렇지 않은 자에게는 무시무시한 재앙을 내렸다. 이
에 모든 사람이 그를 우러러 섬겼으며, 신분 고저를 떠나 모두 천신을
두려워하여 기도했다. 천신이 아로노산에 살고자 하니 산신이 잔뜩 겁
을 먹었다. 그러자 산골짜기가 마구 흔들리기 시작했는데, 그런데도 천
신이 떠나지 않자 산이 그만 와르르 무너져버렸다.

이러한 자연현상은 지진과 관련이 있다. 그러나 산 해발이 매년
'수백 척' 높아지는 현상에 대해서는 조금 더 연구해야 한다.

현장은 옛 인도의 갠지스강에 이르러 마다가국을 유람했다.
마다가국은 석가모니가 깨달음을 얻어 성불했다는 성지로 유명하
며, 고대 유적이 매우 풍부하다. 현장이 이곳을 참배할 때 수많은
사람이 현장과 함께 등산한 적이 있었다. 마다가국에는 석가모니
의 수제자 가섭迦葉의 열반지로 유명한 계족산鷄足山이 있다. 양조
梁朝 이후 고승 704명의 행적을 기술한 『속고승전續高僧傳』에 현장
이 계족산에 오른 기록이 있다.

이 산은 봉우리가 세 개로 나뉜 형상이 마치 닭발과 같아 계족산이라
부른다. … 산길은 매우 험악하고 대나무 숲이 많으며 사자, 호랑이 같
은 짐승이 마구 날뛴다. 현장이 계족산에 오르고자 했으나 갈 수가 없
었다. 그리하여 현장이 왕에게 지원을 청했고, 왕은 군사 3백 명을 보냈
다. 군사들이 각각 칼을 가지고 대나무를 베어 길을 낸 덕분에 하루에
10리를 갈 수 있었다. 현장이 산에 가서 참배하려 한다는 말을 듣고 10
만 명이 넘는 사람들이 모여 다 함께 계족산에 올랐다. 산언덕에 올라
깎아지른 것 같은 절벽에 이르자 더는 갈 수 있는 길이 없었다. 이에 사
람들이 대나무를 묶어 사다리를 만들고 연결해서 오르기 시작하여, 산

꼭대기까지 이른 사람이 3천여 명이었다. 그들은 사방을 둘러보고 못내 기뻐 날뛰면서 꽃을 흩어 공양했다.

현장은 인도에서 구법 여행을 하며 설법을 전했다. 당나라의 고승이 인도에 왔다는 소식이 퍼지자 수많은 사람이 모여들어 환영했다. 현장이 계족산에 오르려고 했으나 길이 너무 험난해 곤란해하자 왕이 병사를 보내 길을 내어주었다. 게다가 현장이 계족산에 오른다는 소식이 전해지자, 수많은 백성이 모여서 함께 산에 올랐다. 비록 종교적인 이유에서 비롯했지만, 이는 대규모 등산 열풍을 일으킨 계기가 되었다. 게다가 산이 매우 가파르고 대나무로 사다리를 엮어 올랐다는 기록을 통해 계족산은 결코 등반하기가 쉽지 않았을 것이라고 추측할 수 있다. 현장의 서역 유람은 여행 그 이상의 의미가 담겼다.

현장은 10여 년 동안 인도를 유람한 후에 정관 17년^{서기 643년}에 인도 서북부를 출발하여 지금의 카슈미르 지역을 지나고 위구르 남부 지역을 거쳐서 본국으로 돌아왔다. 현장은 고대 중국에서 최초로 파미르고원을 깊이 이해하고 이를 기록한 여행가였다. 당시에는 승려나 상인이 중국에서 중앙아시아나 서아시아를 오가려면 반드시 총령을 넘어야 했다. 세계의 지붕이라 불리는 이 고원은 대부분 해발 6,000m가 넘을 정도로 높다. 북쪽에 있는 소련과의 접경 지역에서 가장 높은 코무니즈마봉^{Pik Kommunizma}은 해발 7,495m이고, 중국에서 가장 높은 콩구르산^{Mt. Kongur}은 해발 7,719m이다. 현장은 이 산이 세계에서 가장 높다고 여겼다. 『대당서역기』에 산의 정경을 다음과 같이 묘사했다.

… 대설산인 파라서나 대령에 이른다. 산마루는 매우 높이 솟았고, … 험난한 고갯길은 경사가 상당히 심하다. 굽이굽이 돌아서 좁은 길이 나 있고 벼랑과 바위굴의 기복이 몹시 심하여 깊은 계곡을 따라가거나 때 로는 높은 벼랑을 타고 위로 올라가야 산 정상에 겨우 도착한다. 한여름 에도 얼음이 얼기 때문에 얼음을 뚫고 건너야 한다. 이렇게 사흘을 가다 보면 그제야 산 정상에 이를 수 있다. 찬바람이 매섭게 불어대고 쌓인 눈이 계곡에 가득 찼기 때문에 길을 가다가 발걸음을 멈출 수밖에 없다. 송골매나 독수리도 높이 날아 저 산 위를 지날 때 단번에 날지 못하고 몇 발짝을 뗀 뒤에 비로소 날아간다. 꼭대기에 올라서 산을 내려다보면 마치 작은 무덤처럼 생겼다. 섬부주 안에서는 이 산고개가 특히 높은데, 이곳에는 나무가 없고 오직 산봉우리만 많다. 그런 봉우리가 떼를 지어 한곳에 모인 모습은 마치 숲과 같다. 다시 사흘을 더 가야 비로소 산 고 개를 내려갈 수 있다.

파라서나 대령은 지금의 아프가니스탄 북동부 힌두쿠시산맥에 있 는 카와크산Mt. Khawak, 4,370m을 가리킨다. 카와크산은 힌두쿠시산 맥 최고봉 티리치미르산Mt. Tirich Mir, 7,690m과 인접한 험준한 산으 로, 현장은 약 800km 정도를 걸어서 카와크산 북동쪽을 거쳐 돌 아왔다.

현장은 『대당서역기』에서 당시에 총령이라고 부르던 파미르 고원을 이렇게 생동감 넘치게 묘사했다.

이곳에서 동쪽으로 가면 총령으로 들어간다. 총령은 섬부주 가운데에 있으며, 남쪽으로는 대설산에 접해 있고 북쪽으로는 열해천천熱海千泉 에 닿는다. … 동서남북이 각각 수천 리에 달하는데, 벼랑과 봉우리가 수백 겹으로 이루어졌다. 계곡이 깊고 험난하며 언제나 얼음과 눈이 쌓 여 있고 찬바람이 거세게 불어댄다. … 파미라천波謎羅川은 동서로 천 여 리에 달하고 남북으로 백여 리이며, 폭이 좁은 곳은 십 리를 넘지 않

는다. 두 설산 사이에 있는 까닭에 찬바람이 매섭게 분다. 봄과 여름에
도 눈발이 휘날리고 밤낮 할 것 없이 바람이 휘몰아친다. 땅은 염기성이
강해 초목이 거의 없을 뿐만 아니라 씨를 뿌려도 식물이 자라기 힘들고,
사방이 황량하니 사람 흔적조차 찾기 힘들다. … 오르기 힘들고 얼음과
눈만 가득할 뿐이다.

세계의 지붕을 넘어 고국으로 돌아오는 길은 절대 쉽지 않았을 것
이다. 정관 19년서기 645년 현장은 장장 18년의 서역 유람 대장정을
마치고 장안으로 돌아왔다. 그는 중국의 종교사와 외국문화 교류
역사에 상당히 큰 공을 세웠다. 또한 후대 수많은 등산가에게 열악
한 조건에서도 의지만 있으면 무엇이든 이룰 수 있다는 불굴의 의
지와 정신을 고취했다.

제4절

고대의 등산과 유람

하늘 높이 우뚝 솟은 설산과 짙푸른 봉우리, 웅장하고 거대한 산봉
우리와 기이한 협곡, 아름답고 맑은 산과 산봉우리, 수려한 경관을
자랑하는 강산. 중국에는 이처럼 아름다운 경관을 뽐내는 산천이
수없이 많다. 유구한 역사를 거쳐 오래도록 아름다움을 간직해온
산수 강산 덕분에 예부터 중국만의 독특한 여행문화를 만들 수 있
었다. 중국인은 오래전부터 여행과 등산을 즐겼다. 다음은 지금으
로부터 약 3천 년 전에 주나라 목왕穆王, 목천자穆天子라고도 함이 서쪽
으로 여행한 이야기를 담은 『목천자전穆天子傳』의 일부이다.

목천자穆天子는 곤륜 언덕에 올라 헌원궁軒轅宮을 거닐었다. 종산鍾山 봉우리를 바라보고 제왕帝王의 보물을 가지고 놀았다. 왕모산王母山의 돌에 글을 새기고 선인仙人이 모여 산다는 현포玄圃 꼭대기에 발자취를 남겼다.

『목천자전』에 의하면, 목왕은 곤륜산에 올라서 그곳에 있는 황제黃帝의 궁을 돌아보며 수많은 명산을 여행했고, 그 내용을 비석에 새겨서 왕모산에 세웠다. 이러한 기록을 통해 중국인이 수천 년 전부터 산에 오르고 각지를 유람하며 산수를 즐겼다는 것을 알 수 있다. 서주西周 왕조의 전장제도를 기록한 『예기·월령禮記·月令』에 이러한 문장이 있다.

음력 5월이면 산에 올라 먼 곳까지 볼 수 있다.

중국의 유명한 사상가이자 교육자인 공자도 등산 애호가였다. 공자가 등산을 즐겼다는 기록은 상당히 많다. 예를 들어, 『맹자』에는 '공자가 동산에 올라 노나라를 작게 여기고, 태산에 올라 천하를 작게 여겼다.孔子登東山而小魯, 登泰山而小天下.'라는 문장이 있다. 『열자·천서편列子·天瑞篇』에는 '공자가 태산에서 노닐다.孔子遊於太山.'라는 기록이 있다. 논어에 빠진 공자의 일화 및 제자들과의 문답과 논의를 기록한 『공자가어孔子家語』에도 '공자가 북쪽 지역을 유람하다가 동쪽의 농산에 올랐다.孔子北遊登農山.'라는 기록이 있다. 본장 2절에서 이미 소개한 대로, 중국의 고대 제왕들은 단순한 유람뿐 아니라 정치적인 목적과 종교적인 이유로 산에 오르기도 했다. 왕족을 제외한 옛 중국인이 산에 오른 목적과 그 의미를 살펴보면 다음과 같이 총 세 가지로 분석할 수 있다.

1. 등산은 지식과 지혜를 더욱 깊게 한다.

중국에는 '책 만 권을 읽고, 만 리를 여행하라.讀萬卷書, 行萬里路.'라는 옛말이 있다. 즉, 참뜻을 구하려면 많은 책을 읽고 많은 경험을 쌓아야 한다는 뜻이다. 중국인은 예부터 산천을 유람하면 지식을 쌓는 데 많은 도움이 된다고 여겼다. 공자가 여러 나라를 유람한 이유도 이와 관련이 깊다. 동양의 대표적인 역사서『사기』를 집필한 사마천도 중국 방방곡곡을 다니며 경험한 덕분에 이를 토대로 후세에 널리 전해지는 위대한 역서를 편찬할 수 있었다.『사기·자서自序』에 이러한 구절이 있다.

> 사마천은 스무 살이 되던 해에 여행길에 올랐다. 남쪽으로 장강과 회하강을 두루 돌아다니고 회계산에 오르고 우임금의 무덤을 찾았다. 구의산을 살펴보고…

북위北魏 시기 유명한 지리학자 역도원酈道元은 강의 수원지를 찾기 위해 수많은 산천을 돌아다녔고, 이를 토대로 지리학 관련 서적『수경주水經注』를 편찬했다. 명나라 지리학자이자 여행작가인 서하객徐霞客은 중국 전역에 발길이 닿지 않은 곳이 없을 정도로 드넓은 지역을 편력했고, 훗날 중국 고대 지리학에 크게 이바지한 지리서『서하객유기徐霞客遊記』를 편찬했다. 남송 시기 나대경羅大經이 지은 수필집『학림옥로鶴林玉露』중, '산과 물에서 노니는 것은 도의 기미를 불러일으켜 마음을 활달하게 하니 이익이 적지 않다. … 산천 유람은 책을 읽는 것과 같다.'라는 문장에서도 산천 유람과 지적 활동이 얼마나 관계가 깊은지를 알 수 있다.

2. 등산은 기분 전환에 좋고 건강에도 이롭다.

중국인이 예부터 등산을 즐긴 중요한 이유 중 하나는 등산이 마음 가짐을 바르게 하고 심신을 건강하게 하는 데 도움이 된다고 여겼기 때문이다. 구름을 뚫고 높이 치솟은 산 정상에 올라 세상을 내려다보면 이내 기분이 상쾌해지고 잡념이 없어지며 마음이 맑아져, 마치 대자연과 하나가 되는 듯한 느낌이 드니 몸과 마음도 자연히 건강해질 것이다. 한漢나라 한영韓嬰이 지은 『한시외전韓詩外傳』에 나오는 '제나라 경공이 우산에 올라 북쪽의 도성을 바라보고 말하기를, "아름답구나, 내 나라여!"'라는 구절에도 이러한 마음이 드러난다. 남북조시대 유명한 산수시인 사령운謝靈運은 저서 『유명산지遊名山志』에서 '사람이 곡식 없이 살 수 없듯이 산수를 떠나서도 살 수 없다.'라고 했다. 이렇듯 중국 옛 문인은 자연을 벗 삼아 몸과 마음을 바르게 했다. 자연 속에서 심신을 수양하려면 산에 올라야 했다.

문인뿐 아니라 우리가 아는 수많은 성현도 운동 삼아 등산을 즐겼다고 한다. 예를 들어 송나라 문신 정백웅鄭伯熊이 쓴 《몽재필담蒙齋筆談》에는, '공자가 말하기를, 어진 자는 고요하고 지혜로운 자는 움직인다. 예부터 공을 세운 자는 모두 움직이기를 좋아했다. 왕형공王荊公은 평생을 가만히 앉아 있지 않았는데, 잠들 때를 제외하고는 늘 움직였다고 한다. 종산鍾山에 머무르며 아침 식사가 끝나면 반드시 나귀를 타고 산속 깊이 들어가곤 했다.'라는 문장이 있다.

등산은 심신을 단련시킬 뿐 아니라 힘들고 어려운 일을 헤쳐

갈 수 있는 힘을 기르는 데도 도움이 된다. 송나라의 정치가이자 개혁가인 왕안석王安石 역시 이러한 이유로 등산을 자주 했는데, 특히 다소 높은 산에 즐겨 올랐다고 한다. 고산에 오르려면 일정 수준 이상의 체력이 필요하며 등산하기에 알맞은 체질도 필수요소이다. 옛사람도 이러한 점을 잘 알았다고 한다. 송나라 유의경劉義慶이 후한 말부터 동진 시기까지 명사들의 일화를 편집한 『세설신어世說新語』에는 체질적으로 등산에 아주 적합한 한 인물과 관련한 기록이 있다.

> 허연許掾은 경치 좋은 곳을 유람하기를 좋아했으며, 등산하기에 좋은 신체 조건을 두루 갖추었다. 그래서 당시 사람들은 허연이 좋은 경치를 즐기려는 마음뿐 아니라 좋은 경치를 찾아다니기에 알맞은 도구를 지녔다고 했다.

여기서 '알맞은 도구'는 산을 잽싸게 오르내릴 수 있는 허연의 신체를 가리킨다. 허연은 험준한 고산을 정복하려는 의지뿐만이 아니라 목적을 이루는 데 이상적인 체력과 체구를 갖추었다. 그러한 신체 조건은 천부적이기도 하지만 산을 좋아하여 오랫동안 신체를 단련한 덕분이기도 하다.

3. 자연과 더불어 즐기는 고상한 즐거움

중국 역사상 산천은 전통 문화의 중요한 소재였다. 문학 분야는 위진 시기부터 주로 산천의 아름다움을 칭송하는 산수시가 많이 나오기 시작했고, 그 후 꽤 오랫동안 뛰어난 작품이 많이 나왔다. 예술 방면을 살펴보면, 당송 이후 회화는 산수화가 주류를 이루었다. 이 시기 산수화는 다른 예술 작품의 인기를 훨씬 뛰어넘어 중국 예술의 대명사로 자리매김할 정도였다. 이렇듯 중국의 예술 문화는 빼어난 산수경관 덕분에 독특한 특징을 가지고 발전할 수 있었다. 아름다운 자연을 표현한 산수시나 산수화를 보노라면 누구나 속세를 초월한 예술적 경지를 느끼며, 자신도 모르는 사이에 평온하고 즐거운 예술 세계에 심취하게 될 것이다. 자연을 담은 예술 작품은 인류가 현실에서 느끼는 감정이 고스란히 반영된 결정체이다. 그러니 실제로 산에 올라 발아래의 자연을 굽어본다면, 그 아름다움이 작품을 감상할 때보다 훨씬 마음을 울릴 것이다. 눈앞에 펼쳐진 멋진 풍경이 작품이 아닌 현실 그 자체 아닌가. 산천의 아름다움을 마음껏 만끽하는 것이야말로 옛사람이 산에 즐겨 오른 가장 근본적이고 직접적인 이유일 것이다.

중국의 수많은 옛 문인과 학자는 산에 오르기를 좋아했다고 한다. 애국시인으로 유명한 굴원屈原은 산에 올라 자연을 바라보며 느낀 바를 수려한 문장으로 표현하곤 했다. 예를 들어 굴원의 작품 중《구장·섭강九章·涉江》에는, '나는 신선이 사는 곤륜산에 올라가서 옥으로 된 꽃을 따먹고, 천지와 더불어 오래 살면서 해와 달과 함께 빛나고 싶다.'라는 구절이 있다. 드높은 설산인 곤륜산에서 먹는 음식이 아름답게 빛나는 구슬 같은 꽃이라고 상상하며 이와 같이 표현했다. 굴원은《산귀山鬼》라는 작품에서 산과 산골짜기의 수려한 경관을 더욱 상세히 묘사했다.

동진東晋 최고의 서예가 왕희지 역시 산을 무척 사랑했다. 왕희지는 동토東土 지방 인사들과 더불어 천리를 멀다 않고 산수 유람을 다녔다고 전한다. 또한 여러 산을 유람하며 창해에 배를 띄우고 한가로이 즐기며 '나는 마침내 기쁘게 죽을 수 있겠구나!'라고 했다고 전한다. 요즘 말로 하면 '좋아 죽겠다!' 정도일 것이다. 당나라 이연수李延壽가 지은 남조南朝 시기 역사서 『남사南史』에는, '도홍경陶弘景이 산수를 아주 좋아해서 매일 계곡을 건너며 그곳에 앉아 끊임없이 흥얼거리고 노래했다.'라는 기록이 있다.

또한 『송사宋史』에 의하면, 시인 황산곡黃山谷이 산과 계곡을 매우 사랑하여 자신의 이름을 그렇게 짓고 스스로를 '산곡도인山谷道人'이라 칭했다고 한다. 명나라의 유명한 문인 화가 당백호唐伯虎는 시와 그림에 모두 정통했다. 그는 스스로를 강남에서 으뜸가는 풍류재사才士라 칭하고는, 전국 방방곡곡을 누비며 산동성 노산廬山, 귀주성 천대산天臺山, 복건성 무이산武夷山 등을 두루 유람했다. 그리고 명산을 누비며 얻은 예술적 영감을 시와 그림으로 표현했다.

이외에도 산수를 너무 좋아한 나머지 푹 빠져 지낸 문인도 상당히 많은데, 그중 명나라 손태초孫太初를 빼놓을 수 없다. 고서에 '손태초는 18세 되던 해에 남산 정상에 올랐고, 연이어 태백산에도 올랐다. 풀을 뜯어 먹으며 바위 절벽 틈에서 눈을 붙이며 지냈다. …'라는 기록이 있다. 손태초가 얼마나 산에 푹 빠져 있었는지 짐작할 수 있는 대목이다.

4. 중국의 5대 명산

중국은 세계에서 네 번째로 면적이 넓은 나라답게 수많은 명산대천을 자랑한다. 남북으로 끝없이 높게 솟은 수많은 봉우리는 제각기 아름답고 특색 있는 자태를 뽐낸다. 중국에서는 예부터 높고 큰 산을 '악嶽'이라고 불렀다. 그중에서 예로부터 산악신앙의 영향을 많이 받은 오악五嶽을 간단히 살펴보자.

오악이란 중국 오대 명산을 총칭하는 말로, 동악 태산泰山, 남악 형산衡山, 서악 화산華山, 북악 항산恒山 그리고 중악 숭산嵩山을 일컫는다. 오악이라는 용어는 『주례周禮』에서 최초로 표현했다.

동악 태산은 큰 산의 우두머리라는 뜻인 대종岱宗, 또는 대산岱山이라고도 한다. 태산은 산동성 태안 북쪽에 있는 중국의 대표적인 산 가운데 하나이자 산동성山東省에서 가장 높은 산이다. 예부터 신령한 산으로 여겼으며 진시황이나 전한 무제, 후한 광무제 등이 천하를 평정했음을 정식으로 하늘에 알리는 봉선 의식을 거행한 곳이기도 하다. 태산은 약 25억 년 전에 형성된 산으로, 편마암으로 구성된 단층산맥으로 이루어졌다. 해발고도는 1,532m이며 산세가 굉장히 수려하면서도 험준하다. 태산은 예부터 황제들이 봉선 의식을 위하여 많이 올랐던 산이다. 한 무제는 태산을 가리켜 '높고도 험하며, 크고도 특별하다. 또한 웅장하고도 험준하며, 두렵지만 사람을 현혹한다.'라고 했다. 일찍이 공자도 '태산에 오르니 천하가 작게 보이는구나.'라는 유명한 문장을 남겼다. 태산에 관한 기록은 옛 문인의 작품에서도 볼 수 있다. 이백의 시《태산을 유람하다·육수遊泰山·六首》에는 '절벽에 기대어 온 세상을 바라보니, 오로지 끝없는 허공만 보이는구나.'라는 구절이 있다. 두보 역시《망악望嶽》이라는 시에서 '언젠가는 산 정상에 올라 뭇 산들이 작음을 한눈에 보리라.'라고 태산을 칭송했다.

남악 형산은 호남성湖南省 중부 형양시衡陽市에서 북쪽으로 약 40km 떨어진 곳에 있다. 산세가 웅장하며 산봉우리가 수만 리나 이어졌다. 산봉우리 72개 중 가장 높은 축융봉祝融峰은 해발고도가 1,290m이다. 그 외 천주봉天柱峰, 부용봉芙蓉峰, 자개봉紫蓋峰, 석품봉石稟峰 등 형산에서 유명한 다섯 산봉 모두 저마다 특색이 있다. 순왕과 우왕도 형산에 올랐다는 전설이 전해진다.

서악 화산은 섬서성陝西省 서안에서 동쪽으로 약 100km 정도 떨어진 화음현華陰縣에 있다. 험준하기로는 오악 중에서 최고이며, 오악 중에서 가장 등반하기 어려운 산으로 알려졌다. 해발 2,200m인 바위산이고, 동쪽에는 조양봉朝陽峰, 남쪽에는 낙안봉落雁峰, 서쪽에는 연화봉蓮花峰, 북쪽에는 운대봉雲臺峰, 중앙에 옥녀봉玉女峰 이렇게 다섯 봉우리가 우뚝 솟았다. 『수경주水經注』에서 말한 바와 같이 '멀리서 보면 꽃모양 같다'라고 해서 화산[12]이라는 이름이 붙었다. 수려하고 아름다운 만큼 예부터 화산을 소재로 삼은 문학 작품이 매우 많았다. 두보는《망악望岳》이라는 시에서 화산의 높고 험준한 모습을 잘 묘사했다.

西岳崚嶒竦處尊,	서악 화산 높이 우뚝 솟아 있고,
諸峰羅立似兒孫.	봉우리가 자손들처럼 늘어섰구나.
安得仙人九節杖,	어떻게 해야 신선이 쓰는 지팡이를 얻어,
挂到玉女洗頭盆.	옥녀사 있는 높은 곳에 오를 수 있나.
車箱入谷無歸路,	거상곡에 들어가니 돌아올 길 없고,
箭栝通天有一門.	전괄봉에 유일하게 하늘로 통하는 문이 있다네.

---

12 옛 중국에서는 화花와 화華를 같은 의미로 사용했다. [역주]

稍待西風涼冷後,　가을바람에 낙엽이 다 지기를 기다렸다가,

高尋白帝問真源.　높고 높은 곳에서 백제[13]를 만나 참된 근원
　　　　　　　　　알아보리.

북악 항산은 태항太恒, 상산[14] 또는 원악元岳이라고도 하며 하남성
형산衡山과 현지 발음이 비슷해서 구분하기 위하여 북항산이라고
부르기도 한다. 산서성에 있으며 산맥이 약 150km 넘게 이어졌
고, 형세가 험해 예로부터 군사 전략 요충지로 많이 이용했다. 항
산 풍경구는 두 봉우리가 대치하고 있는 천봉령과 취병봉을 중심
으로 천봉령 풍경구, 취병봉 풍경구, 천불령 풍경구, 온천 풍경구
및 혼원성 풍경구로 나눈다. 주봉인 천봉령은 해발 2,017m로, 하
늘을 향하여 우뚝 선 듯한 느낌을 준다. 고대에는 빼어난 경관을
자랑하는 명승이 열여덟 곳 있었지만 오늘날까지 존재하는 명승
은 조전, 회선교, 구천궁 등 10여 곳이다.

　중악 숭산은 하남성河南省 등봉시登封市 북방 중원中原에 있는
산이다. 숭산은 예부터 중악中岳이라고 불렸고, 하 왕조 시기에는
숭고嵩高, 서주 시기에는 악산岳山이라고 불렸다. 일찍이 황제黄帝
가 봉선을 위하여 산에 올라 태실太室에서 유람했다고 한다. 숭산
에서 가장 높은 봉우리인 준극봉峻極峰은 해발 1,440m이다. 숭산
은 불교 성지로도 유명한데, 태실산太室山 남쪽 산기슭에 있는 숭
양서원崇陽書院은 중국 고대 4대 서원 중 한 곳으로 꼽히며, 법왕사
法王寺는 숭산에 있는 사찰 중 가장 이른 시기인 서기 71년에 지어

13　고대 중국 전설에 나오는 다섯 천제天帝중 하나로, 서쪽을 담당하는 신이다. [역주]

14　한나라 5대 황제 유항劉恒의 이름과 충돌한다고 하여 상산常山이라고 부르기도 했다.
　　[역주]

졌다. 또한 숭산은 중국 무술의 발원지인 소림사가 있는 곳으로도 유명하며 숭산 곳곳에서 당대에 소림사 무승의 업적을 새긴 비석 등 수많은 유적지를 볼 수 있다.

중국에는 오악 외에도 강서성의 여산廬山, 안휘성의 황산黄山 등 유명한 산이 많다. 여산은 강서성江西省 구강현九江縣 남쪽에 있다. 주나라 때 광씨匡氏 성을 가진 일곱 형제가 이곳에서 도를 닦아 신선이 되었는데 그들이 거처한 오두막집廬이 변하여 산이 되었다는 전설이 있다. 이 전설의 영향으로 여산을 광산匡山, 또는 광려匡廬라고도 부른다. 최고봉인 한양봉은 해발 1,474m이다. 하나라 시조 우왕이 치수를 위하여 여산에 올랐다는 기록도 있다. 사마천이 『사기』에서 여산의 아름다움을 다룬 후부터 이백, 도연명, 왕안석, 소식 등 수많은 문인이 이곳을 찾아 경치를 감상하고 작품을 남겼다. 이백 역시 여산을 오르며 빼어난 작품을 많이 남겼는데, 그중《망여산폭포수望廬山瀑布水》는 수많은 사람의 입에 오르내리며 사랑받은 시로 유명하다.

日照香爐生紫烟, 향로봉에 햇빛 비처 자색 안개 생기고,
遙看瀑布掛前川. 멀리 보니 폭포는 긴 강줄기를 매달았네.
飛流直下三千尺, 물줄기 날아내려 길이 삼천 자이니,
疑是銀河落九千. 하늘에서 은하수 쏟아지는 듯하구나.

고대에는 황산黄山을 이산黟山이라고 불렀다. 헌원 황제가 이 산에 올라서 수련을 하여 신선이 되었다는 전설에 따라 당나라 때 황산이라는 이름을 붙였다. 황산은 구름바다 위로 모습을 드러낸 수많은 화강암 봉우리와 바위가 연출하는 장엄한 풍경으로 유명하며,

중국에서 경치가 아름답기로 손꼽히는 산이다. 당시 황산은 경사가 가파르고 곳곳이 절벽으로 가로막혀 있어 상당히 위험했다고 한다. 명나라 말기 지리학자 서하객은 '오악에 다녀오면 다른 산이 보이지 않고, 황산에 다녀오면 오악이 보이지 않는다.'라고 황산의 아름다움을 표현했다. 황산은 기송奇松, 기암奇岩, 운해雲海, 온천溫泉 등 4대 절경으로 유명하다. 이는 소나무, 바위, 구름, 온천의 비경을 뜻하는 말로, 바위부터 구름까지 아름답지 않은 곳이 없다고 해도 과언이 아니다. 그중 봉우리 사이로 바다처럼 자욱하게 펼쳐진 구름을 뜻하는 운해는 예부터 중국 산수화의 단골 소재였던 만큼 수많은 화가의 마음을 사로잡았다. 운해를 보기 위해 황산을 수차례 찾는 이도 있다고 한다. 황산은 경치뿐 아니라 지질학적으로도 매우 의미 있는 곳이다. 특히 빙하 작용과 지질 구조활동으로 생긴 습곡과 단층 지괴, 그리고 석회질 모래사장, 폭포, 계단식 호수 등 고지대 카르스트 지형과 지질 경관은 연구 가치가 매우 높다.

황산의 주요 봉우리는 평균 해발고도가 1,800m가 넘는다. 그중 연화봉은 해발 1,864m로 황산에서 가장 높은 봉우리다. 송나라 때 오룡한, 포운룡, 송복일 세 사람은 비상식량을 가지고 3일간 올라서야 연화봉 정상에 다다랐다고 한다. 이 세 사람이 황산 정상에 최초로 올랐다고 알려졌다. 그러나 제대로 된 등산장비조차 갖추기 힘든 그 당시에 황산 같은 험준한 산을 오르려면 여간 용기가 필요한 일이 아니며 등산기술도 필요하다. 이처럼 고대 문헌에는 등산과 관련한 기록이 상당히 많아 중국인이 예부터 등산을 얼마나 좋아하고 즐겼는지를 엿볼 수 있다.

5. 옛 중국인의 등산 사례

앞서 언급한 대로, 중국에서는 수많은 사람이 오래전부터 산천을 사랑하고 유람을 즐겼다. 이를 뒷받침하는 옛 중국인의 등산활동 관련 기록도 셀 수 없을 정도이다. 그중에서 대표적인 사례를 몇 가지 간단히 소개하고자 한다.

선진 시기 조나라에서 등산대회를 열었던 적이 있다. 『사기』에 이와 관련하여 이렇게 기록되어 있다.

조나라 왕 간자는 슬하에 자식을 많이 두었다. 그중, 첩 소생 서자인 무휼이 있었는데 간자는 어미 신분이 미천한 무휼을 그다지 총애하지 않았다. 어느 날, 정나라의 고포자경이라는 관상가가 조나라에 들렀다. 고포자경은 무휼을 보더니,

"이 아드님이 진정한 장군감입니다. 하늘이 내려주신 인재이온지라, 비록 태생이 비천할지언정 훗날 기필코 존귀한 분이 될 것입니다."

라며 극찬을 했다. 간자는 그 말을 듣고 반신반의했다.

얼마 후, 간자는 왕자들을 시험해보기로 했다.

"귀중한 보물을 항산 정상에 숨겨두었다. 먼저 찾은 사람에게 그것을 상으로 하사하겠노라."

귀중한 보물이란 천명을 상징하므로, 이것을 준다는 말은 후계자로 삼겠다는 말이나 다름없었다. 왕자들은 간자의 말이 떨어지기 무섭게 모두 말을 타고 항산으로 달려갔다. 그러나 온 산을 뒤져도 그 보물 하나 찾기란 모래사장에서 바늘을 찾는 것만큼이나 어려운 일이었다. 온종일 산속을 헤매다가 지쳐 돌아왔을 때 보물을 찾았다고 아뢰는 이는 무휼밖에 없었다.

"그래, 어디 말해보아라."

간자의 말에 무휼이 대답했다.

"항산에 올라가 건너편을 내려다보니 대代나라 땅이 있었습니다.

대군을 거느려 고산에서 아래로 쳐들어가면 반드시 승리할 것입니다. 이것이 제가 찾은 보물입니다."

그 말을 들은 간자는 굉장히 기뻐했다. 산에 보물을 숨겨두었다고 한 말은 애초에 꾸며낸 말이었다. 아들 중 누가 높은 산에 올라 대나라를 공격하려는 전략을 이해할지 시험해보기 위해 산꼭대기에 보물을 숨겨뒀다고 한 것이다. 간자는 무휼이 현명하고 시야가 넓은 것을 확실히 알게 되어 당시 후계자였던 맏아들 백로를 폐위시키고 무휼을 태자로 책봉했다. 훗날 간자가 죽고 무휼이 왕위를 계승했다. 그가 바로 조나라의 종주宗主 양자趙襄子다.

조 양자가 왕위에 오른 지 얼마 되지 않았을 때 있었던 일이다. 양자는 선왕 간자의 장례를 치른 후, 상복을 벗기도 전에 북방 대나라 왕을 초빙해서 함께 하옥산夏屋山, 지금의 산서성 대현代縣 동북 지역에 올랐다. 하옥산은 가모산賈母山이라고도 하며, 산세가 험한 군사적 요충지였다. 양자는 조리사에게 구리로 만든 국자를 들고 대나라 왕과 그 시종들에게 음식을 바치며 술을 따르게 했다. 이윽고 주연이 무르익자 양자는 조리사에게 그 큰 구리 국자로 대왕과 그 시종들을 쳐 죽이라고 지시했다. 대왕이 죽자, 양자는 즉각 군사를 일으켜 대국을 평정하고 영토를 차지했다.

조 간자가 왕자들에게 보물을 찾기 위하여 산에 오르라고 했던 일화는 등산이 식견을 넓히는 데 도움이 된다는 옛 중국인의 인식을 반영한 것이라고 할 수 있다.

위진 남북조 시기의 선비들은 세상사에 얽매이지 않고 자유롭게 발길 닿는 대로 산천을 누비고 술을 마시며 노래를 부르곤 했다. 인생의 향락을 좇던 당시 사회 분위기를 따른 것이다. 부패로 얼룩진 시대를 살던 문인과 학자들은 자연을 소재로 한 시문과 서화에 온 마음을 쏟아내며 울분을 토했고, 산에 오르는 이도 나날이 늘었다. 완적, 혜강, 왕희지, 도연명, 사령운 등 대가 중에서 산에 빠지지 않은 이가 없을 정도였다.

왕희지가 쓴 《난정시서蘭亭詩序》 첫 단락은 이렇게 시작한다.

> 이곳은 높은 산과 고개가 있고, 깊은 숲과 울창한 대나무 그리고 맑은 물이 흐르는 여울이 좌우로 띠를 이루었다.

동진 시기 전원시인으로 유명한 도연명은 자신이 태어난 여산廬山에 푹 빠져 그곳에 은거하며 지냈다. 심지어 강주 자사 왕홍王弘이 도연명에게 벼슬에 나오라고 수차례 권했지만 도연명은 끝내 벼슬길을 고사했다. 왕홍은 고심 끝에 도연명이 자주 나타나는 여산의 행로에 보초를 서서 기다렸고, 그제야 이 위대한 시인을 직접 만날 수 있었다고 한다.

산수시로 유명한 사령운은 등산 역사의 큰 획을 그은 인물이다. 사령운은 진송 왕조 교체기의 혼란기였던 동진 태원년 10년서기 385년에 태어났다. 진나라 차기車騎장군 사현謝玄의 후손이며 동진 시기 귀족 집안 출신이다. 사령운은 시와 문장, 서예, 회화 등 여러 방면에서 재주가 뛰어났고, 특히 산수 같은 자연경관을 작품에 담아내는 일을 매우 좋아하고 즐겼다고 한다. 당시에는 왕조의 부침이 심하고 사회 혼란 또한 극에 달했다. 사령운은 여기저기를 마음대로 여행하며 산수에 빠져들었다. 송 문제 때 비서감을 거쳐 시중과 임천내사 등 관직을 지냈으나 신임을 얻지 못해 면직당하고 말았다. 그 후 사령운은 동생 사혜련謝惠連을 비롯하여 하장유何長瑜, 순옹荀雍, 양선羊璿 등 '사우四友'와 함께 문장을 주고받으면서 함께 산에 올라 자유로이 유람했다. 또한 높고 험한 봉우리도 즐겨 올랐다고 한다. 그러나 송 문제 원가 10년^{서기 433년}에 모반을 일으킨다는 무고죄를 뒤집어쓰고 체포되어 결국 피살되었다.

사령운은 사공극^{謝公屐}이라는 등산화를 직접 만들어 산에 올랐다고 한다. 사공극은 산에 오를 때에는 나무신의 앞굽을 떼고 내려갈 때에는 뒷굽을 떼는 구조였다. 초기 등산화는 이렇게 신발 바닥에 특정 장치를 부착해 산비탈을 오르기 용이하게 하는 방식이었다. 최초의 등산화는 일찍이 하 우왕 때 만들어졌다는 설이 있다.^{제1장 참조} 그러나 사령운이 실제로 애용한 사공극이 훨씬 유명세를 탄 덕분에 오늘날까지 초기 등산화의 대명사로 널리 알려져 있다. 이백의 시에도 사공극과 관련한 구절이 있다.

脚著謝公屐	사공극을 신고
身登靑雲梯	청운에 닿는 험한 산길 오르며
半壁見海日	절벽 중턱에서 바다 위에 솟은 해를 보고
空中聞天雞	공중에서 천계의 소리를 듣네.

― 이백, 《몽유천모음유별夢遊天姥吟留別》 중

사령운의 저서 『유명산지游名山志』에는 사람이 옷과 음식이 없으면 살 수 없듯이 산수는 사람들의 정서에 꼭 필요하다는 내용이 있다고 전한다. 그러나 책이 유실되어 구체적인 문장은 알 수 없다.

사령운

어느 날, 사령운은 아직 사람의 발길이 닿지 않아 개간되지 않은 황량한 산을 오르고자 했다. 그는 하인을 수백 명이나 데리고 가서 나무를 베고 길을 내었다. 그러자 사령운이 사람을 모아 역모를 꾀한다는 소문이 나서 관청이 발칵 뒤집혔다. 결국 사령운은 관직자의 노여움을 사 광주로 귀양을 갔다가 얼마 지나지 않아 사형에 처해졌다. 산수시인의 아버지라 불리는 시의 귀재는 마흔아홉 짧은 생을 그렇게 마감했다. 그러나 사령운의 산수를 사랑하는 마음과 그것을 표현한 산수시는 오늘날까지 널리 사랑받는다.

　유람을 좋아하고 산을 좋아하는 가장 대표적인 인물은 단연 당대 최고의 시인으로 추앙받는 이백李白이다. 이백은 달과 함께 술을 무척 좋아하여 스스로를 술에 빠진 신선이라는 뜻인 주중선酒中仙이라고 칭했다. 두보는 이백을 가리켜 '술 한 말에 시 백편斗酒詩百扁'이라고 평했다. 이백도 자신의 시《여산요기노시어허주廬山謠寄盧侍御虛舟》를 통해 자신을 '오악의 신선 찾아 먼 곳도 마다 않고 평생 명산에 올라 놀기를 좋아하는 시의 신선'이라고 표현하기도 했다. 산을 사랑하는 이백의 마음은 결코 평범하지 않았으리라.

　이백701-762은 사천성에서 태어났다. 이백의 고향 인근에는 도교의 명산으로 알려진 자운산紫雲山과 대천산戴天山이 있다. 이백은 유년 시절에 광산匡山에서 글을 읽고 공부를 했다고 전한다. 십여 세가 되던 해에 이백은 민산岷山에 은거하며 신선이 행하는 술법을 닦았으며, 오늘날의 청성산靑城山에서 수년 동안 머물렀다고 한다. 청년 시절에는 사천성 각지의 산천을 돌아다녔다. 아미산峨眉山에서 촉나라의 승려 준의 거문고 연주를 듣고 아미산과 하늘에 뜬 달의 아름다움을 묘사하는 시를 쓰고, 대천산에 올라 도인을 만나거나 삼협三峽을 지나 무산巫山 12봉을 오르기도 했다. 이백의 시 중《등아미산登峨眉山》첫머리는 '촉나라 땅에는 신선이 사는 산이 많다蜀國多仙山'라는 문장으로 시작한다. 자신이 태어나고 자란 고향 사천의 명산에 굉장히 애착이 컸다고 짐작할 수 있다.

중년에 접어든 이백은 거처를 산동 지역으로 옮겨 그곳에서 공소부孔巢父 등 다섯 사람과 함께 조래산 아래 죽계竹溪에서 술을 마시고 노래하며 어울렸다. 이백은 이들을 죽계육일竹溪六逸이라 불렀다. 이백이 마흔두 살 되던 해 태산泰山에 올라《유태산遊泰山》여섯 수를 지어 태산의 아름다움을 묘사했다. 《유태산》의 첫 수는 다음과 같다.

登高望蓬瀛,	높은 곳에 올라 삼선산三仙山을 바라보니,
想象金銀臺.	금과 은으로 만든 누대가 생각난다.
天門一長嘯,	남천문에서 길게 소리를 지르니,
萬里清風來.	만 리 밖에서 맑은 바람이 불어온다.

산천을 자유롭게 유람하며 시를 짓는 동안 이백의 시명詩名도 널리 알려졌다. 이백은 절강에서 알고 지낸 도사 오균吳筠의 천거를 받아 43세 되던 해인 724년에 당 현종의 부름을 받고 장안으로 갔다. 이백은 그 후에도 계속 산천을 자유롭게 유람했다. 이백은 장안 남쪽의 두릉杜陵과 섬서성 미현에 있는 태백봉太白峰에 올랐다. 태백봉은 해발 3,767m로 진령산맥의 최고봉이다. 일 년 내내 눈이 쌓여 흰빛을 내뿜는다고 해서 태백太白이라고 부른다. 중국 속담에 '무공의 태백은 하늘과 삼백 리 떨어졌다.武功太白, 去天三百.'라는 말이 있을 정도로 높은 위용을 자랑한다. 군부대가 태백봉을 지날 때 고각鼓角을 불면 거친 바람과 폭우가 멈추지 않으니 절대로

불어서는 안 된다고 할 정도였다. 이백이 이곳을 한번 오르기 시작하면 저녁쯤에는 태백봉 정상에 올랐다고 한다.

西上太白峰	서쪽의 태백산에 오르니
夕陽窮登攀	석양 무렵에서야 정상에 닿았네.
…	
擧手可近月	손을 드니 달이 닿을 듯하고
前行若無山	앞으로 나아가도 더 높은 산은 없네.

태백에 올라 그 아름다움을 묘사한 시《등태백봉登太白峰》의 일부이다. 이백이 산의 아름다운 경관을 감상하기 위해 이토록 높은 산을 마다하지 않고 오른 용감한 의지가 엿보인다.

　이백은 거의 평생 전국 방방곡곡의 산천을 유람했다고 한다. 이백은 강서성에 있는 여산에서 오랜 시간 머무르며 수많은 명시를 남겼다. 또한 강남 지역으로 갈 때는 도착하기도 전에 강남의 명산에 하루라도 빨리 오르고 싶은 나머지 자면서도 천모산天姥山, 천태산天台山 등 강남 명산에서 노니는 꿈을 꾸었다는 이야기도 전한다. 아래는 이백의 시《몽유천모음유별夢遊天姥吟留別》중 일부이다.

且放白鹿靑崖間	장차 푸른 언덕에서 흰 사슴을 길러
須行卽騎訪名山	여행할 때 타고서 명산을 찾으리라.
安能摧眉折腰事權貴	어찌 머리 숙이고 허리를 굽혀 권문 귀족을 섬겨
使我不得開心顏	얼굴을 활짝 펴고 웃을 수 없게 하랴.

권세에 아부하는 세속을 싫어하고 명산대천을 찾아서 속세를 벗어난 자유로운 인생을 즐기고 싶어 하는 이백의 인생철학이 엿보이는 대목이다. 이백은 실제로 속세에 얽매이지 않고 산에 오르며 자연을 유람하는 생활을 이상적이라고 여겼다. 늘 자연의 품에서 시적 영감을 추구했고 자연을 통해 얻은 느낌을 절세의 명문으로 남겨 오늘날까지 널리 사랑받는다.

'문기팔대지쇠文起八代之衰, 오랫동안 부진했던 문운文運을 융성케 함'라고 칭송받는 당대 대문장가 한유韓愈는 등산을 즐길 정도로 체력이 좋은 편이 아니었지만 등산에 관련된 재미있는 일화를 남겼다. 다음은 당대의 자잘한 역사적 사건을 기록한 수필집『당국사보唐國史補』에 실린 이야기다.

> 하루는 한유가 화산華山 창용령蒼龍岭에 올라 아래를 굽어보니 산세가 매우 험하고 구름과 안개마저 자욱해 더욱 아득해 보였다. 이러한 경관을 본 한유는 너무 놀라 공포에 떨며 어쩔 줄 몰라 큰소리로 울기 시작했다. 얼마 후, 한유는 마음을 진정시키고는 마지막으로 가족에게 절명서絶命書, 목숨을 끊기 전에 남기는 유서와 구원을 바라는 마음을 담은 편지를 써 산 아래로 던졌다. 다행히 마침 산 아래를 지나던 사람이 이를 발견하고 한유를 구했다고 한다.

평소 한유의 화산을 동경하는 마음이 매우 컸다고 한다. 그의 시《옥정玉井》에는 화산 정상에 있는 기이한 연꽃을 묘사하는 문장이 있다.

太華峯頭玉井蓮　태화봉 꼭대기 옥정의 연꽃이
開花十丈藕如船　꽃이 피면 열 길이 되고 연뿌리가 배만 하네.

冷比雪霜甘比蜜	차갑기는 눈과 서리에 비할 만하고 달기는 꿀과 같으니
一片入口沈痾痊	한 조각만 입에 넣어도 고질병이 낫는다네.
我欲求之不憚遠	내가 구하고자 해서 아무리 멀어도 꺼리지 않으나
青壁無路難夤緣	푸른 절벽 길이 없어 걸터타고 오르기 어렵다.
安得長梯上摘實	어찌하면 긴 사다리를 얻어서 올라가 열매를 따서
下種七澤根株連	내려와 칠택에 심어서 뿌리와 줄기 잇게 할까?

한유는 명산에 오르고 싶은 마음과 연꽃을 직접 보고 싶은 마음이 점점 커진 나머지 앞뒤 가리지 않고 화산 최고봉에 올랐다. 그러나 정상에 오르고 나서야 화산의 준엄한 경관을 보고 깜짝 놀랐고, 급기야 살아서 돌아가기 힘들다고 생각하여 유서까지 썼다. 다행히 그 지역 관리들이 갖은 방법을 동원하여 겨우 한유를 구했다고 한다. 실소를 자아내는 일화지만 이 일화를 통해 직접 명산에 올라 경이로운 산수를 즐기고 싶어 하는 한유의 마음이 얼마나 깊었는지 알 수 있다.

이외에도 산에 얽힌 유명한 문인의 일화가 매우 많다. 남송 시기 애국시인 육유陸遊나 범성대范成大를 비롯한 문인들은 모두 산에 수없이 오르곤 했다. 육유의 《입촉기入蜀記》나 범성대의 《오선록吳船錄》 같은 유명한 기행문에도 산천과 자연의 아름다움이 잘 나타나 있으나, 지면 관계로 자세한 소개는 생략하도록 한다.

6. 고대 유명 여행가 서하객

서하객徐霞客, 1587-1641은 명나라의 유명한 여행가이자 지리학자이며, 걸출한 등반가로도 명망이 높다. 본명은 서홍조徐弘祖이고, 자는 진지振之, 호는 하객霞客이다. 명대 남직예南直隸, 지금의 강소성과 안휘성 강음江陰, 지금의 강소성 강음현 사람이다. 서하객은 명말 조정이 혼탁하기 짝이 없던 시기에 부패한 정치에 불만을 품고는 과거시험을 아예 포기해버렸다. 이후 전국 명산대천을 섭렵하며 자연의 비밀을 탐구하는 데 매진했다. 그리하여 오늘날의 중국 동북 지역, 내몽골, 신강위구르 지역을 제외한 거의 모든 지역을 여행했다. 전국을 여행하며 오악을 비롯하여 태화산, 오태산, 낙가산, 천대산, 안탕산, 백악, 황산, 여산, 무이산, 나부산, 구의산, 계족산 등 수많은 명산에 올랐으며, 각 산을 여행하며 관찰한 내용을 상세히 기록했다. 서하객의 여행기를 모은 『서하객유기徐霞客遊記』는 중국 지리학에 크게 이바지한 진귀한 문헌이자 우수한 문학서이기도 하다.

서하객의 저서는 단순한 유람기가 아니다. 『서하객유기』는 각종 지리적 특성을 과학적으로 상세히 기록해 당시 지리책의 잘못된 부분을 바로잡는 데 이바지했으며, 그전까지 알지 못했던 여러 가지 지리 현상을 새롭게 밝혔다는 점에서 다른 등산 여행가의 저서와 구별된다. 서하객이 고대 지리학의 발전에 크게 이바지한 점을 몇 가지 정리하면 다음과 같다.

1. 카르스트 지형[15] 연구

서하객은 중국 서남부의 광활한 석회암 지역인 카르스트 지형의 특징을 밝혔다. 빗물과 지하수 등으로 침식된 석회암 지형이 기이한 산과 협곡, 폭포 그리고 동굴 등 천혜의 비경을 만들어냈다는 것이다. 특히 항주 비래봉의 경우 석회암이 빗물의 침식을 받아 석 _{골용맥이 암석의 뼈대로 내려오는 것} 지형을 이룬 것을 발견했다. 또한 운남성과 귀주성 그리고 광서성 일대에 분포한 산의 특징을 각각 분석하고 연구하여 주목받았다.

2. 산천 원류 연구

'이 책은 우선 산맥이 어떻게 이어지는지 자세히 살펴본 후, 수맥이 어떻게 나뉘고 합쳐지는지 관찰해 대략적인 형세를 파악한다. 그후 언덕과 골짜기 하나하나를 면밀히 분석해 저술했다.' 청대의 한 학자는 서하객의 저서를 이렇게 평가했다. 서하객은 산맥과 강의 원천 파악을 주목적으로 삼고 각지를 유람했다. 또한 이를 위해 엄청난 시간과 노력을 기울여 중국 지리학 발전에 큰 공헌을 했다.

중국에서는 예부터 황산에서 가장 높은 봉이 천도봉인지 아니면 연화봉인지를 두고 오랫동안 논쟁을 벌였다. 서하객은 직접 황산에 올라 자세히 관찰한 후에 연화봉이 가장 높고 그 다음이 천도봉이라고 정확하게 결론을 내렸다. 실제로 천도봉은 해발 1,810m이고 연화봉은 1,860m로, 연화봉이 50m 정도 더 높다. 연화봉은 천도봉에 비하여 오르기가 비교적 수월해서 천도봉이 더 높다고

---

15   Karst topography [역주]

생각했을 가능성이 높다. 이외에도 황산 주봉에서 장강 지류인 청
익강의 분수령이 형성되는 것을 알아내는 등, 기존의 연구를 보강
하고 정확한 결론을 내는 데 크게 공헌했다.

3. 화산과 온천 연구

중국에는 고대부터 화산과 관련한 기록과 전설이 매우 많다. 『산해
경·산경山海經·山經』에는 화산의 모습을 '남쪽으로 곤륜산을 바라보
니, 거센 불빛이 활활 타오르는구나.南望崑崙, 其光熊熊.'라고 묘사했
다. 각 지방의 지리, 특산, 풍속, 인물 등을 기록한 지방지에서도 화
산 폭발 기록을 찾을 수 있다. 또한 서하객은 『운남유기雲南遊記』에
도 지금의 운남성 등충현을 에워싼 화산과 용암 등을 생동감 있게
기록했다.

> 밤낮으로 불이 타올라 커다란 나무와 대나무가 흔적도 없이 타버리고,
> 못 역시 뭍으로 변해버렸다. 지금 산 아래에 물이 흘러나오는 구멍이 있
> 는데, 모두 산기슭에서 갈라져 나왔다.

또한 온천과 관련한 기록도 매우 많다.

> … 동쪽으로 몇 걸음을 가자, 못을 파서 물을 끌어들이고 그 위에 조그
> 마한 떳집을 지어놓았다. 그 안을 살펴보니 초석을 양생하는 통이 있었
> 다. 곰곰이 생각해보니, 유황이 있는 곳이라면 초석이 있기 마련이다.
> 다시 북쪽으로 비탈을 올라 백 걸음을 가자, 비탈 사이로 자욱하게 피어
> 오른 연기가 벼랑 아래를 빙 두르고 있다. 평평한 모래밭에 구멍이 수백
> 곳이나 나 있고 그 사이로 끓는 물이 튀어 오른다. 마치 수십 명이 아래
> 에서 부채질하는 듯하다. 누군가 인력으로 물을 끌어들여 모래밭 사방

을 빙 두르고 있는 듯한데, 그 물은 비록 적으나 뜨겁고 사방의 모래 역시 뜨거운 지라 오래도록 걸음을 멈춘 채 서 있을 수 없다.

이러한 기록은 중국의 온천 및 지질학 연구에 큰 과학적 가치를 남겼다.

4. 생태계 연구

서하객은 지리뿐 아니라 산천에 서식하는 동식물과 기후 간의 상관관계에 대해서도 살펴보았다. 고산은 기온이 낮고 바람이 강하며 토질도 척박하다. 이런 환경에서 살기 위해 동물은 독특한 모습을 갖추었고 식물도 수직으로 분포하는 특성을 갖게 되었다. 예를 들어, 서하객은 황산 소나무를 이렇게 묘사했다.

> 깎아지른 듯한 봉우리와 아찔한 낭떠러지마다 괴이한 모습을 한 소나무가 매달려 있다. 키 큰 소나무라도 한 길이 채 안 되고 작은 것은 몇 치에 지나지 않는다. 우듬지는 평평하고 솔잎은 짧으며 빙빙 휘감은 뿌리가 줄기를 뒤얽고 있다. 키 작은 소나무일수록 더욱 오래되고 기묘하니, 기이한 산중에 이처럼 기묘한 품종이 있을 줄 꿈엔들 생각이나 했으랴!

서하객은 운남 지역 동식물의 생태도 자세히 기록했다. 서하객의 여행일기는 후대 지리학 연구에 크게 공헌했고, 중국 과학사에도 중요한 지표를 제시했다. 영국 캠브리지 니덤 동아시아 과학사 연구소장을 역임한 과학사학자 조셉 니덤Joseph Needham, 1900-1995은 그의 책『중국의 과학과 문명Science and Civilization in China』에서 서하객의 저서를 언급하며, '이 책은 17세기에 쓰였다고는 믿기 어려울

정도로 상당히 과학적이다. 20세기 야생 탐사가가 쓴 듯한 글이
다.'라고 높이 평가했다.

　서하객의 여행은 단순히 풍류를 즐기는 일과는 상당히 거리가
있었다. 그는 정확한 조사와 자세한 관찰을 하기 위해 위험을 무릅
쓰고 험한 산길을 올랐다. 실제로 서하객의 유람기에는 장기 등반
을 대비하여 훈련한 끝에 명불허전 등산 전문가가 되었다는 일화
가 수록되어 있다.

> … 골짜기 길을 내려와 천도봉 옆에 이르렀다. 미끄러져 내리는 돌을 따
> 라 뱀처럼 구불구불 기었다. 풀을 움켜쥐고 가시나무를 잡아당겼다. 돌
> 더미가 쌓여 있으면 더미 위로 넘어가고, 바위 벼랑이 비스듬히 깎여 있
> 으면 벼랑에 매달려 건넜다. 손발을 어디에 두어야 할지 모를 때마다 먼
> 저 올라간 징원 스님이 손을 내밀어 잡아주곤 했다. 오르는 길이 이렇듯
> 험해서야 내려가는 길은 어찌할거나 하는 생각이 들었다. 하지만 더는
> 아무 생각도 하지 않기로 마음먹었다. 나는 위험을 여러 차례 겪고서야
> 마침내 봉우리 꼭대기에 닿았다.

위기 상황에서도 굴하지 않는 강한 정신력을 발휘하며 용감하게
맞서서 앞으로 나아갔음을 엿볼 수 있는 문장이다. 유람 중 위기
상황을 기록한 일화도 수십 가지는 더 있다. 예를 들어『유운남일
기遊雲南日記』에는 이러한 일화가 담겨 있다.

> 동굴에 올라가고 싶었지만 길이 보이지 않았고 포기하고자 하나 차마
> 떠날 수가 없었다. 나는 하인 고씨에게 짐을 내려두고 길가에서 목담을
> 지키고 있으라 하고서 바위에 기어올랐다. 바위 위는 가파르기 그지없
> 었다. 반 리를 간 후에는 흙이 가팔라 발을 딛지도 못한 채 풀뿌리를 붙
> 잡으며 올랐다. 그나마도 조금 더 오르니 풀뿌리조차 붙들 수 없었는데,

다행히 얼마 지나지 않아 바위 근처에 이르렀다. 그러나 바위 역시 단단하지 않아서 발을 디딜 때마다 무너졌고, 손으로 잡아도 무너져내렸다. 간혹 조금이라도 의지할 만한 곳을 찾아서 벽 위에 달라붙듯 두 발을 바짝 붙이고 손가락을 걸쳤지만 한 발자국도 옮기기가 어려웠다. 위로 오르고 싶지만 붙잡을 만한 것이 없고 내려가고 싶어도 바닥이 없으니, 평생에 겪어온 위기 중에 이보다 더 심한 적은 없었다. 가파른 절벽은 있었으나 이처럼 흘러내리는 흙은 여태 없었고, 흘러내리는 흙은 있었으나 이처럼 푸석거리는 바위는 처음이었다. 한참만에야 두 손과 두 발 네 군데가 떨어지지 않을 바위를 찾아냈다. 나는 허공에 매달리다시피 한 채 한 손을 옮기고 나서 한 발을 옮겨 자세를 안정적으로 잡은 다음 다시 손과 발을 차례로 옮겼다. 다행히 바위는 무너지지 않았지만 손발에 맥이 풀려 하마터면 떨어질 뻔했다.

단순한 등반을 넘어 연구를 목적으로 하는 산행이 얼마나 고행길인지 짐작할 수 있다. 서하객은 용기와 지혜 그리고 상당히 높은 등반기술을 갖춘 덕에 그 명성이 오늘날까지 전해지니 중국 고대에서 으뜸가는 등산 여행가라 칭할 만하다. 서하객의 등반 인생에 시련을 준 것은 험난한 여정이나 기후 같은 자연요소뿐만이 아니었다. 도적이나 강도를 만나 살해위협을 느낀 적도 수차례 있었다. 산행 중에 강도를 만나 목숨만 빼고 모조리 빼앗긴 적도 있었지만 긍정적인 사고방식을 버리지 않고 발걸음을 이어갔다.

　중국의 과학 및 등산 역사 분야에 크게 공헌한 서하객의 업적은 앞으로도 영원히 기억될 것이다. 1987년 당시 중국 국가주석 리셴녠李先念은 서하객 탄생 400주년을 기념하는 자리에서 서하객의 업적을 기리며 '나라를 사랑하는 마음과 과학 발전에 헌신한 진정한 실천가'라고 칭송했다.

민속, 종교와 등산

1. 중양절과 등산

중국 세시풍속 역사에는 등산과 관련된 절기가 있다. 그중에서 가장 오랜 역사를 자랑하고 영향력이 큰 절기로 중양절을 꼽을 수 있다. 중양절은 음력 9월 9일로 '중구重九'라고도 한다. 중구가 중양절로 불리게 된 연유는 무엇일까? 고대 중국인은 숫자 아홉을 양수陽數, 즉 홀수라 여겼다. 음력 9월 9일은 홀수가 겹친 날이라 예부터 '중양重陽', '중구重九'라 불렀다. 1년 중 양수가 겹친 날은 1월 1일, 3월 3일, 5월 5일 그리고 9월 9일로 중국에서는 이날을 다 속절俗節로 삼고 있지만, 9는 양수 가운데서 극양極陽이므로 9월 9일만 특별히 중양이라 일컫는다. 그렇다면 중양절 등산의 유래는 무엇일까? 일반적으로 남북조시대 오균吳均이 지은 『속제해기續齊諧記』에 실린 전설에 근거를 둔다. 어떤 내용인지 살펴보자.

> 여남현汝南縣의 환경桓景이라는 자가 비장방費長房을 따라서 수년간 유학했다. 장방은 환경에게 예언을 한마디 했다.
>
> "올해 9월 9일 자네의 집에 반드시 재앙이 있을 것이네. 이 재앙을 막으려면 집안 사람 각자가 주머니를 만들어 그 속에 산수유를 넣고, 그 주머니를 팔에 걸고 높은 곳에 올라가 국화주를 마시게. 그러면 화를 면할 것이네."
>
> 환경은 장방의 말에 따라 그날 집을 비우고 가족들과 함께 뒷산으로 올라가서 국화주를 마셨다. 나중에 집에 돌아와 보니 닭이며 개, 소, 양, 돼지 등 가축이 모두 죽어버린 게 아닌가! 환경이 장방에게 이게 다 어찌 된 일이냐고 물으니 장방은 고개를 끄덕이며 말했다.
>
> "운수를 피해갈 수는 있어도 막을 수는 없는 법. 그 짐승들은 사람

대신 죽은 것이었다네. 국화주가 아니었다면 자네 식구들은 모두 죽었을 걸세."

이후 사람들은 매년 음력 9월 9일마다 높은 산에 올라서 국화주를 마시고 부녀자들은 산수유 주머니를 지니기 시작했다고 한다.

전설 속 비장방은 동한시대의 도인이다. 9월 9일에는 산에 올라 국화주를 마셔야 화를 면한다는 것이 이 이야기의 주제다. 이 전설을 토대로 늦어도 동한시대부터 국화주를 마시는 풍속이 시작되었음을 알 수 있다. 진晉나라 갈홍葛洪이 전한前漢시대의 잡사를 기록한『서경잡기西京雜記』에도 한 무제 때 국화주를 마시던 풍습이 나온다. 한 무제 때 가패란賈佩蘭이라는 궁녀가 수유를 몸에 차고 떡을 먹으며 국화주를 마셨다는 기록이 있다. 삼국시대 위 무제 조비가 당시 대문장가 종요鍾繇에게 쓴 서신에는 아홉 구九와 오랠 구久의 음이 같은 것을 이용해, 음력 9월 9일을 맞아 연회를 열어 오래오래 무병장수를 기원하고자 하는 내용이 있다. 예부터 건강과 장수를 바라며 행해진 중양절의 풍습이 오늘날까지 이어졌음을 알 수 있다.

중양절에 산에 오르는 풍습은 한나라 이후에도 오랫동안 변함없이 이어져 오늘날에도 매년 중양절이 되면 중국 각지에서 다채로운 행사가 열린다. 지대가 평탄하고 산이 없는 지역에서는 해당 지역 소재 유명한 성곽이나 높은 누각에 오르기도 한다. 지방에서도 예부터 각 지역에서 중양절마다 각종 행사가 이루어졌다는 기록이 전해진다. 이를 소재로 삼은 시와 노래 같은 작품도 상당히 많다. 또한 그런 작품을 남긴 문인들도 중양절이 되면 산에 올라

몸과 마음에 활력을 불어넣기도 했다. 당대 시인 맹호연 역시 중구를 맞이하여 난산蘭山에 올라서 산의 정경과 흥겨운 마음을《추등난산기장오秋登蘭山寄張五, 가을 난산에 올라 장오에게 부치다》라는 시에 표현했다.

北山白云里	북산의 흰 구름 가운데
隱者自怡悅	숨어 사는 이 스스로 즐거워라.
相望始登高	그대가 보고파 산에 오르니
心隨雁飛滅	마음은 기러기 따라 한없이 날아간다.
…	
天邊樹若薺	높은 하늘가의 나무는 질려같이 가늘고,
江畔洲如月	멀리 강가의 모래섬은 초승달과 같구나.
何當載酒來	마땅히 술을 싣고 와서
共醉重陽節	중양절에 우리 함께 취해보지 않으리.

옛날에는 중양절이 되면 단체로 등산을 떠나는 지역도 있었다. 남조 송나라의 손신孫詵은 『임해기臨海記』에 절강성 임해 지역의 중양절 등산 풍습을 다음과 같이 설명했다.

마을에서 북쪽으로 40걸음 정도 더 가면 호산潮山이 있는데, 지대가 평평하여 수백 명이 앉을 수 있다. 민속에서는 9일을 매우 중시하여 국화주를 들고 잔치에 오는 자가 300-400명에 이르렀다.

당시 중양절 등산 연회 풍습이 얼마나 유행했는지 알 수 있다.

여러 문헌의 기록에 나오듯이 높은 산에 오르는 등산 풍습은 중양절에만 이루어진 것이 아니다. 실제로 정월 초이렛날과 정월 보름날에도 등산활동이 이루어졌다는 기록이 있다. 한 무제 때의 문장가 동방삭東方朔이 쓴『점서占書』에는 정월 칠일을 인일人日이라고 했다는 기록이 있다.『점서』에 의하면 대략 남북조 시기부터 인일에 산에 오르는 풍습이 시작됐다고 한다.『북사北史』에는 위나라 효정제孝靜帝가 인일에 운룡문雲龍門에 올라 여러 문인과 함께 시를 지었다는 기록이 있다. 또한 북위北魏 동평왕이 정월 칠일에 수장현壽張縣, 지금의 산동성 양곡현에 있는 안인산安仁山에 올라 산꼭대기를 깎아 회망처會望處를 만들고 암벽에 문장을 새겼다는 기록이 있다. 이 암벽에는 '정월 칠일, 이 날은 사람의 날이다. 내 좋은 말 네 필을 채찍질하여 안인에 오르노니.'라고 새겨져 있으며 오늘날까지 보존되고 있다. 이러한 기록들로 미루어 남북조시대 사람들은 정월 인일이 되면 등산하여 술을 마시며 부賦와 시를 지었다는 것을 알 수 있다.

이러한 풍습은 당송 시기에도 이어졌다. 당 중종中宗 경룡景龍 3년709년 정월 칠일에는 황제가 청휘각淸暉閣에 올랐다는 기록이 있다. 송대에도 소식蘇軾의 동생 소철蘇轍과 육유陸游 같은 유명한 시인이 정월 칠일 산에 올라 시를 지었다고 전한다.

정월 보름인 원소절에도 산에 오르는 풍습이 있었다. 진晉의 육홰陸翽가 편찬한『업중기鄴中記』에는 진나라 말 석호石虎가 정월 보름날에 등산했다는 기록이 있다. 수隋나라 역사를 기록한『수서隋書』에도 수 문제가 정월 보름날 신하를 거느리고 등산한 내용이 있다. 이렇듯 정월 대보름에도 성행하던 등산 풍습은 세월이 흐르면서 연등회를 비롯한 각종 오락행사의 비중이 커지면서 자연스럽게 줄어들었다.

2. 소수민족의 명절과 등산

중국의 수많은 소수민족에게도 명절에 산에 오르는 풍습이 있다. 그중 귀주성貴州省 뇌산현雷山縣에 거주하는 묘족苗族은 매년 3월 하순에 파파절爬破節을 지낸다. 3월 하순이면 젊은 묘족 남녀가 뇌산현 망풍향望豊鄕 오거리에 모여서 전통 풍습대로 산에 오르기 시작한다. 이들은 산기슭에서 흥에 겨워 노래를 하거나 환호성을 지르며 정상으로 오르기 시작하며, 정상에 먼저 오르는 사람은 '등산영웅' 칭호를 얻는다. 이렇게 젊은 남녀가 함께 산에 오르는 전통은 부모가 정해준 배필과 강제로 결혼하는 풍습에서 벗어나 자유로운 연애를 위해 싸우다 희생된 묘족 청년들을 기념하기 위해 시작했다는 설이 있다. 묘족 청년들은 매년 3월 하순마다 이곳에 모여 산에 오른다. 단순히 산에 오르는 것뿐 아니라 경마나 참새싸움, 줄다리기 등 특색 있는 민속놀이를 함께 진행한다.

묘족은 매년 음력 6월 19일이 되면 또 다른 파파절爬破節을 지낸다. 이 파파절은 귀주 개리시凱里市 성구城區의 향로산香爐山에서 진행한다. 이날 진행하는 등산과 관련하여 다음과 같은 아름다운 전설이 있다.

> 상고시대에 묘족 사람들은 하늘이 무너지지 않도록 향로산에 하늘 기둥을 세워 받쳐놓았다. 어느 날, 옥황상제의 딸 아별이 인간 세상을 그리워한 나머지 향로산에 내려왔다가 아보라는 이름의 묘족 청년과 사랑에 빠졌다. 아별과 아보는 딸을 낳아 아채라고 이름을 지었다. 어느 날, 아별은 천궁으로 돌아가는 길에 급히 가다가 그만 산을 넘는 바람에 다시는 인간 세상으로 내려올 수 없게 되어버렸다. 아별이 떠난 지 수년후, 홀쩍 자란 아채는 엄마를 그리워하는 마음을 담아 향로산에서 목청

껏 노래를 부르곤 했다. 그 노래를 들은 묘족 청년들은 너나 할 것 없이 아채에게 푹 빠져서 함께 노래를 주고받으려고 했다. 청년들은 제일 먼저 산 정상에 오르는 사람이 아채와 노래를 주고받으며 아채의 사랑을 차지하기로 약속했다.

이 설화를 바탕으로 수많은 묘족 청춘남녀가 향로산에 모여 산에 오르면서 서로 노래를 주고받으며 만남을 이어가는 풍습이 생겼다. 이렇듯 묘족의 연애 방식과 등산은 떼려야 뗄 수 없는 관계였다.

중국 남방 지역 여러 성省 산간 지역에 거주하는 소수민족 중에 사족畲族이라는 민족이 있다. 사족은 산족山族이라고 자칭한다. 사족은 매년 음력 1월에 단체로 산에 올라 사냥을 한 후 사냥 신에게 제사를 올리곤 했다. 그러나 산에 사는 야생 짐승의 수가 점점 줄어들자 집단 사냥횟수도 자연히 줄었고, 이후 정월마다 사냥 대신 등산대회를 하는 추세로 바뀌었다. 등산대회에 참가하는 젊은 이들은 동이 트기 전 산 아래에 모였다가 해가 뜨고 대회 시작을 알리는 소리가 들리면 빠른 속도로 산에 오르기 시작했다. 제일 먼저 정상에 오르는 사람이 상을 거머쥐는 방식이었다. 등산대회에 참가한 청춘남녀는 민요를 주고받으며 화기애애한 명절 분위기에 흠뻑 취해버리곤 했다.

노강怒江은 중국 운남성 북서부의 해발 4,000m가 넘는 벽라설산碧羅雪山과 해발 5,000m가 넘는 고려공산高黎貢山 사이를 빠르게 흐르는 강이다. 노강이 흐르는 좁고 험한 협곡 주변에는 이수족傈僳族 등 여러 소수민족이 거주한다. 노강은 깊기도 깊지만 물살이 너무 빨라서 배를 타고 건너기 힘들 정도이다. 이곳에 기거하는 사람들은 거미가 줄을 타고 오르내리는 모습에서 영감을 얻어 깊은 산골짜기 사이에 굵은 밧줄을 설치해서 건너며 생활한다. 밧줄은 외줄 혹은 두 줄이며, 골짜기를 건널 때 양손으로 밧줄에 걸린 도르래를 붙잡고 건넌다. 이수족 사이에는 '노강을 건널 줄 모르면 이수족 남자라고 할 수 없다.'라는 말이 있을 정도로 이런 생활이 매우 익숙하다. 이수족은 남녀노소 구분 없이 어릴 때부터 강을 건너는 방법을 배운다. 매년 명절마다 노강 인근에 사는 청년들은 강변에 모여 각종 강 건너기 대회에 참가한다. 강 건너기 외에 외줄 위에서 펼치는 줄타기 대회도 이수족의 독특한 명절 풍습 중 하나이다. 계곡을 잇는 기나긴 밧줄 위에서 펼치는 화려한 곡예를 보노라면 누구나 절로 손에 땀을 쥐게 된다.

3. 불교와 등산

세계 어느 곳이든 그 지역의 기원과 특성을 담은 신화와 전설이 많다. 특히 고산지대는 신령과 신선이 나오는 이야기가 많다. 그리스 신화도 마찬가지이다. 우주가 창조된 후에 올림포스 최고의 신인 제우스와 그의 가족은 올림포스산에 정착하기로 했다. 이 때문에 제우스를 올림포스의 신이라고도 불렀다. 또한 올림포스 신들끼리 여러 경기를 펼치는 행사를 올림픽 대회라고 했다. 인도에서 발생하여 중국으로 유입된 불교와 중국에서 생성된 토종 종교인 도교 그리고 불교와 도교에 얽힌 이야기 중에는 중국의 산에 얽힌 소재가 상당히 많다. 종교 이야기를 할 때 등산은 약방의 감초 같은 소재라 할 수 있다.

산서성山西省 오대산五臺山, 강서성江西省 보타산普陀山, 사천성四川省 아미산峨眉山 그리고 안휘성安徽省 구화산九華山은 불교 4대 명산이라 일컫는다. 이 산은 각각 문수보살, 관음보살, 보현보살 그리고 지장보살의 영장으로 알려졌다. 각 산에 대해 간략하게 살펴보자.

오대산은 산서성 오대현五臺縣 북동쪽에 있다. 산 둘레가 약 250km 정도이고 산봉우리가 다섯 개인데, 산봉우리가 넓고 평평하여 마치 흙으로 쌓은 돈대 모습을 연상시켜서 '오대五臺'라고 불렀다고 한다. 오대 중 가장 높은 북대北臺 엽두봉葉頭峰은 해발 3,058m로 '화북의 지붕'이라고 일컫는다. 엽두봉은 여름에도 눈발이 날리고 서늘해서 청량산淸涼山이라고도 한다. 엽두봉은 문수보살의 설법지로 유명하다. 문수文殊는 불교에서 지혜를 상징하는 보살이다. 문수보살 존상은 오른손에 일체의 번뇌와 무명無明을 단호하게 끊어버릴 수 있는 지혜의 칼을 들고 왼손에는 연꽃을 쥔 채 용맹과 위엄을 상징하는 사자를 타고 있는 모습으로 많이 나타낸다. 나라 안팎으로 정세가 혼란했던 남북조 시기 이후부터 인과응보와 윤회를 내세우는 불교를 믿는 사람이 늘어나 사찰을 많이 지었다. 당대 이후에는 인도와 일본 등 각국의 수많은 고승이 중국으로 건너와서 이곳에 올라 참배했다. 일반 백성의 참배 행렬은 너무 길어서 이루 말할 수 없을 정도였다. 이들은 머나먼 산행을 마다하지 않고 온 마음을 다해 참배했다. 강서시파江西詩派를 대표하는 시인 진사도陳師道, 1053-1102가 쓴『후산담총後山談叢』에 이와 관련된 일화가 있다.

무주에 노인 이씨가 산에 올랐다. 함께 가는 소년은 말을 탔으나 노인은
꿋꿋이 걸어서 산에 올랐다.

위의 일화는 종교와 신앙이 사람에게 미치는 영향이 얼마나 큰지
를 보여준다.

보타산은 절강성浙江省 주산舟山 군도에 있다. 최고봉의 높이
는 해발 291.3m이며, 관세음보살의 성지로 유명하다. 보타산에
있는 사찰은 규모가 크고 웅장하며 수많은 승려가 모여 종교 활동
을 한다. 보타산은 피서지로도 명성이 매우 높다.

아미산은 사천성 분지 남서쪽에 있으며, 보현보살의 성지이자
도교 명산 중 한 곳으로 유명하다. 곤륜산계 동쪽 끝인 공래산맥邛
崃山脉에서 갈라져 나왔으며 최고봉인 만불정萬佛頂은 해발고도가
3,099m이다. 아미산은 자연경관이 아름답기로 유명하다. 『아미
군지峨眉郡志』에는 '구름의 아름다움이 비취 같고 검푸른 귀밑머리
같기도 하다. 진정 미인의 이마와도 같아 가늘고 길며, 아름답고
아득하다.'라는 기록이 있다. 아름다운 자연경관과 유구한 역사문
화가 완벽히 결합하여 '천하제일의 아미산'이라고 부르기도 한다.

구화산은 안휘성 청양현靑陽縣 남서쪽에 있다. 지장보살의 영
지로, 매년 이곳을 찾는 참배객의 발길이 끊이지 않는다. 산 면적
은 약 100만km²이고 봉우리가 99개이며 최고봉인 십왕봉十王峰
은 해발 1,342m이다. 북송 초기에 이방李昉 등이 편찬한 『태평어
람太平御覽』에서 구화산과 관련된 기록을 볼 수 있다.

높이 솟은 봉우리가 층층이 구름으로 덮여 그 모습이 실로 장엄하고 수
려하다. 봉우리 수가 아홉 개라 예부터 구자산九子山이라 불렸다.

구화산이라는 산명은 이백이 이 산의 아름다운 모습을 쓴 시구를 인용한 데서 비롯하며 오늘날까지 이렇게 부른다. 구화산은 중국 남동 지역 최고의 산이라는 평이 자자하며 매년 참배객이 끊이지 않는다.

티베트 아리阿里 지역 카일라스산맥에 있는 카일라스산Mt. Kailash도 불교 성지로 유명하다. 카일라스산은 수천 년 전부터 중국은 물론이고 네팔, 인도, 부탄, 스리랑카 등 수많은 나라에서 독실한 불교 신자들이 찾는 성지이다. 중국 현지에서는 카일라스산을 '강디쓰산'이라고 부른다. '강디쓰'라는 산 이름은 티베트어와 산스크리트어 그리고 중국어가 결합하여 생겼다. 티베트어 '강'과 산스크리트어 '디쓰'는 모두 '눈'을 뜻한다. 이름에 걸맞게 눈 위에 또 눈이 쌓인 것 같은 모습을 한 카일라스산맥은 히말라야산맥과 어깨를 나란히 한 채 우뚝 솟았다. 마치 은으로 만든 갑옷과 투구를 쓴 채 마주 보고 서서 세계의 지붕을 지키는 용사의 모습처럼 당당하고 위용이 넘친다. 카일라스산의 해발고도는 6,656m6,714m라는 설도 있다이다. 카일라스산맥의 최고봉인 '카일라스산'은 티베트어로 '신령의 산'이라는 뜻이다. 산 정상은 둥그스름하며 눈으로 뒤덮인 채 빛나 시선을 사로잡는다. 불교 고서에는 카일라스산을 '은, 황금, 유리와 진주로 만든 이 산속에는 금은보화로 만들어 휘황찬란한 궁전이 있어 석가모니가 그곳에서 불교를 설파했다.'라고 했다. 역사적으로도 수많은 고승이 카일라스산에서 수행했다고 전한다. 수백 수천 년 전부터 매년 4월에서 10월 사이에 참배객이 가장 많다고 한다. 이들은 만 리 길을 멀다 않고 카일라스를 찾은 후에 일보 일배를 하며 불공을 드리고, 산을 두루 돌아다니며 성수聖水나

성초聖草를 구해서 부처의 자비와 보살핌을 머나먼 자신의 보금자리까지 기념으로 가져가곤 한다.

4. 도교와 등산

도교는 세계 여러 종교 중에서도 역사가 매우 독특하다. 우리가 아는 종교는 통상적으로 허구와 환상 속의 신을 숭배하며 현실을 외면하거나 아예 부정하곤 한다. 중국의 도교도 신선의 존재를 믿는다거나 옥황상제나 귀신 또는 하늘 어딘가에 신선이 사는 곳이 있다고 믿는 등 허구적인 면이 있다. 그러나 현실적인 요소도 분명히 존재한다. 도교에서는 누구나 수련을 하면 불로장생하는 신선이 될 수 있다고 한다. 그리고 신선이 되려면 속세에서 멀리 벗어난 깊은 산속에서 수양을 해야 한다고 한다. 이렇듯 도교는 그 어느 종교보다 산과 밀접한 관련이 있다.

도교의 명산은 십대동천十大洞天이라고 부른다. 동천洞天이란 신선이 살고 있는 곳을 뜻한다. 송대 장군방張君房은 저서인 도교 교리 개설서 『운급칠첨雲笈七籤』에서 산서성 왕옥산王屋山, 절강성 위우산委羽山, 청해성 서경산西傾山, 서악 화산華山, 사천성 청성산靑城山, 절강성 적성산赤城山, 광동성 나부산羅浮山, 강소성 모산茅山, 강소성 동정산洞庭山 및 절강성 괄창산括蒼山을 도교의 십대동천이라고 소개했다. 도교에서는 십대동천 외에도 삼십육소동천三十六小洞天, 즉 하늘과 땅 사이에 서른여섯 개의 천天이 있다고 했다. 이 삼십육소동천은 오악을 비롯하여 노산과 아미산 등 명산도 포함한다. 십대동천에 속하는 산 일부는 앞에서 이미 소개했으니 이를 제외한 대표적인 산 두 좌를 간단히 소개하고자 한다.

무당산武當山은 태화산太和山이라고도 하며 호북성 균현均縣 남쪽에 있는 도교의 영산靈山이다. 최고봉인 천주봉天柱峯, 자소봉紫霄峰이라고도 함은 해발 1,612m인데, 천주봉을 중심으로 양쪽에 산봉들이 일렬로 400km나 뻗어서 압도적인 장관을 연출한다. 72개나 되는 봉우리가 정상을 바라보며 배알하는 듯한 모습을 하며 맑은 시냇물도 24곳이나 있어 함께 어우러져 아름다운 경치를 이룬다. 동한 음장생陰長生, 진대 사윤謝允, 당대 여동빈呂洞賓, 북송 진단陳摶, 명대 장삼봉張三峰 등 유명한 도교 사상가가 모두 이 산에서 수련했다고 한다. 특히 도교의 사방신 중에서 북방의 신인 진무제군眞武帝君도 무당산에서 42년 동안 수련한 끝에 득도하여 신선이 되었다고 한다.

무당산의 여러 산봉에 분포한 도교 사원 중에서도 천주봉에 있는 금전金殿이 가장 유명하다. 명대에 세워진 금전은 동 주조물에 금을 씌워 만든 사원으로 중국에서 가장 큰 도교 사원이다. 금전 전당 내 감실에는 진무대제 신상을 모셔두었다.

무당산은 도교 성지일 뿐 아니라 예부터 유서 깊은 무술 연마지였다. 『태화산지太和山志』에는 주원장과 진야선陳野先의 대결 내용을 수록했다. 명 태조 주원장이 황제의 칭호를 얻기 전, 무당산에 올라 향을 피워 참배하러 가는 길에 원나라 장수 진야선과 마주쳤다. 주원장과 진야선이 무예를 겨룬 끝에 결국 주원장이 승리했다. 훗날 무당산은 소림 무술과 함께 중국 무술의 양대 산맥을 이루는 '무당파'의 발원지가 되었다.

사천성 관현灌縣에 있는 청성산은 천곡산天谷山이라고도 불리며 무당산과 더불어 유명한 도교 명산이다. 이 산은 짙푸른 수목이 빽빽이 우거져 사계절 내내 푸르며 수많은 봉우리로 둘러싸였는데, 그 모습이 마치 성곽과도 같아 청성산이라는 이름이 붙었다. 주봉인 노소정老霄頂은 해발 1,600m이다. 청성산은 경관이 매우 아름다워서 그윽하다는 의미인 '유幽'를 붙여 '청성천하유青城天下幽'라고도 부른다. 도교 신자들이 제1대 천사天師로 받들어 모시는 장도릉張道陵, 34-156은 후한 말에 이 산에서 오두미도五斗米道를 창시했다. 진晉나라 범장생范長生과 당대 두광정杜光庭 같은 유명한 도사도 청성산에서 수도했다고 전한다. 청성산은 앞산과 뒷산으로 나누어 부르기도 하는데 보통 앞산을 청성산이라고 한다. 앞산은 암자가 많은 도교의 명산이고 뒷산은 청산녹수가 어우러진 순 자연의 산으로 산세가 험준한 편이다. 이 뒷산은 북송의 왕소파王小波와 명말 장헌충張獻忠 등이 농민 봉기를 일으킨 곳이기도 하다.

중국 도가에서 행하는 수련방식 중에 오늘날까지 이어지는 수많은 기공법은 내단공법內丹功法에서 유래한다. 도가는 수련 시 동적인 움직임과 정적인 자연 흐름의 합일을 중시하여, 내공 위주의 정적 수련인 정공靜功과 외공 위주의 동적 수련인 동공動功을 통해 수련한다. 『도가·태극문道家·太極門』에는 '태극의 동정動靜에 의해 음과 양 두 기운이 나온다. 정으로 마음을 세우고, 동으로 기초를 다진다.'라는 문장이 나온다. 이는 반드시 동공 수련을 거쳐야 도를 닦을 수 있다고 여겼다는 의미이다. 수련은 대개 산속 깊은 곳에서 행한다. 고요한 산속에 머무르는 것 외에 산을 오르내리는 것도 동공을 하는 방법의 하나라고 여겼기 때문이다. 도교 수행을 위해 산에 오르는 사람은 처음에는 도사가 시키는 대로 산에 올라 장작을 패거나 물을 길어 나르는 등 도교 수행과 상관없는 허드렛일만 도맡아 하다가 2-3년이 지나서야 본격적으로 도를 배운다. 이는 수행자의 의지가 얼마나 확고한지 시험하기 위한 것도 있지만 산을 오르내리며 심신을 단련하여 기예를 연마할 기초 체력을 다지도록 하는 의미도 담겼다. 이를 통해 도교 수행에서 등산이 큰 역할을 했다는 사실을 알 수 있으며 이를 종교와 등산이 밀접한 관계를 맺게 된 대표적인 유래로 일컫는다.

제2장

중국의 근대 등산활동

—

본 장에서는 1840년부터 1949년까지를 근대 등산 활동기라고 정의하고 서술하기로 한다. 중국 역사학계에서는 근대와 현대의 시기 구분을 두고 의견이 분분하다. 이 책에는 중국 체육 통사에서 명시한 기준을 적용했다. 즉, 1840년 이전은 고대, 1840년부터 1949년 사이인 청말 시기부터 국민당 정부 수립 기간까지를 근대, 그리고 1949년 중화인민공화국 수립 이후를 현대로 구분했다. 이 기준이 중국 등산계의 발전 역사와 더욱 부합하는 면이 많기 때문이다. 그리고 중화인민공화국 설립 이후에 고산등정 같은 고난도 등산을 본격적으로 진행하였기 때문이기도 하다. 중화인민공화국 설립 이전에는 주로 일반적인 등산이나 군사활동 위주의 등반활동을 진행했다. 본 장 제1절부터 제4절까지 중국의 근대 등산활동을 주제별로 나누어 정리하고자 한다.

제1절

체육절과 등산활동

국민당 정부 교육부는 중화민국 31년^{1942년} 6월 9일에 《9월 9일 체육절 개최 방법 요점》을 공포했다. 국민당 정부 교육부는 《9월 9일 체육절 개최 방법 요점》에 매년 9월 9일을 체육절로 정하고, 정부 각 부처가 체육절 일주일 전까지 신문과 잡지를 비롯한 간행물에 체육의 중요성과 체육과 관련한 여러 활동 방법, 지식 등을 게재하여 널리 알리는 데 주력하라고 명시했다. 또한 9월 9일에 전국 각지에서 개최되는 전통무술, 경보, 등산, 수영, 승마, 조정경기, 사이클링, 역도, 구기종목과 육상경기 등 각 운동 종목별로 우수한 성적을 낸 참가자에게 상을 수여하기로 했다. 국민당 정부는 공식적인 체육의 날인 '체육절'을 지정하여 대중의 체육활동을 장려하고자 노력했다.

그렇다면 체육절을 9월 9일로 정한 까닭은 무엇일까? 이는 중국 전통명절인 '중구^{重九}'의 영향이 크다. 《제2차 중국 교육 연감》과 《체육절 확정》에 의하면, 중국에서는 예로부터 계절마다 다양한 신체활동을 통해 건강한 몸과 올바른 정신을 함양하는 풍습을 행했다고 한다. 이러한 풍습은 오래도록 변함없이 널리 전해졌으며, 그 효과도 상당히 크다. 이에 교육부는 중양절 풍습을 이어받아 체육활동을 널리 알리는 한편, 중화민국의 국부로 추앙받는 쑨원^{孫文}을 기리는 의미에서 체육활동을 하기로 했다. 중구를 체육절로 삼은 것만 보아도 중국인들의 생활 속에 중양절의 등산 풍습이 얼마나 깊게 자리 잡았는지 짐작할 수 있다. 1942년에 국민당 정부는 9월 9일을 체육절로 공식 선포했다. 그러나 1942년은 항

일전쟁 말기여서 수많은 중국인의 삶은 이미 피폐해질 대로 피폐
해진데다가 온 대륙이 전쟁의 늪에 빠진 상태였기 때문에 체육절
을 추진하기가 어려울 수밖에 없었다. 결국, 1945년에 항일전쟁에
서 승리한 이후에야 본격적으로 국가 차원에서 체육절 등산활동
을 시작할 수 있었다.

1945년 9월 항일전쟁 승리를 선포한 이후에, 당시 국민당 정
부 제2수도인 중경重慶에서 제3회 체육절 행사를 개최했다. 제3회
체육절 경기 종목에는 단체 등반대회와 수영대회 등도 있었다. 단
체 등반대회는 산간도시에서만 제한적으로 진행했지만, 항일전쟁
승리를 자축하며 진행한 대표적인 근대 단체 등반대회라는 점에
서 의의가 크다.

제2절

유명인사의 등산활동

중국의 위대한 혁명 지도자 쑨원孫文, 1886-1925[16]은 평생을 민주혁
명을 위해 싸우면서도 일상 중에 부지런히 체력을 쌓았다. 쑨원
의 두 번째 부인 쑹칭링宋慶齡도 어릴 때부터 체육을 좋아했다. 쑹
칭링은 남편 쑨원과 함께 혁명운동에 가담하면서, 틈틈이 운동 삼
아 교외나 산으로 나가 함께 각종 신체활동을 하며 체력을 단련했
다. 쑨원이 광동성 광주廣州에서 임시 대총통을 맡았던 1921년, 쑨

---

16   중국혁명의 선도자이며 공화제의 창시자. 1911-1912년 중화민국의 초대 임시 대총통
      을 지냈으며, 1923-1935년 중국의 실질적인 통치자였다. [역주]

원 부부는 무예 연마와 등산에 푹 빠졌다. 쑨원은 당시 무술의 대가로 명성이 자자한 차이구이친蔡桂勤을 초빙하여 무술을 배우는가 하면, 휴일마다 짬짬이 등산을 즐겼다. 광서성의 첩채산疊彩山, 풍동산風洞山이라고도 함. 명월봉明月峰, 선학봉仙鶴峰, 사망산四望山, 월산月山으로 이루어짐, 우산虞山, 광주 북부 백운산白云山 및 광동에 있는 해발 1,000m 정호산鼎湖山, 계룡雞籠, 삼보三寶, 산래鳳來, 청사青獅를 비롯한 봉우리 10여 개로 구성을 비롯하여 전국 각지에 분포한 명승고적에 쑨원 부부의 발길이 닿지 않은 곳이 없었을 정도라고 한다.

마오쩌둥毛澤東, 1893-1976은 젊은 시절부터 신체활동을 매우 중요시했다. 마오쩌둥은 호남성湖南省에서 태어나고 그곳에서 학창시절을 보냈는데, 당시 함께 공부하던 친구들과 냉수욕, 수영, 등산, 야영을 즐겼다고 한다. 일찍이 사마천은 심신을 단련하고 지식을 증진하는 데 유람만한 것이 없다고 했다. 마오쩌둥은 사마천의 말에 상당히 공감하며 사마천이 전국 각지의 산천을 돌아다니며 남긴 업적을 높이 평가했다고 한다. 그리고 젊은 마오쩌둥도 등산과 유람에 빠져들었다. 마오쩌둥은 악록산岳麓山과 상강湘江 양안의 수많은 산에 자주 오르며 심신을 단련했다. 마오쩌둥과 친구들은 비바람에도 아랑곳하지 않고 산에 올라 밤이 되면 숲 근처에서 야영을 했다. 거칠고 험한 환경에 굴하지 않고 앞으로 나아갈수록 정신 수양과 더불어 신체와 기량을 강하게 단련시킬 수 있다고 여겼기 때문이다. 마오쩌둥은 비바람이 거칠게 몰아치던 어느 날 밤에 온몸이 비에 흠뻑 젖은 채 차이허썬蔡和森의 집에 찾아갔다. 차이허썬은 마오쩌둥의 몰골을 보고 깜짝 놀랐다. 마오쩌둥은 차이허썬에게 『상서』에 나온 문장인 '큰 숲속으로 몰아넣었으나, 사나운 바람과 뇌우에도 방향을 잃지 않았다.'를 체득하려고 일부러 비가 퍼붓는 날을 골라 악록산에 올랐다고 말했다. 이렇듯 마오쩌둥의 체력단련은 등산과 매우 관계가 깊었다. 젊어서부터 신체를 단련한 덕분에 훗날 강인한 심신을 바탕으로 중국의 공산화 혁명을 주도할 수 있었다.

중국의 사상가이자 중국공산당 공동 설립자인 리다자오李大釗, 1889-1927[17]도 산을 매우 좋아했다. 리다자오는 하북성河北省 악정현岳停縣 출신으로, 악정현에서 멀지 않은 곳에 있는 창려현昌黎縣 갈석산碣石山에 자주 올랐다고

리다자오李大釗

한다. 갈석산은 역사적으로 진시황, 한무제, 위 조조 등 수많은 제왕이 올랐던 곳으로 유명하다. 연산산맥 자락에 있으며 주봉인 옥선대玉仙臺는 해발 695m이다. 리다자오는 1961년에 일본을 떠나 중국으로 돌아온 후에 혁명운동에 가담했다. 그때 갈석산을 찾아올라 심오한 사상을 담은 시를 많이 지었다. 리다자오는 갈석산에 수차례 올라 유람하며 느끼고 얻은 바를 『유갈석산잡기遊碣石山雜記』에 상세하게 담아내었다.

중국 근대 유명인사 중에는 산을 좋아하는 이가 매우 많았다. 군인이자 정치가인 펑위샹馮玉祥, 1882-1948[18]도 그중 하나이다. 펑

---

17 중국 최초의 마르크스주의자. '5·4 신문화운동'의 선도자이자 중국공산당 공동 설립자. 마오쩌둥에게 사상적 배경을 제공한 인물. [역주]

18 1918-1930년에 화북 일부를 지배했던 중국의 정치가이자 군벌이다. 1927년 5월 서안에서 국민당 제2집단군 총사령관으로 취임하고 장개석 등과 함께 반공활동을 펼쳤다. 그러나 1928년부터 장개석과 충돌하기 시작하여, 이후 1933년 5월 중국공산당과 협력해 항일전을 시작했다. 항일전이 끝난 후에도 공산당과 협력하는 입장을 견지하면서 장

위샹은 수많은 명산대천을 자유롭게 유람하며 각 명승마다 기념사를 남기기도 했다. 평위샹은 1936년에 민중항일동맹군 총사령관 자리에서 쫓겨난 이후 태산에 은거하며 태산을 두루 유람했다. 1920년대에는 양셴장楊賢江을 비롯하여 수많은 중국 교육가가 몸과 마음을 균형 있게 발전시키자는 차원에서 대중에게 등산을 권장했다. 당시 해외에서는 고산등반이 한창 유행했다. 중국은 세계 등반계의 흐름에 곧장 합류하지 못했지만 국내외 등산 열풍의 영향을 받아 등산의 중요성을 널리 인지하기 시작했다.

제3절

홍군, 설산을 등정하다

1920-1930년대 중국공산당의 군사 조직인 공농홍군工農紅軍[19]은 2만 5천 리 장정을 성공리에 마치며 중국 혁명 역사에 힘을 실었다. 국민당과의 사투, 대설산을 넘는 강행군 등 고난의 연속이었던 홍군의 장정은 중국 근대 등산 역사에 한 획을 그었다.

　홍군은 1935년 6월에 사천성 서부에 도착했다. 홍군은 사천성 아안에서 우회해 사천성 서부의 천전과 노산 등지를 지나서 협

개석에게 반대했다. 한국의 임시정부와 독립운동을 적극 지지했다. 1940년 3월 한국국민당 선전부가 펴낸 한민韓民 창간호에 "중한의 형제들이여, 일본 제국주의를 함께 처부수자"라는 제목의 글을 기고했다. |역주|

19　공농홍군은 1920-1930년대 중국공산당 무장 조직이다. 1928년 5월 중국공농혁명군中國工農革命軍으로 창립했으며, 1937년 제2차 국공합작이 개시되자 편제상 국민당군에 편입되어 국민혁명군 제8로군과 신사군新四軍이라고 불렸다. 일본의 항복 이후 국공내전이 시작되자 인민해방군으로 이름을 바꾸어 오늘날까지 알려졌다. |역주|

금산을 넘어, 당시 최대의 군사력을 보유한 사천성 북부의 제4방
면군과 합류하려고 했다.

홍군은 6월 초에 이랑산二郎山 부근 포동강抱桐崗에 도착했다.
포동강은 현지인들이 죽음이 다스리는 곳이라고 부를 정도로 사
람의 발길이 거의 닿지 않은 매우 험준하고 황폐한 산이었다. 원시
삼림 특유의 어두컴컴하고 습한 환경 때문에 산은 온통 썩은 풀과
질척거리는 진흙으로 뒤덮인 채 독가스와 악취로 가득 찼다. 게다
가 이곳은 호우까지 쏟아지면 두 발로 다니기 힘들 정도로 지대가
열악했다. 그러나 홍군은 무릎까지 빠지는 진흙을 지날 수밖에 없
었다. 일행은 한 걸음 한 걸음 옮길 때마다 크나큰 대가를 치러야
했다. 잠깐 쉬어갈 때조차 몸을 편히 둘 평지를 찾기 힘들어서 비
탈길에 잠깐 몸을 뉘어 겨우 숨을 골랐다. 설상가상으로 행군에 필
요한 장비와 보급품도 턱없이 부족했다. 단순히 높이만 따지면 그
리 높지 않은 산을 넘는 것 치고는 너무나 가혹한 대가였다. 훗날
마오쩌둥은 미국 기자 에드거 스노Edgar Snow[20]에게 당시 상황을 이
렇게 토로했다.

> … 진흙탕 때문에 수송용 우마를 3분의 2나 잃은 부대도 있었다. 우리
> 홍군 수백 명은 자연이 내린 혹독한 시련 앞에 맥없이 쓰러져버렸다.[21]

그러나 홍군은 시련과 맞서겠다는 의지로 무장한 채 천전, 노산 일
대를 지나고 높고 험한 대설산인 협금산을 넘어 전투 준비를 할 수

---

[20] 1905-1972, 차이나 위클리 리뷰 부편집장1928, 뉴욕 선 잡지 특파원1934-1937, 런던 데일
리 헤럴드 잡지 특파원1932-1941을 역임했다. 서방 기자 최초로 중국공산당 본부가 있던
산시성을 방문 취재하여 1937년『중국의 붉은 별』을 출판, 서방에 마오쩌둥이 알려지는
데 큰 역할을 했다. [역주]

[21] 이안보李安葆, 『장정사長征史』에서 발췌. 중국청년출판사, 1986년 출간.

있었다.

협금산夹金山은 공래산맥邛峡山脉 남쪽에 있는 고산으로 보흥현宝兴縣의 북서쪽에 있으며 해발 4,000m가 넘는다. 이 산은 일년 내내 눈으로 뒤덮인데다 운무가 자욱하고 산소마저 희박하여 찾는 사람이 거의 없다. 현지 사람은 협금산을 신산神山이라고 부른다. 이 산에는 신선이 살고 있는데, 산을 오르려는 사람이 큰 소리를 내면 신선이 분노하여 하늘에서 폭풍우와 눈을 내려 사람들을 눈 속에 파묻히게 해버린다는 전설이 있다. 마오쩌둥은 특유의 유머로 홍군의 긴장감을 풀고 전의를 회복하여 이 험한 설산을 넘어서 무사히 진군할 수 있었다.

6월 중순쯤 홍군 부대는 힘차게 군가를 부르며 설산을 향해 진군했다. 산에 오를수록 눈은 더 깊게 쌓여 다리가 푹푹 빠질 정도였고 칼바람마저 강하게 몰아쳐서 숨쉬기조차 힘에 부쳤다. 급기야 기력이 쇠진한 홍군이 하나둘씩 죽어갔다. 쉬려고 앉았다가 다시 일어나지 못하는 대원도 있었다. 마오쩌둥과 주더朱德, 주덕[22], 저우언라이周思来, 주은래 등도 홍군을 격려하며 함께 장정 길에 올랐다. 정상에 거의 다 오를 때쯤, 갑자기 호두알만 한 우박이 떨어지기 시작했다. 그러나 홍군 일행은 이에 아랑곳하지 않고 가슴을 쭉 편 채 꿋꿋이 앞을 향해 걸었고, 얼마 후 정상에 올랐다. 정상에서 바라본 경치는 아주 아름다웠다. 새하얀 빙설로 뒤덮인 채 우뚝 솟은 산봉우리, 그 아래에 바다처럼 드넓게 펼쳐진 구름은 마치 신선이 사는 듯한 신비로운 분위기를 자아냈다. 두려움을 모르는 도

---

22 중국인민해방군 창군 멤버 중 하나. 프롤레타리아 혁명가, 군사 지도자, 정치가. 중국공산당 정권 수립 후 국가 부주석 겸 국방위원회 부주석, 중앙정치국 위원 및 상임위원 등을 역임하며 저우언라이와 함께 마오쩌둥을 도와 신중국 건설에 공헌했다. [역주]

전 정신과 용감한 기백을 가지고 사람의 힘으로 오르기 어렵다는 험한 설산에 오른 홍군의 일화는, 중국 근대 등산 역사의 한 획을 긋는 승리의 개선곡이 되어 온 대륙에 힘차게 울려 퍼졌다.

제4절

중국 공산당의 혁명 근거지와 해방지구 등산활동

혁명 근거지[23]와 해방구[24]는 중국 근대 역사상 두 가지 특징을 가진다. 우선, 혁명 근거지와 해방구는 전쟁 중 중요한 근거지였다. 두 곳 모두 제1차 국내 혁명전쟁[25] 시기에 붉은 정권의 근거지 또는 항일전쟁의 근거지로서 역할을 수행했다. 또 하나는 산이 많은 곳에 있었다는 것이다. 이러한 특징 덕분에 근거지와 해방구에서 시행한 체육활동 가운데 등산이 차지하는 부분이 상당히 컸다고 한다.

전쟁에서 살아남기 위해서는 호랑이도 맨손으로 잡을 수 있을 만큼 정신력이 강해야 한다. 게다가 유격전에 적응하려면 반드시 산에 오르고 물을 건널 줄 알아야 한다. 상황을 예측할 수 없는 전시상황에서 등산은 생존을 위한 필수불가결한 요소였다.

당시 홍군은 체조, 무술, 높이뛰기와 멀리뛰기 같은 군사 체육활동을 자주 했다고 한다. 등산훈련을 하며 누가 먼저 정상에 오르

---

23   특히 2차 국내 혁명전쟁·항일전쟁·해방전쟁 시기의 혁명 근거지를 가리킴. |역주|

24   중국공산당이 이끈 군대가 항일전쟁과 해방전쟁 시기 일본이나 국민당 통치로부터 해방시킨 지역 |역주|

25   1924년부터 1927년까지 중국공산당이 제국주의 및 북양군벌北洋軍閥에 대항하여 싸운 전쟁 |역주|

는지 종종 시합을 열기도 했다. 시합은 이렇게 진행했다. 우선 산 정상에 붉은 깃발과 탄알 두 개를 두었다. 홍군은 부대를 둘로 나누어 산 아래에서 대기하다가 시작을 알리는 소리가 들리면 일제히 산봉우리를 향해 올라갔다. 가장 먼저 정상에 오르는 사람이 깃발을 차지하고 탄알을 획득하는 방식이었다. 탄알은 근거지에서 굉장히 중요한 물품이라 홍군 대원이라면 누구나 손에 넣고 싶어 했다. 당시 홍군 총사령관을 맡은 주더는 전쟁 기간에 자주 훈련을 시행했다고 한다. 홍군은 매일 아침 체조, 산 정상에 오르기, 추격, 사격 등 여러 훈련을 진행했다.

홍군은 1927년 겨울 모평茅坪 인근에 주둔할 때에는 모평에서 그리 멀지 않은 보운산步雲山에 자주 오르며 등산훈련을 실시했다. 보운산 아래에서 정상까지 거리로 따지면 약 2,500m 정도였다. 홍군은 이 산에서 담뱃잎 두 개를 1등 상품으로 걸고 등산 시합을 자주 열었다.

근거지 내 학교 체육시간에도 등산을 자주 시행했다. 실제로 강서지역 혁명 근거지에 있는 레닌초등학교에서는 매주 등산, 줄다리기, 줄넘기, 그네 시합 등을 했다고 한다. 등산은 근거지에서 개최하는 운동회에서 빠짐없이 시행하는 종목이기도 하다. 홍사군紅四軍, 중국 역사 최초의 홍군을 일컬음이 1931년 5월에 하남성 남부 신집진新集鎮, 동쪽은 안휘성安徽省, 남쪽은 호북성湖北省에 접하여, 하남성을 비롯한 각 성의 별칭인 예豫·악鄂·환皖 3개 성省이 결합하는 지점에 위치에서 개최한 체육대회에서도 빠짐없이 등산을 시행했다고 한다.

항일전쟁 시기 혁명의 성지였던 연안延安은 혁명군 간부와 병사가 대규모로 집결한 곳이었다. 팽팽한 긴장감으로 가득하던 고

단한 생활 속에서도 각종 신체단련을 끊임없이 했는데, 그중에서
도 등산은 빠지지 않는 중요한 종목이었다고 한다. 1933년 미국에
서 중국으로 건너온 팔로군의 의료 고문 마해덕馬海德, 영문명 George
Hatem[26], 최초로 중국 국적을 취득한 외국인은 자신의 책『연안 시기 체육생활
을 추억하며憶延安時期體育生活』에 당시 상황을 이렇게 언급했다.

> 내 기억 속 연안은 아주 신기하고도 새로운 곳이었다. … 생활필수품이
> 많이 부족하기는 하지만, 사람들이 모두 같은 신념과 이상을 가지고 즐
> 겁게 지낸다. 여기 사람은 일하거나 공부를 하는 시간을 제외한 여가에
> 여러 체육활동을 하는데, 그 종목이 매우 다양하다. 내가 본 것만 해도
> 농구, 배구, 탁구, 육상경기, 단체체조, 역도, 수영, 등산, 스케이팅 등 수
> 없이 많았다.

연안은 산지에 있어서 이곳을 오가려면 반드시 등산을 해야 했다.
마해덕은 그 과정을 이렇게 언급했다.

> 연안에서는 문밖을 나서는 순간부터 등산길을 따라 산을 오르내려야
> 한다. 인민 항일군사정치대학이나 공산당 간부학교에 가서 보고사항을
> 들으려면 반드시 산에 올라야 하며, 회의에 참석하기 위해서도 산에 올
> 라야 한다. 종종 단체로 등산하며 누가 가장 먼저 정상에 오르는지를 겨
> 루기도 한다. 우리 의료진들은 환자 이송에 필요한 들것을 짊어진 채 그
> 들과 함께 등산길에 오른다. 다소 번거로워 보일 수도 있지만 응급 상황
> 이 발생했을 때 환자를 돌보는 데 매우 유용했다. 함께 여러 차례 등산
> 하다 보니 나중에는 들것을 짊어진 채 산에 오르는 일이 그다지 힘들지
> 않았다.

---

26 1910-1988, 레바논계 미국인으로 뉴욕 태생. 중국의 나병과 성병 퇴치에 공헌하여
1986년 앨버트 러스커 공공 봉사상을 받고, 중국에서 가장 사랑받는 미국인으로서의
명성에도 불구하고 문화혁명 기간 중 탄압을 받았다. 레바논의 주요 도시에 그의 이름
을 딴 광장이 있다. 베이징에서 사망하여 북경 혁명묘지에 묻혔다. [역주]

또한, 마해덕은 연안에서 행한 체육활동의 특징을 이렇게 묘사했다.

> 이곳에서 행하는 체육활동의 목적이 아주 분명하다. 체육을 위한 체육이 아닌, 신체를 단련하고 전쟁에 대비하는데다가 오락성까지 겸비한 것이다.

연안 항일군정대학교도 교육과정에 따라 체육활동의 일환으로 등산을 자주 시행했다. 특히 전시에 대비해서 야영을 자주 하며 학생의 체력증진을 도모했다. 남군과 북군으로 편을 나누어 등반하고, 산을 넘고 물을 건너서 산을 점령하는 훈련도 했다. 매일 아침 동틀 녘, 희끄무레한 빛이 조금씩 보이면서 희뿌연 연무가 산을 휘감기 시작할 때쯤이면 모두 정신을 가다듬고 산에 올라 적진에 침입하는 훈련을 시작했다. 물론 실전이 아닌 가상훈련이었다. 그러나 훈련생은 총을 짊어지고 중기관총을 끌며 한 시간에 12-13km가 넘는 거리를 달렸고, 적진에 한 번 공격할 때마다 40-50m 정도는 쉬지 않고 뛰어올랐다고 한다. 숨이 턱까지 차오르는 것은 물론이고 부상을 당하는 상황에서도 물러서는 이가 없을 정도로 용맹했다. 당시 상황을 기억하는 사람들은 연안에서는 이러한 군사훈련을 자주 시행했다고 했다. 매일 아침 동이 트려고 할 때마다 사방팔방에서 날카로운 호각 소리와 함성이 울려 퍼졌고, 곧이어 동산에 오른 훈련생이 대오를 정렬한 후에 맨손체조부터 하며 훈련을 시작했다. 연안을 가로지르는 연하 강가에는 달리기 연습을 하는 사람으로 가득 찼고, 서산에서는 사람들이 무리를 지어 정상에 올라 붉은 깃발을 먼저 차지하는 훈련을 시행했다. 각종 훈련을 거치며 연안의 건장한 젊은이들은 누구보다 빨리 산에 오를 수 있었고, 보는 이마다 감탄하지 않는 자가 없었다. 미국의 기자 에드거 스노는 중국의 혁명을 세상에 알린 그의 저서 『중국의 붉은 별Red Star Over China』에서 홍군의 용맹한 모습을 이렇게 묘사했다.

중국 언론은 홍군을 가리켜 행동이 민첩하며 산을 오르는 속도가 빨라 '인간 원숭이'라는 별명을 붙였다고 한다. 그들이 벽을 오르고 담을 넘거나 새끼줄을 꼬는 모습을 보면 왜 이런 별명이 붙었는지 금방 알 수 있다.

연안 젊은이들의 씩씩하고 날렵한 기량은 전쟁의 승리를 결정하는 중요한 요소였다. 공산당은 근거지와 해방구에서 시행한 여러 신체활동과 혁명군 군사훈련을 밑거름 삼아 훗날 공산주의 국가를 건설했다.

제 2 편

중국 현대 등산의 탄생 및 초기 활동

1955~
1959년

제3장

중국 현대 등산의 탄생

—

중국 현대 등산의 역사는 세계 각국의 현대 등산 역사보다 비교적 늦게 시작됐다. 중국은 1955년 중국·소련 합동등반대를 처음으로 결성한 이후부터 국제 등산활동에 본격적으로 참여했다. 1956년에는 등반대를 결성하고 서안 인근에 있는 태백산3,767m 등정에 성공하면서, 등정을 목적으로 중국 내 산에 오르는 기록을 처음으로 세웠다. 같은 해 7월에 중국·소련 합동등반대가 무즈타그를 등정한 후부터 중국은 등산을 정식 체육종목으로 인정했고, 이때부터 중국 현대 등산의 역사가 열렸다. 중국 현대 등산 초기 발전기에는 소련 등반대의 도움을 많이 받았다.

제1절

현대 등산의 유래

인류가 산을 오른 역사는 매우 길다. 초기 등산활동은 대부분 군사

활동이나 종교, 또는 경제적 목적에 한정됐지만, 이후 등산을 산에 오르는 스포츠 자체로 인식하면서부터 체육종목 중 하나로 자리를 잡았다. 등반대회나 탐험을 위주로 하는 현대 등산의 역사는 불과 200년이 채 되지 않는다.

현대 등산은 18세기 서유럽 알프스 산지에서 처음으로 유래했다. 해발 3,000-4,000m 근처 설선 인근의 고산식물 보호구역에는 알파인 로즈[27]라는 야생화가 자란다. 알파인 로즈는 채취하기가 매우 힘들다고 한다. 오래전부터 알프스 거주민 사이에는 산에 올라서 알파인 로즈를 꺾어 마음에 드는 상대에게 바치는 풍습이 있었다. 온갖 역경과 고난을 헤쳐서 얻은 징표로 진실한 사랑을 표현하며 아름다운 결실을 보기 위해서이다. 알프스 지역의 이러한 풍습은 오늘날에도 이어진다. 이렇게 등산은 대중에게 인기 있는 취미생활이자 많은 사람이 적극적으로 참여하는 운동으로 자리 잡았다.

또한 18세기 중엽에는 수많은 과학자가 알프스산맥 일대의 복잡한 지형과 기상 및 풍부한 동식물 자원에 관심을 가지고 연구하기 시작했다. 제네바 출신 지질학자이자 식물학자인 오라스 베네딕트 드 소쉬르Horace Bénédict de Saussure는 1760년쯤에 알프스산맥을 관찰하던 중 몽블랑 빙하에 크게 관심을 가졌다. 당시 제네바에서 상당한 재력가였던 소쉬르는 수년 동안 여러 차례에 걸친 원정과 도전에도 불구하고 몽블랑을 등정하고자 하는 꿈을 이루지 못했다. 결국, 그는 몽블랑 기슭 샤모니Chamonix 마을 입구에 '누구든

---

27   일명 만병초. 매서운 추위와 높은 자외선, 심한 건조를 견디며 100년을 넘게 산다고 한다. |역주|

자기 대신 몽블랑 정상에 오르거나 정상으로 가는 길을 찾는 자에게 사례하겠다.'라는 글을 내걸었다. 그러나 그 후 26년이 지나도록 아무도 몽블랑에 오르지 못했다. 1786년에야 샤모니 현지 의사인 미카엘 가브리엘 파카르Michael-Gabriel Paccard와 사슴 사냥꾼 자크 발마Jacques Balmat가 함께 몽블랑 등정에 도전했고, 그해 8월 8일 정상에 오르는 데 성공했다.

소쉬르는 파카르와 발마가 몽블랑을 처음으로 올랐다는 소식을 듣고는 등정의 꿈을 버리지 못하다가 1년 후에 원정대 대원을 스무 명 정도 모아서 꿈에 그리던 몽블랑으로 다시 떠났다. 자크 발마도 원정대에 동참하여 앞장서서 함께 올랐다. 소쉬르는 파카르와 발마가 올랐던 길을 따라서 드디어 몽블랑 정상에 이르렀다. 통상 이 일화를 현대 등산의 시초라고 일컫는다. 영국에서 발행한 유명 백과사전도 이를 현대 등산이 시작된 계기라고 소개했다. 또한 현대 등산이 알프스산맥에서 시작됐기 때문에 '알프스 등산 운동'[28]이라고 부르기도 한다.

19세기 중엽부터 알프스 등산은 급속히 발전했다. 1855년부터 1865년 10월까지 알프스산맥에서 해발 4,000m가 훌쩍 넘는 봉우리 20개가 잇달아 등정됐다. 이 고봉을 정복한 사람 중에서 가장 뛰어난 업적을 남긴 사람은 영국 출신의 등반가 에드워드 윔퍼Edward Whymper다. 윔퍼와 등반대는 알프스 서부 몽블랑 산괴의 그랑드조라스Mt. Grandes Jorasses, 4,184m를 처음으로 등정했다. 이후 연이어 에귀 베르트Aiguille Vert, 4,122m에 올랐고, 마침내 당시 알프스의 여러 산 중에 누구도 오른 적이 없는 마지막 등정 목표인 마터

　　28　알피니즘Alpinism [역주]

호른4,478m 정상을 최초로 밟았다.

이때부터 현대 등산계의 흐름에 변화가 생겼다. 우선, 당시 기술 수준이 열악한 탓에 4발 아이젠이나 삼밧줄, 등산 스틱 같은 간단한 등산장비에 의존하여 비교적 쉽고 안전한 길을 골라 등정하던 관습에서 조금씩 벗어났다. 록 하켄, 빙벽용 특수 피켈, 철제 사다리, 3발 스파이크, 카라비너, 로프 등 각종 기능성 장비를 사용하기 시작하면서 암벽과 빙설을 다루는 기술이 발전했고, 이에 따라 점점 복잡한 등산 루트를 따라 오르면서 고난도 기술이 필요한 등산 루트를 개척하기 시작했다.

또한 등반 대상 지역이 전 세계로 확대되었다. 19세기 말에 수많은 등반가가 남미 안데스산맥, 북미 로키산맥, 아프리카 일대에 있는 산과 중앙아시아에 있는 캅카스산맥에 눈독을 들였고, 20세기 이후부터는 히말라야산맥에 관심을 모았다. 그러나 이 시기에도 등반활동 중심지는 여전히 알프스산맥 일대였다.

아시아와 선진국 출신 일부 등반가는 당시에 사람의 힘으로 오를 수 없는 산이라 여겼던 알프스의 3대 북벽인 마터호른 북벽4,478m, 그랑드조라스 북벽4,184m 및 아이거Eiger 북벽3,970m 등정에 관심을 가졌다.

1931년, 독일 뮌헨 출신 프란츠 슈미트Franz Schmid와 토니 슈미트Toni Schmid 형제는 단 이틀 만에 마터호른 북벽을 올라 알프스 3대 북벽을 최초로 등정한 등반가로 등극했다. 마터호른 북벽은 수직 표고차가 1,100m이고 암벽의 높이만 해도 1,000m가 넘는데다가 곳곳에 산사태의 위험이 도사리는 악명 높은 코스였다. 슈미트 형제의 등정 소식은 온 유럽에 퍼졌고, 이들은 순식간에 세계 등산계의 영웅으로 주목받았다.

1935년 여름에 독일 등반가 루돌프 패터스Rudolf Peters와 마틴 마이어Martin Maier가 그랑드조라스 북벽의 톱니 모양 정상 중 가운데에 있는 버트레스[29] 크로Croz를 처음으로 등정했고, 1938년에는 이탈리아 출신 등반가 리카르도 캐신Riccardo Cassin이 일행과 함께 처음으로 워커릉Walker spur 정상에 단번에 올랐다. 그랑드조라스 북벽은 표고차가 1,070m이고 구간 중 3분의 1 이상이 수직에 가까울 정도로 상당히 어려운 코스이지만, 사람이 오르지 못할 곳은 없었다.

독일 등반가 안데를 헤크마이어Anderl Heckmair와 오스트리아 등반가 하인리히 하러Heinrich Harrer는 1938년에 등반대를 각각 인솔하여 아이거 북벽을 등반하다가 합류했다. 이들은 나흘 동안 사력을 다한 끝에 마침내 아이거 북벽 정상에 올랐다. 아이거 북벽정상 표고 3,970m, 수직 높이 약 1,800m은 깎아지른 듯 경사가 급하며 기후도 변화무쌍하다. 이 때문에 세계에서 가장 위험하고 오르기 힘들며, '등반가의 공동묘지'라는 별명이 붙을 정도로 악명이 높다. 그러나 알프스산맥에서 가장 어려운 코스라고 일컫는 3대 북벽 정상에 마침내 등반가의 발자국이 남았다.

이렇듯 세계적으로 놀라운 등반 성과가 이어지자 각국의 등반가들은 이제 사람의 힘으로 오르지 못할 산은 없다고 여기기 시작했다. 등반계도 알프스산맥 등반만으로는 등정 욕구를 채울 수 없

---

29 버트레스buttress는 원래 건축 용어로 담이나 건물의 벽이 무너지지 않도록 블록 등으로 받쳐주는 지지벽을 의미하나, 등산에서는 산체山體를 지지해주는 것처럼 산정이나 능선을 향해서 치닫고 있는 암릉을 지지하는 벽을 가리킨다. 알프스 그랑드조라스 북벽의 워커 혹은 크로Croz 측릉 등이 유명하다. |역주|

었을 뿐만 아니라 빠르게 변화하고 발전하는 등반 추세를 따라잡기도 힘든 분위기였다. 도전에 목마른 수많은 등반가의 관심은 자연스럽게 아시아 히말라야산맥에 집중되었다. 알프스와는 달리 히말라야산맥에는 정복하지 못한, 모르는 고봉이 여전히 많기 때문이었다.

프랑스 출신인 모리스 에르조그Maurice Herzog와 루이 라슈날Louis Lachenal은 1950년 6월에 북서쪽 산릉선을 따라 세계에서 열 번째로 높은 안나푸르나Mt. Annapurna, 8,078m를 처음으로 등정했다. 이들은 등산 역사상 최초로 해발 8,000m가 넘는 고봉에 오르는 경이로운 업적을 세웠다. 당시에는 상상하기 힘들 만큼 크나큰 성취였다. 프랑스 등반대가 안나푸르나를 등정한 소식은 전 세계 등산계를 뒤흔들었다. 또한 이를 계기로 수많은 등반가가 해발 8,000m가 넘는 고봉에 도전하려는 의욕을 더욱 불태웠다. 이때부터 히말라야 등반의 황금시대가 열렸다.

1953년에는 독일·오스트리아 합동등반대 소속 등반대원 헤르만 불Hermann Buhl이 세계에서 아홉 번째로 높은 산인 낭가파르바트Mt. Nanga Parbat, 8,125m를 최초로 등정했다. 같은 해에 영국 등반가 에드먼드 힐러리Edmund Hillary와 네팔 출신 셰르파 텐징 노르가이Tenzing Norgay는 남동쪽 산릉을 따라 세계에서 가장 높은 초모룽마Mt. Chomolungma, 8,848m[30] 정상에 최초로 올랐다. 1954년에는 이탈리아 등반대 소속 리노 라체델리Lino Lacedelli[31]와 아킬레 콤

---

30 에베레스트

31 1925-2009, 1954년 7월 31일 아부루치 능선으로 초등했다. 당시 보나티는 가장 젊은 대원으로 혼자 포터 마디와 함께 정상 등정팀이 사용할 산소통을 최종 9캠프 바로 밑에 까지 운반하고 비박했다. 이때의 기록을 『K2: The Price of Conquest』로 남기고 보나티

파뇨니Achille Compagnoni, 1914-2009가 세계에서 두 번째로 높은 산이
자 히말라야 14좌 가운데 가장 등반이 어렵기로 유명한 K2^{8,611m}
정상에 올랐고, 같은 해에 오스트리아 출신 등반가 헤르베르트 티
히Herbert Tichy를 비롯한 네팔 원정대가 세계에서 일곱 번째로 높
은 초오유Mt. Cho Oyu, 8,201m[32]를 등정했다. 1955년에는 조지 밴드
George Band와 조 브라운Joe Brown, 노먼 하디Norman Hardie, 스트래더
H.R.A. Streather를 비롯한 영국 등반대가 세계에서 세 번째로 높은 산
인 칸첸중가Mt. Kangchenjunga, 8,585m 정상에 올랐다. 또한 같은 해에
프랑스·인도 합동등반대 소속 대원 장 프랑코Jean Franco, 장 쿠지Jean
Couzy, 리오넬 테레이Lionnel Terray 등은 세계에서 다섯 번째로 높은
산인 마칼루Mt. Makalu, 8,463m 정상에 최초로 올랐다.

세계 등반계가 히말라야 등반 황금시대를 한창 누리고 있던
이 시기에, 중국 현대 등산은 이제 막 첫 발걸음을 떼기 시작했다.

제2절
최초의 등반활동

1955년 초, 소련 노동조합중앙회는 중국 노동조합총연합회에 등
반기술을 배울 사람을 소련으로 보내달라고 요청했다. 중국은 이
에 따라 1955년 5월에 쉬징許競, 스슈師秀, 저우정周正, 양더위안楊
德源을 소련 연방 캅카스산맥에 있는 베이스캠프에 파견했다. 쉬

는 2001년 『내 생애의 산들』을 펴냈다.

32　　지도에는 통상 8,153m라고 표기하나, 재측정 결과 8,201m로 밝혀짐.

징 등 중국 등반대원은 캅카스 산악 훈련캠프에 참가하여 등반기술을 배우기 시작했다. 이들은 소련 등반대원과 함께 중국·소련 파미르 합동원정대를 결성하여 파미르고원에 있는 단결봉Unity Peak, 6,673m과 시월봉Peak October, 6,780m을 최초로 등정했다. 중국 등산계의 서막은 이렇게 서서히 열렸다.

중국 노총은 1956년에 북경 서쪽 근교 팔대처八大處[33]에 산악 훈련캠프를 열어서 등반가를 양성했다. 1956년 4월 25일에 스잔춘史占春을 중심으로 등반대원 32명이 모여서 최초의 중국 등반대인 중국 노총 등반대를 결성했다. 중국 노총 등반대는 결성한 지 얼마 지나지 않았을 때, 소련 전문 등반가의 지도를 받으며 중국 동부에서 가장 높은 태백산太白山, 3,767m 정상에 올랐다. 태백산은 진령산맥秦嶺山脈의 주봉으로, 섬서성陝西省 미현郿縣 남동쪽에 있다. 절대고도는 그다지 높지 않지만 산기슭에서 정상까지 비고가 3,000m는 족히 넘고 경사가 거의 45도 정도로 심하며, 그보다 더 가파른 언덕도 매우 많다. 등반대는 등반 첫날에 11-12시간에 걸쳐 약 40km를 올랐고, 이튿날에는 태백산 최고봉에 있는 방양사放羊寺 근처 캠프에 도착했다. 등반 사흘째, 해발고도가 높아질수록 적설량도 늘었다. 경사도 점점 가팔라지면서 기압이 낮아져서 산소가 희박해졌다. 이 때문에 두통과 구토, 사지 무력증을 호소하거나 코피를 흘리는 대원이 적지 않았다. 등반대는 이러한 상황에도 천신만고 끝에 11시 15분경 태백산 정상에 오르는 데 성공했다.

등반대 대원은 국제관례에 따라 등반대원 전원의 서명을 담은 등반기록지를 빈 통에 넣은 후에 돌을 쌓아 올린 돌탑에 묻어서 등

---

33 중국 북경의 서쪽에 있는 절. |역주|

정 흔적을 남겼다. 정상에 오른 대원들은 너 나 할 것 없이 피켈을 치켜든 채 환호하고 승리를 자축하며, 앞으로 더 많은 산에 승리의 발자국을 남기리라고 다짐했다.

제3절

무즈타그와 콩구르튜베에 오르다

중국·소련 합동등반대는 1956년 7월에 무즈타그Mt. Muztagh에 올랐다. 이어서 같은 해 8월에도 콩구르튜베Mt. Kongur Tube 정상에 올랐다. 중국과 소련이 함께 등정에 성공하기 위하여 엄청난 노력을 기울인 결과였다.

중국·소련 합동등반대는 소련 북부 카즈베크Mt. Kazbek, 5,047m 베이스캠프에서 훈련을 마친 후에 1956년 6월에 캅카스산맥 엘브루스Mt. Elbrus, 5,642m 정상에 오르는 데 성공했다. 7월 5일에는 비행기로 파미르고원까지 이동한 후에 무즈타그 서측 해발 4,060m에 베이스캠프를 세웠다.

무즈타그는 중국 신강위구르 자치구 남서쪽 국경지대에 있으며, 해발고도가 7,546m이다. 무즈타그 근처에 있는 콩구르타그Mt. Kongur Tagh, 7,649m와 콩구르튜베7,530m도 파미르고원의 고산지대를 이루는 산이다. 무즈타그는 일 년 내내 눈으로 덮여 있으며 얼음 층이 약 150-200m 정도로 상당히 두껍다. 타지크족과 위구르족 등 현지 거주민은 이 산을 '빙산의 아버지'라고 부른다.

무즈타그는 1870-1873년쯤부터 연구 대상으로 주목받았고, 이 시기부터 본격적인 연구를 시작했다. 영국 출신 여행가 선은 일행과 함께 무즈타그 동쪽에서 봉우리를 관찰했다. 1876년 소련 군사 지질 측량가가 파미르 동쪽에서 무즈타그를 자세히 관찰한 끝에, 무즈타그의 해발고도가 7,300m 정도라고 결론을 내렸다. 1889년에는 소련 지리학회 소속 지질학자 보그다노비치Bogdanovich가 카라타스 입구를 거쳐서 게제 빙하 상류 쪽으로 이동하며 무즈타그 서릉과 북릉의 지질과 지형 특징을 관찰했다. 1894년에는 스웨덴 출신으로 유명한 지리학자이자 탐험가인 스벤 헤딘Sven Anders Hedin이 수개월 동안 무즈타그를 연구했다. 스벤은 무즈타그 일대 빙하를 관측한 후에 이를 바탕으로 현지 거주민이 전부터 사용하던 명칭을 인용하여 무즈타그 지도를 제작했다. 스벤은 서쪽 빙하를 따라 무즈타그에 오르려고 네 차례나 시도했지만 번번이 실패했다. 1924년에는 영국 여행가 스크라인이 무즈타그에서 조금 북쪽으로 떨어진 곳에 있는 콩구르를 조사하여 지도를 제작하고, 콩구르 주봉 높이가 약 7,770m 정도라고 발표했다. 1947년에는 영국의 에릭 십턴Eric Shipton과 빌 틸먼Bill Tilman을 비롯한 베테랑 등반가가 스벤 헤딘의 뒤를 이어 콩구르 서릉에서 등반을 시도하여 해발 7,000m까지 올랐으나, 결국 여러 이유로 정상까지 오르지는 못했다.

　1956년 7월 6일에 중국·소련 합동등반대는 남서쪽에서 쭉 뻗어 올라 급경사를 이루는 이 무즈타그를 심층 조사하고 등산 루트를 정했다. 그리고 닷새 후인 11일부터 본격적으로 등반길에 나섰다. 등반대는 7월 10일부터 21일까지 조를 나누어 무즈타그에 오르며 해발 4,450m, 5,500m, 6,170m, 6,800m마다 캠프를 세웠다. 7월 25일 오후 5시쯤에 대원 31명은 무즈타그 정상을 향하여 마지막 등반길에 올랐다.

합동등반대는 네 명씩 조를 지어 경사가 45도가 넘는 가파른 설사면을 수없이 올랐고 매우 복잡하고 위험한 빙벽지대를 지났다. 해발고도가 높아질수록 산소는 점점 희박해졌다. 동상 때문에 입술과 손가락이 점점 새파랗게 얼어붙었고, 맥박마저 분당 170-180회로 정상 수치인 60-100을 크게 웃돌았다. 심지어 스잔춘史 占春 부대장은 최대 맥박수가 192회까지 치솟을 정도였다. 게다가 많은 대원이 식욕 감퇴를 비롯하여 각종 고산병 증세에 시달리는 등 상황이 심각했다. 중국 대원은 차 몇 모금만 겨우 마셨을 뿐 음식을 제대로 먹지 못했다. 닷새간 이어진 등반 여정 중에 식욕이 가장 좋은 대원이 사흘 동안 만두 두 알을 겨우 먹을 정도였다. 등반대는 이러한 악조건을 딛고 해발 7,200m에 다섯 번째 캠프를 세우는 데 성공하며 등정을 향한 의지를 더욱 불태웠다.

7월 31일 새벽에 합동등반대 대원 31명은 영하 25도를 밑도는 혹한에 맞서서 일렬로 길게 등반했다. 이제 약 300m 정도만 더 오르면 되었다. 합동등반대는 이날 오후 2시에 드디어 정상에 올랐다.

합동등반대는 정상에서 짧게나마 등정을 자축하는 시간을 가졌다. 대원들은 저마다 바위에 이름을 새기고 '4060기지'를 통해 무전기로 북경과 모스크바에 등정 성공 소식을 알리기도 했다. 촬영 담당 천더웨이陳德禹 대원은 얼어붙지 않도록 옷 속에 내내 품었던 사진기를 꺼내 들어 양국 대원이 정상에서 국기를 꽂는 진귀한 장면을 촬영했다.

콩구르 위치도

　　전 대원이 8월 1일에 안전하게 베이스캠프로 돌아오면서 공식 등정 임무가 끝났다. 이 등반에서 합동등반대 대원 대부분이 등정에 성공하며 단체 등정 부문 세계 신기록을 세웠다. 당시 무즈타그를 등정한 중국·소련 합동등반대 대장은 소련의 벨레스키Belesky, 부대장은 구즈민이었다. 중국 대원은 쉬징, 스슈, 후번밍胡本銘, 천룽창陳榮昌, 류롄만刘连满, 궈더춘国德存, 류다이刘大義, 펑중무彭仲穆, 웡칭장翁慶章, 펑수리彭淑力, 천더위 등 13명이고, 소련 대원은 총 19명이었다.

　　중국·소련 합동등반대는 무즈타그 등정 임무를 마친 후에, 콩구르튜베를 등정하기 위하여 소규모 등반대를 다시 결성했다. 총

112

대원 여덟 명 중 소련 대원이 여섯 명이었고, 나머지 두 명은 중국 대원 펑중무와 천룽창이었다. 무즈타그를 등반할 때 중국·소련 합동등반대 부대장을 맡았던 구즈민이 이번 등반에서 등반대 조장을 맡았다. 새롭게 구성한 합동등반대는 심기일전한 후에 콩구르튜베 등정이라는 새로운 목표를 향하여 발걸음을 옮겼다.

콩구르튜베는 해발 7,530m로 파미르고원에서 두 번째로 높은 산이다. 콩구르튜베는 지리적으로 무즈타그와 가깝다. 콩구르튜베에는 일 년 내내 눈이 쌓여 있다. 새하얀 눈으로 뒤덮인 모습이 현지 유목민이 쓰는 털모자를 연상케 한다고 하여 그곳에 사는 키르키스족과 타지크족은 이 산을 '하얀 털모자'를 뜻하는 '콩구르튜베'라고 이름 붙였다.

콩구르튜베는 지형이 상당히 복잡하고 빙암 절벽이 험준하기로 유명하다. 설선 위쪽 지대는 수십에서 수백 미터 정도가 빙설로 뒤덮였다. 해발 4,900m부터 직선으로 정상까지는 경사각이 40도가 넘는 설사면이 이어지며 눈사태도 자주 발생한다. 산 아래에는 유속이 거친 강이 흘러서 등반하기가 쉽지 않다. 이 때문에 그동안 무즈타그에 오르려는 사람은 많지만, 콩구르튜베에는 오르기도 전에 지레 겁을 먹는 사람이 많았다.

합동등반대는 8월 12일부터 본격적으로 콩구르튜베에 올랐다. 무즈타그에 오를 때 동행한 보조대원들도 합동등반대와 합류했다. 이날 합동등반대는 험준한 루트를 거쳐서 해발 4,300m까지 오른 후에 빙하 부근에서 야영했다. 등반 사흘째에는 곳곳에 생긴 크레바스를 지나고 가파른 경사로를 따라 깎아지른 듯한 절벽까지 올라갔다. 등반대는 이날 해발 6,200m까지 올랐다. 등반 나흘

째에는 800m 정도를 더 올랐다. 이날 코스 중 절반도 넘는 구간이 경사가 60-65도 정도로 매우 가팔라서 등반하기가 쉽지 않았다. 그날 밤에 대원들은 해발 7,000m에서 야영했다. 대원들은 경사가 60도나 되는 산비탈에 겨우 천막을 치고 밤을 지낼 수밖에 없었다. 그리고 다음 날인 1956년 8월 15일 오후 3시, 중국·소련 합동 등반대는 마침내 콩구르튜베를 등정하는 쾌거를 이루었다.

제4장

공가산 등반 – 7,500m가 넘는 고봉을 최초로 등정하다

—

중국 노총 등반대는 1957년 6월 13일에 사천성 서부에 있는, 험준하기로 악명 높은 공가산貢嘎山, Mt. Gongga, 7,556m[34]을 등정했다. 이는 중국 등반대 역사상 최초의 단독 등정일 뿐 아니라 해발 7,500m 이상 고산에 처음으로 오른 등반이라는 점에서 의미가 깊다. 중국은 공가산 등정 성공을 계기로 등산 역사의 새로운 장을 열었을 뿐 아니라 당시 소련과 동유럽 국가의 최고 기록을 뛰어넘으면서 세계 등산계의 이목을 끌었다. 중국의 현대 등산은 공가산 등정 사례를 지표로 삼아 새로운 발전기에 접어들었다.

---

34 예전에는 미냐 콩카Minya Konka로 불렸으나, 훗날 개칭하였다. 중국 내륙에서 가장 높은 산이며, 산 아랫자락의 모시磨西 마을과 표고차가 6,000m가 넘고, 최고 난이도의 등반 루트를 갖고 있어 등반가들의 무덤으로 꼽힌다. |역주|

제1절

계획과 준비

중국 등반대는 1956년 7월에 소련과 합동등반대를 결성하여 무즈타그 정상에 올랐다. 이후 유고슬라비아, 독일, 폴란드, 프랑스, 스위스, 일본 등 여러 나라가 중국 등반대 측에 함께 등반하자고 제안했다. 소련도 중국에 합동등반대를 다시 결성하자고 수차례 제안했다. 해외 여러 등반대와 함께 국제 합동등반대를 결성하자는

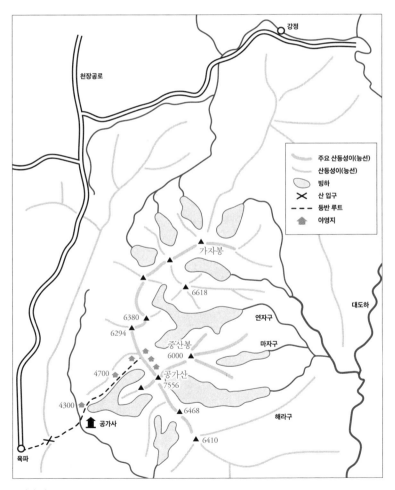

공가산 지도

요청도 있었다. 그러나 중국은 합동등반대 활동에 너무 치우친다면 중국의 독자적인 등반기술 수준 향상을 기대하기 힘들다는 점을 우려했다. 중국 노총은 이를 염두에 두어 단독으로 공가산을 등반하기로 계획했다.

중국이 소련과 합동등반대를 결성하여 무즈타그에 오를 당시에 소련이 등반 계획을 전반적으로 주도했고, 세계 등반계는 소련의 이러한 공을 높이 샀다. 반면 중국 등반대는 '소련 등반대가 중국 등반대를 정상까지 데리고 올라갔다.'라고 혹평 아닌 혹평을 받았다. 중국 내에서 독자적인 등반대를 구성하자는 목소리가 커지는 것도 당연했다.

중국 등반대는 결코 공가산을 등정하겠다는 목표를 섣부르게 세우지 않았다. 공가산을 선택한 배경은 다음과 같다.

첫째, 해발고도가 적절하다. 공가산은 무즈타그보다 약 10m 정도 높아서 해발고도 상 큰 차이가 없다. 또한 해발 7,000m 이상급 고산에 속하며, 7,000m가 넘는 고산 중에서도 상당히 오르기가 힘든 산이라는 점도 결정적인 요소였다. 중국 등반대는 이전에 시행한 등반에서 해발 7,500m 정도 고도에서 산소통을 휴대하지 않고도 순조롭게 적응했다.

둘째, 접근성이 좋다. 공가산은 중국 국경 안에 있다. 사천성 성도에서 강정까지는 고속도로를 기준으로 약 380km 정도 떨어져 있는데, 강정에서 공가산 인근까지는 말을 타고 나흘이면 도착할 수 있다. 따라서 물자운반과 보급이 수월하다.

셋째, 날씨와 지리 조건이 비교적 이상적이다. 공가산은 12월 말에서 1월 초까지가 가장 추운 시기이고, 5월이나 6월에는 비나 안개가 별로 없어 등반하기에 적합하다. 공가산은 설선이 높고 경사가 심한 편인데, 눈이 적게 쌓일 시기에 오르면 눈사태 위험이 적어서 위기상황을 조금이나마 줄일 수 있다.

넷째, 과학적 연구가치가 상당히 크다. 공가산 일대는 지리, 지형, 생물, 기상 등과 관련한 정보가 거의 없고 연구자료도 전무하다. 이 시기에 존재하던 지도에도 공가산 일대 지리 정보는 백지상태나 마찬가지였고, 지도 경계선조차 이 지점에서 모두 끊겼다. 공가산은 현대 빙하가 매우 발달했을 뿐만 아니라 고대 빙하의 흔적도 잘 보존된 편이라서 연구가치가 크다.

다섯째, 공가산은 지금으로부터 약 400년 전에 중국의 유명한 여행가 서하객이 발견한 산이라는 점에서 역사적인 의의가 크다. 스잔춘, 쉬징, 스슈는 1956년에 공가산 등반 실행 가능성을 조사하던 당시 직접 공가산을 오르며 시찰했다. 이후 스잔춘 등 대원의 보고를 토대로 1957년 3월경 중국 공산당 중앙서기처 제146차 회의에서 공가산 등반 계획안을 승인했다.

공가산 등반대는 총 29명으로 구성했다. 각종 작업담당 대원이 일곱 명, 과학자가 여섯 명이었다. 팀원 중 여덟 명은 소련 등반대와 함께 무즈타그를 등반했고, 일곱 명은 소련에서 등산기술을 배웠다. 새로 구성한 대원도 영상담당 대원 두 명과 촬영기자 한 명을 포함하여 총 일곱 명이었다. 대원들은 대부분 운동 애호가였다. 공가산 등반대 대장은 스잔춘이 맡았고 쉬징이 부대장을 맡았다. 등반대는 4월 27일 북경을 떠나서 5월 14일 공가산 초입에 도착했고, 이어서 해발 3,740m에 있는 공가사貢嘎寺 근처에 베이스캠프를 설치했다.

제2절

공가산 개황

공가산은 횡단산맥橫断山脉의 최고봉이며 해발 7,556m이다. 북위 29° 35′, 동경 101° 53′에 있고 사천성 서부의 강정, 노정, 석면, 구룡 등 여러 현으로 둘러싸인 고원에 우뚝 솟았다. 공가산 서쪽에는 아룽강雅龍江이 흐르고 동쪽에는 대도하大渡河가 흐른다. 산 너비는 남북으로 약 200km, 동서로 약 100km 정도이다. 공가산 주봉 주위에는 해발 6,000m가 넘는 고봉 스무여 개가 나란히 솟았다. 공가산은 그중에서도 단연 우뚝 솟아올라 주위 고봉을 내려다보는 형상을 하고 있어 '산 중 왕'이라고 일컫는다. '공가'라는 명칭은 티베트어에서 유래했다. '공'은 티베트어로 오랜 세월 녹지 않는 만년설을, '가'는 흰색을 의미한다. 공가산은 티베트족과 한족의 거주구역 경계에 있다. 산 동쪽에는 주로 한족이 살고 서쪽에는 티베트족이 거주하는데, 거주지역을 기점으로 목아木雅공가나 마서摩西공가라고 부르기도 한다. 또한 공가산은 세계적으로 유명한 고산이자 중국에서 가장 높은 산이다.

공가산은 중국의 여러 산 중에서 산세가 매우 험하기로 손꼽힌다. 멀리서 보면 이등변삼각형 모양의 설산이 뾰족하게 솟아오른 모습으로, 하늘을 향해 치솟은 거대한 피라미드를 연상케 한다. 산등성이 아래 대도하 계곡을 기준으로 산 정상까지 표고차가 약 6,000m 정도이고 정상을 중심으로 반경 10km 내 평균 표고차는 약 4,000m에 달하는데, 이는 세계적으로도 매우 보기 드문 지형이다. 공가산은 빙하와 풍화작용의 영향으로 침식이 많이 진행되어 경사가 매우 급한 편인데, 경사가 대부분 70도를 넘을 정도로 매우 가팔라서 오르기가 무척 힘들다. 또한 산세가 험하고 적설량이 많으며 기온 차도 매우 큰 편이다. 대형 눈사태도 자주 일어나는데, 눈덩이가 굉음을 내며 무너져내리는 소리가 20-30km 너머에서도 생생하게 들릴 정도라고 한다.

공가산은 중국에 있는 산 중에서도 빙하가 매우 발달한 편이다. 빙하가 여기저기서 흐르는 모습은 공가산의 특징 중 하나이다. 통계에 의하면, 공가산에는 모두 110개의 빙하가 흐르며 빙하 총면적은 약 292km² 정도이다. 이는 사천성 전체 면적의 57%가 넘을 정도로 매우 방대한 수치이다. 정리하자면 공가산은 사천성과 횡단산맥 일대에서 빙하가 가장 집중적으로 분포한 곳이며 중국 남서지역을 대표하는 천연 고체 저수지라고 할 수 있다. 공가산의 빙하는 최고봉에서부터 수십 갈래로 갈라져 산 아래로 나란히 흐른다. 그중 규모가 큰 빙하가 약 다섯 줄기이며, 가장 큰 빙하는 해라구海螺溝 빙하인데 약 15km 정도로 길게 흐른다.

티베트인은 공가산을 오랫동안 숭배했다. 공가산은 티베트 불교 종파 중 하나인 백교白敎, 카규파의 성지이며, 티베트인 사이에서 '신의 산'이라고 추앙받았다. 티베트인은 티베트 달력으로 매년 6월 7일에서 24일 사이에 공가사貢嘎寺에서 산신에게 제사의식을 성대하게 치른다. 티베트인의 불교 경문에는 공가산에 얽힌 신화와 전설이 매우 많다. 티베트인의 간절한 염원과 희망이 공가산이라는 이 신비로운 산에 모두 담겼다고 해도 과언이 아니다.

수려한 장관과 티베트인에 얽힌 여러 신비로운 전설까지 알려지면서 사람들은 공가산을 더욱 신비롭게 여겼다. 산세가 매우 험해서 오르지 못할 산이라는 별명이 붙었지만 수십 년 동안 정상에 오르려는 꿈을 품은 등반가의 발길이 끊이지 않았다.

공가산은 서하객이 최초로 발견한 산이라고는 하나 서하객도 공가산 정상에 오르지 못했다. 이후 수 세기가 지나도록 공가산을 찾는 이가 없었다고 한다. 20세기 초가 되어서야 공가산 근처를 여행하던 영국인 파렐라가 공가산을 다시 발견했다. 파렐라는 우뚝 솟은 공가산의 위용에 깊이 탄복하며 초모룽마와 필적할 만한 산이라고 극찬했다. 이때부터 유럽과 미국 등반계는 공가산에 관심을 보였다. 1920년에 영국 출신 로크와 스위스 출신 햄은 차례로 공가산 정찰등반에 나섰다. 로크와 햄은 공가산이 세계에서 두 번째로 높은 산이라고 오인했지만, 이 덕분에 공가산은 세계적인 명성을 얻었다. 그러나 로크와 햄도 정상까지 오르지는 못하고 해발 5,000m 부근에서 표본자료를 채집하고 사진을 찍어 지도를 제작하는 데 그쳤다. 1932년에는 미국의 테리스 무어Terris Moore, 리처드 버드솔Richard Burdsall과 에몬스Emmons 등 네 명이 탐사대를 조직하여 공가산에 올랐다. 특히 무어와 에몬스는 북서릉을 통해 공가산 정상에 처음으로 오르는 데 성공하여 정상에 미국 국기를 꽂아서 최초 등정한 흔적을 남겼다고 한다.

제3절

공가산 등반

중국 등반대는 본격적인 공가산 등반을 앞두고 산지 기후부터 조사했다. 우선 공가산 인근 지역 기상대의 최근 1년 치 자료와 기후

조사 담당 대원의 보고를 토대로 6월 10일 이후에 우기가 시작한다고 잠정 결론을 내렸다. 그리고 이에 따라 등반일정을 반 달 정도 앞당기기로 했다.

등반대는 공가산에 오르기 전에 등반 루트를 두 차례 정찰했다. 첫 정찰은 5월 17일에서 20일 사이에 진행했다. 계획대로라면 암석지대를 지나 설선을 조금 지나서까지 정찰해야 했다. 그러나 실제로 가서 보니 암석지대 끝은 가파른 절벽이어서 주봉까지 갈 수 있는 길이 뚝 끊겼다. 첫 정찰에서 주봉까지 이르는 루트를 찾는 데는 실패했지만 이 정찰은 다음 정찰 시 더 나은 지침을 제공하는 데 큰 역할을 했다.

정찰대는 5월 23일부터 28일까지 2차 정찰을 시행했다. 대원들은 암석지대를 빙 둘러 돌아가면서 암석지대와 공파빙하 우측으로 난 대설협곡 눈길 언덕을 따라 올랐고, 마침내 설선을 지나 해발 6,000m까지 올랐다. 그리고 드디어 이곳에서 주봉까지 이르는 루트를 발견했다. 이 루트는 일찍이 미국 등반대[35]가 올랐던 길과 거의 일치했다.

그러나 정찰 과정은 절대 순조롭지 않았다. 갑자기 발생한 눈사태 때문에 기존에 설치해둔 천막이 무너져버려서 스잔춘 대장을 비롯한 정찰대 대원 여덟 명이 급하게 몸만 빠져나와 겨우 목숨을 건진 일이 있었다. 천막이 무너진 바람에 대원들이 사용하던 방한용 오리털 파카와 장갑, 등산화를 비롯한 필수 등산장비가 졸지에 모두 눈에 파묻혀버렸다. 대원들은 방한용품도 없이 반나절이 넘도록 혹한에서 덜덜 떨다가 오후 6시가 지나고서야 겨우 눈 속

에 파묻힌 물품을 파내어 2차 위기에서 벗어날 수 있었다.

대원들은 해발 4,300m, 4,700m, 5,400m에 각각 캠프를 세워서 정상에 오르기 전에 현지적응 훈련과 등반을 준비하도록 했다. 등반대가 5월 28일 1차 등반을 하던 도중에 해발 5,000m 근처 경사가 약 60도 정도로 가파른 지대에서 눈사태가 일어났다. 이 사고로 북경대학교 기상학과 조교 딩싱유丁行犮가 약 2m 깊이 눈더미에 매몰되었다. 대원들이 눈을 파헤쳐 딩 대원을 구조했지만 이미 심장이 멈춘 상태였다. 대원들이 3시간도 넘게 인공호흡 등 구조작업을 진행했지만 딩싱유 대원은 결국 산소 부족으로 숨지고 말았다.

등반대는 티베트 현지 거주민의 도움을 받아서 해발 3,700m 베이스캠프에서 해발 4,700m에 세운 2캠프로 필수물품을 옮겼다. 이 덕분에 추후 등반이 훨씬 수월해졌다.

6월 4일, 등반대 대원 17명은 정상을 향해 진군했다.

정상까지 가는 길은 결코 만만하지 않았다. 붕괴 위험이 도사리는 위험천만한 눈 처마를 지나고, 깎아지른 것 같은 높디높은 절벽이나 빙암氷岩 일대를 지나야 했다. 때로는 곳곳에 크고 작은 균열이 있는 얼음폭포를 지나기도 했다. 게다가 전 대원은 식량과 각종 장비를 포함하여 25kg이 넘는 배낭을 맨 채 눈이 허리춤까지 빠지는 지대를 지났다. 한 걸음조차 옮기기 힘든 것은 물론이고 위험요소가 곳곳에 도사리고 있었다. 등반대가 해발 5,100m에 이르기 직전에 대원 네 명이 발을 헛디뎌 몇 백 미터 아래 얼음절벽으로 떨어지는 사고가 발생했다. 다행히 인명피해는 없었지만 이 사고로 대원들이 지니고 있던 등산장비와 촬영용품을 모두 잃어버리고 말았다. 게다가 고산병을 앓는 대원이 속출하여 등반을 계속하기가 힘들었다. 대원들이 해발 6,000m에 이르렀을 때, 전체 대원 중 계속 등반할 수 있는 대원은 스잔춘, 류롄만, 류다이, 스슈, 펑중무, 귀더춘 여섯 명밖에 없었다.

대원들은 해발 6,250m까지 올라 낙타 등처럼 튀어나온 얼음 비탈지대에 이르렀다. 이때 대원들의 앞에 깊이가 100m나 되는 빙암절벽이 펼쳐졌다. 하는 수 없이 등반을 잠시 멈추어야 했다. 대원들이 가지고 있던 로프를 모두 이어도 고작 80m 정도밖에 되지 않았다. 대원들은 우선 절벽 꼭대기에 피켈을 꽂아 고정했다. 이어서 피켈에 로프를 단단히 묶고 아래로 늘어뜨린 후에 로프를 붙잡고 내려가기 시작했다. 로프가 없는 나머지 20m 구간은 각자 피켈과 아이젠을 써서 조금씩 내려가기로 했다. 한 걸음 한 걸음 조심스럽게 발을 옮긴 끝에 다행히 모두 절벽을 무사히 내려갈 수 있었다.

6월 11일, 대원들은 해발 6,600m 얼음 비탈길에 6캠프를 세웠다. 그러나 식량이 거의 바닥났다. 대원들이 각자 가지고 있던 식량을 모두 모아도 사탕 스무 개, 땅콩, 인삼 조금이 전부였다. 이날부터 스잔춘 대장이 허락하기 전에는 사탕 하나도 마음대로 먹을 수 없었다.

6월 12일, 대원들은 눈보라를 무릅쓰고 약 100m 정도를 더 올라 해발 6,700m에 7캠프를 세웠다. 해발 6,700m에서 조금 더 올라가면 경사가 70도를 넘을 정도로 매우 가팔라서 이곳에 마지막 캠프를 세울 수밖에 없었다. 이날 밤은 날씨가 아주 맑아 정상까지 가야 할 루트가 달빛에 선명하게 보였다. 대원들은 새벽 3시쯤에 사탕과 인삼을 하나씩 물고 정상에 오를 마지막 채비를 했다.

1957년 6월 13일 오후 1시 30분경, 등반대 대원 여섯 명은 마침내 공가산 정상에 올랐다. 대원들은 국제등산관례에 따라 스잔춘, 류롄만, 류다이, 스슈, 펑중무, 궈더춘 여섯 명의 친필 서명을 담은 등정기록서를 산 정상에 묻었다. 이제 공가산은 오르지 못할 미지의 산이 아니었다.

대원들은 정상에서 약 45분 정도 머무른 후에 하산했다. 오후 4시쯤에 갑자기 눈보라가 거세게 몰아치며 천둥 번개가 치기 시작했다. 대원들은 멀지 않은 곳에서 번개가 치는 바람에 소스라치게 놀랐다. 대원들이 가지고 있던 금속 장비들이 거센 바람에 맞부딪치며 딸깍딸깍 소리를 냈다. 기온도 갑자기 영하 20도 아래로 뚝 떨어져버렸다. 대원들이 있던 곳은 얼음층이 매우 두꺼워서 임시로 설동을 뚫어 재해를 피하는 것조차 불가능했다. 대원들은 할 수 없이 움직이지 않고 한 시간을 버티다가 얼어 죽지 않기 위하여 조금씩 몸을 움직이며 눈보라에 맞서서 하산했다. 그렇게 한참을 내려오던 중에 류다이가 그만 발을 헛디뎠다. 이 때문에 스잔춘과 류롄만도 100m가 넘는 얼음 비탈길에서 미끄러졌다. 다행히 낭떠러지 근처에 다다랐을 때 스잔춘이 사력을 다하여 바위 끝을 붙잡아서 추락하던 류다이를 잡았고, 곧바로 로프를 엮어 절벽 아래로 떨어졌던 류롄만을 끌어 올려서 겨우 위기를 모면했다.

스잔춘과 류다이, 류롄만이 위기상황에서 겨우 벗어나 하산 루트를 찾으며 이동하던 중, 이들의 눈앞에 믿을 수 없는 일이 벌어지고 말았다. 정상에 함께 올랐던 스슈, 펑중무, 궈더춘 대원이 걷잡을 수 없는 속도로 얼음 비탈길 아래로 추락해버린 것이다. 스슈 등은 대원들이 차마 손 쓸 새가 없이 순식간에 갈라진 바위틈으로 떨어지면서 2,000-3,000m 낭떠러지 아래로 추락하고 말았다. 스잔춘 외 대원들은 동료들이 낭떠러지로 추락하는 모습을 보면서도 아무것도 할 수 없었다는 무력감과 죄책감에 목 놓아 울부짖으며 슬픔에 빠졌다.

스잔춘 일행은 바위가 갈라진 틈을 찾아서 너비 1m 정도인 설동을 팠다. 대원들은 설동 안에서 약 열 시간 정도 몸을 피하고 심신을 진정시킨 후에 다시 하산했다. 내려오는 길에 절벽마다 서서 낭떠러지 아래로 추락한 스슈, 펑중무, 궈더춘이 보이는지 살펴보았지만 결국 찾지 못했다.

남은 대원들은 천천히 산 아래로 이동했다. 스잔춘과 류렌만은 닷새 동안 아무것도 먹지 못해 체력이 바닥난 나머지, 4캠프까지 불과 10m 정도를 남겨두고 그만 눈 바닥에 쓰러져 일어나지 못했다. 류다이는 사력을 다해 캠프 안으로 기어들어 가서 과자 부스러기를 한 움큼 쥐어 들었다. 일행은 이 과자 부스러기 덕분에 겨우 기운을 차리고 일어나 발걸음을 마저 재촉할 수 있었다.

대원 세 명은 6월 16일에 무사히 베이스캠프에 돌아왔다. 이로써 중국에서 가장 높은 산인 공가산 등정 일정을 공식적으로 종료했다. 이 소식은 삽시간에 중국 전역에 퍼졌다.

제4절

공가산 등반의 의의

중국 등반대는 다른 나라의 도움을 받지 않고 단독으로 공가산 정상에 올라 중국 등산 역사상 새로운 장을 열었다. 또한 이를 통해 중국 등산기술이 국제적인 반열에 진입했다고 증명했다는 점에서 이 등정은 매우 의미가 있다. 소련 타스Tass[36], 미국 AP통신과 프랑스 통신사 AFP에서도 연이어 이 소식을 보도했다. 소련 등산협회는 중국 측에 축하 전보를 보냈다. 일본 아사히신문과 요미우리신문도 이 소식을 다루었으며, 일본의 산악전문잡지 『산과 계곡』은 공가산 등반 여정을 아래와 같이 상세히 다루었다.

> 최근 세계 등산계에서 가장 뛰어난 활약을 펼치는 나라는 소련, 중국, 인도 등이다. 특히 중국 등반대의 발전과 활약은 타의 추종을 불허할 정도이다. 앞으로 소련, 중국 및 인도 등산계의 활약에 주목해야 한다. 중앙아시아에는 아직 인류가 오르지 못한 고산이 상당히 많다. 이 일대는 오늘날까지 과학적으로 연구한 바가 하나도 없는 미지의 영역이기도 하다. 미국, 영국, 소련, 호주, 스위스, 프랑스, 독일 및 중국과 일본의 젊은 등반대가 앞으로 이러한 미지의 영역에 대한 비밀을 풀리라고 본다.

공가산 등정 성공 소식이 중국 전역에 퍼지자 온 대륙이 기쁨에 휩싸였다. 대원들이 정상에서 내려와 베이스캠프에 도착하니 공가사 라마들이 명절 때마다 갖추어 입는 화려한 의복을 입고 사찰에서 나와 대원들을 열렬히 맞이했다고 한다. 대원들의 성공 소식은 텔레비전과 신문, 잡지 같은 매체에서도 널리 다루었다. 또한 등반대는 북경, 천진, 성도 등 14개 도시에 초청받아 성공담을 전했다.

36   1991년 소련이 붕괴할 때까지 존속한 국영 통신사 [역주]

이와 같이 공가산 등정 성공 소식은 각종 매체에 53차례나 보도되는 등 분야를 막론하고 두루두루 영향을 미쳤다.

대원들은 공가산 등정 경험을 통해 얻은 교훈을 아래와 같이 정리했다.

1. 고산등반 경험이 거의 없는 새내기 대원 비율이 너무 높으면 아무리 훈련을 해도 효과가 목표에 미치지 못할 가능성이 크다. 게다가 제대로 된 기술을 습득할 시간이 부족하므로 실전에서 실수를 일으킬 확률이 높다. 실제로 4인 1조 한 팀 전체가 산 아래로 굴러떨어지는 사고가 발생하기도 했다. 새내기 대원일수록 고산병을 다소 심하게 겪는 경향이 있다. 해발 6,000m 이상 고지대에서 새내기 대원이 고산병을 크게 앓은 바람에 기존 대원이 정상 등정을 포기한 때도 있었다. 그러니 추후 등반계획을 세울 때는 대원을 더 신중하게 선발해야 한다. 새내기 대원은 일정 시간 이상 체계적인 훈련을 받아 기본적인 등산기술을 익힌 이후에 실전에 투입하도록 한다.

2. 설선 이상 고지대에 오를 때는 기후변화 규칙을 정확하게 파악해야 한다. 이야말로 안전하고 성공적인 등반을 판가름하는 결정적 요소이기 때문이다. 공가산 등반 시 측정기와 인력이 부족하여 이동식 기상관측소를 세우지 못했고, 이 때문에 4,500m 이상 지대의 기상변화를 신속하게 예측하기 힘들었다. 대원들이 고지대에 오를 때 갑자기 눈보라를 맞거나 번개가 마구 치는 바람에 전체 등반일정에 영향을 미친 경우가 상당히 많았음에도 이를 예방할 방법이 없어 큰 어려움을 겪기도 했다. 게다가 이는 슈슈, 궈더춘, 펑중무 대원이 예상하지 못한 사고로 목숨을 잃은 주요 원인이다. 등반 전에 장기적인 기상정보를 조사하는 일이 얼마나 중요한지 눈물로써 교훈을 얻었다. 충분한 측정장치와 인력을 확보해서 고정식 기상관측소와 이동식 기상관측소를 세워 기상변화를 예측해야 한다. 또한 등반대원이 베이스캠프와 원활히 교신할 수 있는 성능 좋은 통신장비와 무전기 등을 구축해 기상정보를 적시에 교환

할 수 있도록 해서 위기상황을 예방해야 한다.

이밖에도 등산장비나 식량과 관련한 여러 가지 개선안을 제시했다. 또한 훈련을 거친 등반대원 중에서 사진촬영 담당대원을 선발한 후에 별도로 사진촬영 전문인력으로 양성하자는 의견이 나왔다. 사진촬영 전문인력을 등반대원으로 양성하는 편이 더 효율적이라는 의견도 있어서 적극적으로 검토하기로 했다.

제5장

전국 등산관리기구

—

중국 등반대가 해발 7,556m 공가산을 독자적으로 등정한 시기를 기점으로 중국 현대 등산은 새로운 번영기를 맞이했다. 중국은 이러한 흐름에 맞추어 전국 규모의 등산관리기구 및 등산협회를 연이어 설립했다. 또한 《중국 등산협회 회칙》과 《등반대원 등급 표준》 등을 공포하고 5개년 등산발전계획을 제정했으며, '국가 경제건설 및 국방건설 의무를 위한 중국 현대 등산의 기본 방침'에 과학적인 고찰을 결부하여 수립하자는 의견을 제시했다.

제1절

중국 등산협회와 등산처 설립

중국 등반대는 원래 중국 노총 소속으로, 중국 노총 산하 체육운동부에서 구체적으로 지도하며 실질적인 등반활동을 시행했다. 그러나 등산이라는 운동이 상당히 다양한 분야와 관련되어 군사기관, 과학연구부처는 물론이고 각종 고등교육기관과 협조하는 경우가 많았다. 외국 등반대와 합동등반대를 결성하여 오르거나 국가간 등반대회를 개최할 때 등 국제적인 실무 관례와 관련한 일이 많았는데, 이는 노총 단위로 처리하기에는 역부족이었다. 또한 이러한 시스템은 중국 등반대의 발전에 그다지 도움이 되지 않았다. 이에 중국 노총 체육부는 중국 등반대가 공가산 등정에 성공한 이후 체육위원회에 등산운동 연관부서를 설립해서 체계적으로 관리해달라고 요청했다.

중국 체육위원회는 1958년 4월 8일에 각 관련 부처 책임자를 모아 등산 좌담회를 열었다. 당시 좌담회 진행자는 제8기 중국 중앙위원과 중앙정치국 위원을 역임한 허룽賀龍[37]이었다. 관련 부처 책임자들은 등산이 지질조사와 측량, 지형, 날씨, 그리고 생물을 비롯한 과학연구 방면에 크게 이바지했다는 점에 의견을 모았다. 또한 등산은 산과 강을 사랑하는 중국인의 마음과 용기, 의연함, 단결력 등을 함양하여 세계적인 등반기록을 세워 국위를 선양할 수 있다는 점에서 가치가 크다고 여겼다. 그리고 중국 내 수많은 고산은 지리연구 가치가 상당히 높은 대상일 뿐만 아니라 등산에도 매우 유리하므로, 하늘이 내린 우수한 여건을 적극적으로 활용하여 실력 있는 등반대를 육성하고, 이를 통해 중국 등산 수준을 보다 체계적으로 발전시켜야 한다는 점에도 의견이 일치했다. 따라서 전국체육총회의 일환으로 중국 등산협회 같은 전국 규모 등

---

[37] 중국의 군인이자 정치가. 1927년 남창南昌 폭동을 일으켰고, 그해 중국공산당에 가입했다. 항일전쟁이 시작된 후에는 팔로군 제120사단장, 서북군구 사령관 등을 맡았다. 1966년 문화대혁명이 일어난 후에 그를 실각시키려는 린뱌오林彪의 계략에 의해 대군벌이라고 비판을 받았으며, 결국 린뱌오, 장칭 등의 박해를 받아 사망했다. [역주]

산조직을 설립하자고 결론을 내렸다.

5월 16일에 중국 체육위원회의 행정기구 산하기관인 등산운동처를 설립했다. 공가산 등반에서 대장을 맡았던 스잔춘이 등산운동처 처장을 맡았다. 이후 1958년 6월에 중국 등산협회를 정식으로 설립하여 리수빈果樹彬을 주석에, 치커창漆克昌과 천와이어우陳外歐, 장원유張文佑를 부주석으로 임명했다. 또한 등산협회 산하에 과학연구위원회와 기술지도위원회를 설립했으며 장원유와 쉬징이 각각 주임을 맡았다.

중국 현대 등산은 중국 등산협회와 중국 체육위원회의 등산운동처 설립에 힘입어 역사상 아주 중요한 시기에 접어들었다. 중국은 등산관련기구를 설립함으로써 세계 등산계에 자국의 현대 등산계가 일정 규모와 수준을 갖추고 발전했음을 증명했다. 또한 이러한 전문기구는 장차 중국 등산계를 더욱 발전시킬 원동력이 될 것이다.

제2절

등산협회의 규정, 5개년 계획 및 등반대원 등급 기준

중국 등산협회가 공식적으로 설립된 후《중화인민공화국 등산운동협회 회칙》을 공포했다. 본 회칙에서는 등산운동협회의 취지를 이렇게 규정했다.

전국 규모 아마추어 등산활동을 널리 장려하여 인민의 체력을 증진한다. 또한 전문 등반가가 고원지대에서 각종 지리·지질·기상학적 특징을 파악하고 생물과 자원 등 여러 자료를 수집해서 심도 있는 연구를 진행할 수 있도록 관련 부서와 긴밀히 협조하여 국가경제발전을 도모한다. 나아가 각국 등반대원과 우호 관계를 증진하도록 한다.

본 회의 주요 목적은 다음과 같다.

1. 더 많은 사람이 등산에 참여할 수 있도록 등산운동을 널리 알리고 조직을 구성하여 전반적인 등반 수준을 높인다.
2. 국내외 고산 관련 자료를 많이 모으고, 등반하고자 하는 산과 시간, 순서 등을 구체적으로 계획하자고 건의한다.
3. 등반대와 과학연구부처가 긴밀히 협조하여 효율적인 등반 루트를 계획한다.
4. 등반대가 제출한 과학연구자료를 토대로 연구를 마무리한다.
5. 고산 생리위생 연구를 시행한다.
6. 등반대원의 등급을 재연구하여 수정할 것을 건의한다.
7. 등반대원의 기술 수준을 평가하여 결정한다.

중국은 등산협회 설립에 이어서 《등산운동 5개년 계획》을 제정했다. 주요 내용은 다음과 같다.

1. 광공업 종사자 중 체육활동에 적극적이고 관심이 많은 사람, 과학연구기관과 지질탐사부문 관계자, 그리고 각 대학 고산 과학연구 종사자와 고산 부대 장병을 대상으로 일정 훈련등급 기준에 달하는 대원 2,500명을 육성하여 등산 분야의 과학연구 역량을 높인다.
2. 고산지역에 영구 베이스캠프를 몇 군데 설치하고, 관련 과학연구기관과 협력해 과학연구소를 베이스캠프 수만큼 설치하여, 등반대원 훈련과 고산 과학연구를 위한 주요 기지로 삼는다.
3. 등산을 여가생활의 일환으로 널리 보급하기 위하여 이른 시일 내에 지질부와 협조하여 북경대학교와 지질대학교 등 고등교육기관에서 아마추어 등산훈련교실을 추진하고 시행하도록 장려한다.

4. 한 학기당 정원을 100명 정도로 하여 등산훈련교실을 열어서 등반
   기본기를 탄탄히 한다.

이외에도 제1차 초모룽마 등정 건을 제의하고 구체적인 일정을 논의한다.《5개년 계획》에서는 1959년이나 1960년에 소련과 합동 등반대를 결성하여 초모룽마를 등반하는 계획을 추진하도록 했다.

중국 등산협회는 등산 애호가의 훈련을 적극적으로 격려하며 등반기술 수준을 높이는 데 주력했다. 또한 등산의 발전과 더불어 과학연구와 경제발전을 위하여 등반대원의 기술과 체력을 수준별로 나눈 등급 기준을 제시하고 국가 체육위원회의 승인을 받았다.

제6장

주요 등산활동

—

중국 등산계는 공가산 등정 성공과 중국 등산협회의 설립에 힘입어 유례없는 전성기에 접어들었다. 이후 등반대는 현지조사를 시행한 후에 경철산鏡鐵山, Jingtie Shan, 칠일빙천七一氷川, 소륵산疏勒山을 차례로 등정했다. 이후에도 소련 등반대와 합동등반대를 결성해 소련의 레닌봉과 무명봉 정상에 올랐고, 니엔첸탕글라Mt. Nyenchen Tanglha, 7,088m 북동릉에 오르는 등 초모룽마에 오르기 위한 본격적인 준비 단계를 차근차근 다졌다. 또한 중국 등산협회는 더욱 많은 등산 전문가를 양성하기 위하여 향산香山[38]에 등산훈련교실을 열었다.

38 베이징의 유명한 관광지 [역주]

제1절

경철산 최고봉에 오르다

경철산5,205m은 기련산계祁連山系에 속하는 산이며, 감숙성 주천 남서쪽에 있다. 지질탐사대가 1955년에 이 일대에서 검고 반질 반질한 대규모 경철석을 발견한 후 암석 이름을 본떠서 경철산이 라고 부르기 시작했다. 주봉은 도룡상서道龍上瑞, 5,205m이며 해발 5,000m 이상 지대는 만년설로 뒤덮였다. 평균 경사가 30도이고, 가장 가파른 곳은 약 55도 정도이다.

지질탐사대 대원은 등산기술과 경험이 부족해서 지금껏 정상 까지 오르지 못했다. 지질탐사 활동도 해발 3,000m 일대까지만 진행하는 등 한계가 있었다. 감숙성 지질국 소속 경철산 지질탐사 대는 철광지대 탐사를 계속 진행하기 위하여 1957년 11월경 중국 노총 체육부에 전문 등반대원을 파견해달라고 서신을 보냈다.

노총 소속 대원들이 경철산을 정찰한 결과 경철산은 중국 등 반대가 1957년에 등정했던 공가산과 기후조건이 거의 비슷했다. 즉, 매년 4월부터 7월까지가 등반하기에 가장 좋고 7월 이후에는 폭설과 폭풍이 잦아 등반하기가 까다로웠다. 대원들은 정찰 결과 를 토대로 4월 중에 경철산에 오르기로 계획을 세웠다.

쉬징, 류다이, 류롄만, 펑수리, 장쥔옌張俊岩 등 대원 5명은 4 월 10일에 북경을 떠나 경철산으로 향했다. 4월 16일에는 지질탐 사대가 경철산에 도착했다. 4월 22일에 등반대원 5명과 지질탐사 대 4명 그리고 촬영과 운반을 담당하는 대원 등이 모여서 등반대 를 결성하여 본격적으로 경철산에 오르기 시작했다. 지질탐사대 는 등반대원과 함께 길을 따라 오르며 암석 종류를 비롯한 지질학 관련 토막지식을 알려주기도 했다. 4월 24일에는 바람이 강하고 눈이 많이 내려서 등반을 잠시 중단했다. 등반대원은 잠깐 기다리는 틈을 타서 지질탐사대에 등산장비 사용법을 비롯한 간단한 등반기술을 전수했다.

5월 3일, 경철산에 오른 대원 11명은 세 팀으로 나누어 최소한의 장비만 갖춘 채 정상으로 떠났다. 정상까지 약 200m 정도 남았을 때 갑자기 바람이 강하게 불어 언덕에 쌓였던 눈이 다 날아가면서 눈에 덮였던 반들반들한 얼음지대가 드러났다. 지대가 너무 미끄러워 대원들은 시간당 고작 몇 십 미터씩밖에 오를 수 없었다. 그렇게 세 시간을 오른 끝에 한 명도 빠짐없이 5,205m 정상에 올랐다.

한 달이 조금 넘는 정찰 기간 동안 대원들은 총면적이 약 180km² 정도인 경철산을 오르내리며 축척 1:200,000 지도를 완성했다. 또한 광석이 매장된 지대를 조사하여 축척 1:5,000 지도와 축척 1:100,000 지형도를 제작했다. 이때 제작한 지도는 당시 백운질, 대리석 및 기타 광물을 포함한 암석 관련 기초지식을 쌓는 데 도움이 되었을 뿐 아니라 향후 지질탐사 시 유용한 자료가 되었다. 지질탐사대와 등반대 간 첫 합동등반은 이렇게 성공리에 마무리되었다. 쉬징을 비롯한 등반대 5명은 일정을 마무리하고 5월 23일에 북경으로 돌아왔다.

제2절

향산 등산훈련교실

중국은 초모룽마 등반에 투입할 중국·소련 합동등반대 대원을 선발하고 훈련하기 위하여 1958년 6월에 향산香山에서 합동훈련교실을 열었다. 훈련을 보다 효율적으로 진행하기 위하여 고산 전문 과학연구자와 고산지역 군부대가 협조하여 대중적인 등산활동의 기초를 다지고 등반기술을 전반적으로 끌어올리는 데 힘을 모았다. 중국 등산협회 주석 리수빈, 체육위원회 부주임 차이수판蔡樹藩과 지질부 부부장 쉬제許杰 등이 이번 훈련교실 개회사에 참석해 축하 연설을 했다.

이번 훈련교실에서 훈련을 받을 훈련생은 총 90명이며, 훈련생 중 6명은 여성이었다. 스잔춘이 총책임을 맡았고, 그 외 훈련 코치와 각종 작업 담당자가 13명이었다. 훈련생은 과학 분야 종사자가 20명, 대학생 25명, 군인 26명, 광공업 종사자가 11명, 그 외 기타 분야 종사자가 8명 정도였다.

훈련생은 '국제 등산 운동사 개요', '소련 등산 운동사 개요', '중국 등산 운동사 개요', '중국 등산 운동의 과학적 가치', '중국 고산 개황과 천연자원', '세계 고산 개황' 등 이론수업을 들으며 등산의 가치와 등산 관련 기초이론을 파악했다. 또한 '등산장비', '자일 매듭법', '평지 및 언덕별 등산법', '산간 급류의 특징과 건너는 법', '암벽 오르기', '빙설 작업', '야영법', '보호법', '산에서의 위기상황', '행군', '등산운동 조직', '고산등반대의 조직 전략 및 기초 전술', '베이스캠프 설립 장소 선별을 위한 자연환경과 조건', '산간 및 각종 지형', '측량', '기초 기상지식', '기초 생물지식', '의료업무 감독' 등 등산

기술과 관련한 기초지식을 단계별로 학습했다. 또한 체계적인 신체훈련을 통하여 체력을 쌓았다.

2단계 훈련반 학생은 처음 계획대로 섬서성陝西省에 있는 해발 3,767m 태백산에 올랐다. 7월 초에는 중앙정부의 비준을 얻어 소련과 합동등반대를 결성하고 초모룽마 대장정을 본격적으로 준비했다. 또한 중국 측은 소련 체육운동회 측의 요청대로 등반대원을 소련에 파견했다. 양국 등반대는 파미르고원에 있는 해발 7,134m 레닌봉에 함께 올랐다. 비슷한 시기에 중국의 국립 자연과학연구소인 중국 과학원은 중국 북서지역 가뭄 문제를 해결하기 위해 기련산祁連山 빙설 정찰대를 기련산에 파견하여 현지에서 각종 연구와 조사작업을 펼쳤다. 빙설을 정찰하기 위해서는 빙설지대 깊숙한 곳까지 들어가야 하므로 등산훈련교실 측에 지원을 요청했다. 이에 등산훈련교실 소속 대원은 소련 파미르고원 레닌봉과 중국 감숙성 기련산에서 빙설을 조사했다. 기련산 정찰을 맡은 대원은 팀을 둘로 나누어 각각 소륵하疎勒河와 칠일빙천七一冰川에서 빙설을 정찰했다. 향산 훈련교실 대원들은 정찰을 마치고 북경으로 돌아와 수료식에 참석했다.

향산 등산훈련교실은 중국 등산계 발전에 큰 공을 세웠다. 훈련생은 레닌봉과 무명봉을 무사히 등정했을 뿐만 아니라, 칠일빙천과 소륵하 일대 정찰 임무도 훌륭히 해내며 뛰어난 기량을 보였다. 또한 많은 훈련생이 훗날 초모룽마 등정을 비롯한 중대한 임무를 수행하는 데 결정적인 역할을 했다.

칠일빙천 최고봉에 오르다

칠일빙천 정찰대는 7월 하순에 북경을 떠나 칠일빙천으로 향했다. 그러나 칠일빙천에 이르는 철도가 물에 휩쓸려서 훼손되는 바람에 수리가 끝날 때까지 기다렸다가 떠나야 했다. 대원들은 감숙성 란주蘭州와 감숙성 북부 주천酒泉에서 한참을 머무른 후에야 떠날 수 있었다. 총 56명으로 구성한 칠일빙천 등반대는 8월 8일에 칠일빙천 초입에 도착한 후 해발 3,700m까지 올라서 베이스캠프를 세웠다.

8월 8일 저녁에 등반대 기술지도 및 행정관리 부문 책임자가 모여서 간부회의를 열었다. 회의를 통해 9일과 10일 이틀 동안 해발 4,250m의 빙하설혀처럼 뻗은 빙하의 끝부분까지 오르고, 11일에는 정상에 오르기로 계획했다. 대원의 사기가 하늘을 찌를 만큼 높았던 덕분에 9일에는 단 네 시간 만에 해발 4,250m까지 올라서 2캠프를 세워 목표를 달성했다. 대원들은 이 기세를 몰아서 다음 날인 10일에 정상에 오르자고 합의했다.

8월 10일, 칠일빙천 등반대원 49명이 정상으로 향했다. 대원 중 고산병이 심해 더는 등반하기 힘들어서 베이스캠프로 되돌아간 대원 4명을 제외한 나머지 45명은 모두 칠일빙천 최고봉5,120m에 무사히 올랐다. 이 중 4명은 여성 대원이었다.

8월 13일, 이미 정상에 오른 대원 중 4명은 고산병 때문에 정상에 오르지 못한 대원 4명과 기타 사유로 정상에 오르지 못한 나머지 대원 2명과 함께 칠일빙천 최고봉에 다시 오르기로 했다. 그리고 그 날 오후에 대원들은 모두 순조롭게 정상에 올랐다. 임무를 완수한 칠일빙천 등반대는 8월 16일과 8월 19일에 각각 북경으로 돌아왔다.

8월 21일에 향산 훈련교실 수료식이 열렸다. 칠일빙천 등정에 참여했던 전 대원은 3급 등산 선수에 임명되었다. 리수빈 대표는 중국 등산협회를 대표하여 이번 훈련교실에 참여한 훈련생 전원을 중국 등산협회 회원으로 정식 임명했다.

제4절

레닌봉과 무명봉에 오르다

중국 국가 체육위원회와 소련 체육위원회가 공동으로 체결한 중국·소련 합동 초모룽마 원정대는 계획에 따라 1958년 8월에서 9월까지 소련에서 합동훈련을 했다. 원정대는 파미르고원에 있는 레닌봉Lenin Peak, 7,134m과 무명봉6,852m 등정에 성공했다. 이번 합동훈련은 초모룽마 등정을 위한 초석을 다지는 중요한 기회였다. 합동훈련이 끝난 후에는 1959년으로 예정된 초모룽마 등반에 참여할 대원 선발을 비롯한 기초협상을 진행했다. 소련과 합동훈련을 하고 레닌봉과 무명봉을 연이어 등반한 주요 목표 중 하나가 초모룽마에 오를 대원을 선발하기 위해서였다.

중국 등반대는 합동훈련을 앞두고 소련 측에 다음과 같이 요구했다. 우선 소련에서 훈련에 참여하는 중국 대원은 대부분 등반 경험이 매우 적으니 체력단련 훈련 시 이를 고려하고, 고산등반에 필요한 각종 기술을 익히는 데 주력하여 훈련을 진행해달라고 요구했다. 또한 대원들이 산과 관련한 기초상식과 기본지식 및 기술을 확실히 익히도록 지도해야 하며, 이를 바탕으로 전 대원여성 대원 5명 제외이 해발 7,134m 레닌봉에 오르게 하도록 요구했다. 중국 대원이 소련의 등산전략과 기술, 조직적인 작업경험 등을 상세히 습득할 수 있도록 교육기회를 충분히 제공해달라는 요구도 잊지 않았다.

중·소 합동훈련에 참여한 중국 대원은 총 44명이었고, 이 중 36명은 신입 대원이었다. 중국 대원은 팀을 둘로 나누어 소련으로 떠나서 훈련에 참여했다. 1팀은 총 30명으로, 후번밍 부대장의 지시에 따라 8월 6일에 소련으로 떠났다. 2팀은 여성 대원 5명을 포함하여 모두 14명이었다. 이들은 스잔춘 대장과 함께 8월 25일에 소련으로 출국했다.

소련으로 떠난 중국 등반대 1팀은 모스크바와 키르기스스탄 오쉬Osh를 거쳐 8월 13일 베이스캠프에 도착했다. 소련 구즈민 대원은 양국 대원이 모두 모인 후에 합동훈련소를 정식으로 발족한다고 선언했다. 이번 중·소 합동등반훈련 훈련대 대장은 구즈민이 맡았고 벨레스키와 아발라코프가 수석코치를 맡았다. 또한 중국의 스잔춘, 쉬징, 후번밍, 류다이, 류렌만과 소련의 벨레스키, 아발라코프, 우피네크, 어레킨 등 10명이 모여서 훈련위원회를 구성하여 국적에 상관없이 조를 편성했다.

양국 대원은 두 차례에 걸쳐 현지적응 등반을 하고 빙설 관련 작업도 세 차례 시행했다. 해발 5,950m와 5,560m 무명봉에 연이어 올랐고, 이후 레닌봉 등반에 필요한 물품과 식량을 옮기기 위해 해발 5,800m 산 어귀 안부Col에 올랐다.

합동훈련대 대원 38명은 9월 7일에 레닌봉에 올랐다. 정상에 오른 중국 대원은 모두 17명이었다. 중국은 이번 등정을 통해 7,000m 이상 고산등반에서 단체부문 최다인원 등정기록을 세웠다.

이어서 구즈민, 펑수리彭淑力, 왕펑퉁王鳳桐, 스징石競, 무빙쉬穆炳鎖, 부야노프, 이리인스키와 클레차크 등 대원 8명은 레닌봉에 오르고 나서 등반 루트를 정상 측면으로 옮겼다. 대원들은 해발 6,500m에 임시 캠프를 세우고 야영했다. 그 후 이튿날인 9월 8일에 남쪽 분수령을 따라 계속 등반하여 트랜스알라이Trans-Alay Range에서 레닌봉에 이어 두 번째로 높은 봉인 해발 6,852m 무명봉 정상에 올랐다. 이 무명봉은 레닌봉보다 등반하기가 까다로운 편인데다가 어느 길로 가든 레닌봉을 지나지 않으면 산행을 계속할 수 없을 정도로 정상으로 바로 통하는 길이 없었다. 등반 역사를 통틀어 이런 일은 흔치 않았다. 훗날 타지크 소비에트 사회주의 공화국의 소비에트 최고주석은 이 무명봉을 모스크바-북경봉이라고 이름 붙였다.

9월 9일, 정상에 도착한 2팀 대원 중 여성 대원 5명을 포함한 중국 대원 14명과 소련 대원 6명은 다시 레닌봉 등반을 시도해 해발 6,800m까지 올랐다. 그러나 예상치 못한 기상이변 때문에 더는 등반을 할 수 없었다. 결국, 대원들은 수석코치의 지시에 따라 정상에서 발걸음을 돌려 철수해야 했다.

레닌봉에 오른 중국 대원 중 1명은 중국 정부가 규정한 최우수 운동등급 선수였고, 20명은 1급, 3명은 2급 운동선수였다. 또한 중국 대원 중 4명은 소련 체육위원회로부터 금메달을 받은 경력이 있는 실력파 선수였으며, 1등 상을 받은 대원이 19명, 2등 상을 받은 대원이 8명, 3등 상을 받은 대원이 7명, 명예상을 받은 대원이 10명이었다. 그리고 중국 대원 가운데 17명은 우즈베키스탄 공화국 체육위원회로부터 은메달을 받았다.

제5절

빙하 조사와 소륵산 최고봉 등반

중국 과학원은 1958년 7월에 대원 일곱 팀을 구성하여 기련산에서 빙설 연구를 위해 수원지를 조사하도록 했다. 향산 등산훈련교실은 과학원의 요청에 따라 훈련생과 코치 15명을 파견해 중국 과학원 연구대원과 함께 빙하 이용 조사 작업에 전력을 다하도록 했다. 빙하 조사팀은 감숙성 기련산맥에 있는 소륵산에서 임무에 착수하기로 했다. 소륵산은 기련산맥에 있는 산 중에서 해발고도가 가장 높다. 또한 험한 산세, 빙하의 양, 빙설 두께 등 모든 면에서 기련산맥에 있는 산 중에서 최고이다.

소륵산 빙하 조사팀은 7월 말에 북경을 떠나 8월 26일 소륵산에 도착하여 흑자정黑刺淨 빙하 끝 지점에 캠프를 설치했다.

조사팀은 제대로 된 관측사진이나 지형도조차 없는 열악한 조건에도 불구하고, 보름이 조금 넘는 기간 동안 소륵산의 빙하 분포 상황을 자세하게 관측했다. 조사 결과, 소륵산에는 대형 빙하가 총 14개가 있었다. 빙하의 총면적은 약 80,257km²이고 저수량은 약 55억m³ 정도였다. 또한 조사팀은 빙하 분포 현황 외에 빙하의 흐름, 수문 및 기상상황을 파악하여 이를 바탕으로 지형도, 빙하구조도, 빙하지형도 등 지도를 제작해서 고산 빙하와 관련된 유의미한 과학자료를 남겼다.

쉬징, 추이즈주崔之久, 롼쉐푸樂學富 대원은 조사 임무를 마친 후 9월 14일에 따로 정찰대를 조직하여 정상을 향해 발걸음을 옮겼다. 정찰대는 추후 조사팀이 정상에 오를 것을 대비해 소륵산 정상인 해발 6,305m까지 이르는 등반 루트를 탐색하며 정상에 올랐다. 9월 17일, 왕펑샹王鳳祥 등 대원 9명은 정찰대가 탐색해 둔 루트를 따라 정상에 올랐다. 소륵산 정상에 드디어 사람의 발자국이 남았다. 9월 21일, 소륵산 조사팀은 임무를 모두 마치고 철수했다.

제6절

니엔첸탕글라 북동봉 등반

1958년, 중국과 소련은 합동원정대를 결성하여 이듬해인 1959년 초모룽마에 오르기로 계획했다. 합동원정대는 본격적인 등반에 앞서 임무를 원만하게 수행하기 위해 사전에 초모룽마를 탐험하기로 했다. 국가등반대는 효율적인 정찰활동과 훈련 및 물자준비를 위해 중국 국가 체육위원회 참관단을 조직하여 스잔춘 단장을 비롯한 쉬징, 후번밍, 뤄즈성羅志升 부단장 등을 티베트로 보냈다. 참관단은 1958년 12월 12일에 라싸에 도착했다.

등반대는 1958년 12월 15일부터 1959년 1월 13일까지 약 한 달 동안 라싸에서 집중적으로 체력훈련을 했다. 이후 1959년 1월 16일부터 2월 8일까지 18일 동안 니엔첸탕글라에서 등반기술 훈

니엔첸탕글라

련을 했다.

체력훈련 시 대원들의 지구력과 역량 수준을 높이는 데 중점을 두어 중장거리 달리기, 경보, 중무장 등반 등을 시행했다. 훈련에 필요한 기구가 턱없이 부족했지만 바위나 나무, 계단을 이용하거나 참호를 파는 등, 산에서 다룰 수 있는 자연조건을 충분히 활용하며 훈련했다. 훈련이 끝날 때쯤 여성 대원은 한 번에 1,600m를, 남성 대원은 3,000m는 거뜬히 달릴 수 있었고, 특히 남성 대원은 한 번에 5,000m도 달릴 수 있는 대원 비율이 90%를 넘을 정도로 체력이 크게 좋아졌다.

등반기술을 훈련할 때는 이론과 설명에만 치중하지 않고 모든 대원이 장비 사용 설명을 듣고 실습하도록 했다. 기초 교육과 심화 교육도 함께 진행했다. 또한 고산지대라는 지리적 특성과 고원의 겨울이라는 기후특성을 고려하여 빙설 작업 위주의 기술훈련을 전개했다. 훈련위원회와 대원들의 노력 덕분에 18일이라는 짧은 훈련기간 동안 빙설기술 훈련을 다섯 차례나 시행하여 초보 대원도 기술을 완벽하게 습득할 수 있었다. 등반대는 캠프를 세 군데 세운 후에 조를 나누어 등반에 필요한 자원을 세 차례에 걸쳐 운반했다. 대원 72명은 모두 해발 6,177m 니엔첸탕글라 북동봉까지 올랐다. 대원 중 60% 정도는 고산등반 경험이 없었고 여성 대원의 비율도 8%나 되었다. 나머지 대원 52명은 해발 5,900m까지 올랐다.

이번 등반기술 훈련은 겨울에 진행했다. 동계 등반은 다른 계절에 비하여 다소 까다롭다. 예를 들어, 기온이 너무 낮으면 암석 관련 작업이 까다롭고 날씨가 몹시 추울 때는 얼음 표면층이 부서지기 쉬워서 빙설을 지나기가 쉽지 않다. 게다가 강한 계절풍 때문에 상기도감염이 발생하기 쉽다. 또한 눈이 내릴 때는 안개가 짙게 깔려 주위를 식별하기 힘들 정도여서 크레바스가 있어도 발견하기 어려우므로 매우 위험하다. 이런 이유 때문에 일반적으로 겨울에는 고산 탐사는 물론이고 등산훈련조차 진행하지 않는다. 그러나 단점만 있는 것은 아니다. 빙설이 웬만해서는 녹지 않으니 강을 건너기가 쉽고 번개가 칠 우려가 없으며 자외선도 비교적 약하다. 또한 낮과 밤의 기온 차가 비교적 적고 눈사태가 거의 일어나지 않는 점은 겨울철 등산만이 가진 장점이다. 그러니 상황에 따라 겨울 등반도 고려해 볼 만하다.

중국 등반대는 동계훈련을 순조롭게 마무리했다. 그러나 같은 해 3월에 등반대가 산에 오르려고 하던 시기에 티베트에서 중국의 침략을 반대하는 대규모 저항이 일어나 등반일정을 계획대로 진행하기가 어려웠다. 이에 따라 등반대는 등반 대상지를 무즈타그로 바꾸어 4월에 위구르로 떠났다.

제7장

대중적인 등산 열풍

—

중국 등반대가 이룬 크고 작은 성과는 수많은 중국인의 삶에도 적지 않은 영향을 미쳤다. 등산이 개인의 심신단련에도 좋을 뿐만 아니라 국가 차원의 과학연구와 기타 연구 분야에도 크게 이바지한다는 인식이 퍼졌다. 이러한 분위기에 힘입어 대중적인 등산 열풍이 본격적으로 불었다.

제1절

다양한 등산훈련교실, 금산 등산캠프, 신강위구르 천지호수 등산캠프

중국 전국 노총 소속 등반대가 독자적인 기술로 공가산을 등정한 후부터 체육계 외에도 등반대 측에 기술 파견교육을 요청하는 기관과 단체가 나날이 늘었다. 북경대학교 노동조합과 학생회도 학생과 교직원이 함께 참여하는 아마추어 등산클럽을 조직하기 위해 등반대를 초빙하여 자문했다. 지질과 관련된 여러 정부산하부서에서도 등반대에 서신을 보내 협조를 요청했다. 지질 조사차 고산에 올라야 할 일이 많지만 산에 대한 지식이나 등반경험이 부족하니 긴밀히 협조하여 지식과 경험을 폭넓게 교류하자는 내용이었다. 이러한 상황에 비추어 전국 노총 등반대는《공가산 등반 총결 보고서》에서 등산활동 지원과 관련한 사항을 다음과 같이 정리했다.

> 대중적인 등산활동을 지원할 때 다음 상황에 주의해야 한다. 우선, 단기 합동교육과 상시 아마추어 교육 두 가지 방법을 상황에 맞게 적절히 이용하여 중국 내 등반대 수를 점진적으로 늘려야 한다. 단기 합동교육은 등정 임무 여부에 상관없이 상시 진행해야 한다. 연 1회가 가장 이상적이고, 훈련생 수는 50명 정도가 적절하다. 신체훈련 이외에도 등산장비와 등산기술 교육도 함께 진행해야 한다.

또한 훈련생은 장차 중국의 등산활동을 널리 알릴 중요한 인적자원이므로, 추후 등반대를 결성한다면 이들 중에서 선발해야 효율적이라고 강조했다.

중국에서 등산은 중국 등산협회와 국가 체육위원회 산하에 등산처를 설립한 이후부터 경제와 국방 분야에서 매우 중요한 입지를 다졌다. 정부산하 각종 과학연구부처, 고등교육기관, 지질탐사부처도 등산에 관심을 보였다. 향산 등산훈련교실에서 훈련을 받은 사람만 해도 중앙 군사위원회 체육국, 지질부, 과학원, 기상국, 민족 사무위원회, 북경대학교, 기관차위원회, 임업위원회, 공안위원회 등 소속이 다양했다. 1959년 5월 이전에는 중국 과학원, 지질부, 북경대학교, 북경지질탐사대학교 등에서 독자적으로 등산훈련교실을 개최했으며 성과도 상당히 우수했다. 1958년 하반기에만 훈련생 1,357명이 운동선수 등급을 받았다. 그 중 한 명은 운동선수 최고 등급을 받았다. 나머지 훈련생 중에서도 15명은 1급 운동선수, 10명은 2급 운동선수, 63명은 3급 운동선수 등급을 받았고, 1,268명이 등반선수에 임명되었다.

중국 등산협회와 국가 체육위원회 등산처는 1959년 7월 북경 서쪽 외곽에 있는 금선암金仙庵에 금산 등산캠프를 세웠다. 이 덕분에 등산 훈련가 양성과 기술지도 문제를 해결하기가 한결 수월했다. 금산 등산캠프는 그해 7월부터 10월 사이에 네 차례에 걸쳐 훈련교실을 시행했다. 총 300명이 훈련에 참여했으며, 그중 군 관병이 약 150명이고 나머지는 지질 관련 부처와 고등교육기관 소속 훈련병이었다. 첫 번째 훈련교실 훈련생 중 20명은 등산캠프에서 진행하는 이론수업을 마친 후에 8월 감숙성 칠일빙천에 가서 실전 실습을 했고, 모두 정상에 올라 3급 운동선수 등급을 받았다.

중국 등산협회는 1959년 가을에 신강위구르자치구 부강현阜康縣 천지天池 부근에 훈련캠프를 세워 1기 등산훈련교실을 열었다. 훈련생은 신강위구르자치구 산하 생산기관 여섯 곳의 현지 작업팀 소속으로, 지질국 소속 21명, 석유관리국 7명, 야금冶金국 7명, 석탄관리국 2명, 수리 분야 4명 등으로 구성되었고, 남성이 43명, 여성이 1명이었다. 훈련생은 9월 20일 캠프에 들어간 후에 9월 23일부터 본격적으로 수업에 참여했다. 훈련교실에서는 등산운동사, 등산운동의 가치와 의의, 산간에서의 위기상황과 예방법, 등산장비, 자일 매듭법, 보호법, 도강법, 막영법, 초지와 경사 지나기, 산간 구급법, 고산생리, 암석 작업, 빙설 작업, 초보 등반가가 특별히 주의해야 할 사항 등 이론수업을 진행했고, 야외에서 실전 훈련도 했다.

일련의 훈련 과정을 거친 훈련생은 기초적인 등산지식과 등산 기술을 익혔다. 이들 가운데 39명은 눈 덮인 빙하를 지나 보거다 봉Bogda peak 북쪽의 해발 4,210m 무명 설산의 정상에 올랐다. 이후 이곳을 건설봉이라고 명명했다.

천지 등산캠프 교육은 한 달 동안 진행했다. 훈련생은 10월 20일에 모든 교육과정을 이수하고 우루무치로 돌아왔다. 이번 수업에 참여했던 훈련생 모두 3급 운동선수 등급을 받았다.

제2절

북경지질대학교의 등산활동

1958년 6월, 북경지질대학교는 대학교 소속 체육 교사 6명, 일반 교사 2명, 졸업생 4명을 향산 등산훈련교실에 파견하여 합동훈련 에 참여하도록 했다. 이들은 훗날 북경지질대학교가 등산 관련 프로젝트를 수행할 때 중요한 임무를 수행했다.

북경지질대학교는 등산과 지질조사 작업의 밀접한 관계를 교과과정에 반영했다. 대학 측은 본교 출신 향산 훈련교실 훈련원 의 건의를 수용하여 체육 교과과정에 등산운동을 편성하기로 하고, 1학년부터 등산훈련 과정을 시행하기로 했다. 지질대학교는 향산에 등산훈련교실을 열었다. 1학년 신입생 1,258명은 이곳에서 약 한 달 반 동안 교육을 받으며 등산기술을 익혔다. 이후 신입생 전원이 등산운동원 칭호를 얻는 성과를 보였다. 또한 1958년부터 1959년까지 2년이 조금 안 되는 기간에 학생 약 5,900여 명이 향산과 북경 남서쪽 주구점周口店에서 등반교육을 받았으며, 그중 97% 정도는 실제로 등반활동에 투입할 수 있는 수준에 이르렀다. 당시 언론은 지질대학교 학생의 성과를 두고 '지질대학교 신입생은 매년 교문을 들어서는 순간부터 등산 공부를 시작하는 전통을 이어받았다.'라고 할 정도였다. 갓 입학한 새내기 시절부터 등산교육을 체계적으로 시행한 결과, 처음에는 약 10m 높이 암벽을 오르는 데 10분도 넘게 걸렸지만 훈련 후에는 20-30초 만에 오를 만큼 암벽등반 실력이 눈에 띄게 발전했다. 경사도 80-90도가 넘는 암벽 앞에서 속수무책이었던 시절도 옛이야기가 될 정도로 등산기술 수준이 전반적으로 향상되었다.

　북경지질대학교는 고산지질연구원을 전문적으로 양성하기 위해 신체조건과 성적이 우수한 학생을 선발하여 고산지질등반대를 결성했다.

　고산지질등반대는 1958년 12월에 감숙성 칠일빙천을 탐험하기로 했다. 그 결과, 여학생 10명을 비롯한 등반대 대원 54명 모두 해발 5,120m 정상에 오르는 데 성공했다.

　고산지질등반대는 1959년 5월에 해발고도는 낮지만 비고차가 큰 태백산3,767m에 오르며 지질 작업을 진행했다. 이번 지질 작업에 참여한 대원은 여성 대원 12명을 포함해 총 47명이었다. 대원들은 본격적인 등반길에 오르기 전인 5월 6일부터 12일까지 향산에서 일주일 동안 체력훈련과 기술훈련을 집중적으로 받았다. 이후 5월 17일 서안에 도착한 후 나흘 정도 등반장비 점검 등 준비 기간을 가졌다. 대원들은 5월 24일에 각자 필요한 물품과 식량 등 25-30kg이 넘는 장비를 짊어지고 매일 20-30km를 올랐다. 여성 대원도 17-20kg이나 되는 장비를 메고 함께 등반했다. 해발 595m에 있는 베이스캠프에서 정상까지 고도만 따지면 약 3,000m가 남았고, 등반길로 치면 약 110km를 더 가야 했다. 산세가 험하고 경사가 심해서 결코 쉬운 루트가 아니었다. 그중에서도 류가애劉家崖부터 두모궁斗母宮에 이르는 약 30km 구간은 평균 경사도가 25-30도 정도로 힘든데, 특히 대전大殿에서 두모궁에 이르는 길은 산세가 유난히 험해서 현지 사람마저 혀를 내두를 만큼 악명이 높았다.

5월 28일 오전 10시경에 컨디션이 좋지 않아 등정을 포기한 의사 출신 대원 한 명을 제외한 나머지 대원 46명은 해발 3,767m 정상에 올랐다. 1956년에 중국 노총 소속 등반대 대원 33명이 세운 동시 단체 등정기록보다 더 많은 인원이 등정에 성공하며 기록을 경신했다.

북경지질대학교는 고원지대의 새 지형에 적응하고 향후 지질학 연구를 보다 실질적으로 진행하기 위해 1960년에 각종 지질 및 지형정보와 지리, 날씨, 생물 등 과학자료를 확보했다. 이 덕분에 고원지대에서 더욱 깊이 있는 연구를 진행할 수 있었다. 또한 북경지질대학교는 언제든지 지질조사를 시행할 수 있도록 고산지질 전문 연구팀을 조직했다. 이 연구팀은 더욱 다양하고 숙련된 등산 경험과 기술을 쌓기 위해 중국 체육위원회의 지도를 받아 아니마칭Mt. Amne Machin에 올랐다.

아니마칭은 적석산積石山이라고도 한다. 북위 34° 30′, 동경

99°30′, 황하강 상류 쪽과 곤륜산맥의 동쪽 및 청해성 과락티베트자치주果洛族自治州에 있으며, 동곤륜산 북쪽 포이한포달산맥에서 가장 높은 산이다. 산 길이가 약 100km에 너비는 약 40km 정도이며, 평균 해발고도는 5,000m이다. 해발 6,000m가 넘는 봉우리도 열 개가 넘는다. 주봉인 아니마칭봉7,160m[39]은 여러 봉우리 사이에서 웅장한 산세를 자랑하며 만년설에 덮인 채 우뚝 솟았다.

1900년대 중반까지만 해도 아니마칭은 아직 중국인의 발길이 닿지 않은 산이었다. 일부 외국 탐사대가 아니마칭을 잠시 거쳐 간 적이 있다는 기록만 간단히 남은 정도였다. 그중 한 예로 1920년 영국인 조지 페레이라George Pereira[40]가 북경에서 라싸까지 여행하다가 정상에서 20여 미터 정도 떨어진 아니마칭 서쪽 일대를 지났다는 기록이 있다. 이후 페레이라는 당시 여정 기록을 담은 저서『북경에서 라싸까지Peking to Lhasa』[41]에 아니마칭의 해발고도가 8,300m가 넘는다고 기록했다. 1930년에는 미국인 로크가 아니마칭 동쪽 감숙성 감덕현 일대를 지나면서 해발 5,000m 부근까지 올라 최고 등반 고도 기록을 세웠다. 로크는 직접 관찰하고 촬영한 자료를 토대로 미국의 저명한 다큐멘터리 잡지『내셔널 지오그래픽』에

---

[39] 1981년 미국 등반대에 의해 높이가 6,281.9m로 측정되었다. 이 지역은 티베트인들 중 가장 배타적인 골록족Golok이 살고 있었다. 그들은 고대 티베트의 질서를 확립하고 불의와 폭력을 추방했던 링 왕국의 전설적인 영웅 게사르格薩爾 왕의 애마가 설산이 되었으며, 이 산 어딘가에는 그의 보검이 숨겨져 있다고 믿었다. 또 게사르 왕이 환생해서 숨겨진 보검을 처들고 세상을 평정할 날을 기다리고 있었다. 이처럼 아니마칭은 골록족에게 미래불 등장의 신호탄과 같은 산이었기에 탐험가들의 접근이 쉽지 않았다. 월간 사람과 산, 임성묵, 2011.1.9. 인용 [역주]

[40] 1865-1923, 1905-1910년까지 영국 군인으로 베이징에서 근무하여 중국어에 능했고, 중국과 테베트에서 많은 모험을 했다. 1920년 아니마칭 산군을 따라 북경에서 라싸까지 처음으로 걸었다. 1923년 티베트 국경을 따라 운남 지방을 탐험하다가 사망하였다. [역주]

[41] Houghton Mifflin Company, 1926년영 허즈번드 편집

아니마칭의 해발고도가 8,500m 정도라는 내용을 기고했다. 이후 1948년 4월 16일에 국민당 항공사가 적석산을 정찰하기 위해 정찰 비행을 수차례 시도했으나 실패했다. 1949년 중화인민공화국이 설립된 후에도 적석산을 정찰하기 위해 여러 차례 시도했지만, 이렇다 할 성과를 얻지 못했다.

북경지질대학교 등반대 대원 10명은 적석산 원정 정찰을 대비해 훈련과 준비를 철저히 한 후에 1960년 4월 말에 북경을 떠났다. 청해성 체육위원회 소속 딩위안쭝丁源宗도 후발대로 참여했다. 약 한 달이 지난 5월 20일, 대원들은 적석산에 도착해서 해발 4,805m에 베이스캠프를 설치했다. 이날 정찰대 대장 바이진샤오白進孝는 류자오창劉肇昌, 허후이즈何誨之, 아이순평艾順奉 등과 함께 해발 5,200m까지 올라 정상까지 이르는 루트를 탐색했다. 그리고 산 중간 지점의 피라미드같이 생긴 아니마칭2산을 측정한 후 등반목표로 정했다.

이튿날, 대원들은 전날 측정해둔 곳을 점검하기 위해 다시 발걸음을 옮겼다. 대원들은 현지 가이드와 통역을 통해 현지인에게서 여러 정보를 얻었다. 한 티베트 노인은 대원들에게 아니마칭의 명칭과 관련한 설을 알려주었다. 티베트인은 주봉을 암네마친(阿尼瑪卿, 아니마칭)이라고 부르는데, '암네'는 티베트어로 '노인'을, '마친'은 '활불좌를 받드는 가장 높은 지위의 시자侍者'를 가리킨다. 또한 티베트인들은 아니마칭을 굉장히 신성시해서 재난이 발생하거나 역병이 생기면 아니마칭에서 기도를 올리는 풍습이 있다. 심지어 사천성이나 감숙성 등 아니마칭에서 멀리 떨어진 곳에서 이곳까지 찾아와 산신에게 제사를 올리는 사람이 적지 않았다고 한다.

5월 22일, 대원들이 루트개척 작업을 시작했다. 바이진샤오, 류자오창, 허리윈何禮雲은 우선 아니마칭2산에서 가장 가까운 동쪽 제1루트부터 정찰했다. 이들은 공마대빙하를 건너고 네 시간 정도를 더 진행해 해발 6,000m까지 올랐다. 그러나 이곳에서 정상으로 향하는 루트가 높이 600-700m 정도의 암벽 때문에 끊겼다는 사실을 알아냈다. 결국 첫 정찰에서 정상까지 이르는 루트를 찾는 데 실패했다.

5월 26일에 남동루트를 따라 2차 정찰을 시작했다. 대원들은 경사각이 70도가 넘는 얼음지대를 지나 해발 6,000m까지 올랐다. 얼마 못 가서 또다시 몇 십 미터나 되는 빙벽에 가로막혔지만 계속 길을 내서 살펴보기로 했다. 바이진샤오는 아이순핑艾順奉, 허후이즈의 도움을 받아 몇 시간 동안 빙벽 얼음을 깨서 스텝을 만들었다. 스텝을 이용해 빙벽을 오르자 너비가 50-60m에 깊이를 추측할 수 없는 크레바스가 펼쳐졌다. 대원들은 결국 이 루트를 포기하고 베이스캠프로 되돌아가기로 했다. 결국 2차 정찰에서도 정상까지 통하는 루트를 찾지 못한 채 철수했다.

두 차례에 걸친 정찰에서 정상에 이르는 루트를 찾지 못하자 대원들은 회의를 소집해 대책을 마련했다. 회의 결과 베이스캠프를 현재 위치에서 북동쪽으로 옮기는 쪽으로 의견을 모았다. 6월 초 동안 기상상태가 연이어 좋은 날은 1일과 2일밖에 없었다. 대원들은 이틀 내에 베이스캠프를 옮기기 위해 발걸음을 재촉해야 했다.

6월 1일 오전 9시, 바이진샤오와 아이순핑, 류자오창, 허후이즈, 왕훙바오王洪寶, 왕원장王文후, 저우핀웨이週聘謂, 딩위안쭝 등 대원 8명은 짐을 모두 챙겨서 떠났다. 대원들은 12시간 동안 힘들게 행군한 끝에 기존 베이스캠프보다 해발고도가 1,340m 정도 더 높은 곳에 새 베이스캠프를 세웠다. 대원들은 무리한 등반에 산소 결핍과 피로까지 더해진 바람에 아무도 음식을 먹지 못한 채 물만 겨우 조금씩 마셨다. 대부분 밤이 깊도록 잠을 자기도 힘들어했다.

6월 2일, 대원 8명은 과일 통조림과 사탕을 조금씩 나누어 먹은 후에 등반길에 올랐다. 약 70-80보 정도로 이어진 얼음경사면 구간을 지나니 정상이 눈앞에 보였다. 북경시각 기준 오후 1시 30분, 대원 여덟 명은 드디어 모두 정상에 올랐다. 대원들은 벅차오르는 기쁨에 서로 부둥켜안고 환호하며, 등정 성공의 의미로 하늘을 향해 적색 신호탄을 3차례 쏘았다. 대원들은 오성홍기와 등반대 상징기를 정상에 꽂아서 기념촬영을 하고, 그 순간을 등반일지에 이렇게 적었다.

조국의 영광과 고산 과학기술사업의 발전을 위하여 이곳에 오르다.

정상에 오른 대원들은 각자 일지에 서명했다. 그러고 나서 일지를 빈 통에 넣어 밀봉한 후에 등정시각을 기록하고 정상 부근에 묻어두었다.

북경지질대학교는 정상 등정에 성공한 경험과 이때 얻은 자료를 통하여 적석산 일대 연구를 재개했다. 북경지질대학교는 보름 만에 적석산 최고 고원지대인 마적설산瑪積雪山의 동쪽, 남쪽, 북쪽 등 약 500km²에 이르는 일대에 대한 연구를 마쳤다. 이어서 아니마칭2봉 지역의 지형도를 제작하고, 아니마칭2봉 일대의 지질구조를 파악했다. 또한 약 백 년 동안의 적석산 기상상황과 빙하의 생성 및 소멸 규칙을 알아냈다. 이러한 연구결과는 향후 적석산 일대를 더욱 깊게 연구하기 위한 초석이 되었다.

북경지질대학교 등반대는 고등교육기관에서 학생을 대상으로 조직한 등반대 중에서 최초로 해발 6,000m보다 높이 올랐다. 그러므로 아니마칭2봉 등정은 중국 등산 역사에서 상당히 의미가 깊다고 할 수 있다.

제 3 편

세계 선진 대열에 진입한 중국 등산

1960~
1966년

제8장

최초로 북릉을 거쳐
초모룽마에 오르다
—

초모룽마에베레스트산는 세계에서 가장 높은 산이다. 1920년대부터 각국 등반대가 초모룽마에 오르기 위해 온갖 노력을 했다. 그러나 1930년에서 1950년대에는 등반가 단 몇 명만이 남릉을 거쳐서 정상에 오르는 데 그쳤다. 그러다 1960년 5월 25일에는 결성한 지 5년밖에 안 된 중국 등반대가 북릉을 통해 세계에서 제일 높은 곳에 오르면서 중국 등반대는 세계적인 반열에 올랐고, 이때부터 중국 등산 역사에 빛나는 서막이 열렸다.

초모룽마 개요

1960년 중국 등반대가 초모룽마에 처음 올랐던 때 중국 지도는 초모룽마의 해발고도를 8,882m라고 표기했다. 당시는 초모룽마의 해발고도를 정확히 확립할 수 없어서 나라들마다 각각 8,840m,

8,882m, 8,864m, 8,848m라며 의견이 분분했다. 1975년에 중국 측량부에서 초모룽마의 해발고도와 위치를 측량하니 해발고도는 8848.13m이고 좌표는 북위 27°59′15″, 동경 86°55′39″로 중국과 네팔 국경에 자리 잡고 있었다.

초모룽마는 히말라야산맥 최고봉답게 수많은 고봉이 이 산 주위를 에워싸는 듯한 모습으로 우뚝 서 있다. 그중 해발 8,000m가 넘는 고봉으로는 로체Lhotse, 8,516m, 마칼루Makalu, 8,463m, 초오유Cho Oyu, 8,201m 등이 있고, 해발 7,000m가 넘는 봉우리도 수십 좌나 있어 세계적으로 손꼽히는 높은 봉우리가 밀집해 있다.

지질학적으로 초모룽마 부근과 히말라야산맥 일대는 약 2억 년 전에는 테티스해Tethys sea라는 바다였으며 훗날 조산운동이 일어나서 지금처럼 큰 산맥이 형성되었다. 히말라야산맥 남쪽과 북쪽은 각각 오랫동안 해수면 아래에 있다가 지금으로부터 약 7천만 년 전에서 100만 년 전인 신생대 제3기 말부터 융기하여 해수면 위로 올라왔다. 초모룽마 역시 그때 생겼으며 지금도 진행 중인 조산운동의 영향으로 계속해서 융기하고 있는, 세계에서 가장 젊고 높은 산이다. 현재의 초모룽마는 신생대 제4기 빙하기와 비교하면 해발고도가 약 1,400m 정도 더 높다.

초모룽마는 신구조운동의 영향을 받아 오늘날에도 지진이나 지각변동, 온천과 같은 현상이 끊임없이 나타난다. 특히 티베트와 가까운 초모룽마 북쪽 지대는 지진이 자주 발생한다. 1932년 티베트 달력으로 1월 1일 저녁 무렵에 진도 8이 넘는 강진이 발생했다. 당시 지진의 여파로 초모룽마 북쪽에 있는 융포사絨布寺의 종이 매우 빠르게 흔들리면서 전당殿堂 천장이 와르르 무너져내렸다. 그

바람에 반경 수 킬로미터까지 잔재가 날려서 온 산을 뒤덮을 정도 였다.

초모룽마 일대는 자연환경이 매우 복잡하다. 해발 5,000m 이상 고지대는 두꺼운 얼음과 만년설로 덮여 있고 눈사태나 산사태가 자주 발생한다. 기상조건도 매우 나쁘다. 그나마 등반하기에 괜찮은 날에도 나뭇가지가 부러지거나 사람이 걸어갈 수 없을 정도인, 보퍼트풍력[42] 기준 7-8급 이상의 강한 바람이 매일같이 분다. 정상 부근은 풍력이 10급 이상으로 나무가 쓰러질 만큼 강하다. 또한 초모룽마 일대는 지구에서 산소가 가장 희박한 곳으로, 정상 부근은 산소가 평지의 3분의 1~4분의 1 수준밖에 안 된다. 게다가 평균기온이 영하 30도에서 영하 40도 정도로 매우 낮고 눈도 자주 내린다. 이러한 악조건 때문에 초모룽마는 등반 자체가 요원한 일이었다. 사람들은 오래전부터 초모룽마를 남극 및 북극과 더불어 '3극'이라고 불렀다. 또한 고도가 워낙 높아서 '새조차 넘지 못할 산'이라는 별명까지 붙었다.

중국 등반대는 1960년에 북동릉을 거쳐서 초모룽마 정상으로 향했다. 당시 정상까지 통하는 산로는 북동 능선, 북벽, 서쪽 능선 등 총 세 가지였다. 북동 능선을 통해 가려면 반드시 북쪽 안부와 세컨드스텝을 거쳐야 했다. 이 두 곳은 초모룽마에서 가장 위험한 코스로 악명이 높다.

하지만 초모룽마는 매우 아름다운 산이다. 세계에서 가장 높은 산답게 히말라야의 수많은 고산에 둘러싸인 채 하늘 높이 우뚝 솟아 위용을 자랑한다. 워낙 높고 웅장해서 히말라야에서 100km

42 역자 부록 2(615쪽) 참고. [역주]

정도 떨어진 곳에서도 은백색 피라미드 같은 초모룽마를 맨눈으로 뚜렷하게 볼 수 있다. 일 년 내내 만년설로 뒤덮여 있으며 산골짜기에는 거대한 빙하가 흘러 히말라야 일대 현대 빙하의 중심지를 이룬다. 초모룽마 북릉에는 동, 서, 중룽북이 한데 모이는 곳이 있는데, 이곳이 그 유명한 롱북빙하Rongbuk Glacier이다. 또한 해발 5,500m에서 6,200m 일대는 수많은 빙탑으로 둘러싸였고, 빙탑 사이마다 얼음 호수와 빙하 계류가 분포한다.

초모룽마에 관련된 기록은 티베트 고서에서도 볼 수 있다. 또한 예부터 티베트인[43] 사이에 이러한 설화가 있다. 티베트 경전인 『십만보훈十萬寶訓』에 따르면, 중국 당 왕조 초기에 해당하는 티베트 송찬간포왕 집권 후기에는 예부터 윗대 왕의 명령으로 초모룽마 지역에 백조를 기르는 장소를 두었다고 한다. 이후 사람들은 그 지역을 새를 기르는 땅이라는 뜻인 '차마랑', 혹은 남쪽의 새를 기르는 땅이라는 뜻인 '로차랑마' 등으로 불렀다. 이런 연유로 원주민들은 초모룽마를 '암컷 새'라고 한다. 초모룽마는 티베트족에게 늘 아름다운 여신 같은 존재다. 티베트 불교의 일파인 황교黃敎 사원에서는 매월 10일이나 15일에 초모룽마를 상징하는 다섯 여신에게 제사를 지낸다. 다섯 여신은 원래 자매이며 이들의 이름은 불교 경전에도 나와 있다. 맏언니는 '초모조렝마', 둘째는 '초모칭체사상마', 셋째는 '초모랑상마', 넷째는 '초모차오방추상마', 그리고 막내는 '초모도카리조상마'이다. '초모룽마'는 '초모랑상마'의 약칭이다.

---

43 티베트는 중국이 1949년에 인민을 해방한다는 명분으로 강제로 합병하기 이전까지 독립 국가였다. 중국 정부는 티베트를 강제로 합병한 후 1965년 서장 티베트자치구를 설립한 이후부터 통신, 정치는 물론 종교까지 간섭하며 언론매체 등 다양한 수단을 이용해 티베트를 중국의 일부로 만들었다. [역주]

티베트어로 '초모'는 여신이라는 뜻이고, '랑상마', '조렝마', '칭체사상마', '차오방추상마', '도카리조상마'는 모두 여신의 이름이다. 초모룽마는 '성모聖母의 물'이라는 뜻이기도 하다.

초모룽마 서쪽은 밀레르빠의 성지가 있는 곳으로 유명하다. 밀레르빠는 11세기경 태어나 곳곳을 자유롭게 방랑하던 라마승이며, 문학에 조예가 상당히 깊어 시가와 우화로 사람들에게 가르침을 주는 데 능했다. 밀레르빠는 말년에 초모룽마 부근에서 수행하며 깨달음을 얻어 성인이 되었다. 티베트족은 밀레르빠를 신처럼 숭배하며 매년 초모룽마에서 제사를 지냈으며, 해마다 추모객의 발길이 끊이지 않았다고 한다. 전설 속 초모룽마의 다섯 여신은 밀레르빠를 시중들었다고 한다.

서기 1709-1711년 무렵에 당시 티베트 대신들은 강희제의 명령에 따라 티베트 지도를 제작했다. 그러나 아쉽게도 그 지도가 소실되어 당시 지도상에 초모룽마도 표기했는지 확인할 방법은 없다. 서기 1714-1715년에 청 왕조는 흠천감欽天監[44]에서 수학 연구를 하던 승주胜住를 티베트에 파견하여 티베트 불교 승려 두 명과 함께 이범원理藩院[45]에서 티베트 지도 제작 임무를 전적으로 맡도록 했다. 이들은 당시 초모룽마까지 이르는 지리 조건이 굉장히 열악했음에도 불구하고, 초모룽마 초입까지 이르러 조사 활동을 펼친 끝에 경위도법과 제형투영법을 이용해 초모룽마의 대략적인 위치와 고도 측정에 성공했다. 이후 서양 선교사 레지스Jean

---

44   명·청나라 때 천문을 관측하고, 역수曆數를 정하고, 길흉을 점치며, 금기를 판별하는 등의 일을 맡은 관청. [역주]

45   청나라 관서. 몽골·티베트 등의 일을 관장함. [역주]

Baptiste Régis 등이 청대 강희제 56년1717년에 제작한 중국 전국지도인《황여전람도皇輿全覽圖》에는 초모룽마의 위치와 만주어 이름을 표기했다. 1719년에는 만주문자로 된《황여전람도》를 동판으로 제작했고 1721년에는 한자로 표기한 목판 지도를 제작했다. 이후 1733년 유럽에서는 프랑스어 지도도 제작했다. 만주어, 중국어, 프랑스어 등 여러 문자로 제작된 지도에도 초모룽마의 명칭을 각각의 언어로 표기했다. 즉, 이 지도가 초모룽마의 역사적 기록을 담은 최초의 문헌 자료라고 볼 수 있다.

다시 말해서 초모룽마를 발견하고 위치와 고도를 측량하여 지도상에 처음으로 기재한 승주와 티베트 불교 승려 두 명이야말로 진정한 최초 발견자이자 기록자라고 할 수 있다. 이밖에 1744년 중국 청나라의 판도를 상세히 기록한 지리책인《대청일통지大淸一統志》, 1761년에 제작된 중국 전역과 인근 여러 지역에 관한 수계水系를 정리한 지리서《수도제강水道提綱》, 1760년에서 1770년 사이에 제작한《건륭십삼배지도乾隆十三排地圖》, 1795년에 제작한《위장통지衛藏通志》에도 각각 초모룽마라는 명칭이 시대별로 조금씩 다르게 기재되어 있다. 또한 1822년에 제작한《황조지리도皇朝地理圖》와《대청일통여도大淸一統輿圖》에도 이 산이 '초모룽마'라고 표기되어 있다.

19세기 중엽에 영국인들은 히말라야를 본격적으로 측량했다. 그러나 티베트나 네팔 등 히말라야 근처에 직접 가지 않고 약 160km 정도 떨어진 인도에서 겨우 관측한 정도라 히말라야에 존재하는 여러 고봉의 명칭조차 제대로 파악하지 못했다. 당시 영국인들은 로마숫자 표기법으로 히말라야산맥에 있는 산을 동쪽에서

서쪽까지 차례대로 호수를 배열해 기록하는 데 그쳤다. 당시 지도에는 초모룽마를 인도 측량국 번호를 인용하여 '피크15Peak XV'라고 기록했다. 1858년, 인도 측량국 국장 앤드루 워는 영국 왕립 지리학회의 비준을 얻어서 당시만 해도 이름조차 정해지지 않았던 봉우리를 '에베레스트Mt. Everest'라고 명명했다. 예전부터 그 봉우리가 가장 높다고 주장했던 전임 측량국장의 이름 조지 에베레스트George Everest의 공을 높이 사 그의 이름을 차용한 것이다.

영국인이 중국의 승주 일행보다 130년이나 늦게 세계 최고의 산을 발견했음에도 불구하고, 이때부터 세계 각국에서는 지도에 '초모룽마'가 아닌 '에베레스트'라는 명칭을 사용하기 시작했다. 심지어 중화인민공화국 건립 이후 중국 정부가 공식적으로 선별한 지도에도 에베레스트라고 표기했다. 1952년 5월 8일에 중국 중앙인민정부 내무부와 중앙인민정부 출판본부는 예전부터 이어진 초모룽마의 명칭을 비롯한 여러 문제를 놓고 '에베레스트'가 아닌 '초모룽마'로, '외히말라야산맥'이 아닌 '강디스산맥'으로 개정해야 한다고 제의했다. 그러나 세계적으로 에베레스트라는 명칭이 이미 널리 통용되고 있어서 강행하기가 쉽지 않았다. 결국 중국 정부는 교과서에는 물론이고 지도나 중국에서 출판하는 저작물에서 초모룽마를 표기할 때 '에베레스트'와 '외히말라야산맥'을 함께 적도록 했다.

근대에 들어서는 1893년이 되어서야 처음으로 초모룽마 탐험과 등반이 이루어졌다. 영국 군대가 1893년과 1904년 그리고 1913년에 걸쳐 세 차례나 초모룽마에 오르려고 시도하였다. 그러나 티베트 현지인의 강력한 저지로 제대로 진행하지 못했다. 이후 영국군은 1921년이 되어서야 티베트를 거쳐 초모룽마에 올랐는데, 통상 이를 최초의 초모룽마 등반활동이라고 간주한다.

1921년부터 시작해서 1960년 중국 등반대가 초모룽마에 오를 때까지, 국제적으로 총 15차례 정도 초모룽마 정상에 오르려는 시도가 있었다. 그러나 이 중에서 단 두 차례만 성공하는 데 그쳤다. 영국 산악회 부회장인 존 헌터John Hunter 외 9명으로 구성된 등반대가 정상에 오른 일이 첫 등정 사례이다. 존 헌터 일행은 약 2년에 걸쳐 등반 준비를 한 다음 1953년 4월 초모룽마에 오르기 시작했다. 이는 초모룽마 정상 정복을 목표로 한 열네 번째 공식 등반활동이었다. 당시 정식 등반대원은 9명이고 그 외 운반 및 기타 작업을 맡은 인부가 400여 명이었다. 1953년 5월 29일 오전 11시 30분, 대원 중 네팔 출신 텐징 노르가이1914-1986, 훗날 영국 외교부로부터 명예 영국시민권을 얻었다와 뉴질랜드 출신 영국인 에드먼드 힐러리 두 사람이 가장 먼저 초모룽마 정상에 올랐다. 두 대원은 초모룽마 해발고도가 8,882m라고 발표했다. 이후 스위스 알프스위원회에서 조직한 등반대가 1956년 4월에 15번째 공식 등반에서 두 번째로 초모룽마 정상에 올랐다. 총 5명으로 구성된 스위스 원정대는 그들보다 앞서 등정에 성공한 영국 등반대의 등반 루트를 그대로 따라서 올라 1956년 5월 23일 오전 10시경 정상에 오르는 데 성공했다. 당시 스위스 등반대는 에른스트 슈미트Ernst Schmied, 위르크 마메Jürg Marmet, 한스 루돌프 폰 군텐Hans Rudolf von Gunten, 아돌프 라이스트Adolf Reist로 총 4명이었다. 스위스 등반대는 초모룽마의 해발고도가 8,848m라고 주장했다.

앞에서 언급한 대로 각국 등반대는 정상을 향하여 여러 차례 등반을 시도했지만, 성공은 단 두 차례에 그쳤다. 이 두 차례 성공사례는 모두 네팔 국경에 있는 남릉을 따라 올랐다는 공통점이 있다. 영국은 약 8차례 정도 북릉을 따라 등정하려고 시도했으나 한 번도 성공하지 못했다. 영국의 유명한 등반가 조지 맬러리George Herbert Leigh Mallory와 앤드루 어빈Andrew Irvine은 1924년 북릉 루트를 따라 세컨드스텝 아래 해발 8,572m 부근까지 올랐다가 결국 실종되었다. 이후 1960년에 인도, 미국, 영국, 프랑스, 스위스, 일본, 뉴질랜드, 네팔, 유고슬라비아, 이란 등 총 10개국 출신 등반대 12개 팀이 히말라야 일대에서 등정을 목표로 활약했다. 중국 등반대 역시 이 시기에 히말라야 부근에서 정상을 향한 꿈을 펼치기 시작했다.

제2절

중국·소련 등반대의 초모룽마 합동등반 협의와 중단

1958년 초에 소련 등산협회 위원장 아발라코프Vitaly Abalakov[46]를 비롯한 관계자 12명은 중국 및 소련 정부에 양국 합동원정대 조직을 요구하는 공동서한을 보냈다. 1959년 3월부터 6월 안으로 북릉을 따라 초모룽마에 오르자는 내용이었다.

1958년 4월에 중국 체육위원회의 결정대로 중국 등반대는

---

46 1906-1986, 소련의 화학 엔지니어이자 등산가, 발명가. 서양 등반기술을 공개적으로 선전함으로써 독일 스파이라는 혐의를 받고 동생과 함께 소련인민위원회NKVD에 체포되어 1938년부터 1940년까지 조사를 받았다. 여러 가지 캠핑과 등반장비를 발명하고, 한국에서 아발라코프 방법이라고 불리는 V-thread를 고안했다. 러시아 등반의 아버지로 레닌훈장을 받았다. 동생 예브게니 아발라코프Yevgeniy Abalakov, 1907-1948는 1933년 코뮤니즘 피크과거에는 스탈린 피크라 불렀다를 초등했다.

1958년부터 1960년까지 3년 안에 북릉을 따라 초모룽마를 등정하기로 했다. 중국은 소련 체육연합 측이 요구한 대로 소련 등반대원을 중국으로 초빙해서 합동등반대를 조직하여 초모룽마에 오르기로 했다.

이후 중국 체육위원회는 소련 체육연합 측에 북경에서 초모룽마 등정과 관련해 정식으로 회의를 진행하자고 제안했다. 이에 따라 1958년 북경에서 제1차 중·소 회담을 진행하며 초모룽마 공동등반 및 기타 문제에 대한 의견을 개진했다.

제1차 회담에서 1958년 8월 6일과 8월 22일에 스잔춘이 이끄는 중국 등반대원 46명은 두 팀으로 나누어 소련에서 등산훈련을 진행하기로 협의했다. 중·소 합동등반대는 같은 해 9월 7일에 레닌봉과 무명봉을 연이어 등정하며 초모룽마 등정을 위한 체력을 쌓고 정신력을 키워갔다.

1958년 12월에 중·소 양측은 합동등반대의 공식 명칭을 '중국·소련 초모룽마 원정대'라 명명했고, 1959년 5월에 본격적으로 초모룽마 등반을 시작하기로 합의했다. 그러나 얼마 지나지 않아 티베트와 중국 정부 간 마찰이 무력 투쟁으로 번져서 더는 등반 계획을 진행할 수 없었다.

1959년 말, 중국 체육위원회는 소련 측에 종전에 협의했던 등정 계획을 1960년에 다시 진행하자고 적극적으로 요청했다. 그러나 소련은 1961년 혹은 그 이후 티베트 사태가 완전히 종결될 때까지 초모룽마 등정 계획을 잠정 중단하자는 뜻을 고수했다. 결국, 중국은 3년 이내에 초모룽마에 오르려던 원안을 이행하기 위해 1960년 봄에 단독으로 북릉을 거쳐서 등반하기로 했다.

제3절

초모룽마 등반 준비작업

중국 등반대는 초모룽마 등정 성공률을 높이기 위해 오랜 시간 동안 다방면에 걸쳐 꼼꼼하게 준비했다. 우선 등반대원의 신체훈련과 기술훈련을 집중적으로 시행했다. 훈련은 다음과 같이 여러 단계를 거쳐 시행했다.

1단계: 1958년 6월에서 9월까지 향산 훈련교실 훈련생과 기존 전문 등반대원 중 40명을 엄선하였고, 이들은 기초 역량과 각종 등산기술을 향상하기 위하여 집중적으로 훈련했다. 훈련 후반기에는 소련 대원과 함께 해발 7,134m 레닌봉을 등정했다.

2단계: 1958년 10월에서 1959년 3월까지 전문 등반대원과 그 외 여러 임무를 맡은 대원 160여 명은 중국 체육위원회 소속 참관단 자격으로 차례대로 북경을 떠나 티베트로 갔다. 대원들은 대부분 라싸에서 체력훈련을 시행했다. 겨울에는 티베트 북쪽 니엔첸탕글라 북동봉 정상에 올랐다. 이 단계에서는 고산에서 여러 가지 악조건을 극복하는 능력과 빙설기술 향상이 주요 목표였다.

3단계: 1959년 4월에서 7월까지 해발 7,543m의 무즈타그에 오르는 등 해발 7,500m가 넘는 고산에서의 적응력을 함양했다.

4단계: 1959년 8월에서 1960년 2월까지 약 2개월 동안 휴식 및 정비 기간을 거친 후 사천성 성도와 중경 남온천 등지에서 체력훈련과 기술훈련을 재개했다. 초모룽마에 오르기 전 컨디션을 최상으로 끌어올리고 체력과 영양을 비축해 두는 데 중점을 두었다. 또한 암벽등반 기량 향상을 위해 기술훈련을 시행했다.

등반대는 초모룽마를 무사히 등정할 수 있기를 꿈꾸며 강도 높은 훈련 일정을 소화했다. 등반 과정에서 있을 수 있는 실질적인 어려움에 대비하여 필수물자도 충분히 준비했다. 또한 고산이라는 특수 환경에 적응하기 위하여 미리 방한용품, 고산식량, 연료, 통신장비, 각종 기술, 베이스캠프 설치 등의 필요 기술과 물자를 모두 가상 환경에서 모의로 시험했다. 모의시험에서는 캠프 천막 설치법부터 고소에서 성냥을 사용하는 극히 작은 일까지 모두 고려하여 다방면으로 시험을 진행했다. 산소장비 역시 현지 조건에 따라 융통성 있게 사용하기 위해 세 종류를 갖추는 등 세심하게 준비했다.

중국 정부뿐 아니라 각 정부기관도 초모룽마 등정을 위한 지원을 아끼지 않았다. 백여 톤이 넘는 200여 종의 각종 필수품을 주어진 시간 안에 최대한 효율적으로 옮기기 위해 정부에서 전용 비행기를 두 대나 지원할 정도였다. 심지어 티베트자치구 남부 르카쩌日喀則[47]에서 베이스캠프까지 약 380km에 이르는, 그야말로 세계의 지붕을 가로지르는 고속도로를 1년도 안 되는 기간 안에 완공할 정도였으니 중국 정부의 관심과 지원이 어느 정도 수준이었는지 짐작할 수 있다. 초모룽마 베이스캠프 기상대는 중국의 웬만

47 중국 티베트자치구에 있는 도시

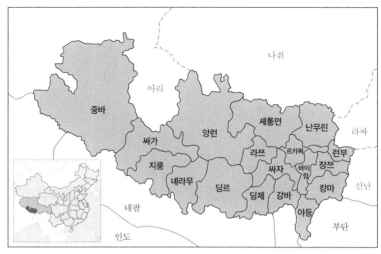

중국 티베트자치구 르카쩌日喀則

한 성省 소재 기상대에 버금갈 만큼 완벽한 시설을 갖추었다.

1958년 11월경, 등반대는 초모룽마에 정찰대를 파견했다. 정찰대 대장은 쉬징이 맡았다. 과학 분야 연구자들도 차례로 초모룽마에 진입했다. 기상 담당 연구원들은 초모룽마 기슭에 기상대를 세워 북경, 성도, 라싸에서 초모룽마까지 교신이 가능한 기상정보망을 구축하여 전반적이고 체계적인 기상관측을 도모했다. 지리와 고산생리 등 각 분야 연구자들도 이곳에서 수많은 연구성과를 이루었다. 등반대는 정찰대의 보고사항과 국내외 자료를 정밀 분석한 연구결과를 토대로 초모룽마 등반계획을 구체적으로 세웠다. 기본 내용은 다음과 같다.

1. 등반 루트 정하기

정찰대의 현지 조사 결과 북릉을 통해 정상까지 오를 수 있는 길은 총 세 곳으로 판단되었다.

첫 번째: 중롱북빙하[48] → 동롱북빙하 → 노스콜 동쪽 → 북동능선 → 정상

두 번째: 중롱북빙하 → 노스콜 서쪽 → 북동능선 → 정상

세 번째: 중롱북빙하 → 서릉선 → 정상

등반대는 이 세 루트를 비교, 검토한 끝에 첫 번째 루트를 따라 등정하기로 계획을 세웠다.

첫 번째 루트의 지형적 특징은 다음과 같이 세 가지로 나눌 수 있다.

1) 1단계^{해발 5,120-6,500m}: 중롱북과 동롱북 두 빙하의 여울을 따라 오르는 루트이다. 크게 위험한 지대도 없고 기상조건도 매우 좋다. 그러나 경사가 비교적 완만하여 상대적으로 거리가 늘어나 일정이 길어질 가능성이 있다.

2) 2단계^{해발 6,500-7,400m}: 빙설이 집중 분포하는 구간이다. 이 구간은 다음과 같이 크게 두 곳으로 나눌 수 있다.

① 해발 6,500-7,007m 구간은 노스콜의 동릉쪽 지대로, 평균 경사도가 약 50도 정도이다. 지형이 복잡하고 곳곳에 크고 작은 크레바스와 가파른 경사지대가 분포한다. 빙설이 무너진 흔적도 곳곳에 보인다. 이 구간은 노스콜에서도 까다로운 코스인데다, 지형 특성상 많은 인원을 수용할 수 있는 대규모 베이스캠프를 설치하기 힘들다.

② 해발 7,007-7,400m 구간은 노스콜 정상을 거쳐 올라가는 코스로, 빙설이 비교적 고른 편이다. 평균 경사도는 약 40도 정도이다. 이곳을 지나려면 절벽으로 둘러싸인 다소 협소한 길을 지나야 하는데, 바람이 상당히 강하므로 주의해야 한다.

3) 3단계^{해발 7,400m-정상}: 빙설과 암벽 혼합지대로, 곳곳에 부석과 구덩이가 분포한다. 평균 경사도는 약 40도 정도이다. 세컨드스텝은 해발 8,600-8,700m 구간에 있다. 이곳을 오르려면 고도의

---

48 지금은 중롱북빙하를 룽북빙하로 부른다. 해발 5,500m-6,300m 지점에서 동·서룽북빙하로 갈라진다.

암벽기술이 필요하다.

2. 등반 시즌 정하기

기상연구 결과에 의하면 초모룽마는 봄과 가을이 상대적으로 등반에 유리하다고 한다. 봄은 4, 5월 두 달 정도로 비교적 길다. 이 시기에는 바람이 강하지 않고 계절에 따른 각종 자연현상이 비교적 규칙적이라 날씨를 예측하기 쉽다. 게다가 적설량도 적은 편이다. 그러나 기온이 비교적 낮다. 가을은 약 한 달 정도이다. 이 시기에는 바람도 적고 기온도 봄과 비교하면 상대적으로 높은 편이다. 그러나 적설량이 많다는 단점이 있다. 초모룽마 등반 시 대원의 적응기간은 물론이고 물자를 운반하는 데 시간이 오래 걸리는데, 적설량이 많으면 전체 등정 일정이 길어질 뿐만 아니라 대원들의 안전과 직결되는 여러 문제가 생길 가능성이 크다. 이러한 조건을 고려하여 1960년 3월에서 5월 사이에 초모룽마에 오르도록 한다.

3. 캠프 1, 2, 3을 각각 해발 5,120m, 5,400m, 6,400m에 세우도록 한다.

4. 해발 7,600m부터 산소통을 사용하지 않는다.

5. 네 차례에 걸쳐 정상에 오르도록 한다. 처음 세 차례는 적응 차원으로 등반하고, 마지막 등반 시 정상에 오른다.

6. 일선 팀원을 약 4명에서 8명 정도로 정하고, 상황에 따라 한두 팀 정도가 안자일렌Anseilen[49]을 하고 정상에 오르는 임무를 맡는다.

여기에 상황에 따라 적응 등반을 세 차례 또는 다섯 차례 시행하자는 별도의 방안을 추가했다.

---

49 등반자 사이에 일정한 간격을 두고 로프를 연결하여 묶고 오르는 방법

중국은 1960년 2월에 정식으로 초모룽마 원정대를 조직했다. 중국 국가 체육위원회 서기 스잔춘이 대장을 맡았다. 그 외에 부대장은 쉬징, 부서기는 왕펑퉁이 맡았다. 원정대 대원 수는 총 214명이었다. 대원들은 기술자, 농민, 인민해방군인, 교사, 학생, 정부산하기관 간부 및 과학연구자 출신 등 전국 각지에서 다양한 분야에 종사하던 사람들이었다. 여성 대원은 총 11명이었다. 여성 대원의 평균 연령대는 24살로, 그중 3분의 1가량은 티베트 출신이었다. 대원 중 중국 정부가 공인한 최우수 운동선수는 17명, 1급 운동선수가 18명이고 2급 운동선수도 상당수였다. 또한 고산등정 경험이 전혀 없는 대원도 일부 참가했다.

제4절

선발대 파견과 1차 고산등반

초모룽마 원정대는 초모룽마를 본격적으로 등정하기 전에 불필요한 체력소모를 방지하기 위하여 뤄즈성과 장쥔옌이 이끄는 선발대를 초모룽마로 먼저 파견했다. 선발대는 라싸에서 단기 집중훈련을 시행하고 본격적인 등반에 앞서 준비기간을 가진 후, 1960년 3월 3일 초모룽마 베이스캠프에 도착했다. 베이스캠프 영지는 눈으로 뒤덮인 비교적 평탄한 골짜기로, 골짜기 동쪽과 서쪽 모두 중룽북빙하의 거대한 여울에 둘러싸였다. 남쪽과 북쪽은 고대 빙하의 구릉지가 펼쳐졌다. 베이스캠프 남쪽에서 약 1km 정도 떨어진 곳에서는 현대 빙하설도 볼 수 있다. 선발대는 정찰대의 관찰 결과와 등정 계획안을 토대로, 골짜기를 타고 부는 지형풍을 피하고자 남쪽 언덕의 북쪽에 베이스캠프를 세우기로 했다.

선발대 대원 192명은 강풍과 폭설에 아랑곳하지 않고 기상대와 전신국, 베이스캠프를 일사천리로 설치했다. 초모룽마 아래에 거대한 천막 도시를 형성한 셈이다.

베이스캠프를 세우면서 캠프도 동시에 설치했다. 선발대는 다시 팀을 나누어 해발 5,400m 동롱북빙하 일대의 빙탑이 빽빽하게 들어선 지역과 해발 5,900m 중어울 부근, 그리고 해발 6,400m 노스콜 아랫자락에 각각 캠프 1, 2, 3을 세웠다. 또한 베이스캠프 본진에서 수천 킬로그램이나 하는 고산등반 필수장비와 식량과 연료를 각 캠프로 나누어 옮겼다. 이런 식으로 추후 등반 시 물자운반 임무 부담을 대폭 줄일 수 있었다.

1960년 3월 19일, 정상에 등반할 주력 대원을 포함한 대원들이 모두 베이스캠프에 도착했다.

3월 23일 저녁, 기상 담당대는 3월 25일부터 기상조건이 매우 양호하리라고 전망했다. 이에 따라 원정대는 3월 25일에 해발 6,400m까지 1차 현지적응 등반을 시도해서 전 대원이 고산 환경에 적응하도록 했고, 6,400m에 세운 3캠프까지 물자운반 임무도 병행했다. 이외에도 정찰대를 노스콜에 파견해 2차 적응등반 시 노스콜을 지나는 루트 정찰과 기술조치 임무를 맡겼다. 일정상 해발 6,400m에서 노스콜 등정까지 하루 정도 여유가 있었고 기상조건도 아주 이상적이었다. 이에 원정대는 정찰대를 노스콜에 하루 일찍 파견하기로 결정했다.

3월 24일 오전, 노스콜 정찰대가 원정대보다 먼저 출발했다.

3월 25일 정오 무렵, 원정대 대원 전원이 베이스캠프 광장에서 등반 준비를 마치고 대기하고 있었다. 깃발 게양에 이어 스잔춘과 원정대 대표가 연설을 마쳤다. 스잔춘 대장은 전 대원에게 세계 최고의 산을 향해 전진하자고 소리높여 외쳤다.

원정대는 정찰대 및 선발대가 미리 탐색해둔 루트대로 오르기 시작했다. 중룽북빙하를 돌고 동쪽 골짜기 저지대를 통과하며 정상을 향해 차근차근 발걸음을 옮겼다. 한참을 걷다 보니 저 멀리 중룽북빙하 끝자락이 보이는 듯했다.

그러나 이 구간은 경사가 완만해서 같은 높이를 오르더라도 상대적으로 등반 루트가 길 수밖에 없었다. 등반대와 함께 올랐던 기자 출신 궈차오런郭超人 대원은 훗날 자신의 저서《인터뷰 일기 採訪日記》에서 당시 경험을 이렇게 언급했다.

> 대원들은 등에 배낭을 짊어지고 피켈에 의지한 채 발걸음을 이어갔다. 나도 대원들의 기나긴 행렬을 따라 올랐다. 바위를 딛고 눈길 언덕을 걸으며 한 걸음 한 걸음 앞으로 나아갔다. 호흡, 자유롭게 숨을 쉬는 일이 아무것도 아니라고 느껴졌던 순간이 얼마나 소중한지 사무치게 와닿았다. 마치 보이지 않는 마귀가 내 목을 마구 움켜쥐며 온몸을 옥죄는 것만 같은 느낌이 들어 견딜 수 없었다. 두려움을 떨치고 용기를 내어 입을 크게 벌려 온몸이 필요로 하는 만큼 산소를 들이마셨다. 두 다리도 점점 무거워졌다. 아니, 정확히 말하면 온몸이 무거워졌다. 신체 일부가 쑤시듯 아픈 그런 통증이 아닌, 온몸에 힘이 쭉 빠진 채 마비되어버린 것 같은 통증이다. 나는 그런 다리를 억지로 끌고 힘겹게 앞으로 걸어갔다….

외국의 한 탐험가도 초모룽마 등반을 두고 '세상에서 가장 길고 긴 여정'이라고 했으니, 그 고충이 얼마나 심했는지 짐작할 수 있다.

원정대는 오후 6시경 해발 5,400m 지점에 설치해둔 1캠프에 도착했다. 해발 5,120m에서 5,400m까지 해발고도로만 따진다면 겨우 280m 정도 오르는 데 그쳤지만, 완만한 경사 때문에 등반 루트가 상당히 길어서 여섯 시간이 걸려서야 겨우 올랐다.

1캠프는 동롱북빙하에서 그리 멀지 않은 빙하 여울 어귀에 자리 잡고 있었다. 이곳에서 동롱북빙하로 들어오는 작은 계곡이 가파른 여울 아래로 흐르는 모습도 볼 수 있었다. 여울 바로 뒤에는 가파르고 거대한 절벽이 있다. 이 지대에는 변성암이 상당히 많이 분포하는데, 그중에서도 강한 풍화작용을 거친, 입자가 굵은 편마암이 주를 이룬다. 이 굵은 편마암층은 수시로 무너져내려서 숙박지에 가까이 세워둔 간이 울타리 근처까지 암석이 굴러떨어지기도 했다.

원정대는 캠프 근처에서 정체를 알 수 없는 숙박지를 발견했다. 무너진 돌로 울타리를 쌓아 올린 흔적이 남아 있지만 이미 오래 전에 폐허로 변한 모습이었다. 대원들은 숙박지 안에서 녹슨 산소통과 영어로 표기된 통조림 등을 발견했다. 숙박지 밖에는 폐건전지와 전선 등이 여기저기 널브러져 있었다. 대원들은 이곳이 북릉에서 초모룽마 정상에 오르려다가 실패한 영국 등반대의 숙박지였을 것이라고 추측했다. 이날 밤, 원정대는 1캠프에서 야영했다.

3월 26일, 원정대는 해발 5,900m에 있는 2캠프를 향해 떠났다. 얼음으로 뒤덮인 동롱북강을 지나 동쪽으로 이동하면서 동롱북빙하에 조금씩 접근했다. 이어서 험준한 암석지대를 지나 동롱북빙하의 중심 부근에 진입했다. 초모룽마 일대의 빙하는 녹았다가 얼어붙기를 자주 반복한다. 이러한 특성 덕분에 다른 빙하지대에서는 좀처럼 보기 힘든 빙탑이 많이 분포하며, 곳에 따라 빙탑이 숲처럼 빽빽하게 우거진 곳도 있다. 원정대는 이 빙탑 일대를 지나는 데 상당히 긴 시간을 소비했다.

　그러다 빙탑지대를 지나서 방향을 틀어 산모퉁이 쪽으로 행군하려던 찰나에 예상치 못한 어려움에 맞닥뜨렸다. 귀차오런 기자는 당시 상황을 이렇게 설명했다.

> 상당히 큰 빙탑 몇 개가 마치 거대한 성벽처럼 대원들의 앞을 가로막았다. 빙탑 너머로 구불구불한 크레바스가 어렴풋이 보였다. 하지만 아무리 보아도 그곳이 유일한 루트였다. 대원들이 빙탑을 딛고 올라 크레바스를 관찰해보니, 얼음 덩어리가 머지않아 붕괴될 조짐이 보였다. 예정대로 이 루트를 강행하기에는 너무 위험했다. 이때, 대원 한 명이 버섯바위를 딛고 서서 이리저리 관찰하다가 갈라진 바위 틈 사이에 긴 종이 한 장을 발견했다. 자세히 보니 이 일대를 정찰한 쉬징 등 정찰대원이 남겨둔 쪽지였다. 정찰대원들은 쪽지에 '이곳은 얼음 붕괴 지대라 위험하니 우측 산모퉁이 방향으로 돌아가시오. 여기에 오래 머무르면 절대로 안 되니 지금 당장 서둘러 떠나시오!'라고 써놓았다. 고개를 들어 오른쪽을 바라보니 십여 미터 정도 되는 눈 언덕에 정찰대가 아이스바일로 얼음벽에 스텝을 만들어 길을 낸 곳이 보였다.

대원들은 정찰대가 개척한 길을 따라 올라갔고, 얼마 후에 해발 5,900m에 있는 2캠프에 무사히 도착했다.

　2캠프의 총책임은 지커청이 맡았고, 장위칭이 작업을 담당했다. 이 둘은 선발대의 일원으로 이곳에 와서 캠프를 세웠고, 그 뒤로 계속 캠프를 지키며 나머지 대원 일행이 도착하기를 기다렸다. 지커청과 장위칭은 원정대가 곧 도착한다는 무전을 받은 직후에 너무 기뻐서 어쩔 줄을 몰랐다. 이들은 기쁨에 벅차오르는 마음을 담아 대원들과 함께 먹을 만두를 빚기로 했다. 몇 십 명이 먹을 분량의 만두를 대원 둘이서 하룻밤 만에, 그것도 해발 5,900m나 되는 곳에서 만들었다.

3월 27일 오전 10시에 원정대는 해발 6,400m에 세워둔 3캠프를 목표로 2캠프를 떠났다. 드넓고 평탄한 여울 둑을 지나 갈라진 바위 경사로를 천천히 조심스럽게 오르며 여울 둑 말미 얼음협곡에 진입했다. 얼음협곡을 천천히 지나자 동롱북빙하의 드넓은 만년설원이 나타났다. 길이 비교적 평탄했지만 결코 방심해서는 안 될 곳이었다. 꽁꽁 언 바닥이 매우 미끄러울 뿐 아니라 크레바스가 곳곳에 널려 있었기 때문이다. 대원들은 모두 신발에 아이젠을 장착한 후 서로의 몸을 연결해서 묶은 채 피켈로 안전한 루트를 짚어가며 행군을 이어갔다. 고개를 들어보니 저 너머로 세계에서 다섯 번째로 높은 해발 8,470m인 마칼루 정상이 보였다.

오후가 되자 날씨가 갑자기 돌변하여 칼바람이 매섭게 불면서 만년설이 마구 휘날리기 시작했다. 온도계를 보니 기온이 갑자기 영하 20도 아래로 떨어졌다. 대원들은 아랑곳하지 않고 눈보라를 무릅쓰며 힘겨운 여정을 이어갔다.

북봉 그림자를 따라 걷다가 서쪽 굽이를 지나서 노스콜 북측 여울 둑에 이르렀다. 초모룽마 정상이 점점 가까워졌다. 고개를 들어보니 저 높디높은 초모룽마 정상과 정상 동쪽에 있는 계단 모양의 지형이 한눈에 들어왔다. 갈라진 바위 틈새로 어렵게 발을 디디며 한 걸음 한 걸음을 조심스럽게 옮긴 끝에 목적지인 해발 6,400m에 있는 3캠프에 무사히 도착했다.

이곳에서 조금 더 올라가면 험난하기로 악명 높은 노스콜과 세컨드스텝이 이어진다. 복잡하고 까다로운 고산등반에 필요한 물품은 거의 이곳 3캠프에 비치해두었다. 전신국이나 기상서비스 센터 및 의료서비스센터도 모두 있었다. 3캠프는 물자저장과 공급 외에도 대원들의 휴식처이자 베이스캠프와의 연락을 담당하는 중간기지 역할을 수행해서 '제2베이스캠프'라고도 부를 정도였다.

스잔춘 대장과 지원팀 및 상시 대기 중인 정찰대를 제외한 나머지 원정대는 원래 계획대로 3월 29일 1차 등반 임무를 무사히 완수하고 베이스캠프로 돌아갔다. 스잔춘과 지원팀 및 정찰대원은 1차 등반이 끝난 후에도 3캠프에 계속 머무르기로 했다.

제5절

정찰대, 노스콜을 탐색하다

정찰대 부대장을 맡은 쉬징은 1955년에 처음으로 등반활동에 참여한 이후부터 거의 매회 고산등반에서 정찰을 맡아 등반 루트 개척 임무를 수행했다. 쉬징은 이번에도 정찰대를 이끌고 3월 24일 오전에 다른 원정대보다 먼저 노스콜로 떠났다. 쉬징 이외에도 왕평샹, 류롄만, 류다이, 펑수리, 왕전화王振華를 비롯한 실력파 대원 다섯 명이 동행했다.

정찰대는 원정대가 1차 등반을 떠나기 하루 전날 먼저 해발 6,400m에 있는 3캠프에 도착했다. 이어서 3월 27일 새벽에 노스콜 정찰대는 3캠프를 떠나 노스콜로 향하는 루트를 탐색하기 시작했다.

출발한 지 얼마 되지 않아서 왕전화는 빙하 가장자리 부근 움푹 파인 곳에서 시신 한 구를 발견했다. 관련 기록에 따르면 당시 시신의 상태는 이러했다.

시신의 머리는 남쪽을, 발은 북쪽을 향하고 있었다. 얼굴은 서쪽을 향한 채 눈 덮인 대지에 모로 누워 있었다. 양 다리를 웅크려 두 손으로 무릎을 껴안은 상태였다. 가슴이 꽤 넓었고 다리도 상당히 긴 편이었다. 골격도 굵직하고 컸다. 몸을 옆으로 웅크린 채 누워 있었지만 한눈에 봐도 체격이 꽤 우람했다. 시신은 거의 골격만 남은 상태였다. 시신의 둔부 아래에서 종아리 부분은 캠프를 세울 때 썼으리라고 추측되는 천막으로 단단히 감겨 있었고, 발은 보이지 않았다. 시신을 감싼 천은 이미 삭아 바스러질 정도였으며, 천 안쪽은 흰 색, 바깥쪽은 옅은 노란색이었다. 천 모퉁이에서 로프와 금속 고리 등이 발견되었고, 시신 옆에는 금속 소재 천막 기둥이 널브러졌다. 망자가 하고 있던 가죽멜빵도 허리춤 일부만 남을 정도로 거의 삭았다. 옷은 많이 껴입지 않은 상태였다. 상의는 연녹색에 가까운 카키색 셔츠에 빛바랜 짙은 색 모직 외투를 입고 있었다. 하의 역시 모직 소재 바지를 입고 있었는데, 이 모직 옷은 모두 손을 대면 바스러질 정도로 삭아버려서 옷깃, 소매, 허리춤 부분만 겨우 남아 있는 정도였다. 시신을 자세히 살펴보니 손목에 바짝 말라버린 진 갈색 근육이 남아 있었다. 시신의 상태나 시신을 감싼 천막 등으로 미루어 추측건대, 망자는 배고픔과 추위에 시달리다가 체력이 급격히 떨어져 도저히 캠프까지 갈 수 없었거나 혹은 캠프를 찾지 못해 이런 안타까운 일을 겪었으리라.

대원들은 시신과 유품을 보고 그가 적어도 20여 년 전에 불의의 사고로 목숨을 잃은 영국 등반가일 것이라고 추측했다. 일행은 모두 이름 모를 외국인의 시신을 눈 속에 묻으며 엄숙하게 예를 갖추었다. 그리고는 다시 피켈을 들고 길을 찾아 떠났다.

훗날 대원들이 이 일을 세상에 알리자 영국 등산계가 발칵 뒤집혔다. AP통신 런던지사는 '중국 초모룽마 원정대는 36년 전 초모룽마에 올랐다가 실종된 등반가 두 명 중 한 명의 시신을 발견했다. 기적 같은 일이다.'라고 대대적으로 보도했다. AP통신은 '이 일은 영국 산악회 회원들 간에 큰 화젯거리가 되었다. 전설적인 등반가 조지 맬러리와 앤드루 어빈이 등반 중에 실종된 사건은 오늘날까지 등반계 안팎으로 끊임없는 논란거리였다. 월요일 저녁에 영국 등산당국은 영국 등산복 차림의 시신은 조지 맬러리 혹은 앤드루 어빈일 가능성이 크다.'라고 입장을 밝혔다. 초모룽마 원정대 조직에 힘써온 영국 왕립지리학회[50]의 콜윈Colwyn은 '중국 원정대 덕분에 우리 측 대원 실종 사건의 단서를 일부 얻게 되었다. 발견된 시신이 맬러리가 아니라 어빈일 가능성도 염두에 두고 있다.'라고 했다. 콜윈은 또한 '망자가 입고 있는 옷이나 치아 상태를 자세히 분석해야 누구인지 정확히 판단할 수 있다. 중국 측은 자국 원정대가 시신을 매장했다고 했지만, 확인해보기 전까지는 사실 여부를 속단할 수 없다. 그러나 이미 밝혀진 사실만으로도 대원 실종 사건의 미스터리를 푸는 데 분명히 도움이 되었다.'라고 입장을 밝혔다.

그러나 중국 원정대는 영국 측과 견해가 상당히 달랐다. 스잔춘, 쉬징, 왕펑퉁이 중국 신화사 주관 시사경제 잡지인 『환구環球, Globe』1982년 7호판에 기고한 《맬러리·어빈을 둘러싼 미스터리: 초모룽마 등반 역사상 풀리지 않은 사건을 바라보는 시각》을

50　1830년에 창립되었고, 오늘날 16,500명의 회원을 갖고 있다.

보면, '중국 대원들이 해발 6,400m 부근에서 발견한 외국인 시신은 맬러리나 어빈은 아니다. 설령 맬러리와 어빈이 추락사했다고 가정하더라도 지형 특성상 동룽북빙하에서 발견될 가능성은 매우 희박하다. 예전 기록을 참고해 추측건대, 해발 6,400m에서 발견한 시신은 1934년 홀로 노스콜에 올랐다가 사망한 영국 육군 대위 모리스 윌슨Captain Maurice Wilson[51]일 가능성이 크다.'라고 주장했다. 또한 시신이 맬러리나 어빈이라면 1965년 중국 등반대가 초모룽마 일대에서 전지훈련을 실시할 때 그 근처에 시신이 있었을 텐데, 시신이 실제로 발견된 위치는 훈련지와 다소 거리가 있었고 근처에 외국산 오리털 파카와 반 침낭, 사용하지 않은 코닥 필름이 여기저기 널려 있었다고 주장했다. 게다가 1966년 중국 대원들이 다시 초모룽마에 가서 훈련할 때에는 전에 보였던 시신이 보이지 않았다는 점도 이상하다고 견해를 밝혔다.

정찰대는 해발 6,600m의 노스콜 근처에 다다랐다.

초모룽마 북면에 하늘 높이 솟은 봉우리 사이로 새하얀 눈이 쌓인 높디높은 산봉우리가 보였다. 그 산봉우리는 바로 초모룽마의 자매산이라 일컫는 해발 7,535m 초모룽마 북봉이었다. 북봉과 주봉 사이에는 매우 가파른 빙설 산등성이가 있는데, 이 산등성이가 봉우리와 연결된 지점에 움푹 팬 곳이 있다. 이곳은 언뜻 보았을 때는 산 사이를 흐르는 계곡같이 생겼다는 이유로 '노스콜 North col'이라고 부른다. 노스콜 정상은 해발 7,007m, 상대고도는 약 400m 정도이고 곳에 따라 경사도가 70도를 넘기도 한다. 지대가 대부분 수직에 가까워 마치 초모룽마 허리에 높게 우뚝 솟은 성

51 『폴른 자이언츠, 하루재클럽, 2015년』 284쪽

벽과 같은 모습이다. 동룽북빙하를 따라 산등성이에서부터 초모룽마에 오르려면 반드시 노스콜을 거쳐 가야만 했다. 그래서 대원들은 노스콜을 '초모룽마의 대문'에 비유하기도 했다. 노스콜에 올랐던 대원들은 훗날 이곳을 가리켜 '빙설이 두텁게 쌓여 수직에 가깝게 높이 솟아오른 높디높은 빙벽이자, 눈사태와 얼음 사태의 위험이 언제든지 도사리는 위험한 관문이다.', '이곳에는 눈사태와 얼음 사태가 굉장히 자주 일어나는데, 사람의 힘으로는 이 거대한 자연현상을 도저히 막을 수 없다. 아주 먼 곳에서도 얼음이 붕괴되고 눈이 무너지는 소리가 생생하게 들릴 정도니 그 위력이 얼마나 대단한지 알 수 있다.'라고 묘사했다.

　과거에 초모룽마 북룽을 통해 정상에 오르려던 영국 원정대도 이곳에서 강풍과 폭설의 습격을 받아 번번이 등정에 실패했을 것이라고 추측된다. 『브리태니커 백과사전』에 의하면, 1922년 노스콜에서 발생한 눈사태 때문에 영국 원정대의 물자운반을 맡은 인부 7명이 눈 속에 매몰되는 사고를 겪었다고 한다.

　초모룽마 원정대는 초모룽마의 관문인 노스콜을 통과하기로 한 2차 등반 임무를 수행하기 위해 해발 7,000m가 넘는 곳까지 오르기로 했다. 정찰대는 원정대 수백 명이 안전하게 노스콜을 지날 수 있도록 루트를 개척하는 임무를 맡았다. 정찰대는 셰르파의 도움이나 자세한 지도조차 없는 상황에서 이 어려운 임무를 무사히 수행했고, 덕분에 노스콜은 1958년 이후 큰 변화를 맞이하게 되었다.

　그날 저녁, 정찰대는 노스콜 아래 해발 6,600m 부근에서 야영했다.

3월 27일, 정찰대는 노스콜에서 두 팀으로 나누어 활동했다. 우선 망원경으로 노스콜의 전체 모습을 자세히 관찰한 후, 관찰 결과와 반복적인 검토를 토대로 노스콜 정상까지 도달할 수 있는 루트 네 곳을 선별했다. 그중에는 영국 등반대가 올랐던 커다란 '갈지죠' 자 모양 루트도 포함했다. 영국 등반대가 올랐던 루트는 언뜻 보기에는 경사도도 비교적 완만하고 등정하기에 큰 무리가 없어 보였다. 그러나 자세히 관찰한 결과 전체 루트가 너무 길 뿐 아니라 눈사태가 발생할 위험이 큰 지대였다. 정찰대는 토론 끝에 영국 등반대가 갔던 길보다 조금 남쪽에 있는 세 번째 루트를 따라서 가기로 결정했다. 이 길은 1958년 정찰대가 제시했던 루트와 거의 일치했다. 이곳은 크레바스와 빙설사태 발생지역을 기본적으로 파악한 상태라 등정할 때 다소 수월하다는 장점이 있지만, 반면에 경사도가 커서 추락위험이 크다는 단점도 있다.

정찰대는 우선 쉬징을 선두로 하고 안자일렌을 한 채 길을 내며 눈 언덕을 올랐다. 대원들의 눈앞에 거대한 얼음언덕이 펼쳐졌다. 정찰대는 쉬징 대신 류롄만을 선두에 세워 대열을 재정비하고 다시 루트를 찾기로 했다. 류롄만은 쓰리스텝기술로 언덕을 오르기 시작했다. 오른손에 피켈을 꽉 움켜쥐고 빙벽에 구멍을 뚫어서 고정한 후에 오른쪽 다리를 들어 올려 아이젠 앞쪽 톱니 4개를 빙벽에 바짝 붙여 몸을 벽에 밀착시켰다. 왼쪽 다리도 같은 방식으로 이어서 움직여 두 다리를 모두 빙벽에 디딘 후 체중을 발끝에 집중했다. 곧이어 빙벽에 박아둔 피켈을 다시 뽑아낸 후에 양손을 높이 뻗어 올려서 피켈을 더 높은 곳에 고정했다. 두 다리 역시 아까와 같은 방법으로 움직였다. 류롄만은 한 번에 30cm씩 매우 조심스럽게 이동했다. 약 7-8m 정도 올랐을 때 피켈을 이용하여 빙벽을 파서 스텝을 만들고 해머로 얼음층을 두드려가며 카라비너를 아이스하켄에 건 뒤에, 몸을 묶은 로프를 카라비너에 걸었다. 산소가 점점 희박해지면서 호흡이 가빠지고 체력소모도 급격히 빨라졌다. 한 걸음씩 옮길 때마다 피켈에 몸을 겨우 의지한 채 숨을 몰아서 쉬곤 했다. 약 20m 정도 되는 빙벽을 다 올라간 후, 피켈을 다시 회수하고 메인 로프를 상단에 고정했다. 다른 대원들도 메인 로프를 꽉 부여잡고 빙벽을 올랐다.

이어서 왕전화, 쉬징, 왕평샹이 순서대로 돌아가며 루트를 개척했다. 정찰대는 해발 6,860m까지 올랐다가 또다시 거대한 빙벽에 가로막혔다. 높이가 약 20m 정도에 깎아지른 듯 수직에 가까운 경사라 한눈에 보아도 오르기 쉽지 않아 보였다. 그러나 자세히 보니 빙벽 사이에 수직으로 갈라진 틈이 있었다. 틈의 폭이 약 1m 정도라 사람이 지나가는 데 무리가 없어 보였다. 정찰대는 이곳을 '초모룽마의 얼음골목'이라고 불렀다. 쉬징 등 대원들은 고심 끝에 이곳을 따라 오르기로 했다. 류다이가 앞장서고 왕평샹이 그 뒤를 따랐다.

그러나 빙설이 약해서 아이스하켄을 걸어 고정할 수 없었다. 왕평샹은 피켈로 벽에 발을 디뎌 오를 수 있도록 둥지 모양의 홈을 팠다. 류다이는 양다리를 벌려 왕평샹이 뚫어놓은 구멍을 계단 삼아 디디면서 몸을 큰대자로 뻗어 체중을 분산시키며 천천히 올라갔다. 대원들은 바위 균열 사이를 오르는 것과 같은 방식으로 빙벽 틈을 올랐다. 앞서가는 대원이 뚫어놓은 구멍을 다 오르면 다음 대원이 새로운 구멍을 뚫어 오르는 방법으로 계속해서 새로운 디딤

대를 만들며 천천히 올랐다. 쉬징은 이때 얼음골목 윗부분의 얼음
층이 투명도가 꽤 높으므로 단단하다고 판단하여 빙벽 상부 얼음
위쪽에 아이스하켄을 고정해보기로 했다. 역시 예상대로 단단히
고정할 수 있었다. 쉬징은 상부에 아이스하켄을 하나 더 고정한 후
줄사다리를 걸었다.

류다이는 뒤따라 오르던 펑수리와 함께 얼음골목 상층부를 정
찰했다. 얼음골목 위쪽은 경사도가 30도 정도 되는 눈 언덕길이었
다. 적설량은 매우 적은 편이지만 길이가 200m 정도로 길었다. 정
찰대는 이 비탈길에서 비박하기로 했다. 이 비탈길 끝에는 높고 가
파른 빙설언덕이 50m 정도 이어졌다. 빙설언덕은 해발 6,950m
부근부터 시작했다. 정찰대는 이 길을 쭉 따라 오르면 노스콜 정상
이라고 예측했다.

류다이, 펑수리는 얼음골목에서 내려와 쉬징에게 정찰 결과를
보고했다. 날이 이미 어두워진 터라 쉬징은 대원들에게 철수하라
고 명령했다.

기상조건이 점점 나빠지면서 지세도 험해졌다. 원정대는 정찰
대의 동향과 안전에 모든 관심을 기울였다. 스잔춘 대장은 3캠프
에 계속 머무르면서 망원경과 신호장치가 설치된 전망대에서 정
찰대를 끊임없이 추적하며 관찰했다. 또한 천룽창, 취인화屈銀華,
뤄쌍羅桑, 귀차오런에게 안자일렌을 하고 정찰대를 지원하라고 지
시했다.

정찰대는 하산하던 중 노스콜 아래에서 천룽창 등 지원대와
만났다. 그날 밤에 정찰대와 지원대는 해발 6,600m에서 비박했
다.

1960년 3월 31일, 원정대 대장 스잔춘은 중국 체육위원회와 지원위원회에 정찰대가 모두 베이스캠프로 무사히 돌아왔다고 비밀 전보를 쳤다. 기상조건 때문에 정찰대는 해발 6,940m까지 오르는 데 그쳐 노스콜 정상에 오르지는 못했지만, 노스콜로 통하는 루트를 발견했으므로 정찰 임무를 완수했다고 할 수 있다.

제6절

2차 고산등반

4월 1일, 베이스캠프에서 쉬징을 비롯한 정찰대의 노스콜 정찰 상황을 파악하고자 간부급 회의를 열었다. 이번 회의에서는 향후 노스콜 등정계획도 구체적으로 논의했다.

대원들은 연구 끝에 정찰대가 제의한 루트를 수용하기로 결정했다. 그 외에 2차 현지적응 등반의 주요 임무를 다음과 같이 다섯 조항으로 정리했다.

1. 최대한 많은 대원이 해발 7,000m 이상 고지대에 적응할 수 있도록 한다.
2. 노스콜 정상에서 해발 7,600m까지 등반 루트를 정찰한다.
3. 노스콜 정상에 규모가 조금 큰 4캠프를 설치한다.
4. 고산등정에 필요한 장비 및 노스콜까지 필요한 물자를 운반한다.
5. 3차 등반에 투입할 대원을 심의하고 선발한다.

노스콜은 지형이 매우 복잡하고 크레바스가 곳곳에 종횡으로 분포한다. 게다가 평균 경사가 40-50도, 최대 경사가 70도 정도로 매우 가팔라서 눈사태의 위험도 커 등반할 때 고도의 기술이 필요하다. 이에 두 번째 현지적응 등반을 떠나기 전에 빙설기술을 집중적으로 육성하기로 했다. 그 외에 빙설기술이 비교적 우수한 대원을 선발해 쉬징 부대장을 주축으로 한 등반 루트 정비팀을 구성하기로 했다. 루트 구축팀은 길을 다지고 고가 사다리를 설치해서 로프로 고정하는 등 등반에 필요한 길을 닦아 대원들이 노스콜을 순조롭게 지날 수 있도록 준비하는 임무를 수행하도록 했다.

정비팀은 4월 6일에 원정대가 2차 등반을 떠나기 전에 궂은 날씨를 뒤로한 채 먼저 출발했다. 이들은 4월 8일 해발 6,600m의 노스콜 아랫자락까지 올라 임시 캠프를 설치한 후 날씨가 좋아질 때까지 기다리기로 했다.

이때 2차 현지적응 등반 과정을 통틀어 매우 감동적인 일화가 생겼다. 3캠프를 지키던 한 대원이 베이스캠프와 3캠프를 잇는 유일한 연락망이 고장 난 것을 발견했다. 그러나 안타깝게도 복구할 수 없는 상황이었다. 이 소식을 들은 베이스캠프 관리 책임자는 운반대 대원인 마바오창馬保昌을 파견했다. 마바오창은 지원 요청 서한을 가지고 해발 6,400m 부근의 가파른 설원지대까지 다른 운반팀원들과 안자일렌으로 함께 이동한 후에 하루 안에 신속히 베이스캠프로 오는 임무를 수행하러 떠났다. 마바오창은 신속히 임무를 수행하고 싶은 마음에 운반대가 안자일렌을 채 준비하기도 전에 홀로 먼저 떠나버렸다. 마바오창은 고산등반 경험이 없는 신출내기였다. 경험도 부족한데다 마음이 너무 급했던 나머지 서두르다가 결국 강풍과 폭설에 길을 잃었고 두 번째 현지적응 등반을 떠난 대원 일행을 놓쳐 빙탑지대에 들어가버리고 말았다. 마바오창은 수없이 넘어지고 미끄러지며 때로는 잠깐 정신을 잃기도 했다. 그러나 반드시 임무를 완수하겠다는 결의를 다지고 힘겨운 걸음을 한 발짝씩 옮겨간 끝에, 가까스로 미로 같은 빙탑지대에서 벗어나 베이스캠프 문턱에 이르렀다. 마바오창은 품에서 긴급서신을 꺼낸 이후 그대로 쓰러졌고, 그 후 무슨 일이 일어났는지 기억하지 못했다. 의사가 그를 흔들어 깨워 물을 마시게 하기 전까지 마바오창은 자신이 베이스캠프 의무실에서 자고 있었던 사실조차 몰랐다.

이때 2차 현지적응 등반을 떠난 대원들은 이미 해발 6,400m에 있는 3캠프에 도착해 다음 명령이 떨어지길 기다리며 재정비를 하고 있었다. 대원들은 등반 도중에 수송팀에서 사고가 났다는 소식과 마바오창이 빙탑지대로 잘못 진입한 소식을 들었다. 스잔춘 대장은 즉시 대원 두 명에게 마 대원을 찾으라고 지시했다. 또한 수송팀 측에도 베이스캠프에 수색작업을 벌일 인원을 파견해달라고 요청하도록 지시했다. 밤이 깊어지자 수색을 떠난 대원들이 돌아왔지만 마바오창의 흔적을 찾지 못했다고 했다. 이튿날 기상 여건이 좋지 않아 수색작업을 벌일 수 없었다. 대원들은 마 대원 걱정에 발을 동동 구르며 하루 더 캠프에서 대기해야 했다.

저녁 무렵이 되자 베이스캠프에서 대원 두 명을 파견했다. 두 대원은 폭설과 강풍을 무릅쓰고 하루 만에 3캠프에 도착했고, 기다리고 있을 대원들에게 마바오창의 소식을 알렸다.

"마 대원은 기적적으로 임무를 완수했고, 현재 베이스캠프에 무사히 도착해서 쉬고 있습니다."

이어서 내일 날씨는 비교적 양호해서 등반 시 큰 무리가 없을 것이라 예상한다고 보고했다.

4월 11일 오전 8시 30분, 스잔춘은 해발 6,600m 지점의 임시 캠프에 있는 정비팀에게 그날의 날씨정보를 무전기로 알렸다. 쉬징은 베이스캠프 측에 정비팀을 3개 조로 나누어 각각 상, 중, 하부 지대 정비를 맡을 계획이라고 보고했다.

오전 9시 30분, 3캠프에서 대기하고 있던 대원들 모두가 노스콜을 향해 출발했다. 스잔춘은 안자일렌을 한 제1분대 대원 5명을 직접 인솔하며 캠프를 떠났다. 노스콜로 향하는 길은 매우 좁고 가파르므로 자칫하면 다른 대원의 통행에 지장을 줄 수도 있었다. 그래서 1분대 대원들은 캠프를 떠나자마자 조금 빠르게 등반했다. 2분대 대원 7명도 안자일렌을 하고 1분대보다 조금 천천히 올랐다. 두 시간 정도가 지나자 대원들은 노스콜의 빙벽 아래에 이르렀다. 여기서부터는 정비팀이 사전에 사다리 등을 설치하며 닦아놓은 루트를 따라 등반했다.

오후 3시경 선두에서 행군하던 대원 일행이 얼음골목 아래쪽에 다다랐다. 그러나 한 시간이 조금 지나도록 빙벽기술이 뛰어난 대원 두 명만 겨우 얼음골목 꼭대기에 올랐을 정도로 전체적인 등반속도가 느렸다. 몇 시간이 지나서야 왕푸저우王富洲, 장쥔옌, 류롄만, 왕전화 등이 다른 대원의 도움을 받아 메인 로프를 잡고 얼음골목 상단으로 올라왔다.

스잔춘은 간부회의를 열었다. 정비팀 대원이 과로로 피로가 쌓인 상태인데다 날이 이미 저물고 있어서 해가 지기 전까지 그날의 목표를 달성하기 힘들었다. 회의 끝에 우선 얼음골목 꼭대기인 해발 6,950m에서 야영하고 추후 이곳을 임시 숙소로 삼으며, 정비팀은 해발 6,400m에 있는 3캠프로 즉시 철수하기로 했다. 그리고 노스콜 최상단 부근의 정비를 마치지 못한 지역은 나머지 대원들이 책임지기로 했다.

그날 밤, 원정대는 얼음골목 꼭대기에서 야영했다.

4월 12일, 전날 오랜 시간 동안 추위와 굶주림에 시달렸던 대원 중 일부가 체력이 급격히 떨어진데다가 고산병까지 앓기 시작했다. 간부들은 아침 식사 전에 잠깐 짬을 내 긴급회의를 열었다. 우선 왕펑퉁을 주축으로 팀을 조직해서 컨디션이 좋지 않은 대원을 하산시키는 임무를 맡겼다. 대원 수가 줄어드는 상황에서 계획대로 물자를 운반하기 위해 주력 대원이나 운반담당 대원의 책임감이 더욱 막중했다. 또한 스잔춘은 장쥐옌, 취인화, 천룽창 등 대원을 인솔하여 다른 대원보다 앞서 노스콜 부근까지 올라가서 나머지 루트를 신속히 구축하기로 했다.

스잔춘과 장쥐옌, 취인화, 천룽창은 정찰대의 발길이 미처 닿지 않은 노스콜 최상단 지역 눈 언덕에서 루트 정비작업을 시작했다. 취인화는 장쥐옌과 천룽창의 도움을 받아 언덕 아래 가슴 높이의 빙벽을 넘은 뒤 다시 언덕 위로 조심스럽게 올라갔다. 이후 바로 뒤따라 올라온 장쥐옌과 함께 스잔춘의 지시에 따라 아이스하켄보다 더 깊고 확실하게 빙벽에 고정할 수 있는 피켈 세 개를 빙벽에 '품品' 자 모양으로 고정했다. 피켈의 헤드 부분이 겨우 드러날 정도로 아주 깊게 박아넣었다. 대원들은 이어서 줄사다리 상부를 피켈에 단단히 고정하여 언덕 아래로 늘어뜨렸다. 이 과정을 거치고서야 약 20m가 넘는 빙벽을 오를 수 있었다. 대원들은 오후 1시가 다 될 무렵에 캠프로 돌아왔다.

본부에서는 무전기로 해발 6,400m에 있는 캠프에 연락해 국가 체육위원회 소속 한푸둥韓復束이 이미 라싸에서 출발했으며, 14일경 베이스캠프에 도착할 예정이라고 알렸다. 한푸둥은 국가 체육위원회를 대표하여 초모룽마 등반을 구체적으로 지휘할 예정이었다.

2차 현지적응 등반을 하던 중국 등반대는 해발 6,950m 임시 캠프를 떠나 하산 시 필요한 식량과 기타 용품을 일부 남겨두고 다시 노스콜 정상으로 향했다.

대원들은 안자일렌을 한 순서대로 빙벽에 설치된 줄사다리를 타고 차례로 올라갔다. 앞장서서 올라가던 스잔춘은 왼쪽으로 방향을 틀어 조금 더 진입하려던 순간, 위쪽에서 문득 굉장한 한파가 부는 것 같은 느낌을 받았다. 예상대로 몇 발짝 더 오르니 노스콜 정상이었다.

정상에서 바라보니 노스콜은 초모룽마와 북봉 사이를 연결하고 있었으며 정상 너비는 20m 정도로 비교적 좁았다. 더 좁은 곳은 10m도 채 되지 않았다. 길게 뻗은 산길 중간지대는 아치형으로 살짝 솟아올랐다. 노스콜 정상에는 작은 눈 언덕과 구덩이가 있었고, 두꺼운 만년설로 뒤덮여 있는데, 서쪽 언덕을 따라 내려가다 보면 눈 위로 드러난 까만 바위를 간간이 볼 수 있었다. 북쪽 산등성이는 북릉에서 정상을 오를 때 반드시 거쳐야 하는 길이다. 이곳은 초모룽마 동북릉에서 북쪽을 향해 기울어진 채 노스콜 남쪽으로 죽 뻗었다. 산등성이 아랫부분은 눈 언덕이고, 윗부분은 지그재그 모양으로 비좁은 기암절벽이 이어졌다.

장쥔옌은 수많은 대원과 함께 노스콜 정상에서 3차 등반에 필요한 물자를 저장하기 위해 설동을 파고 강풍을 막을 천막을 설치했다. 스잔춘, 왕펑퉁, 천룽창, 스징 등 대원들은 정찰대를 조직하여 북릉을 따라 오르며 다음 행군 루트를 탐색하기로 했다.

정찰대는 실력 있는 정예대원으로 구성한 팀답게 최소한의 장비만 갖추어 기동력을 확보했다. 이들은 3시간이 채 지나지 않아 해발 7,200m 부근 눈 언덕 지대에 올랐다. 언덕이 돌출된 지형이라 이곳에 올라서서 위쪽을 바라보면 북쪽 산등성이 전체와 해발 8,100m 부근의 루트도 선명하게 보였다. 아래쪽으로는 노스콜 캠프와 해발 6,400m 지점에 설치한 캠프가 한눈에 들어왔다. 정찰대는 언덕에 서서 망원경으로 루트를 자세히 관찰하기 시작했다.

관찰 결과, 해발 7,200m에서 조금 더 올라간 지점에 눈 언덕 지대가 또 나타났다. 그 지대를 지나면 곧바로 자갈 언덕이 이어졌다. 수많은 암석이 풍화작용을 거치며 쪼개진 채 골짜기 사이에서 금방이라도 무너져버릴 듯 툭 튀어나왔고, 깨진 돌멩이가 언덕 위에 여기저기 흩어져 있었다. 조금 더 높은 곳을 관찰하니 산등성이는 점점 더 좁아지는데다가 거의 빤빤했다. 서쪽으로는 거무스름한 바위 언덕이 비스듬히 이어졌는데, 너비가 10m도 안 되는 곳도 있었다. 게다가 아래지역보다 경사가 심한 편이며, '퍼스트스텝'에 이르러서야 경사가 다소 완만해졌다. 정찰대는 아무리 관찰해도 퍼스트스텝이 계단지형 특성을 가진 점을 찾지 못했는데, 이는 관찰 각도 때문일 가능성이 클 것으로 추측했다. 퍼스트스텝은 길을 조금 돌아서 갈 수 있다고 치더라도, 문제는 세컨드스텝이었다. 그러나 일단 다음 등정 시 해발 8,100m에 이르기까지는 그리 큰 문제는 없을 것이라고 잠정 결론을 내렸다.

정찰대는 임무를 마친 후 노스콜 정상으로 돌아갔다.

4월 14일, 쉬징이 대표를 맡은 정비팀, 스잔춘이 이끄는 정찰대 및 후번밍을 중심으로 한 운반팀 등을 포함한 2차 등반 참가 대원 77명 중 아직 도착하지 못한 운반대 대원 7명을 제외한 모든 대원이 베이스캠프로 돌아왔다. 대원들보다 몇 시간 먼저 베이스캠프에 도착한 한푸둥과 베이스캠프를 지키던 대원은 돌아온 동료들을 따뜻하게 맞이했다.

나머지 운반대 대원들도 곧이어 베이스캠프에 돌아왔지만, 왕지王璣라는 젊은 대원은 끝내 돌아오지 못했다. 왕지는 란주대학교 지리학과 조교수 출신으로, 1960년 1월에 초모룽마 원정대 수문水文[52] 관찰팀에 참가했다. 왕지는 2차 등반에서 해발 7,000m에 다다랐을 무렵 산소결핍 증상이 나타나더니 내장기관이 급속도로 쇠약해졌다. 게다가 응급처치마저 제때 이루어지지 않아서 결국 4월 12일 해발 6,400m 부근에서 사망했다. 동료 대원들은 왕지의 시신을 안장하는 과정에서 왕지가 허리춤에 묶어두었던 붉은 깃발을 발견했다. 정상에 오른 후 자신의 손으로 붉은 깃발을 꽂기로 한 맹세는 끝내 지킬 수 없었다.

4월 15일, 본부 천막에서 분대장과 지원대별 조장 이상급 회의가 열렸다. 스잔춘 등은 한푸둥에게 지금까지의 등반 상황 및 추후 계획을 보고했다.

4월 18일, 원정대 전 대원 회의가 열렸다. 원정대 책임 대원은 2차 등반과 관련하여 다음과 같이 정리했다.

우선 2차 등반 시 전체대원 중 76명은 해발 6,400m에, 65명

52 자연계에서 일어나는 물의 각종 변화와 운동 현상

은 해발 6,500m, 40명은 해발 7,007m 노스콜 정상에 올랐다. 그리고 정찰대원 4명은 해발 7,200m에 올랐다. 1차 등반 시 전체 대원 중 40명이 노스콜을 통과했다. 이는 등정 역사상 유례가 없는 일이었다. 이외에도 노스콜 하부에서 정상으로 오르는 루트의 90% 정도는 중국 대원이 안전보호장비를 설치하고 정비하여, 전 세계 등산 역사상 보기 힘든 '등산 고속도로'를 세웠다. 이 고속도로 덕분에 등반대가 정상으로 통하는 거리를 대대적으로 단축하여 등반시간을 크게 절약할 수 있었다. 이러한 점이 2차 등반의 큰 성과라고 평가할 수 있다.

중국 원정대는 2차 현지적응 등반을 떠나기 전에 세웠던 다섯 가지 임무를 모두 성공적으로 완수하는 쾌거를 이루었다.

제7절

3차 고산등반

중국 초모룽마 원정대는 2차 등반 이후에 기상여건이 좋지 않아서 8,000m 이상 지대를 오르기가 무리라고 판단했다. 대원들은 할 수 없이 베이스캠프에서 11일이 넘게 날씨가 좋아지기만을 기다렸다.

4월 23일, 베이스캠프 기상전담팀은 며칠 내로 등반에 무리가 없을 만큼 날씨가 좋아질 것이라고 예보했다.

4월 24일, 원정대 대원들은 기상조건이 좋을 시기를 어떻게 효율적으로 활용할지를 두고 논의하는 한편, 구체적인 3차 등반

계획을 다음과 같이 상세하게 정리했다.

3차 등반계획의 주요 내용은 다음과 같다.

1. 3차 등반의 임무

    1) 정찰대는 정상까지 이르는 루트를 장악할 것.

    2) 정상에 이르기 직전 마지막 캠프 설치 장소를 선정할 것.

    3) 해발 7,800m 및 해발 8,300m 지점에 임시 캠프를 설치하여 필수물자를 옮길 것.

    4) 대원들의 컨디션이 양호할 때, 기상조건이 좋을 때 정상에 오를 것.

2. 3차 등반대원 배치

    대원 중 55명을 선발해 4팀으로 편성한다.

    1조는 지원대기 임무를 수행한다. 장쥔옌 등 15인으로 조를 구성하고, 해발 6,400-7,800m 구간에서 임무를 수행하며 해발 7,007m에 설치한 캠프에 주둔한다. 주요 임무는 다음과 같다.

    1) 해발 6,600-7,800m 구간의 루트를 보수하여 대규모 인원 통행에 지장이 없도록 한다.

    2) 해발 7,007m 이상 구간을 항상 주시하며, 사건 발생 시 수시로 긴급지원 및 응급조치 임무를 수행한다.

    3) 등반대원과 해발 6,400m 캠프 간 연락망 역할을 담당한다.

    4) 해발 6,400-7,800m 구간의 긴급물자 수송을 맡는다. 해발 7,007m에 설치한 4캠프에 산소 1만 리터 및 대원 40명 정도가 1주일 동안 이용할 수 있는 식량 및 연료를 충분히 갖춘다.

    2조는 20명으로 구성하며, 해발 8,300m까지 오른다. 주요 임무는 물자운반 및 1팀과 마찬가지로 연락망을 유지하는 것이다.

    3조는 10명으로 구성하며, 해발 8,600m까지 오른다. 주요 임무는 정상 정복 시 각종 지원을 담당할 캠프를 설치하는 일이다.

4조 역시 10명으로 구성한다. 주요 임무는 정상 등정이다.

2, 3, 4조는 스잔춘과 쉬징이 인솔한다. 2, 3, 4조 대원 모두 우선 해발 8,300m까지 오른 후에 대원들의 컨디션에 따라 조를 재편성한다. 대원들은 각 캠프에서 출발하기 전에 정찰대를 파견해 등정 루트 개척 및 캠프 설치지역 선정 임무를 수행하도록 한다.

3. 3차 등반일정

일기예보에 의하면 4월 28일부터 5월 1일까지 날씨가 비교적 양호하다. 기상여건이 좋지 않을 때는 비교적 고도가 낮은 곳에 머무르다가 날씨가 호전되면 해발 6,400m 이상에 오른다는 방침에 따라, 4월 25일 베이스캠프를 출발해 4월 26일 해발 6,400m에 오르도록 한다. 4월 27일에는 해발 6,400m에서 하루 머무른 후, 4월 28일에 모든 대원이 해발 7,007m에 오른다. 이후 4월 29일에는 해발 7,800m에, 30일에는 해발 8,300m에 도달하는 것이 목표다. 5월 1일에는 기상여건 등 상황을 종합적으로 고려하여 정상에 오르기로 한다.

대원 모두 계획을 순조롭게 진행할 수 있다고 판단했다. 한푸둥은 국가 체육위원회를 대표하여 계획을 비준했다.

4월 25일, 원정대는 베이스캠프를 떠나 3차 등반을 시작했다.

4월 26일, 원정대는 해발 6,400m의 캠프에 도착했다.

4월 27일, 기상조건이 좋지 않다는 예보에 따라 대원들은 해발 6,400m 캠프에 하루 머물렀다.

4월 28일, 기상조건이 호전될 날이 며칠 남지 않았다. 대원들은 해발 6,400m 3캠프에서 출발해서 해발 6,950m의 임시 숙소까지 오른 후, 노스콜 정상 부근 빙설언덕 아래 구덩이에 천막을 치고 그곳에서 야영했다.

4월 29일, 원정대는 노스콜 최상단의 언덕을 지나 오후 1시경 해발 7,007m 노스콜 정상에 올랐다. 그러나 노스콜에서 북쪽 산등성이를 따라 남쪽으로 이동하려고 할 때 날씨가 갑자기 사나워졌고, 대원들이 강풍을 피할 곳을 찾아 몸을 피하려고 했으나 상황이 여의치 않았다. 대원들은 바닥에 바짝 엎드려 바람을 피하며, 바람이 잦아들 때마다 한걸음씩 앞으로 나아갈 수밖에 없었다.

스잔춘, 쉬징, 왕펑퉁 등은 기후가 급작스럽게 변했지만 해가 저물기 전에 얼음언덕을 넘으려면 행군을 멈출 수 없다고 판단했다. 일단 상대적으로 안전한 곳에서 야영한 후 해발 6,400m 캠프와 연락해 정확한 기상상황을 파악하기로 했다.

대원들은 계속해서 발걸음을 옮겼다. 고도가 높아질수록 바람은 더욱 강해졌고, 평균기온도 영하 30도를 훨씬 밑돌았다. 등반을 시작한 지 두 시간이 채 되지 않았음에도 동상 환자가 속출했다. 저녁이 다 되어서야 대원들은 드디어 얼음언덕 꼭대기에 올랐다. 이곳은 해발 7,400m에 있는 빙설 암석지대와 교차하는 구간이다. 날이 어두워지면서 향후 이동할 루트가 보이지 않자 대원들은 이곳에서 야영하기로 했다.

대원들이 소지한 무전기는 기온이 너무 낮아 고장 난 상태였으나, 스징이 갖은 방법을 동원해 가까스로 무전기를 고친 덕분에 6,400m 캠프와 겨우 연락이 닿았다. 대원들은 캠프로부터 기상조건이 갑자기 좋아져 모레쯤이면 등정하는 데 무리가 없을 전망이라는 소식을 전해 듣고 매우 기뻐했다. 스잔춘은 즉각 베이스캠프에 전 대원이 내일 하루 동안 휴식한 후에 모레인 5월 1일에 해발

7,600m까지 올라 중국 등산 역사상 신기록을 세울 예정이라고 보고했다.

원정대는 다시 등반길에 올랐다. 주력 대원 뒤를 따라 행군하던 운반대는 짐이 너무 무거운데다 바람까지 강한 탓에 행군 속도가 점점 느려졌다. 주력 대원들이 해발 7,400m에 도달했을 때 운반대는 해발 7,200m에 겨우 도착할 정도였다. 해가 지기 시작하자 등반속도가 더욱 느려졌다. 운반대 대장을 맡은 장쥔옌과 운반대 임시지원팀 조장 취인화는 머리를 맞댄 끝에 현 지점에서 설동을 파서 비박하고, 등반기술과 실력이 좋은 대원 몇 명을 추려 당장 필요한 식량을 앞서 등반 중인 주력 대원 측에 보내기로 했다.

취인화는 운반대 대원 3명과 함께 주력 대원이 주둔하고 있는 해발 7,400m까지 올라 식량을 보급했다. 피로와 배고픔에 지친 대원들에게는 그야말로 마른하늘에 내리는 단비와 같았다. 장쥔옌이 인솔하는 운반대도 이튿날 오후에 이 캠프에 도착했다.

해발고도가 높아질수록 산세는 더욱 험했다. 시간이 흐를수록 대원들은 심한 피로와 동상을 호소했다. 고산병에 시달리는 대원 수도 늘어났다. 처음에 30여 명이었던 운반대는 갈수록 인원이 줄어들어, 해발 7,400m에 이르렀을 때는 고작 12명 정도밖에 남지 않았다. 운반대뿐 아니라 주력 대원 중 천룽창과 왕전화도 심한 동상에 걸리는 바람에 등정을 포기한 채 하산해서 치료를 받아야 했다.

노스콜 정찰대의 보고에 의하면, 4월 29일부터 30일 사이 해발 7,000m 이상 지대는 풍속 25m/s가 넘는 강풍과 눈보라가 매우 심했다고 한다.

5월 1일, 예상대로 날씨가 아주 좋았다. 원정대는 그 누구도 오른 적이 없는 더 높은 곳을 향해 발걸음을 옮겼다. 해발 7,400m부터 8,600m까지는 가파른 암석지대였다. 한눈에 보아도 온 산이 회갈색 암석지대라 해발 7,400m 이하 만년설로 뒤덮인 지대와 극명한 대조를 이루었다. 이 지대의 암석은 상당히 오랜 기간 풍화작용을 거쳤다. 높은 곳에서 갈라지고 깨진 암석 조각이 낮고 완만한 곳으로 떨어져 너덜지대를 이루었다. 또한 아직 풍화작용을 거치지 않은 암석층이 잘게 부서진 돌들 아래에 가려져서 지나기가 쉽지 않았다.

운반대는 주력 대원의 뒤를 따라 등반했다. 한창 오르던 중에 운반대 대원 중 두 명이 심한 고산병 증세를 보였다. 장쥔옌은 컨디션이 좋은 대원 두 명에게 고산병을 앓는 대원들을 데리고 하산하도록 지시했다. 이제 운반대 대원은 8명밖에 남지 않았다.

본팀 대원 왕푸저우는 해발 7,500m를 지나던 도중에 갑자기 쓰러졌다. 왕푸저우는 1958년에 처음으로 등산활동에 참여했으며, 체력도 우수하고 등산기술과 적응력도 매우 뛰어난 실력파 대원이었다. 그랬던 그가 뜻밖에 쓰러지니 대원들은 놀라지 않을 수 없었다. 왕펑퉁은 왕푸저우의 짐을 나누어 들려고 왕푸저우의 배낭을 열었다. 왕펑퉁은 그제야 왕푸저우가 쓰러진 이유를 알았다. 왕푸저우가 등반 시 기동력을 높이기 위하여 산소통을 3개밖에 챙기지 않았기 때문이다. 이를 본 스잔춘은 자신의 산소마스크를 왕푸저우의 입에 갖다 댔고, 왕푸저우는 다행히 조금씩 의식을 회복했다.

오후 6시가 조금 지나자, 주력 대원과 운반대가 거의 동시에 해발 7,600m까지 올랐다. 이로써 중국은 중국 등산 역사상 최고 해발고도 등반기록을 세웠다.

해발 7,600m는 과거 초모룽마 등정을 수차례 시도했던 영국 등반가 일행이 캠프를 설치했던 곳이다. 캠프 내부에는 영국 등반대가 사용했던 등산용품이 곳곳에 흩어져 있었다. 대부분 낡고 부식된 상태였지만, 어떤 용도로 쓰였는지 한눈에 알 수 있었다. 연녹색 오리털 이불은 꽁꽁 얼어붙은 채 바닥에 나뒹굴었다. 철제 선반 위에는 표면이 이미 부식된 조그마한 산소통이 있었다. 산소통을 살펴보니 용량은 약 4ℓ 정도였다. 대원 중 한 명이 산소통 마개를 돌려 열자 아직 산소가 남아 있었는지 기체가 새어 나왔다. 산소통 외에도 천막 프레임, 간이 스토브와 스패너, 초콜릿, 사탕, 양초 등이 곳곳에 널브러져 있었다. 이 광경을 본 대원들은 가슴 속에서 무언가가 마구 북받치는 듯했다. 영국 등반대의 실패를 눈앞에서 보니 앞으로 다가올 험난한 여정이 뼛속 깊이 실감 났다.

대원들은 그날 밤 7,600m 캠프에서 야영했다. 주력 대원은 9명이고 운반대 대원은 8명이었다. 장쿼옌이 남은 식량을 정리해보니 볶음면 2.5kg, 사탕 1kg, 크래커 1.5kg, 소시지 두 줄밖에 남지 않았다. 남은 대원의 하루치 식사량에 채 미치지 못하는 양이었다. 대원들은 앞으로 나흘간 이 식량으로 버텨야 했다.

5월 2일, 대원들은 발걸음을 재촉했다. 류롄만은 해발 7,600m에서 7,800m까지 줄곧 선두에 서서 길을 냈다. 해발 7,800m에 이르자 스잔춘은 전 대원에게 산소통을 사용하라고 지시했다. 선두에서 대원들을 이끌던 류롄만은 극도의 피로감에 고산병까지 겹쳐 결국 의식을 잃고 쓰러지고 말았다. 류롄만은 의식을 회복한 후에도 좀처럼 일어서지 못했다. 왕펑퉁, 스징, 공뽀貢布 등 세 명은 류롄만과 함께 캠프에서 머무르다가 운반대가 오면 함께 떠나기로 했다. 스잔춘, 쉬징, 티베트 출신 하빠체링拉巴才仁과 미마米馬 등 4명은 계속해서 해발 8,100m까지 올랐다. 왕푸저우는 컨디션 난조로 운반팀과 함께 이동했다.

밤 11시가 되자 스잔춘, 쉬징, 하빠체링, 미마는 목적지인 해발 8,100m에 이르렀다. 이곳은 빙설과 암석이 뒤섞인 경사지대이며 평균 경사가 40도 정도이다. 하빠체링과 미마는 천막을 설치한 후에 후발대원을 맞이하러 가겠다고 자원했다.

장쥔옌이 이끄는 운반대가 해발 7,800m에 이르러 왕펑퉁 등 대원들과 만났을 즈음, 대원 4명이 고산병을 심하게 앓았다. 후발대를 맞이하러 떠난 미마마저 정신이 혼미할 정도였다. 왕펑퉁은 운반대에게 일단 현 위치에서 더 오르지 말고 캠프에 머무르면서 다음 날까지 쉬며 체력을 회복하는 데 주력하라고 지시했다. 또한 취인화에게 고산병을 앓는 대원들과 함께 하산하라고 지시했다. 스징, 공뽀, 왕펑퉁, 하빠체링은 그날 밤새도록 등반하여 해발 8,100m까지 올랐다.

5월 3일 새벽 1시경, 스징과 공뽀는 해발 8,100m 캠프에 도착했다. 뒤이어 왕펑퉁과 하빠체링도 새벽 3시쯤 캠프에 도착했다. 대원들은 따뜻한 물을 몇 모금 마시고 마지막으로 남은 볶음면도 조금 먹었다. 대원들은 간단히 허기를 채운 후에 '세컨드스텝'을 정찰할 방법을 모색했다.

1. 6명이 두 팀으로 나누어 안자일렌 한다. 1조는 스잔춘, 왕펑퉁, 하빠

체링, 2조는 쉬징, 스징, 공뽀로 구성한다.

2. 해발 8,500m 부근에 이르면 신속히 공격 캠프를 세운다.

3. 되도록 예정시간보다 일찍 목적지에 도착하도록 노력한다. 일찍 도착해야 당일 세컨드스텝을 정찰하는 데 지장이 없다.

4. 산소 절감을 위하여 대원들의 산소통 사용을 계속 중단한다.

5. 오전 10시에 출발하되, 출발 전 기상시간을 엄수한다.

스잔춘을 비롯한 대원 6명은 해발 8,100m에서 4시간밖에 못 잔 채 이튿날 오전 10시에 더 높은 곳을 향해 오르기 시작했다. 출발 직전, 대원들은 온 힘을 다해 산소를 한껏 들이마셨다. 대원들은 각자 산소통을 하나만 짊어지고 나머지는 캠프에 비상용으로 남겨둔 채 캠프를 떠났다. 산소통 외에도 침낭을 하나씩 챙겼고, 2조 대원들은 해발 8,500m 공격 캠프 설치용 천막도 추가로 챙겼다. 스잔춘, 왕펑퉁, 하빠체링이 안자일렌 선두에 서고, 쉬징, 스징, 공뽀가 뒤를 따랐다.

대원들은 매우 빠른 속도로 이동하여 예상보다 일찍 퍼스트스텝과 옐로밴드에 다다랐다. 대원들은 이곳의 지형을 이렇게 묘사했다.

초모룽마 북릉 암석은 회갈색과 황갈색 두 색으로 이루어졌다. 오늘 우리가 지나야 할 곳은 황갈색 암석이 한데 섞여 마치 노란색 벨트처럼 생긴 구간이다. 이 노란 벨트는 동에서 서로, 해발 8,200m에서 8,400m까지 이어졌다. 외국에서는 예전부터 이곳을 '옐로밴드'라고 불렀다. 황갈색 암석층은 해발 8,200m 정도부터 이어지며, 상층부를 향하여 한 층씩 나란히 줄지은 모습이다. 북쪽에서 보면 책 더미가 나란히 쌓인 채 산 중상부에 낀 것같이 보인다. 원정대는 동쪽에서 서쪽으로 이동해야 한다. 이러한 경우 일반적으로 동쪽이 지대가 낮고 서쪽이 높다. 그러나 이 황갈색 암석지대는 동쪽에서 서쪽을 향해 아래로 기울어졌다. 다시 말해 동쪽은 지대가 높고 서쪽은 낮아 등반할수록 해발고도가 점점 낮아진다는 뜻이다. 등반 시 해발고도가 낮아지는 루트를 피해 계속해서 높은 곳으로 오르려면 이 밴드지역을 한 층 한 층 지날 때마다 루트를 신중히 선택해야 한다. 이 지대를 지나면 초모룽마 북동릉에 가까워진다.

부대장 쉬징은 정찰 임무를 수차례 맡으며 체력을 너무 소모하는 바람에 결국 8,300m에서 앓아누웠다. 이에 스징과 공뽀가 쉬징을 해발 8,100m 캠프까지 후송한 후 다시 돌아와 1조와 합류하기로 했다.

스잔춘과 대원들은 이곳에서 또 오래된 캠프의 흔적을 발견했다. 자세히 살펴보니 거의 삭아 바스러진 갈색 침낭자락이 이리저리 나부꼈다. 침낭 근처에는 지름이 약 1cm 정도인 로프가 널브러져 있고, 캠프 구석에는 작은 나무 막대기가 꽂혀 있었다. 이곳은 정찰대가 등반 중에 발견한 두 번째 캠프이자, 과거 영국 탐험가들이 세운 마지막 캠프였다.

대원들은 약 두 시간 만에 겨우 옐로밴드 최상단에 이르렀다. 이곳은 해발 8,500m 북동릉에서 매우 가까웠다. 대원들이 옐로밴드 최상단에 올랐을 때 시계를 보니 이미 오후 5시가 지났다. 컨디션이 좋지 않은 하뽀체링을 제외하고 힘을 모아서 캠프를 세우기로 했다. 스잔춘과 왕펑퉁은 세컨드스텝에 올라 정상에 이르는 루트를 정찰한 후, 날이 어두워지면 캠프로 얼른 돌아와 다음 날 아침 일찍 내려오기로 계획을 세웠다.

'세컨드스텝'은 초모룽마 동쪽 산등성이의 해발 8,570m에서

8,600m 사이에 있는 매우 가파른 지대를 일컫는다. 이 구간은 북릉에서 초모룽마로 가는 두 번째이자 마지막 난관이다. 또한 1924년 영국 산악계에 혁혁한 공을 세운 등반가 맬러리와 어빈이 유명을 달리한 곳이기도 하다. 스잔춘과 왕펑퉁은 세컨드스텝을 자세히 관찰했다. 산 아래에서 바라본 세컨드스텝은 마치 누군가가 도끼로 한 번 내려찍은 듯한 모습이었다. 그러나 조금 더 가까이 가서 살펴보니 산 아래에서 바라본 모습과는 전혀 달랐다. 가까이에서 본 세컨드스텝은 마치 거대한 언덕 같았다. 북동릉 산등성이에서 북동면을 향한, 약 7-8m 정도인 가파른 절벽인데, 그중에서도 정면이 가장 가팔랐다. 위쪽에는 쇠뿔 모양의 암석이 수없이 우뚝 솟아 있었다. 스잔춘과 왕펑퉁이 보기에도 이곳은 수시로 바위가 굴러 떨어질 위험이 있어서 등반하기에 결코 만만한 구간이 아니었다.

스잔춘과 왕펑퉁은 세컨드스텝을 조금 더 자세히 관찰했다. 세컨드스텝의 좌측은 정북향이 아니라 동쪽으로 치우친 북동향이었다. 언뜻 보기에는 시커멓고 가팔라 도저히 사람이 지나갈 수 없는 절벽처럼 보였다. 그러나 자세히 보니 위쪽 지형을 잘 이용하면 아주 불가능할 것 같지는 않았다. 세컨드스텝은 수만 년 동안 강풍과 직사광선에 노출된데다 얼음과 눈 때문에 곳곳이 침식되고 마모되어 심하게 울퉁불퉁한 모습이었고, 계단형 지대와 크레바스 그리고 얕은 협곡을 많이 형성했다.

스잔춘과 왕펑퉁은 이 '세컨드스텝' 측면을 우회해서 위로 올라갔고, 저녁 9시가 넘어서야 절벽 모퉁이 쪽에 이르렀다. 모퉁이에는 절벽이 막아준 덕분에 눈이 바람에 흩날리지 않은 채 쌓여 있었다. 스잔춘과 왕펑퉁은 그곳에 설동을 파고 비박을 하기로 했다. 아직 세컨드스텝 정찰을 채 마치지 못했음에도 산소가 얼마 남지 않았다. 스잔춘과 왕펑퉁은 다음 날 정찰을 성공적으로 완수하기 위해 과감하게 산소통을 사용하지 않기로 했다.

　고산지대는 해발고도가 점점 높아질수록 공기 중의 산소 압력도 그만큼 낮아진다. 과학자들의 연구에 따르면, 해발고도가 0인 해수면에는 공기 중 산소 분압이 150㎜Hg인데, 해발고도가 8,000m인 곳에서는 산소분압이 46㎜Hg까지 떨어졌다. 다시 말해 해발 8,000m 이상 고산지대의 산소량은 해수면의 3분의 1 수준에도 못 미친다. 산소가 이렇게 부족하면 체내에 각종 부작용이 나타나는데, 심한 경우 사망에 이를 수 있다. 어느 해외 등반가가 남긴 회고록에는 해발 8,000m가 넘는 고지대에 오른 뒤 사진을 찍기 위해 산소마스크를 15분 정도 잠깐 벗었다가 거의 쇼크 상태에 이르렀다는 일화가 있다. 고소생리학 관련 외국의 옛 과학연구 기록에는 해발고도 8,000m 이상을 '죽음의 지대'라고 칭할 정도였다. 국제 등산계에서도 해발 8,000m는 사람이 산소 없이 오를 수 있는 한계지점이라고 여겼다. 그러나 스잔춘과 왕펑퉁은 나흘 동안 거의 아무것도 먹지 못한 상태로 해발 8,695m에서 인공산소를 사용하지 않은 채 하룻밤을 꼬박 지새웠다.

　이튿날, 스잔춘과 왕펑퉁은 설동을 뚫고 나와 바깥 상황을 살펴보자마자 굉장히 놀랐다. 이미 4m 정도만 더 오르면 세컨드스텝의 정상에 달할 정도로 많이 올라온 것이다. 하늘 높은 줄 모르고 우뚝 솟은 뾰족한 초모룽마 정상까지 단 200m 정도밖에 남지 않았다. 잿빛 기암절벽 표면은 오랜 풍화를 거쳐 거북이 등껍질 모양의 무늬가 생겼다. 스잔춘과 왕펑퉁은 이 무늬를 따라 정상까지 이르는 루트를 재빨리 찾아낸 후에 해발 8,500m 캠프로 돌아가서 스징, 공뽀, 하빠체링과 함께 베이스캠프로 돌아갔다.

3차 등반은 처음에 계획한 임무 세 가지를 완수했다.

1. 세컨드스텝까지 이르는 루트를 정찰하고 오르는 데 성공했다. 정찰대가 관찰한 결과, 초모룽마 북릉은 매우 가파르긴 하지만 영국인들의 주장대로 사람이 오르지 못할 만큼 힘든 곳은 아니었다. 세컨드스텝을 자세히 보면 최상단의 5-6m 정도 수직 낭떠러지 구간이 있긴 하지만, 체력이 받쳐준다면 충분히 정상에 오를 수 있다.
2. 노스콜에서부터 시작해 해발 7,400m, 7,800m, 8,300m 및 8,500m에 캠프를 세웠다.
3. 해발 7,000m가 넘는 지대에 필수물품을 300kg 정도 운반했다.

이로써 4차 정상등반을 위한 기초를 확실히 다졌다. 이외에도 이번 등반에서 대원 6명이 해발 8,100m에 오른 일은 상당히 주목할 만한 가치가 있다. 특히 스잔춘과 왕펑퉁은 해발 8,695m까지 오르는 쾌거를 이루었고, 그 외에 스징, 하빠체링, 공뽀는 해발 8,500m까지, 쉬징은 해발 8,300m까지 올랐다. 이로써 중국의 남자 등반대원의 등반 고도기록은 해발 7,556m에서 8,695m로 한층 높아졌다.

그러나 3차 등반에서 이룬 놀라운 업적에는 그만큼 큰 희생이 따랐다. 사오즈칭邵子慶 대원은 해발 7,300m 부근에서 심한 고산병을 앓아 장기가 정상적인 기능을 상실하여 목숨을 잃고 말았다. 전체 대원 중 25명이 크고 작은 동상에 걸렸다. 스잔춘 대장을 비롯해 체력이나 기술 면에서 상당히 우수한 중국 국가공인 최우수

운동선수 등급인 주력 대원, 예를 들어 왕펑퉁, 스징, 천룽창, 펑수리 등도 잠시 등반을 멈추고 뒤로 물러나야만 하는 상황에 부닥치기도 했다. 원정대 대원의 전체 사기가 한풀 꺾일 수밖에 없었다.

5월 12일, 원정대는 간부회의를 열었다. 스잔춘과 쉬징은 3차 등반 과정을 보고하면서 이번 등반에서 얻은 교훈을 총평했다. 또한 스잔춘, 왕펑퉁을 비롯하여 동상을 입은 대원은 즉시 티베트 남부 르카쩌에 있는 병원으로 가서 치료를 받기로 했다. 추후 이어질 등반은 한푸둥이 직접 인도하며 지휘하기로 했다.

제8절

4차 고산등반, 정상을 향하여 오르다

4차 정상등반을 앞두고 한푸둥이 주재한 부서별 회의가 5월 13일에 열렸다. 기상팀은 앞으로 약 나흘 정도는 초모룽마 지역의 날씨가 아주 좋을 것이라고 보고했다. 게다가 봄이 끝나기 전 기상조건이 좋을 때는 이 시기가 마지막이라고 덧붙였다.

이에 따라 기상예보를 토대로 등반일정을 짜기로 했다. 우선 1진, 2진 대원은 첫째 날에 해발 6,400m, 이튿날에는 해발 7,007m 그리고 3일 후 해발 7,600m, 4일 후 해발 8,100m, 5일 후 해발 8,500m까지 오르도록 계획했다. 이어서 6일째 되는 날 정상에 오른 후 다시 해발 8,100m로 돌아오기로 했다. 3, 4진 대원은 하루 이틀 먼저 출발하여 캠프마다 필수품을 운반하기로 했다.

대원들은 4차 등반을 앞두고 다음과 같이 팀을 구성했다. 우선 의료팀과 회동해서 주력 대원과 운반대 대원 중 대원을 엄선해 선두에 설 1진 공격대에 배치했다. 쉬징이 1진 공격대 조장을 맡았다. 그리고 혹시 모를 비상사태에 대비해 왕푸저우를 제1대리인으로, 류롄만을 제2대리인으로 임명하고 쉬징의 뒤를 이어 팀을 이끌도록 했다. 2진, 3진, 4진은 운반대원으로 구성하며, 2진은 해발 7,600m에서 8,500m까지, 3진은 해발 6,400m에서 7,600m까지 그리고 4진은 베이스캠프에서 해발 6,400m까지 물자운반 임무를 맡았다.

5월 13일 자 일기예보에 의하면, 5월 16일부터 20일까지는 날씨가 좋다가 5월 말경 기상조건이 악화하기 시작해 6월 초부터 우기에 접어든다고 했다. 이에 따라 5월 15일에 등반길에 올라 20일에 정상에 오르기로 계획했다. 그러나 5월 15일경 날씨가 예보와 달리 갑자기 돌변하는 바람에 1, 2진 대원의 출발 일정도 이틀 미루어졌다.

5월 17일 오전 9시 30분에 1, 2진 대원은 정상 등정 결의대회를 연 후에 출발했다. 이날 밤에 대원 모두 해발 6,400m 캠프에 도착했다.

5월 18일 8시 30분에 노스콜 캠프는 해발 6,400m 캠프에 1, 2진 대원이 모두 계획대로 노스콜에 도착했다고 보고했다.

5월 19일에 1, 2진 대원은 해발 7,400m 캠프에 도착했다.

5월 21일에 1, 2진 대원은 해발 7,600m 캠프에 도착했다.

5월 22일에는 팀을 재정비했다. 공격대원과 운반대원 27명은 약 250kg 정도 되는 짐을 가지고 이동하여 해발 8,100m 캠프에 도착했다.

5월 23일 오후 2시에 쉬징, 왕푸저우, 류롄만 그리고 공뽀 등 공격대원은 해발 8,500m까지 올랐다. 이들은 8,500m에 캠프를 세웠고, 취인화, 우쭝웨邬宗岳와 미마, 윈딩雲登, 미마따스米馬扎西 외 운반대원 9명도 연이어 도착했다. 대원들은 정상에 오르는 데 필요한 물품을 공격 캠프에 옮기는 임무를 완수했다. 취인화는 사전에 계획한 대로 캠프에 남아서 영상촬영 임무를 맡기로 하고, 그 외 운반대원 9명은 임무를 마치고 나서 다시 해발 8,100m 캠프로 돌아가 쉬기로 했다.

해발 8,500m 캠프에서 정상으로 출발하기 전 산소통을 점검했다. 원래 계획대로라면 압력이 170-180인 4ℓ 산소통이 10개가 남아 있어야 하는데, 운반 과정에서 문제가 생겨 8통밖에 남지 않았다. 운반 실수로 산소가 모두 밖으로 새어버린 것은 아니었다. 확인해보니, 산소통을 짊어지고 이동하는 과정에서 실수로 이미 다 써버린 산소통을 들고 올라온 것이었다. 마지막 캠프에서 세컨드스텝까지 이르는 구간을 영상에 담는 임무는 취인화가 맡았다. 그러나 산소가 부족해서 하는 수 없이 왕푸저우가 영상촬영 임무를 수행하기로 하고, 취인화는 주력부대와 동행하지 않기로 했다.

대원들은 낮에 이미 사용했던 산소통을 차례대로 돌아가며 마셨다. 그 후 아직 용량이 조금 남아 있는 산소통을 이용해 숨을 몰아쉬며 하룻밤을 보냈다.

5월 24일 9시, 쉬징, 왕푸저우, 류롄만, 공뽀는 차례대로 캠프에서 나와 나일론 로프로 안자일렌을 하고 출발했다. 그러나 출발한 지 얼마 되지 않았을 때 예상치 못한 일이 발생했다. 원정대 부대장이자 공격대 조장인 쉬징이 갑자기 기절하는 바람에 정상 정복의 기회를 눈앞에서 놓쳤다. 결원을 보충하기 위해 취인화가 공격대에 다시 합류하기로 했다. 또한 규정대로 왕푸저우가 공격대 조장을 맡았다.

공격대는 산등성이를 따라 계속 앞으로 나아갔다. 대원들은 각자 산소통을 두 개씩 분담해서 침낭에 싼 후 등에 멨다. 레귤레이터와 산소마스크는 배낭 속에 넣었고, 안면마스크는 언제든 사용할 수 있도록 배낭 바깥 주머니에 넣었다. 이외에도 대원 모두 아이젠과 강철 피톤을 챙겼다. 영상촬영을 맡은 왕푸저우는 무게가 약 5.5kg 정도인 영상촬영 장비를 챙겼고, 공뽀는 붉은 깃발로 감싼 마오쩌둥 주석 반신상과 약 30m가 넘는 촬영용 필름을 챙겼다. 류렌만은 배낭에 해머를 넣어두었다. 대원 네 명의 평균 배낭 무게만 해도 14kg이 넘었다.

대원들은 낮 12시 정도에 세컨드스텝 크레바스 구간에 이르렀다. 그리고 두 시간 정도가 지난 후 대원들은 불과 얼마 전 스잔춘과 왕펑퉁이 설동을 파서 비박했던 크레바스 꼭대기의 큰 암석 근처까지 올라갔다.

대원들의 우측에는 4m 정도 되는 암벽이 수직으로 우뚝 솟아 있었다. 아무리 관찰해도 암벽 표면에 짚고 오를만한 곳이 마땅치 않았다. 아주 작은 돌부리가 드물게 튀어나온 정도라 도무지 딛고 올라갈 수 없었다. 암벽에 갈라진 틈이 몇 군데 있긴 했지만 엄지손가락 하나가 겨우 들어갈 정도밖에 되지 않는 작은 균열이 약 1.5m 간격으로 나 있어서 오르기 어려웠다.

류렌만은 왕푸저우의 도움을 받아 암벽에 피톤 두 개를 박았다. 그러나 류렌만은 피톤을 박은 암벽을 오르다가 세 차례나 미끄러지고 말았다. 공뽀와 취인화도 각각 두 차례 정도 암벽에 오르려고 시도했지만 번번이 실패했다.

류롄만은 마지막 방법을 생각해냈다. 자신이 직접 인간 사다리 역할을 하기로 했다. 취인화는 등산화를 벗고 류롄만의 어깨를 밟고 올라서서 암벽에 피톤 몇 개를 박았다. 취인화는 한 시간이 조금 더 지나서 이 암벽의 꼭대기인 세컨드스텝 정상에 겨우 올랐다. 공뽀, 왕푸저우, 류롄만도 차례대로 초모룽마 북동면에서 가장 험난한 암벽 정상에 올랐다. 시간은 이미 오후 5시가 넘었다. 캠프에서 세컨드스텝 정상에 오르기까지 7시간이 넘게 걸렸는데, 그중 세 시간을 고작 이 4m 높이 암벽을 오르는 데 써버렸다.

대원들은 잠깐 휴식을 취한 후 계속 등반을 이어갔다. 세컨드스텝에 있는 자갈 언덕을 지나서 빙설언덕에 이르렀을 즈음, 장시간 동안 선두에서 루트를 개척한 류롄만의 컨디션에 문제가 생겼다. 류롄만은 갈수록 체력이 떨어지더니 고산병 증상까지 심해져 등반 도중 몇 번이나 고꾸라졌다. 급기야 해발 8,700m 부근에서 또 한 차례 넘어지더니 일어서질 못했다. 왕푸저우, 취인화, 공뽀는 일단 류롄만을 강풍이나 낙석의 위험이 없는 안전한 곳으로 피신시켜 휴식을 취하게 했다. 그리고 등정이 끝나고 돌아오는 길에 다시 류롄만과 함께 캠프로 돌아가기로 했다.

그러나 대원들이 가지고 온 산소가 얼마 남아 있지 않았다. 훗날 대원들은 당시 등반과정을 이렇게 기록했다.

해발 8,500m에서 출발해 해발 8,600m 세컨드스텝 암벽 아래에 도달했을 당시, 대원들이 각자 가지고 있던 잔여 산소량은 40-50㎜Hg밖에 되지 않았다. 산소통을 두 개씩 짊어지고 등반하려니 너무 힘이 부쳤다.

어차피 돌아오는 길에도 산소통을 사용해야 하니, 우리는 각자 세컨드 스텝 아래에 산소통 하나를 두고 나머지 하나만 가지고 정상까지 오르기로 했다. 24일 오후 7시쯤 해발 8,700m 근처에 올랐을 때도 남은 산소량은 40-50㎜Hg밖에 되지 않았다. 대원들이 소지한 잔여 산소량을 합해도 160-200ℓ 뿐이었다. 류롄만 대원은 몸이 좋지 않아 도무지 일어나질 못하기에 우리는 우선 그를 안전한 곳으로 옮겼다. 그리고 류 대원이 쓸 산소통과 우리가 가지고 있던 산소통 중 하나씩을 남겨두었다. 그 후 류롄만을 제외한 나머지 대원들은 계속해서 정상을 향해 올랐다.

그때 시간은 이미 오후 일곱 시가 지났다. 이렇게 늦은 시간에 계속 행군했다가는 머지않아 컴컴한 밤에 루트를 올라야 할지도 모른다. 중국 등반 역사상 전례 없는 일이었다.

5월 24일 오후 7시경, 우리는 머리를 맞대고 앞으로 어떻게 하는 것이 좋을지 의견을 나누었다. 하늘이 곧 어두워지려고 했지만, 예보에 따르면 25일부터 기상상황이 나빠진다고 했다. 그리고 대원들의 체력과 남은 산소량 등 현실적인 조건을 고려하면 더는 시간을 끌 수 없었다. 게다가 비박을 할 만한 장비조차 챙기지 않은 상태였다. 통상 정상 부근은 낮보다 밤에 바람이 다소 약하다. 그리고 별빛이 설원의 눈에 반사되어 반짝거릴 정도로 하늘이 맑아 등반 루트를 찾아가는 데 무리가 없다고 판단했다. 더 중요한 것은 공산당의 지시와 6억 인민의 희망찬 염원이었다. 우리는 결국 물러서지 않고 앞으로 계속 나아가기로 했다. 지금 이 기회를 놓쳤다가는 정상에 오르겠다는 맹세를 다시는 지키기 힘들지도 모른다는 생각 때문이었다.

대원들이 해발 8,750m 정도까지 오르자 해는 이미 서쪽으로 완전히 넘어갔다. 희미하게 남아 있던 빛줄기마저 더는 보이지 않았다. 할 수 없이 대략 파악한 루트와 몸에 밴 등반경험에 의지한 채, 별빛과 별빛에 반사되어 반짝이는 설원을 따라 길을 더듬어가며 조금씩 앞으로 나아갔다. 야간 등반이 얼마나 힘든 일인지는 두말할 나위도 없었다. 어느 길이 좋고 나쁜지 골라가기조차 녹록치 않아서 여기저기 일일이 올라서 길을 찾아가며 오를 수밖에 없었다. 암벽을 오를 때는 손을 어디에 짚어야 할지조차 보이지 않아 양손과 양발을 끊임없이 여기저기 짚어가며 올라야 했다. 앞서가는 대원은 어느 길을 짚어가야 뒤따르는 대원이 안전히 따라올지 판단하기 힘들었고, 뒤따르는 대원은 앞서가는 대원이 어떻게 움직이고 어느 루트를 따라가는지 그리고 그 길이 얼마나 힘들지 잘 보이지도 않았다. 상황이 이렇다 보니 추락사고가 발생할 위험이 늘 도사렸을 뿐만 아니라, 혹여나 낙석이라도 생긴다면 어디로 어떻게 피해야 할지조차 판단하기 힘들었다. 배낭에 챙겨둔 미끄럼 방지 도구와 낙석 주의 장비를 쓰려고 해도 막상 찾으려니 쉽지 않았다.

해발 8,800m 부근에 이르자 대원들은 극도의 피로에 시달렸다. 엎친 데 덮친 격으로 소지한 산소마저 거의 다 떨어져 아무리 산소를 들이마셔도 별 효과가 없었다. 이렇게 높고 험준한 지형을 극복하고 정상에 오르려면 공기 중에 희박하게나마 남아 있는 산소를 마셔가며 움직이는 방법이 최선이었다. 삶과 죽음을 숱하게 넘나들며 체득한 경험이야말로 등정 성패를 좌우하는 열쇠였다. 대원들은 드디어 인류가 여태까지 밟아본 적이 없는 고난도 코스를 오르기 시작했다. 체력이 거의 고갈되어 더는 올라갈 힘이 없다고 느껴지는 상황이었지만, 가슴 속에는 '우리는 물러서지 않는다, 오직 앞으로 나아갈 뿐!'이라는 신념이 깊숙하게 자리 잡고 있었다. 대원들은 거의 기어오르다시피 하며 정상을 향하여 올라갔다.

우측부터 왕푸저우, 공뿌, 취인화

공뿌가 선두에 서고 그 뒤를 왕푸저우와 취인화가 차례로 따라갔다. 정상 근처에는 대원들이 미처 파악하지 못한 작은 봉우리가 하나 더 있었다. 공뿌는 그 봉우리가 정상이라고 잠시 착각하기도 했지만, 뒤따르던 왕푸저우가 더 높은 봉우리를 발견한 덕분에 대원들은 루트를 수정해서 다시 정상을 향해 등반했다.

초모룽마 주봉은 대원들이 오르던 암석지대의 서쪽에 있었다. 정상을 향해 차근차근 오른 끝에 1960년 5월 25일 북경 시간 기준 오전 4시 20분경, 왕푸저우王富洲[53], 취인화屈銀華[54], 공뿌貢布는 마침내 초모룽마 정상에 올랐다.

대원들이 정상에 오르며 기록한 일정은 당시 초모룽마 등반과 관련한 문서와 자료 기록과 거의 일치했다.

정상에 오른 대원들은 고개를 들어 먼 곳을 바라보았다. 밤하늘을 수놓은 듯 반짝이는 별 외에는 아무것도 보이지 않았다. 조금 전까지 밟고 올라온 길조차 보이지 않을 정도였다. 공뿌는 배낭에서 오성홍기와 마오쩌둥 반신상을 꺼낸 뒤, 국기로 조각상을 감싸고는 정상에 세워두었다. 대원들은 사진기를 가지고 왔지만 시간이 너무 이른 새벽이라 사방이 어두워서 세계에서 가장 높은 산에 오른 모습과 정상에 오르는 과정을 찍을 수 없었다. 대원들은 정상

---

53   1935-2015, 중국등산협회장을 역임했다.

54   1935-2016

에서 15분 정도 휴식을 취한 후 하산하기로 했다.

정상에 올라 소지한 물품을 다시 확인해보니 산소 두 통은 이미 완전히 바닥난 상태였다. 대원들은 다 쓴 산소통을 정상에 버리고 하산했다. 나머지 산소통도 통마다 겨우 6-7㎜Hg로 모두 합해도 24-28ℓ밖에 없었다. 대원들은 비록 산소량이 얼마 남지 않았지만 하산하는 도중 생길지도 모를 비상상황에 대비해서 산소통을 짊어지고 하산했다. 5월 25일 오전 6시경 대원들이 해발 8,800m까지 내려왔을 때는 세 명 모두 체력을 너무 소진한데다 호흡마저 힘들었다. 대원들은 산소통에 남아 있는 산소를 모두 들이마신 후, 빈 산소통을 버리고 마저 하산했다.

시간이 지나 날이 조금씩 밝아지기 시작했다. 고개를 들어보니 정상에 오르며 디딘 곳마다 대원들의 발자국이 남아 있었다. 취인화는 휴대용 사진기를 꺼내 그들이 이룬 쾌거가 담긴 이 진귀한 장면을 촬영했다.

대원들은 해발 8,700m까지 내려가 류롄만과 다시 만났다.

류롄만은 나머지 대원 3명이 정상으로 떠난 후 그곳에서 줄곧 잠을 잤다. 스스로 느끼기에도 정상 등정은커녕 살아서 내려가기도 힘들 것 같았다. 류롄만은 남은 힘을 쥐어 짜내어 붉은 연필을 쥐고 일기장에 왕푸저우에게 보낼 편지를 한참 동안 썼다.

왕푸저우 동지에게

… 나는 이미 틀렸소. 내 산소통에 산소가 아직 남아 있으니 하산할 때 사용하도록 하시오. 유용하게 쓰길 바라오. 잘 가시오, 동지들이여!

5월 24일. 여러분의 동지, 류롄만.

류렌만은 사력을 다해 편지를 쓰고 난 후 정신이 더욱 혼미해지더니 곧 잠에 빠져들었다. 류렌만은 타고난 등반가였다. 류렌만은 각종 등산훈련을 거치며 다진 강인한 체력과 정신력을 발휘하며 산소가 부족한 고산에서 조금씩 적응했다. 정상을 코앞에 두고 쓰러져가던 류렌만은 강한 의지력과 가지고 있던 침낭 덕분에 다행히 죽음의 문턱에서 벗어날 수 있었다. 그는 잠에서 깨어난 후에 기적적으로 몸을 벌떡 일으켜 세웠다. 그리고 얼마 후, 정상에 올랐다가 하산한 왕푸저우, 취인화, 공뽀와 다시 만났다. 류렌만은 대원들을 만나자마자 자신의 산소통을 사용하라는 말을 제일 먼저 꺼냈다. 대원들은 이 말을 듣고는 감동이 복받쳐 올라 뜨거운 눈물을 흘렸다. 왕푸저우 등 대원들은 류렌만이 남긴 산소를 나누어 마셨다.

대원 네 명이 세컨드스텝 암벽 아래에 다다르자 하늘이 어두워지더니 함박눈이 펑펑 내리기 시작했다. 눈이 너무 많이 내리는 탓에 가시거리가 상당히 좁아져 앞으로 나아가기가 쉽지 않았다. 대원들은 산에 오르기 전 남겨두었던 미사용 산소통 네 개를 찾아 마음껏 마셨다. 산소통 두 개를 다 쓰고 버린 후, 만일에 대비해 나머지 두 통을 짊어지고 내려갔다. 그날 저녁 9시경, 대원들은 해발 8,500m 공격 캠프에 도착했다. 짐을 풀고 쉬기 전에 나머지 산소통 2개를 모두 들이마셨다.

대원들은 각자 역할을 분담해서 하산하기로 했다. 체력이 좋은 공뽀와 류렌만이 하루 안에 하산하여 등정 소식을 알리고 지원을 요청하기로 했다. 공뽀와 류렌만은 해발 8,100m에서 허기를 조금씩 채울 때를 제외하고는 쉬지 않고 노스콜까지 내려갔다.

왕푸저우와 취인화는 5월 27일 노스콜까지 내려갔고, 이어서 5월 28일에 해발 6,400m 캠프에 도착했다.

5월 30일 북경시간 오후 1시 30분, 세계에서 가장 높은 산인 초모룽마에서 2주 동안 머무른 중국 원정대 대원 전원이 베이스캠프로 돌아왔다. 베이스캠프에서 대기하던 대원들은 왕푸저우, 공뽀, 취인화 등 대원들을 열렬히 환호했다.

중국 초모룽마 원정대 부대장은 한푸둥에게 공격대원들이 초모룽마 정복 임무를 성공적으로 완수한 후, 전 대원이 무사히 돌아오는 중이라고 보고했다.

6월 1일, 베이스캠프에서 성대한 축하연이 열렸다. 쉬징은 회의에서 이번 등정을 대략적으로 정리해 보고한 후, 원정대 본부를 대표하여 다음과 같이 정식으로 공포했다.

> 이번 등정에서 총 대원 53명이 중국 남자 등반대의 최고 등반기록인 해발 7,556m를 경신했다. 우리 대원 53명 중 28명은 해발 8,100m보다 높은 곳까지 등반했다. 이는 세계 각국 등반대가 과거 178년간 이 해발고도를 등반한 연평균 인원 69명의 42.2%에 해당하는 수치이다. 세계 등산 역사상 이렇게 많은 인원이 한꺼번에 고산에 오른 일은 한 번도 없었다.

또한 해발 8,100m 이상에 오른 대원의 명단을 다음과 같이 공개했다.

해발 8,882m까지 오른 대원: 왕푸저우, 공뽀, 취인화

해발 8,700m까지 오른 대원: 류롄만

해발 8,695m까지 오른 대원: 스잔춘, 왕펑퉁

해발 8,500m까지 오른 대원: 쉬징, 다쟈多加, 스징, 하빠체링, 우쭝웨,

초베걜첸群貝堅贊, 소남다끼索南多吉, 미마, 윈덩, 미마따스, 췌쟈卻加 해발 8,100m까지 오른 대원: 장쥔옌, 류다이, 헝후린衡虎林, 청톈량成天亮, 장샤오루張小路, 마바오창, 다끼푸多吉甫, 셰우청謝武成, 타무쥔塔木君, 따스扎西, 샤오미마小米馬

초모룽마 원정과 관련하여 쉬징은 외국의 사례를 들어 중국 원정대의 업적을 높이 칭송했다.

"다른 나라 등반가들은 100여 년이 걸려서야 초모룽마에 올랐습니다. 그러나 우리 중국은 원정대를 조직한 지 5년도 채 안 되어 단숨에 정상에 올랐습니다. 이제 막 첫발을 내디뎠을 뿐이지만 온 세상을 깜짝 놀라게 했습니다."

쉬징은 외국 등산계와 관련한 언급도 잊지 않았다.

"중국 등산은 여러 나라의 도움을 받은 덕분에 발전할 수 있었습니다. 특히 우리가 등산을 본격적으로 시작한 지 4년밖에 안 된 1960년은 원정대가 처음으로 초모룽마 정상에 올랐던 시기이죠. 그때 우리는 영국 등반가가 다년간 쌓은 경험을 다방면에 걸쳐서 종합적으로 연구하고 참고했습니다. 그리고 그 덕분에 무사히 초모룽마 정상에 오를 수 있었습니다. 체육은 이렇듯 인류에게 끝없는 경쟁심을 일으키기도 하지만, 상호 간 단결과 믿음을 쌓는 기적을 가져오기도 합니다. 용감하게 산에 오르며 얻은 성취감은 수많은 등반가가 공들인 노력이 응집된 결과입니다. 그러니 우리도 과거 우리가 등정한 산일지라도 다시 오르려고 도전하는 등반가를 열렬히 격려합시다. 기존 기록을 얼마든지 돌파할 수 있도록 기꺼이 응원합시다. 승리는 우리만의 것이 아니니까요. 전 세계 등산계가 더불어 발전해야 더욱 의미가 깊지 않겠습니까?"

궈차오런은 스잔춘의 기자회담 내용을 정리하고 발표하며 몇 마디 보냈다.

"전 대원이 초모룽마 등반에 성공하면서 세계 등산계의 발전과 인류 평화에 공헌한 바가 아주 큽니다. 앞으로 평화를 바라는 마음이 초모룽마처럼 높고 강건해 무너지지 않기를 바라며, 전 세계 수많은 사람과 초모룽마처럼 순결하고 영원한 관계를 유지하기를 바랍니다."

제9절

초모룽마 등반 성공과 국내외 반응

중국 원정대가 초모룽마 정상에 오른 소식은 중국 전역에 삽시간에 퍼졌다. 중국 정부는 북경에서 전국 문화교육 군중대회를 열어 원정 등정을 축하했다. 원정대 대원은 전국 체육 전선을 빛낸 영웅으로 초대받았다. 대회에 참석한 스잔춘 대장은 대회 의장단으로 선발되어 원정대의 업적을 보고했고, 중앙 지도자급 대회에서 뜨거운 환영을 받았다.

초모룽마 원정대는 라싸로 돌아갔다. 원정대가 온다는 소식에 노블링카 문 앞 광장에는 종교인을 비롯한 각계각층 인사 일만여 명과 일반 군중이 모여들었다. 이는 라싸 전체 인구의 3분의 1에 해당할 정도로 어마어마한 인파였다. 티베트자치구 준비위원회 대리주임 판첸라마 어얼더니와 티베트 당정군 책임자 장궈화 및 탄관싼, 라싸 주재 인도 총영사 가우어, 라싸 주재 네팔 총영사 파스니아트도 원정대 환영행사에 참여했다. 환영식이 끝나자 대원들은 무개차에 올라 도심으로 이동했다. 대원들을 태운 차가 라마교 사원인 포탈라궁[55]에 이르자 수많은 사람이 열렬하게 환호했다. 티베트 공산당과 군부는 연회를 베풀어 대원들을 환영했다.

원정대는 차례대로 북경에 돌아왔다. 중국 등산계의 영웅을 환영하는 열기는 북경에서도 식을 줄 몰랐다. 북경 공인체육관에서 초모룽마 등정 축하대회가 성대하게 열렸다. 중국 국무원 부총리 겸 국가 체육위원회 주임 허룽의 연설 내용 일부를 보면 이러하다.

> 중국 등반대는 인류 역사상 최초로 북릉을 거쳐 초모룽마 정상에 올랐습니다. 이는 세계 등산 역사상 큰 획을 그은 위대한 업적입니다.[56]

중국 주요 간행물과 언론매체에서도 이 소식을 대대적으로 보도했다. 정상 등정에 성공한 다음 날, 중국 일간신문《인민일보》에서도 창간 후 최초로 호외 편에 성공 소식을 집중적으로 다루어서 국내뿐 아니라 해외 각지에 알리는 데 주력했다. 또한 원정대는 북경, 천진, 상해, 남경, 하얼빈, 서안, 란주, 서녕, 청도, 장가구 등 10여 개 도시에 초빙받아 농공민과 각계 간부, 군인, 학생, 과학계와 예술계 및 체육계 인사들에게 180차례도 넘게 성공사례를 발표했으며, 46만 5천 명이 넘는 인사가 대원들의 보고를 경청했다고 한다. 원정대가 초모룽마를 등정했다는 소식은 중국 각계 간부와 전문가 계층뿐 아니라 일반인에게도 매우 큰 호응을 얻었다. 전국 각지에서 대원들에게 편지를 보내 격려의 마음을 표하며 진심으로 축하했다. 수많은 중국인은 원정대가 세계에서 가장 높은 산 정상

---

55 티베트가 중국의 침략을 받을 당시 달라이 라마가 인도로 망명하기 전까지 거주하던 티베트 불교 사찰이자 궁궐 [역주]

56 허룽賀龍의《중국 등반대 초모룽마 정복 축하대회 연설》, 스포츠 전문 잡지『신체육』1960년 제13호 p.1-2 참고.

에 오른 업적이 역사적·세계적으로 큰 의미를 가지며, 어려움 앞에서 굴복하지 않는 원정대의 의지와 드높은 정신을 본받아야 한다고 생각했다. 또한 많은 학생이 자신도 등산운동에 관심이 상당히 크며, 나중에 꼭 등산활동에 참여하고 싶다는 뜻을 표했다. 북경 지질대학교, 석유대학교, 청화대학교, 광업대학교, 북경대학교 등 고등교육기관도 원정대 활약에 영향을 받아 독자적인 등반대를 조직하거나 기존의 규모를 대폭 늘리며, 전공에 상관없이 모든 학생이 등반활동에 참여하도록 장려했다.

초모룽마 등정 소식은 중국을 넘어 전 세계에 빠르게 퍼졌다. 영국, 소련, 일본, 인도, 네팔, 불가리아 등 각국 체육 관련 부처는 중국에 축하 전보를 보냈다. 영국 왕립지리학회 회장은 중국 원정대의 빛나는 업적을 진심으로 축하한다는 서한을 보냈다. 스위스 히말라야 다울라기리 원정대도 대사관에 초모룽마 최대 난코스로 이름난 북릉을 통해 세계에서 가장 높은 곳에 오른 성과를 축하하는 서신을 보냈다. 또한 수많은 나라에서 각계 조직과 유명인사들이 축하 인사를 했다. 네팔 총리는 5월 28일 기자회견을 열어 축하 인사를 했다.

세계 각국의 간행물 머리기사에도 중국 원정대가 초모룽마 정상에 오른 소식이 크게 실렸다. 원정대의 등반 과정을 상세히 다루거나 등산과 관련된 사진자료를 게재했고 관련 평론을 올리기도 했다. 대부분 중국 원정대의 성취를 높이 평가하는 내용이었다. 북한 언론매체도 '중국 원정대가 세계 등산 역사상 길이 남을 눈부신 업적을 남겼다.'라고 등정 소식을 알렸다. 소련 스포츠 영웅 체르니코프Chernikov는 중국의 초모룽마 등정 소식을 '역사상 전례 없는 업적'이라고 극찬했다. 일본에서 유명한 등산 이론가 오조네 준大曾根純은 '중국 원정대는 북릉을 거쳐 에베레스트 정상에 올랐다. 사람의 힘으로는 오를 수가 없다고 여겼던 루트를 거쳐서 어렵고도 어려운 임무를 달성하는 쾌거를 이루었다.'라고 평했다. 일본 산악협회 부회장은 '중국 원정대는 최초로 에베레스트 북면을 거쳐 정상에 올랐다. 이는 정말 대단한 업적이 아닐 수 없다. 등정 난이도 면에서도 상당한 성과를 이루었다.'라고 극찬했다. 볼리비아 간행물 《노동사업보》는 '중국 젊은이들이 세계에서 가장 높은 산을 등정하는 업적을 이루었다.'라고 다루었다. 인도 유력 매체인 《인도 타임스》는 '전 세계 등반가들은 중국의 등정 소식이 근래 들어 가장 놀라운 소식이라며 놀라움을 금치 못한다. 북릉을 거쳐 에베레스트 정상에 오른 일은 등반 역사상 이번이 처음이다.'라고 했다. 수많은 등반가가 한목소리로 난코스라고 혀를 내두르는 루트를 거쳐 정상에 올랐으니 중국 원정대 대원들이 자부심을 느끼는 것도 당연했다. 《힌두스탄 타임스》는 '중국 원정대의 등정 소식은 에베레스트 등정 역사상 최초로 북릉을 거쳐 올랐다는 점에서 의미가 특별하다. 사람의 힘으로 오를 수 없는 산이라고 여겼던 히말라야에 끊임없이 도전하는 용기에 진심으로 탄복한다.'라고 평했다. 영국 왕립지리학회 회장 나단Nathan은 '중국 원정대가 에베레스트 정상에 오른 소식은 영국뿐 아니라 전 세계를 깜짝 놀라게 했다. 중국 등반가들의 탁월한 기술과 용기에 깊이 탄복했다. 이는 등산 역사상 길이길이 남을 크나큰 업적이고 성취이다.'라고 축하했다. 또한 '중국 원정대는 세계에서 가장 어려운 산을 정복한 영웅이다. 그들의 업적은 천하에 길이길이 남을 것이다.'라고 칭송했다. 이렇듯 세계 언론계와 체육계는 중국 원정대의 성취에 큰 관심을 보였다. 영국《타임스》도 '왕푸저우, 취인화와 티베트인 공뽀는 단체 규모로는 최초로 세계에서 가장 높은 곳에 있는 눈을 밟는 영광을 누렸다. 또한 사람이 오를 수 없다고 여긴 북릉을 통해 올랐다는 점에서 그 의의가 크다.'라고 호평했다.

스위스 등반대 대장 막스 아이젤린Max Eiselin[57]은 '초모룽마 등정 소식을 토대로 중국의 등반기술이 얼마나 비약적으로 발전했는지 알 수 있다. 불과 몇 년 전만 해도 중국 등반대는 등산지식이 그다지 높지 않은 편이었다. 이렇게 빠른 시간 내에 이렇게 높은 곳에 오를 것이라고 누가 상상했겠는가?'라며 놀라워했다. 인도 신문《힌두스탄 타임스》는 '중국 원정대가 초모룽마 정상에 올랐다. 국적을 불문하고 초모룽마 정상에 오르는 것 자체가 매우 놀라운 성과다. 하물며 이토록 어렵고 위험한 활동을 등반 새내기 국가가 해냈으니 얼마나 놀라운 일인가? 중국 초모룽마 원정대의 업적은 세계적으로 축하와 격려를 받을 일이다.'라고 평했다. 또한 소련 등산계 발전에 큰 공헌을 한 등반가 아발라코프는 '중국은 등반을 시작한 지 5년 만에 세계에서 가장 높은 초모룽마 등정이라는 몹시 어렵고도 복잡한 과제를 단번에 해결했다. 이 얼마나 대단한 일인가.'라고 호평했다. 인도 신문《인디아 익스프레스》도 '중국은 10년 동안 끊임없이 노력하여 비로소 에베레스트 산을 성공리에 등정했다. 중국은 다른 분야에서도 그랬듯이 분명히 차근차근 준비하여 성공에 이르렀을 것이다.'라고 평했다. 이렇듯 중국의 젊은 등반가들이 마의 코스라 불리던 북릉을 거쳐서 정상에 오른 일은

57 1932- , 1960년 스위스-오스트리아 다울라기리8,167m 초등 합동원정대 대장

전 세계가 놀랄 만한 성과였다.

각국 언론매체와 체육계 인사는 각기 다른 시각에서 중국 원정대의 성공에 관심을 표했다. 소련 등반가 벨레스키는 중국 등반가들이 그동안 쌓은 기술을 바탕으로 필사적으로 노력한 덕분에 이런 승리를 거둘 수 있었다고 했다. 폴란드 등반가 샤드 로진스키 Schard Rodzinski는 중국 원정대의 정교하고 높은 훈련기술에 탄복했다. 《힌두스탄 타임스》는 아시아 등반대로서는 세계에서 가장 높은 산 정상을 최초로 등반한 중국 원정대 소식을 더없이 기뻐했다. 또한 중국 원정대의 철두철미한 계획성과 멀리 볼 줄 아는 식견을 높이 사야 한다고 했다. 원정대의 과학적 성취와 대원들의 용감함 역시 높이 평가했다. 북한 국방 체육협회는 중국 원정대가 '멈출 줄 모르는 불굴의 의지로 정신을 집중해서 용맹하고 과감한 실천력을 보여준 좋은 본보기가 된다.'라고 평가했다. 인도네시아 인민 청소년단 중앙당 서기처 총서기 수카르노Sukarno는 중국 원정대가 초모룽마 등정 시 맞닥뜨린 여러 위기상황에서 보여준 용감하고도 강인한 대처능력과 단결력, 그리고 책임감을 높이 샀다. 소련의 산드로Sandro는 중국 원정대가 이룬 성취의 결과보다는 의지와 실력에 더욱 가치를 두었다.

그러나 일각에서 문제점을 제기하면서 중국 등반대가 초모룽마를 등정했다는 사실에 의문을 가지는 사람이 생겼다. 일부 외신에서 원정대가 임시 캠프를 세운 장소, 하산 시간이 너무 많이 걸린 점, 날씨조건, 고지대에 머무른 시간 등 등정과 관련된 상황이 명확하지 않다고 의문을 제기한 것이다. 게다가 원정대가 찍은 사진도 초모룽마 북릉 어디에서든 촬영할 수 있는 풍경이라 정상에 올랐다는 증거로 보기에는 불충분하며, 사진에 나타난 해발고도 역시 저지대와 큰 차이가 없다고 주장했다. 심지어 악의를 품고 노골적으로 의심하는 이도 적지 않았다. 정황상 중국 원정대가 한밤중에 정상에 올라서 사진을 촬영할 수 없었기 때문에 이러한 의혹을 사는 것도 어불성설은 아니었다. 오늘날의 관점에서 보면, 당시 중국 원정대가 제출한 자료가 다소 부족하였고 그나마도 정확하지 않았다. 게다가 대원들이 기록한 일지에 문학적인 색채를 띤 묘사가 상당히 많으며, 마오쩌둥을 찬양하는 내용 일색인 점 등 정치색이 너무 짙었다. 이러한 정황만 본다면 중국 원정대의 등정 소식에 의문을 품는 것도 터무니없는 억지는 아니었다.

영국 등산 잡지『마운틴』은 중국 원정대 대장 스잔춘의 글을 게재한 후 편집자의 말을 별도로 첨부했다. 당시 편집자인 밥Bob은 '의심할 여지가 없는 몇몇 사건을 제외하고는 중국 원정대의 등정 여부를 실제로 증명할 수 있는 부분이 너무 부족하다. 편집자가 중국 측의 주장을 일일이 반박하는 것은 아니다. 하지만 중국 측도 정상에 올랐다는 구체적인 증거를 제시하지 않았다. 중국 원정대의 주장대로라면 정상에 세웠다는 마오쩌둥 주석의 조각상이 유일한 증거다.'라며 중국 원정대의 초모룽마 등정에 의문을 제기했다.

『마운틴』편집자는 중립적인 견해를 고수하려는 듯했다. 중국 원정대가 실제로 초모룽마 정상에 올랐는지 실질적으로 증명하는 일은 시간문제였다.

제9장

중국 여성 등반가,
세계 신기록을 세우다

—

중국의 여성 등산계는 그야말로 무에서 유를 창조하며 비약적으로 발전했다. 1959년 7월, 중국 남녀 혼성 등반대가 무즈타그에 성공적으로 오르면서부터 중국의 여성 등산계는 세계 등산계에 조금씩 존재감을 드러내기 시작했다.

제1절

중국 여성 등반의 탄생과 발전

중국 여성 훈련생 6명은 1958년 6월에 중국 등산협회가 주관한 향산 등산훈련교실에 참여했다. 이들은 집중 훈련과정을 거친 후에 수료증을 받았다. 1958년 8월 10일, 중국 등반대 소속 여성 대원 위안양袁揚, 저우위잉周玉英, 저우취안잉周泉英, 야오후이쥔姚惠君은 남성 대원 45명과 함께 해발 5,120m 칠일빙천 정상에 올라, 여성 등반대원으로서 가장 높은 고도에 오른 기록을 세웠다. 이때부터 여성 등반대원의 활약이 두드러졌다.

중국 등반대는 1958년 9월에 소련의 초청을 받아 중국·소련 합동등반대를 조직한 후에 해발 7,134m 레닌봉 정상에 올랐다. 합동등반대에는 여성 대원인 위안양, 장잉, 저우취안잉, 저우위잉, 야오후이쥔 5명도 있었다. 정상 부근에서 갑자기 돌풍을 동반한 폭우가 내리는 바람에 여성 대원들은 정상까지 오르진 못했지만, 위안양, 저우위잉 그리고 장잉은 해발 6,900m까지 올랐다. 이는 중국에서 여성 등반가가 본격적으로 활동하기 시작하면서 가장 높은 고도에 오른 기록일 뿐만 아니라 여성 등반대원도 세계적인 등산가 반열에 오를 가능성을 보여주는 기록이기도 하다. 당시 전 세계적으로 등반활동을 하는 여성 대원 중 이 정도 높이에 오를 수 있는 대원은 중국 대원을 포함하여 단 8명밖에 없었다.

1958년 12월 20일, 북경지질대학교 소속 등반대 대원 54명은 칠일빙천에 올랐다. 그중 여성 대원은 모두 10명이었다.

1959년 2월, 중국 등반대는 티베트에 있는 해발 6,177m인 니엔첸탕글라 동북봉에 올랐다. 이때 판톡潘多, 스라오西繞, 차무진촐姆金, 지미齊米 등 고원지대에서 살아온 티베트 출신 여성 대원 4명을 포함한 여성 대원 8명이 남성 대원과 함께 정상에 올랐다.

세계적으로 여성이 등반에 참여한 역사는 약 150년 정도이다. 세계 여성 등산계는 기나긴 시간 동안 기초를 탄탄히 다지며 차근차근 발전하여 다음 세대에게 값진 비결을 제공했다. 그러나 중국 여성 등반대는 세상이 깜짝 놀랄 정도로 단기간에 눈부신 발전을 이루었다.

제2절

무즈타그에 올라 여자 등산계의
세계 신기록을 세우다

계획대로라면 중국 등반대는 1958년 말경 소련 등반대와 함께 초
모룽마에 오름과 동시에 여성 등반 세계 신기록을 세울 예정이었
다. 중국 등반대 대원은 초모룽마 합동등반에 대비해 1958년 초에
티베트에 가서 혹독한 훈련일정을 진행하고 현지를 정찰했다. 그
러나 1958년 3월에 소련 합동등반대원이 중국 국경으로 가던 중
티베트와 중국 정부 간 마찰이 생겨서 일정을 더 강행하기가 어려
웠다. 합동등반대 활동이 무산되자 중국 등반대는 여성 등반 세계
신기록을 세우려던 원래 계획도 초모룽마 대신 무즈타그로 바꾸
어 남녀 혼성 무즈타그 등반대를 새롭게 조직했다.

여성 등반 역사상 최초로 고산등반기록을 남긴 등반가는 독
일 출신 헤티 다이렌푸르트Hettie Dyhrenfurth[58]이다. 헤티는 1934년
남성 등반가와 함께 시아캉리Sia kangri, 7,423m를 등반했으나 정상에
오르지는 못하고 해발 7,315m까지 등반하는 데 그쳤다. 이 기록
은 약 20년 후인 1955년에 프랑스 출신 여성 등반가 클로드 코강
Claude Kogan이 스위스 히말라야 원정대에 참가하여 네팔의 가네시
히말Ganesh Himal, 7,456m에 오르면서 깨졌다. 이 덕분에 클로드 코강
은 '세계에서 가장 높은 곳까지 오른 여성 등반가'로 불렸다. 중국

58　1892-1972, 탐험가, 지질학자, 독일에서 유태인으로 태어나 폴란드에서 자랐으며
1932년 스위스 국적을 취득했고 미국에서 사망. 본명은 해리엇 파울린 하이만Harriet
Pauline Hymann, 헤티는 애칭이다. 1934년 시아캉리 서봉7,315m 정상에 올라 1906년 패니
벌락 워크먼이 세운 피너클 피크6,930m의 기록을 깼다. 『정상에서, 문학세계사, 2011』 5
장 '히말라야의 멤사힙 헤티 다이렌푸르트'에 상세히 소개되었다.

남녀 혼성 등반대는 이 기록에 도전하기로 했다. 무즈타그 등반 주 목표는 젊은 여성 등반가가 등반 해발고도나 동시 등정 인원수 등 다방면으로 세계 여성 등반 기존 기록을 타파하는 것이었다. 물론 다방면에 걸친 연구성과를 달성하려는 목적도 잊지 않았다. 중국·소련 합동등반대는 본격적인 등정에 앞서 1956년 무즈타그의 빙하를 고정 관측하며 이를 기록했다. 또한 기후, 지질, 생물 등 다방면에 걸쳐 연구를 진행했고, 관례에 따라 3년 후에 재조사하기로 했다. 따라서 이번 등반에서 각종 과학자료의 결과를 토대로 재고하는 임무도 함께 수행하기로 했다.

무즈타그에 오를 대원은 모두 63명이었다. 대원 중 남성 대원이 42명, 여성 대원이 15명, 작업 대원이 6명이며, 한족, 티베트족, 위구르족, 회족 등 4개 민족으로 구성했다. 또한 대장 1명, 부대장 3명, 총무부장 1명, 코치 7명으로 간부를 구성했다.

1956년에 중국·소련 합동등반대는 양국의 최신 지도를 토대로 공중정찰 촬영자료와 직접 현지에서 측량한 관찰자료 등 정확하고 믿을만한 최신 자료를 모두 모아서, 이를 바탕으로 빙하지대 및 얼음지대 지도를 제작했다. 이 덕분에 양국 대원들은 등정 루트와 캠프 설치장소를 쉽게 찾는 등 다방면에 걸쳐 도움을 받았다.

같은 해에 중·소 합동등반대는 해발 4,060m에 베이스캠프를 세웠다. 베이스캠프 옆에는 급류가 흘렀다. 합동등반대는 물자운송 등 여러 상황을 고려하여 이곳에 베이스캠프를 설치했다. 베이스캠프 인근은 소련에서 보내온 등반 필수물자를 차량으로 운반하기 용이했다. 등반에 필요한 물자는 주로 신강위구르 카슈가르에서 타스쿠얼간까지 고속도로를 통해 운반한 후에 다시 베이스캠프까지 운반하기로 했다. 합동등반대는 등정 시간을 효율적으로 활용하기 위해 무즈타그 서면에 흐르는 빙하 두 곳 사이 끝 지점에 베이스캠프를 설치했다. 또한 베이스캠프보다 약 500m 정도 더 높은 해발 4,450m에 1캠프를 세웠다. 베이스캠프에서 가까운 곳에 캠프를 설치한 덕분에 고산 적응훈련에 유리했고, 물자운반 시 체력소모를 크게 줄일 수 있었다.

등반대는 향후 등정 루트를 정하는 등 등반계획을 간단히 세웠다. 우선 빙하 두 줄기 사이의 산곡을 따라 오르며 과거 스웨덴 출신 탐험가 스벤 헤딘Sven Hedin[59]이 발이 묶였던 곳을 지나기로 했다. 이어서 빙하에 삐죽삐죽 난 빙탑과 빙벽 사이에 난 틈 사이를 지나고 우측 얼음언덕 근처 해발 6,200m의 얼음폭포 지대를 지나, 해발 7,546m 정상에 이르기로 계획했다.

6월 19일, 대원들은 닷새 동안 훈련을 받은 후 베이스캠프에서 1차 등반을 시작했다. 5시간 후 대원들은 모두 해발 5,500m에 올라 1캠프를 세웠다. 한족 여성 대원 총전叢珍과 왕구이화王貴華, 티베트 여성 대원 츠라이가 두통을 약간 호소했지만, 대원들의 컨디션은 대체로 크게 이상이 없었다.

6월 20일, 스잔춘, 쉬징, 류다이, 천룽창, 왕전화, 장샹張祥으로 구성된 정찰대는 1캠프에서부터 2캠프 설치 후보지역인 해발 6,200m 일대를 정찰하며 2차 등반에 대비해서 등반 루트를 탐색했다. 다른 대원들은 부대장 왕펑퉁, 스징 및 펑수리 코치의 지도에 따라 빙설등반 훈련을 했다.

59　1865-1952, 스웨덴의 지질학자이자 지도제작자, 탐험가, 사진작가, 여행작가이다. 1908년 12월 이토 히로부미의 초청으로 우리나라에 와서 고종과 순종을 알현했다. 자서전『My Life as an Explorer』가『마지막 탐험가』도서출판 뜰, 2010년로 번역 출간되었다.

6월 25일, 2차 등반을 시작했다. 대원들은 이날 저녁 1캠프에 머물렀고, 이튿날 행군을 계속했다. 경사가 40도나 되는 얼음언덕을 넘고 눈 덮인 구덩이를 수차례 지났다. 등반대의 발길이 닿는 곳은 온통 크레바스 가득한 얼음폭포 지대이거나 경사도가 60도가 넘는 거대한 얼음언덕이었다. 힘겨운 발걸음 끝에 대원들은 해발 7,200m까지 오른 후 그곳에 2캠프를 설치했다. 다행히 대다수 대원은 가벼운 고산병 증세를 겪었을 뿐이었다. 그러나 고도가 높아 산소가 턱없이 부족한 탓에 수면제를 먹어야 잠을 잘 수 있는 대원도 적지 않았다. 일부 대원은 고산병 증세가 심해 구토를 하는 등 고산병 증상이 조금씩 나타났다.

대원들은 두 차례 시행한 예비 등반에서 해발 5,500m와 해발 6,200m에 1, 2캠프를 설치하여 향후 정상 등반에 필요한 필수물품을 비축했다. 또한 현지에서 실시한 빙설작업 연습과 고산 적응 훈련을 통해 기술과 체력을 한층 다질 수 있었다.

등반대는 6월 27일에 등반대 간부급 회의를 열었다. 중국 체육위원회 등산처 처장 스잔춘과 등반대 대장 쉬징은 상황을 객관적으로 정밀하게 분석한 후 이렇게 제시했다.

"두 차례에 걸쳐 실시한 등반 과정에서 전 대원의 고산 적응력이 예전보다 많이 올랐고, 우리가 준비한 산소장비도 충분해서 저기압과 산소결핍 등의 문제를 충분히 극복할 수 있다고 생각합니다. 체력을 충분히 비축하여 무리 없이 정상에 오를 수 있도록, 최종 등반 전에 과도하게 체력을 소모할 우려가 있는 3차 등반 계획을 취소하고 정상에 바로 오르면 어떨까 합니다."

스잔춘과 쉬징은 원안대로 3차 등반을 진행하면 대원의 고산 적응력은 높아지지만 체력은 오히려 떨어질 수도 있다고 주장했다. 반면 3차 등반을 취소하고 바로 정상에 오른다면 대원들은 해발 6,200m에서 한 번에 1,346m나 더 올라야 한다. 이때 대원의 고산 적응력이 어떻게 될지 장담할 수 없다는 반론이 나왔다. 스잔춘과 쉬징은 공가산 등정 일화를 예로 들었다. 당시 대원들은 마지막 행군 시 정상까지 1,390m를 단번에 올랐는데, 그때와 비교하면 이번에는 1,346m밖에 안 되니 정상까지 오르기에 전혀 무리가 없다고 했다. 3차 등반 진행 여부는 향후 등반일정상 매우 중요한 일이므로 다음 날 전 대원이 모여서 다시 토론하기로 했다.

다음 날 전 대원 회의에서 스잔춘과 쉬징의 의견대로 3차 등반을 하지 않고 바로 정상까지 오르기로 만장일치로 결정했다.

7월 1일 저녁, 베이스캠프에서 캠프파이어가 열렸다. 등반대 대장 쉬징은 대원들에게 내일 있을 정상 등반에서 모두가 승리하기를 기원한다고 격려했다.

7월 2일 오전 10시경, 등반대 남녀 대원 47명은 베이스캠프에서 결단식을 했다. 스잔춘은 국가 체육위원회를 대표하여 남녀 혼성 등반대 대원에게 오성홍기를 전달하고, 중국 여성 등산계의 첫걸음을 잘 디뎌달라고 당부하며 사기를 진작시켰다. 등반대 부대장 위안양은 전 대원을 대표하여 엄숙하게 선서했다. 10시 반에 대원들은 모두 무즈타그 정상을 향해 출발했다.

약 3시간이 지난 후에 전 대원이 해발 5,500m에 세워둔 1캠프에 도착했다.

7월 3일, 카스피해로부터 예보에 없던 저기압이 엄습해서 무즈타그 설선 위쪽 지역에 폭설이 내렸다. 대원들은 일렬로 길게 서서 2캠프를 향해 걸었다. 그러나 눈이 너무 많이 내려 가시거리가 50m밖에 되지 않았고 대원 행렬도 잘 보이지 않았다. 무즈타그는 일반적으로 오전보다 오후에 기상조건이 더 좋지 않다. 대원들은 폭설이 더 심해지기 전에 2캠프에 도달하기 위하여 발길을 재촉했다. 이전 행군보다 휴식 시간도 대폭 줄였다. 대원들이 이렇게 힘을 합해 노력한 덕분에 1캠프에서 2캠프까지 도달하는 데 약 3시간밖에 걸리지 않았다. 이전 행군보다 약 2시간 정도 줄어든 셈이다. 등반대가 2캠프에 도착한 지 얼마 지나지 않았을 때 무즈타그 일대가 온통 엄청난 광풍과 폭설에 뒤덮였다. 하룻밤 사이에 캠프가 다 파묻힐 정도로 적설량이 매우 많았다.

7월 4일, 대원들은 폭설과 강풍 때문에 2캠프에 발이 묶여버렸다. 대원들은 언제까지 이렇게 있어야 할지 기약 없는 기다림이 길어질까 봐 마음이 조급했다. 기상팀 대원 사오즈칭, 후더밍胡德明은 스잔춘 대장에게 저기압 냉기류가 내일이면 지나가면서 날이 맑아질 예정이라고 보고했다. 대원들은 다음 날 캠프에서 출발하기로 했다.

7월 5일, 하늘은 점점 맑아졌지만 바람이 매우 강했다. 대원들은 캠프보다 더 높이 쌓인 눈을 가까스로 치우고 나서 안자일렌을 하고 캠프를 떠났다. 선두에 나선 대원은 강풍을 맞으며 몸을 비스듬히 숙인 채 나아갈 수밖에 없었다. 똑바로 섰다가는 곧장 강풍에 쓰러질 정도로 바람이 매우 거셌다. 의사 출신 여성 대원 왕이친王義勤은 체중이 50kg도 되지 않는데다 체력도 대원 중 가장 떨어졌다. 왕이친은 고산지대 저기압 때문에 입술이 얼어붙고 부어오르고 갈라져서 피가 쉴 새 없이 흘렀다. 그렇지만 대원들의 행렬에서 전혀 뒤처지지 않고 꿋꿋이 행군했다. 대원들이 3캠프에 거의 도착했을 즈음, 류치밍劉啟明 대원이 크레바스에 빠지는 위기상황이 발생했다. 다행히 류치밍은 장쥔옌과 취인화를 비롯한 대원들이 사력을 다해 구조한 덕분에 무사히 빠져나올 수 있었다. 대원들은 저녁 7시 반을 훌쩍 넘겨서야 모두 3캠프에 도착했다. 2캠프가 있는 해발 6,200m부터 3캠프가 있는 해발 6,800m까지는 경사도가 완만해 등반 루트가 상대적으로 매우 길었다. 대원들은 이날 10여 시간을 걸었지만 해발고도로는 600m밖에 오르지 못했다.

7월 6일 새벽, 일부 대원들이 고산병을 심하게 앓기 시작했다. 펑수리를 비롯한 코치 4명이 고산병 증상이 심한 남녀 대원을 산 아래로 후송하기로 했다. 나머지 대원들은 계속 여정을 이어갔다. 그러나 풀풀 날리는 눈이 몇 십 미터가 넘게 쌓여 앞으로 나아가기가 여간 힘든 일이 아니었다. 선두에서 대원들을 지휘하며 길을 개척하던 스잔춘, 쉬징, 류다이, 천룽창, 왕전화, 장샹 등 체력 좋고 노련한 대원들이 쌓인 눈을 수차례 꾹꾹 밟아 다져야 뒤따르는 대원들이 순조롭게 따라갈 수 있었다. 해발고도가 7,000m가 넘자 기압도 낮아지고 산소도 점점 희박해졌다. 티베트 출신 여성 대원 츠라이는 계속 구토를 하는 등 고산병을 호소했고, 남성 대원 류치밍도 더 이상 등반하기 힘들 정도로 컨디션이 떨어졌다. 베이스캠프 측은 후더밍에게 츠라이와 류치밍 대원을 베이스캠프까지 후송하라고 지시했다. 정상까지 불과 수백 미터도 남지 않았지만 후더밍은 대원의 안전을 위하여 정상에 오를 기회를 포기한 채 등반대의 결정에 따랐다.

정상까지 가는 길은 절대 만만하지 않았다. 고산병을 앓는 대원들의 토사물과 눈길에 미끄러지면서 생긴 눈구덩이가 곳곳에 보였다. 중국 등반대 대원은 갖은 고난을 극복하며 해발 7,200m 에 있는 4캠프에 겨우 도착했다. 이제 정상까지 불과 346m밖에 남지 않았다. 대원들은 영하 20도 이하의 강추위에서 하룻밤을 지새웠다.

7월 7일, 마침내 정상에 오르기로 계획한 날이 밝았다. 정상까지 불과 346m밖에 남지 않았지만 정상에 가까워질수록 등반 난이도도 덩달아 아주 높아졌다. 등반하던 도중에 11조 안자일렌 팀을 인솔하던 조장 추이충이崔忠義가 넘어지더니 일어서질 못했다. 티베트 출신 남성 대원 다끼푸가 추이충이를 캠프까지 후송하기로 했다. 해발 7,500m에 오르자 등반대 부대장을 맡은 여성 대원 위안양이 갑자기 쓰러졌다. 위안양은 자신을 부축하려는 대원들의 손길을 뿌리치고 피켈에 몸을 의지한 채 한 걸음 한 걸음 힘겹게 내디디며 계속 등반했다. 그러나 결국 본부의 명령에 따라 왕펑퉁 코치와 함께 캠프에 돌아가기로 했다. 정상까지 불과 46m밖에 남지 않았지만 더 무리했다가는 위안양의 상태를 장담할 수 없었다.

선두에서 길을 개척하는 대원들은 적설량이 너무 많은 탓에 종종 길을 잘못 찾아가기도 했다. 한번은 정상까지 얼마 남지 않은 상황에서 우측 전방에 있는 암석이 정상인 줄로 착각한 바람에 대원들이 한 시간 넘게 헛걸음을 한 적도 있었다. 이후 다시 길을 찾으러 한 바퀴 크게 돌고 나서야 진짜 정상에 오를 수 있었다. 선두에 서서 먼저 정상을 밟은 대원은 스잔춘, 쉬징, 천룽창, 무빙쉬, 왕전화 및 티베트 대원 하빠체링으로 총 6명이었다. 대원들은 애타는 심정으로 나머지 대원들이 도착하기를 기다렸다. 무엇보다도 여성 대원이 과연 정상에 오를 수 있을지가 최대 관심사였다. 당시만 해도 그들이 밟고 선 고도까지 올라온 여성 산악인은 전 세계적으로 단 한 명도 없었다.

얼마 지나지 않아 저 멀리서 여성 대원이 정상을 향하여 올라오는 모습이 보였다. 당시 등반대 코치를 맡은 왕펑퉁은 훗날 저서 『등산일기』에 당시 상황을 이렇게 기록했다.

> 대원들이 정상으로 올라오는 모습이 보였다. 모두 똑같은 회색 등산복을 입고 있어서 누가 남자이고 여자인지 분간하기 힘들었다. 그때 스잔춘 대장이 저 멀리서 올라오는 대원들을 향해 큰 소리로 "여성 동지가 있습니까?"라고 외쳤다. 저 멀리서 왕푸저우가 가쁜 숨을 몰아쉬며 큰 소리로 대답했다. "있습니다! 티베트 판톡 동지가 올라가고 있습니다!" 왕푸저우가 외치자 스잔춘은 말할 것도 없고 정상에서 기다리고 있던 모든 대원이 큰 소리로 환호했다. 이윽고 여성 대원 총전, 왕구이화, 저우위잉, 왕이친 및 티베트 출신 스라오, 지미, 차무진 등이 정상에 올랐다. 등반대 대장 쉬징은 감격에 복받쳐 눈물이 그렁그렁한 채 정상에 오른 대원 한 명 한 명과 일일이 악수했다.

북경시간 기준 오후 6시 20분경, 등반대 대원 전원이 정상에 올랐다. 가장 늦게 정상에 오른 대원은 가장 먼저 오른 대원보다 약 7시간이나 늦게 올랐다. 쉬징 대장은 등정 대원 33명의 사인을 한 곳에 모아 무즈타그 등반일지와 함께 철제 상자에 담았고, 부대장 옌둥량閻棟樑이 상자를 정상 돌무더기 아래에 두었다. 등반일지에는 이렇게 기록했다.

> 중국 남녀 혼성 무즈타그 등반대, 총 대원 33인여성 대원 8명 포함, 1959년 7월 7일 북경시간 기준 18시 20분 무즈타그 정상에 올랐다. 전 대원의

동의하에 중화인민공화국 수립 10주년을 기념하며 조국에 이 영광을 바친다. 중국 남녀 혼성 무즈타그 등반대 대장 쉬징.

촬영을 담당한 대원 두 명은 모두 고산병을 심하게 앓아 각각 해발 6,800m와 해발 7,200m에서 등정을 포기하고 하산했다. 해발 7,200m까지 올랐던 중국 국영 매체 CCTV 기록영화촬영소 소속 촬영기사 선제 대원은 설맹 때문에 더는 오르지 못했다. 선제 대원은 스잔춘에게 정상 촬영을 부탁하며 사진기 작동방법을 알려주었고, 스잔춘 덕분에 중국 등반대는 사진기록을 남길 수 있었다. 대원들이 다 같이 모여 기념 촬영을 할 때 여성 대원 총전은 오성홍기를 높이 치켜들었고, 스잔춘은 이 귀중한 모습을 사진기에 담았다.[60]

정상에 오른 대원은 모두 33명이고, 이 중 남성 대원은 25명, 여성 대원은 8명이었다. 남성 대원은 중국 체육위원회 등산처 처장 스잔춘, 대장 쉬징, 부대장 스징, 부대장 옌둥량, 총무부장 장쥔옌, 코치 류다이, 코치 천룽창, 코치 왕전화, 코치 장샹 외 왕푸저우, 무빙쉬, 취인화, 후무친胡沐欽, 추이즈주, 자오궈광趙國光, 사오즈칭, 웨바오와岳保娃, 저우신더周信德, 헝후린, 세우청, 공뽀, 하빠체링, 소남밍끼索南名吉, 다끼多吉, 미마였다. 여성 대원은 저우위잉, 왕이친, 총전, 왕구이화, 스라오, 판톡, 지미, 차무진이었다.

중국 남녀 혼성 무즈타그 등반대는 '빙산의 아버지'라고 불리는 무즈타그 정상에 오르며, 세계적으로 해발 7,500m가 넘는 고산에 가장 많은 인원이 한 번에 등정한 신기록을 세웠다. 또한 세

60   양커센楊克現, 《무즈타그를 등정하다》, 『인민일보』 1959년 7월 11일

계 여성 산악인의 최고 등정기록을 경신했을 뿐 아니라, 가장 많은 여성 산악인이 해발 7,500m보다 높은 고도에 동시에 오른 신기록을 세웠다.

이번 등반에서 중국 남녀 혼성 무즈타그 등반대 부대장을 맡은 여성 대원 위안양은 해발 7,500m까지 올라 세계 여성 산악인 중 가장 높은 곳에 등반한 기록을 세웠다. 또한 티베트 출신 여성 대원 하빠차모진과 츠라이도 각각 해발 6,800m와 7,000m에 올랐다. 당시만 해도 세계적으로 이 높이에 오른 여성 산악인의 수가 극히 드물었던 만큼 이는 매우 가치 있는 기록이었다.

제3절
콩구르튜베를 등정하여 세계 신기록을 경신하다

1961년, 중국 체육위원회는 새로운 등반목표를 세웠다. 해발 7,595m 콩구르튜베 등정을 염두에 두고 기술과 전술 및 체력 등 전면적인 훈련을 시행하고, 여건이 된다면 여성 등반사상 최고 등정기록을 다시 세우기로 했다.

중국 등반대는 임무 수행 차 신강위구르자치구 카슈가르로 떠났다. 등반대는 총 두 팀으로 나누었다. 1팀은 정상 등반에 투입할 주력 대원으로 구성했다. 대원 수는 총 57명이고 위안양이 대장을 맡았다. 2팀은 지질, 광업, 석유 연구 및 북경대학교 4학년에 재학 중인 신규 대원으로 구성했다. 대원 수는 총 28명이고 스징이 대장을 맡았다. 이들은 4월 19일에서 5월 10일까지 체력훈련을 시행했다.

　콩구르튜베 등반은 주력 대원으로 구성한 1팀 위주로 이루어졌다. 1팀은 5월 11일 카슈가르에서 체력훈련을 마친 후 5월 12일부터 본격적으로 등반하기 시작했다. 훈련 위주의 원 방침을 준수하기 위해 대원들이 맡은 역할에 따라 훈련 내용을 달리 했다. 또한 콩구르튜베의 복잡하고 특수한 지형적 특성에 맞추어 등반대원의 역할을 다음과 같이 세분화했다.

1. 선발대는 베이스캠프 설치 장소를 정하고 1차 등반 루트를 정찰한다. 선발대는 천룽창, 류다이, 양더유楊德有, 덩자산鄧嘉善 4명으로 구성한다.
2. 지원팀은 루트 정찰 및 정비를 담당하며, 고산까지 물자운반과 등정 및 등정 임무를 원활하게 수행할 수 있도록 돕는다. 체력과 기술이 우수한 대원 위주로 팀을 조직한다. 국가공인 스포츠 영웅 칭호를 받은 대원 류다이, 천룽창, 하빠체링, 우쭝웨, 다끼푸, 무빙쉬, 레이웨룽, 헝후린 8명으로 구성한다.
3. 본부는 콩구르튜베 등반에서 가장 중심 역할을 하는 팀이다. 이외에도 추후 정상 공격 단계에 필요한 공격대와 응급구조팀을 조직한다.

5월 7일, 선발대 일행 14명이 부대장 뤄즈성의 지휘하에 출발하여 5월 8일 콩구르튜베 부근에 도착했다. 선발대는 5월 9일에 카라쿨 호수 북쪽 우측 도로 인근에 베이스캠프를 세웠다.

　5월 10일, 류다이, 천룽창, 양더유, 덩자산으로 구성된 정찰대가 임무를 수행하기 위하여 베이스캠프를 떠났다. 콩구르튜베 정찰대는 1956년 중·소 합동등반대가 올랐던 루트를 따라 해발 5,500m까지 정찰하기로 했다. 대원들은 베이스캠프에서 그다지 멀지 않은 강 상류 쪽에서 바닥이 얕은 곳을 골라 디디며 건 넜다. 이어서 콩구르튜베 남동쪽 빙하 중간지점에서 우회해 해발 4,200m 빙퇴석 위에서 야영했다.

5월 11일, 정찰대는 임무를 계속 수행했다. 빙하설을 지나 두 시간을 더 올라 해발 4,800m 인근 콩구르튜베 빙하 좌측에 이르 러 캠프를 설치했다.

정찰대는 5월 12일 오전 8시 반에 무전기만 가지고 캠프를 떠 났다. 이날은 날씨가 상당히 좋지 않았다. 사방이 온통 희뿌연 안 개로 뒤덮인 듯 눈이 끝없이 내려 2m 앞조차 분간하기 어려웠다. 정찰대는 콩구르튜베 빙하폭포 중간지점을 따라 올라갔다. 힘겹 게 올라 해발 5,400m쯤에 이르렀지만 더는 앞으로 나아갈 수 없 었다. 정찰대는 하산하기로 했다. 해발 5,200m 정도까지 내려왔 을 때 류다이가 갑자기 크레바스에 빠져 머리에 상처를 입었다. 이 날 밤에 정찰대는 베이스캠프로 되돌아갔다.

정찰대는 그동안 정찰한 내용을 보고했다. 해발 5,500m 이하 는 캠프를 설치하기에 좋은 조건을 갖추었고, 빙하와 눈이 있는 해 발 4,900m 이상 루트에는 크레바스가 많아서 좋지 않다. 또한 해 발 5,500m 이상은 아직 루트를 정확히 파악하지 못했으니 다시 한 번 더 정찰할 필요가 있다는 내용이었다.

5월 16일, 1차 등반을 시작했다. 지원팀과 본부가 1차 등반에 참여했다. 지원팀은 두 팀으로 나누어 천룽창 대장이 헝후린, 하 빠체링, 레이웨롱雷躍榮 등 1팀 대원을 이끌었고, 류다이 부대장은 우쭝웨, 다끼푸, 무빙쉬 등 2팀 대원을 인솔했다. 본부팀 역시 두 팀으로 나누어 활동했다. 1팀은 양더유 대장이 인솔하며 다시 3개

조로 나누어 역할을 세분화했다. 1조는 양더유, 우용성, 위안양, 지미, 2조는 장샹, 천레이성, 총전, 왕구이화, 3조는 자오쭝셴, 뤄스밍, 웡칭서우, 차무진으로 구성했다. 2팀 역시 3개 조로 나누었다. 4조는 덩서우왕, 펑잉시, 판퉁, 5조는 원촨지아, 마푸성, 천훙지陳洪基, 후린, 6조는 루안쉐푸, 왕이친, 리창왕, 스야오西堯였다. 지원팀과 본부 모두 정오에 출발했다. 대원 2명당 야크를 한 마리씩 배정해 야크 등에 짐을 나누어 실어 등반했다. 대원들은 얕은 강을 건너고 울퉁불퉁한 빙퇴석지대를 지나 해발 3,900m의 드넓은 언덕 부근 목장에 이르러 잠깐 휴식을 취했다. 얼마간 휴식을 취한 후 계곡을 따라 계속 올라갔다. 대원들은 저녁 8시 45분경 해발 4,320m까지 올라 야영했다.

5월 17일, 지원팀 대원 8명이 다른 대원보다 먼저 출발했다. 이들은 오전 11시경 해발 4,600m까지 올랐다. 여기까지 짐을 짊어지고 올라온 야크는 이 이상 오를 수 없었다. 오후 2시, 지원팀 대원은 각각 20kg이나 되는 짐을 메고 정찰대가 파악해둔 루트를 따라 올라갔다. 지원팀 소속 두 팀은 교대로 길을 다져가며 행군을 이어갔고, 오후 7시 20분쯤 해발 5,500m까지 올랐다. 이때 류다이가 실수로 깊이가 10m가 넘는 크레바스에 떨어졌다가 대원들의 필사적인 구조 덕분에 간신히 빠져나왔다. 날이 이미 어두워진 데다 등반 루트조차 제대로 보이지 않자, 지원팀은 행군을 멈추고 해발 5,400m로 다시 돌아가기로 했다. 대원들은 저녁 10시경에 빙하 인근에서 야영했다.

5월 18일 오전 11시, 지원팀은 꼭 필요한 장비만 간단히 챙긴 후 미리 파악해둔 루트를 따라 나섰다. 크레바스에 빠져 상처를 입은 류다이는 해발 5,400m 캠프에서 대원들을 기다렸다. 확인해보니, 기존 등반 루트는 크레바스와 얼음폭포가 예전보다 너무 많이 생기는 등 지형이 상당히 복잡하게 변했다. 1956년에 파악해둔 지형이 불과 몇 년 사이에 크게 변해버린 것이다. 대원들은 이곳에서 체력을 많이 소진해서 낮 12시 35분에 다시 해발 5,600m로 돌아가려고 했지만 갈 수 있는 길이 없었다. 지원팀은 회의 끝에 베이스캠프로 돌아가 본부팀에 상황을 보고하고, 기존에 계획한 콩구르튜베 빙하 루트를 버리고 서면 산등성이 뒤쪽을 따라 오르자고 제안하기로 했다. 지원팀은 서면 산등성이 아래 여울 쪽을 따라 하산했다. 이후 저녁이 되어서야 해발 4,900m 부근에 도착해 임시 캠프에서 야영했다.

5월 19일 오전 9시 45분, 지원팀은 간단히 장비를 갖추고 산등성이 뒤쪽 경사면을 따라 올랐다. 길마다 온통 눈이 두껍게 쌓여 있어서 대원들은 번갈아 길을 내면서 행군을 겨우 이어갔다. 위험한 곳에는 따로 표식을 해두었다. 처음에는 해발 6,800m까지 오르기로 계획했지만 지형적 요인을 고려하여 실제 정찰은 해발 6,600m 부근의 우뚝 솟은 콧날 지대에서 시행하기로 했다. 그러나 오후 2시경 해발 5,800m까지 올랐을 때쯤 날씨 변화가 심상치 않았다. 대원들은 하는 수 없이 원안대로 해발 6,800m까지 올라 정찰해야 했다.

등반대 본부는 해발 4,800m까지 올랐고, 왕이친 등 대원 9명은 그곳에 남아 적응 기간을 가졌다. 위안양을 포함한 대원 15명은 조를 4개로 나누어 18일 오후 2시에 장비를 가볍게 챙겨서 출발했다. 이들은 3시간이 조금 지나 해발 5,400m 캠프에 도착했다. 19일 오전 10시, 대원들은 해발 5,400m 캠프에서 하산해 30여 분 만에 해발 4,800m까지 내려왔다. 본부 대원들은 지원팀과 베이스캠프 정찰대로부터 콩구르튜베 빙하 서쪽 산등성이를 거쳐 가면 정상에 이를 수 있다고 보고받았다. 이에 본부는 해발 4,800m에 비축해둔 필요 물자를 서쪽 산등성이 아래 해발 4,900m 임시 캠프까지 옮기기로 했다. 정오에 1분대 전 대원과 2분대 일부 대원은 위안양의 지휘에 따라 해발 4,900m 임시 캠프까지 필요 물자를 운반하기로 했다. 대원들은 오후 1시 10분쯤 목적지에 도착하여 임무를 완수한 후 다시 돌아오기로 했다. 이들은 오후 11시경 계획대로 임무를 마치고 베이스캠프로 돌아왔다. 2분대 나머지 대원들은 덩자산의 지휘에 따라 12시쯤 해발 4,800m에서 하산해 오후 8시 30분경에 베이스캠프로 돌아왔다.

5월 25일, 2차 등반을 시작했다. 대원들은 이번에도 지원팀과 1팀, 2팀으로 나누어 산에 올랐다. 뤄스밍과 천레이성이 이번 등반에 참가하지 않아 왕전화, 천싼陳三, 청수성曾曙生, 볜안민, 자오홍, 추주타이, 황완후이黃萬輝가 그 자리를 대신한 일 외에는 인원 변동이 크지 않았다.

5월 25일 오전 11시, 지원팀은 베이스캠프를 떠나 콩구르튜베 빙하 서쪽 산등성이로 향했다. 이들은 오후 7시쯤 해발 4,600m 1캠프에 도착하여 그곳에서 야영했다.

5월 26일 오전 10시 20분경, 지원팀은 1캠프를 떠났다. 오후 5시경 해발 5,500m 2캠프에 도착해 야영했다.

5월 27일 오전 8시, 지원팀은 2캠프를 떠난 후에 오후 5시경 해발 6,200m까지 올라 야영했다.

　　5월 28일 오전 10시 50분경, 지원팀 대원 8명은 무전기와 신호탄 및 간단한 기술장비만 지닌 채 출발했다. 콩구르튜베의 콧날 지대에서 대원들은 크고 작은 크레바스를 지나고 경사가 40도가 넘는 빙설언덕을 가로지르면서, 경사가 60도에 높이가 약 6m 정도인 빙암절벽을 오르기도 했다. 이 구간은 가시거리가 아주 짧아서 뒤따르는 대원이 앞장서서 가는 대원을 볼 수 없을 정도였다. 천룽창이 선두에 서서 길을 개척할 때 1분에 고작 예닐곱 걸음 정도밖에 가지 못했다.

　　대원들은 한 걸음 한 걸음 신중히 분석하며 조금씩 앞으로 걸어가서 오후 7시 25분경 해발 6,800m에 무사히 도착했다. 이어서 정상에 이르는 길을 자세히 관찰한 후에 하산하기 시작했다. 대원들은 오후 8시 43분경 해발 6,200m 캠프에 돌아와 쉬었다.

　　5월 25일, 본부가 본격적으로 2차 등반을 시작했다. 오전 11시경, 대원들은 베이스캠프를 출발해 오후 8시쯤 해발 4,600m 캠프에 도착했다. 27일, 대원들은 해발 4,900m까지 올랐다. 원래 계획대로라면 왕전화, 양더유, 덩자산, 천싼, 자오쭝셴, 롼쉐푸 등 6명은 해발 5,100-5,200m에서 안전 로프를 설치하는 임무를 수행하고, 나머지 대원은 해발 5,000m 부근에서 두 시간 동안 빙설 작업훈련을 시행해야 했다. 이날 밤, 대원 모두 해발 4,900m에서 임시로 야영했다.

　　5월 28일, 고산병이 심해 더는 등반하기 어려운 펑잉시, 자오홍샤, 추주타이를 제외한 나머지 대원 26명은 해발 5,500m를 향해 올라갔다. 이 중 여성 대원은 모두 9명이었다. 출발한 지 얼마 되지 않아 눈앞에 백여 미터가 넘는 빙설언덕이 펼쳐졌다. 약 세

시간이 지나서야 대원들은 해발 5,200m에 이르렀고, 오후 5시 30분경 무사히 해발 5,500m 캠프에 도착했다.

5월 29일, 왕구이화, 웡칭장翁慶후, 마뤼성, 헝후린은 심한 고산병에 시달리는데다 체력마저 떨어져서 등반을 중단하고 해발 5,500m에 머무르기로 했다. 이들을 제외하고 여성 대원 7명을 포함한 나머지 대원은 네 시간 만에 해발 6,200m에 도달하여 그곳에서 야영했다. 이날은 햇볕이 강렬하게 내리쬐다가 갑자기 폭설이 내리는 등 기상상황이 너무 좋지 않았다. 심지어 베이스캠프 부근에 벼락이 치기도 했다.

5월 30일 오전 10시 30분, 대원들은 해발 6,200m 캠프를 떠나 하산했다. 대원들은 그날 저녁 7시 30분쯤 무사히 베이스캠프로 돌아왔다.

1, 2차 등반의 본래 목적은 해발 5,500m까지 무사히 오르는 것이었다. 대원들은 놀라운 기지를 발휘해 해발 5,800m까지 올랐다. 기상조건이 양호했고, 등반 루트에 익숙한 지원팀의 공이 컸다. 게다가 대원들의 체력도 좋았고 생각보다 빨리 적응한 덕분에 원래 목표보다 높은 해발 6,200m까지 올라 캠프를 설치하고 필요 물자를 옮길 수 있었다. 이 덕분에 3차 등반을 한결 수월하게 할 수 있었다.

6월 11일, 3차 등반을 시작했다. 이번 등반의 주요 목표는 정상까지 등정 성공이었다. 이후 대원들은 17일에 정상에 올라, 23일경 12일 동안 진행한 등반일정을 종료했다.

6월 11일, 기상팀은 날씨가 곧 좋아진다고 예보했다. 대원들은 기상조건을 고려하여 곧바로 3차 등반을 떠날 준비를 했다. 대원들은 베이스캠프에 모여 결단식을 했다. 이후 여성 대원 7명을 포함한 대원 31명은 오후 1시 30분에 베이스캠프를 떠났다. 대원들은 저녁 9시 30분경 해발 4,600m까지 올라 야영했다.

6월 12일, 여성 대원 7명을 포함한 대원 25명은 해발 4,600m에서 해발 5,500m까지 올랐다. 이 구간은 계절성 적설지대인데, 다행히 눈이 이미 녹아서 야크가 오르는 데 문제가 없었다. 대원들은 야크 등에 짐을 싣고 등반하다가 해발 5,000m부터 다시 각자 짐을 짊어지고 등반했다.

6월 13일에는 온종일 눈이 내리는 등 날씨가 좋지 않았다. 대원들은 하루 꼬박 캠프 안에서 날이 좋아지기를 기다렸다. 왕전화 대원은 맥박이 자꾸 떨어지는 바람에 자오쭝셴과 롼쉐푸의 도움을 받아 하산하기로 했다. 해발 4,900m까지 내려간 후 왕전화는 홀로 하산하기로 하고 자오쭝셴과 롼쉐푸는 다시 해발 5,500m 캠프로 돌아왔다.

6월 14일, 여성 대원 7명을 포함한 대원 24명은 해발 5,500m 캠프에서 출발해 해발 6,200m까지 올랐다. 이날은 적설량이 많지 않아 등반하기에 비교적 수월했다.

6월 15일, 여성 대원 7명을 포함한 대원 24명은 해발 6,800m를 향해 올랐다. '콧날지대'에서 가장 좁은 지대에 진입하면서부터 지형이 매우 복잡해졌다. 적설량도 너무 많았다. 이런 상황에서 대원 중 한 명이 아이젠을 잃어버리는 바람에 눈길을 지나기 힘들어서 나머지 대원들도 아주 천천히 지나갈 수밖에 없었다. 오후 6시, 대원들은 해발 6,800m 눈 언덕에서 야영했다.

6월 16일, 류다이, 덩자산, 청수성이 등반 루트를 개척하기 위하여 먼저 출발했다. 류다이 등 대원 3명은 해발 7,150m까지 오르며 길을 개척한 후에 다시 대원들이 있는 곳으로 발길을 돌렸다. 해발 7,000m쯤 내려왔을 때 마침 올라오던 대원들과 만났다. 덩자산은 원찬자와 교대하여 대원들과 함께 계속 올라갔다. 류다이, 청수성, 원찬자는 해발 6,800m까지 내려와 의사 출신 대원 우용성과 함께 구조팀을 결성했다. 대원 중 고산병을 앓는 양더유, 자오쭝셴, 란쉐푸, 충전, 지미 등을 제외한 나머지 대원 15명은 오후 8시 40분쯤 해발 7,300m까지 올라갔다.

6월 17일, 무빙쉬, 덩자산, 천훙지는 해발 7,300m에 남아 만일의 사태에 대비하기로 했다. 위안양, 왕이친, 스야오, 판톡, 차무진, 천룽창, 천싼, 장샹, 하빠체링, 헝후린, 우쭝웨, 레이야오룽은 세 팀으로 나누어 안자일렌 한 후 정상에 오르기로 했다.

그러나 해발 7,400m 정도 올랐을 때쯤 위안양이 심한 고산병 증세를 보여 더는 등반할 수 없었다. 레이야오룽은 위안양을 후송해 하산하기로 했다. 레이야오룽과 위안양은 해발 7,300m까지 내려간 후 그곳에 있던 덩자산과 함께 하산했다.

나머지 대원들이 정상에 돌진하려던 찰나, 갑자기 날이 흐려지더니 눈이 마구 쏟아지기 시작했다. 눈이 어찌나 많이 내리는지 한 치 앞을 내다보기가 힘들고 정상 위치마저 분간하기 어려워서 대원들은 수시로 걸음을 멈추어 제대로 올라가고 있는지 루트를 점검하고 위치를 파악하며 위기상황을 모면해야 했다. 게다가 엎친 데 덮친 격으로 일부 대원이 급격한 체력저하와 고산병 증상을 호소했다. 악조건에 악조건이 겹치니 천천히 등반할 수밖에 없었다. 대원들은 저녁 9시 반쯤 해발 7,560m까지 오른 후 천룽창, 왕이친, 차무진, 장샹, 헝후린을 하산시키기로 했다. 그 외 천싼, 하빠체링, 우쭝웨, 스야오, 판톡은 정상까지 계속 오르기로 했다. 천룽창을 비롯한 대원 5명은 자정이 다 되어서야 해발 7,300m까지 내려갔다.

천싼 외 대원 5명은 한 시간여 동안 힘겨운 여정을 거친 끝에 저녁 10시 30분경 드디어 콩구르튜베 정상7,530m에 올랐다. 이로써 중국 등반대는 여성 등반 최고기록을 또다시 경신했다. 대원들은 정상에서 20여 분 정도 머무르다가 하산했다.

그러나 시간이 너무 늦어서 사방이 컴컴했기 때문에 대원들은 조금 전에 올라온 루트조차 제대로 볼 수 없었다. 안전을 최우선에 두어 하산일정을 중단하고 해발 7,400m에서 설동을 파서 비박하기로 했다. 대원들은 6월 18일 새벽에 다시 하산했다. 오전 10시 55분경 해발 7,300m 캠프에 도착하여 천룽창 등 대원 7명과 다시 만났다. 이때에도 눈이 끊임없이 내리던 터라 대원들은 캠프에서 하루 더 머무르기로 했다.

6월 19일 오전 11시 30분, 대원 12명은 세 팀으로 나누어 각각 천룽창, 왕이친, 무빙쉬가 한 팀씩 맡아서 인솔하며 하산했다. 낮 12시경, 해발 7,200m 빙설언덕 근처에 대원들끼리 '거북이 등껍질'이라고 부르던 툭 튀어나온 지대를 지날 때였다. 사방에 눈이 쌓여 어디가 어디인지 식별하기 힘든 상황에서, 1팀 소속 헝후린이 갑자기 약 10m나 되는 크레바스에 빠져버렸다. 대원들은 헝후린을 구하기 위해 안간힘을 썼다. 우쭝웨가 기지를 발휘하여 헝후린을 크레바스 밖으로 힘겹게 끌어 올렸다. 그러나 헝후린은 이미 심장 박동이 멈춘 상태였다. 의사 출신인 왕이친과 천훙지는 산소 공급, 인공호흡, 침술 등 한 시간도 넘게 온갖 수단을 동원해 헝후린을 살려내려고 했지만 소용없었다. 헝후린은 이미 사망하여 온 몸이 점점 딱딱하게 굳어갔다. 대원들은 비통한 심정으로 헝후린의 시신을 수습해 해발 7,250m 부근에 묻었다.

대원들은 오후 8시경 계속 하산했다. 오후 9시쯤 해발 7,100m까지 내려가다가 가파른 언덕에서 잠시 걸음을 멈추었다. 이미 해가 져서 어두워져 가시거리가 매우 좋지 않았다. 게다가 이틀 동안 연이은 폭설로 루트마저 분간하기 힘들었다. 베이스캠프는 이 소식을 듣고 대원들에게 무리하지 말고 현재 위치에서 야영하라고 지시했다. 뒤따르던 두 팀은 명령에 따랐다. 그러나 무빙쉬가 인솔하는 1조는 베이스캠프의 명령을 무시하고 계속 내려갔다. 뒤따르던 두 팀이 더는 하산하지 말고 발걸음을 멈추라고 소리쳤지만 무빙쉬, 스야오, 하빠체링, 천훙지는 동료들의 소리를 뒤로한 채 발걸음을 멈추지 않았다. 결국, 무빙쉬 등 대원 4명은 이곳에서 실종되고 말았다.

천룽창, 왕이친, 판톡, 차무진, 천싼, 장샹, 우쫑웨는 해발 7,100m 눈 언덕에서 야영한 후, 20일 오전 11시경 두 팀으로 나누어 계속 하산했다. 대원들이 해발 6,900m쯤 내려갔을 때 갑자기 눈사태가 발생하여 천룽창을 비롯한 대원들이 백여 미터 아래로 굴러 떨어지는 사고를 겪었다. 왕이친과 조원들도 60m 아래로 굴러 떨어졌다. 가까스로 위기상황을 넘기고 주위를 살펴보니, 곳곳에 부러진 천막 기둥 잔해 등 이미 눈사태가 한바탕 휩쓸고 간 흔적이 보였다. 무빙쉬 등 실종된 대원들도 이곳에서 눈사태를 당해 실종된 것으로 추측했다. 두 팀은 한 발 한 발 조심스럽게 내디뎌 천천히 내려가 오후 3시 45분과 오후 6시 10분경 각각 해발 6,800m 캠프에 도착해서 지원팀과 합류했다. 이 캠프에 남아 있던 대원 중 무빙쉬 등 실종된 대원 4명의 소식을 아는 사람은 없었다. 여기까지 오기 전에 이미 전원 실종된 것 같았다.

본부 대원 상당수는 동상을 심하게 앓았고 체력도 이미 극도로 떨어진 상태였다. 몇몇 대원은 설맹을 호소하기도 했다. 상황이 이러니 더 이상 무리하게 하산할 수 없어서 베이스캠프에 지원을 요청하고 기다리기로 했다.

베이스캠프는 북경 측의 지시대로 우선 쉬징과 왕푸저우, 스징 등 체력과 기술 수준이 우수한 대원 14명을 선발해서 응급구조팀을 결성하여 해발 6,800m 캠프에 신속히 파견했다. 21일, 응급구조팀 대원들은 조를 나누어 출발하여 각각 해발 5,500m와 해발 6,200m까지 올랐고, 양더유, 청수성, 귀서우왕은 식량과 연료를 가지고 해발 6,800m까지 올라갔다. 같은 날 장샹, 우쭝웨, 원찬자는 오후 1시경 다른 대원보다 먼저 하산했다. 이 대원 3명이 해발 6,200m쯤 내려왔을 때쯤 구조팀 대원 황완후이도 합류했다. 오후 5시, 장샹을 비롯한 대원 4명은 해발 5,500m까지 내려왔다. 우쭝웨와 장샹은 왕펑샹, 아이순펑, 저우핀웨이를 후송하고, 황완후이와 원찬자는 5,500m 캠프에 남기로 했다. 그날 저녁 우쭝웨와 장샹 일행은 해발 4,600m까지 내려왔다. 이튿날, 우쭝웨와 장샹 대신 왕훙바오가 대원 3명을 베이스캠프까지 후송했다.

해발 6,800m에 남아 있던 대원 3명은 22일 낮에 철수했다. 대원들은 오후 3시쯤 해발 6,500m까지 내려와 쉬징이 이끄는 지원팀과 합류했다. 오후 3시 40분경 쉬징 일행은 해발 6,200m에서 허기를 조금 달랜 뒤 발걸음을 계속 이어갔다. 대원들은 저녁 9시 50분경 해발 4,600m 캠프에 도착해 야영했다.

23일, 천룽창, 왕이친, 판톡, 차무진, 천싼 등 대원들은 다른 대원들의 보호하에 안전하게 베이스캠프로 돌아왔다.

중국 콩구르튜베 등반대는 단순히 정상에 오르는 일 이외에도 여성 등반가의 세계 등반기록을 경신하는 성과를 이루었다. 그러나 그들의 성취 뒤에는 일부 대원을 잃은 슬픔도 공존했다. 헝후린이 하산하던 중에 크레바스에 빠져 명을 달리했고, 스야오, 무빙쉬, 하빠체링, 천훙지도 대열을 이탈해 연락이 끊긴 후 결국 위기 상황에서 벗어나지 못했다. 게다가 대원 중 7명은 심한 동상에 걸렸는데, 그중 6명은 상태가 너무 심각해 발가락을 절단할 수밖에 없었다. 특히 차무진과 천룽창은 발가락을 너무 많이 절단하여 더는 등반을 할 수 없을 정도였다. 중국의 등반 역사가 시작된 이래 가장 큰 희생이 따른 등반이었다. 비록 중국 등반대는 콩구르튜베 등정으로 각종 세계 신기록을 세웠지만 그 과정에서 너무 큰 대가를 치러 성공의 의미가 다소 퇴색했다.

등반대는 콩구르튜베 등정에서 겪은 점과 이를 통해 얻은 교훈을 최종 정리했다. 또한 이번 등반에서 유난히 희생이 컸던 주요 원인을 다음과 같이 분석했다.

1. 적절한 등반 시기를 파악하지 못함

신강위구르 파미르고원지대에 오르기 가장 적절한 시기는 7월이다. 그래서 7월을 등산의 황금 계절이라고 부르기도 한다. 국가 체육위원회와 등산협회 수장 역시 콩구르튜베 등반일정을 7월 중에 계획하라고 지시했다. 게다가 등반대 대원 자체 회의에서도 6월 중 날씨가 좋을 때에 등반하자는 의견에 끝까지 반대한 대원도 있었다. 훗날 일기예보에 따르면, 1961년 6월부터 7월 사이 콩구르 튜베의 날씨 정황은 이러했다. 7월 중에는 사나흘 동안 비가 거의 내리지 않고 천둥과 번개는커녕 구름이 거의 없을 정도로 좋은 날이 네 차례 정도 이어졌으며, 날씨 변화도 규칙적이라 향후 날씨를 예상하는 데 무리가 없었다. 반면 6월은 날씨가 좋은 시기가 단 한 차례밖에 없었고, 나머지는 모두 좋지 않았다. 게다가 날씨 변화가 상당히 불규칙하여 예측하기가 어려웠다. 6월 한 달 중 약 20일은 비나 눈이 다소 내렸고, 그중 9일은 안개가 매우 짙었다. 또한 천둥과 번개를 동반한 눈과 비가 아홉 차례 정도 내렸다. 게다가 이런 궂은 날씨는 6월 중하순에 집중되었는데, 그중에서도 6월 말 날씨가 가장 좋지 않았다. 그러니 6월 중순에 콩구르튜베에 오르기로 한 결정은 그야말로 섶을 지고 불 속으로 뛰어드는 격일 수밖에 없었다.

시기를 적절하게 선택하지 못한 점 외에도 등반 과정에서 판단 착오를 비롯한 실수가 수차례 있었다. 예를 들어, 본부 대원들이 해발 6,800m에서 7,300m까지 오르려던 당시 기상예보가 그다지 좋지 않았다. 16일과 17일 날씨는 2등급이었고, 18일은 17일과 비슷하거나 조금 더 나쁠 가능성이 있다고 예상했다. 북경에서도 본부 대원들에게 즉시 등반을 멈추고 철수해서 대기하라고 전보를 보냈다. 그러나 콩구르튜베 현지에 있는 대원들의 생각은 달랐다. 당시 날씨가 그리 나쁘지 않았고 대원들의 컨디션도 양호한 상황인 만큼, 조금만 더 오르면 정상에 오를 수 있는데 이대로 철수하려니 너무 아쉬웠다. 결국, 대원들은 '현지에서 관찰한 결과 날씨가 예상보다 좋고 대원들의 컨디션도 매우 좋다. 콩구르튜베는 날씨 변화 속도를 어느 정도 예상할 수 있다. 대개 날씨가 좋다가 나빠질 때는 변화 속도가 비교적 늦고, 날씨가 궂다가 좋아지는 속도는 상대적으로 빠른 편이다. 또한 보통 오전에는 날씨가 좋고 오후에 날씨가 나빠지는 특징이 있다.'라고 보고를 한 후, 북경 측의 지시를 듣지 않고 계속해서 등반했다. 대원들은 훗날 이 일을 이렇게 평가했다.

> 당시 대원들이 내린 결정은 당장 처한 상황에만 의거했을 뿐, 향후 기상 조건의 변화가 등반에 얼마나 영향을 크게 미칠지 충분히 고려하지 않았다는 데서 한계점을 드러냈다. 날씨가 돌변하면서 초래하는 각종 상황에 관한 연구를 충분히 하지 않았으니 이에 상응하는 조처를 하기가 어려운 것도 당연했다. 막상 상황이 예상과 달라서 처음에 세운 계획대로 이행하기 힘들어지자 대원들은 아무런 대책을 세우지 못한 채 혼란에 빠졌다. 급기야 어수선한 분위기 속에서 가만히 앉아서 죽음을 기다릴 수밖에 없을 정도로 무력한 상황에 놓여버렸다.

또 이러한 일도 있었다. 대원들이 등정에 성공하고 하산할 때 있었던 일이다. 기상예보에 따르면 18일 오후에는 날씨가 좋아질 기미가 없고, 19일 오전에도 18일과 비슷한 날씨가 이어진다고 했다. 이에 따라 베이스캠프는 공격대 대원에게 18일 하루는 쉬고 19일 오전에 날씨가 좋아지면 다시 내려오라고 지시했다. 그런데 18일 오후 6시에서 9시 사이에 예상과 달리 날씨가 갑자기 좋았다. 그러나 이미 대원과 베이스캠프 간 연락이 종료된 시간이었기 때문에 베이스캠프는 공격대 대원에게 계획을 바꾸어 시행하라고 지시할 방법이 없었다. 게다가 공격대 대원은 하산 중에 마음대로 위치를 이탈하거나 철수할 수 없었다.

2. 공격대 조직상의 문제

등반대 본부는 3차 등반을 떠나기 전에 전체 대원을 대상으로 생리지표를 조사해 자료를 만들었다. 이 표는 어떤 고도에서도 심장 박동이 안정된 상태에서 분당 100회를 넘어서는 안 되며 혈압도 110/150을 넘으면 안 된다고 규정했다. 또한 체온은 37도를 넘지 않아야 등반할 수 있었다. 그리고 이러한 기준을 조금이라도 넘으면 반드시 철수해야 한다고 명시했다. 이 지표는 대원들의 컨디션을 꼼꼼하게 점검해 안전한 등반을 위해 작성했으나 실제 상황에서 그다지 엄격하게 지켜지지 않았다. 예를 들어, 해발 6,800m에서 남성 대원 17명과 여성 대원 7명 등 총 24명 중에서 남성 10명과 여성 5명 등 총 15명을 선발했다. 이 대원 가운데 여성 대원 2명의 맥박이 각각 분당 100회와 104회였고, 여성 대원 한 명은 체력이 매우 저하된 상태였다. 해발 7,300m에서 대원 15명 중 남성 대원 7명과 여성 대원 5명 등 총 12명을 대상으로 맥박을 조사했다. 이 12명 중 전부터 맥박에 문제가 있던 여성 대원 2명도 포함했다. 심지어 그중에 한 명은 분당 맥박 수가 최고 132회까지 이를 정도였다. 대원들이 해발 7,350m 근처까지 올랐을 때 이 대원은 맥박 수치가 잡히지 않을 정도였다. 다른 대원도 맥박에 이상이 생겨 분당 72회까지 뚝 떨어지기도 했다.

　기술력 안배 역시 큰 문제로 거론되었다. 여성 대원은 기술이나 경험 면에서 남성 대원보다 다소 뒤처졌다. 짐을 싣고 메거나 물자를 운반할 때 필요한 체력 역시 남성 대원보다 떨어졌다. 등반대 간부들은 콩구르튜베를 본격적으로 등반하기 전 대원들이 안전하고 신속하게 임무를 완수하기 위해 공격대 구성 시 뛰어난 기술과 체력을 가진 정예대원으로 구성하되, 여성 대원 수가 4명을 넘지 않아야 한다고 정했다. 또한 공격대의 구체적인 인원수는 남성 대원의 실력에 따라 정하되, 남녀 비율은 3:1이어야 한다고 지시했다. 그러나 실제 공격대 선발 과정에서 여성 대원 선발 기준을 대폭 완화한 바람에 남성 대원의 수가 상대적으로 적을 수밖에 없었다. 심지어 공격대가 해발 6,800m에서 출발할 때 남녀 성비는 2:1에 가까워 소수정예 부대를 구성하고자 한 취지에 한참 어긋났다. 게다가 해발 7,300m에 오른 후 날씨가 나빠지기 직전에 최대한 빨리 정상에 올라야 하는 긴박한 상황에서도 이 규정을 지키지 않았다. 당시 남녀 성비는 1.4:1로 사실상 거의 차이가 없었다. 공격대의 기술 수준 역시 보장할 수 없었다.

선발한 대원을 엄격하게 파악하지 않았고 남녀 대원 비율 조절에도 실패했으니 공격대의 역량도 당연히 약할 수밖에 없었다. 이 때문에 공격대의 행군 속도에 지장이 생겼을 뿐 아니라 전체 등반시간도 길어져 대원들의 체력소모가 너무 컸다. 자연히 짧은 시간 동안 집중해서 등반하고 일찍 야영하려던 원칙도 애초에 고수하기 힘들었다. 대원들은 억지로 힘겹게 등반했지만 등반속도나 캠프를 설치하기로 한 해발고도 등 모든 면에서 계획대로 진행하지 못했고, 정상에 가장 가까이 세워야 할 공격 캠프도 예상보다 아주 낮은 곳에 설치했다. 결국, 정상에 오른 당일에 공격 캠프까지 돌아올 시간과 체력이 부족해서 도중에 비박을 하는 등 전체적

콩구르튜베 등정 기념우표

인 하산 계획이 모두 틀어졌다. 지원팀 역시 같은 이유로 공격대가 위기상황에 부닥쳤을 때 신속하고 원활하게 도울 여건이 되지 않았다. 예를 들어, 해발 6,800m에서 대기하던 지원팀 대원 세 명 중 두 명은 체계적인 훈련을 받은 경험이 없었다. 지원팀이 호출을 받아 등반길에 오를 때 있던 일이다. 지원팀 대원이 60m도 채 오르지 못했을 때 갑자기 눈사태가 발생해서 백여 미터 아래로 굴러 떨어져버렸다. 서둘러 상황을 수습한 다음에 지원 요청을 받은 해발고도에 다시 올랐을 때는 이미 기력을 다 소진한 상태라 지원 활동을 할 여력이 남지 않은 적도 있었다.

중국 등반대는 콩구르튜베 등반에서 매우 쓰디쓴 경험과 교훈을 얻었다. 이번 등반에서 등반대 대원의 문제와 등산운동 전개 과정에서 발생한 전반적인 문제점이 모두 드러났다. 중국 등산계는 지속적인 발전과 더 나은 성취를 위해 이러한 문제를 절대 좌시해서는 안 된다. 피할 수 없는 난관에 직면했을 때 좌절해서도 안 된다. 잘못을 인정하고 이를 통해 얻은 교훈을 발전의 밑거름으로 삼아야 세계적인 반열에 들어설 수 있을 것이다.

제10장

시샤팡마를 등정하다

—

중국 등반대가 초모룽마에 오른 지 4년밖에 지나지 않은 1964년, 중국은 해발 8,000m가 넘는 산 중 유일하게 사람의 발길이 닿은 적이 없는 시샤팡마Shishapangma, 8,027m에 오르기로 계획했다. 또한 중국은 시샤팡마 등반을 계기로 중국 등산계의 실력과 수준을 한층 더 끌어올려 세계적으로 이름을 떨치고자 했다. 당시 히말라야 산맥에서 해발 8,000m가 넘는 14좌는 대부분 등반가에게 정상을 내어주었으며, 사람의 발길이 닿지 않은 산은 시샤팡마밖에 없었다. 중국 등반대는 최초로 이 산을 등정한다는 점에 큰 의미를 두었다. 이 무렵 세계 등산계는 '사람의 힘으로 오르지 못할 산은 없다.'라는 구호를 외치며 기존의 등반 루트에서 벗어나 더 어려운 루트를 오르고 거벽 등반을 추구하는 등로주의로 전환하는 추세였다. 중국 등산계 역시 고산등정기술과 경험을 바탕으로 이러한 국제정세에 합류했다. 어제의 승리에 만족하지 않고 나날이 발전하는 세계 등산계에 합류하기 위해 본격적으로 한 걸음씩 나아가기 시작했다.

제1절

시샤팡마 개요

시샤팡마는 중국 티베트자치구 녜라무현에 있으며 동경 85° 46′ 39″, 북위 28° 21′ 08″에 있다. 해발 8,027m로 히말라야 산계에서 손꼽히는 고산 중 하나이며, 세계에서 열네 번째로 높은 산이다. 중국과 네팔 국경에서 약 17km 정도 떨어진 곳에 있고 초모룽마와 약 70km 정도 거리가 있다. 주변에는 온통 높고 높은 설산이 우뚝 솟아 있다. 동쪽에는 몰라멘퀸Molamenqing, 7,703m, 폴라강첸이라고도 함이, 북쪽에는 해발 7,056m인 북봉이, 서쪽에는 가우리샹카르Gauri Shankar, 7,134m가 있다.

시샤팡마는 봉우리가 총 세 개이며, 각 봉우리 간 거리나 해발고도 차이는 그다지 크지 않다. 시샤팡마 정상 해발고도는 8,027m이고, 정상에서 약 200m 정도 떨어진 곳에 해발 7,996m인 중앙봉이, 북서쪽으로 약 400m 떨어진 곳에는 암석과 빙설이 한데 모인 해발 7,998m 장다름Gendarme, 전위봉前衛峰이 있다. 구름 속에 우뚝 솟아 있는 시샤팡마의 모습은 마치 거대한 은그릇을 거꾸로 엎어놓은 듯한 모습이다.

시샤팡마는 초모룽마 인근의 다른 산과 마찬가지로 제4기 히말라야 조산운동으로 형성된 젊은 산이다. 편마암과 침식을 거친 화강암으로 이루어졌고, 암석 풍화 정도가 비교적 큰 편이다. 지층은 단사구조[61]이며 암석층은 남동쪽을 향해 기울어진 채 드러났다. 지형은 남쪽이 가파르고 북쪽은 완만하지만, 북쪽도 일부 구간은

---

61 수평 혹은 완경사를 이룬 지층 일부가 승강운동을 받아 S자형으로 변형된 급경사 부분을 가리킨다.

기암절벽으로 이루어졌다.

시샤팡마 북릉에는 총 길이가 15.52km에 달하는 야포캉샤로 Yabukangala 빙하가 흐른다. 빙하 발원지 부근은 경사가 매우 급하고 곳곳에 크레바스와 빙붕氷棚지대가 분포한다. 아래로 조금 더 가면 빙탑이 빽빽하게 들어섰으며, 빙탑지대에서 가장 넓은 곳은 직선거리가 약 500m에 이른다. 빙하 중심부는 해발 5,300m까지 쭉 뻗었다. 이곳에 발원지를 둔 하류는 붕곡하朋曲河라고 부른다.

시샤팡마는 경치가 매우 아름답기로 유명하다. 우뚝 솟은 시샤팡마의 북벽 앞으로는 끝없는 초원이 펼쳐졌고, 초원에는 거울 같이 맑은 호수가 있다. 초원에는 티베트 영양이 떼를 지어 다니며 야생 당나귀를 비롯한 각종 희귀동물이 서식한다.

시샤팡마가 지금의 이름을 갖기 전에는 아래와 같이 부르기도 했다.

1. 시샤-펑마

시샤-펑마는 티베트어로 '쌀보리가 바짝 마르고 소와 양이 모조리 죽었다.', 즉 황량한 땅이라는 의미다. 시샤팡마가 얼마나 험난하고 위험한지 알 수 있는 이름이다. 이 명칭은 시샤팡마 산지에 거주하는 티베트인 사이에서 널리 쓰였다. 1950년 이후 서양의 몇몇 나라는 이 호칭을 따서 Shisha Pangma 또는 Sisha Pangma라 부르기 시작했다. 이후 중국 지도에서도 서양에서 부르는 호칭을 빌려 표기했다.

2. 고사인탄

고사인탄은 산스크리트어로 '신이 사는 곳', '성스러운 장소'라는 뜻이다. 이 명칭은 유럽인들이 남로를 따라서 지나다가 이 산을 발견한 후에, 인도와 네팔 현지인의 발음을 따라 고사인탄Gosainthan 또는 Gosai-than이라고 부른 것에서 비롯했다.

3. 파하공친

시샤팡마 현지에 거주하는 티베트인은 이곳을 파하공친이라고 부르기도 한다. '친'은 티베트어로 '신'이라는 뜻으로, 파하공친은 '가장 높은 신산'이라는 뜻이다.

중국 등반대 시샤팡마 정찰대는 이 산을 고사인탄이나 시샤팡마 대신 '파하공친산'이라고 명명하자고 제의했다. 1964년 1월, 중화인민공화국 국가측량총국은 《티베트어 음역 규칙(초안)》에 따라 조금 더 티베트어에 가까운 발음을 인용하여 '시샤팡마'라고 표기하기로 했고, 이때부터 본격적으로 시샤팡마라는 명칭을 통용했다.

시샤팡마는 세계 8,000m급 고봉 중 가장 늦게까지 미답未踏 상태로 남아 있었다. 1964년 중국 등반대가 시샤팡마에 처음으로 등정하기 전까지는 중국 등반대가 몇 차례 정찰을 한 정도였다. 외국 등반대는 멀리서 관찰하는 정도에 그쳤다.

1921년 영국 등반대가 초모룽마에 오를 때 시샤팡마에 접근하려고 시도했으나 시샤팡마로부터 25km 떨어진 곳에서 저지당한 적이 있다.

1944년 오스트리아 출신 하인리히 하러와 페터 아우프슈나이터 역시 르카쩌 인근 길륭현에 장기간 머무를 당시 시샤팡마에 오르려고 시도했으나 실패했다.

1949년 영국의 틸먼은 네팔 탐험 허가증을 취득한 후에 가장 먼저 시샤팡마 남쪽으로 가서 갖은 방법을 동원해 시샤팡마를 연구하려고 했다.

1950년 5월 영국 등반대가 남릉을 거쳐 초모룽마에 오를 당시, 영국군은 비행기를 동원하여 초모룽마 상공에서 항공촬영을 진행했다. 이때 국경을 넘어 시샤팡마의 모습을 촬영했다. 이때 촬영한 사진은 1953년 영국 등산잡지에 게재되었다.

1959년 11월, 일본 등반대가 중국 네팔 국경에 접해 있는 가우리샹카르에 올랐을 당시, 가토 히데키加藤秀木는 자국 정찰대를 이끌고 중국 네팔 국경을 넘어 시샤팡마 서쪽과 남서쪽에서 사진을 촬영했다.

1962년 5월, 일본 등반대는 중국 네팔 국경에 있는 히말라야 렌포강Lenpo Gang, 7,083m[62]에 올라, 렌포강 정상에서 시샤팡마를 조망하기도 했다.

영국의 월라스톤Wollaston은 이러한 말을 남겼다.

우리는 네라무에 올랐을 때 이 웅장한 고사인탄 근처까지 갔었다. 우리는 약 20피트 떨어진 곳에서 고사인탄을 바라보았다. … 그 후 우리는 고사인탄으로 통하는 골짜기를 따라 한참을 올라갔지만 안개 외에는 아무것도 볼 수 없었다.

62 강Gang은 티베트어로 '빙하'를 의미한다. |역주

시샤팡마는 늘 면사포 같은 안개가 신비롭게 드리워진 듯한 모습을 하고 있다. 20세기 중반까지 시샤팡마를 자세히 찍은 사진은 한 장도 없었다. 이 때문에 해외 수많은 등반가는 시샤팡마를 '신비로운 산', '미지의 산', '암흑의 미답봉'이라고 불렀다.

제2절

시샤팡마 등반을 위한 사전 준비작업

인류는 약 19세기 말부터 해발 8,000m가 넘는 고산에 오르기 시작했다. 그러나 50년이 넘도록 번번이 실패했다. 이후 1950년에 프랑스 등반대 소속 모리스 에르조그Maurice Herzog와 루이 라슈날Louis Lachenal이 세계에서 열 번째로 높은 안나푸르나8,073m에 올라 인류 역사상 최초로 해발 8,000m가 넘는 고산에 오르는 기록을 세웠다. 이후 수많은 등반가가 8,000m가 넘는 고봉에 오르기 시작하면서 히말라야와 카라코람산맥 일대는 '등반의 황금기'를 맞이했다. 1960년대 초에는 히말라야 8,000m 14좌 중 시샤팡마를 제외하고 모두 등반가에게 정상을 내어주었다. 사람의 힘으로는 오를 수 없다고 여겼던 저 높은 산꼭대기마다 두려움을 모르는 도전 정신이 가득한 인류의 발자국이 남았다. 이후 지도를 제작하고 사진과 영상자료를 촬영하기 시작하면서 시샤팡마의 신비로운 베일이 조금씩 벗겨졌다. 히말라야의 14좌 중 유일하게 아무도 오른 적 없는 이 산에 세계 각국의 호기심과 이목이 쏠리면서 누가 제일 먼저 이 산에 오를 것인지 관심이 쏟아졌다. 수많은 탐험가와 등반

가가 이 역사적인 기록의 서막을 여는 주인공이 되고자 끊임없이
도전했다.

이러한 추세를 반영하듯 중국에 시샤팡마 등반 출입 허가를
요구하는 나라가 점점 늘었다. 1956년에 유고슬라비아는 주중 대
사관을 통해 중국 외교부에 네팔 국경을 통해 시샤팡마에 등반하
도록 허가를 요청했다. 1959년, 이탈리아산악회는 이탈리아 정부
를 통해 중국 정부에 네팔을 거쳐 중국 국경으로 진입하여 시샤팡
마 등반을 허가해달라고 요청했다. 1960년에 남벽을 통해 초모룽
마를 정복한 뉴질랜드 출신 영국인 등반가 힐러리도 영국산악회
와 뉴질랜드산악회 명의로 중국에 시샤팡마 등반 허가를 요청했
다. 1961년에 소련등산협회는 중국 등반대를 자국으로 초청한 자
리에서 합동등반대를 결성해서 시샤팡마에 오르자고 제안하기도
했다. 또한 1962년 중국 국가 체육위원회 부주임 룽가오탕榮高棠
이 탁구팀을 인솔해서 일본을 방문했을 당시, 일본산악협회도 중·
일 합동등반대를 결성하여 함께 시샤팡마를 등반하자고 서면으로
정식 요청했다.

중국 등반대는 1960년 북벽을 통해 초모룽마 정상에 오른 이
후에 정식으로 시샤팡마를 등반하기로 했다. 그러나 아직 그 누구
도 오른 적이 없는 산이라서 관련 지식은커녕 참고할 만한 자료조
차 전혀 없었다. 이에 중국 등반대는 자료수집과 등반 루트 탐색
등 실질적인 임무를 수행하기 위하여 1961년부터 세 차례에 걸쳐
시샤팡마에 정찰대를 파견하여 구체적인 자료수집에 나섰다.

1961년 초에 처음으로 시샤팡마를 정찰하기 시작했다. 정찰
대는 류롄만, 장쥔옌 등 티베트 등산캠프 소속 등반가 10명으로 구

성했다. 이들은 시샤팡마 남동쪽, 동쪽 및 북동쪽 등에서 한 달 동안 정찰 임무를 수행했다.

1961년 9월에 2차 정찰을 시행했다. 티베트 등산캠프에서 빙설 작업훈련을 받은 대원 중 8명을 선발해서 정찰대를 조직한 후, 약 한 달 여 동안 정찰 임무를 수행했다. 이 정찰에서 대원들은 해발 6,500m까지 등반하면서 시샤팡마 일대를 관찰하며 사진을 찍어 자료를 남겼다.

1963년 봄에 3차 정찰을 진행했다. 북경과 티베트 등산캠프 및 관련 기관 소속 옌둥량 등 23명으로 정찰대를 구성했으며, 약 두 달 정도 일대를 정찰했다. 이들 중 실제로 등반에 참여할 대원은 12명이고, 그 외에 기상담당, 의료업무, 통신 및 총무를 담당하는 인원수가 11명이었다. 정찰 대원 중 4명은 해발 7,160m까지 올라 관측과 사진촬영 등 임무를 수행했다.

세 차례에 걸친 정찰 끝에 시샤팡마의 전반적인 특성과 상황을 어느 정도 파악했다. 특히 3차 정찰에서 얻은 수확이 컸다. 정찰 결과를 정리해보면 시샤팡마를 등반하려면 다음과 같은 난제를 극복해야 한다.

1. 등반 루트가 길다.

   해발 4,950m에 베이스캠프를 세우면 정상까지 약 36km 정도를 등반해야 한다. 이는 해발 7,566m인 무즈타그 등반에 비해 거리가 두 배나 길 뿐 아니라 초모룽마 등반 루트보다도 훨씬 길다.

2. 크레바스가 많다.

   해발 6,200m에서 6,700m 구간에는 수많은 크레바스가 거미줄처럼 펼쳐졌다. 주로 횡단 크레바스나 히든 크레바스가 많으며, 크레바스 틈 너비는 보통 20-200cm 정도이다. 해발 7,200m에서 정상까지 이르는 구간에도 크레바스가 수없이 분포한다.

3. 강풍을 피할만한 곳이 많지 않다.

시샤팡마는 지형 특성상 바람을 막을만한 곳이 마땅하지 않아, 등반 시 혹은 캠프를 세울 때 강풍을 피하기 힘들다. 강풍에 그대로 노출되면 동상에 걸리거나 추락할 위험이 상당히 크다.

4. 기상조건이 좋은 날이 길지 않다.

시샤팡마의 기후는 히말라야의 다른 산과 거의 비슷하다. 11월부터 3월까지는 바람이 강하고 6월부터 9월까지는 우기이기 때문에, 이 시기를 피한 계절이 등반하기에 최적이다. 시샤팡마는 기상조건이 좋은 기간이 짧다는 특징이 있다. 초모룽마의 경우 1960년 약 4주 정도는 등반하기에 좋은 기상조건을 갖추었으며, 한 주에 약 3일에서 5일 정도는 날씨가 매우 좋았다. 시샤팡마는 1963년을 기준으로 기상조건이 좋은 기간이 3주 정도밖에 되지 않았는데, 그나마 날씨가 좋은 날도 한 주에 이틀에서 3일 정도로 매우 짧았다. 이러한 기상 악조건은 정상에 오르는 데 큰 어려움을 초래할 가능성이 크다.

정찰대는 직접 등반해서 촬영해둔 사진자료와 그간의 정찰자료를 토대로 정상까지 도달할 수 있는 루트를 분석했다. 이 루트는 해발 4,950m에서 시작한다. 해발 4,950m에서 해발 5,800m 사이에 있는 초원언덕과 자갈언덕을 거쳐서 해발 5,800m에서 5,900m 사이에 있는 빙탑지대를 지나 해발 5,900m에서 6,700m에 있는 빙설구간에 이른다. 이어서 해발 6,700m에서 6,900m 사이에 있는 회랑回廊지대를 건너고 해발 7,160m에서 8,013m까지 이어진 빙설언덕을 지나서 S자 형으로 구부러진 길을 따라 정상까지 도달하는 루트이다.

정찰대는 산의 해발고도나 지형의 특성 및 기상조건 등의 상황을 토대로 해발 4,950m 부근의 움푹 파인 곳이 베이스캠프를 설치하기에 가장 적합한 장소라고 주장했다. 또한 해발 5,300m, 5,800m, 6,300m, 6,800m, 7,300m, 7,800m마다 캠프를 설치하자고 제안했다.

1963년 8월 중국 국가 체육위원회는 당시 국무원 총리였던 저우언라이周恩來, 1898-1976와 중앙정부에 시샤팡마 등정계획에 관한 보고를 올렸다. 1964년 4-5월경, 티베트에 있는 시샤팡마를 등정하도록 준비하겠다는 내용이었다. 시샤팡마를 등정목표로 삼은 이유는 누구도 오르지 않은 히말라야의 마지막 14좌라는 사실과 중국 국경 내에 있어 접근성이 좋다는 점이 컸기 때문이다. 이외에도 중국 사회주의가 굳건히 자리 잡도록 하여 이를 바탕으로 체육사업 발전을 도모하고자 하는 당의 요구가 깃들어 있었다.

저우언라이 총리는 시샤팡마 등반에 필요한 물자와 기상상황, 의료, 통신 등 각 방면으로 준비작업을 꼼꼼하게 진행했다. 기상업무 담당자는 일정에 앞서 티베트 현지에 가서 각종 기상정보를 분석하고 시샤팡마 현지에서 정찰 임무를 수행했다. 또한 사천성 성도와 티베트 라싸의 기상대에 일기예보 네트워크를 구축했다. 의무대원은 등반경험을 살려 구급약품을 비롯한 의료용품을 꼼꼼하게 챙겼다. 통신담당 대원은 본격적인 등반에 앞서 무전기와 같은 통신장비의 작동 여부를 세심하게 확인하는 한편, 전문 정비원을 두어 만일의 사태에 대비하도록 했다. 이외에도 식량이나 각종 장비 및 기구를 비롯한 기타 물자를 준비했다. 약 150여 톤에 달하는 물자 중 등반에 필요한 주요 장비와 식품은 북경, 상해, 천진 등지에서 생산한 시제품을 모았다. 이 중 목재 무게만 약 50톤에 달했다. 이외에도 티베트 각부 부처에서 100여 톤에 달하는 식량, 목재, 무전기 및 고산등반 필수장비를 조달했다.

1963년 7월부터 시샤팡마 등반대원을 대상으로 체력훈련과 기술훈련을 본격적으로 시작했다. 훈련의 수준과 성과를 높이기 위해 시샤팡마 현지 조건과 비슷한 곳에서 훈련을 시행했다. 신강 위구르 천지天池 인근 보거다봉Bogda peak, 5,445m에서 빙설훈련을 했으며, 신체훈련은 주로 산간도시인 중경에서 실시했다. 또한 본격적인 등반에 앞서 라싸에서 현지적응을 위하여 약 한 달 정도 체력훈련을 시행했다. 냉혹한 실전 상황에서 언제든지 대처할 수 있도록 훈련 난이도를 매우 엄격하고 높은 수준으로 유지하되, 시샤팡마의 등정 난이도와 대원들의 컨디션과 기술 수준에 맞추어서 훈련계획을 세웠다. 이번 훈련에서는 특히 빙벽 오르내리기, 크레바스 통과 및 안전 도모에 힘껏 매진했다.[63] 이외에도 티베트 군부에서 군인 약 80명을 뽑아 라싸에서 100일 동안 훈련을 받게 했으며, 대원들의 체력훈련, 등반상식 및 등반기술 학습에 힘썼다. 체계적인 훈련 덕분에 전 대원의 등반기술과 기초체력이 크게 향상되었다.

1963년 말에 시샤팡마 등산계획을 정식으로 제정했고, 이어서 1964년 초에 중국 시샤팡마 등반대를 정식으로 결성했다. 등반대 전체 대원 수는 경호대 21명과 과학조사 대원 16명을 포함

63   쉬징, 『고난을 이겨내는 정신을 발휘하라』《신체육》, 1964년 제7호, p.13-16 참조.

하여 총 206명이었다. 대원들은 노동자, 농민, 학생, 해방군 출신 군인, 과학기술자 등 출신이 다양했다. 한족, 티베트족, 회족, 만주족 등 여러 민족이 모였고, 이 중 티베트 대원이 73명으로 전체 대원 수의 약 35.5%를 차지했다. 전체 대원 중 기존 등반에 참여했던 대원은 43명으로 전체 대원의 34%이며, 새로운 대원은 74명으로 약 64%였다. 전체 등반대원 중 스포츠영웅 칭호를 받은 인원은 13명이었고, 그 외에 운동선수 등급을 받은 대원이 30명이었다. 또한 대원들의 평균 연령은 25세 정도로, 가장 어린 대원은 18세, 가장 나이가 많은 대원은 41세였다.

중국 시샤팡마 등반대 조직은 다음과 같다.

대장: 쉬징
부대장: 저우정, 장쥔옌
제1정치위원: 양커청
제2정치위원; 자치롄
부정치위원: 왕펑퉁, 왕푸저우
과학조사팀 대장: 스야펑
과학조사팀 부대장: 류둥성

등반대는 총 5개 분대로 조직했다. 그중 1, 2, 3분대는 등반대원으로, 4분대는 기상, 의무, 총무, 통신, 선전, 경호 등 6개 분야 후방지원 대원으로, 5분대는 과학조사 대원으로 구성했다. 과학 조사대는 시샤팡마의 지질, 지형, 측량, 빙하 등 각 방면의 과학자료를 모으는 임무를 맡았다.

또한 1960년 초모룽마 4차 등반 성공 경험을 바탕으로 루트와 대원 및 시기를 나누어 등반하는 전술을 반영한《시샤팡마 등반 계획서》를 작성하여 그대로 시행하기로 했다. 또한 루트 정찰, 캠프 설치, 물자운반, 적응 등반, 정상 등정 등 대원의 임무를 산의 고도와 난이도에 따라 세 팀으로 나누어 맡도록 했다. 3분대는 베이스캠프에서 해발 6,900m까지 올라 캠프를 설치하고 정찰 및 물자운반 임무를 맡았다. 2분대는 해발 6,900m부터 해발 7,776m까지 올라 캠프를 설치하고 물자를 운반하는 임무를 맡았다. 1분대는 2, 3분대가 캠프를 다 설치하고 물자운반 임무 및 루트 정찰을 마치면 기상조건이 좋은 날 정상까지 공격하는 임무를 맡았다.

시샤팡마 등반대는 국가 체육위원회의 지시대로 '정상 정복, 안전 보장, 자료 확보'를 기치로 등반길에 올랐다.

수년 전에 중국 초모룽마 원정대가 정상에 올랐음에도 불구하고 여러 이유로 사진 촬영을 하지 못해서 국제적으로 구설에 휘말린 바람에, 중국 등정 역사에 오점으로 남은 일이 있었다. 등반대는 초모룽마 등정 건을 반면교사로 삼아서 시샤팡마 등반 시 사진 촬영에 특히 신경을 썼다. 등반대는 사진담당 대원을 별도로 편성하여 등반 중인 모습을 수시로 촬영하기로 했다. 시샤팡마 동쪽 어귀에서 북측을 거쳐 정상에 오른 후에는 망원렌즈로 촬영하도록 했다. 또한 정상에 오른 모습을 사진에 담는 것은 물론이고, 대원들이 등반고도를 경신할 때마다 사진을 찍어 증거자료를 남기기로 했다.

중국 인민 해방군 총참모부와 국가 체육위원회는 11월 25일 등반 준비작업 회의를 열어 시샤팡마 등반에 힘을 보탰다. 이번 회의에서 등반 지도부를 설립했으며 티베트 군 부사령관 천밍이陳明義를 총지휘관으로 임명했다.

　　1964년 2월 초에 선발대 대원 10여 명이 시샤팡마 인근에 도착했다. 선발대는 그곳에서 티베트 지방 정부와 현지 거주민의 지원을 받아 베이스캠프까지 한 번에 갈 수 있는 약 80km에 달하는 간이 고속도로를 보수했다. 등반대는 이 덕분에 시샤팡마까지 순조롭고 편하게 이동할 수 있었다.

　　3월 5일과 7일에 시샤팡마 등반대 3, 4, 5분대 대원은 시샤팡마 근처에 이르러 베이스캠프를 설치했다. 이어서 2분대, 1분대 대원도 각각 4월 17일과 22일에 베이스캠프에 도착했다.

제3절

3선 부대, 2선 부대 및 1선 부대의 6차례 등반

스포츠영웅 등급 대원과 분대장 스징이 이끄는 3선 부대 대원 67명은 3월 18일부터 4월 7일까지 두 차례에 걸쳐 시샤팡마를 등반했다. 첫 번째 등반은 해발 6,300m까지, 두 번째 등반은 해발 6,900m까지였다. 3선 부대는 해발 5,300m, 5,800m, 6,300m, 6,900m 네 곳에 캠프를 설치했다. 이어서 캠프마다 약 6,000kg 분량의 필요 물자를 운반하는 임무를 완수하고 6,900m 이상 캠프에 옮길 필수품 약 1,000kg도 해발 6,900m 캠프에 모두 옮겨두는 등 정상에 오르기 위하여 차근차근 초석을 닦았다. 두 차례 등반에서 대원 92명이 해발 6,900m까지 올랐고 197명이 해발 6,300m까지 올랐다. 그러나 3선 부대가 오를 때는 날씨가 내내 좋지 않았다. 두 차례에 걸쳐 시행한 등반에서 3선 부대 전체 대원의 24%

에 해당하는 대원 16명이 고산병을 앓거나 동상에 걸려서 더는 등반할 수 없었다. 대원들은 등반 임무를 완수한 후 체력과 컨디션이 좋은 대원 20명을 선발하여 2선 부대와 함께 3차 등반에 참여하도록 했다.

2선 부대 대원 38명은 류롄만 부대장의 지휘에 따라 3월 25일부터 4월 25일까지 3차 등반에 나섰다. 옌둥량이 이끄는 정찰대도 후발대에 합류하여 함께 등반했다. 대원들은 1차 등반 시 해발 6,500m까지 올랐고, 2차 등반은 해발 7,200m까지, 3차 등반은 해발 7,776m까지 올랐다. 등반 세 차례 중에서 마지막 등반이 가장 난코스였다.

4월 14일에 기상팀은 향후 날씨 동향을 보고하며 이틀 후부터 등반하기 좋은 날씨가 이어진다고 예보했다. 등반대는 과거 등반경험을 토대로 안전을 최우선으로 고려할 때 이틀 후 날씨가 좋을 시기를 틈타서 정상에 오르는 것이 가장 안전하면서 성공률이 높다고 판단했다. 스포츠영웅 등급 옌둥량 대원이, 몸이 좋지 않아서 베이스캠프로 돌아간 류롄만을 대신하여 대원을 인솔하기로 했다. 옌둥량은 해발 5,800m 캠프에서 대기하는 2분대 대원과 함께 날이 좋아지기 전에 해발 6,900m 캠프까지 올라가야 했다. 대원들은 일단 날이 좋아지는 대로 곧장 각각 해발 7,500m와 해발 7,776m까지 올라 물자운반 및 캠프 설치작업을 완수하기로 했다. 그러나 공교롭게도 베이스캠프와 해발 5,600m 캠프 사이 무선 통신 연락이 가능한 시간이 이미 지났다. 쉬징 대장은 일단 발이 빠른 대원을 급히 파견하여 날이 어두워지기 전에 본부의 지시를 전달하도록 했다.

약 3분 후에 티베트 출신 대원 노르쌍델칭과 빠쌍걀뽀가 베이스캠프에서 해발 5,800m 캠프를 향해 출발했다. 두 대원은 단 네 시간 만에 해발 5,800m 캠프에 도착했다. 이들은 캠프에 도착한 후에 입을 열 힘조차 없을 정도로 체력을 크게 소진했다.

해발 5,800m 캠프에서 운반 임무를 직접 지도하던 등반대 부정치위원 왕펑퉁은 즉시 회의를 열었다. 왕펑퉁은 대원들에게 등반 지시사항을 전달하며 구체적인 등반계획을 세우기 시작했다. 한 시간 정도 후에 2분대 대원이 캠프를 떠났다. 1급 운동선수 왕홍바오가 선두에 서서 루트를 개척하기로 했다.

대원들은 북경시간 기준 밤 12시경 해발 6,300m까지 올라갔다. 그러나 미리 세워두었던 캠프가 강풍과 폭설의 타격을 받아서 흔적조차 찾을 수 없었다. 류다이, 후밍후, 왕전화는 캠프를 설치했던 지대를 샅샅이 뒤졌지만 아무것도 발견할 수 없었다. 그렇다고 바람을 피할 곳이 없고 영하 30도를 밑도는 엄동설한에서 비박을 하기는 너무 위험했다. 대원들은 할 수 없이 해발 5,800m 캠프로 다시 돌아갔다.

4월 16일, 2분대 대원은 하루 정도 쉰 후에 옌둥량의 지시에 따라 다시 해발 6,300m 캠프를 향해 출발했다. 마침 날이 밝았던 터라 눈 속에 파묻혔던 캠프의 흔적을 찾아냈다. 대원들은 약 두 시간에 걸쳐 캠프를 복원했다.

4월 17일, 2분대 대원은 아직 해가 뜨지 않은 이른 새벽에 해발 6,900m 캠프를 목표로 떠날 준비를 마쳤다. 대원들이 막 캠프를 나서려던 찰나에 베이스캠프에서 급한 연락이 왔다. 베이스캠프 측은 날씨가 갑자기 변했으니 출발하지 말고 캠프에서 대기하라고 지시했다. 2분대는 이에 따라 해발 6,300m 캠프에서 추후 지시가 있을 때까지 대기하기로 했다. 그러나 궂은 날씨는 나흘이나 이어졌다. 대원들은 캠프에서 나흘간 머무르며 폭풍과 폭설을 견뎌야 했다.

4월 20일 오전이 되어서야 날이 맑아졌다. 2분대 대원 40명은 즉시 캠프를 떠났다. 대원들은 캠프를 떠난 지 열두 시간이 지난 후에 해발 7,500m까지 올라 캠프를 세웠다.

4월 21일, 2분대 대원 중 30명을 선발하여 해발 7,500m 캠프에서 해발 7,700m까지 차례대로 오르도록 했다. 이 구간을 지나려면 반드시 대규모 빙설 붕괴지대와 끝없이 펼쳐진 가파른 빙설 언덕을 거쳐야 했다. 선두에 서서 루트를 개척하던 대원들은 교대로 빙벽에 스텝을 깎아가며 천천히 올랐다. 약 다섯 시간 정도 힘겨운 싸움을 한 끝에 드디어 해발 7,700m 황갈색 석탑 부근에 다다랐다. 옌둥량, 류다이, 왕전화, 왕훙바오, 허우성푸侯生福, 후밍후, 니마따스尼瑪扎西, 카소는 공격 캠프를 설치한 후에 그곳에 머무르기로 했다. 공격 캠프는 정상에서 약 312m 정도 떨어진 곳에 있었다. 나머지 대원 22명은 계획대로 다시 해발 7,500m 캠프로 돌아갔다. 이로써 2분대는 3차 등반 임무를 무사히 완수했다.

2분대는 총 세 차례 시행한 등반에서 해발 7,500m와 7,700m에 각각 캠프를 세우고 물자를 약 700kg가량 운반했다. 그리고 해발 7,700m 이하 지대를 정찰하고 등반 루트를 탐색했으며, 해발 7,700m 이상 루트도 탐색했다. 또한 해발 6,900-7,200m 구간, 해발 7,400-7,500m 구간 및 해발 7,500-7,700m 가파른 언덕 일대에 로프를 설치했다. 이번 등반에서 해발 7,700m까지 등반한 대원 수는 총 30명, 해발 7,500m까지 등반한 대원 수는 총 40명이며, 해발 6,900m까지 오른 대원 수는 총 96명에 이르렀다. 대원 중 18명은 고산병이나 동상 혹은 체력저하 등을 호소하며 중도 하차했다. 2분대가 등반할 때도 날씨가 대부분 궂었다.

1분대 대원은 총 13명이었다. 1분대 대원은 3월 18일부터 4월 2일까지 한 차례 현지적응 등반을 시행하여 해발 약 6,600m까지 올랐다. 이후 1분대는 베이스캠프에 머무르며 정상에 오를 기회를 노렸다.

1분대 대원은 두 차례에 걸친 현지적응 등반이 끝난 후 정상에 오를 계획이었다. 첫 번째 현지적응 등반 이후에 대원들의 체력 소모가 생각보다 컸지만, 고산적응에는 문제가 없었다. 이에 코치와 대원은 자연스럽게 2차 등반을 취소하는 쪽으로 마음이 기울었다. 1분대 대원은 앞으로 어떻게 할지 토론했다. 1분대 대원 13명 중 해발 8,000m 이상 오른 경험이 있는 대원은 9명이고 나머지 4명은 해발 7,500m 이상 오른 경험이 있다. 이들 모두 고산적응에 문제가 없었다. 첫 번째 등반에서 대원 모두 고산에 적응을 잘했을 뿐 아니라 산소도 충분히 확보했었다. 그러나 해발 6,900m에서 더 오르면 산소가 부족할 가능성이 있었다. 등반대는 처음에 계획했던 2차 현지적응 등반을 취소하자는 의견을 등반지휘부와 중국 체육위원회에 제출했다.

등반지휘부에서 답신이 왔다. 등반대가 제안한 새 계획에 원칙적으로 동의한다는 의견이었다. 그러나 국가 체육위원회는 예상보다 그다지 긍정적이지 않았다. 체육위원회는 아래와 같은 항목을 근거로 등반대에게 결정을 신중하게 내리라고 요구했다.

1. 등반대는 1분대가 고산 현지에 적응하는 데 문제가 없다고 예상했다. 그러나 어떻게 확신할 수 있는가? 지금까지 보고한 바에 의하면 류롄만, 마바오창, 장샹 등 대원은 예전에도 매우 높은 고도에 올랐고 적응하는 데 문제가 없었다. 그러나 이들은 이번 행군에서 해발 7,000m에 조금 못 미친 시점에 모두 약간의 고산병 증상을 보였다. 그러니 조금 더 고려해보아야 한다.

2. 고산에서는 체력과 적응력의 상관관계가 특히 중요하다. 만약 고산에서 비교적 잘 적응했다면 체력이 조금 떨어져도 등반하는 데 큰 문제가 없을 수 있다. 그러나 고산 적응이 순조롭지 않은 상황에서는 아무리 체력이 좋더라도 등반을 할 수 없다.

3. 산소는 반드시 확보해야 하는 가장 중요한 요소다. 초모룽마 등반 경험을 토대로 만약에 일어날 수 있는 사태에 대비해야 한다.

대원들은 위원회의 회신을 상세히 분석했다. 그리고 다음과 같은 내용을 근거로 국가 체육위원회와 지휘부에 2차 등반 계획 철회 건을 유지하겠다는 뜻을 피력했다.

1. 기상예보에 따르면 올해 우기가 예상보다 빨리 시작될 가능성이 크다고 한다. 이렇게 되면 기상조건이 좋을 시기가 줄어드니, 최대한 시간을 효율적으로 써서 이른 시일 안에 정상에 올라야 한다.

2. 1분대 대원은 첫 번째 적응등반 시 해발 6,600m까지 올랐으며 체력이나 컨디션 등에 문제가 없었다. 그러나 각 분대 대원이 1, 2차 등반을 할 때 날씨가 내내 좋지 않았다. 게다가 등반 루트도 꽤 길고 지형이 복잡해서 체력소모가 상당히 컸다.

3. 원안대로라면 2차 현지적응 등반 시 해발 7,200m까지 올라야 하는데, 이는 1차 등반과 고도차가 겨우 600m에 불과하다. 아무리 고산 적응 과정이라지만 고작 600m 정도를 더 오르기 위하여 엄청난 체력을 소모하기에는 득보다 실이 더 크다.

4. 중국 등반 역사 중에서도 특히 초모룽마 등정 경험으로 미루어보면, 대원의 체력은 다소 떨어졌지만 고산적응에 문제가 없었다. 심지어 한 번에 1,500m 정도를 올라도 충분히 적응했다. 예를 들어, 왕평통 대원은 초모룽마 3차 적응등반 시 해발 7,007m에서 해발 8,600m 까지 한 번에 약 1,500m가 넘는 높이를 단숨에 올랐다. 특히 해발 8,600m에서 산소통 없이 밤을 보낼 정도로 고산 적응력이 뛰어났다. 하지만 체력은 그만큼 따라주지 않았다. 이렇듯 수차례에 걸친 고산등반을 통해 등반대원의 뛰어난 고산 적응력을 검증했다. 이는 우리 중국 등반대의 강점이자 특징이다.

5. 적응등반 시 컨디션이 좋지 않은 대원도 있었다. 마바오창 대원은 간담성 복통[64]을 심하게 앓았을 가능성이 크다. 류롄만은 간 비대증 때문에 극심한 통증에 시달렸다. 이러한 이유로 마바오창과 류롄만 은 도중에 하산해야 했다. 장상 대원도 출발 전부터 앓던 감기가 심해진데다 체력이 견디지 못해 중간에 포기해야 했다. 그러나 세 대원 모두 고산 적응력은 상당히 좋았다.

6. 날씨가 급변하면 정상에 오르기 어려워 상황에 따라 2차 등반을 현지적응 등반으로 바꾸어 정상에 올라야 할 가능성을 배제할 수 없다.

4월 14일, 국가 체육위원회는 드디어 등반대의 의견에 동의한다고 회신했다.

제4절

시샤팡마 정상에 오르다

4월 25일 낮 12시, 1분대 대원 13명과 의사 2명 및 기자 3명이 베

이스캠프를 떠나 정상으로 향했다. 대원들은 사흘 동안 험난한 야
포캉샤로 빙하를 건너고 가파르고 미끄러운 빙탑 방어선을 통과
하며 해발 6,300m에 설치한 3캠프까지 올라갔다. 의사와 기자는
해발 5,800m에 머무르기로 했다. 기상예보에 따르면 5월 1일부
터 3일까지 날씨가 매우 좋다고 했다. 1분대 대원은 해발 6,900m
4캠프에서 다음 지시를 기다렸다.

4월 28일에 공격대 대원들이 해발 6,300m 3캠프를 떠나 매
우 빠른 속도로 이동해 삽시간에 해발 6,900m 빙설협곡까지 올랐
다. 대원들은 빙설언덕을 한 번 더 지나 빙설협곡 꼭대기에 있는 4
캠프까지 올라갔다. 그러나 미리 설치해둔 연노란색 캠프 천막은
물론이고 캠프 표식으로 세워둔 붉은 깃발도 흔적조차 보이지 않
았다. 강풍과 폭설에 캠프가 거의 매몰되었기 때문이다. 대원들은
두 시간도 넘게 쌓인 눈을 힘껏 치워서 파묻혀 있던 천막을 겨우
끄집어낸 후에 캠프를 다시 세웠다.

4월 29일에는 날씨가 급변하기 시작해 대원들은 해발
6,900m 캠프에서 온종일 머무르며 대기했다.

4월 30일 이른 새벽에 대원들은 해발 7,500m 캠프로 출발했
다. 시샤팡마 북동릉 암석지대를 지나자 경사각이 40도에 이르는
길고도 가파른 얼음언덕이 펼쳐졌다. 이미 단단하게 굳어버린 얼
음층에 눈이 매우 두껍게 쌓여서 한 걸음 옮길 때마다 상당히 신중
해야 했다. 등반대 부정치위원이자 공격대원으로 나섰던 왕푸저
우가 앞장서서 러셀하며 앞으로 나아갔다. 대원들은 약 7시간 50
분 만에 해발 7,500m 5캠프에 겨우 도착했다. 대원들은 캠프에서
두 시간도 넘게 눈을 치워 눈 속에 파묻혔던 캠프 천막을 끌어올렸

다. 대원들은 이날 5캠프에서 휴식을 취했다.

5월 1일에 대원들은 해발 7,700m 공격 캠프를 향해 계속 등반했다. 이 구간도 절대 만만하지 않았다. 그중에서도 경사각이 50도에 달하는 빙벽 구간이 가장 난코스였다. 1급 운동선수인 청뎬량이 앞장서서 이 구간을 개척하기로 했다. 북경시간 기준 낮 12시 30분경, 대원들은 모두 황갈색을 띤 거대한 탑 모양 암석 근처에 무사히 다다랐다. 암석 왼쪽 윗부분에는 눈 언덕이 이어졌는데, 자세히 보니 눈 사이로 연노란색을 띤 캠프 천막 자락이 드러났다. 시샤팡마 마지막 캠프인 공격 캠프였다. 이제 정상에 오를 순간이 얼마 남지 않았다.

북경시각 오후 5시에 베이스캠프로부터 날씨예보가 도착했다. 5월 2일부터 3일까지 날씨가 매우 좋다는 소식이었다. 쉬징 대장은 즉시 회의를 열어 향후 정상등정과 관련한 구체적인 계획과 방법을 의논했다.

대원들은 다음과 같이 방안을 고안했다.

1. 1분대 대원 13명을 두 제대로 나누고, 각 제대를 다시 두 팀으로 나눈다. 1제대는 7명, 2제대는 6명으로 구성한다. 1제대가 등정에 성공하면 2제대는 정상에 오르지 않아도 된다. 만약 1제대가 실패할 경우 2제대가 정상에 오르도록 한다.
2. 2, 3분대 대원 중 운반 대원을 포함한 28명을 선발해 3제대를 결성하여 1분대가 정상에 오르지 못할 때를 대비한다. 3제대는 5월 중순쯤 날씨가 좋을 때 다시 정상에 오르기로 한다.

대원 중 스포츠영웅 칭호를 받은 티베트 출신 뻬빠邊巴와 가끼춤베 대원은 체력을 너무 소진한데다 고산병 증세가 약간 있었다. 두 대원은 더 등반하지 않고 공격 캠프에 머무르기로 했다. 이러한 상황을 반영해서 제대 결성 방안을 다음과 같이 다시 세워야 했다.

공격대원 10명은 세 조로 나누어 오른다.

1조는 쉬징, 우쭝웨, 소남다끼, 청톈량 4명으로 구성한다.

2조는 장쥔옌, 미마따스, 다끼 3명으로 구성한다.

3조는 왕푸저우, 천싼, 윈덩 3명으로 구성한다.

1조는 루트 개척 임무를 담당하고 3조는 철수 업무까지 맡기로 했다. 또한 영상, 사진촬영 및 시찰하면서 수집한 자료, 하산 시 안전 문제와 캠프 철수 등과 관련한 사항도 의논하여 역할을 분담하고 일정을 구체적으로 짰다.

5월 2일 북경시간 기준 새벽 5시에 공격대 부대장 장쥔옌과 부정치위원장 왕푸저우는 베이스캠프와 무전 연락을 했다. 베이스캠프에서 공격대와 연락을 한 대원은 왕펑퉁이었다. 왕펑퉁은 기상예보 소식을 전달하며 이렇게 덧붙였다.

"모든 대원이 공격대의 활약을 기대하며 주시하고 있습니다. 우리도 함께할 것입니다. 거침없이 앞으로 나아가십시오. 동지들이여, 승리는 여러분의 것입니다!"

북경시간 기준 오전 6시경, 쉬징 대장은 대원들에게 정상으로 출발하라고 지시했다. 공격대원 10명은 영하 25도를 밑도는 엄동설한과 풍속 12m/s 강풍을 무릅쓰며 해발 8,027m 고지를 향하여 발걸음을 내디뎠다.

그러나 정상까지 이르는 길은 절대 만만치 않았다. 출발한 지 얼마 되지 않았을 때, 다끼 대원이 갑자기 "악!" 하고 외마디 비명을 질렀다. 대원들이 비명에 놀라서 소리가 난 쪽을 보았으나 이미

다끼 대원이 보이지 않는 상황이었다. 다끼 대원은 눈으로 덮였던 크레바스를 미처 발견하지 못해 상체부터 고꾸라진 채 크레바스에 빠져버렸던 것이었다. 대원 중 체격이 우람한 미마따스가 신속히 로프를 엮어서 다끼에게 던져서 잡아당기기 시작했다. 다끼는 사력을 다해 눈발을 헤치려고 발버둥을 쳤다.

"뒤쪽으로 올라오시오!"

다끼는 미마따스의 목소리를 듣고 정신이 번쩍 들어 그의 말대로 로프를 붙잡고 오르기 시작했다. 한바탕 쏟아지는 눈 사이를 한참 동안 헤집고 올라와서야 다행히 크레바스에서 벗어날 수 있었다.[65]

해발 7,800m 부근에 이르렀을 즈음, 동녘에서 빛줄기가 서서히 올라왔다. 등반대 대원이 있는 곳을 기준으로 왼쪽 상단 근처에 시샤팡마 정상이 조금씩 모습을 드러냈다. 대원들의 눈앞에는 경사도가 약 50도 정도인 얼음언덕이 나타났다. 단단하게 얼어붙은 얼음은 마치 거울처럼 반짝거렸다. 언덕 아래로는 수백 미터에 달하는 빙암절벽과 협곡이 이어졌다. 시샤팡마 정상에 이르려면 반드시 이 구간을 가로질러야 했다.

쉬징은 계속해서 앞으로 가자고 지시했다. 선두에 서서 길을 개척하던 우쭝웨는 가쁜 숨을 몰아쉬면서 아이스바일로 빙벽을 깎아 발을 디딜 곳을 만들며 한 걸음씩 계속 나아갔다. 빙벽을 깎을 때마다 반짝반짝 빛나는 얼음 조각이 주위에 마구 튀어 우쭝웨의 얼굴에 들러붙기도 했다. 우쭝웨는 발 디딜 곳을 하나하나 조심스럽게 깎았다. 자칫 부주의했다가는 곧장 아래로 추락할지도 모

65　저우주시周祖西, 『용맹한 10인의 등정기』, 《신체육》, 1964년 6호, p.9-12 참고.

를 만큼 매우 위험했다. 우쭝웨의 손끝을 스친 얼음 조각은 몇 십 미터 아래로 흔적조차 없이 떨어져 나갔다. 우쭝웨는 대원들의 격려 속에 무사히 작업을 마쳤다.

쉬징은 대원들의 안전을 최우선으로 고려하여 아이스바일로 얼음절벽을 탁탁 쳐가며 나일론 로프를 걸 수 있도록 아이스하켄을 박았다. 대원들은 각자 자신의 목숨이 달린 로프를 아이스하켄에 단단히 고정시켜 도마뱀붙이처럼 온몸을 벽에 비스듬히 기댄 채 빙벽에 바짝 붙어서 쓰리스텝기술로 오르기 시작했다. 피켈을 빙벽에 확실하게 박은 다음 두 다리를 각각 앞뒤로 옮겨가며 안전한 곳에 발을 디딘 후 다시 피켈로 한 걸음씩 더 나아가며 이동하는 방법이었다. 대원들은 이렇게 한 걸음 한 걸음 신중하게 조금씩 올랐다.[66]

쉬징과 장쥔옌 팀이 빙암절벽 일대를 지나자 왕푸저우가 이끄는 3조도 절벽을 건너기 시작했다. 스포츠영웅 등급 천싼과 1급 운동선수 윈덩이 대원들의 안전을 책임졌다. 수많은 대원이 우쭝웨가 빙벽에 깎아둔 작은 스텝을 딛고 앞으로 나아갔기 때문에 스텝 형태가 조금씩 변해 반질반질해졌다. 왕푸저우는 이곳에서 약 10m를 더 가다가 발끝에 힘을 너무 많이 준 나머지 그만 미끄러지고 말았다. 왕푸저우는 '쉭' 하는 소리와 동시에 균형을 잃고 얼음절벽 아래로 순식간에 미끄러졌다. 왕푸저우는 미끄러져 추락하는 그 순간에도 당황하지 않고 도와달라고 소리쳤다. 천싼과 윈덩은 즉시 아이스바일을 얼음층에 힘껏 내리꽂고는 사력을 다하여 고정 로프를 잡아가며 내려갔다. 곧이어 빙벽에 고정한 메인 로프

66   저우주시周祖西,『용맹한 10인의 등정기』《신체육》, 1964년 6호, p.9-12 참고.

를 아래로 늘어뜨렸다. 왕푸저우는 잽싸게 몸을 움직인 덕분에 약 20m 아래에서 추락을 멈추고 매달리게 되었다. 추락 거리는 20m 가 채 안 되었지만 왕푸저우를 구출하는 데 반시간도 넘게 걸렸다.

왕푸저우가 위기상황에서 벗어났을 때 해는 이미 중천에 떴다. 대원들은 거대한 얼음폭포 부근에 이르렀다. 높이가 백여 미터가 넘는 엄청난 빙설이 마치 거대한 병풍처럼 펼쳐졌다. 푸른빛이 감도는 얼음 사이에 어두컴컴한 균열이 기이한 모습으로 여기저기에서 입을 쩍 벌리고 있었다. 여기에 얇지만 견고한 얼음층이 경사면의 영향을 받아서 형태가 바뀌어 수많은 크레바스를 형성했다. 이 때문에 지형이 더욱 복잡하여 통과하기가 쉽지 않아 보였다. 그러나 자세히 살펴보니, 얼음폭포 중간쯤에 대원들이 지나갈 수 있음 직한 길이 어슴푸레하게 보였다. 쉬징, 장쥔옌, 왕푸저우는 향후 대책을 의논했다. 만약 폭포 중간 지점을 통과해서 가면 위험할 수도 있겠지만, 신속히 움직이기만 한다면 위험 부담이 큰 폭으로 줄어든다는 데 의견이 일치했다. 반면 루트를 바꾸어 오른다면 정상까지 거리가 너무 길어질뿐더러, 폭포를 가로지르는 것보다 더 안전하다고 장담할 수도 없었다. 결국, 대원들은 폭포 중간 지점을 신속하게 가로질러 이곳을 지나기로 했다.

대원들은 곧이어 경사가 45도 정도인 아치형 설사면을 지나야 했다. 설사면을 지나 왼쪽 상단 눈 덮인 산등성이를 연이어 지났다. 시샤팡마 정상까지 불과 10m 정도밖에 남지 않은 시점이지만 체력소모가 너무 커서 잠시 휴식을 취하기로 했다.

얼마 후 대원들은 짧은 휴식을 뒤로 하고 계속 길을 떠났다. 버섯 모양의 눈 차양을 빙 둘러가며 계속 올랐다. 그러다가 5월 2

일 북경시간 기준 오전 10시 20분경 시샤팡마 정상에 발을 디뎠다. 드디어 높고 뾰족하고도 험준한 시샤팡마 정상에 최초로 오른 것이다.

쉬징 대장은 즉시 무전기를 들어 베이스캠프에 승전보를 알렸다.

"우리 등반대 대원 쉬징, 장쥔옌, 왕푸저우, 우쭝웨, 천싼, 소남다끼, 청톈량, 미마따스, 다끼, 윈덩 총 10명이 시샤팡마 정상에 올랐습니다!"

티베트 출신 대원 소남다끼索南多吉는 배낭에서 오성홍기와 마오쩌둥毛澤東 조각상을 꺼냈다. 쉬징은 달력을 꺼내 5월 2일자 달력을 찢어서 뒷면에 연필로 '1964년 5월 2일, 중국 등반대 쉬징 등 10명이 시샤팡마 정상에 오르다.'라고 썼다. 정상은 온통 빙설로 뒤덮여 있어 이 승리의 소식을 놓아둘 만한 마땅한 바위 같은 것이 보이지 않았다. 미마따스는 피켈로 정상에 작은 구덩이를 파서 마오쩌둥 조각상과 중국 국기, 그리고 대원들의 서명 등을 두었다.

대원들은 시샤팡마 정상의 모습과 대원들의 활약을 사진에 담기로 했다. 우쭝웨는 왕푸저우와 청톈량의 도움을 받아 위험을 무릅쓰고 비좁은 빙암절벽 위에 올라가서 이 역사적인 순간을 사진기에 담았다. 뒤이어 장쥔옌, 천싼, 청톈량, 윈덩도 차례대로 돌아가며 135mm 필름 사진기로 촬영했다.

대원들은 정상에서 40분간 머무르며 휴식을 취한 후에 북경시간 기준 11시에 하산했다. 하산 전에 과학조사팀이 당부한 대로 해발 8,000m 이상 지대의 빙설 표본을 채취했다. 이 작업은 티베트 출신 원덩 대원이 맡았다.

12시 30분경, 대원들은 해발 7,700m 캠프까지 내려와서 캠프에서 대기하고 있던 티베트 대원 3명과 함께 해발 6,900m까지 내려왔다.

5월 4일, 공격대원 13명 모두 베이스캠프에 돌아왔다.

공격대가 정상에 오를 때에 2분대와 3분대는 의료팀과 함께 지원팀을 조직하여 해발 6,900m와 5,800m 캠프에서 지원 업무를 맡았다.

대원들은 5월 2일부터 5일까지 사흘 동안 캠프를 철수했다. 2분대 대원 25명은 해발 6,300m에서 6,900m까지, 3분대 대원 25명은 해발 5,800m 캠프를 철수해 수천 톤에 이르는 짐을 베이스캠프까지 옮겼다.

대원들은 5월 7일에서 8일까지 이틀에 걸쳐서 차례로 베이스캠프를 떠났다. 5월 10일경 르카쩌에 이르렀고, 12일에는 라싸에 도착했다.

5월 24일, 북경 및 티베트 등산캠프 출신 대원 등 70여 명이 티베트를 떠나 북경에 도착했다.

제5절

성과와 국내외 반응

중국 시샤팡마 등반대는 정상까지 비교적 수월하게 올라서 각종 자료를 수집하며 임무를 완수했다. 등반 과정에서 대원 10명이 정상에 올랐고 43명이 해발 7,776m까지 오르는 등 전체 대원 중 총 53명이 해발 7,500m보다 더 높은 고도까지 올랐다. 해발 8,000m가 넘는 산을 10명이 동시에 오른 일은 중국은 물론이고 해외에도 전례가 없었다. 이외에도 이번 등반에서 촬영한 영상필름 길이만 해도 7만여 미터에 이르렀고, 사진도 많이 찍어서 향후 등반활동에 귀중한 자료를 남겼다. 또한 목숨을 잃은 대원도 없고 동상 환자도 비교적 적었다. 1957년부터 시작한 등반활동을 통틀어 수월한 등반이었다고 할 수 있다.

중국 시샤팡마 등반대는 라싸에서 시샤팡마 등반활동을 간략히 정리하고 비교 및 평가하는 자리를 가졌다. 북경으로 돌아온 후에도 전면적인 총결산 보고를 했다.

등반대가 시샤팡마 정상을 정복한 소식이 알려지자 신화사를 비롯한 중국의 주요 언론매체가 이 소식을 일제히 보도했다. 귀차오런이 저술한 《시샤팡마 정복기》는 중국 내 수많은 간행물에 소개되었다.

시샤팡마 등반대는 6월 4일에 대중의 뜨거운 환영을 받으며 북경으로 돌아왔다. 6월 6일에는 대원 모두 북경호텔에서 열린 국무원 부총리와 중국 체육위원회 주임 허룽 주재 연회에 참석했다. 6월 8일에는 북경 인민대회당에서 각계 인사들이 모인 환영회가 열려 만 명이 넘는 참가자가 모여서 대원들에게 찬사를 보냈다. 당시 북경시 부시장이었던 완리는 중국 등반대가 시샤팡마 정상에 올라서 중국 등산운동 역사에 한 획을 긋는 빛나는 업적을 남겼을 뿐 아니라 세계 등산운동의 발전에 지대한 공헌을 했다고 칭송했다.

중국뿐 아니라 세계 각국에서도 시샤팡마 등정 소식에 큰 관심을 보였다. 영국《타임스》는 중국 등반대가 촬영한 시샤팡마 정상 사진을 반면이 넘도록 크게 실었다.《가디언》에서도 중국 등반대가 시샤팡마를 등정하며 촬영한 사진을 더 공개한다면 세계적으로 더욱 칭송받을 것이라고 했다. 일본의 주요 일간지에서도 6월 3일과 4일 이틀에 걸쳐 중국 등반대의 시샤팡마 등정 소식을 주요 뉴스로 다루었다. 당시 일본 등산연맹 이사 다카하시 테루는《요미우리신문》에서 '같은 길을 걷는 동지로서 중국의 이번 등정 성공 소식에 진심으로 축하하는 마음을 표한다.'라며 경하했다.《마이니치신문》은 중국 등반대의 등정 소식은 마땅히 칭송할 일이며, 시샤팡마는 일본 등반대가 진작부터 오르고 싶어 했던 산이라고 소개했다.《일본체육신문》에서도 시샤팡마는 세계 등산계에서 진작부터 눈독을 들이던 곳이라고 언급하며, 중국 등반대가 시샤팡마 등정에 성공하여 세계 등산계에 실력과 위력을 보여주었다고 평가했다.

제 4 편

중국 현대 등산의 회복기

1967~
1978년

제11장

초모룽마에 다시 오르다

—

1966년에 문화대혁명이 일어나면서 중국 등산계는 다른 체육 분야와 마찬가지로 정체기에 빠졌다. 등산조직기구가 해체되었고, 우수한 등반가와 코치가 대거 투쟁에 가담하거나 일선에서 물러나는 등 각지로 뿔뿔이 흩어졌다.

1972년 10월이 되어서야 중국 국가 체육위원회는 등반대를 다시 조직해서 고사 직전인 중국 현대 등산계를 부흥시키고자 노력했다. 이후 1975년 5월 27일에 중국 등반대는 북릉을 거쳐 초모룽마 정상에 다시 오르는 데 성공하며 세계 신기록을 다시 세웠다.

제1절

1967년, 등반 사전 준비작업

1964년 6월, 중국 국무원 부총리이자 국가 체육위원회 주임인 허룽은 국가 체육위원회에 3년 안에 초모룽마 북벽을 통해 정상에 오른 후 남벽으로 하산하라고 지시했다. 국가 체육위원회는 이에 따라 1967년에 초모룽마에 오르기로 계획했다. 1963년에 미국 등반대 6명이 조를 3개로 나누어 초모룽마 정상에 올랐는데, 그중 한 조는 서릉을 타고 올랐다가 남쪽으로 하산해 히말라야산맥을 넘었다. 중국 체육위원회는 등반대원을 북릉과 남릉에 나누어 배치한 후, 한 조는 북릉을 타고 올라 남릉으로 하산하고 나머지 한 조는 남릉을 타고 올라 북릉으로 하산하도록 계획을 세웠다. 등정 루트와 난이도 면에서 미국이 세운 기록을 넘어 또다시 세계 기록을 세우기 위해서였다. 또한 적어도 12명이 동시에 정상에 오르도록 하여 미국보다 두 배는 많은 대원이 정상에 오르기로 계획했다. 이외에도 예전에 등반대가 한밤중에 초모룽마를 등정하는 바람에 증거자료를 남기지 못했던 일을 반면교사 삼아서 등정 증거사진과 영상을 촬영하고, 연구조사에 쓰일 자료를 수집하며, 언제 발생할지 모를 사고에 늘 대비하는 등 세 가지 목표를 제시했다. 등정뿐 아니라 루트정찰, 대원훈련, 준비작업 등 다방면에 걸쳐서 구체적으로 계획을 세웠다. 중국 등반대는 해발 8,000m가 넘는 고산에 두 차례나 오른 경험이 있으니 준비를 탄탄히 하면 1960년 초모룽마 등정 당시 아쉬웠던 점을 충분히 만회할 수 있다고 믿었다. 초모룽마 남릉은 북릉만큼 어려운 코스는 아니며 지형 등 각종 관련자료가 비교적 풍부해 이전보다 훨씬 유리했다.

그러나 새로 선발한 대원 수가 다소 많아서 등반훈련 계획을 처음부터 다시 세워야 했다. 게다가 남릉과 북릉에서 각각 동시에 출발하는 것은 세계에서 가장 높은 산 두 좌를 동시에 등반하는 일이나 마찬가지다. 중국 등반대는 아직 이렇게 규모가 큰 등반은 해본 경험이 없으므로 특히 노력을 기울여야 했다.

1965년 4월 6일, 중국 공산당 중앙 직속 티베트 공작위원회에서 초모룽마 등반대 지휘부를 세웠다. 티베트 군부 부사령관 천밍이가 등반 지휘부장을 맡았다.

중국 등반대는 초모룽마 등반에 필요한 공신력 있는 자료를 얻기 위하여 봄과 가을에 정찰대를 각각 북릉, 서남능선, 북동능선 등에 파견하여 다방면에 걸쳐 지형을 조사했다. 정찰대는 임무를 마치고 등반지휘부에 조사 결과를 보고하면서 세 가지 등반 방안을 제시했다. 첫 번째는 동서남북 네 루트를 따라 초모룽마 정상에 오르는 방법, 두 번째는 동북서 세 루트를 따라 오르는 방법, 그리고 세 번째는 북동 또는 북서 루트를 따라 오르는 방법이었다. 어떤 루트를 택할 것인지 지휘부 내에서 저마다 의견이 분분했다. 어떤 이는 첫 번째 방안대로 네 루트 모두 동시에 올라야 중국 등반대가 세계 등산계에 입지를 확고하게 굳힐 수 있다고 주장했다. 사방에서 동시에 올라 정상에서 만나야 진정한 세계 최고로서 입지를 굳힐 수 있지 않겠냐는 의견이었다. 남쪽과 북쪽을 동시에 진력하여 중국 등반대의 저력을 보여주자는 의견도 있었다.

중국 등반대는 1966년 초에 제정한 《1967년 초모룽마 등반 계획(안)》에 따라 1967년에는 규모에 맞게 실력을 두루 갖춘 등반대를 조직하여 세계 등산계의 선두에 서겠다고 포부를 밝혔다. 미국, 인도, 영국, 스위스 등 각국에서 정상에 오른 총 대원 수보다 더 많은 22명이 정상에 오르도록 하여 기념사진과 영상을 촬영하겠다는 구체적인 계획도 담았다. 또한 《등반 계획(안)》에는 1965년에 봄과 가을 두 차례에 걸쳐 정찰한 결과를 토대로 하여 초모룽마 북서능선과 북동능선 루트는 지형 특성상 등반하기가 상당히 까다롭다고 했다. 이에 따라 등정 가능성을 높이기 위해 북릉을 따라 정상에 오르기로 했다. 1966년 3월부터 6월 사이에 티베트에서 신체훈련과 빙설기술 훈련을 받는 대원 중 400명을 선발하여 초모룽마에 가서 전지훈련을 시행하는 방안도 구체적으로 세웠다.

1966년 봄에 초모룽마 현지에서 훈련한 3제대와 4제대 훈련생 32명은 해발 8,100m까지 올랐다. 그리고 전체 훈련생 중 노스콜을 지나 해발 7,000m보다 높이 오른 인원수도 총 310명에 달했다. 등반에만 그친 것이 아니라 고도마다 캠프를 세워서 필수물자를 조금씩 비축해두었다. 그러나 네 번째 현지적응 등반에서 마가오수馬高樹 대원이 예기치 못한 사고로 추락하여 숨지고 말았다.

1965년 8월에 티베트에서 중국 초모룽마 등반대를 결성했다. 1966년 11월에는《1967년 초모룽마 등반 계획》을 수립했다. 등반대는 이번 계획에서 등반대원 수와 관련하여 세 가지 방안을 제시했다. 첫 번째는 적어도 22명이 초모룽마 정상에 올라 1953년에서 1965년 사이 미국, 영국, 인도, 스위스 등 각국 등반대 중 정상에 오른 대원 수를 모두 합한 것보다 더 많은 대원이 한꺼번에 정상에 오르자는 내용이었다. 당시까지만 해도 미국은 6명, 영국 2명, 인도 9명, 스위스 4명으로 총 21명이 초모룽마 정상을 밟았다. 두 번째는 초모룽마 정상에 오른 미국과 인도 출신 대원을 모두 합한 것보다 많은 16명이 정상에 오르도록 하자는 것이었다. 그리고 마지막으로 최소한 10명이 정상에 오르도록 하되, 가능하면 16명에서 22명이 정상에 오르도록 하자는 내용이었다.

1967년 1월에 중국 등반대는《초모룽마 등반 관련 구체적인 행동 계획》을 수립하여 등반대 결성 및 지휘와 등반일정, 물자조 달 등 항목별 세부 부서를 조직했다.

중국 등반대가 2년에 걸쳐 준비한 초모룽마 등반활동을 막 실 행에 옮기려고 할 때 문화대혁명 시기와 맞물려 정세가 어지러워 서 결국 실행에 옮기지 못한 채 중단하고 말았다.

당시 국가 체육위원회는 과학원과 협력하여 등반과 동시에 대 규모 과학 연구조사를 진행했다. 중국 과학원은 1966년 봄에 연구 원 150명을 모아 종합 과학조사팀을 조직하여, 현지에서 훈련하 던 등반대 대원과 함께 초모룽마에 올라 지구물리, 자연지리, 빙하 기상, 고산생리, 측량 등 다섯 가지 전문 분야에 걸쳐 과학조사를 진행하여 적잖은 성과를 얻었다.

제2절

1972년, 초모룽마 등반 준비를 다시 시작하다

중국은 등반대를 다시 결성하면서 초모룽마 등반에 대비한 준비 작업도 다시 시작했다.

등반계획 준비팀은 1972년 말 국가 체육위원회 당 핵심 지도 부에 초모룽마 등반계획을 다시 세우자는 의견을 제시했다. 1973 년 6월에는 등산 사격 사무실에서도 지도부에 향후 2년에서 3년 안에 본격적으로 등반을 시작하자는 보고서를 올렸다. 보고서는 사실상 초모룽마에 다시 오르자는 의견을 골자로 했다. 중국이 초 모룽마에 다시 오르려고 하는 이유는 크게 두 가지로 나눌 수 있다.

1. 중국 등반대가 1960년에 초모룽마 정상에 오른 후에 미국1963년과 인도1965년 및 일본1970년 등 다른 나라 등반대도 연이어 남룽을 거쳐 등정에 성공했다. 특히 인도는 9명이 동시에 정상에 올라서 동시 등정 부문 세계 신기록을 세웠다. 일본도 여성 대원 한 명이 남룽에서 해발 7,985m까지 오르며, 중국 여성 대원이 세운 등정기록인 해발 7,595m를 넘어 세계 신기록을 세웠다. 1970년대 이후 세계 각국 등반대가 초모룽마로 모이면서 고산등정 열풍이 일어났다. 이러한 등반 경쟁 구도 속에서 중국 등반대도 세계정세의 영향을 받아 다시금 최고의 위치에 우뚝 서고자 하는 열망이 나날이 커졌다. 이를 반영하여 보고서에서도 '문화대혁명이 발발하기 전 중국 등산은 국내외의 영향을 받았다. 각국 등반가가 히말라야산맥에서 점점 활발하게 활동하는 추세다. 초모룽마 북룽은 우리나라 국경에 있으니, 이 점을 충분히 활용하여 우리나라 등반 수준을 반드시 높여야 한다.'라는 내용을 포함했다.

2. 중국이 등반활동을 시작한 지 얼마 안 되었을 때부터 활발하게 활동하던 시기에 훈련을 받고 활약한 대원들은 평균 연령대가 이미 38세에 이르렀다. 중국 등반대는 정황상 약 10여 년간 등반활동을 하지 않았고, 신규 등반대원 양성도 그만큼 휴지기가 생겼다. 신규 대원을 육성하지 못하여 기존 대원과 신규 대원 사이에 인력 공백기가 생기는 일을 방지해야 한다. 그러므로 중국 등반대는 초모룽마에 오를 때 쌓아둔 수많은 경험을 토대로 등반 루트를 잘 아는 기존 대원이 젊은 신규 대원을 이끌고 등반하도록 하여 중국 등산계의 명맥이 끊어지지 않도록 한다.

중국 등반대는 이와 같은 항목을 초모룽마 등정의 주요 임무로 삼기로 했다.

1. 여성 대원 1-2명이 해발 8,100m보다 높은 곳에 오르도록 하여 일본 여성 등반대가 종전에 세운 해발 7,985m 등반기록을 경신한다.

2. 인도 등반대는 남릉에서 정상으로 올라 총 10명이 등정에 성공했다. 이 기록보다 더 많은 인원이 정상을 밟도록 한다.

3. 중국 등반대의 선전 효과를 극대화해서 정치 영향력을 높이기 위해 등반 과정을 담은 영상물을 세 편 정도 촬영하도록 한다. 초모룽마 정상과 정상에 오른 대원들의 모습을 모두 사진기에 담아 영상으로 제작한다. 또한 대자연의 경관을 주제로 한 애국주의 교육 영상과 초모룽마 형성 과정을 주제로 하는 과학교육 영상도 제작한다.

4. 중국 과학원이 이루고자 하는 중점 연구 항목에 협조해야 한다. 초모룽마 등반대는 1967년에 중화인민공화국 해방군 티베트 군구 소속 부대 대원 중 200여 명을 선발하여 초모룽마 등반에 대비하는 집중훈련을 시행했다. 또한 1973년 등반대원 훈련교실에서 선발한 50여 명을 기준으로 나머지 대원을 다시 선발하여 팀을 구성했다. 그중 백여 명을 기초대원으로 선발하고 나머지는 2선 부대에 배치했다.

이러한 초안에 따라 다음과 같이 계획을 세웠다. 1975년 봄쯤 전 대원이 초모룽마 북릉에 올라 훈련한다. 또한 해발 8,100m까지 오른 후에 조를 재편성하고, 고산등반에 필요한 장비를 시험하고 필수물자를 캠프에 비축한다. 등반 경험이 많은 대원을 중심으로 해발 8,000m 이상 지대에서 첫 루트 정찰을 시행한다. 1975년 하반기에 전 대원이 내륙으로 돌아와 잠깐 재정비하며 강도 높은 훈련을 동시에 진행한다. 또한 정상등정과 관련하여 총체적인 계획을 세우고 연말쯤에 등반 관련 준비작업을 모두 마무리한다. 그리고 1976년 2월에 초모룽마에 진입하고 5월에 정상에 오르도록 한다.

그러나 이러한 계획은 너무 무모하리만큼 도전적이었다는 평가를 받았다. 통상 초모룽마 같은 아주 높은 산에 오를 때는 적어도 3년 정도 기간을 가지고 차근차근 준비하기 때문이다. 그러나 중국은 세계 등산계의 발전 흐름에 상당히 압박을 받았다. 통계에 따르면, 1964년 한 해만 해도 중국과 네팔이 맞닿은 남서쪽, 파키스탄과 인접한 서부, 몽골·소련과 인접한 북서쪽의 히말라야산맥과 알타이산지에서 전 세계 60개가 넘는 나라에서 온 등반대가 등반활동을 펼쳤다. 초모룽마는 전 세계 어디에서든 가장 주목받는 등정 대상이었다. 심지어 서양의 한 일간지에서는 '초모룽마는 이미 세계 여러 나라 등반가에게 겹겹이 포위당했다.'라고 표현하기도 했다. 네팔 정부는 1974년부터 1980년까지 초모룽마 남릉 입산 허가증은 이미 발급이 끝났으니 초모룽마에 오르려면 1980년 이후에 다시 허가증을 신청해야 한다고 발표했다. 중국 등반대는 이러한 흐름을 인식하여 국가 체육위원회에 예전에 계획했던 초모룽마 재등정 계획을 1976년에서 1년 앞당겨 1975년에 완수할 수 있도록 요청했다. 체육위원회는 즉시 허가했다.

중국 등반대는 남녀 혼성 초모룽마 등반대를 정식으로 결성했다. 스잔춘이 대장을 맡았고 왕푸저우가 정치위원을 맡았다. 쉬징, 장쥔옌, 천룽창, 미마따스, 판톡이 부대장을 맡았고, 덩자산, 우쫑웨, 가주뺏夂가 부정치위원을 맡았다. 1975년 1월 20일에서 2월 13일에 걸쳐 여성 대원 38명을 포함한 등반대원 125명과 측량팀 대원 74명, 과학연구 대원 30명, 작업담당 대원 70명으로 구성한 등반대 대원 299명은 세 팀으로 나누어 각각 북경을 떠나 티베트로 향했다. 대원들은 2월 중순이 지나서 차례대로 라싸에 도착했고, 3월 1일부터 시작하여 13일쯤에 초모룽마 융포사에 베이스캠프 설치작업을 끝냈다. 티베트자치구는 해방군 80명과 인부 55명을 별도로 파견하여 등반대 호위와 물자운반 임무를 맡도록 했다. 이로써 전체 등반대 대원 수는 총 434명이 되었다. 대원들의 출신도 매우 다양해 한족, 티베트족, 회족, 몽골족, 조선족, 만주족, 토족, 어원커족 등 8개 민족이 모였다.

　구체적인 등반일정은 다음과 같다.

1. 3월 18일-27일: 해발 6,500m까지 1차 등반을 시행한다. 해발 5,500m, 6,000m, 6,500m에 올라 고지마다 1, 2, 3캠프를 세운다. 루트 구축팀은 해발 7,007m 노스콜까지 오른다.

2. 4월 3일-10일: 해발 7,600m까지 2차 등반을 시행한다. 해발 7,007m, 7,600m에 각각 4, 5캠프를 세운다. 또한 별도로 팀을 편성하여 해발 8,100m까지 오른 후, 1966년에 남겨두었던 산소통이 유효한지 검사하도록 한다.

3. 4월 하순에서 5월 상순경: 정상까지 1차 등정을 시도한다.

4. 5월 중순에서 하순경: 2차 등정을 시도한다.

제3절

1975년, 네 차례 고산등반

중국 남녀 혼성 등반대는 3월 18일부터 24일까지 첫 등반을 실시했다. 총 7일 동안 실시한 등반에 참가한 대원은 모두 133명이었고, 여성 대원은 34명이었다.

　등반대 부대장 쉬징과 부정치위원장 덩자산이 이끄는 정찰대는 등반대원보다 먼저 출발하여 해발 6,600m에서 7,007m 노스콜까지 루트 탐색과 루트 정비 임무를 수행했다. 노스콜 지대는

1960년 이후 상당히 많이 변했다. 정찰 결과, 15년 전보다 언덕 경사가 더 가팔라졌고 크레바스도 많이 생겼다. 전에 없던 빙설 사태 흔적도 곳곳에 보였다. 해발 6,800m 일대에는 굴러 떨어진 지 얼마 되지 않은 듯한 거대한 얼음덩어리가 곳곳에 쌓여서 지난 등반 시 통과했던 얼음골목이 더는 보이지 않았다.

얼음골목뿐 아니라 처음 초모룽마에 올랐을 때 탐색해두었던 안전한 길을 다시 찾기가 거의 불가능해 보였다. 정찰대는 루트를 다시 탐색해야 했다. 온종일 아이스바일을 35번이나 쓰고 로프를 25번이나 묶어가며 안내 표식을 열 곳 정도 세워두었다. 또한 금속 사다리를 다섯 개 정도 설치하고 스텝을 수백 개나 깎아내는 등, 노스콜까지 첫 등반 시 안전하고 무사히 통과할 수 있도록 길을 닦아놓았다.

작업 인부 10명과 해방군 출신 군인 8명으로 구성한 수송대는 해발 6,000m와 6,500m 캠프까지 물자운반 임무를 완수했다. 또한 임무를 원활하게 수행하기 위해 해발 6,500m까지 통신망을 구축했다.

대원 107명은 엿새 동안 해발 6,500m보다 높은 곳까지 등반했다. 대원 중 해발 7,007m 노스콜까지 오른 대원은 남성 대원 30명과 여성 대원 5명으로 총 35명이고, 해발 6,900m까지 오른 대원은 남성 대원 16명이며, 해발 6,500m까지 오른 대원은 남성 대원 36명과 여성 대원 20명이었다. 대원들은 첫 등반에서 노스콜이라는 천연 요새까지 오르며 물자운반 임무를 완수했고, 고산 적응력도 한층 좋아져서 기존에 세운 목표를 순조롭게 달성했다.

일기예보에 따르면 4월 9일부터 12일까지 날씨가 좋다고 했다. 이에 따라 2차 등반에서 운반 업무를 맡은 1제대 대원 90여 명은 3월 30일부터 팀을 나누어 차례대로 베이스캠프를 떠났다. 해발 6,000m에서 6,500m 캠프 구간 운반을 맡은 대원들은 이곳을 네 차례나 오르내렸다. 해발 6,500m에서 7,007m까지 운반 임무를 맡은 대원들은 노스콜을 다섯 차례나 오르며 약 1,000kg에 이르는 물자를 운반했다. 나머지 수송대 대원도 모두 계획대로 임무를 수행했다.

2제대는 2차 등반을 앞두고 4월 5일과 6일 이틀에 걸쳐 팀을 둘로 나누어 베이스캠프를 떠났다. 4월 8일에 첫 번째 팀 대원 53명은 해발 7,007m 노스콜 4캠프에 도착했고, 두 번째 팀 40명은 해발 6,500m에 세운 제2의 베이스캠프인 3캠프에 도착했다. 이후 날씨가 좋다고 예상한 9일부터 12일에 해발 7,600m와 8,200m까지 각각 등반하는 임무를 완수하기 위해 준비했다.

그러나 예상치 못한 일이 발생했다. 기상예보와 달리 9일 새벽부터 큰 눈이 오기 시작했다.

4월 10일에는 해발 6,200m에서 상층풍이 풍속 32m/s 정도로 매우 강하게 불었다. 11일에도 해발 7,007m에서 풍속 30m/s, 해발 8,000m에서 풍속 36m/s를 넘는 강한 상층풍이 불었다. 12일에도 상층풍은 여전히 어마어마했다. 2제대 두 팀은 제트기류의 맹공을 무릅쓰고 각각 해발 6,500m와 7,007m에서 나흘 밤낮을 견뎠다. 노스콜에서 머무르던 여성 대원 9명 중 단 한 명도 등반을 포기하지 않았다.

4월 12일에 베이스캠프에서 연락이 왔다. 베이스캠프는 대원들에게 예보에 따르면 이틀에서 사흘 안에 날씨가 좋아지긴 어려우니 전원 베이스캠프로 철수하라고 지시했다. 날씨 때문에 대원들이 캠프에 머무를 시간이 더 길어질 가능성이 큰데, 대원들의 체력소모가 너무 커질 것을 우려하여 이와 같은 결정을 내린 것이다.

1제대와 2제대는 2차 등반을 앞두고 4월 13일에 모두 베이스캠프로 무사히 돌아왔다. 기상 악화로 계획을 모두 이행하진 못했지만 해발 7,000m가 넘는 고산에 순조롭게 적응했다는 점에서 소정의 성과를 얻었다. 또한 지형 측량 임무를 맡았던 대원 6명은 노스콜에서 중력 측량[67]을 실시하여 중국 지도제작 역사상 가장 해발고도가 높은 지역에서 지도를 제작했다.

4월 15일 일기예보에 의하면 4월 17일부터 19일 사이에 날씨가 좋을 예정이며 20일에서 25일까지 좋은 날씨가 이어질 수도 있다고 했다. 또한 4월 하순쯤에는 기상조건이 좋은 날이 꽤 오래 이어질 전망이라고 덧붙였다. 이에 베이스캠프 지휘부는 제대를 세 팀으로 나누어 정상에 오르기로 계획했다.

우선 1제대는 47명으로 구성하여 4월 17일에 출발하고, 출발 당일 해발 6,000m까지 올라 2차 등반 임무를 마저 달성하도록 계획했다. 1제대의 목적이 단순히 등반에 그치는 것이 아니므로 해발 5,500m보다 더 높은 곳으로 목표를 잡았다. 1제대는 이후 2제대와 함께 이동하기로 했다.

2제대는 여성 대원 6명을 포함하여 26명으로 구성하고, 4월 18일에 출발하여 정상에 오르도록 했다. 그리고 기상조건상 큰 이변이 없는 한 25일 전후에 정상에 오르기로 계획했다.

---

67 지하 암석의 밀도 차에 의한 지구중력장의 변화를 측정하고, 측정 결과로부터 지하의 밀도 분포와 구조 등을 파악하는 방법 [역주]

3제대는 여성 대원 5명을 포함하여 25명으로 구성했다. 베이스캠프에서 별도 지시가 있을 때까지 대기하며 2제대 지원 업무를 맡거나 5월 중순쯤 날씨가 좋다면 정상에 오르기로 했다.

4월 17일부터 첫 등정시도 겸 3차 등반을 시작했다. 대원들은 등반 효율을 높이기 위해 날씨가 좋지 않을 때 해발고도가 낮은 곳을 등반하다가 4월 20일쯤 날씨가 좋아지면 해발 8,100m까지 오르려고 했다. 그러나 하늘이 좀처럼 허락하지 않았다. 일기예보를 보니 4월 25일 전에는 날씨가 계속 궂다가 4월 말에서 5월 초쯤이 되어야 좋아진다고 했다. 대원들은 또다시 등정 시도를 포기하고 베이스캠프로 철수할 수밖에 없었다.

초모룽마 등반대는 4월 말쯤 날씨가 좋아진다는 예보에 따라 4월 24일에 2차 등정에 나섰다. 여성 대원 12명을 포함한 등반대 대원 59명은 두 제대로 나누어서 각각 4월 24일과 26일에 베이스캠프를 떠났다. 이후 대원들은 두 차례에 걸쳐 정상에 오르려고 시도했다.

등반대 부정치위원장 우쯍웨가 첫 정상 공격을 앞장서서 지휘했다.

등반대는 노스콜을 거침없이 지나서 해발 7,450m 근처에 있는 거대한 바람목에 다다랐다. 이 바람목은 노스콜과 세컨드스텝과 함께 3대 난관 중 하나로 불렸다. 이곳을 기준으로 남면에는 정상이 있고 북면에는 북봉이 있으며, 양 봉우리 사이에 말안장 모양의 안부C이를 형성하여 바람이 매우 강하게 불었다. 베이스캠프와 비슷한 해발고도에 보퍼트풍력계급 기준 풍력 5급 정도인 바람이 분다면, 이곳에는 7급에 해당하는 매우 강한 바람이 분다. 그러나 초모룽마에 처음 올랐을 때 이러한 점이 딱히 문제가 되지는 않았다. 1960년과 1966년에 이곳에 오를 때에도 보통 오전에는 풍력이 약하다가 오후 2시 반이 지나면서 강해지는 등 풍력 변화가 대체로 규칙적이었다. 그러나 이번 해에는 남쪽에서 불어오는 제트기류의 영향을 받아 예전과는 달리 기후변화가 잦았으며, 오전에 강풍이 불다가 오후에는 바람이 약해지는 일이 다반사였다. 기후변화가 예전과 달라서 예측하기가 힘들고 규칙성을 파악하기도 어려웠다. 등반대의 눈앞에 길게 펼쳐진 해발 7,450m 안부는 그야말로 최대 난관이었다.

우쫑웨와 대원들이 바람목에 도착하자 강렬한 상층풍과 함께 눈발과 돌가루가 정신없이 휘날려서 앞이 보이지 않을 정도였다. 천지 분간이 힘들만큼 바람이 강하게 불고 기온도 영하 30도 아래로 뚝 떨어졌다. 대원들은 즉시 베이스캠프에 연락해서 제트기류 때문에 아무것도 볼 수 없다고 보고했다. 그러나 베이스캠프에서 관찰한 기상상황은 현지와 정반대였다. 현재 초모룽마는 매우 맑아서 가시거리가 좋고 눈은 전혀 내리지 않는다고 본 것이다. 베이스캠프에서 멀리 떨어진 해발 7,450m 부근을 망원경으로 관찰하고 나서야 눈보라가 휘몰아치는 모습을 볼 수 있었다. 관찰 결과, 대원들이 있는 7,450m에는 바람이 너무 강해 쌓여 있던 눈과 돌조각이 한꺼번에 휘몰아쳤는데, 베이스캠프 측은 이를 하늘에서 눈이 내린다고 착각했다. 우쫑웨를 비롯한 대원들은 오전 9시부터 낮 12시까지 약 3시간 동안 겨우 100m 정도 등반하는 데 그쳤다. 결국 베이스캠프는 대원들에게 철수 명령을 내렸고 두 제대는 각각 해발 6,000m 캠프로 돌아왔다.

일기예보에 의하면 5월 2일부터 6일까지 날씨가 좋을 전망이었다. 두 제대는 해발 6,000m 캠프에서 하루 정도 대기하면서 다시 등반할 날을 손꼽아 기다렸다. 5월 5일, 남성 대원 17명과 여성 대원 3명으로 구성한 1제대 및 남성 대원 11명과 여성 대원 2명으로 구성한 2제대가 해발 7,450m에 다시 올랐다. 대원들은 강풍 때문에 도저히 걸어갈 수 없어서 거의 기어가다시피 하며 올라야 했다. 강한 진풍이 불 때는 그마저도 힘들어서 바위 뒤로 몸을 피해가며 등반하다가 바람이 잦아들면 곧바로 발걸음을 옮겼다. 대원들은 나뭇가지가 부러지고 사람이 걷기 힘들 정도의 강한 바람을 무릅쓰고 해발 8,600m 공격 캠프와 해발 8,200m 캠프에 각각 도착했다. 제1제대는 6일에 정상에 오르기 위해 준비했다.

그러나 5일 밤, 보퍼트풍력계급 10급에 해당하는 강풍이 불기 시작했다. 이는 나무가 쓰러질 정도의 매우 강한 바람이다. 6일 낮에는 상층풍까지 점점 강해졌다. 날씨가 이렇게 좋지 않은데도 불구하고 미마따스와 공격대원들은 등반을 강행했다. 결국 여성 대원 구이쌍桂桑이 캠프를 벗어나자마자 의식을 잃고 말았다. 엎친데 덮친 격으로 식량이 다 떨어진데다 무전기 배터리마저 방전되어 공격대원과 베이스캠프 간 연락이 끊기고 말았다.

1제대는 해발 8,600m에서 50시간도 넘게 날씨가 좋아지길 기다린 끝에 5월 7일 오후에 겨우 철수했다. 1제대는 이날 밤 해발 8,200m 캠프에 도착해 캠프에서 대기하던 대원들과 만났다. 4차 등반에서 처음으로 시도한 정상공격 계획은 결국 이렇게 실패했다.

그뿐만이 아니었다. 이번 행군에서 공격대를 이끌던 등반대

부정치위원장 우쭝웨가 불의의 사고로 안타깝게도 목숨을 잃고 말았다. 우쭝웨는 5일 해발 8,500m 부근에서 영상을 촬영하느라 대원들과 잠깐 떨어져 있었다. 1제대 대원 20명은 해발 8,600m 캠프에 도착하자마자 베이스캠프 측에 이 상황을 보고했고, 베이스캠프는 1제대에게 우쭝웨가 보고 올라올 수 있도록 불을 붙이라고 지시했다. 그러나 우쭝웨는 끝내 올라오지 않았다. 6일 새벽, 1제대는 우쭝웨를 찾기 위해 대원 5명을 파견했다. 해발 8,200m 캠프에 있던 2제대 대원도 나서서 해발 8,500m 부근까지 샅샅이 살펴보았지만 우쭝웨가 사용하던 배낭과 피켈, 산소통만 발견했을 뿐, 결국 우쭝웨의 그림자조차 찾지 못했다. 배낭을 비롯한 소지품을 발견한 곳을 다시 살펴보니 자갈이 굴러 떨어진 흔적이 있었다. 우쭝웨는 이곳에서 극도로 피곤한 상태에서 산소통을 흡입하며 영상촬영에 매진하다가 미처 낙석을 피하지 못했을 가능성이 컸다. 며칠 뒤인 5월 9일에 해발 8,100m를 지나서 하산하던 대원들이 우쭝웨의 시신을 발견했다.

8일쯤에 좋아진다던 날씨는 이틀 뒤인 10일이 되어서야 좋아진다고 했다. 베이스캠프는 이에 맞추어 캠프에 있는 대원들에게 다시 정상에 오르라고 지시했다. 그러나 이미 식량이 떨어졌고 남은 산소도 턱없이 부족했다. 대원들은 이런 상황을 베이스캠프에 차마 보고할 수 없었다. 사실대로 보고했다가는 베이스캠프에서 즉각 철수하라고 지시할 것이 뻔했다. 7일 저녁, 대원들은 해발 8,200m에서 청톈량, 소남뤄뿌索南羅布, 왕훙바오, 쌍줍桑珠, 뤄쩌羅則, 뤄쌍갈첸, 린칭푼쵸仁青平措, 하왕拉旺, 창쵸昌措 등 9명으로 공격대 대열을 재구성했다.

5월 8일, 공격대는 해발 8,200m 캠프를 떠나 해발 8,600m를 향해 떠나며 네 번째 등반에서 두 번째로 정상 공격에 도전했다. 대원들이 해발 8,300m쯤 이르렀을 때 창쵸 대원의 컨디션에 문제가 생겼다. 목 위주로 열이 심하게 나기 시작하더니 급기야 호흡곤란 증상까지 나타나서 더는 등반할 수 없었다. 하왕은 창쵸를 후송하며 하산했고 나머지 대원들은 다시 등반했다. 그러나 해발 8,500m쯤에서 린칭푼쵸에게도 문제가 생겼다. 동상이 심하게 걸려 손이 퉁퉁 부은 탓에 장갑조차 착용할 수 없게 되었을 뿐만 아니라 체력마저 급격히 떨어져서 한 발짝도 내딛기 힘들어졌다. 린칭푼쵸도 할 수 없이 등반을 포기하고 뤄쩌의 도움을 받아 하산했다. 결국 남성 대원 5명만 남게 되었고, 대원들은 해발 8,600m 캠프에 다시 들어갔다.

5월 9일, 예정대로 정상에 오르기 위해 나섰다. 대원 중 뤄쌍갤첸은 혈압이 너무 높아져서 더는 등반할 수 없어 캠프에 머무르기로 했다. 결국 청텐량, 소남뤄뽀, 왕훙바오, 쌍줍 네 대원만 세컨드스텝을 향해 떠났다. 그러나 너무 아래쪽으로 방향을 잡은 탓인지 아무리 가도 목적지인 세컨드스텝에서 점점 멀어지더니, 결국 막다른 절벽에 이르고 말았다. 대원들은 할 수 없이 되돌아가야 했다. 위로 올라가는 루트를 찾으려고 수차례 시도했지만 번번이 실패했다. 이러한 상황에서 설상가상 청텐량이 갑자기 쓰러졌고, 왕훙바오마저 체력저하 때문에 더는 등반할 수 없었다. 소남뤄뽀와 쌍줍은 각각 청텐량과 왕훙바오를 해발 8,600m 캠프까지 후송하고는 둘만이라도 계속 등반할 수 있도록 해달라고 베이스캠프에 요청했다. 이후 소남뤄뽀와 쌍줍은 5월 9일과 10일 이틀 동안 등정 루트를 찾으려고 안간힘을 썼지만 결국 찾지 못했다. 베이스캠프는 이러한 상황이 지속되다가는 남은 두 대원의 안전마저 보장하기 힘들 뿐더러, 지금 바로 철수하지 않으면 돌이킬 수 없는 위험에 빠질 가능성이 크다고 판단하여 소남뤄뿌와 쌍줍 대원에게 즉각 철수하라고 지시했다.

네 번째 등반에서 시도한 두 번째 공격도 이렇게 실패하고 말았다.

대원들은 네 번째 등반 경과를 일차적으로 정리했다. 우선 이번 공격의 실패 요인을 크게 두 가지로 분석했다.

첫째, 날씨를 제대로 파악하지 못했다. 대원들이 해발 8,000m가 넘는 지대를 오가며 대기한 시간이 엿새였고, 전체 일정도 19일이나 되는 등 전반적으로 기간이 너무 길었다. 일정이 과도하게 길어지면 체력소모가 클 뿐 아니라 식량을 비롯한 물자를 필요 이상으로 낭비하게 된다. 실제로 대원들이 정상에 오를 당시 필요한 식량이나 산소가 부족해서 마지막 이틀간은 먹고 쓸 것이 하나도 없는 채로 버텨야 했다. 이번 등반에서 물적·인적 자원을 충분히 투입했지만 대원들이 있는 곳은 해발고도가 너무 높았다. 따라서 베이스캠프에서 인원이나 물자를 조달하려고 해도 시간이나 인력 관계상 실행할 수 없었다.

둘째, 등정 임무를 맡은 대원들이 해발 8,200-8,700m 구간에 있는 세컨드스텝을 지나는 루트를 제대로 파악하지 못했고, 고산지대에서 등반 루트를 식별하고 선택하는 경험이 다소 부족했다. 게다가 대원 중 비교적 노련한 우쭝웨마저 5일에 예상치 못한 사고로 사망하여, 소남뤄뿌와 쌍줍이 9일에 정상에 오르려고 시도할 당시 등반 루트를 찾는 데 큰 어려움을 겪었다.

대원들은 당장 눈앞에 놓인 문제에 대해서도 의견을 나누었다. 우선 정상 공격에 나설 대원 수가 너무 줄었다는 점이 큰일이었다. 정상 공격 임무를 맡은 공격대 두 팀 대원 수는 총 61명이었다. 그러나 베이스캠프로 돌아오는 와중에 30명이 넘는 대원이 동상에 걸려버렸다. 등반에 필요한 자원을 많이 써버린 것도 큰 문제였다. 또한 네 번째 등반에 나섰던 대원들이 베이스캠프로 복귀할 때는 이미 5월 13일로 중순에 접어들어서 우기인 6월까지 시간 여유가 많지 않았다. 중앙기상대는 5월 16일부터 18일까지, 사천기상대는 5월 22일부터 25일까지 날씨가 좋다고 예보했다. 이때가 1975년 남은 날 중 날씨가 좋을 마지막 시기였다. 이 기회를 놓치면 그동안 공들여 쌓은 탑이 모두 무너질지도 모른다.

등반대는 결국 전체 대원을 대상으로 등정 임무를 수행할 대원을 충원하기로 했다. 취사, 운반, 기상예보, 과학연구 등 기존에 어떤 임무를 맡았는지에 상관없이 신체조건만 괜찮다면 누구든 등정 임무를 맡도록 했다. 해발 6,500m까지 오를 수 있는 대원은 6,500m까지, 해발 7,000m까지 오를 수 있는 대원은 7,000m까지 오르게 했다. 또한 전방 운반대를 세 팀 정도 조직하여 천룽창, 덩자산, 뤄쌍데칭羅桑德慶이 각각 인솔하도록 했다.

고산으로 물자를 운반하는 과정에서 대원들 사이에 눈물겨운 전우애를 엿볼 수 있는 감동적인 일화가 몇 가지 생겼다. 한번은 고산등반 경험이 거의 없는 뤄쌍 대원이 해발 7,700m에서 별안간 피를 토하며 쓰러졌다. 뤄쌍은 그럼에도 불구하고 등반을 멈추지 않고 산소도 마시지 않은 채 산소통을 해발 8,200m 캠프까지 운반했다. 여성 대원 체텐될마는 위험을 무릅쓰고 안자일렌 로프를 풀어헤치고는 앞으로 달려가서 위기에 처한 장빠와 아왕뿌메이를 구했다. 수송대 대원 중에는 40대가 넘는 노장이 상당히 많았다. 뤄쌍데칭은 심장이 좋지 않았지만 해발 6,500m에서 7,500m 구간 운반 임무를 한 번도 소홀히 하지 않았다. 뤄쌍데칭은 노스콜을 열아홉 차례도 넘게 오르내렸으며, 어떤 날은 이 구간을 하루에 두 번이나 오르내린 적도 있었다. 등반대 부대장 미마따스는 네 번째 등반에서 하산하다가 넘어져 다리를 다쳤지만 피켈에 의지한 채 절뚝거리며 한 걸음 한 걸음 천천히 올랐다. 중년 대원은 대부분 젊은 시절 그들이 올랐던 기록보다 훨씬 높이 올랐다. 대원들은 각고의 노력 끝에 날씨가 채 좋아지기도 전에 캠프로 물자를 옮기는 임무를 모두 완수했다.

제4절

정상으로 돌진하다

새로 구성한 공격대 대원 중 29세 해방군 전사 출신인 티베트 운동선수 소남뤄뽀가 당지부 서기를 맡았고, 경험 많고 노련한 코치 출신인 37세 뤄쩌가 부서기를 맡았다. 공격대는 세 팀으로 구성했으며 총 대원 수는 18명이었다.

　5월 17일, 공격대 1팀 소남뤄뽀, 따푼쵸大平措, 하왕, 차이왕다끼와 3팀 가쥬, 뤄쌍갈첸, 뤄랑羅朗, 치린다끼次仁多吉, 양쥬후이楊久輝, 니마따스가 베이스캠프에서 출발했다.

5월 18일, 공격대 2팀 판톡, 뤄쩌, 허우성푸, 쌍줍, 텐쩐다끼프 真多吉, 아부친阿布欽, 창쵸, 구이쌍도 베이스캠프를 떠났다.

미마따스 대원이 해발 7,007m에서 다리에 부상을 입어 캠프에 남기로 했다. 미마따스를 제외한 나머지 대원들은 계속 등반을 이어가 5월 20일과 21일에 걸쳐 각각 해발 7,600m 5캠프에 도착했다.

5월 20일부터 초모룽마 일대에 폭설을 동반한 강풍이 불기 시작했다. 공격대 대원은 나일론 로프와 아이스하켄으로 캠프 천막을 단단히 고정시킨 채 궂은 날씨와 나흘 동안 밤낮없이 씨름했다. 이 며칠 사이에 하왕, 차이왕다끼, 가쥬, 뤄랑, 텐쩐다끼 등 일부 대원이 고산병에 시달렸고, 구이쌍은 물을 끓이다가 다리에 화상을 입어 전방 지원팀의 도움을 받아 하산했다. 공격대는 예상치 못한 인원 감축에 대열을 재정비하여 기존 3개 팀을 2개로 조정했다.

5월 24일 오후 1시에 1팀의 소남뤄뽀, 따푼쵸, 공가빠쌍, 치린다끼와 양쥬후이가 캠프 5에서 출발하여 오후 6시쯤 해발 8,300m 캠프에 도착했다.

25일에는 1팀이 등반하던 중에 양쥬후이 대원이 고산병을 앓아 캠프에 잔류하기로 했고, 나머지 대원 네 명은 오후쯤 해발 8,680m 공격 캠프에 이르렀다. 2팀의 판톡, 뤄쩌, 허우성푸, 쌍줍, 아부친, 뤄쌍걀첸, 창쵸 등도 25일 오후에 해발 8,300m 캠프에 도착했다.

소남뤄뽀는 공격 캠프에 도착한 후 따푼쵸와 치린다끼에게 캠프를 바로 세운 후 물을 끓여 식사준비를 하도록 지시하고는, 공가빠쌍과 함께 간단한 장비만 챙겨서 세컨드스텝을 정찰하러 나섰다. 소남뤼뽀는 세컨드스텝 아래에 이르러서 공가빠쌍의 도움을 받아 세컨드스텝에 오르기 시작했다. 아이스바일로 암석 위층 얼음을 깨고 보니, 어떤 곳은 견고하지만 어떤 곳은 풍화를 심하게 겪은 듯했다. 또한 1960년에 왕푸저우 일행이 이 암석에 설치한 록하켄을 발견하는 등 예상치 못한 흔적도 찾았다. 록하켄을 손으로 당겨보니 여전히 암석에 단단히 고정되어 있었다. 소남뤼뽀와 공가빠쌍은 사다리를 설치할 수 있을 만한 곳과 메인 로프를 걸만한 곳, 그리고 록하켄을 설치할 수 있을만한 곳을 꼼꼼히 살펴보았다. 한참을 탐색하다 보니 밤 아홉 시가 훌쩍 지나 사방이 온통 어두컴컴해졌다. 대원들은 그제야 캠프로 돌아왔다.

　26일, 초모룽마 해발 8,000m 이상 지대에 풍력 10급이 넘는 초강풍이 불었다. 오후 두 시가 넘도록 바람이 잦아들지 않자 해발 8,680m와 8,300m 캠프에서 각각 대기하던 대원들은 베이스캠프 측에서 출발 지시를 내리기 전까지 캠프 안에서 기다릴 수밖에 없었다. 마음이 급해진 대원들은 베이스캠프에 출발 지시를 내려달라고 끊임없이 요청했다. 베이스캠프 측은 결국 대원들의 거듭되는 요청을 수락하여 출발하라고 지시했다. 또한 베이스캠프 측은 공격대 2팀의 뤼쌍걀첸에게 목이 부어 통증을 호소하는 창쵸를 데리고 하산하라고 지시했고, 1팀에서 고산병을 앓는 양쥬후이를 하산하도록 지시했다.

　다른 대원들도 숨을 쉴 때 혀끝을 구강 내 아래턱 쪽으로 바짝 붙이듯이 내려서 혀뿌리가 목구멍을 살짝 막아 찬 공기가 바로 기도로 들어오지 않도록 했다. 오후 3시 반경, 공격대 두 팀이 동시에 출발했다. 1팀 대원 4명은 높이가 약 20m 정도인 세컨드스텝 아래쪽에서 길을 내기 시작했다. 소남뤄뽀는 해머를 꺼내 록하켄을 신속하게 박아 넣고 약 20m 정도인 로프를 걸었다. 대원들이 세컨드스텝 중단 구간쯤 오른 후, 공가빠쌍과 치린다끼는 가지고 온 알루미늄 합금 재질 사다리 4대를 꺼내어 가파른 절벽에 연이어 설치했다. 깎아지른 듯한 암벽 때문에 최상단에 설치한 사다리 경사는 거의 수직에 가까웠다. 대원들이 설치한 사다리 길이는 4m 정도인데, 암벽 끝까지 0.5미터 넘게 모자랐다. 소남뤄뽀는 왕푸저우가 1960년에 설치했던 록하켄을 이용하기로 하고, 기존 설치 위치에서 나란한 지점에 해머를 이용하여 록하켄을 추가로 설치했다. 이후 설치한 록하켄 두 개에 로프를 끼워 넣어 사다리 양쪽을 바위에 단단히 고정시켰다. 따푼쵸 등 대원들은 사다리를 손으로 잡아 소남뤄뽀가 사다리 위에 올라서서 나일론 로프로 사다리 상부를 묶은 후에 세컨드스텝 정상에 오를 수 있도록 도왔다.

정상에서 그다지 멀지 않은 곳에 큰 암석이 있었는데, 암석 위에는 1960년에 묶어둔 것으로 추정되는 누렇게 빛바랜 붉은색 나일론 로프가 있었다. 로프를 당겨보니 아직 튼튼하고 쓸만했다. 하지만 소남뤄뽀는 안전을 위하여 이 로프를 사용하지 않고 새로운 로프를 바위에 묶어서 쓰기로 했다. 사다리를 설치한 덕분에 세컨드스텝을 지날 수 있는 새로운 길이 생겼다.

26일 저녁 9시, 공격대 두 팀은 해발 8,680m 캠프에서 만났다.

5월 27일 오전 8시, 대원들은 캠프를 떠나 정상으로 향했다. 소남뤄뽀, 공가빠쌍, 따푼쵸와 치린다끼가 안자일렌한 채 선두에 섰고, 판톡, 호우성푸, 뤄쩌, 쌍쥽, 아부친이 뒤를 따랐다.

세컨드스텝에 설치한 사다리

　세컨드스텝에 사다리를 설치한 덕분에 대원들은 한 시간여 만에 세컨드스텝 정상에 올랐다. 그리고 16분 만에 세컨드스텝 정상에서 대설언덕 아래 암석지대를 지났다. 이어서 대설언덕을 지나 초모룽마 정상과 아주 가까이 붙어 있는 거대한 얼음언덕에 이르렀다. 언덕 길이만 해도 150m나 되었다.[68] 공가빠쌍은 이곳에서 두 차례나 기절했지만 동료 대원들의 도움으로 의식을 회복하여 계속 발걸음을 옮겼다.

　5월 27일 북경시간 기준 오후 2시 30분, 중국 남녀 혼성 초모룽마 등반대 여성 대원 판톡과 남성 대원 소남뤄뿌, 뤄쩌, 허우성푸, 쌍줍, 따푼쵸, 치린다끼, 공가빠쌍, 아부친 일행은 드디어 초모룽마 정상을 밟았다. 이로써 중국 등반대는 북릉을 통해 세계에서 가장 높은 곳을 두 차례나 등정했다.

　당시 정상에 올랐던 대원들은 초모룽마 정상 지대가 마치 생선 등지느러미같이 남동쪽과 북서쪽을 향해 뻗었고, 길이가 약 10m, 너비가 약 1m 정도라고 했다. 남동쪽은 비교적 높고 북서쪽

은 상대적으로 조금 낮으며, 산 정상은 빙설로 뒤덮였다고 했다. 남측에는 움푹 파인 듯한 절벽과 처마 모양으로 빙설이 쌓인 암석이 있었다. 그리고 북측에는 매우 가파른 암석 언덕이 있었다고 했다.

정상에 오른 공격대 대원 따푼쵸는 온갖 고초를 겪으며 정상까지 함께한 붉은 측량 표지를 품속에서 꺼내들었다. 치린다끼와 따푼쵸는 측량 표지에 지름이 30cm 정도인 길고 둥근 바구니를 나일론 로프 세 가닥으로 엮어서 연결한 후 정상 남동쪽에 세워, 세계에서 가장 높은 곳에 측량 표지를 설치했다. 판톡, 소남뤄뽀, 뤄쩌, 쌍줍 등 나머지 대원들도 분주하게 움직이며 표지를 설치하는 데 힘을 보탰다. 그러나 설치를 마치고 보니 측량 표지가 조금 기울어졌다. 게다가 바람이 강하게 불어 측량 표지 상부에 걸어둔 붉은 비단 바구니의 일부가 풀어헤쳐진 채 마구 나부꼈다. 대원들은 일단 표지에 걸어둔 바구니를 끄집어 내려서 다시 엮었다. 따푼쵸와 치린다끼는 표지를 다시 빙설 저층에 수직으로 힘껏 꽂았다. 판톡, 소남뤄뽀, 뤄쩌는 나일론 로프 세 가닥을 각각 세 곳에 묶어 걸었고, 쌍줍 등은 바일을 사용해 로프 끝에 묶어둔 아이스하켄을 바닥에 고정시켰다. 드디어 초모룽마 정상에 '중화인민공화국 등반대'라고 새긴 알루미늄 합금으로 만든 3m짜리 붉은 측량 표지를 견고하게 설치했다.

중국은 초모룽마의 정확한 해발고도를 측정하기 위해 오래 전부터 준비했다. 다행히 등반대 대원이 측량 표지를 짊어지고 정상에 오르겠다고 측량부에 제안한 덕분에 예정보다 빨리 설치할 수 있었다. 대원들은 인류 역사상 최초로 세계에서 가장 높은 곳에 측량 표지를 설치했다. 또한 세계적으로 전례 없이 이 우뚝 솟은 대자연의 모습을 가장 정확하게 측량할 수 있었다. 이 덕분에 초모룽마의 해발고도가 정확히 8,848.13m라고 관측했으며, 이후 세계적으로 이 수치가 널리 차용되었다.

이어서 쌍줍이 배낭 속에서 오성홍기를 꺼내 들었다. 뤄쩌가 중간에 서고 왼쪽에는 쌍줍, 오른쪽에는 소남뤄뽀가 서서 붉은 국기를 높이 펼쳐 들었다. 허우성푸는 매섭게 몰아치는 광풍에도 흔들리지 않고 정확하게 촬영하기 위해, 오리털 장갑을 벗고는 손가락에 동상이 걸릴 위험을 무릅쓰고 사진기 셔터를 눌렀다. 드디어 초모룽마 정상에 오른 대원들의 모습이 사진기에 담겼다. 얼마나 역사적으로 또 과학적으로 의미 있는 장면인지 이루 말할 수 없을 것이다.[69]

측량 표지 설치 및 촬영 작업을 모두 마친 후, 허우성푸는 무전기를 들어 베이스캠프에 연락했다. 이때 베이스캠프는 이미 측량부 측정 지점으로부터 '대원들이 정상을 향해 떠났다'라는 보고를 받은 뒤였다. 스잔춘 대장은 베이스캠프에서 무전기를 들고 공격대원들에게 끊임없이 연락했다.

"여기는 베이스캠프, 공격대 1호 응답하라."

그러나 한참이 지나도록 연락이 없었다. 오후 2시 52분이 다 되어서야 정상으로 떠난 대원들과 연락이 닿았다.

"여기는 1호, 여기는 1호, 베이스캠프 응답하십시오."

베이스캠프에 있던 대원들은 일제히 환호했다가 곧 숨죽여 다

---

69   본회 담당 기자 작성, 《세계에서 가장 높은 산에 다시 오르다》, 『신체육』 1975년 제 7호, p.4-8

음 응답을 기다렸다. 스잔춘은 다시 무전기를 들었다.

"1호 응답하라, 1호 응답하라! 여기는 베이스캠프, 잘 들리니 대답하십시오!"

허우성푸가 대원들을 대표해 무전기를 들었다.

"… 우리 대원 9명이 조금 전 오후 2시 30분에 세계 최고봉 초모룽마 정상에 올랐습니다! …"

이때 정상에서는 대원들이 각자 맡은 작업을 진행하느라 매우 분주하면서도 긴장감이 감돌았다. 소남뤄뽀는 흰색 플라스틱 병 두 개를 꺼내 정상에 쌓인 하얀 눈을 표본용으로 가득 채워 담았다. 아부친은 소형 해머로 북쪽 암벽에서 크고 작은 암석 표본을 약 20개 정도 채취했고, 뤄쩌는 적설 두께를 자세히 측량했다.[70]

정상에 오른 대원 가운데 유일한 여성 대원이자 세 아이의 엄마인 36세 판톡은 정상에서 심전도 측정 임무를 수행했다. 영하 30도를 밑도는 정상에서 동상에 걸릴 위험에도 아랑곳하지 않고 양손에 끼고 있던 오리털 장갑을 모두 벗었다. 그리고 나서 전도성을 높이기 위하여 손에 젤을 꼼꼼하게 발랐다. 끈적끈적하고 축축한 젤을 바른 손끝이 찬바람에 거의 마비될 듯 시퍼렇게 얼어붙었다. 판톡은 심전도 측정을 앉아서 했다가는 근육이 경직되어 결과에 영향을 미칠까 우려하여 용기를 내서 빙설 위에 반듯하게 누웠다. 판톡은 고산의 엄동설한 때문에 자신도 모르게 온몸을 사시나무처럼 덜덜 떨었다. 너무 추운 나머지 윗니와 아랫니가 끊임없이 딱딱 소리를 내며 맞부딪쳤다. 몸이 계속 떨려서 심전도 측정을 제

---

[70] 본회 담당 기자 작성, 《세계에서 가장 높은 산에 다시 오르다》, 『신체육』 1975년 제 7호, p.4-8

대로 할 수 없었다. 판톡은 추위에 오들오들 떨지 않도록 버티기 위하여 이를 악물었다. 온몸의 근육이 조금씩 이완되는 듯하자, 이때를 틈타 심전도 측정을 시도하여 무사히 성공했다.[71]

판톡 대원이 심전도 측정 임무를 완수하자마자 베이스캠프에서 연락이 왔다. 스잔춘 대장은 전 대원에게 즉시 철수하라는 명령을 내렸다. 대원들은 정상에서 장장 70분이나 머물렀다.

5월 31일, 공격대 대원은 베이스캠프로 무사히 돌아왔다.

이번 등반에서 각 해발고도별 등반에 성공한 대원 명단을 정리하면 다음과 같다.

해발 8,600m: 구이쌍여, 리베트족, 따쌍扎桑, 여, 리베트족, 창쵸여, 리베트족,
　　　　　　니마따스리베트족, 뤄쌍갈첸리베트족, 왕훙바오, 청톈량,
　　　　　　린칭푼쵸리베트족, 삐빠치린邊巴次仁, 리베트족,
　　　　　　치왕다끼次旺多吉, 리베트족, 텐쩐다끼리베트족,
　　　　　　미마잔둬米馬戰鬥, 리베트족, 샤오치린小次仁, 리베트족,
　　　　　　빠쌍치린巴桑次仁, 리베트족, 하왕리베트족,
　　　　　　샤바이위위夏伯瑜, 디구이위안郎貴元

해발 8,500m: 우쭝웨, 장차이江才, 리베트족

해발 8,300m: 취니曲尼, 리베트족

해발 8,200m: 치린빠중次仁巴仲, 여, 리베트족, 쟈리加力, 여, 리베트족,
　　　　　　왕무旺姆, 여, 리베트족, 장쿤옌, 가쥬리베트족,
　　　　　　상쯔핑尚子平, 가마리베트족, 다끼푸리베트족,
　　　　　　쑹즈이宋子義, 따치린大次仁, 리베트족, 뤄쌍리베트족,
　　　　　　진메이晉美, 리베트족, 양쥬후이, 뤄랑리베트족, 쉬커許科,
　　　　　　진쥔시金俊喜, 조선족, 류푸더劉福德, 천젠쥔陳建軍,

펑수리, 류융언劉永恩

해발 8,100m: 왕전화

이외에도 해발 7,600m까지 오른 누적 대원 수는 총 132명이었고, 해발 7,007m까지 오른 누적 대원 수는 총 309명이었다.

이번 등반에서 여성 등반가의 활약은 그야말로 눈부셨다. 티베트 출신 여성 등반가 창쵸, 구이쌍, 따쌍은 해발 8,600m까지 올랐으며, 치린빠중, 왕무, 쟈리는 해발 8,200m까지, 그리고 빠쌍과 폐전은 해발 7,800m까지 올랐다. 또한 체텐될마티베트족, 치린앙진티베트족, 저우화이메이한족, 싱링링한족, 미마될마티베트족, 다쌍티베트족, 될카리베트족 등은 해발 7,600m까지 올랐다. 해발 8,200m 이상에 오른 여성 대원 7명은 세계 여성 등반가의 최고 등반기록인 8,120m를 경신하며 중국 여성 등반가의 저력을 과시했다.

판톡은 5월 27일 초모룽마 북릉을 통해 정상에 올랐고, 일본 여성 등반가 다베이 준코는 5월 16일 초모룽마 남릉을 통해 정상에 올랐다. 두 대원은 각각 북릉과 남릉을 거쳐서 세계에서 가장 높은 산을 오른 최초의 여성 대원이 되었다. 1975년은 마침 세계 여성의 해였다. 외신에서는 여성 등반가의 초모룽마 등정 소식을 두고 '세계 여성 초모룽마의 해'라고 불러도 될 정도라고 평가했다.

판톡

초모룽마 등정 모습

제12장

1977-1978년의 등산활동

—

1977년 7월 25일과 30일, 중국 등반대 두 팀 대원 총 28명은 각각 천산산맥 최고봉인 포베다^{Mt. Pobeda72}에 올랐다.

같은 해 4월에서 6월 사이에 중국 등반대 정찰대는 세계에서 두 번째로 높은 초고리^{K2, 8,611m73}에서 현지 정찰을 마쳤다.

또한 이듬해인 1978년에는 중국 등반대가 이란 등반대와 초모룽마에서 합동훈련을 실시했다.

---

72 키르기스스탄과 중국 국경에 있는 산. 높이 7,439m. 천산산맥의 지맥인 코크샬타우산맥에 솟아 있으며, 사면에는 장대한 빙하가 걸려 있다. 1943년 소련의 조사대가 처음으로 측량한 후 당시가 소련군의 전황이 호전된 때였으므로 '승리의 산'이라는 뜻의 이름을 붙였다. 중국 이름도 승리봉勝利峰이다. |역주|

73 K2의 현지 명칭. 발티어로 초고리^{Chogori}라 부른다. '초^{cho}'는 '크다', '리^{ri}'는 '산'이라는 뜻이며, '고^{go}'는 의미가 분명하지는 않으나 '높은'이라는 의미로 알려졌다. |역주|

제1절

포베다 등반 사전 준비작업

포베다는 해발 7,435m로 천산산맥에서 가장 높은 산이다. 동경 80° 7′, 북위 42° 2′에 있으며 중국 신강위구르자치구 아커쑤에 있다. 포베다는 오래전부터 중국 영토에 속했다. 중국이 1882년에 소련과 맺은 불평등 조약인 중국·소련 카스가얼 국경협정에서도 포베다는 중국 국경이라고 명시했다. 1943년 소련 군사 측량대는 포베다 북릉을 통해 측량작업을 진행한 후 1946년에 지도를 제작했다. 그러나 당시 소련은 지도상에 포베다가 중국과 소련의 국경선에 있는 것으로 표기한데다 이름도 승리봉이라고 바꾸어버린 바람에, 중국과 소련은 포베다를 두고 영토분쟁을 했다.

1956년 소련 등반대는 북동릉을 통해 포베다 정상에 올랐다. 1956년부터 1975년까지 약 20년 동안 소련 등반대는 17차례나 포베다에 올랐고, 정상에 오른 소련 등반대 대원 수만 해도 141명이 넘었다. 1956년 이후 유럽과 미국, 일본 등에서 출간한 문헌과 지도에는 소련의 주장을 그대로 따라서 포베다를 '천산산맥 최고봉으로, 소련 국경에 있는 세계에서 두 번째로 높은 산'이라고 소개했다. 포베다는 이렇게 소련의 영토로 흡수되는 듯했다. 이에 중국은 포베다를 둘러싼 소련의 억지스러운 주장을 바로잡는 한편, 포베다 주변 지역의 지하자원과 동식물자원을 자세하고 정확하게 파악하려고 시도했다. 1977년 2월 17일, 중국 국가 체육위원회, 참모총부, 중국 과학원 및 중국 측량총국은 《1977-1979년 등산활동 지시 요청 보고서》에서 중국 등반대가 1977년 여름에 포베다에서 정찰 등반을 진행한다는 계획에 공동 서명했다. '정찰 등반'이

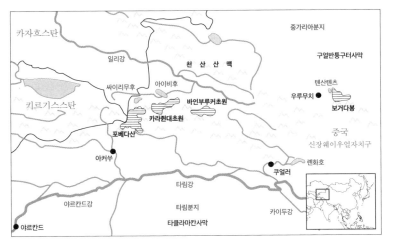

포베다 위치도

라고 명시한 이유는, 1976년 중국 국가 체육위원회 등반대 소속 정찰대가 포베다의 해발 4,000m 이상 지대를 자세히 파악하지 못한 점을 고려했기 때문이다. 포베다에서 등반이 어려운 구간은 대략 해발 4,500m에서 6,500m 사이라고 추정했다. 이 구간에는 얼음폭포지대 및 크고 작은 크레바스가 많이 분포한다. 그러므로 우선 1977년 이내에 장비를 비롯해 모든 조건이 갖추어지는 대로 포베다 정상까지 올라 정찰 임무를 수행하며, 정상에 측량 표지를 세워서 해발고도를 측량하고 컬러 영상을 촬영하기로 했다. 만약 상황이 여의치 않으면 1978년에 이어서 해당 임무를 완수하기로 계획했다.

중국 포베다 등반대는 국가 체육위원회 등반대 소속 대원과 해방군 등반대, 티베트 등반대 및 중국 과학원과 중국 국가 측량제도국, 총참 측량제도국 소속 유관단위 소속 대원으로 구성했다. 장쥔옌이 등반대 대장을 맡았고, 정치위원은 왕푸저우, 부대장은 우완췬과 천룽창, 부정치위원은 쑤원칭과 류다이가 맡았다. 또한 선수부대와 과학조사팀, 측량팀, 코치, 정공政工, 기상, 통신, 의료업무, 기자, 물자관리팀을 포함한 등반대 직속 기관 분대 등 총 4개 분대를 세웠다. 등반대 대원 수는 총 261명으로, 이 중 실제로 등반활동을 하는 등반가와 코치는 여성 대원 23명을 비롯하여 총 103명이고, 과학조사자가 36명, 측량담당 대원이 43명, 그 외 물자관리를 맡은 대원으로 이루어졌다. 한족, 티베트족, 위구르족, 조선족, 만주족, 백족, 몽고족 및 문파족 등 총 8개 민족 출신 대원으로 구성했다.

등반대가 제정한 《포베다 정찰 총 계획안》의 주요 내용은 다음과 같다.

1. 해발 2,400m에 베이스캠프를 세우고 해발 3,200m, 3,700m, 4,600m, 5,300m, 6,000m, 7,200m에 각각 캠프를 세운다. 이 중 해발 4,600m 캠프를 제2베이스캠프로, 7,200m 캠프를 공격 캠프로 정한다.

2. 현지적응 등반을 두 차례 실시한다. 세 번째 등반 시 정상까지 오르도록 한다.

3. 정찰대와 루트 정비대가 임무를 모두 완수하는지 여부에 따라 이번 등반 성공의 기로가 갈린다. 정찰대는 해발 4,500m-6,500m 구간과 해발 6,500m에서 정상까지 이르는 구간을 특히 주의해서 임무를 수행하도록 한다.

4. 7월부터 8월까지 기상상황이 등반하기에 가장 유리하다. 이 기간에는 보통 일주일에 5일에서 6일 정도는 날씨가 좋다고 한다. 이에 따라 7월 하순과 8월 중순쯤에 두 차례 정도 정상 등정을 시도하고, 만일의 경우에 대비하여 8월 하순을 예비일정으로 남겨두기로 했다. 또한 해발 4,500m 이하 지대는 기상조건이 좋지 않은 날을 이용하여 등반하기로 했다.

6월 3일, 장췬엔 대장은 선발대 10명과 함께 다른 대원보다 앞서 포베다로 들어가 캠프를 세웠고, 나머지 대원은 6월 15일에 해발 2,400m 베이스캠프에 도착했다.

6월 20일에서 6월 23일, 정찰 루트 정비를 담당한 대원 20명이 팀을 셋으로 나누어 임무를 수행했다. 이들은 포베다 남동릉과 남릉 및 남서능선을 따라서 해발 약 5,500m까지 오르며 등반 루트를 자세히 정찰하고 정확한 데이터 수치를 기록했다. 정찰 결과와 수차례 비교하며 연구한 끝에, 정남 루트 위주로 등반하되 남동 루트를 부차적으로 선택하기로 최종 결정했다. 이후 정찰대는 해당 루트를 한 차례 더 정찰했다.

6월 23일에서 6월 29일 사이에 등반대 대원 87명은 1제대 46명과 2제대 41명으로 각각 팀을 나누어 차례로 해발 5,000m까지 오르며 고산 적응력을 키웠다. 또한 약 1,300kg이 넘는 필수물자도 함께 운반하면서 첫 등반 임무를 계획대로 완수했다.

7월 3일에서 14일 사이에 2차 등반을 진행했다. 정찰 구축팀과 제1제대, 제2제대도 차례대로 등반에 나섰다.

대원들은 안전을 위해 해발 5,500m 부근에 있는 평균 경사가 약 50-60도에, 높이가 15m 정도인 얼음골목을 신속하게 지나갔다. 대원들은 발 디딜 곳을 하나하나 힘겹게 깎아내며 위로 올라갔다. 한참을 오르다가 얼음골목이 거의 끝나가는 구간에서 경사각이 거의 수직에 가까우며 높이가 5m 정도인 빙벽을 발견하고는, 금속 사다리를 설치하여 계속 올랐다. 얼음골목을 다 지나고 나니 눈앞에 가파른 빙설언덕이 펼쳐졌다. 이 언덕을 지나는 길은 두 가지였다. 하나는 우측 전방의 빙설언덕을 가로질러 가는 방법이었다. 이 루트는 경사가 비교적 완만하지만 빙설이 언제든지 붕괴할 위험이 도사렸다. 또 하나는 좌측 위쪽으로 등반하는 루트였다. 이 루트는 경사가 매우 가파르지만 빙설 붕괴 위험이 상대적으로 낮았다.

대원들은 각 루트를 비교하며 머리를 맞댄 끝에 두 번째 루트를 선택했다. 대원들이 가파른 두 번째 루트를 오르기 시작한 지 얼마 되지 않았을 때였다. 험난한 구간을 등반하느라 체력이 많이 떨어져 앉아서 가쁜 숨을 몰아쉬려던 찰나에, 불과 얼마 전까지 등반 루트로 고려했던 오른쪽 루트에서 초대형 눈사태가 발생했다. 눈사태가 일어난 지점은 정찰대가 있는 곳으로부터 불과 40-50m 밖에 떨어지지 않았다. 어마어마한 눈이 온 산을 뒤흔드는 듯한 굉음을 내며 순식간에 무너져내리면서 사방이 눈안개로 뿌옇게 뒤덮였다. 대원들은 그동안 고산을 숱하게 올랐지만 이렇게 큰 눈사태는 처음이었다. 오른쪽 루트로 올랐다간 한 명도 남김없이 저 엄청난 눈사태에 매몰되어버렸을지도 모를 일이었다.

정찰 구축팀은 임무를 모두 마치고 해발 7,000m에 세운 공격 캠프에서 야영을 한 후에 7월 12일에 정상에 오르기로 계획했다. 이후 대원들은 잠깐 날씨가 좋을 때를 틈타 해발 7,200m까지 올랐다. 그러나 갑자기 바람이 강해지고 눈발이 굵어져 가시거리가 매우 나빠지는 등 날씨가 돌변하여, 하는 수 없이 7,000m 공격 캠프로 되돌아간 후에 13일쯤 다시 정상에 오르기로 했다. 그러나 7월 13일은 전날보다 날씨가 더욱 좋지 않았다. 정상까지 오르기는커녕 안전하게 철수하기도 힘든 상황이었다. 대원들은 해발 7,000m에 이틀간 묶여 있다가 다음 날인 14일에 해발 3,900m 캠프까지 무사히 하산했다.

두 번째 등반을 정리해보면, 우선 정상까지 이르는 루트를 장악하는 데 성공했다. 또한 캠프를 세울 곳을 정하고 세웠으며, 일부 필수물자를 옮기는 등 소정의 성과를 이루었다. 그러나 기상조건이 좋지 않아 해발 6,500m까지 오른다는 원안을 지키지 못했고 필수물자 역시 전부 운반하지는 못했다.

7월 20일, 중국 국가 체육위원회 부주임 황중은 현지에 있는 대원과 전화회의를 진행했다. 회의 결과, 7월 하순에 날씨가 비교적 좋을 시기를 이용해서 팀을 둘로 나누어 정상 공격에 나서자는 방안을 채택했다. 또한 지원팀을 둘로 나누고 해발 5,400m 캠프에 미리 도착하도록 하여 2차 등반에서 미처 완수하지 못한 물자 운반 임무를 마저 수행하기로 했다.

제2절

정상을 공격하다

7월 21일, 제1공격대가 베이스캠프를 떠났다. 24일, 제1공격대 대원 16명과 지원팀 4명은 해발 7,000m 공격 캠프에 도착했다.

25일 오전 8시에 제1공격대가 정상으로 향했다. 해발 7,400m까지 올라 정상까지 불과 약 40m밖에 남지 않았을 때, 신입대원 중 한 명이 고산병을 심하게 앓은데다 체력마저 바닥이 나서 눈 위에 쓰러져버렸다. 이때, 대원 중 정상까지 충분히 오를 수 있을 만큼 체력이 좋은 린칭푼쵸가 정상 정복 기회를 포기한 채 신입대원을 산 아래까지 후송하기로 했다. 나머지 대원들은 이후 5시간이 넘도록 고군분투한 끝에 드디어 천산산맥의 최고봉 포베다 정상에 올랐다. 류다이, 공가빠쌍, 왕훙바오, 다충達窮, 뻬빠, 뤄쌍데칭, 창쵸여, 다끼푸, 위전玉珍, 여, 루쟈성陸家勝, 스쉐쩡 등 대원 11명은 북경시간 기준 오후 3시 31분에 드디어 정상에 올랐다. 대원들은 생선의 등지느러미같이 생긴 정상에 '중국 등반대'라고 새긴 붉은 측량 표지를 세웠다. 이어서 오성홍기를 활짝 펼쳐들어 기념사진과 영상을 촬영하고, 암석과 빙설 표본을 채취하는 한편 정상을 뒤덮은 두터운 빙설의 두께를 측량했다. 대원들은 정상에서 1시간 18분 정도 머무르면서 후속 임무를 마무리하고 하산했다.

고산병을 앓는 대원을 후송한 린칭푼쵸 대원은 중국 등반대가 1975년 초모룽마에 두 번째로 올랐을 때도 참여했다. 린칭푼쵸는 당시 다른 대원을 도와주다가 양손이 심한 동상에 걸린 탓에 손가락을 절단했다. 특히 오른손은 다섯 손가락 중 엄지손가락만 남았을 정도였다. 비록 손가락이 하나밖에 없었지만, 린칭푼쵸는 이번에도 불굴의 저력을 보여주며 한 발씩 천천히 아래로 내려왔다. 린칭푼쵸 일행은 신호용 불빛에 의지해서 해발 7,000m 캠프에 도착했다. 하룻밤을 꼬박 걸어서 겨우 400m를 내려왔다.

7월 25일에 제2공격대가 베이스캠프를 떠났다. 27일에는 공격대 대원 20명이 해발 7,000m 공격 캠프에 도착했다. 28일에는 대원 3명이 컨디션이 좋지 않아서 하산했다. 공격 캠프에 남아 있던 대원은 공격 캠프의 위치를 해발 7,150m까지 끌어올렸다. 그러나 날씨가 갑자기 나빠진 바람에 대원들은 폭풍과 폭설에 56시간이나 캠프 속에 갇힌 채 날씨가 좋아지기만을 기다려야 했다.

7월 30일 북경시간 기준 오후 3시 15분에 제2공격대 대원 천룽창, 다끼푸, 구이쌍여, 쌍쥽, 마이마이티지라, 진쥔시, 판융닝樊永寧, 여, 쉬신徐新, 여, 따스여, 청수성, 진메이, 장시구이張希桂, 뤄쌍, 쑹즈이, 양쥬후이, 앙따昻打, 런진시任進喜 등 17명도 포베다 정상에 무사히 올랐다. 제2공격대 대원은 정상에서 약 30분 정도 머무르다가 하산했다.

공격대 두 팀은 7월 28일과 8월 2일에 각각 베이스캠프에 무사히 도착했다. 정상에 올랐던 공격대 두 팀 대원 28명 중 3명은 등산 경력이 20년이 넘는 베테랑 등반가였고, 11명은 고산에 한번도 오른 적이 없는 신출내기였다. 또한 공격대 대원 중 여성 대원이 여섯 명, 영상 작업 담당자는 한 명이었다. 이외에도 전체 대원 중 총 32명이 차례로 해발 7,000m보다 높이 올랐다.

이번 등반에서 과학 조사대 소속 대원들은 포베다 및 그 주변 지역에서 과학발전에 보탬이 되는 수많은 연구성과를 얻었다.

중국 포베다 등반대 소속 분대는 각각 캠프와 측량기지 및 과학 연구소에서 베이스캠프로 돌아왔다. 대원들은 덩샤오핑鄧小平이 북경에서 친히 보낸 축하 전보를 받았다.

등반대는 이번 포베다 등반 시 여러 기관으로부터 지원과 협조를 받았다. 그중에서도 신강위구르자치구에서 본부에 한 지원이 가장 큰 힘이 되었다. 신강위구르자치구는 우루무치에 등산지휘부를 설립하고, 아커쑤 지역에 등산사무실을 설립하는 등 대원들과 가까운 곳에서 등반대를 적극적으로 지원했다.

제3절

K2를 정찰하다

K2는 세계에서 두 번째로 높은 산이자 카라코람산맥에서 가장 높은 산이다. 해발 8,611m로 중국과 파키스탄 국경에 있고, 1952년부터 세계 각국 등반대가 이곳에서 등반활동을 펼쳤다. 1954년에 이탈리아 등반대 대원 두 명이 파키스탄을 거쳐 K2 정상에 올랐다. 중국은 1977년 이전에는 K2는커녕 그 주변 지역을 등반하거나 등반할 계획조차 세우지 않았다.

중국 국가 체육위원회가 발표한 《1977-1979년 등반활동 요청서》에 따르면, 신강위구르지역 남부에 흐르는 큰 하류의 발원지가 카라코람산맥에 있었다. 그러므로 이 일대의 빙하나 수문, 기상, 지질분야 연구가 신강위구르 남부지역의 농업 발전과 사막 개조 등과 직접 관련이 있으며, 장기적으로 중국 사회주의 국가 건설에도 큰 의미를 가질 것이라고 했다. 이에 중국은 3년 안에 K2를 등반하고자 계획을 세웠다. 우선 1977년 정찰대원 20명 정도를 파견하여 정상까지 이르는 루트 및 캠프 설치지를 탐색하고, 현지에서 관찰한 내용을 토대로 지도를 제작하기로 했다. 그리고 1978년에는 기상 및 과학 분야에 종사하는 대원 일부를 포함한 본부가 일정 높이까지 등반하며 실전훈련을 실시하고, 기상자료와 과학자료를 수집한 후에 필수물자를 운반하여 캠프에 비축하도록 했다. 1979년에는 등반을 본격적으로 시작하여 정상에 표지를 세우고 해발고도를 측정하기로 했다. 컬러 영상자료도 남기기로 했다.

1976년 7월에 랑푸, 샹쯔핑, 류쉐산, 쩌우싱루, 뤼쌍데칭, 장시천 등으로 구성된 정찰대는 본격적인 등반을 앞두고 먼저 K2로 떠났다. 이후 1977년 3월에 정식으로 정찰대를 조직했다. 류다이가 총 22명으로 구성한 정찰대 대장을 맡았고, 그 외에 포베다 등반 시 각종 중책을 맡았던 대원들이 이번에도 같은 임무를 수행하기로 했다. 정찰분대는 3월 17일에 K2 북동릉 위주로 정찰을 수행할 계획을 담아《K2 정찰 계획》을 제정했다.

정찰대는 4월부터 K2를 정찰했다. 대원들은 약 한 달 반에 걸쳐 여러 어려움을 극복한 끝에 북동릉에서 정상으로 통하는 루트를 찾아냈다. 또한 본격적인 등반을 앞두고 각종 자료를 수집하여 향후 등반일정을 조율하는 근거 자료로 삼았다.

K2 정찰대는 6월 5일에 카슈가르로 돌아왔다. 대원들은 잠깐 휴식을 취한 후에 대부분 포베다로 달려가 등반 임무를 이어갔다.

그러나 K2 등정 계획은 훗날 사정이 생겨서 결국 실행에 옮기지 못했다.

제4절

중국·이란 등반대의 초모룽마 합동등반 훈련

1977년 초, 이란 국방부 차관 겸 등산협회 회장은 전 국가 체육조직 책임자인 하커비즈 장군과 함께 주중 이란 대사관과 이란에서 참관 중인 중국 국제 군사 스키대표단을 수차례 찾았다. 이들은 중국 측에 중국·이란 합동등반대를 결성하여 초모룽마에 오르자고 제의했다. 이란 국왕이 중국과 합동등반을 실시하라고 '특명'을 내렸기 때문이었다. 이란은 공식적으로 중국의 허가를 얻어서 초모

룽마 북동릉 루트를 따라 정상에 오르는 최초의 나라가 되어 초모
룽마 정상에 중국과 함께 나란히 국기를 꽂고 싶어 했다. 당시 이
란은 중국과 비교적 우호적인 관계였으며 국제사회에서도 중국
을 많이 지지했다. 또한 여러 국제 체육조직에서 중국을 적극적으
로 지지하여 중국이 국제 체육계에서 합법적으로 많은 의석을 차
지하는 데 큰 도움을 주었다. 이에 따라 중국 국가 체육위원회와
외교부 및 해방군 총참모부는 이란과 우호적인 협력관계를 유지
하며 이를 더욱 공고히 하기 위해 이란과 합동등반대를 결성하기
로 했다. 또한 초모룽마를 등정하기 위해 비준을 얻고자 국무원에
《중국·이란 초모룽마 합동등반 요청서》를 제출했다. 양국 등반대
는 1978년 초모룽마에서 합동훈련을 실시했고, 1979년에 정식으
로 초모룽마에 오르기 시작했다.

당 중앙부와 국무원은 이를 비준했다. 중국 등산협회 회장 한
푸둥과 비서장 스잔춘은 이란의 수도 테헤란에서 이란 측과 회담
을 가지며 추후 일정에 대해 의견을 주고받았다. 양국은《중국·이
란 초모룽마 합동등반 회담 요록》에 따라 중국·이란 합동등반대를
조직했다. 중국 등반대는 중국 국가 등반대, 8·1 등반대 및 티베트
등반대 출신 대원으로 구성했고, 작업 담당자까지 포함하여 대원
수가 모두 300명이었다. 이란 등반대는 이란 국가 지리정보청 및
왕실 호위대 출신 등반가로 구성했고, 작업 담당자를 포함하여 총
20명이었다.

중국 등반대는 1977년부터 대원을 선발하고 필수물자를 비축
하는 등 본격적인 등반을 위하여 준비작업을 시작했다. 또한 쉬징,
자징위, 우완췬, 천치진, 다끼푸, 천룽창, 덩자산 등으로 임시 간부

팀훗날 당 위원회로 개칭함을 조직하여, 티베트자치구 책임자 톈바오를 총지휘관으로 한 티베트 등반지휘부와 함께 선발팀을 결성해 차례로 서녕과 라싸에 파견했다. 파견된 대원은 등반 준비와 관련한 전반적인 문제를 해결하는 데 온 힘을 다했다.

쉬징이 이끄는 중국 등반대 제1팀은 3월 28일에 초모룽마 베이스캠프에 도착했다. 자징위가 이끄는 제2팀은 30일에 베이스캠프에 도착했다. 등반대 1, 2팀은 베이스캠프에 도착한 이후에 실시한 현지적응 등반에서 각각 4월 11일과 29일에 노스콜까지 올랐으며 해발 5,500m, 6,000m, 6,500m, 7,050m마다 캠프를 세워서 필수물자를 비축했다.

반면 이란 등반대는 중국에 비해 상대적으로 준비가 미흡했다. 출발 날짜를 두 차례나 미루는가 하면, 4월 16일이 되어서야 등반 대원 20명이 북경에 도착했다. 이란 국방부 차관은 이란 등산협회 부회장과 함께 4월 26일에 북경에 도착했다.

이란 등반대와 중국 등반대 마지막 팀 대원들은 5월 7일에 르카쩌를 거쳐 초모룽마로 향해 베이스캠프에 도착했다. 이란 등반대 대원은 르카쩌 인근 제8병원에서 신체검사를 했다. 검사 결과 대원 중 다섯 명이 정밀 검사를 받아야 했다. 중국 측은 우선 다섯 명 중 세 명을 입원시키고 경과를 조금 더 지켜보자고 제안했다. 그러나 이란 측은 이에 동의하지 않은 채 예정대로 베이스캠프에 도착해서 지켜보자는 뜻을 굽히지 않았다. 중국은 이란의 의견을 수용하여 북경에 있는 이란 국방부차관과 이란 등반대 대장에게 이러한 상황을 보고했다. 이들도 일단 전 대원을 베이스캠프까지 보낸 후 추후 경과를 지켜보자는 의견을 제시했다.

이란 등반대는 먼저 도착해서 기다리던 중국 등반대의 환호를 받으며 베이스캠프로 들어갔다. 5월 12일 오후에 중국·이란 합동 등반대는 베이스캠프에서 게양식을 개최했다.

이란과 중국 등반대는 의료와 촬영 등 기술 문제를 협의했다. 양국 의료진과 촬영담당 대원은 등반대원의 생리지표와 촬영 관련 여러 문제를 두고 의견을 나누며 합동훈련 계획안을 제정했다. 이번 계획안에 따르면, 중국 대원 10명과 이란 대원 8명으로 구성한 중국·이란 합동훈련 대원 18명이 해발 7,790m에서 합동훈련을 실시한 후에 해발 8,200m까지 오르기로 했다. 중국 대원 30명과 이란 대원 2명 등 총 32명으로 구성한 제1지원대는 해발 7,050-8,200m 사이 위험구간 루트를 정찰하고 정비하여, 해발 7,790-8,200m 구간에 내년 등반 시 필요한 물품을 일부 운반하여 비축하도록 했다. 또한 중국·이란 합동등반대를 지원하고 협력하는 임무를 수행하도록 했다. 중국 대원 29명으로 구성한 제2지원대는 노스콜에 이르는 루트를 정비하고 해발 6,500m에서 등반대와 협력하도록 했다. 합동훈련은 한 차례만 실시하되, 점진적으로 현지에 적응하게끔 하는 방법으로 진행하도록 했다.

5월 12일에 제2지원대 대원 29명은 베이스캠프를 떠난 지 하루 만에 해발 5,500m까지 올랐다. 이튿날에는 해발 6,000m까지 올랐고, 14일에는 해발 6,500m까지 올랐다. 15일에는 대원 18명이 산소통 21병과 필수물자 일부를 해발 7,050m에 세운 노스콜 부근 캠프까지 모두 운반하며 노스콜까지 이르는 루트를 정비했고, 노스콜에서 더 높은 곳으로 이동할 때 필요한 물자를 확보하는 임무를 완수했다. 제2지원대는 이어서 해발 6,500m 캠프로 돌아와 중국·이란 합동등반대 및 제1지원대와 회동했다.

합동등반대 대원 18명은 5월 13일에 중·이 캠프를 떠나 해발 5,500m까지 등반했다. 다음 날인 14일에 현지적응 기간을 가진 이후 15일에 해발 6,000m까지 올랐다.

5월 15일에 중·이 합동등반대 대원 32명은 베이스캠프를 떠나 해발 5,500m까지 올랐다.

5월 18일에 이란 대원 5명을 포함한 중·이 합동등반대 대원 33명은 해발 6,500m 캠프를 떠나 해발 7,050m 노스콜로 향했다. 대원들이 해발 6,800m 지점을 지날 때 이란 대원 한 명이 고산병을 심하게 앓아, 중국 대원 한 명이 해당 대원을 해발 6,500m 캠프까지 안전하게 후송했다. 나머지 대원 31명이 그날 해발 7,050m까지 이르렀을 때쯤, 이란 대원 세 명이 고산병을 호소했다. 다른 대원들도 체력이 급격히 떨어졌다. 이란 측은 이란 등반 대원이 고산지대를 짧은 시간에 너무 빨리 올랐기 때문에 일어난 일이라고 판단하여 5월 19일 하루 동안 노스콜 인근에서 휴식할 시간을 가지자고 중국 측에 요구했다. 이란 등반대는 중국과 이란 양국 국기가 정상에서 나란히 휘날리기를 바란다는 뜻을 내비쳤다. 이는 중국 등반대와 이란 등반대가 같은 시각 같은 고도에 도달하기를 바란다는 뜻이었다. 양국 등반대는 지금까지의 상황과 이란 측의 요구를 토대로 합동훈련 일정을 다시 조율했다. 날씨와 체력 등 전반적인 상황이 좋을 때 해발 7,790m 또는 이에 상응하는 일정 고도까지 오르고, 만약 상황이 여의치 않다면 즉시 철수해 합동훈련 임무를 종료하기로 했다.

중국·이란 합동등반대 대원 31명은 5월 18일에 해발 7,050m

노스콜까지 올랐다. 이후 여러 이유로 대원 24명이 차례대로 19일과 20일에 각각 철수하는 바람에, 결국 이란 대원 2명을 포함한 대원 7명 만이 노스콜에 남아서 적응 기간을 가지며 등반을 이어가기로 했다.

5월 20일에 이란 대원 3명을 포함한 또 다른 합동등반대 대원 8명이 해발 6,500m에서 7,050m까지 등반했다.

5월 21일에 이란 대원 2명을 포함한 합동등반대 대원 11명은 해발 7,050m에서 출발하여 오전 11시 5분경 해발 7,500m까지 등반했다. 양국 대원은 이곳에서 임무를 계속 수행할지 여부를 두고 다시 의견을 나누었고, 결국 합동훈련 임무를 종료하고 철수하기로 했다. 대원들은 오후 5시 20분쯤 해발 6,500m 캠프까지 무사히 돌아왔다.

6월 1일에 중국·이란 합동등반대 소속 전 대원이 융포사 베이스캠프에서 철수하며 이번 합동훈련 임무를 공식 종료했다.

원래 계획대로라면 이번 합동훈련에서 현지적응 등반을 두 차례 진행하고, 대원 20명이 해발 8,000m 전후까지 등반하면서 각 캠프마다 일정량의 필수물자를 운반했어야 했다. 그러나 이란 등반대가 중국에 제때 도착하지 않은 것부터 시작해서 일정을 차일피일 미루다가 너무 늦게 도착하는 바람에 전체 등반일정이 예정보다 20일이나 미루어졌다. 이 때문에 초모룽마 등반일정이 빠듯해서 단시간에 무리하게 높이 오를 수밖에 없었으며, 결국 예상보다 많은 대원이 고산병에 시달리는 결과를 초래했다. 기상조건상 현지적응 등반도 한 차례만 시행할 수밖에 없었다. 게다가 이란 등반대 대원 수도 예상보다 5명이나 적었고, 노스콜까지 오른 이후에 계속 등반을 할 수 있는 이란 대원은 고작 2명밖에 없었다. 이 외에도 협상 내용대로라면 이란 측이 고산등반용 산소통과 봄베를 준비하여야 했지만, 이마저도 이행하지 않았다. 이로 인해 합동등반대는 고산등반 시 적잖은 난항을 겪을 수밖에 없었다. 합동등반 중에 이란 측은 '중국과 이란 국기가 같은 고도에서 나란히 휘날리기를 바란다.'라는 말을 여러 차례 언급했다. 그러나 첫 단추부터 제대로 채우지 않은 상황에서 합동등반훈련을 예정대로 이행하기란 사실상 불가능에 가까웠다. 어찌 보면 해발 7,500m에서 하산하기로 판단한 결정은 상당히 합리적이었다. 이번 훈련에서 해발 7,500m까지 오른 중국 대원은 9명, 이란 대원은 단 2명뿐이었다. 중국은 이대로라면 이듬해에 본격적으로 합동등반에 투입할 대원을 선발할 만한 상황이 아니라고 판단하고 중간에 철수하기로 했다. 설상가상으로 1979년에 이란에서 2차 석유파동이 발생하여, 1979년에 예정했던 초모룽마 합동등반 계획은 더욱 실현하기 힘들게 되었다.

그러나 중국·이란 합동등반훈련은 시행 자체로 상당히 의미가 깊었다. 중국과 이란의 초모룽마 합동등반훈련 소식이 전 세계에 퍼지자 수많은 나라가 관심을 보였다. 중국 현대 등산은 초모룽마 합동훈련을 계기로 새로운 도약기에 접어들었다. 또한 중국 정부가 중국 영토에 있는 산을 해외에 개방하기 시작하면서 다양한 나라와 등산 교류 기회를 확대하며 등산계 발전의 전환점을 맞이했다. 이 역시 예상하지 못한 큰 수확이었다.

제 5 편

중국 현대 등산의 역사적 전환

1979~
1990년

제13장

입산 개방 및 국제 교류

—

중국 공산당이 제11기 중앙위원회 3중 전회에서 개혁·개방과 관련한 최종 방침을 제정한 후부터 중국 현대 등산도 역사적인 전환점을 맞이했다. 중국 등산계는 세계 각국 등산계와 우호 관계를 수립하고 교류 활동 범위를 확대하기 시작했다. 또한 중국이 외국 등반가에게 중국 영토 내 입산을 허용하면서부터 등산계에 새로운 바람이 본격적으로 불기 시작했다.

입산 개방 준비 및 시행

중국은 국토 면적의 3분의 1 이상이 고원지대이며, 해발 8,000m가 넘는 히말라야 14좌 중 9좌가 중국 국경 내 또는 중국과 인접국의 국경지대에 분포한다. 이뿐만이 아니라 해발 7,000m가 넘는 산도 150여 좌나 있다. 자연히 세계 각국 등산계는 중국에 분포한 수많은 고산에 오랫동안 눈독을 들였다. 불완전한 통계자료에 따르면, 1956년부터 1978년까지 한국과 파키스탄, 이란, 유고슬라비아, 일본, 프랑스, 이탈리아, 독일, 영국, 오스트리아, 뉴질랜드, 벨기에, 미국, 알바니아, 불가리아, 헝가리, 체코, 몽골, 스위스, 스페인 등 20여 개 나라에서 체육 관련 기관 또는 개인 단위가 중국에 입산 요청서를 100여 차례 정도나 보냈다. 이 중 미국은 7차례, 오스트리아는 11차례나 등반 허가 요청서를 제출하며 큰 관심을 보였고, 특히 일본은 무려 40회가 넘도록 등반 허가 요청을 할 만큼 가장 적극적으로 관심을 보였다.

중국과 이란이 합동등반대를 결성해 초모룽마에 오른다는 소식이 알려지면서, 각국 등산계는 중국 내 고산에 더욱 관심을 보였다. 일본 요미우리신문사 사장은 일본 등산계를 대표하여 랴오청즈, 왕멍, 푸하오, 루진둥 등 중국을 대표하는 등반가에게 각각 방일 요청서를 보냈다. 또한 중국과 일본이 합동등반대를 결성하여 일본 후지산3,776m과 호다카 연봉穗高連峰, 3,000m에 오르자는 내용을 담은 서한도 보냈다. 이후 중국은 일본과 함께 초모룽마에 올랐다. 오스트리아 등반대 역시 오스트리아 등산협회 설립 25주년을 기념하여 오스트리아 총리의 후원하에 히말라야산맥 등반 차 중국을 방문하고 싶다는 뜻을 밝혔다. 당시 1979년 또는 1980년에 중국을 방문해서 초모룽마에 오르고 싶어 하는 나라만 해도 유고슬라비아, 네팔, 일본, 미국, 영국 등 8개국이었다. 이들의 주요 목적은 히말라야산맥의 초모룽마와 시샤팡마 등반이었다. 이뿐만이 아니라 카라코람산맥에 있는 K2 및 공가산, 무즈타그, 콩구르산, 적석산 등에도 지대한 관심을 가졌다. 일본과 프랑스 등은 중국 내 해발 7,000m급 미답봉에 관심이 커서 등반이나 정찰 허가를 요청하기도 했다.

이렇듯 중국 내 고산에 관심을 가지고 등반 허가를 요청하는 나라가 늘어나니, 중국도 더 이상 계속 문을 걸어 잠글 수는 없었다. 중국 내에서도 이러한 국제 정세에 따라 타국 등반가에게 입산을 제한하는 방침을 재고하자는 의견이 꾸준히 나왔다.

1956년에 중국이 소련 등반대와 함께 무즈타그를 등정한 이후부터 몇몇 나라로부터 합동등반대를 결성하자는 제안을 받았다. 그러나 중국 내 고산은 대부분 국경지대에 있으므로, 국제 등반대를 조직해서 등반을 하려면 정치, 외교 등 국경을 맞댄 나라와 제반 국제관계를 고려하지 않을 수 없었다. 이때만 해도 중국은 이러한 국제문제를 처리한 경험이 턱없이 부족하여 소련을 제외한 나머지 국가의 제안은 모두 거절했다.

1960년 5월 중국 등반대는 초모룽마에 오르기 전에 이미 해발 6,000m 이상급 산 11좌에 오른 적이 있고, 등반에 참가한 대원 수만 해도 매년 263명에 달했다. 중국 등반대는 이렇게 풍부한 등반경험을 바탕으로 세계 여자 등반가의 등반기록을 깼을 뿐 아니라 등산계 선진국의 도움 없이 독자적으로 고산에 오르는 경험을 차곡차곡 쌓아갔다.

중국 등반대의 이러한 성과는 세계 등산계에도 신선한 자극을 주었다. 이러한 정세에 맞추어 중국 국가 체육위원회는 이웃국과의 우호 관계를 증진시키고 상호교류의 기회를 확대하기 위해서, 중국 내에 있는 산 중 몇 군데를 지정해서 해외 등반가들에게 개방하자고 정부에 건의했다. 이에 따라 중국은 중국 등반대가 독자적으로 등반한 경험이 있는 산과 과학조사를 진행했던 산부터 개방하기로 했다. 또한 산 개방이 중국의 경제와 국방 및 외교 분야에 어떠한 영향도 주지 않아야 한다는 점을 강조하며 동맹국에게만 제한적으로 개방하기로 했다. 중국 국가 체육위원회는 여러 사항을 고려한 결과, 신강위구르자치구 파미르고원의 무즈타그7,546m과 콩구르튜베7,595m 그리고 사천성 대설산맥에서 가장 높은 산인 공가산7,590m 등이 적절하다고 의견을 제시했다.

당시 국무원 총리인 저우언라이와 덩샤오핑 부총리, 그리고 천이陳毅 부총리는 국가 체육위원회의 제안을 받아들여 산 개방을 허용했다. 그러나 여러 복합적인 이유로 바로 실행하지는 못했고, 이후 실제로 입산을 허용하기까지는 시간이 많이 걸렸다.

아시아에 있는 히말라야산맥, 카라코람산맥 및 파미르고원 등은 세계 고산 탐험가와 등산 여행가가 자주 찾는 곳이다. 파키스탄, 인도 및 소련은 1950년대부터 자국 영토에 해당하는 고산지대를 해외 등반가에게 개방했다. 이들 국가는 해외 등반가 및 단체로부터 입장료 명목으로 일정 금액을 받아 입국을 허용하며 막대한 외화를 벌어들였다. 등산 탐험 및 여행 사업이 가장 발달한 네팔은 2차 세계대전 이후 수많은 외국 등반가에게 산을 개방했고, 이를 통해 연평균 5,000만 달러가 넘는 외화를 벌어들였다. 이는 네팔 전체 외화수입 중에서 가장 비중이 컸다. 이러한 사례에 비추어 보면 중국이 산을 개방하지 않는다는 것은 장기적으로 막대한 자원 낭비일 것이다. 또한 개방을 계속 미루게 된다면 중국 등반가들이 그동안 성취한 과정과 결과도 빛을 발하기 힘들어진다. 중국 등반대가 처음으로 북릉을 통해 초모룽마 정상에 오른 것과 최초로 시샤팡마를 등정한 일을 두고 몇몇 나라에서 '최초'라는 표현에 이의를 제기했다. 애초에 중국이 외국 등반가들이 자국 영토 내 고산에 오르지 못하도록 통제했기 때문에 경쟁을 할 수도 없는 상황에서 이룬 등정이라는 이유가 컸다. 이러한 사례와 중국 내에서 일어나는 개혁·개방 흐름까지 더해서 입산 개방이 연일 화두에 올랐다.

1978년 3월, 중국 등산협회는 국가 체육위원회에 《국제 등반활동 전개상황 및 견해》를 올려, 제5차 및 6차 5개년 계획 시행 시 장·단기 계획을 세워서 점진적으로 고산 한두 곳을 개방하여 국제적인 등산 교류를 시작하자고 정식으로 제안했다. 중국은 우선 티베트자치구에 있는 시샤팡마, 초모룽마, 그리고 신강위구르자치구에 있는 무즈타그와 콩구르튜베를 개방하기로 했다. 중국 등반대는 이미 시샤팡마, 초모룽마, 무즈타그, 그리고 콩구르튜베를 등정한 경험이 있다. 그중에서 초모룽마를 제외한 나머지 산은 중국 국경에서 비교적 멀리 떨어져 있다. 시샤팡마는 중국-네팔 고속도로 부근에, 무즈타그와 콩구르튜베는 중국과 파키스탄을 잇는 고속도로에서 가까운 곳에 있다. 즉 네팔과 파키스탄을 오가는 차량 통행이 잦은 곳이라 시샤팡마, 무즈타그, 콩구르튜베를 찾는 사람이 많아질수록 중국이 여러모로 이익을 볼 수 있다. 다시 말해서 중국은 산을 개방한다면 세계 여러 나라와 우호를 증진하고 정치적 영향력을 확산시킬 수 있다. 뿐만 아니라 세계 각국의 등산계와 끊임없이 교류하고 등반활동과 관련한 자료를 주고받으면서 해외 등반활동 상황을 파악하여 중국 등산계의 수준을 계속 높일 수 있다.

1978년 12월, 국가 체육위원회와 여행총국은 《입산 개방과 국제 등산활동 전개에 관한 의견》과 관련된 연구 초안 보고서를 작성하여 관련 부처의 동의를 구했다. 특히 입산이 가져올 긍정적인 효과를 다수 열거했다.

첫째, 입산 개방으로 막대한 외화 수입을 기대할 수 있어 국가 경제에 큰 도움이 된다.

둘째, 입산 개방을 통해 중국 등반대의 활동무대를 세계로 넓히며 각국 사람 및 등반가들과 이해관계를 넓히고 우호를 증진하는 데 큰 도움이 된다.

셋째, 외국의 앞선 기술과 경험을 습득할 수 있어 중국의 산지를 보다 빨리 이해할 수 있으며, 천연자원 및 대자연의 비밀을 탐색하여 고산과 관련한 과학연구의 공백을 점진적으로 채울 수 있다.

넷째, 해외 선진 등반기술 및 등산장비를 도입하고 등반경험을 교류하여 중국 등산 발전을 촉진할 수 있다.

이 초안에는 티베트자치구의 초모룽마, 시샤팡마, 신강위구르자치구의 무즈타그, 콩구르튜베, 콩구르산, 보거다봉, 사천성의 공가산 및 청해성의 적석산 등 추후 입산 개방을 고려해볼 만한 산을 추가로 정리했다. 또한《방중 등반가를 위한 시행규정》초안을 추가로 작성했다.

국가 체육위원회는 1978년과 1979년 두 해에 걸쳐 스잔춘과 쉬징 등 등반 전문가로 구성한 두 조사팀을 네팔에 파견하여 등산 여행 사업 실황을 조사하게 했다. 조사팀은 네팔에서 관광청, 등산협회, 등산 여행사, 등산 여행사 협회, 고산등반 가이드, 고산 운반 인부 등과 함께 좌담회를 아홉 차례 가지고 여행사 세 곳을 참관했다. 네팔 관광청 비서 프라단과 등산협회 주석 대변인 라마가 직접 등산 여행 현황을 소개하며 중국 측의 질문에 상세하게 답했다. 중국 조사팀은 이번 조사에서 네팔의 등산 관광 조직기구, 외국 등반대의 등반 허가와 관련된 전반적인 과정이나 비용 방면 등 네팔의 등산 관광 시스템 현황을 일정 부분 파악했다. 조사팀은 등산 관광과 관련된 각종 규정과 양식을 참고용으로 가져오기도 했다. 네팔은 비교적 일찍부터 해외 등반가에게 입산을 허가해온 나라인 만큼 등산 관광사업이 상당히 발달했다. 네팔의 풍부한 등산 관광사업 경험은 중국의 향후 등산 관광사업 발전을 위한 초석을 닦는 데매우 큰 도움이 될 것이다.

1979년 8월 27일, 국가 체육위원회와 관광청은 국무원에 《입산 개방 및 국제 등산활동 전개 요청서》를 정식으로 보고했다. 본요청서는 1980년부터 해외 등반가에게 초모룽마, 시샤팡마, 무즈타그, 콩구르, 콩구르튜베, 보거다봉, 공가산, 아니마칭을 개방하기 시작한다는 내용을 포함했다.

1979년 9월, 국무원은 1980년부터 초모룽마를 비롯한 산 여덟 곳에서 입장료를 받고 해외 등반가에게 개방하는 안건을 비준했다. 이어서 중국 등산협회는 이와 관련한 규정 및 요금 관련 사항을 공포했다. 개방할 산이 속한 지역인 티베트자치구, 신강위구르자치구, 사천성, 청해성 등 각 성과 자치구 체육위원회는 등산 관광사업에 필요한 조직 및 기구를 설립하여 사업 효용성을 높이도록 했다.

또한 1981년부터 외국인 입산 허용구역을 확대하여, 사천성의 사고냥산四姑娘山, 6,250m과 신강위구르자치구에 있는 세계에서 두 번째로 높은 K2^{8,611m}, 11번째로 높은 가셔브룸1봉^{8,068m}, 12번째로 높은 브로드피크8,047m, 그리고 13번째로 높은 가셔브룸2봉 8,035m을 개방하기로 했다.

중국 등산협회는 향후 개방할 산 및 그 주변 지역의 계절, 날씨, 환경, 등반 루트, 베이스캠프 설치지 등 관련 자료를 얻기 위해 정찰대를 조직해 현지를 정찰하도록 했다.

이에 따라 1979년 8월, 류다이, 청수성, 상쯔핑, 위량푸, 천젠쥔 등으로 구성한 정찰대가 보거다봉을 정찰했다.

1980년 6월, 청수성, 위량푸, 천젠쥔 및 청해성 등산협회 관계자로 구성한 정찰대가 아니마칭을 정찰했다.

1982년 4월에서 5월, 청수성, 위량푸, 쑹즈이, 장장위안張江援, 진쥔시, 장시천 등이 남차바르와Namjagbarwa, 7,782m를 정찰했다.

1983년 4월, 린칭푼쵸, 쑹즈이, 샤오가뽀, 왕다, 치린다끼, 텐쩐다끼, 켈쌍 등이 남차바르와를 다시 정찰하며 남벽 최고봉까지 올랐다.

1983년 9월, 청수성과 위량보가 사천성 설보산雪普山, 5,588m 정상까지 정찰했다.

1983년 12월, 청수성과 위량보가 운남성 옥룡설산玉龍雪山, 5,596m을 정찰했다.

1987년 9월 19일, 국무원 사무처와 중앙군사위원회 사무처는 국가 체육위원회 등 주요 관련 부처에 해외 입산 개방과 관련한 관리 작업을 보다 강화해달라고 요청했다. 지역마다 정도 차이는 있지만, 외국 등반가에게 입산을 개방한 곳은 대체로 입산 관리 작업을 돈벌이 수단과 연결시키려는 경향이 있었다. 또한 이로 인하여 관리 체제나 대외 연락, 새로운 산 개방 시 서비스 표준 등 각 방면에 크고 작은 혼란을 야기하여, 외국 등반가가 허위로 과학연구를 빙자하여 방문할 가능성을 야기할 수 있기 때문이다. 중국은 지리적 특성상 전 세계에서 손꼽히는 높은 산을 많이 개방하기 때문에 다음과 같이 입산을 허용한 지역에 공통적으로 적용하는 규정을 만들어 준수하도록 했다.

1. 외국에 입산을 허용한 산이 소재한 각 자치구 및 시에서는 반드시 인민정부 및 관련 기관의 동의를 얻어 국가 체육위원회에 보고해야 한다. 국가 체육위원회는 중앙정부의 주요 관련 부처와 심의를 거쳐 대외적으로 선포할 예정이다. 그러니 각 지방에서는 중앙정부의 허가 없이 마음대로 산을 개방해서는 안 된다.

2. 향후 중국을 방문하는 외국인 등반가는 산지 탐험이나 암벽등반 등 등산과 관련한 활동을 할 때 입산 허가 신청서 심사를 비롯하여 등반 계획과 협의과정, 요청서를 보내고 받거나 서명을 발급받는 등 일련의 절차는 모두 중국 국가관광청이 정한 절차에 따라야 한다.

3. 외국에 입산을 허용한 산이 소재한 지역은 중앙정부가 정한 관광 서비스 비용 규정을 준수해야 한다. 국가 체육위원회는 국가정책에 의거하여 관광청과 논의해서 물가국 등 관련 부처와 협의하여 규정을 통일한 후 시행한다. 각 지방정부는 중앙정부의 허가 없이 임의로 서비스 가격을 정할 수 없다. 입산 개방으로 얻는 수익은 중국 등산 사업 개발 위주로 사용해야 한다. 또한 관리체제를 확실히 해서 단순 상업수단으로 전락하지 않도록 한다.

4. 중국에서 산지 탐험이나 암벽등반, 등반대회, 여행 등 각종 활동에 참여하는 외국 단체가 현지 과학조사를 진행하려면, 입산 허가 신청서에 조사 항목과 조사 대상지역을 밝혀 국가 체육위원회 및 주요 관련 부처로부터 허가를 얻어야 한다. 과학원은 상황에 따라 직접 또는 관련 기관에 위탁하여 관계자를 파견하는 방식으로 외국 단체 등반대를 감독할 수 있다.

1979년, 국가 체육위원회는 국무원의 비준을 얻어 외국 등반가에게 입장료를 받으며 본격적으로 입산을 허용했다. 특히 한국의 여러 등반단체에서 입산을 허가해달라는 요청이 끊이지 않았다. 이에 따라 체육위원회와 외교부, 국무원은 심의를 거쳐 한국도 1990년 8월부터 유료로 입산할 수 있도록 허용했다.

중국 내 수많은 명산의 수려하면서도 웅장한 모습과 산간 지역에 거주하는 소수민족의 독특한 풍습은 외국 등반가에게 매우 강한 인상을 남기며 호기심을 불러일으켰다. 덕분에 외국 등반객의 입산을 허용한 이후부터 중국을 방문하려는 사람 수가 기하급수적으로 늘어서 예상 외로 큰 호황을 누리기 시작했다. 그러나 중국은 방문객 편의시설을 비롯한 기타 제반 상황에 따라 장기간 체류하는 단체 또는 개인의 인원을 엄격히 제한했다. 상황이 이렇다 보니 입산을 개방한 1980년에는 입산 및 여행 허가를 받으러 중국을 방문한 각국 대표팀 수가 50팀이 넘었으나, 실제로는 8개국 등반대와 고산여행 단체 22팀 등 총 160명 정도가 중국 내 산 9곳을 오르고 정찰하는 데 그쳤다.

1981년, 프랑스, 미국, 일본, 독일, 스위스, 뉴질랜드, 영국, 캐나다, 호주, 이탈리아 및 홍콩에서 온 등반대 70팀 총 883명의 등반가가 중국 산 12곳에서 등반, 정찰 또는 등반 여행에 참가했다. 이 중 등반에 참가한 인원은 총 27개 팀으로 387명이었고, 정찰 인원은 8개 팀 22명, 등산 여행을 한 사람은 34개 팀 483명이었다. 입산 허가를 얻기 위해 중국을 방문한 인원만 31개 팀으로 총 60명이었다.

1982년에는 영국, 미국, 이탈리아, 캐나다, 독일, 스위스, 오스트리아, 칠레, 네덜란드, 호주, 네팔, 일본, 홍콩 등반단체 61팀 총 665명이 중국을 방문해 각종 등산활동에 참여했다. 그중 등반에 참여한 인원은 25개 팀 318명이었고, 정찰활동에 참가한 인원은 4개 팀 11명, 등반 여행을 한 사람은 32개 팀 336명이었다.

1983년에는 총 12개국에서 중국을 찾아 고산을 탐험하거나 여행을 했다. 이 해에 각종 등반활동에 참가한 인원수는 총 21개 팀 35명이었다.

1984년에는 아시아, 미주, 라틴아메리카, 오세아니아의 9개 나라 및 지역에서 등산 원정대 14팀, 여행 단체 44팀 및 정찰대 3팀 등 총 625명이 중국을 찾아 중국 남서쪽 및 북서쪽에 있는 10여 개의 산에서 탐험, 정찰, 여행 등 각종 등반활동을 했다. 이 중 9개 팀 63명은 초모룽마, 시샤팡마, 무즈타그, 보거다 자매봉, 공가산, 아니마칭 등 고산 정상까지 오르기도 했다.

1985년, 일본, 이탈리아, 영국, 미국, 스페인, 스위스, 필리핀, 캐나다, 네팔, 호주, 이란, 프랑스, 홍콩, 뉴질랜드 등 15개 나라 및 지역에서 120여 개 단체 총 1,250명이 중국을 방문해 각종 등반활동을 펼쳤다.

이후 1987년까지 중국에서 각종 등반활동에 참가한 외국 단체는 거의 400팀에 이르렀다.

제2절

입산 개방으로 얻은 점과 시사점

중국은 해외 등반가에게 자국 영토 내 입산을 허용한 이후 다방면에서 긍정적인 효과를 얻었다. 주요 성과를 정리해보면 다음과 같다.

1. 경제 수익 효과

해외 등산 여행단체의 입국을 허용한 이후 벌어들인 수익을 계산하면, 1980년에는 220만 위안, 1981년에는 570만 위안, 1982년에는 470만 위안에 해당하는 외화 수익을 올렸고, 이후 계속 상승세를 유지했다. 입산 개방으로 얻은 외화 수익은 중국의 경제발전에 크게 공헌했다. 이렇게 얻은 수익을 등산 관광상품 개발에 투자하여 각 지방 관광청 기초 설립에 큰 힘이 되었을 뿐 아니라 인원을 확충하여 업무 효율을 높일 수 있었다. 등반대가 번 외화 전부를 중국 국가 체육위원회에서 관리해, 남차바르와 등반에 필요한 경비 일체를 외국 등산 관광객 유치로 얻은 수익으로 충당하기도 했다. 또한 국제 체육활동 교류에 필요한 자금을 확보하여 중국의 체육사업 발전에 크게 이바지했다.

2. 중국을 널리 알리는 계기

중국을 방문한 수많은 등산 관광객은 수려한 산의 경치를 감상할 뿐 아니라 중국의 민속문화와 풍습도 직접 보며 이해할 수 있었다. 중국을 찾은 등산 여행 관광객은 대체로 연령대가 높고 문화 수준이 높은 계층이 많았다. 중국 민족, 역사, 문화, 종교 분야를 연구하여 학문성과를 세우려고 중국을 찾는 외국인도 상당히 많았다. 이들은 수천 년간 이어진 찬란한 중국 문명과 명승고적에 지대한 관심을 보였다. 예를 들어 미국-네팔 고산 전문 여행사를 통해 중국을 찾은 관광객은 산으로 가기 전에 사흘 반나절 동안 세 차례나 청해성에 있는 탑이사塔爾寺를 방문했고, 산 관광이 끝난 후에도 한 차례 더 찾았다. 당시 관광객들은 다른 나라 명승지를 이렇게 많이 찾은 적이 한 번도 없었다고 했다. 이런 관광객은 대부분 자국에서 사회적 지위가 있는 경우가 많으므로 파급력이 상당했다. 중국은 덕분에 상당한 홍보 효과를 얻었다.

3. 세계 여러 나라 사람과 왕래하며 우호를 증진

중국은 외국 등반가에게 입산을 허용한 이후 수많은 나라에 중국 산의 빼어난 경관과 민속문화 등 중국만이 가진 여러 모습을 보였고, 수많은 선진국 정부 및 각계각층 유명인사의 격려와 관심을 받았다. 미국의 경제학자 먼델과 정치학자 키신저, 일본의 정치인 우스노미야 도쿠마, 작가 이노우에 야스시, 이탈리아의 영부인을 비롯한 상류층 인사 모두 자국 등반대가 중국 산에 올라 양국의 우호 증진을 바란다는 내용과 간단한 소개를 담은 서신을 중국 등산협회에 직접 보내기도 했다. 이렇게 등산은 세계 각국 사람들 사이에 우호 증진을 위한 좋은 수단이기도 했다.

중국 등반 관계자는 중국을 찾은 해외 등반가들과 함께 산에 오르고 캠프까지 물자를 운반하는 데 힘을 보태는 등 기쁨과 인고의 시간을 나누기도 했다. 해외 등반가의 활동을 도우며 부지런히 흘린 땀이 상호 간의 끈끈한 연대로 빛을 발한 것이다. 1980년 일본 등반대가 초모룽마에 올랐을 때 이러한 일화가 있었다. 일본 등반대가 초모룽마 등정에 성공한 후에 미야시타 히데키宮下秀樹 부대장과 가토 야스오加藤保男[74] 대원, 나카무라 스스무中村進 기자 등은 중국 등산협회의 도움을 받아 무사히 등정에 성공했으며, 중국의 도움이 없었다면 정상까지 오르지 못했을지도 모른다고 거듭 표명한 적이 있다. 또한 중국과 일본 대원은 언어 장벽에 아랑곳하지 않고 우애를 나누며 정상에 올라 서로 격렬히 껴안고 감동의 눈물을 흘렸다고 한다. 일본 방송국 기자는 이러한 감동적인 모습을 모두 기록했다.

중국은 외국 등반가가 조난하거나 불의의 사고로 사망했을 때에도 적극적으로 원조 활동을 펼쳤다. 전력을 다해 위기상황을 돕고 각종 편의를 제공해 수많은 등반가에게 든든한 조력자가 되었다. 이러한 일화도 있었다. 미국 고산 전문 여행사에서 온 공가산 등반대 대원 중 한 명이 등반 중에 불의의 사고로 숨지는 사건이 발생하자, 중국은 사건 수습부터 마무리까지 일련의 과정을 성심성의껏 지원했다. 여행사 사장은 사업가로서 미·중 간 우호 및 상호 간의 이해 증진을 위해 중국을 찾았는데, 중국이 이렇게까지 진심어린 협조를 할 줄은 몰랐다고 했다. 그는 이후 미중 관계에 누가 되는 일은 절대 하지 않을 것이라고 덧붙이며 중국의 협조에 진심으로 감사를 표했다. 또한 1982년 일본 등반대가 K2에 오를 때 사카노 토시타카坂野俊孝 의무대원이 뜻밖의 사고로 사망한 일이 있었다. 이때 중국은 일본만큼 마음을 졸이고 걱정하며 대원 두 명

---

74 1949-1982, 8000m를 네 번, 그중에서 에베레스트를 세 번 올랐다. 세계 최초로 에베레스트를 세 시즌봄, 가을, 겨울에 올랐다. 일본산악회 제1차 마나슬루원정대에 참가했다. 친형 가토 타마오加藤滝男는 1967년 마터호른 북벽, 1969년 JECC루트를 초등했다.

을 현장으로 파견하여 해발 5,000m 부근에서 베이스캠프까지 시신을 옮기도록 지원했다. 중국 대원은 고인이 된 사카노 대원을 기리기 위해 위험을 무릅쓰고 흙을 파서 무덤을 만들어 일본 등반대에 깊은 감동을 주었다. 이에 신카이 이사오新具勳 대장은 중국 측 캠프에 술과 식량 등을 보내 감사를 표했다. 신카이 이사오는 자신이 한때 중국에서 보병 스파이 활동을 했던 일을 언급하며 중국에 씻을 수 없는 죄를 지었다고 고백했다. 그런데도 중국은 일본을 원망하거나 원한을 품기는커녕, 드넓은 대지처럼 넓고 어머니처럼 따뜻하게 일본을 감싸 안으며 도와주었으니 이 은혜를 평생 잊지 않겠다고 했다. 그는 또한 중국인은 세상에서 가장 친절하며, 일본에 돌아간 후에도 중국이 베푼 마음을 절대 잊지 않고 수많은 일본 사람에게 널리 알려서 양국의 우호 관계가 오랫동안 이어지길 바란다며 눈물 어린 감사의 마음을 전했다.

중국이 일본 지바현 이치카와시산악회의 공가산 등반 원정대 소속 대원 마쓰다 히로야松田弘也를 구조한 일화는 일본 열도를 뒤흔들었을 뿐 아니라 세계적으로도 큰 반향을 불러일으켰다. 일본 등반대가 공가산에 오르던 중에 마쓰다 히로야 대원이 별안간 실종되었고, 이족彝族 대원 네 명이 탐색 끝에 해발 2,940m 부근에서 마쓰다 대원을 발견했다. 이들은 사천성 위원회 및 지방 정부의 지도하에 관련 기관의 적극적인 협조에 힘입어 구조활동을 펼친 끝에, 숨이 거의 끊어져 가던 마쓰다 대원을 53일 만에 죽음의 늪에서 구출했다. 마쓰다 대원 실종 사건은 당시 일본에서 모르는 사람이 없을 정도로 굉장히 유명했다. 마쓰다 대원 구조 소식을 들은 일본인들은 기적과 같은 소식에 가슴을 쓸어내리며 위험을 마다

하지 않고 구조활동에 전력을 다한 중국 대원의 노고에 깊은 감사를 표했다. 이치카와시산악회 다카시마 회장은 수십 년간 등반활동을 하며 사건 사고를 수없이 겪었지만 이처럼 적극적이고 체계적인 방법으로 구조활동을 하는 모습은 처음 보았다고 언급하며, 단지 기계적으로 구조 임무를 수행하는 모습이 아니라 중국인의 따뜻한 마음을 느꼈다고 극찬했다. 마쓰다 히로야 대원의 형 마쓰다 히로아키 역시 동생과 다시 집에서 함께할 수 있는 현실이 기적 같다고 했다. 또한 비록 언어는 통하지 않지만 눈빛과 표정을 보면 무슨 생각을 하고 무엇을 하려고 하는지 알 수 있다고 하며, 가족보다 더 따뜻하게 동생을 구조하고 보호해준 중국 측에 깊이 감사한다고 밝혔다. 중국의 세심한 배려를 직접 겪은 마쓰다 대원은 중국 대원으로부터 아무런 대가를 바라지 않고 오직 사람을 소중히 여기는 인도주의를 느꼈다고 했다. 또한 일본에 돌아가면 중국과 일본의 우호 관계를 위해 공헌할 것이며, 사고로 잃은 손에 인조 손가락을 달아 결혼도 하고 훗날 아내와 함께 반드시 중국을 다시 찾아서 자신을 구해준 중국인들에게 감사 인사를 하고 싶다는 뜻을 전했다. 이 일로 일본 이치카와시는 우라타 노부하루 부시장을 비롯한 감사단을 조직, 중국에 파견하여 감사하는 마음을 전했다. 또한 중국 지도자급 인사가 일본을 방문했을 때에도 일본의회는 전 일본인을 대표하여 감사를 표했다.

4. 중국 등산 산업 발전 촉진

중국은 입산 개방 후 등산 여행 사업이 본격적으로 발전했고, 이때부터 과거 폐쇄적인 모습에서 벗어나 더욱 적극적으로 해외 등산계와 우호 관계를 수립하기 시작했다. 이 덕분에 선진국의 등산 관련 지식 전반과 기술을 습득하기가 훨씬 유리해졌다. 중국의 한 등반가에 의하면, 예전에는 등반기술을 배우러 직접 돈을 들여서 공부해도 부족한 부분이 많았는데, 요즘에는 오히려 해외 등반가가 돈을 내고 중국에 들어와 가르쳐주니 중국 등산계에 크게 도움이 된다고 했다. 수많은 외국 등반가가 중국을 찾아 산에 오르니 중국 역시 시야를 넓혀 외국 등산의 발전 추세와 중국의 현주소를 파악할 수 있었다. 자연히 중국 등반가들은 외국 등반가를 안내하고 그들과 함께 산에 오르면서 등산활동을 어떻게 조직하는지, 외국의 선진 등반기술을 어떻게 도입하여 체득하고 발전시킬지 크게 관심을 가지고 고민했다. 장기적으로 중국 등산 산업을 개선하고 더욱 발전시키기 위해 중국이 스스로 각성하고 노력하는 계기가 된 셈이다. 중국은 자금을 모으고 외국의 선진 등반기술을 적극적으로 도입하고 습득하는 등, 등산 산업 발전을 위해 더 적극적으로 노력했다. 이러한 중국의 변화에 스잔춘은 '국내 등산 발전을 위해 해외 등반가의 입산 허가를 지속해야 한다.'라고 견해를 밝혔다.

제3절

국제 등산 교류

중국 등산협회는 국제무대에서 등산 교류 활동을 더욱 활발하게 펼쳤다. 중국 등산협회는 분야별로 대표단을 조직해서 세계 각지에 파견하여 등반과 관련한 각종 조사 및 연구 활동을 진행했다.

1977년, 중국 등산협회 회장 한푸둥과 부회장 스잔춘은 이란을 방문하여 초모룽마 합동등반 및 훈련과 관련한 일정을 상의하고 조율했다.

1978년 5월 29일부터 6월 4일까지, 중국 등산협회는 한밍양을 주축으로 대표단을 조직하여 네팔에 파견했다. 5월 29일, 네팔의 키르티 니디 비스타 총리는 판톡, 소남뤄뽀, 취인화 등 중국 등반대원을 직접 접견했다.

1979년 4월 2일부터 4월 15일까지, 중국 등산협회 부회장 쉬징과 왕전화 두 명으로 구성된 조사팀은 네팔 현지에서 등산 여행 실황을 조사했다.

1980년 9월 1일부터 18일까지, 차오자친喬加欽을 대표로 한 중국 등산협회 대표단이 일본을 방문했다.

1981년 1월 15일부터 1월 24일에 쉬징과 자오췬은 독일연방 등산 클럽과 등산 스키학교에서 초청을 받아 독일을 방문됐다. 독일 등산계는 자국을 방문한 중국 등반대에 지대한 관심을 가지고 중국 대표단을 맞이했다. 쉬징과 자오췬은 독일에 머무르는 동안 등산과 등산 여행 연례회의 및 독일연방 등반대 시샤팡마 등정 영상 개봉 행사에 참석했다. 이들은 각종 대회에서 연설하고 시샤팡마에 오른 독일 대원들에게 증명서를 수여했으며, 중국 등산협회 기념 깃발과 각종 기념품을 증정했다. 대표단은 뮌헨 등산 스키학교 측과 중국 내에서 진행하는 등산활동 관련 의정서를 다섯 건이나 체결했다. 또한 독일에 머무르는 동안 기자회견을 열어서 중국 입산 허가 비용이 비싼 이유 등을 설명하는 자리를 가졌다.

1981년 12월 2일에서 18일까지, 스잔춘과 위량푸 등 중국 등산협회 대표단은 미국의 초청을 받아 로스앤젤레스에서 열린 미국 고산 클럽 주재 연례회의에 참석했다. 대표단은 미국 등산학교와 스키학교, 등산 여행사 및 등산장비 공장을 방문했다. 스잔춘은 회의석상에서 중국이 개방한 고산 및 향후 계획을 소개하고, 중국 등반대가 1975년 초모룽마 정상에 오를 때 촬영한 영상과 해외에 개방한 산 13곳의 모습을 담은 영상을 소개했다. 미국 고산 클럽은 각부 이사회 회의를 거쳐 스잔춘을 미국 고산 클럽 명예회원으로 임명했다. 미국의 레이건 대통령도 연회에 참석할 예정이었으나 업무상 이유로 참석하지 못해서 미국 내무부가 대신 축하 인사와 중국 대표단을 환영하는 내용이 담긴 서신을 낭독했다.

1981년에는 중국 관계 기관 소속 등반대가 영국과 일본 등 여러 나라를 방문했다. 또한 네팔 관광청 소속 대표단 5명이 중국을 방문했다.

1982년 4월 19일부터 5월 19일까지, 중국 등산 조사팀은 미국을 방문하여 등반과 관련한 각종 조사활동을 펼쳤다.

1982년 10월 9일부터 21일까지, 중국 등산협회 회장 차오자친을 단장으로 한 대표단 세 명은 네팔 등산협회의 초청을 받아, 네팔 카트만두에서 열린 UIAA[75] 설립 50주년 기념행사 및 제44회 연회에 특별 대표단 자격으로 참석했다. 네팔 국왕은 행사 기간 동안 각국 등산 전시회에 참가하며 대표단과 만나 인사를 나누었고, 네팔 총리는 개막식에 참석하여 축하 연설을 했다. 중국 대표단은 각국 등산계 인사들과 교류하며 친분을 쌓아갔다. 특히 스위스와 인도 등은 중국 측과 긴밀한 관계를 지속하기를 적극적으로 바랐

75 국제산악연맹Union Internationale des Associations d'Alpinisme의 약자

다. 또한 국제 등산연맹 부책임자를 비롯한 국제 등산연합 회원국에서도 중국이 국제 등산연합에 가입하기를 바랐다. 네팔 기자는 이에 대한 중국 측의 의견을 듣고자 인터뷰를 진행하기도 했다.

1983년 7월 29일부터 8월 11일까지, 중국 등산협회 부회장 스잔춘을 중심으로 조직한 중국 대표단이 일본을 방문했다.

1984년 6월 2일부터 8일까지, 중국 스포츠의학 전문의 웡칭장은 일본의 국제 등산 의학토론회에 참가했다.

1984년 7월 7일부터 22일까지, 중국 등반가 4명은 프랑스 등산협회에서 조직한 국제 등반모임 축하 행사에 참석했다.

1984년 7월 14일부터 28일까지, 티베트 체육위원회 주임 뤄쌍다와를 단장으로 한 중국 등산 대표단 10명은 오스트리아 등반가 마르크스 슈무크의 초청을 받아 오스트리아를 방문했다. 대표단은 오스트리아 측의 따뜻한 환대를 받으며 하계 스키센터와 등산학교를 참관했으며, 특히 등산학교를 중점 탐방했다. 또한 초보자를 위한 암벽등반 교실, 군대의 빙설기술훈련과 지방 구급대원들이 헬리콥터로 고산지역 구조활동을 펼치는 모습도 참관했다. 그리고 잘츠부르크 지부를 방문해서 오스트리아의 세계적인 명산 관련 자료 및 등산 관련 각종 교재를 살펴보았고, 1830년부터 지금까지 100여 년의 역사를 자랑하는 등산연감을 전시한 도서실을 방문했다. 중국 대표단은 오스트리아 수도 빈Vienna에서 오스트리아 문화부 장관 및 오스트리아·중국 우호협회가 공동 주관하는 연회에 참석하여 친분을 나누었다. 당시 잘츠부르크 주지사는 중국 대표단을 만나 환영회를 열었고, 잘츠부르크 시장 역시 참석하여 대표단을 반갑게 맞이했다. 대표단이 가는 곳마다 현지 신문사와 방송국을 비롯한 각종 언론매체에서 찾아와 인터뷰하고 중국 대표단의 행보를 보도했다.

1986년 8월 11일부터 17일까지, 중국 등산협회 회장 스잔춘과 부회장 쉬징 등 3인은 일본 마쓰모토시에서 열린 국제 등반가 모임에 참석해 학술연설을 했다.

1986년 12월 12일부터 29일까지, 중국 등산협회 대표단은 네팔 카트만두에서 진행된, 국제등산연합회에서 조직한 등산 자연환경 보호 회의에 참가했다.

중국 등산협회는 국제산악연맹에 가입했다. 중국 등산계는 이를 계기로 국제 등산계와 적극적으로 교류하기 시작했다.

1985년, 스잔춘을 비롯한 중국 등산협회 대표단은 베네치아에서 열린 국제산악연맹 연례대회에 처음으로 참석했다. 대만 등반대도 참관인 자격으로 이 대회에 참석했다. 연례대회에서의 국가별 국기, 휘장 및 나라별 입장 순서는 올림픽위원회에서 규정한 순서대로 진행했다. 국제산악연맹은 등산 관련 조직 중 가장 권위 있는 조직이다. 중국 등산협회가 국제산악연맹 회원국으로 가입하면서 중국 등산계는 세계적으로 더욱 인정을 받았다. 또한 국제산악연맹이라는 큰 가족의 일원으로써 더욱 적극적으로 등반활동을 펼칠 계기를 마련했다.

1985년부터 중국 등산협회는 매년 국제산악연맹에 대표단을 파견해 연례회의에 참석하도록 했다.

1986년에 스잔춘 등 중국 등산협회 대표단 일행은 뮌헨에서 열린 국제산악연맹 연례회의에 참석했다.

1987년에 왕평퉁 등 중국 등산협회 대표단 일행은 캐나다에서 열린 국제산악연맹 연례회의에 참석했다.

1989년에 스잔춘 등 중국 등산협회 대표단 일행은 뉴델리에서 열린 국제산악연맹 연례회의에 참석했다.

1990년에 왕펑퉁 등 중국 등산협회 대표단 일행은 네덜란드에서 열린 국제산악연맹 연례회의에 참석했다.

또한 이 시기부터 중국은 해외 등산계와 새로운 형식으로 교류하기 시작했다.

나가노현은 일본의 등산기술훈련 중심지로, 등산기술훈련 분야에 풍부한 경험과 경력을 가진 실력자가 많이 모인 곳이다. 일본은 방어 등반기술 강의 및 실전훈련의 중요성을 강조하며, 안전성이 보장되어야 보다 효율적인 등반이 가능하다고 했다. 또한 충분한 준비 과정을 거쳐서 과학적이고 체계적으로 훈련 커리큘럼을 세워야 하며, 간단한 기술부터 어렵고 복잡한 기술까지 점진적으로 훈련을 해야 훈련성과를 극대화할 수 있다고 강조했다. 그리고 전반적인 훈련과정에서 코치와 훈련생 간 기강을 중시했다. 중국은 일본이 그간 쌓아온 경험과 그들만의 훈련 방식이 상당히 본받을 만한 가치가 있다고 여겼다. 중국 등산협회와 일본 나가노산악협회는 양국 국가 체육위원회의 비준을 얻어 일본 나가노에서 등산기술 합동훈련을 하기로 했다.

1981년에 일본 나가노에서 1차 합동훈련을 진행했다.

1982년에 중국 신강위구르자치구 보거다봉 인근에서 2차 합동훈련을 실시했다.

1983년에 일본 나가노에서 3차 합동훈련을 실시했다.

1984년에 중국 아니마칭 인근에서 4차 합동훈련을 실시했다.

1985년에 일본 나가노에서 5차 합동훈련을 실시했다.

1986년에 중국 창체 인근에서 6차 합동훈련을 실시했다.

1987년에 일본 나가노에서 7차 합동훈련을 실시했다.

1988년에 중국 회유구 인공 암벽장에서 8차 합동훈련을 실시했다.

1989년에 일본 나가노에서 9차 합동훈련을 실시했다.

제14장

남차바르와에 오르다

—

중국 등반대는 1983년에 남차바르와南迦巴瓦峰, Namjagbarwa를 정찰할 당시 사천성 북쪽을 가로지르는 남산맥 최고봉인 나이펑봉乃彭峰, Naipeng Peak, 7,043m까지 올랐다. 이후 1984년 2월에서 4월 사이에 남차바르와를 공식 등반했다. 그러나 여러 가지 이유로 등정에 성공하지 못했다.

제1절

남차바르와 정찰과 나이펑봉 등정

남차바르와Namjagbarwa는 해발고도가 7,782m이며 히말라야 동쪽 끝자락에 있는 산이다. 북위 29° 37′ 51″, 동경 95° 3′ 31″로 중국 티베트자치구 미림현米林縣, 임지현林芝縣, 묵탈현墨脫縣과 가깝다. 브라마푸트라강 하류 대협곡 중앙에 있으며, 북쪽으로는 니엔첸탕글라, 동쪽으로는 니엔첸탕글라를 기점으로 형성된 횡단산맥과 가깝고, 거대한 산맥과 수계가 굽어지는 중심 지점에 우뚝 솟았다. 남차바르와의 남봉은 히말라야산맥에 존재하는 해발 7,700m가 넘는 산 중에서 유일하게 사람의 발길이 닿지 않은 산이다. 산의 위치와 지형적 특성이 어우러져 형성된 동식물, 지리, 빙하, 기상 등 각종 특수한 생태환경 덕분에 중국은 물론이고 해외 여러 등산계와 학계가 오랫동안 이목을 집중한 곳이기도 하다. 중국이 해외 등반가에게 입산을 허용한 이후 일부 국가에서는 남차바르와부터 속히 개방해달라고 요구하기도 했다.

중국 등반대가 1977년에 포베다에 오른 후에는 국가예산을 절감하고 외화수입을 늘려서 경제회복을 도모하기 위하여 대외 입산 개방 작업에 수많은 인력과 기술을 투입했다. 이 때문에 중국 내 등산활동을 일시적으로 중단하기도 했다. 이후 체육위원회와 과학연구원은 등산 산업 발전을 촉진하고 등산운동의 새로운 도약기를 맞이하기 위해서 남차바르와를 등반하기로 했다. 남차바르와를 등반하면 티베트자치구에 매장된 천연자원을 합리적으로 개발하고 보호하기 위한 과학적 근거를 찾아 동 히말라야산맥 연구의 공백을 메울 수 있는 한편, 히말라야산맥의 지질 역사 및 생물구계[76]의 특징과 자연지대 형성 등 각종 과학연구자료를 확보하여 과학연구를 진행할 수 있다는 점에서 그 의미가 크다.

1982년 4월 30일, 국무원은 남차바르와 등반 안건을 비준했다.

1983년 1월, 국가 체육위원회와 티베트자치구는 남차바르와

---

76 생물구계生物區系는 생물이 적응하는 자연조건을 따라 구분한 지리학적 단위이다. 동물상動物相과 식물상植物相에 따라 지리상의 특징이 다르므로 동물구계와 식물구계로 나눈다.

등반대를 정식으로 조직했다. 남차바르와 등반대 대장은 왕전화, 부대장은 쌍줍과 청톈량이 맡았다. 남차바르와 등반대는 국가 체육위원회 소속 등반대와 티베트체육위원회 소속 등반대를 중심으로 구성했으며, 신규 대원도 다수 선발했다.

남차바르와 등반대는 3년 안에 남차바르와를 등정하기 위해 계획을 세웠다. 우선 1983년에는 정상까지 이르는 루트를 탐색하고 캠프를 세울 위치를 선정하는 등 심도 있는 정찰 임무를 수행하고, 전 대원을 대상으로 등반훈련을 하도록 했다. 이후 1984년에는 2월부터 5월 안에 남봉을 등반하고, 1985년에는 정상등반을 대비해 체력을 비축하도록 한다는 내용이었다.

티베트 등반대는 1981년 초부터 이미 남차바르와에 올라서 정찰했다. 1982년 봄에는 국가 체육위원회 등반대에서 별도로 대원을 파견하여 남차바르와 남봉을 정찰했다. 두 차례에 걸쳐 정찰한 결과를 토대로 남차바르와 등반 난제를 다음과 같이 정리했다.

1. 상대고도 차가 크다

   남차바르와 서벽을 예로 들면, 산기슭 아래 해발 3,000m 평지부터 해발 7,782m 정상까지 표고차가 4,782m나 된다. 이는 중국 등반대가 그동안 올랐던 정상 높이를 모두 합한 것과 비슷하다. 상대고도 차이가 클수록 캠프 설치, 기상조건 파악 및 물자운반 등 각 방면에 문제가 발생할 가능성이 크다.

2. 등반에 적합한 계절을 선택하기 어렵다

   티베트 고원지대의 우기는 동쪽에서 시작해 서쪽으로 옮겨갔다가 다시 동쪽으로 이동하면서 끝난다. 이에 따라 남차바르와 남봉은 사실상 4월 중순에 우기가 시작해 10월 중순에 끝난다. 남차바르와 등반에 가장 적절한 시기는 2월에서 4월 사이인데, 이 시기에는 기온이 매우 낮아서 등반하거나 잠깐 대기할 때 모두 어려움이 따른다.

3. 지형이 복잡하고 등반 난이도가 다소 높다

남차바르와 남봉은 산 자체 규모도 상당히 클 뿐더러 매우 험준하다. 특히 정상은 지형이 매우 뾰족하고 가파르다. 빙하 낙차가 얼음 폭포 지역보다 더욱 큰데다가 암벽 경사도 크고 곳곳이 산산조각이 날 정도라 등반하기 매우 까다롭다.

남차바르와 등반이 무엇보다 어려운 이유는 두 차례나 정찰했음에도 불구하고 정상까지 이르는 루트를 제대로 파악하지 못했기 때문이다.

1983년 2월, 남차바르와 등반대는 정찰대를 다시 조직해서 남봉으로 떠나 세 번째 정찰을 시작했다. 정찰대는 우선 나이펑봉의 서측과 남서측을 거치는 등산로 여섯 곳을 파악하여 나이펑봉 남서쪽 절벽을 정상 공격 루트로 최종 결정했다.

나이펑봉은 남차바르와 남쪽에 있는 봉으로 해발고도는 7,043m이다. 이곳은 남서쪽 산마루에서 남봉에 오를 때 반드시 거쳐야 하는 곳이다. 남서쪽 절벽 구간 중 해발 5,010m부터 5,450m까지는 암석과 빙설 혼합지대로 위쪽에서 눈이 끊임없이 쏟아지곤 했다. 해발 5,200m 부근에는 높이가 30m 정도 되는 기다란 절벽이 있는데, 그중 5-6m 정도는 경사가 80도나 될 정도로 매우 가파르다. 해발 5,300m 이상 루트는 빙설 칼날능선을 따라 쭉 이어지는데, 평균 경사도가 47도 정도이고, 가장 가파른 곳은 약 65도에 이른다. 해발 5,450m에서 나이펑봉까지 이르는 루트는 거의 빙설지대이며 크레바스와 심곡이 곳곳에 분포한다. 등반 루트만 놓고 보면 고산지대의 특징이 대부분 드러난데다 지형마 저 매우 복잡하다. 중국 등반대는 그동안 수많은 고산에 올랐지만 이 정도로 까다롭고 어려운 산은 거의 본 적이 없었다.

4월 20일, 린칭푼쵸, 쑹즈이, 샤오쟈뽀, 왕둬吧多, 치린다끼, 텐 쩐다끼, 켈쌍 등으로 구성된 공격대는 해발 4,800m에 있는 2캠프 에서 출발했다. 공격대는 오후 4시 17분경 나이펑봉 서남릉 인근 해발 6,000m에 공격 캠프를 세웠다.

4월 21일, 공격대는 공격 캠프를 떠나 정상으로 향했다. 11시 간도 넘게 강풍과 폭설을 무릅쓰고 계속 오른 끝에 오후 6시 25분 경 공격대 대원 모두 나이펑봉 정상에 올랐다.

4월 22일 새벽 2시 30분, 공격대는 밤새도록 하산하여 해발 6,000m 공격 캠프에 도착했다. 이어서 오후 7시경 해발 3,500m 베이스캠프에 무사히 다다랐다. 공격대는 장장 35시간 동안 정상 에 올랐다가 다시 베이스캠프로 돌아오는 등 쉬지 않고 등반했다.

남차바르와 등반대 정찰대는 이번 정찰에서 해발 7,043m 나 이펑봉에 처음으로 올랐고, 이듬해 남봉 등반 루트를 파악하고 캠 프 설치지역을 정하는 등 적잖은 성과를 이루었다.

남차바르와 등정에 실패하다

나이펑봉 등정 이후, 남차바르와 등반대는 각 대원의 컨디션과 남차바르와 등반 난이도를 고려해서 보다 강도 높은 훈련을 실시했다. 정상 등반에 투입될 대원은 1983년 여름에 일본으로 건너가서 암벽등반기술을 배웠다. 같은 해 가을에는 전 대원이 사천성 송반현松潘縣에서 고급 기술훈련을 받았다. 일본에서 초빙한 코치가 직접 대원들에게 기술을 전수하기도 했다. 이후 대원들은 곤명으로 이동하여 체력과 실력을 끌어올리는 신체훈련 위주의 동계훈련을 실시했다. 대원들의 체력을 항목별로 조사해본 결과, 훈련수준 및 성과가 초모룽마 등정 이전 기준을 이미 충족하거나 훨씬 능가할 정도였다.

등반대는 남차바르와에 본격적으로 오르기 전에 처음에 세워둔 계획대로 정찰대를 다시 조직해서 1983년 가을에 남차바르와 남봉을 정찰했다. 이 덕분에 현지 기상상황 등 각종 상황을 보다 자세히 파악할 수 있었다. 필수물자 준비와 관련한 작업도 순조롭게 진행했다.

대원들은 등정 효율성을 높이기 위해 남차바르와 등반대를 재배열했다. 왕전화가 대장을 맡았고, 쌍줍, 청톈량이 부대장을 맡았다. 등반 본대 대장은 린칭푼쵸가, 본대 부대장은 쑹즈이가 맡았다. 전체 대원 수는 35명이었고, 그중 여성 대원은 총 4명이었다.

1984년 2월 29일, 곤명을 떠난 남봉 등반대는 성도와 라싸를 지나 3월 14일 남차바르와 아랫자락에 도달했다. 대원들은 강풍을 무릅쓰고 해발 3,520m까지 오른 뒤 베이스캠프를 세웠다.

3월 17일, 왕전화, 쌍줍, 청톈량을 중심으로 첫 번째 등반을 시도했다. 대원들은 해발 4,300m까지 올라 1캠프를 세우고, 베이스캠프와 1캠프를 오가며 등반에 필요한 장비와 물자 등 자재를 옮겼다.

3월 19일부터 27일 사이에 남차바르와 남봉 일대에 폭설이 내렸다. 남봉 근처는 본래 강수량이 많은 곳인데, 이날에는 눈이 많이 내려서 하늘이 온종일 안개로 뒤덮일 정도였다. 대원들은 계획대로 등반일정을 소화하기 위하여 바람에 맞서서 눈을 맞으며 허리까지 차오르는 눈을 밟고 한 걸음씩 힘겹게 옮겨 앞으로 나아갔다. 3월 25일, 대원들은 해발 4,900m까지 올라 2캠프를 세웠다.

3월 28일에 날씨가 좋아지자, 대원들은 청톈량과 쑹즈이의 지휘에 따라 2캠프에서 3캠프까지 이르는 길을 정비했다. 2캠프에서 3캠프에 이르는 구간은 남차바르와 등반에서 첫 번째 난관이었다. 대원들은 윗부분이 넓고 아래로 갈수록 좁아지는, 표고차가 약 300m에 이르는 가파른 눈구덩이를 거쳐 위로 올라갔다. 이 구간은 평균 경사도가 약 47도 정도이며 가장 가파른 곳은 거의 80도에 가까웠다. 매일 오후 눈사태가 발생하며 무너진 눈이 굉음을 내며 폭포처럼 끝없이 흘러내렸다. 대원들은 갖은 어려움을 극복하며 가파른 언덕에 안전 로프 12개를 설치했다. 30일, 대원들은 해발 5,600m에 3캠프를 세웠다.

3월 31일, 등반대장 린칭푼쵸는 대원들과 함께 4캠프까지 이르는 길을 개척하기 시작했다. 이 구간은 남차바르와 등반일정 중 제2관문이자 몇몇 대규모 빙하의 발원지이기도 하다. 적설두께가

100m를 넘는데다가 빙하 중간에 명암이 뚜렷한 크레바스가 종횡으로 널려 있다. 그중 규모가 가장 큰 크레바스는 너비가 50m나 되어 사실상 얼음협곡이라고 보아도 될 정도였다. 이외에도 등반 루트 곳곳에 얼음언덕이 분포하여 길이 평탄하지 않고 기복이 심했다. 이 때문에 대원들의 체력이 급격히 떨어졌다. 4월 1일, 린칭푼쵸 등 대원은 해발 6,400m에 올라 4캠프를 세웠다.

대원들은 계획한 대로 4캠프에서 나이펑봉 동쪽 방향으로 길을 돌아서 갔다. 나이펑봉 정상에서 아래로 향하는 구간에 넓고 깊은 협곡이 있는데, 암벽이 너무 가파르고 눈사태가 자주 발생해서 도저히 지나갈 수 없었다. 대원들은 이 사실을 나이펑봉 동쪽에 이르러서야 뒤늦게 알았다. 4월 10일, 린칭푼쵸, 진쿤시, 천젠쿤, 치린다끼, 쟈뽀, 지미 대원은 어쩔 수 없이 나이펑봉 동쪽에서 야영할 수밖에 없었다. 대원들은 그곳에 5캠프를 세웠다.

4월 11일 새벽, 린칭푼쵸와 치린다끼 대원은 5캠프에서 출발해 드디어 해발 7,043m 나이펑봉 정상까지 올랐다. 1983년 4월 21일 나이펑봉에 오른 이후 두 번째 등정이다. 린칭푼쵸와 치린다끼는 나이펑봉 북측에서 약 두 시간 동안 산 아래를 살폈다. 자세히 보니 나이펑봉 정상 양측 산등성이에 눈 처마가 튀어나왔다. 남쪽 산등성이의 남동쪽 비탈길에 대규모 눈사태로 눈이 없어진 듯했다. 아래를 보니 역시 대규모 눈사태 흔적이 남아 있었다. 게다가 산등성이 암벽 일대에 얼음 기둥과 눈 기둥이 수없이 많이 나 있어 불시에 붕괴될 가능성이 컸다. 암벽에 피톤을 박거나 구멍을 뚫어 기둥을 없애거나 암석 표본을 채취한다면 그 충격으로 눈사태가 일어날지도 모를 일이었다. 눈 언덕의 경사각은 60도 정도인데, 그 위에 경사각이 70도가 넘는 암벽이 300미터 정도 이어진다. 이 암벽을 오르려면 고도의 기술과 체력이 필요하다. 하지만 당시 대원들은 이미 체력을 너무 많이 소진해버려서 해발고도가 높고 가파르기까지 한 암벽을 오르기는 무리였다. 게다가 나이펑봉 아래에는 200미터 정도 되는 설벽이 있는데, 등정 후 하산할 때 반드시 이곳을 거쳐야만 했다. 정상에 오르며 이미 체력을 크게 소진한 상태에서 또다시 이 벽을 지나기란 사실상 거의 불가능할 정도로 험난한 코스였다. 혹시라도 예상치 못한 사고가 생기거나 동상에라도 걸린다면 더욱 지나가기가 힘들다. 남봉 등반대는 이러한 상황을 고려해서 결국 남차바르와 서남벽 등반 루트를 포기한 채 전원 베이스캠프로 철수하기로 했다.

대원들은 베이스캠프에서 상황을 전면적으로 재분석한 후에 우선 북서 산등성이에서 정상까지 통하는 루트부터 다시 정찰하기로 했다. 이에 4월 22일부터 북서벽 루트 두 곳을 정찰했다. 그 결과, 두 루트 모두 등반 난이도가 상당히 높아서 쉽게 오를 수 없었다. 게다가 남차바르와는 이미 우기에 접어들었고 등반에 필요한 물자나 식량 등도 대부분 소진했기 때문에 이해 봄이 가기 전에 남차바르와 등정을 강행하기는 상당히 무리였다. 5월 9일, 남차바르와 등반대는 결국 정식으로 등반일정을 종료하고 철수했다.

남차바르와 남봉 등반대가 이번 등반에 실패한 원인은 다양했다. 객관적인 요인을 살펴보면, 우선 남봉 지형이 너무 가파르고 험준한데다 기상조건도 나빴고 우기마저 예상보다 빨리 시작했다. 한편으로 루트를 더 꼼꼼하게 정찰하지 않은 일 등 등반대원이 정찰 임무와 등반 루트 선정에 소홀했던 과오도 컸다.

남차바르와 등반대는 비록 이번 등반에서 목표를 이루지는 못했지만 등반 과정에 들인 노력은 놀라웠다. 베이스캠프에서 1캠프까지, 1캠프에서 2캠프까지, 그리고 3캠프에서 4캠프까지 이르는 길은 모두 눈이 무릎에서 허리까지 빠질 정도로 깊이 쌓여 있어서 이동하기가 쉽지 않았음에도 꿋꿋이 앞으로 나아가며 루트를 개척했다. 5캠프를 설치한 지대는 천막 천이 갈기갈기 찢어질 정도로 바람이 매우 강했다. 이 때문에 대원들은 할 수 없이 일단 천막을 옆으로 눕히듯 내려놓은 후에, 로프를 이용하여 천을 천막 프레임에 고정하고는 천막을 이불 삼아 덮고 밤을 지새운 날도 있었다. 심지어 그날 밤에는 폭설이 내려서 천막이 거의 파묻히다시피 했다. 어떤 구간은 산세가 칼처럼 가파른 탓에 대원들이 발걸음을 옮길 때마다 특히 주의를 기울여야 했다. 산등성이를 오를 때 마치 산등성이에 걸터앉듯 서서 오르기도 했다. 하지만 등반 루트 난이도 자체가 힘든 편이 차라리 나을지도 모른다. 목숨이 위태로운 순간이 너무 많았기 때문이다. 어떤 날은 2캠프 근처에서 오후 반나절에만 무려 50차례가 넘는 눈사태가 발생했다. 그중 세 차례는 눈사태가 일어난다고 예상한 위험 구역을 채 벗어나기도 전에 발생하여 대원들이 무너져내리는 눈에 파묻혀 한참을 떠밀려오다가 크레바스에 이르러서야 겨우 멈추기도 했다. 캠프에서 불과 몇 십 미터 떨어진 곳까지 어마어마한 눈사태가 덮친 적도 있다.

등반은 여느 스포츠 항목과 마찬가지로 실패와 좌절에서 자유로울 수 없다. 하지만 고난을 딛고 최선을 다한 남차바르와 등반대의 굽히지 않는 의지는 등반의 꿈을 품은 수많은 사람에게 깊은 감명을 주었다. 남차바르와는 등정할 만한 가치가 있는 산이니 중국 등반대는 머지않아 정상에 오를 것이다.

제15장

국제 합동등반

—

1950년대는 중국이 본격적으로 등산활동을 시작한 초기 단계였다. 이 시기 중국 등반대는 소련 등반대의 도움을 많이 받았다. 젊고 혈기왕성한 중국 등반가들은 소련에서 등산과 관련한 여러 지도를 받고 훈련을 하며 중국 태백산에 올랐고, 중국·소련 합동등반대를 결성하여 소련 남서쪽에 있는 엘브루스Mt. Elbrus, 5,642m, 무즈타그, 콩구르튜베, 레닌봉에 올랐다. 이는 중국 등반대가 국제 합동등반대를 조직한 후에 시행한 첫 등반활동이었다. 이러한 등반활동을 통해 중국 등반대는 신체훈련 및 기술과 전술 습득, 실전경험 등 다방면으로 경험을 쌓을 수 있었고, 훗날 중국이 독자적으로 기술력을 향상하며 빠른 속도로 발전하여 세계 등산계에 당당히 얼굴을 내미는 계기가 되었다.

중국은 외국 등반대와 국경 없이 우호 관계를 유지했다. 그러나 꾸준히 유지해야 할 이러한 유대 관계가 국내외 정세 등 여러 이유로 약 20년 동안 중단되기도 했다.

이후 중국은 개혁개방 정책을 펼치며 전보다 더 적극적이고 활발하게 세계 여러 나라와 등반활동을 재개했다. 중국 등반대는 해외 등반대원과 생과 사를 넘나드는 일이 다반사인 고산 탐험을 함께 하며 돈독하게 우의를 다졌다. 또한 해외 등반대와 합동등반을 하며 앞선 등반기술을 끊임없이 배우고 익혔다. 이처럼 중국 등반대가 끊임없이 노력한 덕분에, 이제 막 첫걸음을 내딛기 시작한 등반 초보 국가치고는 상당한 실력을 갖출 수 있었다. 게다가 등반 성과도 훌륭해 등반 때마다 국내외 등산계의 이목을 끌었으며, 나아가 세계 현대 등산계의 발전에 힘을 보탰다.

중국 등산계는 1984년 중·일 합동 아니마칭阿尼瑪卿2봉[77] 등반과 1985년 중·일 합동 나이모나니 등반을 기점으로 각국 등반대와 합동등반대를 결성하여 등반하기 시작했다. 이때부터 중국 등산계는 국제 합동등반이라는 새로운 무대에 올랐다.

제1절

중국·일본 합동등반대, 나이모나니에 오르다

나이모나니納木那尼峰, Mt. Naimonanyi는 해발 7,694m이며, 인도어로 '굴라만다타산'이라고도 한다. 북위 30.4°, 동경 81.3°에 있으며, 중국 티베트자치구 서부 아리지구 보란현普蘭縣에 우뚝 솟은 산이다. 네팔과 인도 국경에 가까우며 히말라야산맥 중간 지점에 있다.

나이모나니 북면에는 카일라스산맥의 주봉인 강린버지봉

---

[77]　6,282m쯤봉, 티베트어로 '아니'는 아름다움을 의미하고, '마칭'은 웅대한 장관을 의미한다.

Gangrenboji peak이 있다. 강런버지봉은 해발 6,656m이며 '신의 산' 또는 '성산'이라고 추앙받는다. 나이모나니와 강런버지봉 사이에는 '성호聖湖'라고 부르는 마나사로와르 호수Lake Manasarovar가 있고, 마나사로와르 호수와 제방 하나를 사이에 두고 '귀호鬼湖'라고 불리는 락샤스탈 호수Lake Rakshas Tal라는 거대한 담수호도 있다. 마나사로와르 호수는 해발 4,588m에 있고 락샤스탈 호수는 해발 4,573m에 있다. 마나사로와르는 티베트어로 '영원히 패하지 않는', '영원히 지지 않는'이라는 뜻으로, 불교의 영원불변의 진리를 반영한 명칭이다. 강런버지봉과 마나사로와르 호수는 그 이름답게 티베트인과 인도 및 네팔 불교도가 매우 신성시하는 성지이다. 매년 수많은 순례자가 먼 거리를 마다하지 않고 네팔과 인도 국경을 지나서 산을 넘고 물을 건너 이곳을 찾는다.

　19세기 중엽부터 수많은 외국 탐험가가 마나사로와르 호수 부근을 탐색하기 시작했다. 1905년에는 영국의 톰 롱스태프Tom George Longstaff[78]가 강런버지를 등정하려고 시도했고, 1936년에는 오스트리아의 디치가 등정하려고 했으나 정상까지 오르지는 못했다. 수많은 사람이 지구상에 존재하는 해발 8,000m가 넘는 수많은 고봉에 올랐지만, 나이모나니를 등정한 사람은 없었다. 전 세계 등반가가 아직까지 사람의 발길이 닿지 않은 산 중 가장 높은 나이모나니에 관심을 가지는 것도 당연했다. 중국이 1980년에 산을 개방하기 시작한 이후부터 나이모나니 입산을 허가해달라는 요청이 끊이지 않았다. 특히 일본이 상당히 적극적이었다. 그러나 당시 나

78　1875-1964, 영국 산악회 회장1947-1949, 의사이자 등반가. 1907년 인도 히말라야 트리술Trisul 등반에서 7,000m를 최초로 올라가서 유명해졌다.

이모나니는 중국이 개방을 허용한 지역에서 제외된 곳이어서 중국은 입산 허가 요청을 매번 거절했다.

1983년 11월 28일에 일본 도쿄대학교 학생 산악회, 도시샤同志社대학교 산악회 및 도쿄부府 일본·중국 우호협회는 당시 일본을 공식 방문하고 있던 중국 공산당 중앙총서기관 후야오방胡耀邦에게 서신을 보내, 중·일 합동등반대를 결성하여 나이모나니에 함께 오르자고 요청하기도 했다.

중국 등산협회는 중국 국가 체육위원회와 외교부 및 국무원의 비준을 받아 일본 대표단을 중국에 초빙했다. 두 나라 대표단은 1984년 1월에 북경에서 합동등반대 조직과 등반대의 규모와 관련한 사항을 의논했다. 대표단은 4월에서 5월 사이에 합동정찰대를 조직하여 나이모나니를 정찰하고, 이어서 4월에서 6월 사이에 정식 등반을 하기로 잠정 결론을 내렸다. 또한 우선 정찰이 끝나면 그 결과를 토대로 구체적인 등반계획을 세우기로 협의했다.

류다이劉大義 대장과 일본의 이노우에 지로井上治郎 부대장을 중심으로 조직한 중·일 합동정찰대 대원 20명은 1984년 4월 8일부터 6월 8일까지 나이모나니를 정찰했다. 정찰대는 해발 6,000m가 넘는 곳을 수차례 오르며 임무를 원만하게 완수했다. 정찰 과정에서 해발 6,446m까지 오르기도 했다. 정찰대는 베이스캠프 및 고소캠프 설치 예정지를 선정하고 구체적인 등정 시기를 결정하는 등 굵직한 일정을 조율했다. 또한 양국 등반대는 난이도가 중간 정도인 북서릉의 자룽마룽바扎龍瑪龍巴 빙하를 지나는 루트를 따라 등반하자는 데 의견을 모았다.

1984년 6월, 중국 등산협회와 일본의 중·일 합동 나이모나니 등반대 실행위원회 대표단이 북경에 모여서 회담을 했다. 이후 중·일 우호 나이모나니 합동등반대를 정식으로 결성했고, 중국 측 리멍화를 명예 총대장으로 임명했다. 합동등반대 총대장은 중국 등반대원 스잔춘이 맡았고, 부총대장은 중국의 류다이와 일본의 사이토 아츠오齋藤惇夫가 맡았다. 또한 일본의 히라바야시 카츠토시平林克敏[79]가 등반대장을, 사사키 노리오가 일본 측 비서장을 맡았다. 합동등반대 중국 측 행정 책임은 왕펑퉁이, 일본 사무소 책임자는 요시다 아타와가 맡았다.

1984년 7월 14일에 중·일 합동등반대는 일본 도쿄에서 회동해 의정서에 서명했다. 당시 일본 나카소네 총리는 나이모나니 합동등반을 '위대한 사업'이라 칭하며 지대한 관심을 보였다. 일본 총리는 대원들에게 정상에 꽂을 깃발과 '바람과 눈으로 더욱 단결하자.'라고 쓴 친필 휘호를 건네며 등반대의 사기를 북돋웠다. 일본 외무대신은 중국 등산협회 대표단을 따로 초청해 접견하는 자리를 가졌다. 일본 각계에서도 중·일 합동등반에 매우 관심이 컸다. 자민당 요직 인사와 전 일본 외무대신 사쿠라우치 요시오櫻內義雄, 1912-2003를 회장으로 한 후원회를 설립했으며, 당시 교토부립대학교 학장을 위원장으로 한 일본 나이모나니 실행위원회를 구성할 정도였다. 일본 마이니치신문과 마이니치방송사MBS는 일본 등반대에 7천만 엔을 찬조금으로 낼 만큼 관심과 기대가 컸다.

1985년 4월 5일에 중·일 합동등반대는 북경에 모였다. 4월 6일, 중국 등산협회 명예회장이자 중국 인민해방군 참모총장인 양

---

[79] 일본 기록에는 등반대장이 오츠카 히로미大塚博美이고, 카츠토시는 대원으로 기록되었다. 1970년 일본산악회 에베레스트 등반대 대원으로 5월 12일 남동릉으로 등정했다.

더즈가 등반대를 위해 성대한 만찬을 열어서 머나먼 등반을 앞둔 대원들을 격려했다.

4월 11일, 중·일 우호 나이모나니 등반대 대원들은 신강위구르 카슈가르Kashgar 지역에 집결했다.

4월 13일, 중국 대원을 중심으로 구성한 선발대가 카슈가르를 떠나 나이모나니로 출발했다. 선발대는 21일 나이모나니 북서쪽 해발 4,700m에 올라 베이스캠프를 세웠다. 4월 25일, 선발대를 제외한 나머지 중국 대원과 일본 대원 전체가 베이스캠프에 도착했다.

선발대는 며칠 동안 더 정찰하다가 5월 4일쯤에 자룽마롱바 빙하 중간에 있는 호숫가에 전진 캠프를 세웠다.

5월 7일, 합동등반대는 자룽마롱바 빙하 우측과 빙퇴석이 맞닿은 곳에 난 루트를 따라 등반한 후 해발 6,100m 빙퇴석지대에 1캠프를 설치했다. 선발대는 정찰 결과를 토대로 빙하 좌측을 따라 수직으로 올라서 빙하 중간 지점에 이르는 루트를 따라 오르기로 하고는 해발 6,700m에 2캠프를 세웠다.

5월 18일, 합동등반대는 크레바스 지대를 지나 해발 7,260m까지 올랐다. 대원들은 거대한 빙탑 위에 좁게나마 펼쳐진 평평한 지대에 3캠프를 세웠다.

5월 19일, 합동등반대 대장 스잔춘은 베이스캠프에 내려가서 회의를 소집해 정상까지 효율적으로 오를 방법을 구체적으로 논의했다. 스잔춘은 지금까지의 상황을 토대로 중·일 양측 대원 중 운반 임무와 고산 적응훈련에서 뛰어난 기량을 보인 대원을 선발하여 공격대를 조직하자고 제안했다.

"날씨가 좋을 때를 놓치면 안 됩니다. 시기상 5월 24일부터 28일까지가 정상에 오르기에 아주 적합한 시기입니다. 이때를 틈타서 반드시 초반에 성공합시다."

또한 스잔춘은 양국 등반대가 반드시 동시에 정상을 밟아야 한다고 주장했고,[80] 대원들은 만장일치로 동의했다.

5월 25일, 합동등반대 제1공격대 A조 진쥔시, 쟈뽀加布, 마츠바야시 코조, 스이타 케이이치로 그리고 B조 쑹즈이, 치린다끼, 와다 토요지, 스이타 요시하루는 해발 7,420m까지 순조롭게 올라 4캠프인 공격 캠프를 세웠다.

26일 오전 7시 42분, 공격대 B조 소속 쑹즈이, 치린다끼, 와다 토요지, 스이타 요시하루는 순간 풍속이 20m/s나 되는 강풍을 무릅쓰고 정상으로 오르기 시작했다. B조 대원은 우선 해발 7,640m까지 올랐다.

사전에 계획한 대로, A조 대원 진쥔시, 쟈뽀, 마츠바야시 코조, 스이타 케이이치로가 먼저 정상을 공격했다. 대원들은 산등성이를 따라 걷고 바위둔덕을 지나며 발걸음을 이어갔다. 나이모나니의 뾰족한 정상이 바로 코앞까지 다가왔다.

5월 26일 북경시간 기준 오전 11시 45분, 중국 대원 쟈뽀와 진쥔시가 제일 먼저 정상에 올랐다. 뒤이어 마츠바야시 코조와 스이타 케이이치로, 쑹즈이, 치린다끼가 정상을 밟았다. 오후 12시 4분에 맨 뒤에서 영상과 사진 촬영 임무를 맡은 와다 토요지와 스이타 요시하루도 드디어 정상에 올랐다. 대원들은 정상에 양국 국기를 꽂고 정상 등반 기념 촬영을 하며 빙설과 암석 표본을 채취해

80 청수성,《아, 정상이 발아래에 펼쳐졌구나!》,『신체육』1985년, 제7호, p.32-33

채집통에 담았다. 대원들은 정상에서 약 44분 정도 머무르며 임무를 수행한 후에 하산했다.

5월 28일에는 중국 등반대 두 팀 대원 다치미, 양쥬후이, 천젠췐, 차오안曹安, 바오더칭包德卿 등 5명이 나이모나니 정상에 올랐다. 한편, 일본 스미야 히로시 대원이 등반 도중에 갑자기 고산병 증세를 호소했다. 중국 상쯔핑 대원을 대표로 한 합동등반대 대원 8명은 정상 등정 기회를 포기하고 해발 7,400m에 있는 캠프까지 다시 내려가 스미야 히로시 대원을 구조하는 데 힘썼다.

중·일 등반대는 드디어 나이모나니 정상에 올랐다. 산에 오르기 전에 계획했던 '안전·등정·우호' 세 가지 원칙을 모두 준수하며 성공적으로 올랐기에 더욱 의미가 깊었다.

중국과 일본이 처음으로 합동등반대를 결성하고 성공을 거둔 소식은 일본 열도를 뜨겁게 달구었다. 일본 내각 총리대신 나카소네는 중국의 자오쯔양趙紫陽, 1919-2005 총리에게 축하 전보를 보냈다. 나카소네는 양국 등반대 대원이 서로 효율적으로 협력한 덕분에 합동등반에 성공할 수 있었다면서 등반대의 성취를 높이 칭송했다. 또한 합동등반 성공으로 양국의 우호 관계 증진을 위한 새로운 토대를 마련했으니 실로 역사적인 일이라고 평가했다. 재중 일본대사 나카에 요스케도 중국의 후야오방 총서기에게 축하 서신을 보냈다.

일본은 중·일 합동등반대의 등정 성공을 축하하기 위하여 사쿠라우치 요시오 단장을 비롯한 일본 등산원로 대표단과 마이니치신문 및 마이니치방송사 사장을 부단장으로 하는 축하단을 중국으로 파견했다. 중국 역시 축하단과 등반대를 일본 나이모나니 실행위원회가 있는 교토로 파견하여 일본 내 축하 행사에 참여하도록 했다. 중국 대표단은 일본을 방문하는 동안 나카소네 총리, 아베 외무대신, 마쓰나가 히라쿠 문부성 장관을 단독으로 만났다. 중국 대표단은 나카소네 총리를 접견하는 자리에서 나이모나니 등반 시 대원들이 사용했던 피켈과 채취한 정상 암석 표본을 나카소네 총리에게 기념으로 선물했다. 나카소네 총리는 대원들이 준 귀한 선물을 받고는, 그 자리에서 중국의 후야오방 총서기와 함께 등산 피켈을 높이 들어 올리며 대원들의 호의에 화답했다. 또한 21세기에도 중국과 일본의 우호 관계를 계속 이어가자는 뜻을 적극적으로 펼쳤다.

합동등반대 대원을 환영하는 자리에서 상쯔핑이 지휘하는 중국 대원들이 일본 스미야 히로시 대원을 구조했던 감동적인 일화가 가장 큰 화젯거리였다. 스미야 히로시 대원은 고산병을 심하게 앓아 해발 7,400m에서 심한 의식불명 증세를 보였다. 상쯔핑을 비롯한 대원들은 정상에 오를 수 있는 기회를 과감히 포기한 채 스미야 히로시 대원의 구조에 전력을 다했고, 다행히 스미야 히로시는 죽음의 늪에서 벗어날 수 있었다. 이 소식은 일본 전역에 퍼지며 각계각층에 큰 반향을 일으켰고, 중·일 간 우호 관계를 담은 노래가 널리 퍼질 정도로 양국 간 분위기가 한층 고조되었다.

미국·중국 합동등반대, 울루무즈타그에 오르다

울루무즈타그Mt. Ulugh Muztagh[81]는 해발 6,973m로 티베트자치구 북부 고원지대와 신강위구르자치구 아이금산 자연보호구 사이에 있다. 북쪽으로는 신강위구르자치구 반과현과 신과현 사이에 있어 두 개 자치구의 4개 현이 만나며 천연 분수령을 이룬다. 울루무즈타그는 곤륜산맥 동쪽에서 가장 높은 산이기도 하다. '울루무즈타그'는 위구르어로 '얼음산' 또는 '위대한 산'을 의미한다.

약 2억 년 전 울루무즈타그 일대는 지중해 북쪽 해안가였다. 이후 강한 지각변동으로 해수면이 하강하며 해발고도가 높아졌다. 울루무즈타그 일대 조산운동은 오늘날까지도 활발하게 진행 중이다. 울루무즈타그 주변 약 1,200km² 범위 안에는 해발 6,000m가 넘는 고산이 54좌나 있는데, 그중 울루무즈타그의 해발고도가 가장 높아서 군계일학다운 위용을 자랑한다.

울루무즈타그는 습기가 많은 기류를 막을 수 있는 고산 지형 특성 덕분에 현대 빙하의 중심지가 되었다. 울루무즈타그에 분포하는 현대 빙하의 총면적은 약 700km²에 이르며, 가장 긴 빙하는 약 18km에 달한다. 빙하층이 가장 두꺼운 곳은 약 300m에 이른다. 타클라마칸사막을 촉촉하게 적셔주는 남쪽 끝자락 카르칸강Qarqan River의 발원지가 바로 이 울루무즈타그 북서 빙벽의 거대한 얼음 저수지이다.

울루무즈타그는 특수한 지리적 위치와 열악한 환경조건 때문에 사람의 손이 거의 닿지 않아서 오늘날까지 원시 생태계의 모습을 거의 유지하고 있다. 수많은 해외 연구자와 등산가, 탐험가가 오랫동안 울루무즈타그 일대를 눈독 들였지만 그 누구도 등정하지 못했다. 기록에 따르면 1876년에 울루무즈타그와 아이금산을 잇는 길을 처음으로 발견했고, 1893년에는 울루무즈타그에서 떨어진 고원에서 겨울에도 얼지 않는 아치크 호수Aqqikkol Lake를 발견했다. 이후에도 수많은 사람이 이곳을 찾아 각종 활동을 벌였지만 울루무즈타그에 오른 사람은 아무도 없었다.

1984년 여름에 신강위구르 등산협회와 중국 과학원 신강 분원 및 신강환경보호청 관련 인사들은 두 차례에 걸쳐 울루무즈타그를 정찰하며 지형과 기후의 특징, 입산 루트 등 관련 정보를 많이 얻었다. 이 정보는 훗날 미국·중국 합동등반대의 등정 및 울루무즈타그 일대의 과학연구를 위한 든든한 바탕이 되었다.

1985년 8월 6일에 미국·중국 합동등반대를 정식으로 결성했다. 합동등반대는 등반대 소개를 비롯해 향후 등반일정 발표를 위하여 기자회견을 열었다. 합동등반대 중국 측 명예회장과 명예대장은 신강위구르자치구 주석과 신강위구르자치구 위원회 부서기가 각각 맡았고, 미국 등반대 명예회장은 당시 미국 부대통령인 조지 부시가, 명예등반대장은 미국 상원의원이자 워싱턴주 주지사 대니얼 에반스가 맡았다. 중국 측 총대장은 중국 전국체육총회 신강지부 회장이자 신강위구르자치구 체육위원회 당조 서기인 뤼밍이 맡았고, 부총대장은 중국 등반대 및 신강 등반대 수석코치이자 신강 등산협회 고문인 왕전화가 맡았다. 또한 미국 등반대 부총대장은 미국 알파인클럽 회장 로버트 베이츠 박사가 맡았다.

중국 측 등반대장은 신강등반대 대장 전시린한족이 맡았다.

미국 측 등반대장은 전前 미국산악회 회장 니콜라스 클린치 Nicolas Clinch[82]가 맡았다.

중국 측 등반대원은 저우싱리한족, 후펑링胡峰嶺, 한족, 장바오화 張寶華, 한족, 아이리푸타지크족, 우첸싱鄔前星, 한족, 마이마이티위구르족, 왕용한족, 진광한족, 파이즈리위구르족, 아다라시카자흐족, 장루이한족, 장 즈광한족, 마무티馬木提, 위구르족, 웨이닝한족이었다.

미국 측 등반대원은 토머스 혼비등반대장,[83] 피터 휴엔유명 등반가, 피터 모나물리박사, 지구물리학 교수, 제프 포드등반가, 사진사, 데니스 하이 넥등반가, 클라크 버츠필구조지질학 박사, 교수이었다.

미국·중국 합동등반대는 9월 21일에 우루무치를 떠난 후에 신 강위구르를 거쳐서 청해성 쪽으로 돌아서 울루무즈타그로 향했 다. 이는 중국 등산 역사상 가장 긴 입산 여정이었다. 합동등반대 는 신강위구르 중부의 쿠얼러를 떠나 중국에서 가장 큰 사막인 타 클라마칸사막 북동쪽을 따라서 전진하다가, 이어서 중국 현縣 중 에서 가장 면적이 넓은 약강현 방향으로 돌아서 갔다. 대원들은 약 강현에 이어서 중국에서 가장 큰 석면광산인 청해성 화애 석면광 산을 지났다. 이후 대원들은 중국에서 가장 큰 자연보호구역인 아 이금산 자연보호구阿爾金山自然保護區[84]에 진입하는 등 중국에서 규

---

82   1930- , 1958년 히든피크가셔브룸1봉. 8068m 초등대를 지휘하여 셰닝Schoening과 카우프만 Kauffman을 정상에 올려 세계 최강국 미국의 체면을 세웠다. 1955년 남미 페루 서부의 푸 카지르카Pukajirka, 6,039m 2·3봉을 초등, 1960년 마셔브룸1봉Masherbrum, 7,821m을 등정하고, 1966년 남극대륙의 빈슨 매시프Vinson Massif, 5,140m 원정대를 지휘하여 셰닝과 에반스의 초등정을 성공시킨다. 저서로는 히든피크 초등 기록『A walk in the Sky』Mountaineers Books, 1982년가 있다.

83   의학박사, 시애틀워싱턴대학 의과대학 생물·생리학 교수

84   총 면적은 44,940km², 평균 해발은 4,000m이다. 이곳은 사방이 높은 산으로 둘러싸여 있으며, 현대 빙하, 카르스트 지형, 고원 호수, 고원 사막 등이 있다.

모가 크기로 손꼽히는 지역을 수없이 거쳐 갔다.

합동등반대는 10월 2일에 우루무치를 떠나 약 1,000km가 넘는 대장정을 마치고 울루무즈타그 아래 해발고도가 약 5,400m 정도인 월아계곡에 도착한 후에 베이스캠프를 세웠다.

10월 5일에 합동등반대는 현지적응을 위한 등반과 훈련을 시작하며, 고산등반에 필요한 물자를 옮기고 루트 정찰도 함께 진행했다.

10월 7일에 합동등반대는 울루무즈타그 남동쪽 산기슭 인근에 있는 '월아빙하' 부근에 1캠프를 세우고, 약 1t에 이르는 식량과 등반장비 등 물품을 캠프에 비축했다.

10월 11일에는 해발 5,800m에 2캠프를 세우고, 이어서 해발 6,300m까지 올라 3캠프를 세울 장소를 선정했다.

10월 18일에는 제1제대 대원들이 2캠프를 떠나 해발 6,300m까지 올랐고, 얼음언덕 위에 3캠프를 세웠다. 이날 제2제대 대원은 2캠프에 비축해두었던 물자 일부를 3캠프로 옮기기 시작했다. 제3제대 대원도 베이스캠프에 비축했던 물자를 2캠프에 옮겼다.

10월 21일, 후펑링 대장을 비롯한 대원 8명은 해발 6,500m까지 올라 4캠프를 세웠다. 그러나 순조로웠던 등반일정에 제동이 걸렸다. 전시린 등반대장과 촬영담당 동젠빈 대원이 심야에 3캠프에서 4캠프로 가던 도중 방향감각을 상실한 나머지 미끄러져서 1평도 안 되는 바위 위로 떨어져버렸다. 전시린과 동젠빈 대원이 있는 곳은 사방이 70-80도 정도인 가파른 빙암절벽이라서, 자칫 잘못 움직였다가는 바로 절벽 아래로 추락할지도 모르는 매우 위험한 상황이었다. 다행히 다른 대원들이 이들을 발견하여 밤새도록 구조작업을 펼쳤고, 22일 새벽 동이 틀 무렵에야 가까스로 위기상황에서 벗어났다. 부총대장 왕전화는 이 소식을 들은 후 전시린과 둥젠빈 및 구조활동에 나섰던 대원들의 체력소모를 염려해 이들에게 대기 명령을 내리고 나머지 대원 5명을 정상으로 보냈다. 체력을 아껴 후일을 도모하기 위한 조치였다.

10월 22일 오전 10시, 시보족, 한족, 위구르족, 카자흐족 출신 등반대원 후펑링, 장바오화, 마무티, 아미다시, 우첸싱 등 대원 5명은 나머지 대원의 기대어린 눈빛과 위구르 현지인들의 염원을 가슴에 품은 채 오성홍기를 들고 정상을 향해 돌진했다. 대원들은 깎아지른 듯한 절벽과 언덕을 돌고 또 돌고, 혹독한 추위와 기근을 견디고 또 견디며 약 9시간 동안 행군했다. 대원들은 오후 7시 27분에 드디어 정상을 밟았다.

장바오화 대원은 무전기를 들고 다 쉬어가는 목소리로 베이스 캠프에 보고했다.

"드디어 정상에 올랐습니다!"

중국 대원 5명은 해발 6,973m 울루무즈타그 정상에 최초로 올랐다. 중국 4개 민족을 대표하는 대원 5명은 울루무즈타그 정상에서 오성홍기를 쫙 펼쳐 들었다.

대원들은 등정 기념 촬영 및 암석 표본 채집 등 남은 임무를 마친 후에 하산했다.

그러나 하산하던 중 예상치 못한 사건이 발생했다. 극도의 피로감에 날까지 어두워져서 대원 두 명이 발을 헛디뎌 굴러 떨어져 실종된 것이다. 이튿날에 나머지 대원들이 전날 실종된 대원 둘을 발견했으나 이미 부상을 심하게 입은 채 의식이 혼미한 상태였다.

이 소식을 들은 클라크와 피터 등 미국 대원들은 곧장 3캠프에서 뛰쳐나와 사고 현장으로 달려갔다. 미국 대원들은 중국 대원들과 함께 들것을 만들어 부상당한 대원들을 실어 나르기 시작해 해가 지고 나서야 2캠프에 도착했다. 베이스캠프에 있던 의료진도 비슷한 시간에 2캠프에 도착해 대원들을 치료했다. 3캠프에서 대기하고 있던 미국 대원 3명도 이 소식을 듣고는 등정 기회를 포기하고 2캠프로 달려가 중국 대원 구조에 힘을 보탰다. 중국 대원은 미국 대원들의 진심어린 마음과 발 빠른 조치에 깊이 감동했다.

10월 24일 새벽에 부상을 입은 대원 두 명을 베이스캠프까지 후송하여 본격적으로 치료했다.

10월 25일에 합동등반대는 베이스캠프에서 철수하며 등반일정을 종료했다. 울루무즈타그 등정은 이렇게 마무리되었다.

울루무즈타그 등정 성공은 누구도 오르지 않았던 미답봉에 처음으로 오른 것 이상으로 큰 의미를 갖는다. 울루무즈타그 등반대 총대장 뤼밍은 자신의 저서 『축하와 희망祝賀與希望』에 이러한 문장을 남겼다.

미·중 합동등반대가 보여준, 희생을 두려워하지 않는 용기와 불굴의 정신 그리고 대원 간 우애야말로 정상 정복을 성공으로 이끈 일등 공신이었다. 이번 등반은 이후 울루무즈타그에서 진행할 각종 연구 작업과 개발 및 여행 사업을 성공으로 이끄는 새로운 길을 열었다. 그뿐만이 아니라 중국의 현대화를 위해 든든한 바탕을 마련하고 미·중 합동등반 역사상 좋은 선례를 남겼다. 옛 실크로드에 걸쳐 있는 드넓은 신강위구르 지역에는 신비로운 매력을 뿜어내며 사람들의 이목을 끄는 명산이 수없이 많다. 각종 연구 활동부터 관광까지, 많은 사람의 관심을 사로잡을 만큼 매력 있는 곳이다.

제3절

중국·일본 합동등반대, 창체에 오르다

창체Mt. Chang Tse는 해발 7,543m로, 중국 서장 티베트자치구에 있다.

티베트 등반대와 일본 나가노등산협회長野登山協會 등반대는 일찍이 중국 등산협회와 일본 나가노산악회가 체결한 1981-1990 협정에 따라 합동등반대를 조직하여 1986년 창체에 오르기로 계획했다. 중국의 공뽀가 등반대 총대장을 맡았다.

티베트 등반대는 이번 창체 등반에서 처음으로 외국 등반대와 합동등반대를 결성했다. 중국과 일본의 합동등반 소식은 중국내 뿐 아니라 해외 등산계에서도 관심이 컸다. 중국 자치구 위원회장은 합동등반대 측에 등반 준비 과정을 비롯하여 훈련 상황을 직접 물어보는 등 크게 관심을 보였고, 이 덕분에 전반적인 등반 준비 및 각종 훈련을 순조롭게 진행할 수 있었다.

티베트 등반대는 1986년 1월에 신체훈련 및 등반기술훈련을 본격적으로 실시했다. 또한 합동등반에 필요한 각종 물자를 준비하는 작업도 동시에 진행했다. 합동등반대는 장기간 이어질 등반 활동에 대비해 식량과 등반용품을 넉넉하게 준비한 후 날을 정해 운반 작업을 진행하기로 했다. 이후 중국 등반대가 발휘한 실력 및 순조로웠던 등산 성과 등을 고려해보면, 대원들이 실시한 각종 훈련 및 준비작업이 상당히 성공적이었다고 평가할 수 있다.

4월 20일, 합동등반대는 라싸를 떠나 본격적으로 등반하기 시작했다.

창체에 첫 발을 내딛은 후부터 중국 등반대의 청텐량 대장과 린칭푼쵸 부대장은 일본 측과 상의해가며 실제 상황에 따라 등반 루트를 탄력 있게 골라서 등반했다. 등반 과정에서 일본 대원이 고산병을 심하게 앓으며 체력이 떨어지자, 중국 대원이 물자운반과 루트 개척 임무를 주도하기도 했다.

합동등반대는 기상조건이 그리 좋지 않은 상황에서 기동력을 최대한 끌어올려서 한정된 기간 안에 재빨리 정상에 오를 수 있도록 전략을 세웠다. 중·일 대원 24명은 등정 성공률을 높이기 위해 팀을 둘로 나누어 창체에 오르기로 했다. 이후 합동등반대는 5월 10일과 11일 이틀에 걸쳐 차례로 창체 정상에 오르는 데 성공했다. 5월 10일에 정상에 오른 중국 대원은 린칭푼쵸, 왕쟈旺加, 치린다끼, 구이쌍여성 대원, 다치미大其米, 샤오치미小其米, 린나仁娜, 하빠拉巴였다. 5월 11일에 정상에 오른 중국 대원은 가야嘎亞, 따치린, 다뿌갈多布傑, 쟈하加拉, 다춤, 카이춘開村, 뤄쩌, 따스치린扎西次仁으로, 정상에 오른 중국 대원 수는 총 16명이었다.

중국은 이번 등정으로 중국 등산 역사상 해발 7,000m급 동시 등정 최다 대원 수를 기록했다. 또한 캠프 설치부터 등정까지 단 20일밖에 걸리지 않아서 최단 시간 등정 성공 기록도 세웠다.

등정 임무를 마치고 철수하는 과정에서 일본 고바야시 쿠니히로 대원이 갑자기 컨디션이 악화되는 바람에 중국의 체텐, 하빠 등이 고바야시 대원을 산 아래까지 후송했다. 중국 대원들도 이미 체력이 많이 떨어진 상태였고 날까지 어두워져 루트가 잘 보이지 않는 상황이었지만 고바야시 대원 후송에 만전을 기해 안전한 곳으로 후송하는 데 주력했다.

양국 대원 간 긴밀한 협조도 창체 등정을 성공으로 이끈 일등 공신이었다. 대원들이 안전사항 등 등반 관련 규칙을 시종일관 철저하게 준수한 덕분에 다행히 등반 과정에서 단 한 건의 사망사고도 발생하지 않았다.

합동등반대가 등정에 성공하자, 티베트자치구 당 위원회 및 중앙정부는 뤄쌍다와洛桑達瓦를 대표로 한 위문단을 베이스캠프에 파견하여 합동등반대 대원을 격려하는 한편, 나이모나니 등정에 이어 해발 7,000m 이상 고봉을 두 번째로 오른 합동등반대의 업적을 높이 샀다. 중국과 일본의 우호 관계를 증명하듯 이루어낸 창체 등정 성공 소식은 중·일 등산 역사에 다시금 새로운 기록을 남겼다.

제4절

중국·일본 합동등반대, 라부체캉에 오르다

라부체캉拉布及康峰, Mt. Labuche Kang은 중국 티베트자치구에 있는 고산이며 해발고도는 7,367m이다. 1987년에 중국·일본 합동등반대가 오르기 전까지는 아무도 오른 적이 없었다.

1987년, 티베트 등산협회와 일본 히말라야협회는 합동등반대를 결성한 후 티베트자치구 인민정부의 비준을 얻어 라부체캉에 오르기로 협의했다.

중·일 라부체캉 합동등반대 대원은 총 24명이었다. 합동등반대 대장은 티베트 등산협회 소속 청톈량이 맡았고, 부대장은 일본 히말라야협회 상무이사 야마모리 킨이치가 맡았다. 합동등반대 대원 중 작업담당 대원 외에 실제로 등정에 투입할 대원은 8명이 었다.

양국 등반대는 우선 중국과 일본 대원이 모두 함께 정상에 올라야 한다는 데 의견을 모았고, 정상에 올랐을 때 양국 국기도 동시에 꽂기로 협의했다. 또한 양국 등반대는 각각 특성에 맞추어 전략을 세웠다. 중국 등반대 대원은 대체로 젊고 체력이 좋으며 고산 적응력이 뛰어난 편이지만 고산등반 경험이 부족했다. 반면 일본 등반대 대원은 해외 고산등반 경험이 많으며 기술 수준도 상당하지만, 대원 평균 연령이 34세로 나이가 많은 편이고 체력도 다소 떨어지며 고산 적응력도 뒤처졌다. 중국 대원에 비해 상대적으로 고도가 낮은 곳에 살다가 왔으니 더욱 그러했다. 이러한 상황을 고려해서 일본 등반대는 정찰, 루트 선정, 원활한 등반을 위한 로프 설치 등 길을 정비하고 캠프 설치지를 선정하는 임무를 맡았다. 중국 등반대는 물자를 운반하기로 했다. 이외에도 일본 대원은 3캠프까지 한 번에 오르는 적응훈련을 하기로 했다.

중·일 합동등반대는 1987년 9월 15일에 라싸를 떠나 라부체 캉 일대에 진입했다. 대원들은 등반 과정에서 어마어마한 강풍과 폭설에 수없이 맞서는가 하면, 두 차례나 발생한 눈사태를 가까스로 모면하는 등 위험한 상황을 숱하게 겪었다.

대원들이 캠프지에 거의 도착했을 때 갑자기 눈 폭풍이 몰아쳐서 대원들은 졸지에 산에 고립되고 말았다. 눈 폭풍은 사흘 내내 밤낮없이 그칠 줄을 몰랐다. 대원들은 캠프가 눈에 매몰되지 않도록 한시도 쉬지 않고 눈을 치웠다. 손발이 얼어붙으면 캠프 천막 안에 잠깐 손발을 넣어서 녹였다가 다시 눈을 치우기를 반복했다.

주밍더 기자는 머리에 비닐봉지를 뒤집어쓴 채 눈 속으로 뛰어들어 눈에 묻힌 천막 일부를 끄집어올리느라 안간힘을 썼다. 이 때문에 방한복과 신발, 양말 등 옷은 말할 것도 없고 머리카락마저 모두 얼어붙었다. 장바이 의무대원은 위험을 무릅쓴 채 홀로 이틀 밤낮을 쉬지 않고 걸어서 베이스캠프에 도착해 전보를 쳤고, 츔다지 관리대원은 즉시 인부와 야크를 준비해 사흘 내내 고립된 대원들에게 필요한 연료와 식량을 준비해서 캠프로 보냈다. 눈 폭풍에 며칠 동안 고립되었던 대원들은 동료 대원들의 도움 덕분에 위기상황을 모면했다. 대원들은 베이스캠프에서 올라온 야크가 남긴 발자국을 따라 베이스캠프로 돌아갔다.

10월 19일 저녁 7시 15분, 1캠프 부근에서 대규모 눈사태가 발생했다. 이 때문에 대원들이 설치했던 캠프 5개 중 두 곳이 눈사태 여파로 순식간에 무너져버렸다. 특히 일본 대원용 천막은 완전히 망가져서 복구가 불가능할 정도였다. 일본 대원들은 즉각 철수하여 폭풍과 폭설을 뚫고서라도 전진 캠프로 돌아가자고 요구했다. 그러나 지휘부는 기존 계획을 고수했다. 기상조건이 이렇게 좋지 않을 때 행군을 강행했다가는 동상에 걸리기 십상이기 때문이다. 게다가 더 큰 사고가 야기될 가능성이 커서 캠프에서 대기하는 것보다 훨씬 위험하니 더 이상 운행을 할 수 없다고 판단했다. 중국 대원들은 캠프 하나를 일본 대원들이 사용할 수 있도록 배려했고, 덕분에 일본 대원들은 중국 측 캠프에 임시로 머물렀다.

대원들은 사흘 동안 밤낮으로 눈사태와 폭풍에 고립되었음에도 지휘부의 적절한 판단과 상호 간의 협조 덕분에 단 한 명의 희생자 없이 무사히 견딜 수 있었다. 캠프에 비축해두었던 연료나 식량, 기술장비 등 각종 필수용품도 눈에 파묻히긴 했지만 다행히 사용하는 데 지장이 없어서 추후 등반 시 든든한 버팀목이 되었다. 게다가 라부체캉 일대 기후는 궂은 날씨가 지나면 기상조건이 좋은 날이 장기간 이어진다는 특징이 있다. 합동등반대 전 대원은 최대한 이른 시간에 캠프에서 출발해 단번에 정상에 오르기로 계획을 세웠다.

마침내 합동등반대 대원들은 해발 7,367m 라부체캉 초등에 성공했다. 일본 대원 7명과 왕샤, 아커뽀, 다춤, 푸뽀普布, 하빠, 샤하 및 여성 대원 하끼扛吉, 통루佟璐까지 중국 대원 8명으로 예상보다 많은 대원이 정상에 올랐다.

대원들은 정상 등반 과정 및 정상 모습을 촬영하고 정상 암석 표본을 채취하는 등 정상에서 최종 임무를 마친 후에 하산했다. 이후 전 대원이 무사히 베이스캠프로 돌아왔다.

1987년 9월 15일에 라싸를 떠나 라부체캉 산지로 진입했던 합동등반대 대원은 11월 3일 오후에 다시 라싸로 돌아와, 50일 동안의 합동등반일정을 원만하고 순조롭게 마무리했다. 양국 등반대 모두가 만족할 만큼 성공적인 등반이었다.

제5절

중국·일본·네팔 3개국 합동등반대, 초모룽마를 횡단하다

1960년, 허룽은 초모룽마를 '횡단 등반'하자는 기발한 의견을 제시했다. 그러나 이를 실제로 실행하기까지는 약 28년이 걸렸다. 1980년대에 이르러 국제 등산계는 정상에 오른 후에 올라온 루트 그대로 하산하는 기존 등반 방식에 만족하지 못하는 추세였다. 등반가들은 지금까지 누구도 오른 적 없는, 더욱 험하고 위험한 루트를 넘어서 승리욕을 충족시키려는 쪽으로 관심을 가지기 시작했다. 실제로 수많은 등반가가 이를 시행하려고 계획했다.

고산 횡단 등반 계획을 가장 먼저 실행에 옮긴 나라는 일본이었다. 1983년 12월에 일본 등반가 다카하시 미치코高橋通子[85]와 남편 다카하시 카즈유키高橋和之는 각자 등반대를 이끌고 초모룽마 정상에 오르기로 했다. 미치코는 티베트 쪽에서 북벽을 타고 오르고, 남편 카즈유키는 네팔 쪽 전통 등반 루트인 남동 루트를 따라 올라 정상에서 합류하기로 했다. 그러나 다카하시 부부의 등정 계획은 결국 실패하여 아쉬움을 남겼다.

1978년 2월 7일, 덩샤오핑鄧小平은 국가 체육위원회와 외교부에 기존에 세워둔 이란과의 초모룽마 합동등반 계획에 네팔 등반대를 추가하여 3개국 등반대를 결성하자고 제안했다. 그러나 이미 세워둔 계획을 수정하고 재협상할 시간이 부족한데다가, 이후에 이란이 이슬람 혁명을 겪는 등 여러 가지 이유로 실행에 옮기지

---

85 1942- , 결혼 전 이름은 이마이 미치코今井通子이다. 동경여자의과대학산악부, 일본에서 많은 초등 경험을 한 침에 여성 등반가. 1967년 마터호른 북벽을 와카야마 요시코若山美子, 1942- , 의학박사와 여성 둘이서 처음으로 등정했다. 이후 아이거, 그랑드조라스 북벽 등반에 성공하여 세계 최초로 여성 알프스 3대 북벽 등정자가 되었다. 1975년 카모시카 동인同人 다울라기리4봉 원정대 의사로 참가했고, 1976년에는 다울라기리 2,3,4봉을 종주원정대 대장으로 성공시켰다. 1987년에는 한국의 백두산을 등정했다. 저서로 마터호른 등정기인『나의 북벽』朝日新聞社出版局, 1968년 등 20권이 있다.
와카야마 요시코若山美子: 천재 클라이머로 불리며, 닛타 지로新田次郎의 장편 산악소설『아름다운 동행銀嶺の人』에 나오는 주인공 두 사람 중 코마 요시코駒井淑子는 이마이 미치코今井通子이고, 와카바야시 미사코若林美佐子는 와카야마 요시코若山美子이다.

는 못했다.

중국·일본·네팔 3개국 합동등반 계획은 중국·일본 합동등반대
가 나이모나니 합동등반에 성공한 후에 다시 주목을 받았다. 중국
등산협회 회장 스잔춘은 1985년에 일본을 방문했을 때 당시 일본
총리인 나카소네에게 합동등반대를 결성해서 초모룽마를 횡단하
자고 제안했고, 나카소네 총리는 이에 적극적으로 동의했다. 네팔
등산협회 회장은 중국을 방문했을 때 삼국 합동등반에 상당히 관
심을 보였다. 이에 중국 등산협회는 1985년 말에 국가 체육위원회
와 국무원에 관련 보고를 올렸다. 국무원은 1986년 1월 8일에 이
를 공식적으로 허가했다. 이후 중국·일본·네팔 합동등반대 결성과
관련한 《1988년 초모룽마-사가르마타 우호 등산협약 의정서》를
1987년 2월 24일에 북경에서 체결했다.

《의정서》에서 체결한 사항은 다음과 같다.

1. 중국·일본·네팔 합동등반대의 공식 명칭은 '중국·일본·네팔 1988
년 초모룽마-사가르마타 우호 등반대'라고 하고, 국제 명칭은 영어
로 'China·Japan·Nepal Friendship Expedition to Qomolangma/
Sagarmatha 1988'이라고 표기한다.
2. 등반대는 국제 합작을 통한 우호 증진 및 등반기술의 발전을 주요 목
표로 삼는다.
3. 여건이 된다면 남쪽과 북쪽에서 각각 출발해서 모두 정상을 넘도록
한다.
4. 세계에서 가장 높은 산을 동시에 오르는 대원들의 모습을 통신위성
을 통해 실시간으로 중계해서 냉혹한 자연환경에 맞서 오르는 대원
들의 활약을 알리고, 전 세계에 등산활동의 의미를 널리 알린다.

5. 등반대는《국제산악연맹 카트만두 선언》[86]을 토대로 자연을 보호하고 문화유산을 지켜 추후 등산활동을 위한 좋은 선례를 남기도록 노력해야 한다.

합동등반대 총고문은 중국 체육운동위원회 주임이자 중국 전국체육총회 회장 리멍화, 일본 중의원 의원이자 국회의원 체육연맹 회장 사쿠라우치 요시오櫻內義雄, 그리고 네팔 관광부·노동부 및 보건복지부 장관을 역임한 라메쉬 라스판레이가 맡았다. 일본 마이니치신문사 사장과 일본의 니혼티비NTV 회장 고바야시 요소지가 후원 총 고문을 맡았다.

또한 북경에 합동등반대 총 지휘부를 설립하여 남쪽과 북쪽에서 각각 횡단을 시도하는 대원에게 일관성 있게 지시하도록 했다. 총 지휘부는 3개국에서 선발한 총대장과 부총대장이 관리하도록 했다. 중국 등산협회 회장 스잔춘, 일본 산악회 회장 이마니시 토시오[87] 및 네팔 등산협회 회장 쿠마르 카트가 총대장을 맡고, 중국 총대장 스잔춘이 수석 총대장을 맡았다. 중국 등산협회 상무 부회장 쉬징, 일본 산악회 부회장 오츠카 히로미, 네팔 하르카 바하두르 구룽이 부총대장을 맡았다. 또한 중국 등산협회가 북경 총 지

86　1982년 10월, 1. 산악환경 및 경관의 효과적 보호가 시급히 요구된다. 2. 동식물과 모든 종류의 천연자원은 즉각적인 관심과 보살핌을 요한다. 3. 산에서 인간의 활동이 가져오는 부정적 영향을 최소화하기 위한 행동이 권장되어야 한다. 4. 현지 문화재와 현지인들의 존엄성을 절대 해쳐서는 안 된다. 5. 산지를 복원하고 재생하기 위한 모든 행동이 권장될 필요가 있다. 6. 서로 다른 지역과 국가에서 온 산악인들은 우정과 상호신뢰, 평화의 정신에 따라 서로 교류하도록 권장되어야 한다. 7. 인간과 환경 간의 관계를 개선하는 정보와 교육은 더 넓은 범위의 사회로부터 이용 가능해야 한다. 8. 산악지역에서 에너지 수요에 대한 적합한 기술의 사용과 폐기물의 적절한 처리는 시급한 사안이다. 9. 환경생태 보존 차원에서 예컨대 개발도상 산악국가에 대한 정부 및 비정부를 아우른 국제적 지원이 필요하다. 10. 산악지역의 평가와 조사를 촉진하기 위해 접근이 확대될 필요성이 정치적 고려에 의해 제한받지 않아야 한다.

87　1956년 셰르파 갈첸 노르부와 마나슬루를 초등했다.

휘부 산하 사무실의 조직과 총 지휘부의 지시를 처리하는 임무를 책임졌다. 총 지휘부 사무실 주임은 중국 등산협회 비서장 왕펑퉁이 맡았고, 사무실 부주임은 중국 등산협회 사무실 주임 천상런이 맡았다. 합동등반대 중국 명예 총대장은 티베트자치구 인민정부 부주석 끼뽀 푼쵸치뎬이, 일본 명예 총대장은 일본 중의원 의원이자 운반 책임을 맡은 하시모토 류타로橋本龍太郞[88]가 맡았다.

합동등반대 대원들은 초모룽마 남측과 북측에 각각 대열을 나누어 집결했다. 북측 제1등반대 대장은 중국 등산협회 상무위원이자 중국 국가등반대 부대장 청수성, 일본 산악회 상무이사 하시모토 키요시와 네팔 페르템바 셰르파가 맡았다. 남측 제1등반대 대장은 네팔 쿵가 셰르파, 중국 등반대 수석코치 왕전화와 일본의 유아사 미치오가 맡았다. 남북 양측 등반대 대장은 일본의 시게히로 츠네오와 이소노 고우타가 각각 맡았고, 중국 등산협회 쑹즈이와 네팔의 타시장부 셰르파가 북측 등반 부대장을 맡았다. 그리고 티베트자치구 등반대 부대장 린칭푼쵸와 네팔 베이만이 남측 등반 부대장을 맡았다.

의정서에서 규정한 등반 루트는 다음과 같다.

1. 북측 등반 루트: 동룽북빙하-노스콜-북동산릉-정상
2. 남측 등반 루트: 쿰부빙하 남쪽-사우스콜-남동산릉-정상

이후 대원들은 정상에서 모인 후 각자 반대 루트를 따라 하산하기로 했다.

---

88 1937-2006, 어머니 하시모토 하루가 조선총독부 정무총감을 역임한 오노 로쿠이치로 大野綠一郞의 장녀이다. 리넨 고등학교에 진학하면서 산악부에 가입했고, 등산에 몰두했다.

초모룽마 횡단이라는 거대한 계획을 세우기 위해 모인 3개국 대원 수만 총 265명이었고, 정상 공격에 투입할 대원은 나라별로 30명이었다. 북측에 모아둔 각종 물자만 해도 150t이 넘었고, 이를 옮기기 위해 60대가 넘는 차량을 동원하여 총 1,000만 위안이 넘는 예산이 들었다. 예산은 대부분 일본이 부담했다. 북경 총 지휘부와 남북 양측 베이스캠프 간 교신과 지휘를 실시간으로 원활하게 하려고 중국 무선통신협회가 대대적으로 협조한 덕분에 초모룽마 등반 사상 처음으로 북경-성도-라싸-베이스캠프를 잇는 무선 통신망을 구축했다. 또한 중국 과학원 원격탐지센터가 인증한 항공 측량기를 이용해 대원들이 정상을 공격하는 모습과 초모룽마를 횡단하는 장면을 전 세계에 실시간으로 중계하기로 했다. 그리고 일본 니혼텔레비전도 해발 5,145m에 설치한 북측 베이스캠프에 세계에서 가장 높은 위성 기지를 세워 모든 등반 과정을 실시간으로 중계하도록 했다.

중국·일본·네팔 합동원정대는 체력과 실력 면에서 우수한 정예 대원으로 구성했다. 대원들은 초모룽마 남북 양측 전통 등반 루트에 꽤 익숙했고, 정상 공격 주력 대원들은 모두 해발 8,000m가 넘는 고산에 오른 경험이 있었다. 물론 나라별 등반대원의 특징도 무시할 수 없는 사항이었다. 우선 네팔 대원은 개개인의 역량이 매우 뛰어났다. 전 대원이 서너 번 이상 정상에 오른 경력이 있고 고산 적응력과 활동력이 수준급이었다. 일본 대원은 개개인의 역량과 실력에 차이가 있다고 강조했다. 이는 일본 등반대장이 자신은 국가나 단체를 대표하는 사람이 아닌, 개인의 영예를 대표할 뿐이라고 한 인터뷰에서도 잘 드러났다. 반면 중국 대원은 단체 역량과 남다른 등반속도에 중점을 두었다. 이렇듯 3개국 간 기술 및 전술 스타일은 각국의 민족문화와 제도, 풍습, 신체조건 등을 반영하여 차이를 나타낸 것이 특징이다. 그러나 이들은 인류의 공통목표인 인류화합의 길, 그리고 함께 손을 잡고 앞으로 나아가고자 하는 시류에 맞추어 같은 길을 걷고 있었다.

중국·일본·네팔 합동등반대 북측 등반 대원[89]은 3월 초에 초모룽마 북측 베이스캠프에 집결해서 3월 10일 캠프 깃발 게양식을 치렀다. 남측에서 등반할 중국 대원 22명도 3월 29일 남측 베이스캠프에 집결해서 일본 및 네팔 대원들과 모였다. 초모룽마 남북 양측 대원들은 약 한 달 반 정도 현지적응 훈련을 했고, 물자수송 및 캠프 건립 예정지 탐색 관련 임무도 함께 진행했다. 이후 대원들은 동시에 정상으로 공격했다.

3개국 합동원정대의 정상 공격 이야기는 차오위춘이 쓴『대과월大跨越, 人民出版社』에 상세히 나와 있다.

> 도쿄, 북경, 라싸는 베이스캠프에 최신 기상 위성지도를 끊임없이 보냈다. 베이스캠프의 기상전담 미야타 대원은 이 자료를 토대로 기상상황을 끊임없이 분석하며 각국 지휘부에 종합예보를 최종 정리해서 보고했다. 모두들 애타는 마음으로 정상을 공격하는 순간만을 손꼽아 기다렸다. …

5월 3일, 미야타 대원의 기상예보를 뒤엎고 온종일 거센 눈보라가 이어졌다. 5월 4일이 되어도 바람이 좀처럼 잦아들지 않아서 남측 베이스캠프에서 기다리던 대원들은 캠프 밖으로 나가지 못했다.

89 중국 대원 44명

공격대원 중에서 중국 측 린칭푼쵸, 따치린 대원과 네팔의 푸바 대원이 유일하게 강풍과 폭설을 뚫고 3캠프에서 5캠프까지 올랐다.

(5월 5일) 오전 8시 43분에 북측 등반대 소속 치린다끼, 야마다 노보루, 라크파 대원이 강풍과 눈보라에 맞서서 출발했다. 눈보라 때문에 레드·옐로·그린 포인트가 보였다가 사라지기 일쑤라 한 발 한 발 조금씩 옮길 수밖에 없었다.

오전 8시 25분, 남측 등반대 소속 린칭푼쵸, 따치린, 푸바 대원도 공격 캠프를 떠나 정상으로 향했다.

오후 12시 15분경에 치린다끼가 눈 언덕 꼭대기에 올랐다고 북측 베이스캠프에 보고했다.

"우측으로 가로질러 가다가 다시 왼쪽으로 조금만 더 가면 정상입니다!"

청수성이 무전기를 들고 당부했다. 왼쪽으로 한 발짝만 더 가면 고지가 나타나지만 자칫 오른쪽으로 한 발짝이라도 더 가면 추락할 수도 있는 상황이라 매우 조심스러웠다. 청수성이 숨을 고르고 상황을 정리해보니 약 한 시간 정도 후면 정상에 오를 수 있는 상황이었다.

그러나 얼마 지나지 않아 믿을 수 없는 일이 생겼다. 고작 27분밖에 지나지 않은 오후 12시 42분, 치린다끼로부터 연락이 왔다.

"드디어 정상에 올랐습니다!"

치린다끼의 격앙된 목소리가 무전기를 타고 울렸다. 청수성은 예상치 못한 시간에 갑작스러운 보고를 듣고는 무전기를 든 채 한 5초 동안 말을 잇지 못했다. 청수성은 벅차오르는 마음을 최대한 억누른 채 치린다끼에게 물었다.

"다시 한번 주위를 살펴보시오. 더 높은 곳이 있진 않습니까?"

"없습니다, 우리 대원 셋이 세계에서 가장 높은 산에 올랐습니다. 거대한 설산을 밟고 구름 위에 이렇게 서 있습니다!"

치린다끼는 기쁨을 감추지 못한 채 외쳤다.

남측에서 출발한 대원 3명도 허리까지 빠지는 눈을 헤치며 천천히 정상으로 올라가던 중이었다. 그러나 눈이 너무 두껍게 쌓여서 좀처럼 앞으로 나가기 힘들었다. 대원들이 지나간 자리마다 발자국이 아닌 눈구덩이가 파일 정도였다.

치린다끼와 함께 정상에 오른 대원들은 남측에서 올라오는 대원들을 기다렸다. 10분, 30분 그리고 1시간이 지나도록 산소를 다 써가며 영하 30도의 엄동설한에서 기다리느라 손발이 모두 꽁꽁 얼어버렸다.

"한 30분 정도만 더 기다려 보십시오!"

북경에서 무전 연락이 왔다.

대원들이 정상에 오른 지 80분이 지났다. 청수성이 대원들에게 물었다.

"여분 산소가 있습니까?"

"없습니다. 빈 통도 다 버렸습니다!"

"손발 색이 변할 정도입니까?"

"다 거무죽죽해졌습니다!"

치린다끼의 떨리는 목소리가 무전기를 타고 흘렀다.

"지금 바로 철수, 바로 철수하세요! 횡단하십시오!"

시곗바늘이 오후 2시 23분을 가리키고 있었다. 치린다끼를 비롯한 대원들은 장장 90분이나 정상에서 무산소로 버틴 신기록을 세웠다.

치린다끼가 정상에 오를 때쯤, 지원대 소속 리즈신李致新 대원은 눈보라와 강풍이 거세게 휘몰아치던 날 단독으로 이 험한 길에 올랐다. 리즈신으로서는 네 번째 단독등반이었다. 그러나 예전과 달리 더 이상 눈물을 흘리거나 낙담하지 않고 오로지 정상에 오르겠다는 생각에만 집중하며 등반했다.

오후 2시 20분경 리즈신은 지원팀 대원 중 처음으로 정상에 올랐다. 리즈신은 남측에서 횡단하는 대원을 북측으로 인도하는 임무를 맡았는데, 65분이 지나도록 남측 대원들이 올라오지 않자 어쩔 수 없이 철수했다.

오후 3시 25분, 네팔 라크파 대원이 정상에 올랐다. 그러나 정상에 올라서자마자 바람이 너무 강해서 곧바로 내려올 수밖에 없었다. 대원들이 정상에서 회합할 기회가 점점 사라졌다. 이제 일본의 야마모토 무네히코 대원에게 마지막 기대를 걸 수밖에 없었다.

오후 3시 53분, 남측에서 출발한 중국 측 따치린 대원이 드디어 정상에 올랐다. 따치린은 무전기를 들어 다 쉬어버린 목소리로 겨우 입을 뗐다.

"따치린입니다!"

따치린은 더 이상 말을 잇지 못했다. 따치린의 뒤를 이어 린칭 푼쵸와 푸바 대원이 정상에 올랐다.

전 세계 수많은 사람의 시선이 야마모토 무네히코에게 모였다. 야마모토가 등정에 성공한다면 세계 등반 역사상 최초로 세계에서 가장 높은 산에서 횡단하고자 하는 원대한 계획에 성공할 수 있다. 그러나 야마모토 대원은 정상을 불과 50m 남겨두고 그만 넘어지고 말았다. 야마모토 대원은 다시 일어나려고 안간힘을 썼지만 이미 체력이 거의 바닥난 상태였다. 겨우 몸을 조금 일으켜 세우고는 빙설과 바위 위를 기어오르다시피 하면서 조금씩 올라갔다. 한 차례 기어오를 때마다 산소통을 손으로 밀며 앞으로 나아가기를 수차례 반복하며 힘겨운 행군을 이어갔다. 몸을 한 번 옮길 때마다 숨소리가 더욱 거칠어졌다. 야마모토 대원은 오후 4시 5분에 마침내 정상에 올랐다. 남측과 북측에서 각각 다른 루트로 정상에 오른 대원들은 드디어 정상에서 만나 손을 꼭 맞잡고 기쁨을 나누었다.

합동원정대 대원 12명은 이렇게 한나절 내내 고군분투한 끝에 기존에 세웠던 목표 중 가장 이상적인 방법, 즉 정상에서 횡단해 각자 출발 방향과 다른 곳으로 교차해서 하산하는 데 성공했다. 북측에서 출발해 정상에 오른 대원 9명 중에서 중국 대원은 치린다끼, 리즈신 등 2명, 일본 대원은 5명 그리고 네팔 대원은 2명이었다. 남측에서 출발해 정상에 오른 대원 3명 중에서 중국 대원은 따치린, 린칭푼쵸 등 2명, 네팔 대원은 1명이었다. 그러나 횡단 등반에 성공한 대원은 치린다끼, 따치린, 린칭푼쵸 등 중국 대원 3명, 네팔 대원 2명, 일본 대원 1명이었다. 그날 저녁에 정상에 올랐던 대원들은 단 한 명의 사상자 없이 모두 베이스캠프로 무사히 돌아왔다.

합동등반대는 이번 등정으로 인류 등반 역사상 세계 신기록을 여섯 항목이나 세웠다. 우선 초모룽마를 처음으로 횡단하고, 세계 최고봉에서 처음으로 회합하며 신기록을 세웠다. 또한 등정 실황

을 처음으로 생중계했으며, 초모룽마 상공에서 등반 과정을 처음
으로 항공 촬영했다. 그리고 최초로 하루에 12명이나 한꺼번에 등
정했으며, 정상에서 최장시간 동안 머물렀다.

합동원정대 대원 12명이 5월 5일에 초모룽마 횡단에 성공한
후, 베이스캠프에서는 더 많은 대원에게 등정할 기회를 주어서 등
반기록을 다시 경신하자는 목소리가 여기저기서 울려 퍼졌다. 일
부 네팔 대원 의견도 이와 마찬가지였다. 네팔은 이번 합동등반에
서 처음으로 팀을 이루어 등반했지만 정상에 오른 자국 대원 수가
상대적으로 적었으니 더욱 그러했다. 일본은 남측에서 출발해서
정상에 오른 대원이 아무도 없고, 등정 준비단계에서 의료진 한 명
이 남측 베이스캠프에서 병으로 사망하여 예상만큼 성적을 내지
못했다. 따라서 아쉬움을 극복하기 위해서라도 재등정하겠다는
의지가 매우 강했다.

중국, 일본, 네팔 합동등반대 총 지휘부는 대원들의 의견을 적
극적으로 수렴하여 이 문제를 의논하기로 했다. 우선 중국 측 의견
을 정리하면 다음과 같다.

1. 합동등반대는 이미 가장 이상적인 목표를 달성했다. 기존에 준비해
   둔 필수품도 거의 소진한 상태다. 이 상황에서 등정을 다시 시도한
   다면 대열을 재정비해야 하는 것은 물론이고 정상 공격 전략도 다시
   세워야 한다. 이렇게 되면 이미 극도로 지쳐 있는 2선 대원들이 감당
   하기 힘들 가능성이 크다.
2. 재등정을 강행할 경우, 대열 재정비 등 여러 번거로움을 차치하더라
   도 기상조건이 어떤지 예측하기 힘들다는 난제가 기다린다. 재등정
   에 성공하면 승리에 도취하여 마음이 다소 흐트러지기 쉬워서 안전

을 보장하기가 힘들다.

3. 정상에 오른 3개국 대원 12명 중 네팔 대원은 3명, 중국 대원은 4명이고, 이들은 모두 초모룽마 횡단 목표를 달성했다. 일본 대원은 5명이 정상에 올랐지만, 횡단에 성공한 대원은 한 명밖에 없다. 그러나 합동원정대가 이룬 성과를 전면적인 차원에서 보면 매우 순조롭고 원만했다.

각국 총등반대장과 부총등반대장을 비롯한 간부들이 의견을 정리했다. 3개국 모두 이미 단 한 명도 희생하지 않고 정상을 횡단하는 목표를 이루었는데, 이 상황에서 정상 횡단에 성공하는 대원이 몇 명이 더 늘어난들 큰 의미는 없다는 데 의견이 일치했다. 이에 총지휘부는 중국 측의 의견을 적극적으로 수렴하여 이대로 전 일정을 종료하기로 결론을 내렸다.

합동원정대가 초모룽마를 횡단하는 모습은 통신위성을 통해 실시간으로 중계되었다. 덕분에 등산운동 역사상 전례 없는 반향을 일으켰다. 텔레비전 앞에 둥글게 모여 앉은 일본인들은 정상을 눈앞에 두고 넘어진 와중에도 기어오르듯 힘겹게 정상으로 오르는 야마모토 대원의 모습을 보고 눈물을 펑펑 쏟으면서도 화면에서 눈을 떼지 못했다. 전 세계의 이목이 가장 집중되는 순간이었다. 중국 국영방송 CCTV도 5월 5일에 대원들이 정상에 오르는 모습을 장장 6시간 동안 전국에 생중계하면서 방송 사상 최장시간 생중계 기록을 세웠다.

1988년에 중국·일본·네팔 합동등반대가 초모룽마 횡단에 성공한 소식은 3개국 국민에게 크나큰 자부심을 안겨주었고, 각국 정부에도 지대한 영향을 미쳐 각 나라 간 우호 증진에도 큰 역할을 했다. 네팔 국왕은 5월 25일부터 27일까지 중국·일본 양국 대표 40여 명을 카트만두로 초빙하여 축하 연회를 성대하게 열었다. 네팔 국왕과 왕비는 3개국 대표단을 직접 만나 훈장을 수여했다. 중국에서도 반응이 상당히 뜨거웠다. 중국 정부는 대원들의 크나큰 업적을 칭송하며 격려했다. 3개국 대원들이 정상에 오르는 과정을 지켜보던 덩샤오핑은 대원들이 정상에 오르자마자 방송국을 통해 대원들에게 축하 메시지를 보냈다. 중국에서 최고 지도자가 이렇게 직접 발 빠르게 축하 인사를 전한 적은 한 번도 없었다. 중국은 6월 3일부터 7일까지 일본과 네팔 대표단 70여 명을 북경으로 초빙하여 성대한 연회를 열어 대원들을 축하했다. 당시 중국 총리 리펑과 왕전이 대표단을 직접 만나 축하했다고 한다. 이외에도 중국 공산당 중앙위 소속 리톄잉과 당시 당정치국위원 양더즈楊得志는 횡단에 성공한 대원에게 국가 체육위원회 명예상장과 증서를 수여했다. 6월 17일에 일본 도쿄에서 열린 축하연에서는 일본 총리와 관방장관을 대신해 오부치가 대표단을 접견했다. 각국 언론매체에서도 중국, 일본, 네팔 등에서 열린 등반대 축하 행사 소식을 대대적으로 보도했다.

당시 수많은 등산가가 고산 횡단을 시도했지만 남과 북 양쪽에서 동시에 출발해서 정상에서 모인 후 다시 교차해서 하산하는 데 성공한 경우는 3개국 합동원정대가 처음이었다. 합동원정대는 중국, 일본, 네팔 3개국 등반대원의 실력뿐 아니라 복잡하고 변수가 많은 고산등반에서 발휘한 지휘본부의 노련한 실력과 높은 기술 수준을 유감없이 보여주었다. 특히 중국은 지휘본부의 핵심 임무를 수행하면서 등반기술과 지휘능력이 얼마나 향상되었는지 확실히 보여주며 해외 등산계의 이목을 끌었다. 지구상에 존재하는 해발 8천 미터가 넘는 고산을 모두 등정한 상황에서 합동등반대 대원이 보여준 성과는 그동안 갈고닦은 기술과 전략을 충분히 발휘한 기회의 장이었으며, 세계 등산계의 수준을 한 차원 높이 끌어올리는 중요한 계기가 되었다. 다시 말해서 이번 등정을 계기로 등산계의 새로운 시대를 열었다고 해도 과언이 아니다.

3개국 합동등반대가 정상에 올라 회합하고 횡단하는 데 성공한 일은 단순히 목표를 달성한 것 이외에 또 다른 깊은 뜻을 내포한다. 스잔춘 중국 등산협회 회장은 합동등반대 축하연에서 대원들의 성공을 이렇게 평가했다.

"합동등반대가 이룬 쾌거는 단순히 지리적으로 세계에서 가장 높은 산을 횡단했다는 것 이상의 의미가 있습니다. 즉, 세계에서 가장 높은 이념과 사상의 경계를 넘어 인류의 적응력이 한층 강해졌으며, 대자연을 딛고 서서 인간이 세상의 주인임을 명백히 보여주었습니다. 전 인류가 굳건히 단결하고 끊임없이 힘을 내 용감하게 앞으로 나아간다면 앞으로 어떠한 어려움과 난관이 있더라도 모두 극복할 수 있을 것입니다. 이번 등정 성공으로 우리 원정대가 인류화합의 원대한 정신을 실현한 전례를 남겼으니 인류가 부단히 노력한다면 지금까지 이룬 업적을 초월하는 이상 가치를 실현할 수 있을 것입니다."

제6절

미국·중국 합동등반대,
남극 최고봉 빈슨 매시프를 넘다

남극은 남극주와 남대양을 아우르는 지대다. 남극주는 남극대륙과 그 주변 군도를 포함하며 총면적이 약 1,400km²에 이르는 세계 7대 대륙 중 하나이다.

남극대륙은 평균 해발고도가 약 2,300m 정도로 지구에 있는 대륙 중에서 가장 높다. 남극대륙은 대부분이 평균 두께가 1,700m가 넘는 빙하로 뒤덮였고 빙하층이 가장 두꺼운 곳은 약 4,000m가 넘는다. 남극대륙의 만년 빙하는 높은 곳에서 낮은 곳으로 이동하는데, 그중 바다로 떠밀려 내려가 갈라진 얼음층 일부는 바다에서 빙붕을 이룬다. 남극은 전체 대륙의 7% 정도만 만년설이 없는, 그야말로 눈과 얼음이 지배하는 곳이다.

남극은 '한극寒極'이라는 별명에 걸맞게 지구상에서 가장 추운 대륙이기도 하다. 남극대륙 중부지역은 연평균 기온이 영하 56도이고 최저 기온은 영하 88.3도 이하로 떨어지기도 한다. 일반적으로 일 년 중 7월에 기온이 가장 낮다. 특히 이 시기에는 극한의 추위를 견디며 남극에서 서식하는 펭귄이나 바다표범 같은 극지 동물조차 남극대륙 한가운데에서 생존하지 못해 해안가 섬으로 서식지를 옮긴다.

남극에서 계절은 여름과 겨울 둘로 나뉜다. 11월부터 3월까지는 여름에 해당하는 온기이고 4월부터 10월까지는 겨울에 해당하는 한기이다. 남극점 부근에는 한기 내내 날이 어둡고, 온기에는 백야 현상이 나타난다.

남극대륙은 인류가 발견한 지구의 마지막 대륙이다. 지하자원이 풍부하고 세계에서 가장 큰 담수 저장고이자 막대한 어업자원량을 자랑한다. 또한 수년간 세계 각국의 내로라하는 탐험가와 과학자의 이목을 끌만큼 연구 분야가 무궁무진한 미지의 땅이었다. 영국, 미국, 소련, 캐나다 등 수많은 나라에 이어 중국도 1984년 말 무렵 남극대륙에 기지를 건설할 인력을 파견하여 킹조지섬[90]에 첫 중국 남극기지를 건설했다.

남극 등산 탐험은 1960년대에 이르러 본격적으로 시작했다. 1958년에 미국 해군기가 남극 상공을 비행하던 중에 빈슨 매시프 Vinson Massif를 처음으로 발견했다. 빈슨 매시프는 남극대륙에서 가장 높은 산으로 엘즈워스산맥에 있으며, 남위 78° 30′ 44″, 서경 85° 42′ 00″에 있다. 전체 길이는 약 20km 정도이고 너비는 약 12.5km, 해발고도는 4,897m[91]이다.

1966년에 미국인 등반가가 빈슨 매시프를 처음으로 등정했다.[92] 1987년에 이르러 미국, 독일, 캐나다, 일본, 한국[93] 등 여러 나라 출신 등반가 35명이 이곳에 올랐다. 그러나 단순 등정에 그쳤을 뿐이며, 과학연구는 여전히 백지상태나 마찬가지였다.

[90] 영국과 칠레, 아르헨티나의 영유권이 중복되면서 영국은 '킹조지섬'이라고 부르며, 칠레는 그에 해당되는 스페인 말인 '이슬라 레이 호르헤Isla Rey Jorge'라고 부른다. 반면에 아르헨티나는 부에노스아이레스가 1810년 5월 25일 독립을 선언한 것을 기념해 '5월25일섬'이라고 부른다. [역주]

[91] 지금까지 해발고도는 5,140m로 알려졌으나, 1979-1980년 미국 지질 조사소 측정 결과 4,897m라고 밝혀졌다.

[92] 남극 연구를 위한 자금 지원의 핵심 후원자인 조지아 출신의 미국인 칼 빈슨Carl Vinson의 이름을 따서 명명했다. 미국 남극원정대, 미국 산악회와 내셔널지오그래픽협회가 후원하고 미 해군과 남극국립과학재단이 지원했다. 1966년 12월 18일에 정상 4명, 12월 19일에 4명, 12월 20일에 마지막 3명으로 구성원 모두가 올랐다. [역주]

[93] 한국 남극관측탐험대장 홍석하가 1985년 11월 29일 빈슨산4,897m을 세계에서 여섯 번째로 등정했다. [역주]

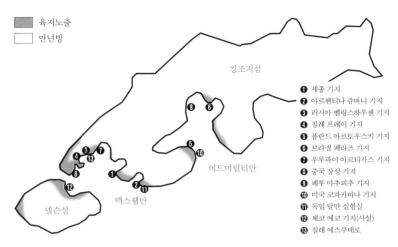

킹조지섬

❶ 세종 기지
❷ 아르헨티나 쥬바니 기지
❸ 러시아 벨링스하우젠 기지
❹ 칠레 프레이 기지
❺ 폴란드 아르토우스키 기지
❻ 브라질 페라즈 기지
❼ 우루콰이 아르티가스 기지
❽ 중국 장성 기지
❾ 페루 마추피추 기지
❿ 미국 코파카바나 기지
⓫ 독일 달만 실험실
⓬ 체코 에코 기지(사설)
⓭ 칠레 에스쿠데로

어드미럴티만

맥스웰만

넬슨섬

남극 기지 위치도

　　1987년에 미국 마이크탐사네트워크 대표이자 남극 탐험가인 마이크는 중미 합동탐사대를 조직해 남극 최고봉인 빈슨산에 오르자고 중국 측에 제안했다. 중국이 남극 킹조지섬에 건설한 남극 기지인 장성長城 기지Great Wall Station는 남위 62° 13′, 서경 58° 58′에 있어서 사실상 남극권이라고 할 수 없다. 남극에 건설한 14개국 기지 중 중국 기지가 가장 바깥쪽에 있다. 따라서 미국이 제안하는 대로 합동탐사대를 조직한다면 향후 남극 일대를 연구하는 데 매우 큰 도움이 되리라고 예상했다. 그리고 중국은 등반 역사 시작 이래 처음으로 외국에 소재한 산에 오르게 된다. 그러므로 빈슨 매시프를 등정하는 데 성공하면 중국 등산계 발전에 매우 긍정적인 영향을 줄 것이다.

　　1988년 4월 26일에 중국 등산협회 대표와 미국 네바다주 마이크탐사대 대표 마이크가 합동등반 건과 관련하여 회담했다. 중국 등산협회와 마이크탐사대가 합동등반대를 조직하여 1988년 겨울부터 1989년 봄이 오기 전까지 남극 빈슨 매시프를 등정하고,

과학조사 활동도 동시에 진행하기로 했다. 합동등반대 대장은 미국 대원이 맡고, 부대장은 중국 대원이 맡기로 했다. 또한 대원 수와 역할을 대등하게 하자는 원칙에 따라 중국은 여성 대원 한 명을 포함한 전문 과학연구 대원 세 명을 남극으로 파견하여 합동등반대와 함께 활동하도록 했다. 남극 등반 탐사 시 필요한 자금과 루트 안배, 캠프 관리 같은 업무는 미국이 맡기로 했다.

1988년 11월에 중국 국무원은 미·중 합동등반대 빈슨 매시프 등정 및 과학연구 요청서를 비준했다. 중국은 리즈신, 왕용평王勇峰, 진칭민을 이번 미·중 합동 빈슨 매시프 등반에 합류시켜 각종 과학연구를 진행하도록 했다. 리즈신은 중국 등반대 소속 대원이고 왕용평은 지질대학교 출신으로, 두 대원 모두 과학지식과 등반경험을 두루 갖추었다. 리즈신은 1988년에 중국·일본·네팔 합동원정대가 초모룽마를 횡단할 때 정상에 오른 대원으로, 당시 정상에 오른 중국 대원 4명 중 유일한 한족 출신이었다. 왕용평 역시 초모룽마를 횡단할 때 남측 등반대 소속 대원이었으며, 정상에는 오르지 못했지만 해발 8,000m가 넘는 고산에 오른 경험이 있었다. 1988년 당시 50세였던 여성 대원 진칭민은 남경 지질광산연구소 소속 연구원 출신으로, 1961년에 북경 지질대학교를 졸업했다. 진칭민은 신강위구르자치구 하미哈密 지질탐사대 소속 대원 중 유일한 여성 대원으로, 현장 연구 경력만 16년이 넘는 베타랑 연구원이다. 또한 남극에서 연구 활동에 참여한 경력이 있고 1950년대에 국가 차원에서 조직한 합동 등산훈련에 참여한 적도 있어 이번 등반에 필요한 경험과 실력을 두루 갖춘 인재였다.

중국 등산협회는 11월 14일에 남극 빈슨 매시프 등정에 나설 대원들을 위한 환송 행사를 열었다.

11월 15일에 리즈신, 왕용펑, 진칭민이 비행기를 타고 중국을 떠나 미국 샌프란시스코에 도착했다. 미·중 합동등반탐사대 대장 마이크가 직접 공항에서 대원 일행을 맞이했다.

11월 20일에 중국 대원 3명은 마이애미에 도착하여 남극 탐사를 함께할 미국 대원 3명과 만났다. 미국 대원 3명 중 2명은 의학박사이고 다른 1명은 엔지니어 출신이었다.

11월 21일에 미·중 대원 6명은 마이애미를 떠나 칠레의 수도 산티아고에 도착했다. 산티아고에 도착한 이튿날에 칠레 남부로 이동하여 칠레 최남단에 있는 도시인 푼타아레나스Punta Arenas에서 마지막으로 대열을 정리했다. 다음 목적지는 바로 남극대륙이다. 대원들은 푼타아레나스에서 비행기를 타고 남미대륙과 남극대륙 사이에 있는, 약 570km에 달하는 드레이크 해협을 지나서 남극에 도착하기로 계획을 세웠다. 관련 자료에 따르면 남극 기후가 잠깐 온화해지는 기간이 있는데, 그때 한시적으로 빈슨 매시프 지역에 들어갈 수 있다고 한다. 그래서 등반대는 우선 남극대륙에 도착한 후에 11월 말에서 12월 초 사이 10여 일 안에 빈슨산에 오르기로 계획했다.

11월 25일에 미·중 합동등반대는 날씨가 맑아진다는 예보에 따라 푼타아레나스 공항으로 이동하여 그곳에서 대기했다. 합동 등반대는 대기실에서 같은 비행기를 타고 남극으로 떠날 미국과 홍콩 탐사대 및 국제 스키팀을 기다렸다. 승무원은 대기하고 있던 등반대에 미국 정부가 발행한 남극 탐사 관련 각서를 나누어주었다. 《남극대륙 방문자용 각서》라고 적힌 각서 상단에는 이렇게 쓰여 있었다.

미국 정부는 남극대륙 개발과 남극에서 행하는 각종 활동을 고무하기 위하여 남극에서 진행하는 모든 과학연구와 탐사를 적극적으로 지지한다. 그러나 탐사자의 생명이나 안전과 관련된 일은 책임지지 않는다.

승무원은 대원들에게 각서를 나누어주며 서명을 해야 비행기에 탑승할 수 있다고 안내했다. 중국 대원은 각자 자신의 이름을 적고 서명한 후 비행기에 몸을 실었다.

탐사대 일행이 탄 비행기는 그날 저녁 11시에 남극대륙 안쪽 남위 80° 부근 패트리어트 힐Patriot Hill에 착륙했다. 몇 시간 후에 미·중 합동등반탐사대 대원들은 쌍발기를 타고 빈슨산 아래 베이스캠프 근처까지 이동하여, 약 한 시간 후 빈슨산 아래 설원에 착륙했다.

합동등반탐사대는 해발 2,300m에 있는 빙하 최전방에 베이스캠프를 설치했다. 베이스캠프를 기준으로 동쪽으로는 가파른 빈슨산이, 서쪽으로는 끝없는 빙원이 펼쳐졌다. 양국 대원은 기상 돌변상황을 미리 방지하기 위해 캠프 설치지역을 신중히 골라서 설치했다. 등반탐사대는 힘을 모아 눈구덩이를 파고 메인폴을 세운 후에 천막을 잡아주는 강철 로프를 단단히 묶었다. 베이스캠프 설치가 끝나자 대원들은 너나 할 것 없이 모두 힘이 빠져 아무것도 할 수 없을 지경이었다. 대원들은 하루 종일 음식은커녕 물조차 못 마신 것도 잊은 채 침낭 속으로 파고들어 바로 잠을 청했다.

11월 26일, 대원들은 제한된 시일 안에 계획대로 임무를 완수하기 위해 약 8시간 정도 휴식을 취한 후에 각종 장비, 식량, 눈

썰매 등을 챙겨서 1캠프로 떠났다. 빈슨산 등정 루트 총 거리는 약 25km이며, 베이스캠프에서 정상까지 총 세 곳에 캠프를 세웠다. 베이스캠프에서 1캠프까지 거리는 약 7.5km로 상대 고차가 300미터 정도이며, 길고 긴 얼음언덕 두 곳을 지나야 하는 구간이다. 미·중 등반대원 일행 6명은 각각 썰매를 두 개씩 끌고 1캠프를 향해 올라갔다. 특히 남성 대원은 약 30kg이나 되는 짐을 멘 채 행군했다. 그나마 진칭민은 썰매를 끌지 않고 식량을 약 20kg 정도만 옮기는 혜택을 누렸다. 등반대는 4시간 후 1캠프에 도착해 가지고 온 물품을 정리하고 나서 다시 베이스캠프로 돌아갔다.

11월 27일에 미·중 등반대원은 베이스캠프에 세웠던 천막 세 개를 철수해 1캠프로 가져갔다. 베이스캠프는 이제 약간의 식량과 연료 외에는 장비 하나 없이 거의 텅 빈 상태였다. 양국 등반대가 1캠프에 막 도착할 즈음 갑자기 날씨가 컴컴해지더니 광풍이 불기 시작하면서 빙원에 쌓인 눈이 사정없이 날리기 시작했다. 등반대는 갑자기 발생한 눈보라에도 당황하지 않고 핸드톱으로 눈덩이를 조각내고 썰매를 이용해 캠프 주변으로 눈을 치우는 등 분주히 움직였다. 1캠프 주변에는 사람 허리 높이만큼 눈이 쌓여서 캠프를 둥그렇게 감싸 보호벽 역할을 했다.

합동등반대는 11월 28일에 해발 3,200m에 있는 2캠프를 향해 출발했다. 1캠프에서 2캠프 사이는 거리로 따지면 약 3km밖에 되지 않지만 경사가 약 60-70도나 되는 매우 가파른 얼음언덕이 포진했다. 얼음언덕의 높이만 해도 약 700m 정도였다. 이렇게 가파른 얼음언덕을 오를 때는 통상 안자일렌으로 등반한다. 그러나 이번에는 시간 제약이 있어서 단시간 내에 가장 빠른 속도로 정상까지 올라야 하므로 안자일렌을 하지 않고 오르도록 했다. 그만큼 매우 위험했다. 특히 언덕 최상단 부근에서는 대원의 안전을 최우선에 두어 시간을 최대한 효율적으로 쓰기 위해 중국 등반대는 진칭민을 제외한 리즈신과 왕용펑만 미국 대원들과 함께 오르도록 했다. 대원들은 이날 2캠프에 도착한 후 전원 1캠프로 돌아갔다.

11월 29일에 리즈신과 왕용펑은 미국 대원 3명과 셰르파와 함께 다시 2캠프로 떠났다. 진칭민은 홀로 1캠프를 지켰다. 리즈신과 왕용펑은 캠프를 떠나기 직전에 진칭민에게 탐사 중 날씨가 나빠지면 절대로 캠프 밖에 나오지 말고 너무 높은 곳엔 절대 올라서는 안 되며, 대원이 모두 돌아오면 그때 같이 이동하자고 신신당부했다. 셰르파 헝레이는 진칭민에게 고산용 석유난로 사용법을 자세히 알려주었다. 미국 대원들도 진칭민을 홀로 남겨두고 가는 것이 내내 마음에 걸렸는지 몇 번이고 조심하라고 당부했다. 진칭민은 리즈신, 왕용펑 및 미국 대원들과 일일이 작별의 포옹을 나누었다. 이날 저녁에 2캠프에 도착한 미국 대원 3명은 너무 피곤한 나머지 쓰러져 잠이 들었다.

11월 30일에 리즈신, 왕용펑, 셰르파 헝레이 세 사람만 연료와 식량을 짊어지고 3캠프로 출발했다. 전날 거의 쓰러지다시피 잠들었던 미국 대원 3명은 아직 체력을 회복하지 못해서 함께 출발하지 못했다. 2캠프에서 3캠프에 이르는 구간은 등반 루트를 확실하게 파악하지 못해서 그때그때 확인하며 올라야 했다. 리즈신 등은 안자일렌을 한 채 500미터 정도 되는 높은 빙설언덕을 지나 크레바스 지대에 이르렀다. 합동탐사대 소속이 아닌 다른 미국 탐사대도 비슷한 시기에 이곳에 왔다가, 경사면이 완만한 루트를 따라 떠났다. 셰르파는 리즈신과 왕용펑에게 미국 탐사대가 가는 루트대로 가자고 제안했다. 그러나 그 루트대로라면 경사도는 낮을지언정 주봉을 너무 돌아서 가야 해서 전체 등반 루트가 지나치게 길어진다. 리즈신과 왕용펑은 주봉과 가까운 언덕에 오르자는 뜻을 고수했고, 결국 중국 대원들이 선택한 루트대로 오르기로 했다. 얼마 지나지 않아 크레바스 지대에서 잠시 섰다가 뒤돌아보니, 앞서가던 미국 탐사대가 중국 대원들을 향해 오고 있었다. 리즈신과 왕용펑은 자신들의 판단대로 오르기를 잘했다는 생각에 한층 용기를 얻었다. 대원들은 발걸음을 계속 옮겨서 해발 3,800m 빙벽 부근에 3캠프를 세웠다. 중국 대원의 노고에 미국 대원은 직접 물을 끓이고 밥을 지으며 호의를 베풀었다. 리즈신은 훗날 '미국도 우리 중국 대원의 실력을 인정했다.'라며 이 일화를 언급했다.

12월 1일에 전 대원이 공격 캠프인 3캠프로 출발했다. 리즈신과 왕용펑 그리고 미국 대원 마이크가 한 조였다. 마이크는 미국 대원 중 손꼽히는 실력가로 알려졌다. 그러나 빙설기술 수준은 그다지 높지 않기 때문에 마이크를 대열 가운데 배치했다. 왕용펑이 선두에 서서 길을 내고 그 뒤를 마이크가 따르며, 리즈신이 후방에서 일행을 보호하며 등반하기로 했다. 등반 과정에서 마이크는 목숨을 잃을 만큼 위험한 상황에 부닥치기도 했지만 다행히 중국 대원의 도움을 받아 위기에서 벗어나곤 했다. 왕용펑은 훗날 이 일을 이렇게 회상했다.

… 우리 대원들은 한 걸음 한 걸음 신중히 올랐다. 마이크는 마치 곰이 산을 타고 오르듯 손과 발로 빙벽을 올랐다. 우리는 손에 땀을 쥐고 그 모습을 볼 수밖에 없었다. 500m 정도인 빙벽을 거의 다 올랐을 즈음,

갑자기 리즈신이 비명을 질렀다.

"빨리 와서 도와주세요, 빨리!"

내가 미처 고개를 돌리기도 전에 누군가가 쓰던 피켈이 엄청난 속도로 떨어지며 빙설에 깊게 박혔다. 이때 우리 대원 셋을 묶은 안자일렌 로프가 허리춤에서 팽팽하게 잡아당겨지는 느낌이 들었다. 나는 앞으로 어떤 일이 일어나게 될지 본능적으로 직감했다. 고개를 돌려 보니 마이크가 빙벽 아래로 미끄러지고 있었다. 천만다행으로 리즈신이 마이크를 재빨리 구했다. 자칫하면 저 아래로 미끄러져 흔적조차 찾기 힘들었을지도 모를 일이었다. 마이크는 우리 대원들에게 진심으로 고마워했다. 마이크 대원은 일정을 마치고 미국으로 떠날 때도 잊지 않고 고마운 마음을 표했다.

"덕분에 살았어요, 우리는 영원한 친구입니다."

이날 미·중 합동등반탐사대 대원은 모두 공격 캠프에 머물렀다. 나머지 미국 탐사대 대원 3명도 거의 동시에 공격 캠프에 도착했다. 미국 탐사대 대원 3명 중 2명은 초모룽마에 오른 경력이 있는 실력파 대원이었다.

12월 2일은 정상에 오르기로 계획한 날이다. 예정대로라면 오전 8시에 캠프에서 출발해야 했으나 미국 대원이 다소 준비가 늦어지는 바람에 10시가 다 되어서야 캠프를 떠났다. 어제 공격 캠프에서 만난 미국 탐사대도 함께 정상으로 향했다.

중국 대원은 캠프를 벗어난 지 얼마 되지 않을 때부터 미국 대원보다 한참 앞서 올랐다. 길고 긴 빙설언덕을 지나니 봉우리 세 개가 보였다. 언뜻 보았을 땐 높이가 비슷해 보였지만 자세히 관찰하니 앞쪽과 우측에 있는 봉우리가 조금 더 높았다. 미국 탐사대 대장 마이크는 3캠프에서 정상까지 보통 속도로 등반한다면 약 13

시간 정도가 걸린다고 했다. 세계적으로 유명한 이탈리아 출신 등반가 라인홀드 메스너Reinhold Messner도 이곳을 오르는 데 6시간 반이 걸렸다고 한다. 중국과 미국 대원의 체력을 고려했을 때 아무리 빨라도 8시간은 잡아야 했다. 리즈신과 왕용펑은 등정에 걸린 시간을 토대로 앞쪽 봉우리가 주봉일 가능성이 크다고 판단해 앞쪽 봉우리로 돌진했다.

그러나 바람이 너무 강한데다 능선이 가팔라서, 대원들은 우측 능선 아래 빙설 지대와 블랙아이스 지대 교차구간을 따라서 갈 수밖에 없었다. 걸음을 옮길수록 주변 산봉우리가 발아래에 놓이는 듯했다. 하지만 우측에 있는 봉은 여전히 높이 우뚝 솟아 있었다. 등반대는 처음부터 주봉을 잘못 판단하지 않았는지 의구심이 들었다. 그러나 정상에 올라보기 전까지는 확실히 알 길이 없었다.

리즈신과 왕용펑은 정상에 오르기 직전에야 현재 오르던 봉우리가 주봉이 아니라 제2봉이라는 것을 알았다. 주봉은 지금 오르는 봉우리보다 훨씬 높았다. 그러나 이 역시 정상까지 올라가 봐야 명확하게 알 수 있었다. 앞으로 정상까지는 약 50m 정도 남았다. 칼날처럼 날카롭고 뾰족한 구간이 이어졌다. 대원들은 어센더에 묶인 보조 로프를 풀어 연결해서 안자일렌으로 서로 의지하며 계속 올랐다. 대원들은 오후 2시 5분경에 마침내 뾰족하게 솟은 정상을 밟았다.

리즈신과 왕용펑은 오성홍기를 들고 사진을 촬영한 후, 정상 부근에서 암석 표본을 채취하고 하산했다.

약 200m 정도 내려가던 길에 마침 이 봉우리를 오르던 미국 등반대 대장 크리스와 마주쳤다. 크리스 대장은 세계 7대주 최고

봉 중 남극의 빈슨산을 제외한 6곳을 다 등정할 정도로 등반 경험
이 매우 풍부한 탐험가다. 크리스 대장 역시 이곳이 주봉이 아니
라는 것을 알고는 중국 대원에게 얼른 이 소식을 알려 진짜 정상에
오르자고 하려던 참이었다.

리즈신, 왕용펑, 크리스 대장은 함께 하산했다. 이들은 체력을
아끼고자 해발 4,700m 부근에서 빙하를 가로질러 주봉 아래쪽으
로 방향을 틀었다. 이어서 경사각이 60-70도 정도인 빙설언덕을
따라 주봉 정상을 향해서 지그재그를 그리며 천천히 올랐다.

약 두 시간 정도가 지난 오후 5시 8분에 리즈신은 마지막 언덕
을 넘어 가장 먼저 정상에 올랐다. 왕용펑과 크리스도 리즈신의 뒤
에 바짝 붙어서 정상에 올랐다. 대원들은 너무 기쁜 나머지 말을
잇지 못했다. 리즈신이 시계를 보니 공격 캠프를 떠나 제2봉을 거
쳐 이곳에 오르기까지 총 7시간 2분이 걸렸다. 중간에 착오가 있
었지만 빈슨산 정상과 제2봉을 등정하는 최단 시간을 기록했다.

등반대는 등정 기념촬영을 하고 암석 표본을 채집한 후에 저
녁쯤 하산했다. 3캠프와 2캠프를 연속으로 지나고 1캠프에 도착
하여 그곳에서 대기하던 진칭민과 다시 만났다. 진칭민은 일행과
잠시 떨어져 있던 며칠 동안 탐사작업을 다방면으로 진행했다. 등
정 최적 코스를 찾고, 암석 노출 지대를 토대로 지층 형성과정을
심도 있게 연구하여 단면도를 제작하고 표본을 채취했으며, 해발
2,700m 부근에서 철광석도 발견했다. 암석 노출 지역을 따라 계
속 추적한 끝에 산등성이를 따라 쭉 매장된 철광석을 발견하여 철
광석 매장량이 엄청나다는 소문을 실제로 증명했다.

미국·중국 합동등반대 대원 중 미국 대원과 캐나다인 셰르파는

이날 정상에 오르는 데 실패했다. 이튿날인 12월 3일에 중국 대원이 1캠프에서 휴식을 취하던 시간에 미국 대원도 등정에 성공했다.

12월 4일에 미국 대원이 정상에서 내려와 1캠프에서 대기하던 중국 대원과 다시 만났다. 대원들은 서로 얼싸안고 눈물을 흘리며 빈슨산을 등정한 감동을 함께 나누었다. 이날 밤에 대원들은 모두 베이스캠프로 철수했다. 베이스캠프에 도착한 지 두 시간이 지난 후에 대원들은 소형 비행기를 타고 베이스캠프를 떠나 패트리어트 힐에 도착했다. 이어서 비행기를 바꿔 타며 남극을 떠났다. 리즈신, 왕용평, 진칭민은 처음 계획대로 12월 20일에 북경으로 돌아왔다.

빈슨산 등정은 중국 현대 등산 역사상 등정 기간과 과학조사 기간이 가장 길었고, 특히 처음으로 외국 소재 산을 등반했다는 점에서 의의가 크다. 또한 남극 오지를 심도 있게 연구하여 미지의 영역이던 남극 지질학 분야의 공백을 일부 채우는 등 과학적 성과도 이루었다. 나아가 등반대 규모를 소형화할 수 있었고, 합동등반 기술을 한층 발전시킬 수 있었다.

제7절
미국·중국·소련 합동등반대, 초모룽마를 등정하다

'1990 국제 평화등반대'의 책임자이자 미국의 저명한 등반가인 제임스 휘태커James A. Whittaker[94]는 1987년 7월에 중국 등산협회에 서

94　1929- , Jim Whittaker로 알려졌다. 1963년 Norman Dyhrenfurth가 이끄는 미국 에

한을 보냈다. 소련을 포함한 3개국 합동등반대를 조직하여 초모룽마에 오르자는 내용이었다. 등반에 필요한 자금은 미국이 부담하겠다는 내용도 덧붙였다. 휘태커는 이번 합동등반의 목적을 크게 두 가지로 제시했다. 첫째는 3개국이 상호 간 우호 협력하여 세계에서 가장 높은 산을 등정할 뿐 아니라 합동등반을 통해 세계 평화의 목표를 실현한다는 것이다. 그리고 또 하나는 1990년 4월 22일에 세계 지구의 날 20주년을 기념하여 비닐봉지 2천 장을 베이스캠프에 가지고 가서 몇 십 년 동안 쌓인 쓰레기를 분류해서 처리하자는 것이다. 실질적인 환경보호는 물론이고 전 세계 사람들에게 환경위생의 중요성을 일깨우자는 취지를 담았다. 미국 상원의원 에드워드 케네디는 주미 중국대사관에 휘태커의 제안을 알렸다. 케네디는 자신도 휘태커의 의견에 동의한다며 중국의 동의를 구했다. 1988년 1월, 미국은 중국에 휘태커와 소련 체육위원회와 등산협회가 가진 회담 상황을 알리며, 미국과 소련 양국이 주고받은 전보 복사본을 제출했다. 소련도 이 의견에 적극적으로 동의하고 지지 의사를 보냈다.

미국, 중국, 소련은 우호 협상 과정을 통해 평화, 우호, 이해라는 기치 아래 합동등반대를 결성하여, 1990년 봄에 중국 국경을 거쳐 초모룽마에 오르기로 합의했다. 합동등반대는 1989년 8월에 북경에서 본격적으로 협의했다. 합동등반대 협정서는 이번 등반과 관련하여 다음 사항을 규정했다.

우선 합동등반대 총 대원 수를 47명으로 하고, 이 중에서 실

베레스트 원정대 대원으로 참가하여 미국인 최초로 에베레스트에 올랐다. 미국의 장비 회사인 REI에 취업하여 대표이사를 역임했다. 1999년 자서전 『A Life on the Edge』를 발간했다.

제 등반에 투입할 대원은 27명, 물자관리 등 지원 업무를 담당하는 대원은 16명 그리고 매체 보도 업무를 맡은 대원을 4명으로 정했다. 각국 등반대는 대장과 부대장을 각 1명씩 두기로 했다. 총대장을 별도로 임명하지 않고 각 나라별 대장끼리 모여 미국 등반대장을 중심으로 대장회의를 열어서 다수결로 등반 과정을 결정한다는 점에서 종전의 합동등반 형태와는 다르게 조직했다. 합동등반대의 공식 명칭은 '미국·중국·소련 1990년 초모룽마 평화등반대'로 했다. 미국은 합동등반 전 과정에 필요한 경비를 부담하고, 소련은 전 대원이 사용할 산소장비 공급을 책임지며, 중국은 티베트에서 물자관리를 비롯한 전반적인 준비작업을 담당하기로 했다.

미국·중국·소련 1990년 초모룽마 평화등반대의 중국 대장은 뤄쌍다와, 소련 대장은 사다예프, 그리고 미국 대장은 휘태커가 맡았다.

중국 등산협회는 이번 합동등반과 관련한 모든 권한을 티베트 등산협회에 일임했다. 중국 대원은 쟈뽀, 다지미大齊米, 왕쟈, 다충, 린나, 뤄쩌와 여성 대원 구이쌍을 포함하여 7명이며, 모두 티베트 등산협회 소속 티베트 출신 대원이다. 중국 등반대 대장은 티베트자치구 위원회 주임인 뤄쌍다와가 맡았고, 부대장은 티베트 등반대 대장 뤄쩌, 코치는 티베트 등반대 수석코치 청텐량이 맡았다.

소련 대원은 1990년 2월 24일에, 미국 대원은 다음날인 25일 북경에 도착했다. 중국 등산협회는 26일 저녁에 북경 회유구懷柔區에 있는 중국 등반대 훈련장에서 환영회와 연회 자리를 마련하여 대원들을 맞이했다. 중국 등산협회 회장 스잔춘도 자리에 참석하여 축하 인사를 했다.

"소련 등반가는 우리 스승이고, 미국 등반가는 오랜 벗입니다. 우리 세 나라 대원이 평화와 우의를 바탕으로 손을 잡고 세계에서 가장 높은 저 봉우리에 함께 올라갑시다."

스잔춘은 합동등반대가 무리 없이 등정에 성공하리라고 확신했다. 우선 합동등반대는 1960년대에 중국 등반대가 이미 등반했던 루트를 따라 오를 예정이기 때문에 길을 잘못 가거나 방향감각을 상실할 가능성이 매우 낮다. 또한 대원 개개인의 실력도 매우 뛰어나다. 중국 등반대는 중국 내 고산 탐사 실력이 으뜸이며, 대원 대부분이 해발 8,000m가 넘는 고봉에 오른 경험이 있는 정예 등반대이다. 일부 대원은 비록 초모룽마 주봉까지 오른 경험은 없지만, 지원 임무를 수행하는 등 고산등반에 다방면으로 협조한 경험이 있어서 산세나 기후에 익숙했다. 특히 소련 등반대의 암벽등반 기술은 세계 최고라고 꼽을 수 있으며, 미국 등반대는 제임스 휘태커처럼 경험이 풍부한 베테랑 등반가가 있으니 성공 가능성이 매우 크리라고 예상했다. 그러나 기후가 변수였다. 티베트 일대 고산은 봄철에 등산하기 가장 좋지만 봄이라고 날씨가 돌변하지 않으리라는 보장은 없다. 스잔춘은 기상 악화가 등정에 악영향을 미친 선례가 많으니 충분히 연구하고 대책을 세워야 한다고 합동등반대에 당부했다.

합동등반대 소련 대장 사다예프 역시 30여 년 전 중국 등반대와 함께 소련의 레닌봉과 시월봉에 오른 일화를 언급하며, 이번 합동등반대는 반드시 등정에 성공할 것이라고 확신했다. 사다예프는 30년이 지난 오늘날 중국 등반대와 함께 세계에서 가장 높은 산을 함께 오르게 되어 벅찬 마음을 누르기 힘들다는 말을 시작으로 인사말을 이어갔다. 그는 이번 등반에서 최소한 한 팀, 아니 그보다 훨씬 많은 대원이 정상에 오를 것이며 합동등반대 다섯 팀 대원 15명 모두 정상에 오르는 것도 무리가 아니라고 확신했다.

사다예프의 인사가 끝나자 미국 대장 휘태커도 팀별 구성인원을 언급하며 말을 이었다. 휘태커는 우선 우의와 평화를 바탕으로 3개국이 힘을 합쳐 등정에 성공하기를 바라는 마음을 표했다. 이어서 공격대원 15명을 3명씩 총 다섯 개 팀으로 나누되, 나라별로 한 명씩 한 팀을 구성할 계획이라 밝혔다. 만약 팀원 중 누군가가 컨디션 저하 등 각종 이유로 계속 등반하기 힘들어지면 나머지 대원들이 반드시 해당 대원과 함께 하산해야 한다고 언급했다. 그리고 대원들이 정상에 오르면 각국 정상이 통신위성을 통해 대원들의 성공 소식을 전 세계에 알릴 예정이라고 밝혔다.

1990년 3월 5일에 초모룽마 평화 합동등반대는 라싸를 떠나 초모룽마로 출발했다.

평화 합동등반대 전 대원은 3월 8일에 해발 5,200m 초모룽마 베이스캠프에 도착했다. 베이스캠프는 3개국 선발 대원 18명이 1988년에 중국·일본·네팔 합동등반대의 베이스캠프가 있던 북측 베이스캠프지에 설치했다. 베이스캠프는 초모룽마 북쪽 산자락에 있으며 10미터 아래에는 융포사가, 20미터 위에는 다음 등반 시 반드시 거쳐야 하는 동룽북빙하가 있었다.

평화 합동등반대는 등반일정을 순조롭게 전개했다. 등반 루트는 중국 등반대가 올랐던 기존 루트인 융포사-동룽북빙하-노스콜-북동룽-정상을 따르기로 했다.

4월 6일부터 12일까지 합동등반대 대원은 노스콜을 지나 바람의 통로를 뚫고 해발 7,790m 5캠프에 도달했다. 5캠프까지 오른 대원은 쟈뽀, 다지미, 다충, 뤄쩌, 린나 등 중국 대원 5명과 소련 대원 3명이었다. 미국 대원 2명은 고산 적응에 실패하여 오르지 못했다. 등반 시 물자운반도 동시에 진행했다. 중국 등반대의 실력은 캠프까지 물자를 옮길 때 더욱 빛을 발했다. 특히 쟈뽀, 다지미, 다충의 실력이 타의 추종을 불허할 정도로 뛰어나 소련과 미국 대원들의 감탄을 자아냈다.

4월 18일에는 상층풍이 너무 심하고 기상조건도 점점 나빠졌다. 3개국 지휘부는 베이스캠프에서 긴급회의를 열었다. 회의 결과 4월 22일에 정상에 오르기로 했던 처음 계획을 철회하고, 5월 4일에서 7일 중 기상조건을 고려해 등반하기로 했다. 해발 8,300m 6캠프에서 대기하던 중국 대원들은 지휘부의 지시대로 해발 6,300m 전진 캠프로 돌아와 잠시 쉬며 대기하기로 했다. 중국 대원들은 6캠프를 떠나 해발 7,000-8,000m쯤 내려왔을 때 마침 올라오던 소련·미국 대원들과 만났다. 해발 8,300m까지 오르며 물자운반 임무를 모두 마친 대원들은 함께 베이스캠프로 돌아가 정상 공격 시기까지 대열을 정비하며 잠깐 휴식기를 가지기로 했다.

5월 1일에 3개국 정상 공격대 1조 대원 6명이 베이스캠프를 떠나서 5월 3일 해발 7,790m 5캠프에 무사히 도착했다. 대원들은 계획대로 5월 4일에 해발 8,300m 6캠프에 도달했고, 다음 날인 5일 해발 8,700m에 공격 캠프를 세워서 6일에 정상에 오르기로 했다.

5월 4일에 날씨가 갑자기 돌변하여 눈보라를 동반한 폭풍이 불어서 공격대는 5캠프에서 대기하여야 했다.

5월 5일에 제1공격대는 폭풍과 폭설을 무릅쓰고 해발 8,300m 6캠프로 향했고, 오후쯤 목적지에 무사히 도착했다.

5월 6일, 초모룽마의 하늘이 조금씩 걷혔다. 상층풍도 한층 약해졌다. 제1공격대 대원 6명은 정오쯤 해발 8,680m 공격 캠프를 향해 이동했다. 그러나 대원 중 이곳까지 올랐던 사람이 아무도 없어서 공격 캠프까지 이르는 루트를 확신할 수 없었다. 결국 중국 대원이 베이스캠프에 무전 연락을 해서 정확한 루트를 물어가며 올라야 했다. 다행히 제1공격대는 오후 6시경 세컨드스텝 아래 해발 8,680m 공격 캠프에 무사히 도착했다. 같은 날 해발 7,028m 4캠프에서 출발한 제2공격대 대원 6명도 오후 네 시 반경 해발 7,790m 5캠프에 무사히 도착했다.

5월 7일 오전 10시 30분, 제1공격대가 공격 캠프를 떠나 정상으로 향했다. 제1공격대 대원은 새벽부터 분주하게 준비해서 정상으로 출발하느라 베이스캠프에 미처 연락하지 못했다. 상황을 모르던 베이스캠프 지휘자와 대원들은 초조한 마음으로 캠프 밖으로 나와 정상을 바라보며 하염없이 기다렸다. 오전 11시 38분, 4캠프에서 미국 대원이 제1공격대가 이미 세컨드스텝 상부에 도착한 모습이 사진기 렌즈에 잡혔다고 베이스캠프에 보고했다. 베이스캠프를 둘러싼 걱정과 초조한 기운이 순식간에 싹 사라졌다.

낮 12시 40분, 제1공격대 중국 대원 쟈뽀는 제1공격대 대원들이 이미 해발 8,760m까지 올랐다고 베이스캠프에 처음으로 보고했다. 쟈뽀는 중국 측 부대장 뤄쩌에게 정상까지 이르는 구체적인 루트를 물었다. 뤄쩌는 1975년 초모룽마 정상에 올랐던 기억과 경험을 회상해가며 루트를 자세히 알려주었다.

낮 12시 42분경 쟈뽀가 베이스캠프에 연락해서 루트를 다시 물었다. 그리고 현재 쟈뽀와 다지미, 미국 대원 링크가 앞장서서 오르고 있으며 미국 대원 고어, 소련 대원 알센리예프와 룬지아코프가 40미터 정도 떨어져 올라오는 중이라고 보고했다. 뤄쩌는 쟈뽀에게 루트를 안내한 후에 뒤따르는 대원들을 잠시 기다렸다 함께 오르라고 지시했다.

북경 서머타임 기준 오후 1시 13분에 베이스캠프에 갑자기 무전 연락이 울렸다.

"정상에 올랐습니다!"

쟈뽀의 목소리가 무전기를 타고 베이스캠프에 울려 퍼지자 베이스캠프에서 기다리던 대원들은 일제히 환호하며 서로를 얼싸안고는 너 나 할 것 없이 술을 따르며 기쁨을 나누었다. 1990년 미국·중국·소련 초모룽마 평화등반대 제1공격대 소속 중국 대원 쟈뽀와 다지미, 소련 대원 알센리예프와 룬지아코프, 미국 대원 로버트 링크와 스티븐 고어가 드디어 세계에서 가장 높은 초모룽마 정상을 밟았다.

이날 초모룽마 정상 부근은 바람이 비교적 약하고 기온도 상대적으로 높아서 방한용 장갑을 끼지 않아도 될 정도였다. 정상에 오른 대원들은 약 92분간 정상에 머무르며 등정 기념 촬영을 했다. 대원들은 정상에서 네팔 대원이 최근에 등정 기념으로 남긴 듯한 물품을 발견했다. 다행히 1975년 중국 등반대가 정상에 설치해 둔 측량 표지가 아무 이상 없이 잘 있었다.

제1공격대는 오후 2시 45분에 정상에서 철수했다. 소련 대원은 이날 공격 캠프에서 하룻밤을 지냈고, 미국 대원은 오후 8시경에 5캠프에 도착했다. 중국 대원 쟈뽀와 다지미는 오후 9시 30분경 해발 6,500m 3캠프에 도착했다. 중국 대원은 미국과 소련 대원보다 철수 속도는 물론이고 하산 속도도 상당히 빨랐다. 이는 중국 등산 역사상 전례 없는 일이었다.

중국, 소련, 미국 측은 등반 전에 정상에 최초로 오르게 될 대원 수는 반드시 나라별로 같아야 한다고 협의했다. 제1공격대 각국 대원이 모두 정상에 오르는 데 성공하여 협의 사항을 지켰으니, 나머지 대원은 국적이나 비율에 상관없이 누구든 정상에 오를 수 있도록 했다.

5월 8일에 소련 대원 안드리에 차이리셰프와 무스리스라프, 고어비엔커와 미국 대원 에드먼드 칼이 6캠프를 출발하여 정상에 올랐다.

5월 9일 북경 서머타임 기준 오전 11시 13분경에는 오전 8시 45분에 공격 캠프를 떠난 중국 대원 다츙과 구이쌍, 그리고 미국 대원 이언 리차드 웨이드가 차례로 정상에 올랐다. 구이쌍은 중국 등반대 소속 판톡의 뒤를 이어 여성 대원으로서는 두 번째로 초모룽마 정상에 올랐다.

오전 11시 57분경 중국 대원 뤄쩌와 린나도 정상에 올랐다. 이들은 8일 오전 해발 7,028m 4캠프에서 출발하여 그날 저녁 해발 8,300m 6캠프에 도착했고, 이튿날인 9일 새벽 6캠프에서 출발하여 정상에 올랐다.

낮 12시 16분에 중국 대원 구이쌍과 미국 대원 이언 리차드 웨이드가 정상에서 하산했다. 12시 33분에는 다츙, 뤄쩌, 린나도 하산했다.

5월 10일에 미국·중국·소련 합동등반대 마지막 공격대원 7명은 오전 7시에 해발 8,300m 6캠프에서 정상으로 출발했다. 중국 대원 왕쟈와 쟈뽀는 항상 다른 대원보다 앞장서서 등반했다. 그러나 해발 8,700m 세컨드스텝 부근에 이르렀을 때 쟈뽀가 등반을 포기했다. 컨디션이 너무 좋지 않은데다가 신고 있던 등산화가 조금 작은 탓에 물집이 잡혀 거동이 힘들어졌기 때문이다. 쟈뽀와 함께 선두에 섰던 왕쟈는 홀로 정상까지 등반하기 시작했다. 얼마 지나지 않아 소련·미국 대원과 거리가 점점 벌어졌다. 북경 서머타임 기준 오전 10시 25분에 왕쟈는 홀로 초모룽마 정상에 올랐다. 정상에 오른 왕쟈는 네팔령에서 출발하여 정상에 오른 다른 외국인 대원 몇 명과 마주쳤다.

뒤이어 소련 대원 알렉산더 토카예프, 예카테리나 이바노바, 아나톨리 모스니코프, 예르반드, 그리고 미국 대원 마크 스코트도 등정에 성공했다. 특히 당시 27세였던 소련의 예카테리나 이바노바는 소련 여성 등반가 중 처음으로 초모룽마 정상에 오른 기록을 세웠다. 그녀는 전 세계 여성 등반가 중에서 열 번째로 초모룽마 정상에 올랐다.

미국·중국·소련 평화등반대는 임무를 성공리에 완수했다. 총 4개 팀 대원 20명이 정상에 올랐다. 초모룽마 등반 역사상 최다 등정 인원이었다. 그 전에는 1978년 독일과 프랑스 합동등반대 4개 팀에서 16명이 남벽을 타고 오른 것이 최다 기록이었다.

정상에 오른 대원 20명 중 중국 대원은 쟈뽀, 다지미, 다츙, 구이쌍여, 뤄쩌, 린나, 왕쟈 등 7명이고, 그 외 소련 대원이 8명, 미국 대원이 5명이었다.

5월 18일에 미국·중국·소련 합동등반대는 베이스캠프를 철수했다.

이번 등반은 3개국 평화등반대 대원 간 우의를 다지고 증진하는 데 큰 역할을 했다. 대원들은 등반 준비부터 등정 후에 베이스캠프를 철수할 때까지 서로에게 관심을 놓지 않고 배려하며 동고동락했다. 5월 3일에 미국 대원 2명이 5캠프에 올랐을 때 있었던 일이다. 날이 이미 저물어 기온이 급격히 떨어지면서 바람이 강하게 불어 캠프 프레임을 세우기조차 힘들었다. 이때 중국과 소련 대원 간 우정 어린 마음이 빛을 발했다. 중국과 소련 대원은 미국 대원을 자기 캠프로 들어와서 쉬도록 배려했다. 어느 날은 소련 대원들이 지나가는 말로 미국 대원이 제공한 통조림 식품을 질릴 만큼 많이 먹어서 신선한 양고기를 한 번만이라도 먹어보고 싶다고 푸념을 했다. 중국 측 책임자는 이 소식을 듣고는 차량을 보내 왕복 80km를 달려 양고기를 구매해서 소련 대원에게 제공했다. 소련 대원이 얼마나 감동했는지 말할 필요가 없을 것이다. 정상에 오를 때쯤 미국 대원들이 휴대한 식량이 거의 바닥나자 중국 대원 쟈뽀와 다지미는 가지고 있던 참파[95]를 미국 대원들에게 나누어주며 배고픔을 같이 해결하기도 했다. 또한 미국 대원은 중국의 구이쌍 대원에게 어센더를 선물하며 우정을 표하였다. 이러한 류의 대원들 간 훈훈한 일화는 상당히 많았다.

미국·중국·소련 1990년 초모룽마 평화등반대는 1990년대에 활동한 국제 합동등반대 중에서도 규모가 상당히 컸다. 또한 3개국 등반대가 처음으로 합동등반대를 결성해 함께 활동했고 초모

---

95 참파tsam-pa, 보리를 볶아서 돌절구에 찧어 가루로 만든 티베트인의 주식. [역주]

룽마 등정 인원 최고기록을 세웠다는 점에서 등산 역사상 의미가 매우 크다. 3개국 합동등반대의 원래 계획에 따라 평화등반대는 등정 임무를 마친 후에 초모룽마 일대에 남은 흔적을 깨끗하게 치웠다. 이 역시 환경보존 차원에서 상당히 의미가 깊었다.

중국 등산협회 부회장 왕펑퉁은 3개국 평화등반대의 등정 축하 환영회 석상에서 다음과 같이 연설했다.

"3개국 평화등반대 대원들은 매우 훌륭한 업적을 세웠습니다. 상호 간 협력을 거쳐 우의를 나누며 적잖은 깨달음을 얻었을 것입니다. 그리고 이번 합동등반은 국제 등산운동에 지대한 공헌을 했다는 점에서 의미가 큽니다."

제8절

중국·일본 합동정찰대, 남차바르와에 오르다

1989년 12월에 일본의 일본·중국 우호협회와 일본 산악회 및 요미우리신문은 중국 등산협회에 남차바르와에 함께 등반하자는 공동서한을 보냈다. 일본 일·중 우호협회 전국 총지부 회장 우츠노미야 도쿠마는 1990년 4월 12일과 28일에 당시 중국 부주석 왕전과 중국 국가 체육위원회 주임 우샤오주에게 남차바르와 합동등반을 요청하는 내용이 담긴 서한을 각각 보내는 등 적극적으로 나섰다. 이에 따라 중국 국무원은 1990년 7월에 국가 체육위원회 등 관련 기관에 특별 허가서를 보내 본격적으로 일본 등반대와 남차바르와를 함께 등반할 준비를 시작했다.

1990년 10월 10일부터 12일까지 중·일 양국 대표단은 북경에 모여서 1990-1991년에 오르기로 계획한 남차바르와 정찰 및 등반활동과 관련해 회의를 열었다.

양국 대표단은 협의를 거쳐서 1990년 11월부터 합동정찰대를 조직하여 약 한 달 반 정도 남차바르와에서 정찰을 하기로 했다. 정찰 작업은 육지와 공중에서 동시에 진행하며, 남차바르와 북서릉에 난 루트 네 갈래와 나이펑봉Naipeng Peak, 7,043m에 이르는 루트를 정찰하는 데 중점을 두었다.

그리고 11월 하순쯤 공중정찰을 진행하기로 했다. 중국 대원 량푸, 장장위안, 차이징, 그리고 일본 대원 시게히로 츠네오, 시마다 키미히로, 아지사카 세이세이가 비행기를 타고 항공촬영 임무를 맡았다. 양국 정찰대원은 세스나 경비행기 4대로 티베트 공가 공항Lhasa Gonggar Airport에서 남차바르와 항로인 북위 29° 30′-30°, 동경 94° 42′-95° 20′ 범위 내에서 공중정찰과 항공촬영 임무를 수행하여 만족스러운 성과를 얻었다.

육지 정찰대 대원은 중국 대장 쌍줍, 부대장 천젠쥔을 비롯해 중국과 일본 대원 총 6명으로 구성했다. 이들은 11월 16일부터 해발 3,500m 베이스캠프에 머무르면서 임무를 수행하다가 12월 16일에 철수했다. 정찰 기간 동안 대원들은 나이펑봉까지 이르는 루트를 따라 해발 6,900m까지 정찰했다. 중국 대원과 일본 대원은 허리까지 쌓인 적설을 헤치며 눈사태의 위협을 무릅쓰고 적극적으로 협력하며 난관을 헤쳐나갔다. 정찰대원의 노고로 루트 정찰 임무도 순조롭게 마무리하여 정상까지 오르기가 한결 수월해졌다.

중국·일본 합동등반대의 매리설산 등반 및 산간지역 구조작업

매리설산梅理雪山, Mt. Meri Snow, 6,740m은 운남성과 티베트자치구의 경계에 있는 운남성 덕흠현에 우뚝 솟은 산으로, 북위 2.84°, 동경 98.6°에 있다. 운남성에서 가장 높은 만년설산이며, 정상에 오른 사람은 아직 없었다. 1987년에서 1989년에 걸쳐 중국은 물론이고 일본 등반대와 미국 등반대가 매리설산에 오르려고 네 차례 정도 시도했지만 번번이 실패했다. 1987년 6월에 일본 등반대는 처음으로 매리설산을 등정하려고 시도했지만 해발 4,500m까지 오르는 데 그쳤다. 1988년 6월에 미국 클린치 원정대는 매리설산 주봉인 카와거보봉伽瓦格博峰, Kawadgarbo peak을 등정하려고 시도했으나 해발 4,200m 근처에서 결국 철수했다. 1988년 10월에 중국 등산협회와 운남 등산협회 그리고 일본 도쿄대학교 학사 산악회가 합동정찰대를 조직하여 매리설산 루트를 탐색하기로 했다. 중국 정찰대 수석코치 왕전화는 직접 대원들을 인솔하며 매리설산 주봉 우측을 따라 등반했으나 정상에 오르지 못했다. 1989년 10월에 중·일 합동등반대는 다시 매리설산 카와거보봉을 등정하려고 시도했다. 합동등반대는 각고의 노력 끝에 해발 5,300m까지 올랐지만 크레바스 지대를 넘지 못했다. 대원들은 할 수 없이 길을 우회해서 오르기로 계획하여 하루에 12시간도 넘게 등반했다. 그러나 매리설산 일대는 풍화작용이 심하고 빙하도 모두 갈라져서 크레바스를 지나기 상당히 어려운데다가 날씨마저 좋지 않았다. 대원들이 이렇게 노력했음에도 불구하고 갖가지 악재가 겹쳐 결국 등정을 포기한 채 아쉬움을 안고 하산해야 했다.

1990년 2월에 중·일 합동등반대는 중국의 천상런, 쑨웨이치, 진췐시, 쑹즈이와 일본의 히로세 쇼, 쿠도 슌지, 이노우에 신지로, 나카야마 시게키 등으로 구성한 정찰대를 파견하여 매리설산 정상에 이르는 새로운 루트를 파악하도록 했다. 정찰대는 해발 5,500m까지 올라 정상 좌측의 2호 산릉을 거쳐 가는 새로운 루트를 찾아냈다.

이후 중·일 합동등반대는 대열을 재정비했다. 운남 등산협회 회장 펑수썬이 고문을 맡았고, 중국 총대장은 양비위, 일본 총대장은 소다 겐지가 맡았다. 중국 등반대 대장은 쑹즈이, 일본 등반대 대장은 이노우에 신지로였다. 1990년 2월에 합동등반대는 1990년 12월부터 등반활동을 본격적으로 시작한다는 의정서를 체결했다.

중·일 매리설산 합동등반대 대원은 중국 대원 18명과 일본 대원 11명 등 총 29명으로 구성했다. 합동등반대는 12월 1일에 운남성 덕흠현에 도착한 후 곧바로 매리설산으로 이동해서 본격적으로 등반하기 시작했다. 대원들은 운남성 우붕촌雨崩村 인근 해발 3,500m까지 오른 후에 바람을 피할 수 있을 만한 평지에 베이스 캠프를 세웠다. 대원들은 며칠 후에 강도 높은 기술훈련을 하는 한편 루트 정비 및 운반업무도 계획대로 시행했다.

12월 8일, 대원들은 베이스캠프를 떠나 약 5일 정도 험난한 등반길을 올라 해발 4,500m 1캠프에 도착했다. 이튿날 대원들은 2캠프까지 올랐다. 이후 하루 정도 휴식을 취한 뒤 또다시 캠프를 떠나 해발 5,100m 3캠프까지 올랐다.

대원들은 12월 28일에 팀을 둘로 나누어 아직 해가 뜨지 않은 이른 시간에 카와거보봉 정상으로 향했다. 중국 등반대 대장 쑹즈이는 쑨웨이치孫維奇와 곤도 히로오, 히로세 쇼, 후니하라 나오타케 대원 등과 함께 오후 1시쯤 해발 6,470m까지 올랐다. 이제 정상까지 해발고도로 따지면 약 270m밖에 남지 않았다. 그러나 공교롭게도 갑자기 폭설이 내리기 시작해 쑹즈이를 비롯한 대원 5명은 해발 5,900m 4캠프로 철수해야 했다. 쑹즈이 등 대원은 4캠프에서 대기하던 리즈원李之雲, 린원성林文生, 미구, 중썬, 고다마, 쿠도, 사사마사 등 대원 7명과 회합했다.

12월 29일에는 눈발이 조금 잦아들었다. 일본 대원 중 일부는 빙벽을 정비했고, 중국 코치 쑨웨이치는 리즈원에게 빙벽등반 기술을 전수했다.

30일 아침에는 바람이 강하게 불어 공격대 두 팀 모두 3캠프로 철수해야 했다.

1월 1일에 대원들은 3캠프에서 다음 등정 기회를 엿보며 대기했다.

1월 2일에는 날씨가 전날보다 더 궂었다. 폭설이 내리다가 잦아들기를 반복하여 정상에 오를 기회를 좀처럼 잡을 수 없었다. 1월 3일 저녁 7시경, 3캠프에서는 베이스캠프에 기상조건과 관련하여 현재 상황을 보고했다. 현재 적설량이 약 1.2m나 되어 캠프의 3분의 2가 눈에 파묻힐 정도라, 대원들이 두 시간마다 돌아가며 캠프 밖으로 나가서 눈을 치운다고 했다. 저녁 9시경 쑹즈이는 다시 무전기를 들어 베이스캠프에 있는 중국 등산협회 행정부장 천상런에게 일기예보를 전달했다. 천상런은 상황을 듣고 쑹즈이에게 당부했다.

"현재 덕흠 지역은 눈이 적게 내리고 있고, 베이스캠프 일대에는 눈이 평균 수준으로 내리고 있습니다. 하지만 여러분이 있는 캠프 인근에는 폭설이 내리고 있으니 예의 주시하며 조심하시기 바랍니다. 날씨가 나빠서 4캠프에서 정상으로 가려던 계획을 늦추었다는 보고를 받았습니다. 베이스캠프 측에서 이미 오후에 북경 등산협회와 운남성 체육위원회에 연락해두었으니 너무 걱정하지 말고 등반에 전념하시기 바랍니다."

진쥔시 대원이 시계를 보니 이미 밤 10시 15분이 넘었다.

1월 4일 오전 9시, 천상런은 일어나자마자 사태가 예사롭지 않다는 직감이 들어 3캠프에 연락했다. 그러나 아무런 응답이 없었다. 무전기가 고장 난 줄 알았으나 다시 보니 기기에는 아무런 문제가 없었다. 천상런은 갑자기 초조해졌다. 천상런, 진쥔시, 장쥔張軍 등 대원 3명은 무전기에 대고 비명을 지르듯이 외쳤다.

"쑹대장! 쑹즈이! 3캠프, 응답하시오!"

대원들은 아침부터 오후 늦게까지 목이 터질 듯 외쳤지만, 끝내 아무 응답이 없었다.

진쥔시와 장쥔은 캠프 밖으로 뛰쳐나갔다. 폭설을 맞으며 언덕 위로 올라가서 망원경으로 3캠프가 있던 곳을 관찰했다. 자세히 보니 3캠프에서 약 400m 떨어진 곳의 지형이 다소 바뀌었다. 산등성이가 굉장히 거칠어진데다가 단층면이 드러났고, 평평한 빙벽이 무너져서 예전 모습이라고는 흔적조차 찾아볼 수 없었다. 진쥔시와 장쥔은 그 광경을 보고 너무 놀라서 넋이 나갈 정도였다. 대원들은 천상런을 불러 조금 더 자세히 관찰한 후 밤중에 산에서 거대한 눈사태가 발생했다고 결론을 내렸다.

천상런은 즉시 덕흠현과 곤명 및 북경 측에 합동등반대 대원 17명이 실종되었다고 전보를 보냈다. 이 소식을 들은 리테잉 국무위원과 양더즈 등산협회 명예회장, 그리고 국가 체육위원회 주임 우샤오쭈는 거의 동시에 캠프에 답신을 보냈다. 이들은 대원들이 매몰된 곳으로 추정되는 곳에서 할 수 있는 데까지 최대한 구조 작업을 진행하라고 지시했다. 운남성 지방정부는 긴급회의를 소집해 지원 방안을 물색했다. 당시 출장차 다른 지역에 갔던 허즈창 운남성 성장은 관련 부처에 신속히 구조활동을 벌이라고 지시했다. 체육활동 관련 업무를 주관하는 천리잉 운남성 부성장도 직접 나서서 지원 방법을 구체적으로 세웠다.

중·일 합동등반대 대원 실종 소식이 중국 등산협회에 알려지자, 당시 남차바르와 등반 관련 회의에 참여 중이던 등산협회 회장 스잔춘이 방안을 제시했다.

1. 비행기 지원 요청
2. 즉시 지원팀을 조직해 매리설산에 파견할 것
3. 중국 등산협회는 24시간 동안 당직을 서며 실시간으로 상황을 파악할 것

매리설산 베이스캠프에서는 천상런을 포함하여 대원 3명으로 구성한 관찰팀이 해발 3,800m에 임시 관찰소를 만들어 상황을 살폈다. 1월 6일 오전에 당시 덕흠현 당서기 허아수는 춥따, 돤젠싱과 함께 현장에 도착한 후 관찰팀을 별도로 조직해 지원 작업을 펼쳤다. 이들은 매리설산 해발 4,300m에 있는 명영촌明永村까지 올라

가 상황 파악에 나섰다.

왕전화, 위량푸, 천젠췬, 리즈신, 왕용펑, 뤄션維甲 등 중국 등산협회 지원팀은 6일 오후에 비행기를 타고 북경에서 출발하여 당일 곤명에 도착했다. 지원팀은 쉬지 않고 이동해 7일 새벽 대리大理에 도착했다. 이어서 저녁 9시쯤 유서維西까지 이동해서 운남성당 위원회 주임 다이원중 등과 만났다. 이후 8일 오후 덕흠현에 도착하여 다이원중을 필두로 한, 최전방에서 지원 활동을 펼칠 지휘부를 조직했다. 다이원중 조장 외에도 리수팡 부조장, 운남성 체육위원회 부주임 양비위, 덕흠현 당서기 허아린, 중국 등산협회 구조팀 왕전화 대원 등이 함께했다.

중국 관련 부처는 정찰기를 띄워 1월 9일 10시 27분부터 12시 14분까지 매리설산 상공을 정찰하며 사진을 촬영했다. 이 덕분에 합동등반대 공격대원 실종 사건을 해결하는 데 많은 단서를 얻었다. 정찰기는 매리설산 상공을 다섯 바퀴 정도 돌며 정찰했다. 두 바퀴째 돌 때까지만 해도 베이스캠프 측과 통신이 원활했으나 나머지는 그렇지 못했다. 베이스캠프 측은 정확한 방향을 안내하기 위해서 정찰기와 꾸준히 교신하며 캠프 흔적이나 대원들이 활동하는 모습이 보이는지 살펴달라고 요청했다. 정찰기가 상공을 네 바퀴째 정찰할 때쯤, 주봉 남쪽 부근에서 무언가 미끄러진 흔적을 발견했다. 이는 앞서 베이스캠프 측 정찰대가 발견한 것과 일치했다. 그러나 항공정찰에서도 3캠프와 관련된 정확한 자료를 찾을 수 없었다.

1월 10일, 베이스캠프 대원들은 베이스캠프와 1캠프 사이 산머리에서 정찰을 이어갔다. 자세히 살펴보니 베이스캠프에서 2캠프에 이르는 구간의 지형이 전과 크게 달라졌다. 예전보다 적설량이 매우 많아졌고, 암석과 눈이 무너져 내린 흔적이 곳곳에서 발견되어 정상까지 오르는 길을 다시 정비하기가 여간 어려운 일이 아니었다. 산등성이 부근에 있던 4캠프는 이미 흔적조차 찾을 수 없었다. 3캠프도 뾰족하게 솟아오른 연봉連峰에 가려져 볼 수 없었다. 게다가 정찰하는 순간에도 끊임없이 눈이 내려서 베이스캠프 부근에 눈사태가 일어날 가능성이 점점 커졌다. 최전선에서 정찰 활동을 지휘하던 지휘부는 베이스캠프를 안전한 곳으로 옮기라고 지시했고, 이에 따라 열흘에 걸쳐 베이스캠프를 이동했다.

1월 11일, 중국 등산협회 회장 스잔춘이 북경을 떠나 곤명으로 가서 구조작업과 관련된 인력을 배치하는 등 적극적으로 지원 활동에 나섰다.

1월 13일, 베이스캠프는 탐색대 대원 7명을 파견하여 베이스 캠프에서 1캠프로 가는 루트를 다시 찾도록 지시했다. 탐색대는 해발 3,900m까지 오르며 상행 루트를 탐색한 후에 다시 베이스캠프로 돌아갔다.

1월 14일 오전에 베이스캠프 측은 탐색대 대원 8명을 두 팀으로 나누어 파견했다. 탐색대는 폭설을 맞아가며 전날 탐색대가 파악해둔 해발 3,900m를 넘어 해발 4,100m에 도달했다. 대원들은 기존에 알던 등반 루트 양측에 눈이 대량으로 떠밀려온 정황과 눈사태 흔적을 발견했다. 루트 경사는 60도 정도로, 기존에 알던 모습을 전혀 알아볼 수 없을 만큼 바뀌어버려서 거의 새로 개척하다시피 해야 했다. 게다가 적설량이 거의 1미터에 육박해서 움직이기가 쉽지 않았다. 탐색대는 눈보라를 맞으며 기존에 바닥에 고정한 안전로프 흔적을 찾으려고 시도했지만 겨우 1미터 정도를 파내는 데 그쳤다. 대원들은 저녁에 다시 베이스캠프로 돌아갔다.

한 안전로프 흔적을 찾으려고 시도했지만 겨우 1미터 정도를 파내는 데 그쳤다. 대원들은 저녁에 다시 베이스캠프로 돌아갔다.

17일에 베이스캠프는 구조팀원 4명을 파견했다. 구조팀은 촬영용 장비를 챙겨 명영빙하 위쪽으로 이동했다. 오후에 명영촌에 진입한 후에 적당한 장소를 골라 일대를 관찰하고 촬영 임무를 수행했다.

티베트 등반대에서 선발된 정예대원 6명은 베테랑 등반가인 린칭푼쵸의 지휘에 따라 1월 12일 라싸를 떠나 밤낮으로 길을 재촉해 덕흠현에 도착했다. 대원들은 잠깐 쉬며 피로를 푼 후에 17일 새벽부터 본격적으로 구조작업을 시작했다. 린칭푼쵸, 가야, 텐쩐다끼, 하빠, 아커뽀, 미마치린 등 정예대원은 덕흠현에서 구조작업 중이던 뤄쌍다끼, 스딩 등과 함께 조를 둘로 나누어 덕흠현을 떠났다. 이들은 차례로 베이스캠프로 이동해 당일 밤에 도착했다.

1월 18일 새벽, 린칭푼쵸 외 대원 6명으로 구성한 티베트 구조팀은 해발 3,600m 베이스캠프를 떠나 길옆에 설치한 로프를 따라서 앞으로 이동하여 오후 2시쯤 1캠프가 있는 해발 4,500m까지 올랐다. 지원대는 1캠프 주변을 샅샅이 파헤치며 눈을 치우던 중에 실종된 대원들이 설치했던 텐트 프레임 4개를 발견했다. 매몰된 프레임을 발견한 직후부터 천막을 더 열심히 파헤쳤지만 실종된 대원들의 흔적은 끝내 찾지 못했다. 대원들이 찾아낸 이 천막은 실종된 대원들이 정상에 오르기 전에 설치한 것으로 추정했다. 구조팀 대원들은 오후 5시경 베이스캠프로 돌아갔다.

1월 19일 새벽, 구조팀은 조를 셋으로 나눈 뒤 베이스캠프를 떠났다. 예정대로라면 구조팀은 이날 1캠프를 지나 해발 5,300m

에 설치한 2캠프까지 갈 계획이었다. 그러나 1캠프를 지나자 가시
거리가 급격히 짧아져서 해발 5,000m에서 더는 등반할 수 없었
다. 대원들은 할 수 없이 1캠프로 되돌아왔다.

1월 20일 오전 9시, 린칭푼쵸 등 구조팀 일행 8명은 눈을 뚫
고 1캠프를 떠나서 2캠프로 향했다. 그러나 폭설 때문에 한 걸음
옮기는 것조차 매우 힘들었다. 대원들은 두 캠프 사이 위험 구간에
로프를 300미터 정도 추가로 설치했고, 오후 5시 20분경에 드디
어 2캠프 설치구역까지 올랐다. 그러나 눈이 너무 많이 내려서 가
시거리가 극도로 짧아져 이번에도 2캠프의 흔적을 찾는 데 실패했
다. 대원들은 해가 지기 전에 1캠프로 철수해 휴식을 취했다.

1월 21일에도 눈이 그칠 줄 모르고 계속 내려서 이동하기가
힘들었다. 고산 협력 인원 4명으로 구성한 보급팀은 눈을 맞아가
며 1캠프에 식량을 조금 옮겨두고 오후에 베이스캠프로 돌아갔다.
보급팀이 루트를 따라 걸을 때도 눈이 허리까지 푹푹 빠질 정도로
많이 쌓였고, 대원들이 기존에 설치한 로프 3개도 이미 눈에 파묻
혀 중간에 끊겨서 길을 찾기가 여간 어려운 일이 아니었다.

22일 새벽 3시경, 2캠프 근처에서 엄청난 굉음을 내며 눈사태
가 발생했다. 1캠프에 있던 대원들이 소리를 들을 수 있을 정도로
그 규모가 컸다. 날이 밝은 후 캠프 밖을 나오니 적설량이 이미 1
미터를 넘을 만큼 많아서 작업을 진행하기가 힘들었다. 게다가 1
캠프마저도 매몰될 위기에 처할 만큼 상황이 좋지 않았다. 지휘본
부는 사태를 파악한 후에 지원팀에게 철수하라고 지시했다. 그러
나 엄청난 적설량 때문에 철수마저도 쉽지 않은 상황이었다. 대원
들은 10분마다 교대로 앞장서서 길을 내며 겨우 움직였고, 다행히

전 대원이 이날 무사히 베이스캠프로 돌아왔다.

촬영팀은 명영빙하 상단에서 지형을 관찰하고 촬영할 계획이었다. 이들은 해발 4,300m에서 대기하며 임무를 수행하기만을 기다렸지만, 날씨가 줄곧 궂어서 결국 실행에 옮기지 못했다. 1월 22일에 리즈신 외 대원들은 약 100m를 더 올라가 해발 4,400m에 이르렀다. 그러나 구름층이 너무 두꺼워 3캠프를 찾기 힘들어서 일대를 촬영할 수 없었다. 촬영팀은 3캠프 설치지 우측 언덕에서 엄청난 굉음을 내며 눈사태가 일어나는 장면을 목격했다.

일본도 대원 실종 사건을 접하자 구조 지원 활동에 최선을 다하며 분주히 움직였다. 일본 총대장 소다 겐지가 1월 9일에 북경으로 갔다. 1월 10일에는 때마침 북경에 있던 오쿠라 다이진이 스잔춘과 소다 겐지를 만나 대책을 의논했다. 이후 1월 13일에는 일본 구조팀 부대장 요코야마 히로타로가 일본 제1구조팀 대원 6명과 함께 북경에 갔고, 이어서 17일에는 일본 구조팀 대장 사이토 아츠오가 제2구조팀 대원 7명과 함께 북경으로 향했다. 일본 구조팀은 차례대로 베이스캠프에 도착했다. 1월 22일에 지휘부가 린칭푼쵸 등 구조팀에 철수 지시를 내릴 때 요코야마 히로타로 등 일본 구조팀 1팀도 동시에 베이스캠프에서 출발하여 린칭푼쵸 일행을 도와서 동반 철수하도록 지시했다. 요코야마 히로타로 일행은 해발 3,900m까지 올랐다가 구조팀 대원과 함께 오후 4시쯤 베이스캠프로 돌아왔다.

중국·일본 우호 매리설산 등반대 실종자를 수색하는 과정에서 양국 모두 인적·물적 자원을 아끼지 않고 육지와 공중을 가릴 것 없이 구조활동에 전념했다. 그러나 날씨가 좋지 않아 사고 현장인

3캠프까지 이르는 데 번번이 실패했다. 린칭푼쵸 팀이 구조 과정에서 해발 5,300m까지 오른 것이 최고 고도였다.

　구조활동을 시작한 지 20일째인 1월 22일, 중국과 일본 양측은 북경, 교토, 곤명, 그리고 베이스캠프에서 통신회의를 열었다. 우선 지금까지 진행한 구조활동 과정에서 양측이 충분히 협상했는지 등 여러 상황을 점검하고 의견을 나누었다. 그리고 사건이 일어난 후부터 지금 이 시각까지 이미 20일이 지난 상황에서 지리환경과 기상조건 등을 고려했을 때, 실종된 대원들이 생존할 가능성이 거의 없다는 데 의견을 모았다. 게다가 이미 매리설산은 설계雪季에 접어들어, 곧 온 산에 큰 눈이 내릴 예정이었다. 제때 철수하지 않으면 산에 남아 있는 지원팀 및 모든 대원이 산을 빠져나오기 힘들 수 있으며, 심할 경우 남은 대원의 안전마저 보장할 수 없는 상황이 발생할 수 있다. 중·일 양측은 고심 끝에 모든 수색·구조 작업을 중단하고 전 대원에게 철수하라고 지시했다. 대원들은 실종된 일본 대원 11명과 중국 대원 6명을 더는 구조할 방법이 없다는 사실을 실감하며 눈물을 머금고 철수하기로 했다.

　중·일 우호 매리설산 등반대 조난자 명단은 다음과 같다. 우선 중국 대원은 쑹즈이, 쑨웨이치, 리즈윈, 왕젠화王建華, 린원성, 쓰나치리斯那次裡 등 총 6명이고, 일본 대원은 이노우에 지로, 사사키 노리오, 키요나가 히사노부, 곤도 히로시, 코메타니 요시, 쿠도 슌지, 무네모리 유키오, 후니하라 나오타케, 히로세 아키라, 고다마 히로스케, 사사쿠라 슌이치 등 총 11명이다.

　중·일 협정에 따라 매리설산에 남았던 중국과 일본 대원 전원은 25일부터 등반과 관련한 활동을 모두 중단하고 철수했다. 중·

일 구조팀 25명은 2월 1일에 북경으로 돌아왔다. 중국 등산협회 회장 스잔춘과 티베트 지원대 대장 린칭푼쵸도 같은 비행기를 타고 도착했다.

2월 6일, 중국 등산협회는 중국 기자협회와 함께 중국 언론기자 및 외신 기자들을 모아 기자회견을 열었다. 중국 등산협회 회장 스잔춘, 부회장 왕평퉁과 청수성, 일본 구조팀 대장 사이토 아츠오, 부대장 요코야마 히로타로, 운남성 체육위원회 부주임 위상쯔, 양비위 및 중국과 외국 기자 100여 명이 모였다.

스잔춘은 우선 중·일 합동등반대 대원 17명이 매리설산에서 불의의 사고를 당한 상황을 상세하게 설명했다. 이어서 구조작업을 펼치며 파악한 상황에 따라 17명은 1월 2일과 3일 이틀에 걸쳐 내린 폭설 때문에 안타까운 일을 당했을 가능성이 크다고 했다. 이때 내린 눈 때문에 대형 눈사태가 발생해서 미처 손 쓸 사이도 없이 3캠프가 단시간에 매몰되었을 가능성이 크다는 것이다. 인간의 힘으로는 도저히 막을 수 없을 정도로 너무 큰 자연재해라고 덧붙였다.

일본 구조팀 부대장 요코야마 히로타로가 말을 이었다. 요코야마 부대장은 매리설산은 해발고도가 6,740m에 불과하지만 지대가 험해서 차량이 이동할 수 있는 해발고도는 단 2,000m 정도밖에 안 되고, 이에 비해 초모룽마는 해발고도가 무려 8,848m나 되지만 해발 5,000m까지는 차량으로 운반 작업이 가능하다고 했다. 다시 말해 실제 등반 높이를 따지면 매리설산이 초모룽마보다 훨씬 더 길다는 것이다. 이어서 매리설산의 지형적 특성을 언급했다. 매리설산은 운남성과 티베트 서쪽의 경계선에 있으며 횡단산맥에 속하는데, 지형이 굉장히 복잡하고 산세가 험해서 등반하기가 까다로울 뿐만 아니라 날씨 변화를 예측하기가 힘들다고 간략하게 설명했다. 합동등반을 하던 시기에 내린 적설량은 1983년 이후 최대 기록을 경신한데다 눈사태나 얼음 사태가 빈번히 일어나서 등반 난이도가 극도로 높았고, 결국 위험한 상황을 완전히 피할 수는 없었다고 했다.

스잔춘, 사이토 아츠오, 요코야마 히로타로 등은 발표를 마친 후 기자들의 질문에 대답하며 매리설산 상공에서 촬영한 대형 사진 자료를 펼쳐 보였다. 스잔춘은 기자회견장에서 1991년 5월 말부터 6월 초, 8월 말부터 10월 초쯤 매리설산에서 2차 탐색 작업을 진행할 예정이라고 밝혔다.

중국 등산협회는 2월 7일 오후에 북경 팔보산 혁명 공동묘지 강당에서 1월 3일과 4일경 매리설산에서 불의의 재해로 조난한 중국 대원과 일본 대원 17명을 애도하는 추모회를 열었다. 중국 국가 체육위원회, 중국 등산협회를 비롯하여 일본 관련 기관 관계자와 영사관 부장 아카쿠라 료, 지원팀 대장 및 실종자의 가족과 지인 등 300여 명이 추모회에 참석했다. 중국 등산협회 회장 스잔춘과 일본공사公使 등은 침통한 분위기 속에서 애도사를 낭독했다.

중국 국가 체육위원회와 중화 전국 체육총회 및 광주에 있는 중국 등산협회 명예회장 양더즈도 각각 중국 등산협회에 위로의 뜻을 담은 전보를 보내거나 조화를 보냈다. 주중 일본대사 하시모토 쵸도 조화를 보냈다.

비록 안타깝게도 목숨을 잃었지만 실종된 대원 17명은 중국과 일본 양국 간 우호 합동등반 역사에 길이길이 남을 것이다. 이

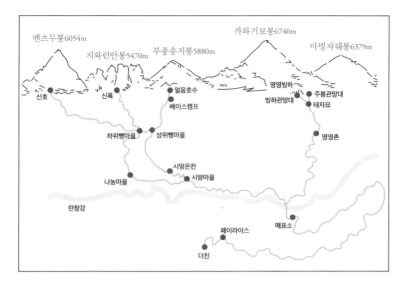

매리설산

들은 용맹한 개척 정신을 바탕으로 다음 세대를 위하여 누구도 완성하지 않은 길을 닦는 등 큰 공을 세웠다. 매리설산 정상에 사람들의 발자국이 남을 날이 머지않았다. 대원들이 세운 공은 드높은 매리설산과 어깨를 나란히 한 채 우뚝 솟았다.

제10절

기타 합동등반 활동

1. 중국·일본 아니마칭2봉 합동등반

중국 지질대학교 등반대와 일본 나가노산악회 등반대가 공동으로 조직한 중·일 합동 등산기술 훈련대 3개 팀 대원 17명은 1984년 9월 12일에서 14일 사이에 청해성에 있는 해발 6,268m 아니마칭2봉에 올랐다.

아니마칭Mt. Animaqing은 적석산이라고도 한다. 중국 청해성 황하 상류지역에 있으며, 곤명산맥의 동쪽 끝, 과락티베트족 자치주에 있다. 1958년에 현 중국 지질대학교의 전신인 북경 지질대학교에서 등반대를 정식으로 설립하던 당시 아니마칭 등정계획을 세웠다. 이후 1960년에 이르러 북경 지질대학교 등반대는 관련 자료나 경험이 전혀 없는 상황에서 아니마칭에 올라 각종 과학연구를 벌이기도 했다.

중·일 합동 등산기술 훈련대는 중국 국가 등반대 소속 대원 5명, 일본 나가노현 산악회 회원 12명 및 중국 지질대학교 등반대 17명으로 구성했다. 지질대학교 등반대 대원은 대부분 학생이었다. 중국 측 대장은 왕평퉁, 부대장은 청수성, 주파룽이 맡았고, 일본 측 대장은 나가노산악회 이사장 시미즈 토오루, 부대장은 사카이 쿠니미츠와 코마츠 타츠가 맡았다.

합동훈련대는 1984년 8월 24일부터 아니마칭2봉에 오르기 시작하여 9월 24일에 총 31일 동안 진행한 등반일정을 종료했다. 양국 대원이 끈끈하게 단결한 덕분에 큰 사건사고 없이 정상에 오를 수 있었다. 정상에 오른 대원 중 중국 대원은 청수성, 천젠쿤, 리즈신, 왕용평, 류창, 슝쉬핑이고, 일본 대원은 시미즈 토오루, 사카이 쿠니미츠, 코마츠 타츠, 후리하타 토시히코, 요시노 히데오, 마쓰다 오, 이이누마 타케키, 니이보리 우케, 마루야마 카츠, 야마다 마코토, 시모야마 마리에였다.

합동훈련대가 정상에 오를 때 이러한 일이 있었다. 제1팀이 막 정상에 다다를 무렵에 갑자기 눈사태가 발생하여 중·일 대원 6명이 눈에 매몰되었다. 이 소식을 들은 다른 팀 중국 대원 4명이

바로 현장으로 달려가서 위험을 무릅쓰고 대원들을 구출하느라 안간힘을 썼고, 다행히 모두 무사히 위험한 상황에서 벗어났다.

중·일 합동훈련대는 1981년부터 기술훈련을 시행했다. 이번 아니마칭2봉 합동등반은 두 나라 간 등산 방면 교류로 결성한 합동훈련대로 네 번째이자, 처음으로 등정에 성공한 경우인 만큼 더욱 의미가 깊었다. 일본 나가노산악회 회장은 아니마칭2봉 등정 소식을 듣고 직접 북경까지 찾아와 대원들의 노고를 축하했다. 중국 인민해방군 참모총장 겸 중국 등산협회 명예회장인 양더즈와 중국 국가 체육위원회 주임 리멍화 등은 9월 24일 오후에 인민대회당 사천홀에서 중·일 양국 등반가를 만났다. 양더즈는 양국 대원들이 합동훈련을 하면서 얻은 성과를 매우 높이 사며, 앞으로도 계속 우호 협력 관계를 유지하여 양국 간 우의 증진에 큰 공헌을 하기를 바란다고 전했다.

중국 지질광산부 쑨다광 부장과 주쉰 부부장은 중국 지질대학교 등반대 전원을 지질광산부로 초대했다. 쑨다광은 대원들에게 학업에 더욱 정진하라고 격려하며 등반활동도 꾸준히 하여 초모룽마까지 오르도록 노력하라고 당부했다.

2. 중·일 우호 합동등반대, 무명봉에 오르다

중·일 합동등반대 대원 8명은 1985년 8월 25일과 27일 이틀 동안 차례로 신강위구르자치구에 있는 무즈타그 부근 무명봉5,850m 정상에 올랐다.

3. 중·일 합동등반대, 태백산에 오르다

1986년 4월 30일 오후 1시 20분경, 중국 섬서성과 일본 교토 합동 등반대 대원 46명은 섬서성 남부의 진령산맥 최고봉인 태백산太白山, 3,767m에 올랐다.

합동등반대 총대장은 일본 교토 산악연맹 회장 코타니 류이치가 맡았다. 일본 등반대 대장도 코타니 류이치가 맡았고, 중국 측 대장은 마셴다가 맡았다. 중국 대원 중 쥐즈펑王志峰, 당쥔커黨君珂, 쉬칭샹徐清祥, 리후이李輝, 쑹궈치宋國琦, 샤오쥐러肖舉樂, 주이즈祝一志, 쑹젠쥔宋建軍, 여, 안야리安亞麗, 여, 허샤오랑何曉朗, 왕펑치王鳳岐, 장멍린張夢林, 류루이쥔劉銳軍이 정상에 올랐다.

4. 중·일 합동등반대, 설보정산에 오르다

설보정산雪寶頂山, Mt. Xuebaoding은 해발 5,588m로 민산산맥에서 가장 높은 산이며, 사천성 송판松潘에 있다.

1986년 3월, 사천성 등산협회와 일본 히말라야협회는 일본 도쿄에서 설보정 등정을 목표로 한 합동등반대 결성 협의서를 체결했다. 중·일 합동등반대 명예 총대장은 캉전황이 맡았고, 그 외에 고문은 쉬징, 대장은 위안텅덩, 부대장은 정룽파, 등반대장은 야기하라, 등반 부대장은 장장위안이 맡았다.

1986년 8월 5일에 일본 야기하라, 스가와라 카즈아키, 나카오카 히사, 오가 노부오 대원은 8시 13분경 정상에 올랐다.

8월 6일에는 2팀 소속 중국의 장장위안 대원과 일본의 타나리 대원이 정상에 올랐다. 그 뒤를 이어 중국 대원 양쥬후이, 왕마터王馬特, 리칭李慶, 왕화산王華山을 비롯한 일본 대원 3명이 등정하는 데 성공했다.

5. 중·일 합동등반대, 촐라에 오르다

중국에서 '신선의 산聖山'이라고도 부르는 촐라산崔兒山, Mt. Chola은 해발고도가 6,168m로 청장고원 변두리인 사천성 서북부 간쯔甘孜 티베트자치주 덕격현에 있다.

중국 지질대학교와 일본 고베대학교는 1987년 11월에 서명한 우호 협의서에 따라 1988년 9월부터 촐라에서 합동등반 활동을 진행했다. 합동등반대 명예회장은 중국 지질대학교 부학장 양웨이란과 일본 고베대학교 산악부 부장 이마 카즈마사가 맡았다. 등반대 총대장은 후옌성이 맡았고, 중국측 대장은 주파쑹, 일본 대장은 키타구치 히로미치가 맡았다.

9월 24일과 25일 이틀에 걸쳐 양국 합동등반대원 3팀 14명 모두 등정에 성공했다. 중국의 둥판董范, 정차오鄭超, 장즈젠張志堅, 장웨이張偉, 마신샹馬欣祥, 멍셴궈孟憲國, 장쥔 대원과 일본의 키타구치 히로미치, 후나하라 나오타케, 타케우치 테츠지, 스기모토 나오코, 카와바타 미츠루, 타케치 다이스케, 호리 히로시 대원이 정상에 올라 이름을 빛냈다.

6. 중국·홍콩 합동등반대, 창체에 오르다

창체Mt. Chang Tse는 티베트자치구 정일현에 있는 해발 7,543m 고봉으로, 해발 8,000m 이하 산 중 세계적으로 이름난 산이다.

합동등반대는 1989년 7월 24일 창체 정상에 올랐다. 중국과 홍콩이 합동등반대를 결성한 후 처음으로 얻은 성과라 그 가치가 더욱 빛났다.

정상에 오른 대원 6명은 중국 등반대 소속 왕용펑, 뤄션, 쑨웨이치와 홍콩 등반대 소속 청뤄曾洛, 선이자湛易佳, 우자웨이吳嘉燁였다.

7. 중·일 합동등반대, 아이금산에 오르다

아이금산阿爾金山은 중국 감숙성, 신강위구르자치구 및 청해성 경계지역에 있으며 해발고도는 5,798m이다.

1989년 8월 19일에 중국 란주와 일본 아키타 소속 등반가로 구성한 합동등반대 대원 11명은 고군분투한 끝에 정상에 올랐다. 중국 대원 중 펑정췐과 위안쉐펑이 정상까지 올랐다.

8월 20일, 합동등반대 대원 중 2명이 추가로 정상에 올랐다.

8. 중국 등반대와 이란·파키스탄 등반대, 다마반드에 오르다

다마반드Mt. Damavand는 해발 5,671m로 이란에서 가장 높은 산이다.

중국은 이란 등반대의 요청을 받아들여 장장위안, 진췐시, 천젠췐 등 등반대 코치 3명으로 구성한 중국 등반대를 이란에 파견했고, 이란 등반대와 함께 합동등반대를 조직했다. 합동등반대는 1990년 2월 초부터 이란 다마반드에 오르기 시작했다. 이란 등반대 대원은 이란인뿐 아니라 파키스탄인도 있었다. 합동등반대는 다마반드에서 등반하기가 어렵다고 악명 높은 북동릉을 따라 등반했다. 중국 대원은 등반을 시작한 날로부터 닷새 후인 2월 6일 오후 1시경에 합동등반대 대원 중 가장 먼저 정상에 올랐다. 이번 등반은 중국과 이란이 함께 등반대를 결성해서 정상에 오른 두 번째 합동등반이었다.

9. 중국 여성 등반대원 퉁루, 일본 교토대학교 학사산악회 등반대와 함께 시샤팡마에 오르다

1990년에 중국 여성 등반대원 퉁루는 일본 교토대학교 학사산악회 등반대의 특별 초청을 받아 일본 등반대 대원과 함께 시샤팡마를 등정했다.

퉁루는 1990년 5월 17일 마츠자와 테츠로 등 일본 대원 12명과 함께 해발 8,012m 시샤팡마 정상에 올라, 한족 여성 등반대원으로서는 최초로 해발 8,000m가 넘는 고산에 오른 기록을 세웠다.

10. 중·일 합동등반대 장서강르에 오르다

중국 티베트 등산협회와 일본 나가노산악회 대원으로 구성한 합동등반대는 1990년 5월 3일 라싸를 떠나 5월 18일 장서강르蔵色崗日峰, Mt. Zangser Kangri에 올라 공격 캠프를 세웠다.

5월 19일에 합동등반대 대원 13명은 누구도 오른 적이 없는 장서강르 정상에 올랐다. 장서강르는 해발 6,460m로 티베트자치구 북쪽에 있다. 정상에 오른 중국 대원은 쌍줍, 치린다끼, 텐찐다끼, 아커뽀, 따스치린, 하빠 등 6명이었고, 일본 대원은 타무라 노부노리, 코마츠 타츠, 야마다 요시토, 니시다 히토시, 이토 다카시, 아사야마 토모아키, 시미즈 아키오 등 7명이었다. 티베트 등산협회와 일본 나가노산악회는 우호 관계 수립 3주년을 기념하며 이번 등반활동을 계획했다.

제16장

티베트자치구의 등산 발전

—

티베트자치구는 세계의 지붕이라는 별명답게 천혜의 자연조건을 갖추었고, 이 덕분에 각종 체육활동을 활발하게 진행할 수 있었다. 티베트자치구는 1980년에 들어서 관광업 발전 등 경제 발전 수요를 충족시키기 위해 티베트자치구 등반대를 조직했다. 티베트자치구 등반대는 자치구 체육위원회에서 직접 관리하며, 중국 정부와 티베트자치구가 계획한 등반활동과 과학연구 관련 임무를 수행했다. 또한 티베트자치구 등반대는 많은 사람이 즐길 수 있도록 등산을 보편화하는 데 앞장서며, 중국 등산협회와 함께 활동할 외국 등반대를 접대하는 업무 및 입산 개방 후 외국 등반 여행가에게 각종 편의를 제공할 인력을 양성하는 등 여러 방면에 대대적으로 투자했다. 티베트 등반대는 초오유와 노진캉창을 단독으로 등정함으로써 티베트자치구 등반대 실력이 얼마나 높은 경지에 올랐는지를 여실히 증명했다.

제1절

초오유에 오르다

초오유Mt. Cho Oyu는 해발 8,201m로 세계에서 여섯 번째로 높은 산이며 중국과 네팔 국경에 있다. '초오유'라는 산 이름은 현지에서 부르는 명칭을 영어로 음차音借해서 붙인 것인데, '초'는 남성 신神을, '오유'는 대머리를 뜻한다. 티베트 현지에는 초오유의 명칭과 관련해 다음과 같은 전설이 있다.

초오유는 일곱 남매 중 둘째였다. 아주 오래전에 초오유는 서로 마주하는 이웃 봉우리 자매 중에서 셋째 여신인 초모랑마를 남몰래 흠모했다. 초모랑마 역시 성실하고 우직한 초오유를 좋아했다. 그러나 초모랑마는 고생길이 훤히 보이는 고단한 생활을 원치 않았는지, 아니면 다른 어떤 이유가 있는지 알 수는 없지만, 초오유의 청혼을 거절하고 마칼루와 함께하기로 했다. 이에 초오유는 식음을 전폐할 정도로 몹시 슬퍼하면서 머리를 박박 깎고는 두 번 다시 그 누구와도 연을 맺지 않겠다고 맹세했다. 그러더니 초모랑마 반대편인 서쪽으로 등을 돌려버렸다고 한다. 실제로 히말라야의 다른 고산을 보면 마치 수많은 별이 달을 에워싸듯 세 번째 여신을 상징하는 초모랑마를 바라보며 둘러쌌지만, 유독 초오유만이 다른 쪽으로 고개를 삐죽 내민 듯한 모습이다. 대머리 신과 관련한 초오유의 이름과 이야기는 티베트에서 오랫동안 전설처럼 이어졌다. 초오유는 마치 피라미드처럼 토대는 넓고 꼭대기가 뾰족한 채 우뚝 솟아올라 건장하고 우람하며 남성미가 넘치는 모습을 뽐낸다.

초오유는 1921년 이전까지만 해도 그다지 유명하지 않았다.

그로부터 약 30년 후인 1954년에 이르러서야 오스트리아 등반가 세 명이 최초로 초오유에 오르면서 등반 코스로 이름을 알리기 시작했다. 초오유는 등반 난이도가 상당히 높다. 1950년대에는 영국 등반대가 헬리콥터와 최신 산악자전거 등 등반에 필요한 장비를 아낌없이 투자하고 현지 셰르파를 대거 동원해서 초오유를 등정하고자 했다. 그러나 예상치 못한 사고를 당해 비참한 결말을 맞았다. 1959년에는 세계적으로 유명한 프랑스 출신 여성 등반가 클로드 코강이 영국, 스위스, 네팔, 벨기에 출신 등반가를 모집해서 국제 여성 원정대를 조직했다. 이들은 초오유 정상에 올라서 세계 여성 등반기록을 새로이 쓰고자 했다. 그러나 안타깝게도 해발 7,100m쯤에서 눈사태가 발생하는 바람에 코강을 비롯한 대원이 매몰되어 전원 사망했다. 중국은 1985년 전까지 초오유 정상을 밟은 적이 없었다.

중국은 티베트자치구 설립 20주년을 맞이하여 중국과 티베트자치구 체육사업의 공동발전을 위해 티베트 출신 대원을 위주로 한 티베트 등반대를 조직해서 초오유 등반계획을 세웠다. 티베트 등반대 결성 후에 세운 첫 단독 고산등반 계획이었다.

1984년 가을에 티베트 등반대 대원 12명은 한 달여 동안 초오유를 정찰했다. 이어서 초오유 현지 지역 간부와 노년층 거주민을 모아서 좌담회를 열고 초오유 현황 및 역사와 전설 등 관련 자료를 모으고 정리했다. 또한 등반대 대원을 각각 다른 지역에 파견해서 각종 관찰 임무를 수행하도록 했다. 이들은 초오유의 해발 6,300m까지 올라서 사진을 촬영하고 현장을 녹화해서 1차 자료를 모았다. 티베트 등반대는 이를 토대로 초오유 현지 상황을 어느 정도 파악해서 등반 루트, 베이스캠프 등 캠프 설치지를 대략 선정했다. 중국 등반대는 초오유를 등반한 경험이 없었기 때문에 현지에서 구한 자료에 의지하여 등반 루트를 결정하고 전반적인 계획을 세울 수밖에 없었다.

이후에 티베트 등반대는 티베트자치구 인민정부의 비준을 얻어서 1985년 봄에 공식적으로 초오유 등반에 나섰다. 초오유 등반 지휘부는 티베트 출신 인민대표대회 부주임 쉐캉 투텐니마가 총지휘관을 맡았다. 부지휘관에는 뤄쌍다와, 다오갈, 공뽀, 쌍갈 등이 임명되었고, 장쥔옌이 고문을 맡았다.

티베트 등반대 지휘부는 대원의 상태, 초오유 등반 난이도, 등반기술 난이도를 토대로 전반적인 등반계획과 시행방안을 구체적으로 세웠다. 초오유 등반에 투입할 대원은 총 46명이었다. 청텐량이 등반대 대장을 맡고, 린칭푼쵸가 부대장과 공격대장을 겸임하도록 했다. 또한 전체 대원은 1, 2분대, 지원팀, 통신기상팀 및 촬영홍보팀으로 임무를 분담했다. 초모룽마와 남차바르와 등반에 참여했던 대원 11명도 이번 등반에 참여하도록 하여 루트 정찰과 등정 등 핵심 임무를 수행하기로 했다. 이외에도 르카쩌에서 시행했던 단기 등반훈련교실 1기에 참여했던 훈련생 출신 대원 35명 중에서 15명을 선발하여 2선 대원에 배치해 물자운반과 각종 지원업무를 수행하도록 했다. 티베트 등반대는 예정대로 1985년 3월 초쯤에 초오유 등반 관련 준비를 모두 마쳤다.

티베트 등반대는 1985년 4월 1일에 라싸를 떠나 초오유로 향했다. 티베트자치구 인민정부 부주석 장쵸가 직접 나와서 등반대를 배웅했다. 장쵸는 등반대에게 성공과 행운을 바라는 의미를 담은 하다Hada[96]를 선물하고, 성대한 연회를 열어 대원들을 격려했다.

셋째 날에 대원들은 초오유 초입에 이르러 베이스캠프를 세웠다. 이어서 빙설기술 훈련을 하고 공격 캠프를 비롯한 각종 캠프도 설치했다. 식량과 각종 등반장비도 각 캠프에 비축했다. 대원들은 계획대로 4월 13일 전까지 등반 준비를 모두 순조롭게 마쳤다.

4월 14일에 전 대원이 베이스캠프를 떠나 3시간 정도 등반하여 해발 5,480m 캠프까지 올랐다. 대원들은 다음 날 3시간 반 만에 바룽빙하 중부에 있는 빙탑지대를 통과하고 낙석지대를 피해서 멀리 돌아가며 등반한 끝에 해발 5,700m 전진 캠프에 도착했다.

4월 21일, 공격대 대장 린칭푼쵸는 대원들을 인솔하며 해발 6,300m에 1캠프를 설치했다. 대원들은 팀을 둘로 나누어 차례로 2캠프까지 오른 뒤에 다시 전진 캠프로 철수했다. 첫 번째 현지적 응훈련은 비교적 순조롭게 끝났다.

대원들은 전진 캠프에서 2차 등반을 떠날 준비를 했다. 일기 예보에 따르면 25일 전까지는 구름이 많아 흐리고 가끔 눈이 내릴 가능성이 있으나, 바람이 강하지 않고 기온도 평균 수준을 유지할 전망이었다. 25일에서 28일 사이에는 상층풍이 강하게 불고 강수량이 많아서 날씨가 좋지 않을 가능성이 컸다. 29일에서 5월 2일까지는 날씨가 비교적 좋지만 오후에 구름이 많아서 산을 가려 시야에 방해가 될 수 있고, 눈이 조금 내릴 가능성이 있으나 기온은 평년 수준을 유지할 것이라고 했다. 이에 따라 25일 이전까지 빙

---

96 티베트인과 일부 몽골인이 경의나 축하를 표시할 때 신에게 바치거나 상대방에게 선사하는 긴 비단 스카프 [역주]

벽 루트를 개척해서 2캠프를 세운 후, 기상조건이 나빠지기 전에 다시 1캠프와 전진 캠프로 각각 철수해서 다음 일정을 준비하기로 계획했다.

그러나 대원들이 1캠프로 철수하기도 전에 날씨가 예상보다 빨리 나빠졌다. 적설량은 약 10cm밖에 되지 않았지만 상층풍이 매우 강하게 불었다. 이 때문에 2캠프 설치구역까지 이르는 루트를 제대로 닦지 못했지만 최대한 빨리 전진 캠프로 철수해야 했다.

4월 26일에는 바람이 다소 약해졌다. 린칭푼쵸는 다시 정찰대를 이끌고 루트를 정비하러 나섰다. 린칭푼쵸와 대원들은 나뭇가지가 부러질 정도로 강한, 풍력 6-7급 강풍에 맞서서 해발 6,500m에서 6,950m 사이 얼음 기둥과 빙벽을 가로지르는 루트를 정비한 이후에 2캠프를 설치했다.

4월 27, 28, 29일 사흘 동안 오전 내내 날씨가 매우 좋았다. 2분대 대원은 식량과 장비를 1, 2캠프와 해발 6,500m에 설치한 임시 캠프에 옮겨두었다. 정찰대 대원은 얼음폭포 구간을 지나는 루트를 모두 정비했다.

4월 30일, 1분대 대원 12명은 2분대 대원 6명의 도움을 받아 해발 7,200m까지 올라서 공격 캠프를 설치했다. 대원들은 날이 지기 전에 정상까지 이르는 루트를 한 구간 정도 더 정비했다.

이때 라싸에서 기상예보 전보가 왔다. 5월 2일 전까지는 산 일부가 구름에 덮이거나 가끔 눈이 내릴 가능성이 있지만 상층풍이 강하지 않고 기온도 평년 수준을 유지하여 날씨가 대체로 좋다고 예상했다. 등반대는 대원의 컨디션과 날씨가 모두 이상적이라는 점을 고려해서 5월 1일에 서릉을 통해 정상으로 올라 등정 임무를 완수하기로 계획했다. 이날 밤에 정상 공격에 투입할 대원을 체력과 기술 수준을 토대로 선발했다. 린칭푼쵸와 치린ㅉㅿ 등 대원 4명이 선두에 서서 길을 내기로 하고, 고산 적응력과 체력이 다소 떨어지는 니마치린은 공격 캠프에 남아서 대원들이 정상에 오르고 돌아올 때까지 대기하기로 했다. 또한 정상까지 이르는 루트가 다소 긴 점을 고려하여 오전 7시쯤 공격 캠프를 떠나 정상에 오르기로 했다.

공격대원은 5월 1일 새벽 5시쯤에 일어나 물을 끓이고 밥을 지었다. 식사 후에 6시쯤 출발 준비를 모두 마쳤다. 그러나 상층풍이 강하게 불며 좀처럼 멈출 기미가 보이지 않아 대원들은 할 수 없이 캠프 안에서 대기해야 했다.

오전 10시 30분이 되어서야 상층풍이 약해졌다. 대원들은 바로 캠프를 나서서 북서 능선을 따라 서쪽으로 가로지르며 정상으로 향했다. 이 구간은 일부 구간을 제외하면 경사도가 비교적 완만한 편이고 적설량은 약 20cm 정도였다. 대원들은 서산릉에 도착한 후부터 고정로프를 설치하여 오르기로 했다. 몇 시간 동안 고군분투한 끝에 높이가 1,500m나 되는, 깎아지른 듯 가파른 절벽 같은 빙설언덕 위에 올랐다. 서산릉 꼭대기도 해발고도가 약 8,000m 정도로 매우 높았다.

서산릉에서 위쪽으로 조금 더 오르면 경사가 비교적 완만한 빙설언덕과 빙설 암석 혼합지대가 펼쳐진다. 대원들은 안자일렌을 한 채 앞으로 나아갔다. 이때 가야와 왕쟈 두 대원이 체력저하를 호소했다. 공격대원 전체의 등반속도도 점점 느려졌다. 이대로 가다가는 날이 어두워지기 전까지 정상에 오르기 힘들 가능성이 컸다. 결국 가야와 왕다는 하산하도록 하고 나머지 대원은 계속 정상 등반을 이어가기로 했다.

대원들은 발걸음을 계속 이어갔다. 오후 5시 50분경, 공격대원 치린, 린칭푼쵸, 왕쟈, 거쌍格桑, 샤오다뽀자小多布加, 다다뽀끼大多布吉, 뻬빠, 텐쩐다끼, 하왕 등 9명이 마침내 초오유 정상에 차례대로 올랐다. 대원들은 누구 하나 소리를 지르거나 요란하게 기뻐하지 않았다. 이들은 장엄한 분위기 속에서 가지고 온 국기를 꺼내 정상에 꽂은 후에 중국어와 티베트어로 '티베트 등반대·1985년'이라고 새긴 금속 푯말을 꺼내서 나란히 세웠다.

공격대장 린칭푼쵸는 1975년 초모룽마 등반에 참여했다. 린칭푼쵸는 당시 강풍과 눈보라 때문에 해발 8,600m 공격 캠프에서 사흘 동안 갇히다시피 했는데, 동상이 너무 심해 정상 공격에 나서지 못했다. 심지어 동상 때문에 손가락 여섯 개를 절단해야 했다. 동료들은 손가락을 절단하고 붕대를 칭칭 감은 린칭푼쵸의 손을 부여잡고 눈물을 흘렸지만, 린칭푼쵸는 오히려 담담하게 미소를 지었다. 그랬던 그가 초오유 정상에 오르자마자 마치 그간의 노고를 눈물로 모두 씻어내기라도 하는 듯이 아이처럼 펑펑 울었다.

텐쩐다끼는 해발 8,000m 데드존에서부터 심한 구토증상을 보였다. 음식을 다 게워낸 것은 물론이고 더는 게워낼 것이 없자 위액까지 토해내다가, 급기야 정상에 오른 후에 피까지 토하고 말았다. 하왕은 정상에 꽂힌 오성홍기 앞으로 가서 조용히 기뻐하며 눈물을 흘렸다.

정상에 오른 대원 중 뻬빠만큼 감개무량한 대원도 없을 것이다. 뻬빠는 오십이 다 된 나이에 젊은 대원들과 함께 해발 8,000m

가 넘는 고산에 올랐다. 이는 중국 등산 역사상 유례없는 일이다. 중국 등반대가 1964년 시샤팡마에 오르던 당시에, 뻰빠는 정상까지 오를 기회가 있었음에도 조직개편에 따라 지원대에 배치되는 바람에 어쩔 수 없이 정상에 오르지 못했다. 또한 1975년에는 중국 등반대 주력 대원으로 배치되어 정상에 오를 기회가 생겼지만 기상 악화 때문에 린칭푼쵸 대원과 함께 해발 8,600m 공격 캠프에서 사흘 동안 갇히다시피 했다. 물과 식량이 다 떨어지고 체력도 이미 너무 많이 소진한데다가, 설상가상으로 위장병까지 앓아 더는 등반할 수 없는 지경에 이르렀다. 결국, 동료 대원이 그를 부축해서 하산했고 정상에 오를 기회를 눈앞에서 놓쳤다. 그러다가 이제야 초오유 정상을 밟았으니 더는 여한이 없을 것이다.

대원들은 정상에서 약 30분 정도 머무르며 표본 채집 등 남은 임무를 마치고 오후 여섯 시 반에 하산했다. 해발 7,800m 옐로밴드에 이르자 날이 점점 어두워졌다. 대원들은 어슴푸레 비치는 달빛에 의지하며 저녁 열 시 정도에 해발 7,200m 공격 캠프까지 내려왔다.

5월 2일, 2캠프는 해발 7,200m 공격 캠프에서 대기하는 대원이 모두 안전하게 하산할 수 있도록 돕기 위하여 대원 6명을 공격 캠프로 파견했다. 전진 캠프도 대원들을 1캠프에 파견했다. 이 덕분에 공격대 대원은 이날 오후 여섯 시 반쯤 펑펑 내리는 눈을 뚫고 해발 5,700m 전진 캠프까지 안전하게 내려올 수 있었다.

전 대원이 5월 3일에 베이스캠프로 돌아왔다. 이로써 티베트 등반대는 초오유 단독 등정 임무를 무사히 완수했다.

노진캉창에 오르다

노진캉창Mt. Noijin Kangsang은 해발 7,191m로, 티베트자치구 강자현 江孜縣과 낭가자현浪卡子縣 사이에 있다. 노진캉창은 티베트 중부 지역의 4대 명산 중 하나이며, 현지인은 이곳을 '행복의 물', '행복의 원천'이라고 불렀다.

　　그러나 노진캉창은 아직 그 누구에게도 정상을 내어주지 않았다. 1985년 가을에 일본 오이타현 등반대가 노진캉창을 등정하려고 시도했지만 결국 실패했다. 이를 계기로 노진캉창은 더욱 세계 등산계의 이목을 끌었다.

　　티베트자치구 인민정부는 티베트자치구 등반대의 요청대로 정예 등반대를 조직하여 등산 탐험과 등산 여행 산업 발전에 필요한 자료를 제공하는 한편, 중국 등반대의 수준을 한층 높이고자 했다. 정예 등반대 대장은 뤄쩌, 부대장은 쌍줍이 맡았으며, 코치를 비롯한 등반대원과 기타 작업 인력을 포함하여 총 20명으로 구성했다. 정예 등반대 대원은 물자준비와 등반훈련 및 구체적인 등반 계획까지 모든 준비를 일사천리로 진행했다.

　　1985년 12월 초에 전 대원이 라싸에 도착했고, 이후 12월 16일부터 약 3개월 반에 걸쳐 강도 높은 체력훈련을 했다. 대원들은 훈련을 하는 동안 체력이 눈에 띄게 향상되어 예상 훈련 목표를 무리 없이 달성했다.

　　1986년 4월 10일, 정예 등반대 대원 20명 모두 라싸를 떠나서 노진캉창으로 향했다. 등반대 대원은 이날 오후 2시 30분쯤 해발 4,996m 베이스캠프 설치 예정지까지 올랐다. 등반대원은 약 이틀 반나절에 걸쳐 베이스캠프를 설치하고 필수물자를 정리하는 등 등반에 필요한 기본 준비작업을 마무리했다.

4월 13일에 1차 등반을 실시했다. 이번 등반을 통해 등반 루트를 정비하고 물자를 운반하는 한편 고산 적응훈련도 동시에 진행하기로 했다. 등반대는 18일에 해발 6,700m까지 올라서 공격 캠프를 세웠고, 정상까지 이르는 루트를 정찰했다. 대원들은 18일 저녁에 베이스캠프로 돌아와서 1차 등반일정을 마무리했다.

4월 19일에서 24일까지는 전 대원이 베이스캠프에서 등정 준비를 하며 휴식 시간을 가졌다. 24일 오후에는 등정을 앞두고 베이스캠프에서 선서식을 열었다. 이 자리에서 티베트자치구 체육위원회 주임 다와가 지역 당 의원, 지역 정부 및 지역 체육위원회를 대표하여 연설했다. 대원들은 반드시 노진캉창 정상에 올라서 오성홍기를 꽂겠다고 결의를 다졌다.

등반대는 4월 25일과 26일 이틀에 걸쳐서 차례로 베이스캠프를 떠나며 등반일정을 본격적으로 시작했다.

4월 27일, 공격대원 13명은 해발 6,100m 1캠프를 출발해서 다섯 시간 동안 힘겹게 등반한 끝에 해발 6,700m 공격 캠프에 무사히 도착했다. 이날 밤, 공격대원은 산소장비를 사용하지 않고 하룻밤을 지냈다.

공격대는 4월 28일 오전 7시 30분에 공격 캠프를 떠나 정상으로 향했다. 해발 6,800m 근처에 올랐을 즈음, 티베트방송국 소속 가오샤오핑 기자가 체력이 급격히 떨어져서 등정을 포기하고 하산했다. 촬영에 쓰일 사진기 등 장비도 다른 대원들이 나누어 짊어지고 마저 오르기로 했다.

오전 9시 25분경, 쌍줍 부대장이 이끄는 1팀이 가장 먼저 정상에 올랐다. 이어서 9시 45분쯤에 정상 공격에 나선 대원 모두 정상에 올랐다. 정상에 오른 대원은 쌍줍, 쟈뽀, 텐쩐다끼, 샤오켈쌍小格桑, 뻰빠, 하왕, 단쩡쯔增, 왕둬, 쟈쵸加措, 뻰빠따스邊巴扎西, 샤오치린, 푸뽀 등 모두 12명이었다.

공격대는 정상에서 빙설과 암석 표본을 채집하는 등 마지막 임무를 수행했다. 이후 중국어와 티베트어를 함께 새긴 깃대를 정상에 세우고 국기를 게양했다. 이어서 노진캉창에 최초로 오른 벅찬 순간을 사진으로 남기고 영상에 담았다.

그날 오후 8시경에 대원 모두 베이스캠프로 무사히 돌아왔다.

등반대는 5월 25일에 베이스캠프를 떠나서 라싸로 돌아왔다. 등반대 대원은 티베트자치구 인민대표대회, 정부, 정치협상회의 위원, 티베트 군관구, 라싸 시정부 및 티베트 체육위원회의 각계 지도층과 대중의 열렬한 환영을 받으며 기쁨을 나누었다.

제17장

중국의 암벽등반

—

암벽등반 기술은 기본적인 등산기술 중 하나로, 지금으로부터 약 100여 년 전부터 발달했다. 일찍이 1865년에 영국 출신 등반가 에드워드 윔퍼Edward Whymper는 최초로 피톤, 체인, 로프 등 간단한 장비를 이용해 험준한 암벽을 올랐다. 윔퍼는 오늘날 암벽기술과 암벽 등산계의 창시자로 일컫는다. 윔퍼는 1890년에 암벽등반 장비를 조금 더 개선하려고 시도한 끝에 바위에 박아 넣는 피톤과 등자鐙子[97]를 비롯한 각종 로프를 개발하며 암벽등반 기술을 한층 발전하게 하는 계기를 마련했다.

암벽등반Rock climbing[98]은 등산Mountaineering과 다른 독립적인 경기 종목이다. 같은 조건에서 가파른 암벽을 가장 빨리 오르는 사람이 승리하는 방식으로 진행하며, 1960년 초에 소련에서 가장 먼저 시작했다. 당시에는 소련 캅카스Kavkaz 일부 지역과 소련군 체육협회에서 처음으로 암벽등반 대회를 실시했고, 1970년대 초부터 1

---

97 발 디딤이 좋지 않을 때 쓰이는 2-3단의 작은 줄사다리 [역주]

98 여기서 암벽등반은 스포츠클라이밍을 뜻함. [역주]

년에 한 번씩 전국 규모 대회를 정기적으로 개최했다. 1974년 9월에는 소련과 체코슬로바키아 등산조직이 소련 크림Krym에서 제1회 국제 암벽등반 선수권대회를 공동으로 개최했다. 당시 영국, 프랑스, 이탈리아, 미국, 일본, 독일 등 12개 국가 출신 선수 213명이 대회에 참가하여 성황리에 대회를 마무리했다. 이후 국제산악연맹은 소련의 제안을 수용하여 2년에 한 차례씩 국제 암벽등반 선수권대회를 개최했고, 이를 통해 소련의 암벽등반과 등반기술 수준도 꾸준히 향상됐다. 이후 암벽등반이 선수가 아닌 대중에게도 광범위하게 퍼지면서 개인 단위 등반대회, 등반 타임레이스, 단체 등반대회, 소규모 그룹 등반대회를 비롯한 다양한 경기가 개최되었다. 암벽등반 대회 참가국도 해마다 꾸준히 증가하는 등 세계 각지에서 점점 인기를 끌었다.

암벽등반은 상당한 수준까지 발전한 독립된 운동 종목이지만, '등산'에서 파생하고 발전했으므로 오늘날까지 등산과 매우 밀접한 관계를 맺고 있다. 암벽등반이 등산 관련 종목 중 하나라고 여기는 사람이 여전히 많으며, 해외에서는 암벽등반을 '암벽 예술 체조', '등산의 아우'라고 부르기도 한다.

중국 등반대는 1974년에서 1981년까지 북경 회유 수상학교에서 훈련했다. 이 지역의 지리·환경 조건은 등반대 대원이 지상훈련을 시행하고 휴식을 취하기에 매우 이상적이었다. 중국 등반대는 국가 체육위원회의 비준을 얻어 회유 수상학교의 옛터를 개조해서 등산훈련 기지를 세웠다.

1986년 9월 6일에 북경 회유에서 중국 등산운동 탄생 30주년 기념행사와 북경 등반훈련 기지 개막식이 동시에 열렸다. 중국 등산협회 명예회장 양더즈楊得志, 국가 체육위원회 주임 리밍화, 부주임 쉬옌성, 장차이젠, 중국 등산협회 회장 스잔춘 등이 참석해 축하 연설을 하며 자리를 빛냈다. 양더즈 등은 북경 등산학교 훈련 기지 설립 지역을 발표하여 등반대의 사기를 북돋웠다.

일본 교토부는 북경 등반훈련 기지 설립을 축하하는 의미를 담아 이곳에 축하 나무를 보냈다. 일본 나가노산악회와 시나노 마이니치신문은 인공 암벽등반 훈련지 설립에 후원금을 보내며 발전을 기원했다.

이때부터 중국 암벽등반은 첫걸음을 내디뎠다. 1987년 10월에는 중국에서 제1회 국제 암벽등반 초청 경기를 개최했다. 이후 1990년대 초반까지 암벽등반 대회를 네 차례 진행하는 등 중국 암벽등반계가 발전기에 접어들었다.

제1절

제1회 전국 암벽등반 초청 경기

1987년 10월 21일부터 22일까지 이틀 동안 북경 회유에서 중국 등산협회와 중국 유명 소프트웨어 개발업체 CS&S가 공동 제휴한 제1회 전국 암벽등반 초청 경기가 열렸다. 스잔춘이 초청 경기 조직위원회 주임을 맡았고, 부주임은 왕펑통, 샤오다쉰, 청수성, 류다이 및 왕전화, 비서장은 청수성, 부비서장은 자오평이 맡았다. 이번 대회에 참가한 국가와 등반단체는 신강위구르 등산협회, 서장티베트 등산협회, 청해성 등산협회, 성도지질대학교 등반대, 지질교육센터 등반대, 지질광산부 체육협회, 기관차 체육협회, 중국 CS&S, 무한 지질대학교 및 특별히 초청한 일본 나가노산악협회와 홍콩 암벽등반대 등으로, 총 12개 대표단 소속 남녀 대원 40명이었다.

개인 암벽등반 남자 부문 1위는 총 2분 22초 14라는 짧은 시간을 기록한 티베트 등반대 소속 린나 대원이 차지했다. 린나는 1985년에 세계에서 여섯 번째로 높은 초오유를 등반한 경력이 있지만, 암벽등반은 이제 시작한 지 일주일 정도밖에 안 된 신출내기였다. 2위는 위구르 등반대 소속 대원 파이쯔리로 2분 34초 87을 기록했고, 3위인 아다시는 2분 42초를 기록했다. 4위는 기관차 체육협회 소속 대원, 5위는 티베트 출신 쟈뽀, 그리고 6위는 중국 등반대 소속 리즈신이 각각 차지했다.

개인 암벽등반 여자 부문 1위는 위구르 등산협회 소속 장칭 선수였다. 당시 겨우 17세였던 장칭은 2분 52초 27이라는 짧은 시간 안에 높이가 55m나 되는 가파른 암벽에 오르는 기염을 토했다. 장칭은 위구르 예술 체조단 소속 대원으로, 단 며칠 동안 암벽등반 연습을 거친 후에 대회에 참가하여 우수한 성적으로 1위를 차지했다. 2위는 2분 53초 73을 기록한 무한지질대학교 소속 장닝이었고, 3위는 2분 57초 68을 기록한 지질광산부 체육협회 소속 야오둬루가 차지했다.

남자 복식부문 1위는 5분 19초 57을 기록한 티베트 등반대 린나와 쟈뽀 팀이, 2위는 5분 53초 41을 기록한 위구르 등반대 아다시와 파이쯔리 팀, 3위는 7분 0초 73을 기록한 중국 등반대 소속 리즈신과 왕펑퉁 팀이 각각 차지했다. 그리고 단체부문 1위는 위구르 등반대, 2위는 티베트 등반대, 그리고 3위는 일본 등반대가 차지했다.

암벽등반 대회가 끝나고 전 팀이 모여서 대표자급 회의를 열어 중국 암벽등반 운동의 발전과 규칙 및 제도 개선 방안 등을 놓고 의견을 나누었다. 또한 이번 암벽등반 대회를 정리하며 보완점 및 향후 발전 방향 등을 논의했다.

제2절

제2회 전국 암벽등반 초청 경기

중국 등산협회와 중국 지질대학교가 공동으로 주관하고 오리털의류 제조회사인 북경 이리란이 협찬한 제2회 이리란 배杯 전국 암벽등반 초청 경기가 1988년 9월 22일에 북경 회유현 황토량黃土粱에 있는 암벽 등반장에서 열렸다. 이번 경기 조직위원회 고문은 스잔춘이 맡았고, 왕펑퉁이 주임을, 자이위성, 왕량, 멍셴치, 퉁펑저우, 야오빙중, 류다이, 왕전화, 왕칭푸가 부주임을 맡았다. 비서장은 청수성, 부비서장은 궈싱이 맡았다. 그리고 신강위구르 등산협회, 청해성 등산협회, 사천성 등산협회, 북경청년대, 무한 지질대학교, 북경 지질대학교, 장춘 지질대학교 북경 지사, 국가 지진국, 신강위구르 카슈가르 등산협회, 하북 지질대학교 등 여러 기관과 단체가 이번 암벽등반 대회에 참가했다.

이리란 배 암벽등반 초청 경기는 남자 단식, 여자 단식, 남자 복식 등으로 나누어 진행했다. 남녀 단식 경기는 1위부터 5위까지 선발하고, 복식은 3위까지 선발했다. 단체 역시 3위까지 선발하여 상장과 상품을 수여하기로 규정했다. 경기 규칙은 이러하다. 단식 경기는 남녀 모두 암벽 높이 65m, 너비가 2m 정도로 같으며, 경사도는 남자가 80도, 여자가 75도 정도이다. 복식 경기의 경우 암벽 높이는 단식과 마찬가지로 65m이며, 경사각은 75도 정도이다. 그외 사항은 지난 회 경기 규칙을 기반으로 하기로 했다.

남자 단식부문 1위는 5분 42초 5를 기록한 북경 청년대 소속 대원 류빈이 차지했다. 2위는 5분 43초를 기록한 위구르 등산협회 소속 대원 마무티, 3위는 6분 19초 5를 기록한 위구르 등산협회 소속 대원 아다시, 4위는 6분 28초를 기록한 장춘 지질대학교 등반대 소속 대원 허웨이, 그리고 5위는 8분 19초를 기록한 북경 지질대학교 등반대 소속 대원 덩췬원이 차지했다. 주최 측은 국제 암벽등반 대회 관례에 따라 경기 직전까지 선수들에게 암벽등반 루트를 공개하지 않았다. 이외에도 유력한 상위권 후보자였던 중국 등반대 소속 대원 리즈신은 경기 기간에 루트 개척 임무를 수행하던 중이라 경기에 참여하지 못하고 심판을 맡는 데 그쳐 아쉬움을 남겼다.

여자 단식부문 1위는 7분 22초를 기록한 청해성 등산협회 소속 대원 양융원이 차지했다. 2위는 7분 59초를 기록한 무한 지질대학교 야오둬루, 3위는 9분 2초를 기록한 위구르 등산협회 소속 대원 다이춘팡, 4위는 9분 19초를 기록한 무한 지질대학교 소속 장닝, 그리고 5위는 9분 58초를 기록한 위구르 등산협회 소속 대원 유리투쯔가 차지했다.

남자 복식부문 1위는 22분 16초를 기록한 위구르 등산협회 소속 대원 아다시와 웨이닝이 차지했다. 사천성 등산협회 소속 대원 왕화산과 가오민이 23분 45초를 기록하여 2위, 북경 지질대학교 소속 대원 덩쥔원과 차이즈위안이 25분 57초를 기록하여 3위에 올랐다. 또한 단체부문 1위는 위구르 등반대, 2위는 청해성 등반대, 그리고 3위는 북경 청년등반대가 차지했다.

제3절

제3회 전국 암벽등반 초청 경기

제3회 전국 암벽등반 초청 경기가 1989년 10월 19일부터 22일까지 중국 하남성 초작시焦作市에서 열렸다. 이번 초작배 암벽등반경기는 중국 등산협회와 하남성 초작시 체육위원연합이 공동으로 주관했고, 초작시 인민정부와 관련 기관이 협조했다. 암벽등반경기는 초작시에서 개발 예정 중인 태항국립공원의 명소 백가암百家岩 절벽 인근에서 실시했다. 이번 초청 경기에서 장궈룽이 총괄팀 조장을 맡았고, 쉬징이 고문을 맡았으며, 그 외에 장한잉, 자오공페이, 한웨칭이 각종 지휘 임무를 맡았다. 조직위원회 주임은 장한잉이 맡았고, 부주임은 왕펑퉁, 주스화이, 장원잉, 가오덩윈이 맡았다. 비서장은 장원잉이 겸임했고 부비서장은 류다이와 청수성이 맡았다. 또한 티베트자치구 등산협회, 신강위구르자치구 등산협회, 사천성 등산협회, 청해성 등산협회, 운남성 등산협회, 길림성 등산협회, 기관차 체육협회, 지질광산부 체육협회, 인민무장경찰부대 체육협회, 전위대 체육협회, 신강위구르 군사구 등산협회, 초작시 체육협회, 수도대학교 등산협회, 북경 지질대학교 등산협회, 무한 지질대학교 등산협회, 북경대학교 등산협회, 성도지질대학교 등산협회, 대련 체육위원회 등 수많은 단체와 기관이 참여했다.

초작배 암벽등반 경기는 남자 단식, 여자 단식, 남자 복식 등으로 진행했다. 남녀 단식은 각각 상위 6위까지 선발하고, 복식과 단체는 3위까지 선발하여 표창하기로 했다. 또한 항목별 3위까지는 트로피를, 그 외는 상장을 수여하기로 했다.

경기 규칙은 다음과 같다. 우선 남녀 단식 등반 시 남자는 56m, 여자는 30m 암벽 코스를 등반한다. 각 루트 너비는 2m 정도로 동일하다. 암벽 경사각은 남자 단식 경기는 평균 85도에 최고 93도이고, 여자 단식은 평균 75도에 최고 85도이다. 남자 복식은 56m 코스이고 너비는 단식과 마찬가지로 2m이다. 암벽 경사각은 평균 85도이고 최고 93도이다. 그 외에 나머지는 관례에 따른다.

이번 암벽등반 초청 경기에는 중국 각지에서 모인 암벽등반 실력파 13개 팀과 이번 대회 주최 측인 초작팀, 초작 광산연구소 소속 등반대 등 총 56명이 참가하여 사흘 동안 각축을 벌였다. 대회 결과, 국가 지질광산부 소속 대원이 총 21분을 기록하여 단체부문에서 1위를 차지했고, 뒤이어 신강위구르 8·1팀과 길림성 등산협회 팀이 각각 2위와 3위를 차지했다. 남자 단식부문은 지질광산부 소속 대원 허웨이가 3분 05초 77을 기록하여 1위에 올랐고, 지질광산부 소속 대원 류진웨이는 3분 34초 63을 기록해 2위를, 신강위구르 8·1팀 소속 대원 왕용은 3분 49초 38을 기록하며 3위에 올랐다. 뒤이어 신강위구르 팀 아다시가 4분 18초 63으로 4위, 신강위구르 8·1팀 류빈이 4분 23초 85로 5위, 길림성 등산협회 자원이 4분 44초 40을 기록하며 6위에 올랐다. 여자 단식부문은 길림성 등산협회 소속 대원 류샤오링이 3분 01초 44를 기록하며 1위를 차지했다. 같은 팀 소속 린춘팡은 3분 34초 83으로 2위에 올랐고, 지질광산부 소속 대원 장닝은 3분 40초 66을 기록하며 3위에 올랐다. 뒤이어 4위는 3분 55초 28을 기록한 신강위구르팀 소속 다이춘팡, 5위는 4분 58초 22를 기록한 청해성 소속 대원 궈원칭, 그리고 6위는 5분 12초 29를 기록한 신강위구르 8·1팀 소속 전룽이 차지했다. 남자 복식부문 등반 1위는 12분 35초 58을 기록한 신강위구르 8·1팀의 왕융과 류빈이었다. 뒤이어 북경대학교 등반대 소속 대원 셰징송과 세루샹이 13분 50초 39를 기록하며 2위에 올랐고, 신강위구르팀 아다시와 마무티가 14분 13초 74를 기록하며 3위에 올랐다.

초작배 암벽등반 초청 경기는 규모와 참여 면에서 매우 성대했다. 게다가 중국 내에서도 관심이 상당히 뜨거워서 최다 관객 수가 4만 명에 이를 정도였다. 중앙 및 지방정부의 보도기관에서도 이번 암벽등반 초청 경기 소식을 대중에게 시시각각 전달할 정도로 큰 화제였다.

제4절

제4회 전국 암벽등반 대회

중국 등산협회가 주관하는 제4회 전국 암벽등반 대회는 1990년 7

월 15일부터 22일까지 일주일 동안 북경 회유구 국가 등반대 훈련 기지인 인공암벽 등반장에서 열렸다. 이번 대회 조직위원회 주임은 청수성, 부주임은 류다이와 왕전화가 맡았고, 비서장은 왕전화가 겸임했다. 이번 대회에는 티베트자치구 등산협회, 청해성 등산협회, 사천성 등산협회, 지질광산부 등산협회, 북경 지질대학교 등산협회, 길림성 등산협회, 하북성 지질대학교 등산협회, 북경대학교 등산협회, 수도대학교 등산협회, 북경 해정구海淀區 체육위원회, 북경시위원회, 북경 209중학교 등 14개 대표 팀이 참가했다. 특히 이번 대회에는 대만 산악계의 원로 싱톈정邢天正이 참관인 자격으로 참석하여 이목을 끌었다.

　이번 암벽등반 경기는 남자 단식 경기와 여자 단식 경기 두 종목을 진행했다. 선수들은 남녀 모두 직각 등반 루트, 고각 등반 루트, 크레바스 등반 루트 등 총 세 가지 루트에 올라야 했다. 이후 각 루트별 등반기록을 합산하여 가장 짧은 시간에 오른 선수가 1위이다. 남녀 단식 경기는 상위 6위까지 선발하고 단체는 3팀을 선발한다. 항목별 3위까지는 트로피를, 나머지는 상장을 수여한다. 인공암벽 등반장에서 처음으로 진행하는 암벽등반 경기인 점을 고려하여 이처럼 경기 규칙을 새로 세웠다.

　경기 결과, 치열한 경쟁을 뚫고 총점 42점을 기록한 지질광산부 등산협회팀이 단체부문 1위를 차지했고, 북경대학교 등산협회가 23점으로 2위를, 무한 지질대학교 등산협회가 19점을 기록하며 3위에 올랐다.

　남자 단식부문 1위는 장춘 지질대학교 소속 허웨이가 차지했다. 허웨이는 직각 루트 등반시간 32초 38, 고각 루트 등반시간 20

초 47, 크레바스 루트 등반시간 37초 20을 기록했다. 2위는 북경대학교 소속 셰루샹으로, 직각 등반시간 36초 31, 고각 등반시간 18초 39, 크레바스 등반시간 37초 84를 기록하여 총 13점을 얻었다. 그리고 3위는 지질광산부 소속 대원 자원으로, 직각 등반시간 30초 50, 고각 등반시간 20초 72, 크레바스 등반시간 51초 52를 기록하여 9점을 얻었다. 그 외 무한 지질대학교의 류진웨이가 9점을 얻어 4위, 북경대학교 소속 셰진송이 7점으로 5위, 해정구 체육위원회의 푸쥐가 6점으로 6위에 올랐다.

여자 단식부문 1위는 지질광산부 소속 린춘팡이 차지했다. 린춘팡은 직각 루트 등반시간 34초 40, 고각 루트 등반시간 13초 26, 크레바스 루트 등반시간 1분 08초 28을 기록하여 총 17점을 얻었다. 지질광산부 자오샤오링은 직각 등반시간 34초 70, 고각 등반시간 13초 85, 크레바스 등반시간 47초 36을 기록하여 16점을 얻어 2위에 올랐고, 3위인 무한 지질대학교 소속 장닝은 직각 등반시간 51초, 고각 등반시간 15초 76, 크레바스 등반시간 1분 27초 19를 기록하여 총점 10점을 얻었다. 그리고 장춘 지질원 소속 한센쥐가 4점을 얻어 4위, 청해성 등산협회 소속 장홍메이가 4점을 얻어 5위, 마지막으로 북경대학교 소속 허단화가 3점을 얻어 6위에 올랐다.

제18장

개혁개방 시기
등산의 대중화

—

국가 체육위원회와 중국 등산협회는 대중에게 등산을 널리 알리기 위해 끊임없이 노력했다. 스잔춘은 1984년 중국 등산협회 연례회의에서 전문 등반가뿐 아니라 일반 대중도 일상생활에서 등산을 즐길 수 있도록 힘써야 한다고 강조했다. 산에 오르며 자국 영토를 더욱 깊이 이해할 수 있도록 하고, 이를 통해 애국심을 고취해서 중국이 더욱 발전할 수 있도록 교육의 장 역할을 하자는 취지였다. 중국의 산업별 노동조합과 고등교육기관 등 각계각층도 적극적으로 나서서 등산 대중화를 위해 다양한 활동을 하고 지원을 아끼지 않았다.

1984년 3월 4일에는 무한 지질대학교 등산협회를 정식으로 설립했다. 중국 등산협회 부회장 쉬징은 개회식에 참석하여 등산협회 설립을 축하했다. 무한 지질대학교 등산협회는 향후 진행할 수업과 과학연구 그리고 등산 임무 수행과 관련하여 안건을 몇 가지 제시했다.

1. 매년 1-2회 방학 기간에 청소년 하계 등산캠프를 열어 등반에 필요한 기본 기술과 기초 등반지식을 가르친다.
2. 곤륜산 일대에서 체계적으로 수업하고 과학조사를 진행한다.
3. 국가 차원에서 등반 임무를 수행할 때 필요한 대원을 선발하여 국책 임무를 맡도록 한다.

중국 내 지질 관련 고등교육기관 여섯 곳과 지질 관련 중등교육기관 여섯 곳에 이어 청화대학교, 북경대학교, 수도대학교도 등산협회를 설립해서 등산을 널리 알리고 참여를 이끌기 위해 적극적으로 활동했다.

1984년 9월, 중국 등산협회와 국가 체육총국 단체부와 홍보부는 등산 여가문화를 더욱 많은 사람에게 널리 전파하기 위해 예부터 전통으로 이어지는 '9·9 등고登高'[99]를 점진적으로 활용하자는 방안에 공동 서명했다. 전통적인 등산활동을 현대에 맞게 재해석해서 체육활동에 접목하여 누구나 참여할 수 있도록 하고, 이를 통해 신체를 단련하고 산수 자연을 보다 깊이 이해하도록 하며, 나아가 애국심을 드높여 사회 발전에 이바지하자는 취지였다. 또한 대중적인 등산활동이 끊임없이 이어져서 건강하게 발전할 수 있도록 다음과 같이 건의사항을 구체적으로 담은 제안서를 제출했다.

1. 1984년 음력 9월 9일 전후에 텔레비전과 라디오, 간행물, 강연 등을 통해 등산활동의 의의, 중국 내 산지 자원 현황과 9·9 등고 전통의 유래 및 내력을 널리 전파한다. 동시에 더 많은 사람이 '9·9' 기간 동안 열리는 등산과 관련한 여러 활동에 참여하는 소식을 전한다. 이후

---

[99] 음력 9월9일 중구절重九節에 행하던 풍습으로 높은 산 위에 올라가 수유나무 가지를 꽂고 술과 음식을 먹으면 몸의 액땜이 된다고 믿었다. 중국의 시인 두보도 병치레가 많아 혼자 산에 많이 올라갔다고 한다. |역주|

매년 이 시기마다 이러한 활동을 반복 시행하여 등산활동을 널리 알리고 관심을 높이는 데 주력한다.

2. 등산 관련 활동에 참여하는 사람에게 각종 자연보호 정신 및 환경오염 방지, 생태계의 보전 등과 관련한 교육을 시행한다. 이를 통해 꽃을 함부로 꺾거나 나무를 베고 쓰레기를 버리는 등 문화인답지 않은 행위가 자연에 어떠한 영향을 미치게 될지 철저하게 교육하여 이러한 행위를 미리 방지하도록 힘쓴다.

3. 향후 2-3년 동안 청소년의 등산활동에 더욱 중점을 둔다. 교사가 학생을 인솔하여 산에 올라가서 지리학, 생물학 등 각종 수업을 진행한다. 또한 자연을 관찰하고 연구하며 기록하는 등 흥미를 끌 만한 소규모 활동을 시행하여 향후 이들이 각계각층 수많은 사람에게 경험을 전파할 수 있도록 적극적으로 참여하게끔 한다.

국가 체육위원회는 이 제안에 매우 관심이 컸다. 이에 따라 체육위원회는 각 성과 자치구, 직할시 체육위원회가 매년 음력 9월 9일마다 관련 기관 및 보도 매체와 긴밀히 협조하여 '9·9 등고 전통'을 널리 알리고 대중의 관심을 끌어서 점진적으로 부흥시키는 데 힘써 달라고 당부했다. 나아가 많은 사람이 일상에서 등산을 즐길 수 있도록 장려하여 건강도 챙기고 여가문화 생활을 풍성하게 누릴 수 있도록 했다.

1984년 10월 3일에 북경 숭문구崇文區 체육위원회는 국가 체육위원회와 북경시 체육위원회의 지원을 받아서 숭문구 소재 중고등학교 재학생 700명을 대상으로 북경 향산 공원에서 9·9 중양절 등고 행사를 열었다. 마침 날씨도 맑고 쾌청해 등고 행사를 치르기에 더없이 안성맞춤이었다. 이번 행사 개막식에 중국 등산협회 명예회장 양더즈, 중앙 군사위원회 고문 리다, 국가 체육위원회

주임 리밍화와 부주임 런쉬차이, 국가 체육위원회 고문 황중, 중국 등산협회 회장 차오자친, 북경시 부시장 천하오쑤 등이 참가했다. 양더즈는 '9·9 등고 정신을 깊이 새겨 전 세계 높은 산으로 향하자!' 라고 친필로 서명하여 기념으로 남겼다.

개막식이 끝나고 등산 경기를 시작했다. 숭문구 소재 다섯 개 중학교에서 다섯 개 팀 선수 100명이 향산 아랫자락에서 출발 신호를 기다렸다. 양더즈는 현장에서 직접 출발 호각을 불고 경기를 관람했다. 수많은 등산 꿈나무가 앞뒤를 다투며 산에 올랐다. 송림식당 앞마당에서 향로봉까지 이르는 가파르고 험준한 루트에 수많은 군중이 몰려 학생들을 응원하면서 분위기가 한층 무르익었다. 경기에 참여한 학생은 모두 정상까지 무사히 올랐다. 북경 26중학교 남학생 팀과 북경 11중학교 여학생 팀이 가장 먼저 정상에 올라 각각 1위를 차지했다. 109중학교 남학생 팀과 26중학교 여학생 팀이 뒤이어 2위를 차지했다.

같은 시각에 중국 등반대는 향산 남측에서 험준하고 가파른 암벽을 시범 등반했다. 수많은 사람이 손에 땀을 쥐고 이 모습을 관람했다. 양더즈 등 중국 등반대 간부도 이 흥미진진한 장면을 지켜보았다. 오후에는 일반 대중을 대상으로 향산 등산활동에 참여할 기회를 별도로 마련했다. 이외에도 이날 중국 전역에서 크고 작은 각종 등반대회와 이벤트가 열렸다. 북경에서 진행한 '9·9 중양절 등고'는 오늘날까지 계속 이어지며, 매해 중양절마다 전국 각지에서 많은 사람이 참여하는 행사로 자리매김했다.

그중에서도 하북성 흥융현興隆縣은 누구나 참여할 수 있는 등산 관련 이벤트를 다채롭고 활발하게 진행하기로 유명하다. 흥융현은 만리장성 북쪽에 있는 마을로, 해발 1,000m가 넘는 산이 40여 좌가 넘는다. 연산산맥 주봉인 무령산霧靈山, 2,118m도 홍융현에 있다. 1984년 이후 중국 등반대는 줄곧 이곳에서 동계훈련을 진행했다. 홍융현 거주민은 등반대 대원이 훈련하는 모습을 자주 지켜보며 직간접적으로 영향을 받았고, 1984년에는 중국 등반대의 협조를 받아 제1차 만인萬人 등반대회를 개최하여 함께 산에 오르기도 했다. 1985년 2월 10일에는 홍융현 등산협회를 설립했다. 홍융현 지사와 부지사가 각각 협회 명예회장과 회장을 맡았다. 중국에서 현 단위 등산조직을 설립한 경우는 이번이 처음이었다. 홍융현 인민정부는 매년 3월 6일을 홍융현 거주민을 위한 등산의 날로 정했다.

3월 15일에 개최한 제1회 홍융현 등산대회에는 약 1만 5천 명이 넘는 인원이 참여했다. 이번 등산대회는 일반인을 위한 등산대회와 전문 산악인을 대상으로 하는 등반경기를 별도로 진행했다. 제1회 홍융현 등산대회 참가자는 총 500명이었다. 그중 100명은 농민 출신 청년과 홍융현에서 단체훈련을 받던 중국 등반대 대원으로, 이들은 무령산까지 올라 각축을 벌였다. 나머지 400명은 홍융현 북쪽 홍융산에 올랐다. 중국 국가 체육위원회 주임 리밍화도 등반대회 참가자와 홍융현 남쪽의 와호령臥虎嶺까지 함께 오르며 화기애애한 시간을 가졌다. 이후 등산은 홍융현에서 상당히 비중 있는 연례행사로 자리 잡았다.

또한 대중성을 띤 등산활동의 전형적인 사례로 태산泰山[100]에

---

[100] 산동성 중부 태산산맥의 주봉으로, 해발고도는 1,532m이다. 중국의 5대 명산 중 하나인 동악東岳으로 신성하게 여겨졌다. |역주|

서 정기적으로 진행하는 등산활동을 들 수 있다. 동악 태산은 줄곧 오악 중 하나로 여겨졌으며, 천하에서 으뜸가는 명산으로써 중국뿐 아니라 전 세계에 널리 이름난 산이다. 역사적으로도 태산에 올라서 동악의 아름다움을 실감한 사람이 상당히 많았다. 그리고 중화인민공화국 설립 이후에도 여러 단체나 기관에서 등산과 관련한 크고 작은 활동을 할 만큼 등산 명소로 꾸준히 인기가 높았다. 태산이 있는 태안시泰安市 거주민에게는 따뜻한 3월이면 태산에 올라서 푸른 풀을 밟으며 자연을 즐기는 풍습이 있다. 1985년 3월 13일에는 태안 인근 지역과 태안시가 만인 등반대회를 공동으로 주관하여 2,000명이 넘는 참가자가 남천문에서 태산 정상까지 오르며 등산을 즐겼다.

태안시는 이와 같은 전통을 더욱 발전시켜서 경제와 문화 등 여러 분야 간 교류를 촉진하기 위해 1987년 9월 25일에 태산 국제·전국 등산대회를 처음으로 개최했다. 오전 8시 45분경 대회 시작을 알리는 신호탄 두 발이 하늘을 울리자 전국 각지에서 모인 수많은 참가자가 한곳에 모여서 열 줄로 나란히 섰다. 붉은 깃발 3천여 개도 태산 앞에 모였다가 대열을 따라 정상으로 질주했다. 등산대회 참가자는 등산로를 따라 오르면서 자연경관을 보고 느끼는 한편, 해외에서 온 수많은 경기 참가자를 격려하며 함께 올랐다. 9시 40분경 일본, 미국, 영국, 독일, 캐나다, 소련, 북한, 덴마크, 루마니아 등 9개국 출신 참가자와 중국 내 17개 성, 시, 자치구 참가자, 그리고 기관차 체육협회 소속 대원 305명이 나이에 따라 각각 청년·중년·노년팀에 편성되어 경기에 참여했다. 참가자는 출발지인 대종방岱宗坊에서 동쪽 등반 루트를 따라 올랐다. 연령층별로 목적지도 달랐다. 노년팀은 중천문中天門, 중년팀은 남천문南天門, 그리고 청년팀은 태산 정상 옥황정玉皇頂까지 오르는 코스였다. 선수들은 산길을 따라 오르는 사람들의 격려에 힘입어 홍문을 지나고 천교를 걸어 천문에 오른 후 사다리를 타고 등반했다. 그 결과, 태안 등산협회 소속 선수가 1시간 2분 41초를 기록하며 가장 먼저 정상에 올랐다. 정상에 오른 선수는 열네 살이 채 안 된 학생부터 환갑을 훌쩍 넘긴 사람까지 연령층이 다양했다. 이번 등반 대회 참가자 중에서 부상을 입은 세 명을 제외한 참가자가 모두 정상에 올랐다.

제1회 태산 국제·전국 등산대회는 사흘 동안 진행되었다. 태산은 제1회 등산대회 이후부터 국제 규모 등산대회를 수차례 진행했으며, 이는 오늘날까지 계속 이어진다. 이외에도 1990년 초반부터 티베트 라싸, 하북성 진황도시秦皇島市와 장가구시張家口市 등 중국 곳곳에서 대규모 등산대회가 열렸다.

등산협회는 어릴 때부터 운동을 시작해야 한다는 방침에 따라 더 많은 어린이에게 등산활동을 장려하기 위해 여러 가지 프로그램을 진행했다. 천진에서는 1984년부터 천진시 홍교구 동의장 민족초등학교와 중국 등반대가 협력하여 어린이를 위한 등산활동을 시작했다. 우선 중국 등반대 소속 류다이와 청수성 등이 차례로 초등학교를 방문하여 학생들에게 등반 관련 교육을 시행했다. 1985년에는 중국·일본 우호 합동등반대 소속 중국 대원이 교내 소년선봉대의 부탁대로 선봉대 소속 학생 37명의 이름을 적은 깃발을 가지고 해발 7,694m 나이모나니에 올랐다. 중국 등반대는 1986년 7월경 동의장 민족초등학교 교사 일부와 함께 북경 회유 저수지 등산훈련장에서 사흘 동안 하계 등산캠프를 열었다. 당시 천진 시장 리루이화이는 캠프 참가자를 격려하기 위해 캠프마크를 직접 작성했다. 캠프에 참가한 학생은 전문 산악인의 도움을 받으며 연산산맥 무명산 정상을 비롯해 북경 회유에 있는 만리장성의 일부인 모전곡장성慕田峪長城에서 가장 높은 봉화대에 올랐고, 저녁에는 등반대원이 실제로 이용하는 캠프에서 야영하며 전문 등반가의 생활을 맛보기로 체험했다. 각 캠프 조장은 등산캠프 수료식에서 수료증을 받았다. 동의장 민족초등학교는 중국 등반대와 위탁교육 협약을 체결하기 전까지만 해도 천진시 홍교구 소재 초등학교 60여 곳 중에서 체육 점수를 비롯한 교과 성적이 가장 낮았지만, 2년 후에는 성적이 중상위권으로 향상되었다.

제6편

고산 과학연구 및 기타 활동

제19장

고산 과학연구

—

전문 등반가는 고난도 기술훈련과 기술교육을 통해 고산 적응력을 갖춘 전문가로서, 일반인이 가기 힘든 고산 지역이나 지구에서 가장 추운 지역 정상에 오르는 데 탁월한 능력을 갖추었다. 등반활동은 지질학, 지리학, 생물학, 측량학, 지구물리학 및 기타 과학 분야 연구 종사자들이 전 세계적으로 진입하기 힘든 고산 일대를 탐험할 좋은 기회를 마련했다. 과학연구를 위하여 고산 지대를 관찰하고 연구하는 과학 분야 종사자는, 엄밀히 말하자면 실력이 검증된 전문 등반가다. 등산 탐험과 과학조사가 매우 밀접한 관계인만큼 등반가는 과학연구 종사자에게 없어서는 안 될 중요한 조력자 역할을 했다. 이에 전 세계 수많은 과학자가 고산 탐험에 관심을 두었다. 현대 등산은 이처럼 탄생과 동시에 고산 과학조사와 떼려야 뗄 수 없는 관계를 형성하며 다른 체육 분야와 구별되는 독특한 특징을 갖추었다. 해발 8,000m가 넘는 히말라야 14좌를 모두 등정한 것도 과학연구와 등산계가 힘을 합쳐서 이룬 쾌거라고 할 수 있다.

중국 현대 등산도 발전 초기부터 고산 과학연구와 밀접하게 관계를 맺었다. 등산은 국가경제는 물론이고 국방 임무를 수행하기 위한 기본 요소였다. 중국 등산은 대부분 고산 과학조사 작업과 동시에 이루어졌다. 심지어 과학연구를 목적으로 등반을 진행한 때도 있었다. 과학 조사대는 등반대 팀 구성원의 일환으로서 등반대 대장의 지휘에 따라 등반대 대원과 함께 활동했다. 특히 해발고도가 높은 지역과 각 산 정상에서 진행한 과학조사 활동은 주로 등반대 대원의 몫이었다. 이는 전 세계적으로 현대 등산이 가지는 공통점이다.

중국도 현대 등산을 본격적으로 진행한 지난 30여 년 동안 고산 과학조사 분야에서 적지 않은 성과를 거두었다. 특히 1950년대부터 1970년대 중반까지 세계에서 가장 높은 초모룽마에서 과학조사 활동을 세 차례나 진행했는데, 이는 규모나 성과를 비롯한 여러 방면에서 세계 현대 등산 역사에 빛나는 한 획을 그을 만큼 대단한 업적이었다.

제1절

중국의 등산 초기 고산 과학연구

1956년에 중국·소련 합동등반대가 무즈타그에 올랐을 당시에, 중국 등반대원은 전문 지휘관이나 필수 측량 장비조차 없는 상황에서 무즈타그 일대를 자세히 관찰하며 당시까지 사용하던 무즈타그 일대 지도에 있는 오류를 수정했다. 또한 무즈타그 정상에서 암

석과 식물 표본을 상당량 채취하고 빙하와 설산 모습을 촬영한 사
진자료도 많이 남겼다. 북경 일대 수많은 과학 분야 종사자가 이
자료에 지대한 관심을 보였다. 중국 지리학회와 중국 과학원 등 관
련 기관은 무즈타그에 올랐던 중국 등반대 대원을 초빙하여 무즈
타그 탐방 현황을 들으며 의견을 주고받기도 했다.

　　중국 등산계와 과학계는 1957년 공가산 등반 시 처음으로 손
을 잡고 활동했다. 당시 북경대학교를 비롯하여 북경 농업대학교,
무한 의과대학교, 성도 기상센터 출신 과학 분야 종사자 여섯 명이
등반대와 함께 공가산에 오르며 기상, 지질, 지형 등을 관찰했으며
고산생리학 연구도 함께 진행했다. 당시 과학조사를 통해 얻은 각
종 결과물은 훗날 고산 생태 분야 연구에 상당히 귀중한 자료가 되
었다. 이들의 업적을 분야별로 간단히 짚어보면 다음과 같다.

1. 지질 분야

지금까지 전해진 지도에는 견고한 강전康滇[101] 지축과 활동 중인 해
서海西, 서해 습곡 분계선 일대가 이곳 티베트자치구에서 끊긴다
고 나왔다. 합동등반대는 이번 연구에서 총 288km에 달하는 지역
을 관찰하여 축척 1:50,000인 지도 초안을 작성했다. 이어서 관찰
조사를 광범위하게 진행하여 공가산 일대가 신구조운동이 활발히
일어나는 지역이라는 사실을 밝혔다. 또한 티베트 강정현康定縣 외
곽에 비철금속이 다량으로 매장된 곳을 발견했다.

---

[101]　중국의 지리학자 나개부羅開富는 1954년 '중국자연구획'에서 중국을 동북東北, 화북華
北, 화중華中, 화남華南, 몽신蒙新, 청장靑藏, 강전康滇 7개 지역으로 구분했다. |역주|

2. 지형 분야

공가산에 분포한 현대 빙하와 빙하의 변천을 중점적으로 관찰했다. 그 결과, 공가산 일대는 오늘날에도 빙하가 끊임없이 생성되고 있으며 고대 빙하 흔적도 잘 보존된 편이다. 그리고 현대 빙하 유형이 상당히 다양하지만 최근 몇 십 년 동안 조금씩 쇠퇴하는 추세이다.

3. 기상 분야

지구온난화의 영향을 받아서 빙하의 양이 점점 줄어드는 빙하 후퇴 현상을 발견했다. 식물군 분포를 관찰하여 월평균 최고 기온이 10도 정도인 등온선도 찾았다. 공가산 일대 기후를 정기적으로 관찰한 자료를 당시 일기도와 대조해서 종합적으로 분석한 결과, 공가산은 온도나 기압 등 대기운동의 영향을 받지 않을 때 일부 지역에서 일일 날씨 변화가 매우 뚜렷한 양상을 보였다. 또한 기후 영향을 많이 받을 때는 500hPa 등압면의 대기 상태에 따라 날씨가 변했다.

4. 고산생리 분야

등반대원을 대상으로 혈액검사를 시행하여 평지에 있을 때와 고산에 올랐을 때, 그리고 등산 전과 등산 후의 혈중 적혈구와 백혈구, 헤모글로빈 수치를 각각 비교했다. 그 결과 고산에 있을 때는 평지에 있을 때보다 조혈 기능이 훨씬 왕성했다. 또한 심장의 혈압, 맥박, 호흡 기능을 관찰한 결과 고산에 올랐을 때 심혈관 계통의 기능이 뚜렷한 변화 양상을 보였다. 그러나 이것이 질병으로 이어지는지 아닌지는 아직 분명히 밝히지 못했다. 이외에도 고산병의 발병 및 고산 환경이 인체에 질병을 일으키는 원인과 관련하여 상당 부분 유의미한 결론을 얻었다.

중국 등반대는 1958년 4월에 지질부의 요청으로 대원 다섯 명을 지질 원정대에 파견하여 기련산맥 경철산에 매장된 지하자원을 조사하는 데 협조했다. 이를 통해 경철산 일대 암석 분포도와 지질구조 상태를 어느 정도 밝혔다. 또한 경철산 일대 지질을 면밀하게 조사하여 감숙성에 주천강철그룹을 설립하는 데 중요한 과학적 근거를 제시했다.

중국 과학원은 1958년 가을에 기련산 일대에 분포한 빙설 자원을 연구하기 위해 고산 빙설 이용 연구팀을 조직해 기련산으로 파견했다. 연구팀은 총 6개 분대로 구성했으며, 국가 체육위원회가 파견한 등산 코치가 연구진과 협조하여 함께 기련산에 올랐다. 중국 등반대 소속 코치와 대원으로 구성한 제7분대는 기련산 등반 루트 중에서도 가장 멀고 등반하기가 까다로운 소륵산 빙설 자원 탐사 임무를 맡았다. 이들은 기련산 일대에 분포한 현대 빙하폭포와 빙하 저장량, 빙하 발육 및 이용 문제를 해결하기 위한 1차 자료를 제시했다. 중국 관영 매체 CCTV 영상제작소는 촬영기자를 파견하여『빙하 만년설을 답사하다踏破氷川萬年雪』라는 영상물을 촬영해 등산과 과학이 긴밀히 협조하며 조사하는 모습을 최초로 담아내기도 했다.

1959년 초에 중국 등반대와 함께 초모룽마 일부 지역을 함께 등반했던 과학 연구진은 티베트 니엔첸탕글라 동계훈련에 참여해서 대원들과 함께 훈련을 받으며 니엔첸탕글라 일대 빙하와 지형을 조사했다.

1959년 여름에 중국 등반대는 신강위구르 지질국의 요청에 따라 코치단을 파견하여 천산 일대 측량 작업을 도왔다.

1959년 여름에 무즈타그 등반에 참여했던 과학연구 조사팀은 무즈타그 일대의 빙하 분포, 빙하의 종류, 빙하 면적, 빙하 발육 상태 등을 알아냈고, 옛 빙퇴석 분포도와 변천사, 빙하 개발 이용 조건 등을 전면적으로 조사하여 성과를 얻었다.

1960년에는 북경 지질대학교 등반대가 청해성 아니마칭2봉에 올라 일대 지질을 연구 조사했다.

1961년에는 콩구르튜베에 올라 대원들의 심혈관 기능, 운동 능력, 고산에서의 동상 방지 등과 관련한 의학연구를 진행했다.

1964년 북경 지질대학교 과학조사 등반대는 운남성 옥룡산에 올라 해발 약 4,000m부터 정상 일대에 분포한 약 2억 년이 넘은 바다 산호 화석을 대량으로 채집하는 등 옥룡산의 지질 역사와 지질구조에 관한 기초조사를 진행했다.

제2절

1960년 초모룽마 과학조사

국가 체육위원회는 중국 과학원을 비롯한 과학연구 관련 기관, 대학 소속 연구원과 학자 46명을 모아 과학 조사대를 조직했다. 과학 조사대는 1960년에 중국 등반대가 북릉을 통해 초모룽마를 올랐을 당시에 함께 등반하며 처음으로 과학조사 활동에 참여했다.

이번 과학조사는 초모룽마를 기준으로 서쪽에 있는 티베트자치구 네라무현 융할지구Rongxar, 2,500-5,300m, 동쪽 정일현의 카다지구Kardag, 2,500-5,000m와 북쪽 정일현의 융포지구Rongbuk, 4,600-6,500m, 정일지역 정일현Tingri 르카쩌의 세거얼 지역Shelkar, 4,300m, 그리고 히말라야 남쪽 중국 국경선 일대도 포함했다. 조사 지역 평균 해발 고도는 4,700m 이상이었고, 조사 면적만 약 7,000km²에 달했다.

이번 과학조사는 지질, 기상 등 과학 분야 7개 부문에 대해 현지 조사를 시행했으며, 주요 성과를 정리하면 다음과 같다.

1. 초모룽마 전역에 걸쳐 축척 1:200,000 지도를 제작하고, 축척 1:50,000 초모룽마 북룽 지형도도 별도로 제작했다. 또한 이와 비슷한 축척으로 지질도와 지도 및 식생도를 제작했다.

2. 지질: 초모룽마 일대에 널리 분포한 심층 변성암계의 변성작용을 조사했다. 이를 통해 약 10억여 년 전 선캄브리아대에 형성된 새로운 암석의 변성 유형과 변성 구조를 발견하였다. 퇴적층의 지층 순서와 지층 구조 및 용암의 특징을 밝혀내어 초모룽마 일대의 지질학적 특징과 암석 매장량 및 암석 분포와 관련한 구체적인 근거를 제시했다. 1960년 5월 25일에 중국 등반대가 북룽을 거쳐 초모룽마를 처음으로 등반할 당시에 왕푸저우, 취인화, 공뽀 대원은 정상에서 암석 표본을 채취했다. 초모룽마 암석 표본은 아무나 쉽게 구할 수 없는 만큼 매우 가치가 높다. 1968년에는 암석 표본을 대상으로 우라늄-납 연대 측정법을 거친 결과, 초모룽마에서 채취한 암석이 약 414-515백만 년 전에 생성되었다고 밝혔다. 또한 초모룽마 정상의 석회암 지질이 오르도비스기에 형성된 사실을 증명했다.

3. 광물: 인적이 뜸한 등반 루트에서 안티몬, 납, 몰리브덴, 철, 유황, 석회암 등 광물이 매장된 크고 작은 광석 매장지 여덟 곳을 발견했다. 특히 티베트자치구 정일현 루루屬屬 일대에는 안티몬 매장량이 자그

마치 13만 톤에 달했다. 또한 현지 지질구조 연구를 토대로 이 지역이 희소자원 및 방사성원소, 철, 망간, 수은, 안티몬 등 자원을 찾는데 유리하다고 추측했다.

4. 동식물: 매장량이 비교적 풍부한 동식물 등 화석을 채집했다. 또한 새로운 동물 3종과 동물 아종 2종, 신종 이끼류 3종, 신종 산호 화석 2종 이외에도, 신속新屬 이끼류 한 종을 아시아에서는 처음으로 발견하고, 고사리류 식물 한 종을 중국에서는 처음으로 발견하였다. 그리고 새로운 이끼류 17종과 조류 화석 2종, 포유류 화석 1종, 유공충 화석 및 연체동물 화석 등 제3기 해성 퇴적층 화석을 다수 발견했다.

현지 탐사 결과, 히말라야산맥 남릉에 붕곡 하곡, 카르마 하곡, 융할 하곡을 비롯한 원시 삼림자원이 상당히 많이 분포했다. 이중 카르마 하곡은 규모가 중급 정도로 솔송나무, 전나무, 자작나무, 측백나무, 소나무, 호두나무, 오리나무 등 귀한 목재로 쓰이는 나무가 다수 분포했다. 대부분 지름이 40cm가 넘고 높이도 25m 이상이며, 면적이 약 5,000ha, 삼림 축적량이 1,000,000m³ 정도이다. 이외에도 대나무, 등나무, 진달래, 오동나무, 버드나무 등 종이나 인공섬유, 제혁 및 접착제 원재료로 쓰이는 나무를 다수 발견했고, 호두 기름과 산초 등 기름이나 향료의 원료로 쓰이는 식물도 발견했다. 또한 이 일대에서 동충하초, 패모, 히말라야 삼, 대황, 오미자 등 약용식물도 많이 발견했다.

식물뿐 아니라 마멋, 날담비, 고산족제비, 여우, 래서 판다, 살쾡이, 스라소니, 야생 나귀, 히말라야 산양, 고산토끼, 붉은 꿩을 비롯한 동물자원도 매우 풍부했다. 이외에도 히말라야에 산다고 전해지는 전설적인 '설인'의 존재를 확인하기 위해 각종 자료를 모았고, 민간에서 전해지는 '설인의 털'을 찾아 기존 연구를 뒷받침할 실질적인 자료를 얻었다.

식물을 연구할 때는 지형과 기상조건이 식물의 특성과 수직 분포에 어떤 영향을 미쳤는지 중점적으로 연구했다. 그리고 동물을 연구할 때는 동물 지리구地理區[102] 기초 조사를 토대로 포유류가 분포한 6구 중에서 동양구東洋區, 아시아 대륙 남부와 구북구舊北區[103]의 경계가 중국 영토에 있다는 증거를 발견했다.

5. 지형 및 빙하: 독특한 빙탑 지형과 빙하가 선명하게 후퇴한 흔적 등 초모룽마 일대 외에 다른 곳에서는 발견할 수 없는 특징을 찾았다. 이는 높고 험준한 저위도 지역이라는 조건에 기상조건이 가미되어 생긴 독특한 지형이다. 이외에도 이 일대의 빙하작용 시기 구분과 특성, 한동 풍화작용, 유수, 빙하 등 지질영력地質營力[104]의 수직 분대 와 최근에 강하게 일어난 히말라야 조산운동 등을 연구했다.

6. 수문水文: 이 일대는 빙설 저장량이 매우 방대하다. 연구진은 초모 룽마 북릉에서 룽북빙하로 흘러가는 빙설 저장량이 약 160억㎥라 고 밝혔다. 이는 북경 십삼릉 저수지Shisanling reservoir 200여 개에 달하 는 어마어마한 양이다. 또한 1년 동안 룽북빙하를 추적 조사하여 빙 설이 녹아 하류로 유입하는 수문의 특징을 파악했다. 이어서 빙설의 용해량과 기상 요소와의 상관관계를 연구하여 빙하 하류 이용에 필 요한 과학적 근거를 제시했다.

7. 기상: 과학 탐사대 기상연구원은 1년 여 동안 지면과 고공을 관측하 며 기상변화 규칙을 발견했다. 초모룽마 북쪽은 '세계의 지붕'이라고 불리는 티베트고원이고, 남쪽은 다습한 인도평원과 인도양에 인접 한다. 서쪽은 건조한 대륙과 맞닿아 있고 동쪽은 바다와 육지가 만 나는 습한 지역이다. 여기에 세계에서 가장 높은 지대라는 지형적 특성이 맞물려 독특한 날씨와 기후 특징을 갖게 되었다.

초모룽마는 10월 중순부터 이듬해 3월 하순까지 바람이 매우 강 해, 정상에서 산자락까지 20m/s가 넘는 바람이 자주 분다. 심지

102　동물상의 차이에 따라서 지리적으로 구분한 지구상의 구역 [역주]

103　사하라 사막 이북의 아프리카·유럽 및 아시아 대륙 대부분

　104　지형을 변화시키는 힘

어 정상 부근은 최고 풍속이 60m/s가 넘기도 한다. 바람이 없다가도 거대한 돌풍이 갑자기 부는 등 산지답게 바람이 상당히 자주 분다. 낮과 밤에 바람의 세기 차이도 크다. 오전에는 약했다가 오후가 될수록 강하게 부는 경우가 많으며, 대개 오전 3시에서 8시 사이에 바람이 약하고, 오후 2시에서 8시 사이에 바람이 강하다. 바람이 강한 시기에는 눈이 비교적 적게 내리는데다 적설량도 상대적으로 적다. 또한 이 시기에 초모룽마 일대는 날씨가 극도로 추워서 융포하곡 지역도 예외 없이 일 년 내내 영하권을 밑돈다. 정상 부근 최저 기온은 종종 영하 35도까지 떨어지며, 심지어 영하 40도 이하로 떨어지기도 한다.

6월부터 8월은 우기에 속하며, 이 시기는 평균 풍속이 20m/s 이하로 바람이 비교적 적게 분다. 그러나 폭풍이 자주 부는 시간대에는 갑자기 강한 바람이 불어올 가능성이 언제든지 있다. 이 시기는 거의 하루도 빠짐없이 눈이 내려서 온 산을 뒤덮는다. 가끔 쾌청한 날이 이어지기도 하지만 폭풍이나 폭설도 종종 발생한다.

4, 5월은 프레 몬순기pre momsoon로 날씨가 가장 더운 시기이며, 9월부터 포스트 몬순post monsoon기에 접어든다. 예를 들어, 정상 일대는 최대풍속이 60m/s이었다가 17m/s보다 약하게 불기도 한다. 심지어 바람이 전혀 불지 않을 때도 종종 있다. 이 시기부터 초모룽마 일대의 평균 기온이 상승하기 시작한다. 9월에는 구름이 주기적으로 불규칙하게 변한다. 이 시기에는 바람이 적게 불며, 9월에는 풍속이 내내 20m/s 이하 수준이라 상대적으로 약하다. 또한 9월부터 기온이 내려가지만 5월 평균 기온보다는 높은 수준이다.

히말라야 지역에 우기와 건기가 시작하는 구체적인 시기는 매년 다르다. 우기는 보통 빠르면 5월 하순쯤 시작하여 8월 하순에 끝나는데, 늦어도 6월 하순에 시작하여 9월 하순에는 끝난다. 건기는 평균적으로 빠르면 10월 상순쯤 시작하여 이듬해 3월 중순에는 끝나고, 늦어도 10월 하순에 시작하여 이듬해 4월 상순쯤 끝난다.

초모룽마 기슭부터 정상 인근에는 롱북빙하 일대에 비가 조금 내리는 여름철을 제외하고는 거의 일 년 내내 눈이 내린다. 또한 습도가 낮은 일부 시기를 제외하고는 천둥과 번개가 매우 적게 발생한다.

이외에도 초모룽마 일대 농토자원 현황도 조사하여, 중국과 네팔 국경에서 겪는 갈등을 해결할 근거자료를 모았다.

중국은 1962년에 초모룽마 일대에서 진행한 조사 결과를 모아서 약 38.7만 자 분량인 『초모룽마 지역 과학조사 보고』를 출간했다.

제3절

1964년 시샤팡마 과학조사

국가 체육위원회는 1963년 12월 21일에 중국 과학원 산하기관인 종합조사위원회, 지리, 지질, 식물, 동물 연구소 및 지질부 지질과학원, 수력발전부 수리수력과학연구원, 북경대학교 지질학과, 지리학과, 생물학과, 북경 지질대학교, 국가측량총국, 중앙기상국,

중앙총참정보부 등 관련 기관 책임자와 대표를 초청하여 시샤팡마 과학조사 문제를 놓고 의견을 주고받았다.

회의 참가자들은 시샤팡마 일대 과학연구가 거의 백지상태에 가까우니 하루 빨리 진행하여 빙하, 산봉우리, 하류 등에 이름을 지어서 학술적 지위를 선점하자는 데 의견을 모았고, 이에 따라 체육위원회와 협력하여 연구하기로 했다. 또한 지리학 위주로 조사해야 하며, 생물학 연구는 부수적이어야 한다는 데 합의했다. 회의 결과에 따라 시샤팡마 등반대는 과학 조사대를 추가로 조직하기로 했다. 과학 조사대는 행정 조직상 등반대의 지도로 움직이는 등반대 소속대로서 임무를 수행하기로 했다. 그리고 업무상 책임은 종합조사위원회가 맡았다.

국가 체육위원회는 1964년 1월 16일에 관련 부처와 과학 조사대 조직 문제를 다시 의논하며 과학 조사대 조직 및 대원 선발과 관련한 구체적인 사항을 결정했다. 조사대는 총 17명으로, 스야펑이 대장을 맡고 류동성이 부대장을 맡았다. 과학 조사대는 팀을 넷으로 나누어 각각 빙하, 지형, 측량, 지질 분야 연구를 담당하기로 했다.

3월 중순부터 5월 상순까지는 시샤팡마를 등반하기에 적합한 시기이다. 등반대 과학 조사대는 시샤팡마 북릉과 인근의 정일현과 녜라무현 등지에서 야외 조사를 시행하며 고생물, 지질, 지형, 빙하, 측량 등 다방면에 걸친 자료를 많이 구했다. 이 자료는 추후 히말라야 일대 및 분야별 연구에 매우 가치 있고 유용한 자료로 활용했다.

시샤팡마의 해발고도는 8,013m, 8,014m, 8,018m, 8,020m,

8,073m 등 문헌마다 기록이 달랐다. 과학 조사대가 정일현부터 길융현에 이르는 길목에 기존에 설치한 제2기준점과 삼각쇄[105]를 바탕으로 등반대 베이스캠프에 설치한 3급 천문관에서 관측한 결과, 시샤팡마의 해발고도는 8012.02m이고, 좌표는 북위 28° 21′ 8″ 83, 동경 85° 46′ 39″ 18이었다. 조사대는 조사한 자료를 바탕으로 축척 1:50,000인 시샤팡마 북릉 지형도를 제작했다.

붕곡하곡 평원지대 정일현에서도 짧게나마 지질을 조사했다. 조사대는 정일현 남동쪽에 있는 소열산 해상지층에서 대형 척추 동물 화석과 판새류, 암모나이트 등 바다에 서식한 무척추동물 화석을 함께 발굴했다. 이후 네라무현의 융기지구 해상지층에서 위와 비슷한 고대 척추동물의 척추, 늑골, 이빨 화석을 새로 발견했다. 이 척추동물은 고대에 바다에서 살았을 가능성이 크며, 지금으로부터 약 2억 년 전 중생대 3첩기인 트라이아스기 또는 약 1억 5천여 년 전 쥐라기 때 서식했던, 전 세계적으로 발굴한 사례가 없는 거대 파충류일 확률이 매우 높다. 이 화석은 고생대 생물 진화 연구에 매우 큰 도움이 되었으며, 히말라야산맥의 형성과 이 일대의 지리연구에 중요한 실마리를 제공했다.

지질연구 조사대원은 해발 5,700m에서 5,900m 일대에 분포한 사암 일부에서 활엽수 잎 화석을 발견했다. 연구 결과 이 활엽수 중 하나는 상록진달래이며 고산진달래 종류도 있었다. 일반적으로 고산진달래는 운남성과 히말라야 남릉 해발 3,500m 이하 지대에서 자란다. 조사대가 발견한 이 화석은 약 150만 년 전 것이

---

105 삼각 측량에서 삼각을 배치할 경우, 각 세 각점으로 이루어진 삼각형의 한 계열이 고리 모양을 이룬 것

며, 해발 5,900m에서도 나뭇잎 화석을 발견했다. 조사대가 발견한 화석을 토대로 150만 년 동안 상록진달래 분포 지역이 해발 약 3,000m에서 6,000m로 표고차가 거의 2,000m 가까이 상승했다는 사실을 밝혔다. 그리고 이를 통해 시샤팡마의 상승 속도를 추측할 수 있었다.

빙하 조사팀은 고산에서 적설이 얼음으로 바뀌는 원인을 조사하기 위하여 시샤팡마 설선 윗지방의 눈과 가랑눈층 사이에 구덩이를 판 후 얼음 결정을 자세히 관찰했다. 그 결과 시샤팡마 해발 7,000m 이하 지역에서 눈이 녹았다가 다시 얼어붙는 등 얼음 결정체 형성과 관련한 현상을 알아냈다. 슘스키를 비롯한 일부 외국 학자는 히말라야 상층부에 남극대륙의 빙하와 비슷한 재결정 작용을 거친 빙하지대 및 빙설지대가 존재하며, 설층 중앙부에는 융화현상이 없거나, 있다고 하더라도 매우 희박하다고 추측했다. 그러나 과학 조사대가 현장을 조사한 결과는 이와 조금 달랐다. 해발 7,000m 이상 지대에서 눈이 얼음으로 변하는 과정은 조금 더 심도 있게 연구해야 한다고 주장했다. 과학 조사대는 정상에서 수집한 눈 표본과 해발 7,500m 부근에 미리 파놓았던 구덩이에서 채집한 눈을 관찰했다. 그 결과 해발 7,500m에서 해발 8,012m 정상 일대는 싸락눈으로 덮여 있으며, 이 싸락눈은 융화작용을 거쳐서 형성되었다. 남극 중심부의 적설 두께가 100-200m 정도인 데 반해, 히말라야 만년설 위에 쌓인 적설량은 고작 몇 십 센티미터에 그쳤다. 시샤팡마에서 해발 7,000m가 넘는 지대는 지형 특성상 경사가 너무 가팔라서 눈이 쌓이기 어렵기 때문이기도 하다. 게다가 이 지대는 바람이 굉장히 강해서 눈이 수시로 흩날려 온 산을 연무처럼 뒤덮는 일이 빈번하다.

히말라야 고산지대의 눈은 적설층이 압력을 받아서 재결정화 과정을 거쳐 형성했다는 점에서 남극의 눈과 다르다. 과학 조사대는 이 원인이 히말라야 고산지대 상층부 결정작용의 법칙과 복잡한 지형, 강풍 및 강렬한 고산 태양 복사열 등 여러 요인과 관련이 있다고 밝혔다.

과학 조사대는 빙탑의 형성 및 소멸과 관련한 규칙성을 조사했다. 그 결과 시샤팡마와 초모룽마 및 기타 저위도에 있는 고산 빙하는 특이한 발육 양상을 보였지만 천산산맥이나 기련산 등 중위도 지역 고산 빙하에서는 이러한 흔적을 발견할 수 없었다. 이는 햇빛을 많이 받는 저위도 고산지대에 태양 복사열이 가장 강해서 생긴 현상이기 때문이다. 시샤팡마 일대의 소규모 카르Kar[106] 지형과 고원지대에 분포한 빙하에는 빙탑이 없었지만, 야포캉쟈로 빙하와는 수원지와 빙하의 양이 다른 빙하 세 줄기에서 발육 정도와 시기 차이가 큰 빙탑이 있었다. 이를 통해 빙하가 얼어붙는 구조褶곡 정도, 단층, 슈룬트Schrund[107], 빙하 유입 방식, 빙하 표면의 흐름, 호수의 발달 정도 및 고도와 경사도에 따른 온도 조건 등이 모두 빙탑 형성에 여러 영향을 끼쳤다는 사실을 알아냈다. 조사대는 중국 내륙에서 좀처럼 발견하기 힘든 정상 인근 빙하를 좀 더 깊이 연구하고 관찰하기로 했다.

과학 조사대와 지형 조사팀은 3개국을 가로질러 바다로 흘러들어가는 티베트고원의 붕곡하를 연구했다. 붕곡하의 원류는 세

---

106   빙하의 침식으로 생긴 산간의 U자형 분지

107   설계雪溪나 빙하 따위에 생기는 깊은 균열 [역주]

계지도에서 명확하게 표기하지 못한 채 오랫동안 수수께끼로 남았다. 일부 세계지도에는 붕곡하가 야포캉쟈로 빙하의 서쪽 부근에서 시작한다고 표기했다. 그러나 조사 결과, 야포캉쟈로 인근의 강은 하문착^{峠門錯}에서 서문착호^{西門錯湖}로 흘러들었다. 붕곡하와는 전혀 상관없는 지역이었다. 과학 조사대와 지리 조사팀은 조사 끝에 붕곡하의 발원지가 시샤팡마의 야포캉쟈로 빙하라는 사실을 최초로 밝혀냈다. 이들은 해발 5,300m 숙박지에서 야포캉쟈로 빙하를 거슬러 해발 5,400m까지 올라갔다. 관찰 결과 빙하설 양측에서 졸졸 흘러나오는 유수 두 줄기가 합류하여 계곡을 이루어 붕곡하의 원류가 되었다. 조금 더 높이 올라가보니 이 원류는 사람이 지나다닐 수 있을 정도로 빙설로 뒤덮였고, 그 아래로 물이 흐르는 소리가 들렸다.

일반적으로 고산 산줄기는 강과 하천의 분수령이 된다. 그러나 붕곡하는 산 서쪽에서 동쪽으로 길게 흐르다가 갑자기 남쪽으로 방향을 틀어서 히말라야산맥을 가로지른 후에 바다로 흐른다. 이러한 지형 특징 덕분에 전 세계 수많은 과학자가 붕곡하에 큰 관심을 보였다. 일부 외국 학자는 이를 수원지의 물이 역류하면서 주변 지형을 침식하여 생긴 현상이라고 주장했다. 히말라야산맥 남쪽 기슭에 있는 붕곡하의 원류가 오랜 지형의 침식을 거쳐 수원지에 있던 돌과 진흙 등을 이동하는 과정에서 붕곡하의 수원지가 끊임없이 위로 뻗어 올라, 히말라야산맥 기슭 북쪽에 있는 시샤팡마까지 이르렀다는 논리다. 그러나 과학 조사대가 붕곡하를 거슬러 올라가며 관찰한 결과 이러한 주장은 사실과 달랐다. 붕곡하 상류 양측에 계단지형이 있고, 히말라야를 가로지르는 협곡지대에도 계단지형의 흔적이 남아 있었다. 이 계단지형은 물이 흐르면서 수로를 깎아 형성된 붕곡하의 옛 하상이다. 이를 토대로 과학 조사대는 붕곡하가 히말라야를 가로지르며 거슬러 흘러 침식하면서 형성했다는 외국 학자의 주장은 신빙성이 떨어진다고 일축했다. 붕곡하는 근대에 새롭게 형성된 것이 아니라 고대부터 줄곧 존재했으며, 조산운동 때문에 히말라야의 해발고도가 높아지기 전부터 이미 이 일대를 가로지르며 흘렀다는 것이다. 이후에도 히말라야에서 끊임없이 조산운동이 일어났고, 붕곡하도 끊임없이 흘러서 지금과 같은 모습을 갖추었다고 주장했다.

등반대 소속 과학 조사대도 본격적인 연구에 착수했다. 이들은 일반 과학연구자와 달리 고산 적응력과 등반 능력이 탁월해서 매우 높은 곳까지 올라 귀한 표본자료를 수집할 수 있었다. 그중에는 세계적으로 희귀한 용담초龍膽草와 세계에서 가장 높은 곳에 사는 작은눈미꾸라지류를 비롯한 어종도 있었다. 이어서 해발 5,800-8,012m 구간의 지질평면도를 제작했다. 해발 7,700m에서 암석 표본과 해발 6,900-8,012m 구간의 빙설 표본도 채집했다. 또한 시샤팡마 일대의 빙하폭포와 눈사태의 양상, 크레바스의 분포 현황, 적설량, 적설 특징 및 고산의 기후 특징 등을 관측했다. 이외에도 등반대 기상연구팀은 의무팀 및 홍보팀 등과 협조하여 기상관측이나 고산생리 연구에 필요한 자료를 촬영했다.

중국 과학원은 중국 영화사와 함께『시샤팡마의 비밀을 탐색하다』라는 과학영상물을 촬영하고 제작했다. 과학출판사는『시샤팡마 과학연구 그림 모음집』과『시샤팡마 과학연구 보고문집』을 출간했다. 과학 조사팀이 선발한 대표단은 1964년 10월 북경에서 열린 국제과학토론회에 참석하여 각종 조사 결과를 보고하고 자료를 전시했다. 회의에 참여한 해외 대표단은 중국 과학 조사팀의 수준 높은 탐사 결과에 놀라움을 금치 못했다. 네팔의 한 지리학과 교수는 전시회 방명록에 '시샤팡마 전시회 자료가 매우 풍부할 뿐 아니라 아주 의미가 크다. 이웃 나라 중국이 이토록 수준 높은 히말라야 연구를 펼친 데 매우 감명을 받았다. 이후 연구 활동도 탄탄대로이기를 바란다.'라고 남겼다. 일본의 지리학자도 '방대한 영역을 아우르는 대규모 과학조사와 고산등반의 조합, 이는 세계 등산 역사상 큰 획을 긋는 중요한 사건이다.'라고 언급했다.

제4절

1966-1968년 초모룽마 과학조사

중국 과학원은 1966년부터 1968년까지 3년 동안 초모룽마와 인근 지역을 대상으로 2차 과학조사를 진행했다. 이번 연구는 초모룽마 고산지대를 위주로 하되 아로장포강 남쪽을 기준으로 동쪽으로는 티베트자치구 아동현, 서쪽으로는 티베트자치구 길융현까지 약 50,000km²에 이르는 지역을 대상으로 진행했다. 지질, 지구물리, 고산생리 등 13개 학과 65개 전문분야 종사자가 모여서 초모룽마와 히말라야산맥 상승운동이 자연계와 인류 생활에 미치는 영향을 과학조사 위주로 연구했다. 이번 연구에 참여한 과학자 수만 해도 연평균 약 300명이 넘었다. 주요 성과는 다음과 같다.

1. 빙하와 지형

초모룽마 일대는 기온이 낮아서 빙하 생성에 유리하지만 강수량
이 적어서 일정 규모 이상 자라지 못한다. 초모룽마 정상을 기준
으로 반경 5,000km² 안에는 크고 작은 빙하 600여 개가 있다. 전
체 빙하 면적은 1,600km² 정도이고, 그중 규모가 가장 큰 빙하는
길이가 약 23km나 된다. 또한 이 일대는 빙하 변화가 크지 않으며
대체로 대륙성 빙하의 특징을 띤다.

빙하층 단면과 빙하 결정구조를 관찰한 결과, 초모룽마의 빙
하는 설선 위부터 정상까지 이어지는 구간에 쌓인 눈이 삼투-동결
과정을 거쳐서 형성되었다. 일부 해외 학자가 추측했던 남극과 북
극에서 볼 수 있는 재결정 유형은 찾을 수 없었다.

빙하 용해 구역에서 30-50m 정도 더 높은 곳에 형성된 빙탑
지대는 높은 각도에서 비추는 강렬한 태양복사와 건조한 기후로
인해 다른 빙탑과 구별되는 특이한 양상을 띤다. 빙하의 형성과 운
동 영향으로 빙탑 모양이 다양해지는 등 빙탑 형성 과정에 많은 영
향을 미쳤다. 일반적으로 빙탑이 형성되고 소멸하기까지 짧게는
약 10년에서 길게는 100년도 넘게 걸린다.

초모룽마 북릉 일대에 분포한 빙하는 신생대 플라이스토세 빙
하기가 끝난 이후부터 규모가 점점 줄어들어, 급기야 중국 서부 산
지 일대뿐 아니라 전 세계 산에 분포한 빙하 중에서 규모가 상당
히 작은 축에 속하게 되었다. 게다가 지구 평균온도가 점점 상승하
면서 설선 높이도 플라이스토세 빙하기보다 300미터 정도 높아졌
다. 히말라야의 왕성한 조산운동이 빙하기를 단축했고, 평균기온
이 상승하면서 빙하도 점점 소멸했기 때문이다.

초모룽마 일대에 분포한 'U' 자형 협곡은 빙하가 침식하면서 생긴 지형답게 계곡 단면이 'U' 자형을 이루며 굴곡이 비교적 적다. 협곡 단면상 계단형, 석판형 같은 분지도 거의 없다. 또한 빙하 내부에 진흙 함량이 매우 적어서 진흙이나 자갈이 퇴적한 현상을 발견하기가 힘들다. 이렇게 빙하의 침식 및 퇴적작용이 약한 특징은 앞서 언급한 대륙성 산악빙하의 특징과 매우 흡사하지만 알프스나 알래스카 등지의 해양성 빙하와는 다르다. 고대 빙하 연구자가 주장하는 중국 동부의 빙하 현상과도 다소 차이가 있다.

과학 조사대는 초모룽마 일대의 빙설 및 수중 산소량과 중산소$^{heavy oxygen}$ 분포, 룽북빙하의 빙하 구조, 얼음 결정 구조, 빙하 운동, 빙하층의 온도 등 물리적 특징과 초모룽마 인근 지역 호수와 카르스트 등 각종 지형 특징도 함께 조사했다.

2. 고산동물

과학 조사대는 표본조사와 문헌자료를 토대로 고산지대에 서식하는 조류 140종을 세분화하여 정리했다. 그 결과 아종을 포함한 조류 140종을 14목 34과로 분류했고, 포유류 45종을 7목 18과로 분류했다. 이번 조사 결과만 놓고 보면, 초모룽마 일대에 서식하는 조류 중에서 티베트에도 서식하는 조류의 비율이 54%나 되고, 포유류는 약 80% 정도이다. 초모룽마 등지에 서식하는 조류와 포유류의 종류가 티베트에 서식하는 종보다 훨씬 다양하다고 볼 수 있다. 이러한 조류와 포유류 분포도를 통해서 초모룽마 남릉에 서식하는 조류는 총 134종이고 북릉에는 53종으로, 남릉에 서식하는 조류가 북릉보다 약 2.5배나 많다는 결론을 얻었다. 또한 포유류의 경우 남릉에는 35종, 북릉에는 16종이 서식해 남릉이 북릉보다 약 2배나 많아 대체로 북릉보다 남릉에 더 다양한 종이 서식한다는 특징을 보였다.

고산지대에 서식하는 조류와 포유류 중 줄기러기, 티베트설계, 티베트자고새, 티베트사막꿩, 로빈 종다리, 흰허리눈참새를 비롯한 조류 8종과 포유류 8종 등은 청장고원에서만 서식하는 특이종이다.

이외에도 흰점박이붉은트라고판, 히말라얀비단꿩, 검은머리시비아, 분홍눈썹홍양진이, 붉은머리멋쟁이새 등 8종과 붉은꿩, 금눈쇠올빼미, 잣까마귀, 흰목웃음지빠귀, 검은웃음지빠귀, 솔새사촌, 회색머리딱새, 솔딱새, 붉은긴꼬리박새, 티베트눈방울새, 홍방울새, 갈색양진이, 붉은양진이, 히말라야흰눈썹양진이 등 24개 아류종은 히말라야 산계에 서식하는 특이 조류종이다. 또한 긴발톱첨서, 히말라야우는토끼, 호지슨날다람쥐 등 4종과 큰귀우는토끼, 히말라야흰배쥐, 털복숭이멧토끼 등 8개 아종도 히말라야 산계에 서식하는 특이 포유류종이다. 히말라야 전체 생태계에서 이러한 희귀조류가 차지하는 비율이 약 29.1%이고, 포유동물은 약 27.7%이다.

토끼목 우는토끼과에 속하는 히말라야우는토끼 등은 중국 생태계에 보고된 적이 없는 새로운 종이다. 긴발톱첨서, 긴꼬리랑구르원숭이, 주황배히말라야다람쥐 등도 이번 조사에서 새로 발견한 아종이다.

과학 조사대는 중국과 네팔 국경에 있는 파곡하계곡과 융포하 일대에서 어류 표본 300종을 채집하여 아종을 포함한 6종으로 분류했다. 또한 이번 조사 활동에서 중국에만 서식하는 어종으로 알려진 잉어류 화석학명 Schizopygopsis malacanthus의 새로운 아종을 발견했다. 그리고 초모룽마 일대의 갑각동물, 윤형동물, 원생동물 등을 연구, 조사했다.

3. 고산식물

(1) 남릉

중국에서 해발 1,600m 이상 지대에 주로 분포하는 인도모밀잣밤나무나 수페르바스키마 등 상록활엽수림이 점점 사라지는 추세다. 해발 2,000m 이상 지대는 상록활엽수 중 쿠쿠이나무 등의 비중이 점점 커졌다. 상수리나무와 나도밤나무를 비롯한 활엽수의 비중도 늘었다.

상록활엽수림 지대에서 조금 더 올라가면 해발 3,000m까지 활엽수와 침엽수 혼합지대가 이어지며, 일부 지역은 해발 3,100m까지 이어지기도 한다. 주로 솔송나무와 고산 상수리나무로 이루어진 단순림이나 혼합림이 대부분이며, 이 일대에 자라는 대만당단풍, 나도밤나무 외에 낙엽수와 전나무도 일부 섞였다.

혼합지대에서 조금 더 올라가면 침엽수림지대가 펼쳐지며, 이 일대는 전나무가 대부분이다. 해발 3,800-3,900m에 분포하는 침엽수림지대 최상단에는 히말라야 자작나무숲이 약 200미터나 이어진다. 전나무와 히말라야 자작나무는 보통 그늘진 언덕에 분포하지만 햇빛이 잘 드는 곳에도 고산 상수리나무와 향나무가 우거진 숲이나 관목지대가 있다. 일부 그늘진 언덕에는 진달래덤불도 종종 섞였다. 이 일대에서 다소 습한 곳에는 전죽이 우거져 숲을 이룬 곳도 있다.

수목 한계선보다 높은 해발 4,500-4,600m에 햇빛이 잘 들지 않는 언덕 일대를 살펴보면, 지표물질이 비교적 안정적인 지대에는 곳곳에 이끼가 낀 거대한 표석이 분포한다. 덕분에 토양 형성에 이로운 조건을 갖추어 여기저기에서 진달래덤불을 볼 수 있다. 빛이 잘 드는 언덕에는 참억새와 향나무가 무성하게 자라서 숲을 이루었다.

해발 4,500-4,600m에서 조금 더 위로 올라가면 좀바늘사초와 빙하이끼가 드넓게 펼쳐진 지대가 나타난다. 다양한 융단식물과 잡초류도 곳곳에 분포한다.

해발 5,200-5,600m에는 빙하이끼 개체 수와 분포가 눈에 띄게 줄어들고, 각종 지의식물이 그 자리를 대신한다. 이 일대에는 주로 지도이끼, 껍질지의, 방울주황단추지의, 퍼진매화지의 등이 서식한다.

(2) 북릉

정일현 일대는 대규모 초원식생지대가 펼쳐졌다고 해도 과언이 아니다. 해발 4,400m 이하에서 해발 3,900m 아로장포강 남쪽 연안 일대에는 가는수크령초원이 펼쳐졌고, 지하수가 발달한 호숫가나 하천부지에는 대남풀 등이 많이 분포한다. 해발 4,400-5,000m 언덕과 계곡에는 나래새 등이 많다. 해발 5,000-5,700m에는 빙하이끼, 좀바늘사초와 융단식물이 다양하게 자란다. 해발 5,700m부터 설선 근처까지는 남릉과 비슷한 식물 분포를 보인다. 북릉에는 진달래덤불지대가 거의 없고 음지나 쇄석지대 일부에 물싸리나 인동속 등이 드물게 자란다.

과학 조사대는 초모룽마 일대에서 조류식물 표본을 채집해서 분석했다. 그 결과 초모룽마 일대에는 총 100속 493종이나 되는 조류식물이 자라고 있었다. 그중 규조류^{硅藻類}가 가장 많고, 녹조류, 갈조류, 남조류, 황조류, 황록조류, 갑조류가 그 뒤를 이었다. 이번 연구를 통해 총 16개 종, 변형종 1종, 변종 6종 등을 새로 발견했다. 이는 대부분 초모룽마 일대에서만 자라는 희귀종이다.

과학 조사대가 해발 6,000m에서 채집한 식물 표본에는 조류_{藻類, 물속에서 생활을 하는 단순한 형태의 식물분류군}도 일부 섞여 있었다. 조사 결과 이 조류는 더 높은 고도에서도 바위 표면 등에 붙어서 자랄 수 있는 것으로 나타났다. 이를 통해 해발 8,000m가 넘는 고산지대에도 조류 같은 단순생명체가 자랄 수 있다는 사실을 새롭게 증명했다.

4. 고산생리

과학 조사대가 초모룽마 일대에서 현지조사를 진행하고 란주^{蘭州}에서 각종 자료를 정리하는 동안, 조사대원 중 젊고 건장한 청장년 대원 102명을 대상으로 해발 5,000m와 해발 1,600m에서의 심전도, 간단한 호흡 기능 및 기초 대사량을 차례로 비교, 측정하여 다음과 같은 결과를 얻었다.

우선, 해발 5,000m에서 심전도 검사를 시행한 결과 고원지대에 사는 대원과 저지대에 사는 대원 모두에게서 우심실 부하가 걸리는 양상을 발견했다. 이는 고원지대에 거주한 대원에게 특히 두드러졌다. 거주지를 해발 5,000m에서 1,600m로 이동한 지 반년이 지나자 해당 증상이 눈에 띄게 줄어들거나 아예 사라졌다.

해발 5,000m가 넘는 고원지대에 사는 대원과 저지대에 사는 대원은 안정 상태에서 호흡이 거의 비슷했다. 그러나 해발 1,600m 이상 지대에 사는 대원과 저지대에 사는 대원은 안정 상태에서의 호흡 양상 차이가 다소 컸다. 해발 1,600m와 해발 5,000m가 넘는 고산지대에 사는 대원은 저지대에 사는 대원보다 기초 산소 소모량과 기초 대사율이 상대적으로 높았다. 저지대에 거주하는 대원이 해발 6,200m에서 해발 5,000m까지, 그리고 해발 5,000m에서 해발 1,600m까지 내려갈 때 산소 소모량과 기초 대사율 수치가 점점 낮아졌다. 고지대에 사는 대원은 이와 반대였다. 그러나 저지대에 사는 대원도 일정 기간 적응 과정과 신체훈련을 거친 이후에는 고지대에 사는 대원과 마찬가지로 해발 5,000-8,000m 고도에서도 등반활동을 할 수 있을 만큼 적응력이 높아졌다.

5. 신생대 제4기 지질

(1) 신생대 제4기 빙하의 발전 과정

과학 조사대는 초모룽마 일대의 신생대 제4기 빙하기와 고기후古氣候[108] 시기 퇴적물, 그중에서도 간빙기 퇴적물을 중점 연구했다. 특히 간빙기 침전물이 퇴적한 순서, 퇴적물의 성분, 포자가루 등을

---

[108] 기상관측망 확립 이전 역사시대 및 지질시대의 기후를 일컬음.

분석하고, 빙하기와 간빙기의 고기후 조건과 지각 상승도 모두 조사했다. 과학 조사대는 이번 조사를 통해 초모룽마 일대 제4기 빙하기와 간빙기에 형성된 지층의 발전 경과와 관련한 기초 정보를 더욱 명확하게 정립했다.

(2) 신생대 제4기 신구조운동의 특징

과학 조사대는 현지에서 얻은 실제 조사 자료를 참고하여 신구조운동의 지형적 특징과 지층 형성 및 지층 구조 형식을 분석했다. 신생대 제3기 이후부터 초모룽마 북릉 일대에 분포한 포자가루를 토대로 비교식물학적 관점에서 빙하기 및 간빙기의 고대 지리환경 연구도 동시에 진행하며 초모룽마 일대 지각운동의 규모와 특징을 정리했다. 또한 간빙기마다 지역별로 일어난 지각 상승 및 고대 지리환경 관련 연구도 진행했다. 그 결과 초모룽마 일대 지반은 플라이오세 후기 이후 오늘날까지 고도가 3,000m 정도 상승했다. 이러한 조사 결과를 토대로 조산대 신구조운동과 관련한 기초현황을 연구하는 데에 큰 도움이 되었다.

(3) 신생대 제4기 인류 생활 및 역사

인류화석을 발견하는 데는 실패했다. 그러나 중석기시대에 발달한 세석기를 비롯한 오래된 석기를 출토하는 등 이 일대에 거주했던 인류가 어떻게 생활했는지 알 수 있는 근거 자료를 상당히 많이 발견하여 이와 관련한 기존 연구 가설을 구체적으로 증명했다. 이 연구는 추후 초모룽마 일대에서 진행한 인류화석 발굴과 관련 연구에 크게 공헌했다.

6. 기상

초모룽마 일대의 환류 일부와 빙하 상공에서 발생하는 빙하풍, 초
모룽마 일대의 온도, 강수 특징 및 구름의 특징을 조사했다. 초모
룽마 등반 시 기상조건과 히말라야산맥의 병풍작용, 세계 3대 고
원 중 하나인 청장고원 남쪽이 서풍의 영향을 받아서 급류를 형성
한 근거를 찾아서 연구했다. 또한 초모룽마 일대 기후 특징이 청장
고원 일대의 서풍과 급류 및 기상체계에 어떠한 영향을 미치는지
기초 연구를 진행했다.

7. 자연지리

초모룽마 남쪽과 북쪽 양극단은 각각 다른 자연대에 속할 정도로
지리 차이가 매우 뚜렷하다. 인도와 접한 남쪽은 다습하다. 이 지
역은 열대몬순기후 또는 열대우림기후를 기반으로 해양성 자연
지대를 이루며, 산 아랫자락부터 위까지 총 8개 자연지대로 나뉜
다. 북쪽 고원은 반건조지대 특성을 띤 초원지대로 대륙성 자연지
대의 특징을 갖추었고, 총 4개 자연지대로 나눌 수 있다. 초모룽마
세부 지대 중에서 상단 3개 자연지대는 남쪽과 북쪽 간 차이가 거
의 없이 비슷하다.

초모룽마 자연지대는 하루 평균기온 ·5도를 유지하는 기간의
건조도를 기준으로 하여 습지대, 반습지대, 그리고 반건조지대로
나눈다.

최근 히말라야산맥에서 발생한 지각 상승운동의 영향으로 식
생과 토양 생성 과정이 다원화됐다. 또한 새로운 자연지리도 형성

되는 등 초모룽마 일대 자연분대도 영향을 받았다.

8. 고생물

과학 조사대는 필석, 이끼벌레, 층공충류, 히드라류, 산호, 복족류, 벨렘나이트, 앵무조개, 바다나리, 개형류, 죽황, 유공충, 방산충, 삼엽충, 완족류, 성게, 코노돈트, 산호조류, 암모나이트, 판새류 화석 등 고생물 연구에 필요한 관련 자료를 상당수 확보했다. 초모룽마 일대에서 이러한 화석을 발견하고 연구하는 일은 지층학계와 고생물학계에도 여러모로 의미 있고 중요하다.

초모룽마에서 진행한 과학연구를 주제로 하여 1972년에 란주에서 토론회가 열렸다. 과학 조사대는 토론회에서 초모룽마 일대에서 진행한 조사 경과를 보고하고 과학적 성과를 정리했다. 과학 조사대는 토론회 때 수렴한 의견을 종합해서 총 7종 9권 정도 분량인 『초모룽마 일대의 과학조사 보고』와 『초모룽마 일대 과학조사 사진집』을 중문판과 영문판으로 출간했다.

제5절
1975년 초모룽마 과학조사

중국 과학원 천연자원 종합연구팀, 중국 지질소, 중국 대기 물리소, 중국 국가측량총국, 총참측량국, 상해 생리소, 중국 인민해방군 제4병원, 제4군 의과대학과 중앙기상국을 대표하여 조사에 참여한 남경기상대학교 등은 1975년에 초모룽마 과학 조사대와 측량팀을 조직했다. 등산지휘부와 등반대는 이들을 직접 지휘하며 초모룽마 고지대에서 종합과학조사를 시행했다. 이번 과학조사는 1960년, 1966년 및 1968년에 이미 진행했던 작업을 기반으로, 초모룽마의 고도 측정, 지질, 고산생리, 대기물리 연구 등 여러 분야에 걸친 연구를 동시에 진행하며 상당한 성과를 얻었다.

1. 고도측량 분야

1970년대에만 해도 초모룽마의 정확한 높이를 측정하기 어려워서 해발고도가 8,888m, 8,882m, 8,852m, 8,848m, 8,846m, 8,840m라는 등 다양한 주장이 난무했다. 이 시기에 중국 지도에도 외국의 측량 기록을 그대로 본떠서 해발 8,882m라고 표기되었다. 중국은 이번 기회에 초모룽마 해발고도를 정확히 측량하기 위해 만반의 준비를 했다. 중국 등반대 소속 측량팀은 대지측량망을 초모룽마 정상에 가까운 곳으로 조금씩 옮겼다. 또한 해발 5,600m에서 해발 6,300m 사이에 측량통제소를 열 곳 정도 세웠다. 1975년 5월 27일 북경시간 기준 오후 2시 30분에 중국 남녀 혼성 등반대 소속 공격대 대원은 초모룽마 정상에 올라가서 미리 준비한 측량 표지를 세우고, 측량통제소 열 곳에 각각 설치한 관측용 측정기를 이용해 해발고도를 동시에 측량하고자 시도했다. 그 결과 해발고도가 8,848.13m라는 측정값을 얻어 실제 고도에 가장 근접한 값을 측량하는 데 성공했다. 중국은 이 수치를 1975년

7월 23일에 전 세계에 공포했다. 이때부터 중국 지도에도 초모롱마의 해발고도가 8,848.13m라고 표기되었다.

2. 지질 분야

(1) 초모롱마 북면 지질단면을 정립했다.

중국은 중화인민공화국 건립 이후에 초모롱마 일대 지질 관련 작업을 상당 부분 진행했다. 그러나 초모롱마 북면 지질단면과 관련한 연구는 아직 걸음마 수준이었다. 게다가 1930년대에 작성한 외국 자료를 인용한 탓에 암석의 연대와 지질 특징 및 지질 발전사 전반에 편향된 의견이 많았고 오류도 적지 않았다. 따라서 중국이 초모롱마의 지질 특징이나 지질 발전사 등 각 방면에 자체 연구를 시행하여 입장을 체계적으로 정리해야 한다는 목소리가 높아졌다.

과학 조사대는 이번 연구에서 곡포曲布와 사아查雅를 지나 추합라구秋哈拉溝, 융포사, 전진구, 장중령, 북봉을 지나 초모롱마 정상까지 직선으로 이어지는 약 300km² 구간의 지질단면을 실측했다. 조사대는 등반대원의 도움을 받아 해발 4,700m에서 정상까지 이르는 구간에서 암석 표본을 600개 정도 채집하고, 이를 토대로 초모롱마 일대 지질구조의 특징, 마그마 활동, 암석 변형 및 혼합 암석화 작용의 특징 등을 정리하여 기초 이론을 정립했다.

(2) 초모롱마 정상의 지층 형성 연대를 알아냈다.

과학 조사대는 초모롱마 북릉 사아와 추합라구를 지나 초모롱마와 가장 가까운 남쪽 전진구까지 분포한 회암층 일대에서 오르도 비스기 초기 생물 화석을 발견했다. 그중에는 완족류, 삼엽충 및 바다나리 줄기도 있었다. 지질구조를 분석한 결과, 화석을 발견한 지층은 초모룽마 정상 지층과 같았다. 이 덕분에 초모룽마 정상이 지금으로부터 약 2억 년 전인 페름기에 형성된 것이 아니라 그보 다 훨씬 전인 약 4-5억 년 전 오르도비스기 초기에 형성되었다는 사실을 증명했다. 이로써 초모룽마 생성 시기를 두고 국제적으로 반세기가 넘도록 이어진 논쟁에 드디어 종지부를 찍었다.

(3) 글로소프테리스 화석군을 발견하여 히말라야산맥 형성, 발전사 연구, 지질이론을 정립하는 데 이바지했다.

히말라야산맥에서 지대가 높은 동 히말라야는 예부터 지질 역사 상 히말라야의 결정축結晶軸 역할을 한다고 여겼다. 동 히말라야는 마치 남아시아와 인도아대륙 및 호주 일대를 포함한 곤드와나 대 륙Gondwana land[109]을 비롯한 남쪽 대륙과 지금의 아시아대륙인 북쪽 대륙을 분리하는 거대한 벽과 같다. 이로 인해 이 일대는 같은 시 기에 형성되었음에도 지층과 퇴적, 구조 및 발전사가 확연히 다르 다. 과학 조사대는 곡포 지역 페름기 지층에서 양치 종자식물인 글 로소프테리스 화석을 발견했다. 남쪽 대륙에만 존재한다고 여겼 던 특이 식물을 초모룽마 북부에서도 발견하면서, 인도아대륙과 초모룽마 북릉 일대가 고생대 말기에 지리적으로 매우 밀접한 관 련이 있었거나 비슷한 지리조건을 갖추었다는 사실을 증명했다.

---

109   3억 년 전 고생대 후기부터 1억 년 전 중생대 중반까지 남반구를 중심으로 존재했다고
       추정하는 대륙

또한 이를 통해 지질 역사상 인도아대륙과 아시아대륙의 관계를 증명하고, 판구조론의 직접 근거를 제공했다.

3. 고산생리 분야

(1) 우선 등반대원의 고산 적응능력을 측정하기 위해 평원지대에 설치한 저기압 실험실에서 모의실험을 시행했다. 이와 함께 해발 50m, 3,700m, 5,000m에서도 대원들을 대상으로 뇌전도 200여 회, 심전도 300여 회 및 호흡 기능을 100여 회에 걸쳐 측정했다. 또한 일부 대원을 대상으로 심실 기능을 시험하여 고산에서의 인체 반응을 더욱 자세히 분석했다. 이번 실험에서 고산의 저기압에서 인체의 생리현상 및 적응력이 어떠한지 중요한 자료를 확보했다.

(2) 중국 산 심전기와 텔레미터를 이용하여 해발 7,007m, 7,600m, 8,200m, 8,300m, 8,680m에서 등반대원의 심전도를 각각 측정하고, 정상에 오른 대원 중 여성 대원 한 명을 포함한 15명을 대상으로 심전도를 측정했다. 이는 등산 분야는 물론이고 고산생리학 분야에도 전례 없는 실험이었다. 중국이 독자적으로 개발하고 제작한 텔레미터는 영하 40도에서도 문제없이 작동하여 심전도 자료를 처리하는 데 상당히 유리했다.

4. 대기물리 분야

(1) 과학 조사대는 이번 조사에서 최초로 해발 7,007m, 6,500m,

6,000m, 5,400m, 5,000m에서 경사도별 기상관측 자료를 수집했다. 또한 해발고도별로 지표의 영향이 미치지 않는 자유 대기 관찰자료를 비교 연구하여 초모룽마 일대 날씨가 규칙적으로 변화하는 유형과 빙하풍이 생기는 원인을 파악하는 데 중요한 자료를 얻었다.

(2) 초모룽마 북릉 및 인근 히말라야산맥 남릉에 있는 중국 네라무 곡향, 장목 등지에서 경사도별 기상관측을 동시에 진행했다. 이를 통해 향후 히말라야산맥이 기상 체계에 미치는 작용을 연구하는 데 중요한 자료를 얻었다.

(3) 해발 7,007m에서 강수량과 바람을 최초로 같은 위치에서 관측하여 초모룽마 북릉 고지대의 강수량, 빙하 형성, 빙하 발전 추세와 관련한 수문 정보를 얻었다.

(4) 해발 5,000m에서 초모룽마 정상 일대에 분포한 빙설 표본을 처음으로 채집했다. 또한 라싸, 르카쩌, 정일, 장목 등지의 빙설과 동물의 털, 식물 표본도 채집하여 대기오염과 대기오염의 규칙성 연구에 매우 중요한 자료를 얻었다. 그리고 중수重水 수직 분포의 규칙성을 조사하여 당시 전 세계에 큰 문제로 거론되던 에너지자원 문제를 해결하는 데 중요한 자료를 얻었다.

중국 과학 조사대는 이러한 연구 성과를 지리, 기상과 환경, 고산 생리 세 분야로 나누어 정리하여 『초모룽마 과학조사 보고』를 출간했다.

기타 과학조사

국가 체육위원회는 대외경제무역부와 과학원의 요청을 받아 1974-1975년에 등반 코치팀을 파견했다. 류다이가 이끄는 코치팀은 신강위구르와 카슈가르 경계에 설치한 중국-파키스탄 고속도로를 지나서 바투라 빙하지대로 향했다. 코치팀은 과학 조사대 및 공학기술 대원과 협조해서 현장을 관측하고 바투라 빙하의 여러 특성을 연구하여 양국 간 관계를 회복하는 데 크게 공헌했다.

중국 등반대가 1977년 포베다에 오르던 당시에는 과학 조사대도 포베다 일대에서 측량, 수문, 동식물, 미생물 등 9개 분야에 걸쳐 조사 활동을 펼쳤다. 당시 과학 조사대는 포베다의 고도를 정확하게 측정했으며 기초 자료도 상당수 얻었다.

사천성 등산협회는 1982년 8월에 사천성 지리학회와 함께 등산협회를 조직하여 사천성과 감숙성 경계에 있는 민산산맥의 최고봉인 설보정산과 그 인근 지역에서 지질, 지리, 지형, 기상, 생물 등 다방면에 걸쳐 종합적으로 연구했다. 이번 조사를 통해 설보정 지역 개방과 관광지 건설, 천연자원의 이용 방면에 유의미한 자료를 얻었다.

중국은 1988년에 리즈신과 왕용평, 진칭민을 미·중 합동등반 탐사대에 파견하여 남극 빈슨 매시프에서 과학조사 임무를 수행하도록 했다. 당시 중국 지질광산부 남경지질광산연구소 부연구원 진칭민이 지질연구 임무를 책임지고 수행했다. 진칭민은 중국 등반대 소속 리즈신과 왕용평의 도움을 받아 빈슨산 일대의 지질 조사를 완성하고 암석 표본을 약 40kg 정도 채집했다. 또한 12월

2일에 등반 루트를 따라 지질조사를 하던 중에 철광석 노출지대를 발견하여, 이를 기점으로 다른 광물 매장지도 추적했다. 중국 등반대 대원과 지질연구 종사자가 남극 중심지인 빈슨 매시프까지 깊게 파고든 덕분에 지질연구 분야에 큰 성과를 얻어서 곤드와나 대륙의 분리 과정과 남극대륙의 지각운동을 연구하는 데 혁혁한 공을 세웠다. 중국은 남극대륙에서 최초로 광산물을 발견하며 남극 과학 사업을 발전시키려는 의지가 얼마나 강한지를 보여주었다. 또한 미지의 대륙으로 남아 있던 남극과 관련된 지식을 대중에게 전달하는 데 크게 공헌했다.

제20장

등반 전술 유형과 특징

—

등반 전술이란 등반 과정에서 겪는 여러 요소를 종합적으로 분석하여 정상까지 안전하게 오를 수 있도록 보장하고, 추후 예방책을 체계적으로 세우는 데 필요한 방법이나 수단을 의미한다. 등반 전술은 통상 등반 계획 시 핵심 내용과 항목별 필수 준비 작업 등을 고려해서 상황에 맞게 선택한다. 또한 등반 성패 여부에 따라 실제 상황에서 전술 효용성을 판단하여 향후 활동 방향을 정하도록 활용한다.

일반적으로 등반 전술은 루트 선택, 기술 구성, 장비 구성, 시기 활용, 적응 훈련, 캠프 설치, 위험 루트 개척, 물자 운반, 산소 공급 조치, 공격대 조직 등 여러 분야를 포함한다.

중국 등반대는 오랜 기간 동안 등반활동을 거쳐 전문적이고 숙련된 전술 경험을 쌓아 야간 등반, 새벽 등반, 새벽 야영, 루트 나누기, 구간 나누기, 기간 나누기, 등반대 나누기, 그리고 소수 정예 부대라도 예외 없이 단체 활동을 강조하는 등 중국만의 특색 있고 세분화된 전술 유형을 갖추었다.

적응 훈련

고산등반의 3대 난제는 지형, 기후, 그리고 산소 부족을 들 수 있다. 이 중에서도 등반가에게 가장 위협적인 존재로 산소가 희박한 고산 환경을 꼽는다. 산소가 부족하면 체내에 각종 이상 반응이 생긴다. 이러한 상황에 고산 지형이나 기상 등 특수한 외부조건까지 가중되면 정상적인 환경에서보다 몇 배는 견디기 어려운 상황이 닥칠 가능성이 크다. 심한 경우 사람의 힘으로 감당할 수 없는 지경에 이르기도 한다. 이 때문에 고산등반 시 산소 부족 문제를 어떻게 해결하느냐가 등반 전술을 세울 때 가장 중요한 문제다.

일반적으로 산소 부족 문제를 해결하기 위해서 산소통 같은 장비를 사용하거나 사전에 현지적응 훈련을 거치는 등 여러 방법을 적용한다. 그러나 산소통을 사용하더라도 산소를 충분히 공급하기는 힘들다. 고지대까지 산소장비를 운반하는 일도 절대 만만치 않다. 게다가 고지대에서 산소장비를 사용하려고 해도 산소장비가 공급하는 산소량은 평지에 비해 턱없이 부족했다. 이 때문에 실제 산소 소모량이 예상과 차이가 큰 경우가 자주 발생했다. 따라서 등반가는 고산등반 전에 반드시 저산소 환경에서 적응하는 힘을 키워야 하고, 이를 위해 고산 현지적응 훈련이 반드시 필요하다. 다시 말해, 산소장비 유무에 상관없이 고산 적응 훈련을 통해 적응력을 길러서 자력으로 저산소 환경을 극복하는 방법이야말로 가장 적극적이고 효율적인 방법이다.

등반대는 보통 본격적으로 정상에 오르기 전에 고산 적응 등반을 몇 차례 실시하며 적응력을 키운다. 중국 등반대는 소련 등반대의 고산 적응 훈련법을 그대로 답습하여 적응 훈련을 시작했다. 1957년에 사천성 공가산에 오를 때에도 이 방법을 적용했다. 대원들은 소련 등반대의 고산 적응 훈련 방식을 따라 캠프를 많이 설치하면서 순서대로 조금씩 정상에 올랐다. 중국 등산 발전 초기에는 이처럼 정상까지 단번에 오르는 대신 현지적응 등반을 조금씩 시행하며 일정 고도까지 오른 후에 정상에 오르는 방법을 따랐다. 등반대는 이후에도 이 방법을 적용하여 다른 고산에 올랐다.

이후 장기 등반 시에는 기존 전술을 바탕으로 새로운 전술을 참고하여 끊임없이 발전시켰다. 적응 훈련 방법 역시 개선을 거듭하며 전문적으로 발전시켰다. 중국 등반대가 실전을 통해 개선시킨 고산 적응 등반기술은 다음과 같이 크게 세 가지로 나뉜다.

1. 파도식

캠프에서 출발해서 일정 고도까지 등반한 후에 일정 시간 동안 쉬거나 잠을 잔 뒤 다시 출발지인 캠프로 돌아간다. 캠프에서 며칠간 준비 기간을 가진 후에 다시 출발하되, 이전에 올랐던 곳보다 상대고차가 약 1,000m 정도 더 높은 곳까지 올라가서 일정 시간 쉬거나 야영한 후에 다시 캠프로 돌아오도록 한다. 이런 식으로 몇 차례 반복하며 오르기 위해 등정할 산의 해발고도와 대원의 적응력, 그리고 물자운반과 체력소모량 등을 상황에 따라 판단하여야 한다. 파도식 등반기술의 장점은 대원들이 고산에 적응할 수 있는 시간을 충분히 확보할 수 있어 차츰 적응력을 키워가자는 본래 취지에 매우 알맞다는 것이다. 반면, 소요 시간이 길어서 등반하기에 좋은 날이 비교적 짧은 고산지대에서는 이상적인 등정 시기를 놓칠 수도 있고, 체력소모가 크다는 단점도 있다.

2. 간헐식 또는 계단식

캠프에서 일정 고도까지 오른 후에 다시 캠프로 돌아가지 않고, 올라간 곳에서 일정 시간 머무르며 적응 시간을 가진다. 이렇게 점진적으로 정상 고도에 근접한 지점까지 적응 시간을 가지며 오르는 방식을 간헐식 또는 계단식 등반법이라고 한다. 이 등반기술은 적응 훈련과 동시에 정상을 공격하며, 1차 적응 훈련 기간에 바로 정상에 오를 기회를 노릴 수 있는 특징이 있다. 파도식 등반기술과 비교하면 대원의 적응 훈련 시간이 대폭 줄어들어 날씨가 좋을 때 정상에 오를 수 있으며, 체력소모도 비교적 덜한 것이 장점이다. 그러나 등반대 규모가 크거나 현지 적응력이 다소 떨어지는 대원이 많다면 반드시 재고해야 한다. 이러면 대원의 적응력이 파도식보다 뒤처질 가능성이 크며 고산에서 전진 캠프 없이 야영할 때 물자운반에 차질을 빚을 우려가 크기 때문이다.

3. 파도식과 간헐식 결합

파도식과 간헐식 등반기술을 결합한 방법 중에서 현재 실전에서 시행하는 방법은 캠프 결합, 정찰, 루트 개척, 운반 등 임무와 전진 캠프 및 캠프보다 해발고도가 더 높은 곳에서 수일 동안 짐을 짊어지고 행군하며 훈련하기 등이 있다.

이 방법은 이전보다 캠프를 더 많이 설치하고 적응 훈련을 위한 등반도 더 많이 진행하지만 적응력을 체계적으로 키울 수 있어서 상당히 효율적이다. 그러나 적응 등반 횟수가 지나치게 많아 등반대원의 체력에 크게 영향을 미칠 우려가 있다. 고산 적응력과 체력을 일정수준 이상으로 키우고 유지하려면 반드시 가장 효율적이고 이상적인 현지적응 등반횟수와 등반고도 등 정보를 정확히 분석해서 파악해야 한다. 그렇지만 이러한 사항을 완벽히 장악하기란 현실적으로 상당히 어렵다.

중국 등반대 대원은 외국 등반대원보다 평균 체력이 다소 떨어지는 편이다. 그러나 저기압 실험실에서 저산소 실험을 한 결과에 따르면 타국 등반대보다 저산소 환경 적응력이 상당히 뛰어났다. 1960년 초모룽마에 오르기 전 실시한 실험에서 일부 대원은 해발 8,000m나 9,000m에서도 견딜 수 있었고, 심지어 해발 9,000m에서 산소통 없이 최장 15분까지 머무를 수 있었다. 이외에도 티베트 출신 등반가는 산소가 부족한 고원지대에서 장기간 생활했기 때문에 저산소 환경을 극복하는 데 유리한 조건을 타고났다. 중국 등반대는 등반활동 초기에 이미 이를 증명한 바 있다. 특히 1960년에 초모룽마에 오를 때 두각을 나타냈다. 전체 대원 214명 중 단 23명만이 해발 7,500m까지 오른 경험이 있고, 나머지는 대부분 고산등반 경험이 없었다. 그러나 초모룽마 등반 당시 해발 7,590m까지 오른 대원 수는 53명이었고, 8,100m보다 높은 곳까지 오른 대원도 28명이나 되었다. 이 중 13명은 고산에 오른 경험이 한 번도 없었다. 또한 해발 8,500m까지 오른 대원도 있었다. 대원들이 등반할 때마다 오르는 해발고도 증가 폭도 점점 커져서 하루 평균 1,100m나 등반했다. 심지어 하루에 1,600m를 오른 날도 있었다. 과거에 하루 평균 500m 정도를 올랐던 것과 비교하면

경이로운 수준이다. 대원의 생리반응도 모두 양호했다. 예전에는 해발 7,000-8,000m 정도인 고산에 오르기 전에 약 3-5차례 정도 적응등반을 시행했으며, 고산지대에서 뛰어난 적응력을 보인 대원 수가 예상보다 많았다. 등반대는 이를 계기로 적응단계 등반횟수 를 점진적으로 줄여도 무방하다고 판단하고, 적응등반 외에 하루 에 오르는 고도 높이를 점차 늘리는 등 효율적인 방법을 모색했다.

중국 대원의 뛰어난 고산 적응력은 1964년 시샤팡마 등반 전략에도 영향을 미쳤다. 적응등반 횟수가 너무 많으면 안 된다는 원칙에 의거하여 애초 2회에서 많게는 3회까지 시행하기로 한 계획을 1회로 수정해도 충분하다는 의견이 끊임없이 나왔다. 당시 대원들은 시샤팡마 정상에 오르기 전 적응등반을 단 두 차례밖에 시행하지 않았음에도 정상에 순조롭게 올랐다.

중국 등반대는 고산 적응성과 체력이라는 양극단에 놓인 과제를 해결하기 위해 등반대원의 장점에 기반을 두어 여러 경험을 찾기 위해 노력했다.

1. 고산 적응력은 한번 끌어올리면 상당 기간 지속되기 때문에 1-2년에 두 차례 정도 등반하는 것이 가장 적절하다. 등반횟수는 너무 많으면 안 되며 너무 적어서도 안 된다. 너무 적으면 체력 회복에 문제가 생길 수 있고 너무 길면 다음 등반 시 적응력이 떨어질 수 있다.

2. 고산 적응 문제와 관련하여 일부 외국 등반가는 등반일정 간격이 너무 길면 기존에 쌓아둔 고산 적응력이 떨어질 가능성이 있다고 주장했다. 중국 등반대는 등반활동 초기에 소련 등반대에게서 배운 경험을 토대로 적응등반 일정을 약 이틀에서 나흘 간격으로 계획하고 시행했다. 1960년 초모룽마에 오를 때에는 날씨 변화 때문에 전체 등반일정 중 짧게는 8일에서 길게는 12일까지 공백 기간이 생기기도

했다. 그러나 대원의 고산 적응력에는 아무런 영향을 미치지 않았다. 예상과 달리 충분히 쉰 덕분에 오히려 체력을 회복하여 다음 등반에서 임무를 더욱 잘 수행할 수 있었다. 등반일정 간격이 길어진다고 해서 단점만 존재하는 것은 아니었다.

제2절

고산에서의 산소 이용

대기 중 산소압력은 해발고도가 높아질수록 점점 낮아지며, 호흡 시 체내로 들어오는 산소량도 점점 줄어든다. 그러므로 폐를 거쳐 혈액으로 침투하는 산소와 인체 각 기관으로 전달되는 산소량도 줄어들 수밖에 없다. 체내 여러 기관과 체계가 정상적으로 순환하려면 일정한 압력의 산소가 필요하다. 인체는 체내에 산소가 부족할 때 새로운 환경에 적응하기 위해 스스로 생리를 조절한다. 그러나 시간이 길어질수록 산소결핍에 따른 각종 이상 증상이 하나둘씩 나타난다. 산소가 부족한 환경에 오래 노출되어 체내 산소가 매우 부족하면 생명이 위험해진다.

1875년에 이탈리아 출신 스피넬리와 세빌, 티샹디에는 열기구를 타고 상공에 올랐다. 열기구가 해발 약 8,000m 상공에 이르자 스피넬리와 세빌은 그 자리에서 사망했다. 티샹디에는 열기구가 저절로 찢어지는 바람에 추락해서 잠시 의식을 잃었지만 기적적으로 목숨을 건졌다. 티샹디에는 사람이 해발 8,000m가 넘는 상공에서 산소장비를 쓰지 않으면 십중팔구 사망에 이른다고 주장하며 해발 8,000m 상공을 데드존, 또는 생명체 접근 금지구역이라고 명명했다.

이러한 실험 및 이론을 종합하면, 해발 8,000m 이상은 사람이 살기 힘들 정도로 산소가 매우 희박하다. 외부 조건이 같다고 가정할 때 해발 8,000m 상공의 대기 압력은 270㎜Hg이며 산소 분압은 56㎜Hg이다. 반면 평균 해수면에서의 대기 압력은 760㎜Hg이며 산소 분압은 159㎜Hg이다. 이는 해발 8,000m 상공 수치보다 약 세 배가량 많다. 그러므로 1950년대 초반까지만 해도 중국을 비롯한 해외의 수많은 항공생리학자는 줄곧 해발 8,000m 이상을 사람이 살 수 없는 '데드 존'이라고 여겼다.

1922년에 영국 출신 한 등반가는 초모룽마를 등반할 때 최초로 산소장비를 사용했다.[110] 그러나 당시 기술 수준이 미비한 탓에 산소장비 자체 무게가 너무 무겁고 내장 산소량도 너무 적어서 그다지 인기가 없었다. 이후 1940년대 말까지 산소장비는 일부 등반가가 실험 차원에서 쓰는 수준에 그쳤다. 1950년대 초에 이르러 예전보다 훨씬 가벼운 산소장비를 개발하여 산소 함량이 적고 무게가 상당히 무거운 기존 산소장비를 사용할 때보다 체력소모를 대폭 줄일 수 있었다. 이때부터 세계 여러 나라에서 수많은 등반가가 산소장비를 가지고 등반하기 시작했다. 1953년에는 힐러리와 텐징이 최초로 산소장비를 사용하여 남릉을 통해 초모룽마 정상에 올랐다. 1950년대에는 영국과 스위스, 일본 등 여러 나라 등반

---

110 1922년 5월 16일 맬러리와 소머벨, 노턴, 모스헤드가 무산소로 1차 등정을 시도했으나 8,225m에서 포기했고, 5월 27일에는 핀치와 브루스가 유산소로 등정을 시도했지만 브루스의 산소장비가 고장 나서 8,320m에서 포기했다.
출처: 폴론 자이언츠 179~181쪽, 하루재클럽, 2015년

가가 산소장비를 사용하기 시작하면서부터 해발 8,000m가 넘는 고산을 연이어 등정했다. 이후 오늘날까지 산소장비를 사용해야 고산을 효율적이고 안전하게 등정할 수 있다고 여겨서 대다수 등반가가 산소장비를 짊어지고 등반길에 오른다. 이로 인해 각종 등반활동이나 등반 전술에서 산소장비와 산소 사용 문제가 점점 중요해졌다.

중국은 1956년부터 공식적으로 등반활동을 시작했다. 그러나 1956년 이후 4년 동안 줄곧 해발 6,000-7,000m급 고산에 오르는 데 그쳤다. 이 정도 고도에 오를 때는 산소장비가 없어도 무방하다. 따라서 중국에서는 당시만 해도 산소장비를 고산등반 시 긴급구조 용품으로 사용할 뿐, 고산등반 필수용품으로 사용한 적은 없었다.

1960년에 중국 등반대가 초모룽마를 등반하려고 계획할 때부터 산소장비에 관련한 내용이 의제로 떠올랐다. 당시만 해도 등반대는 해발 8,000m가 넘는 고산에 오른 적이 한 번도 없었고, 산소장비를 사용한 경험도 전혀 없었다. 따라서 저기압 실험실에서 시행한 모의 저산소 실험 결과나 항공 분야의 산소 사용 자료를 참고해서 준비해야 했다. 또한 영국과 일본 등반대가 이용한 산소장비 사용 기록을 분석했다. 그 결과를 토대로 고산에 오를 때 산소장비가 없어도 체력에 무리가 가지 않는 고도인 해발 4,500m를 기점으로 해발 8,000m 이상 고도에 오를 때 필요한 산소량을 책정하여 산소장비를 준비하기로 했다. 그러나 초모룽마 등반 시 루트 난이도를 고려하지 않은 점, 일기예보가 정확하지 않은 점, 예상 등반시간과 실제 상황 간 차이가 다소 컸다는 점 등의 이유로 산소를 충분히 확보하지 못했다. 하지만 이러한 요소가 등정에 큰 영향을 주지 않았던 점을 들어 대체로 성공했다고 평가했다.

당시만 해도 중국 등반대는 해발 8,000m가 넘는 고산에 오른 경험이 없으며 산소장비를 이용해서 등반한 적도 없었다. 따라서 산소장비 사용 계획을 세우더라도 실제 등반 현장에서 탄력적으로 조율해가며 시행해야 했다. 예를 들어, 중국 대원이 초모룽마에 오를 때 이러한 일이 있었다. 계획대로라면 대원들은 산에 오를 때 산소도 같이 흡입해야 했다. 그러나 등반을 하며 산소 마스크를 쓰면 입김에서 나온 수증기가 한파에 얼어붙어서 입이나 콧구멍이 얼어붙기 십상이라 안면 마스크를 착용할 수밖에 없었다. 이처럼 계획을 잘 세우더라도 실제 상황에 맞지 않아 계획대로 이행할 수 없는 경우가 빈번했다. 결국, 당시 대원들은 잠깐 쉴 때만 산소통을 사용했다.

중국 등반대는 초모룽마에 처음으로 오르면서 산소장비도 처음으로 사용했다. 대원들은 이론에 얽매이지 않고 실전 상황에서 필요에 따라 사용법을 조절하며 효율적인 방법을 터득했다. 예를 들어, 해발 7,500-8,000m 구간에서 산소장비를 간헐적으로 이용했는데 인체에 크게 무리가 가지 않으면서도 경제적이었다. 또한 등반 중에는 산소를 마시지 않고 등반 중간에 쉬거나 야영할 때만 산소를 이용하기로 하여 저녁 취침 전과 등반 직전에 한 시간에서 두 시간 정도 산소를 흡입했다. 취침 전에 산소를 흡입하면 이른 시간 안에 잠을 깊이 잘 수 있고 피로를 해소하는 데 좋다. 그러나 저산소증이나 고산병이 심한 상태가 아닌 경우에는 되도록 산소를 흡입하는 시간을 줄였다. 그리고 각 캠프마다 산소장비를 비치하여 등반대원이 캠프를 오가며 산소를 보충할 수 있도록 하고, 고산병 등 컨디션 난조로 등반을 중단한 대원이 쉬면서 이용하도록 했다. 특히 산소장비를 많이 비축한 캠프에 머무를 때는 산소를 넉넉히 흡입할 수 있어서 체력회복이나 산소결핍 등 증상을 회복하기에 매우 유리했다. 이는 훗날 시샤팡마와 초모룽마에 오를 때 중요한 지침이 되었다.

중국 등반대는 초모룽마 첫 등반을 앞두고 저기압실에서 모의 고지대 적응 실험을 했다. 이후 등반 전에도 비슷한 실험을 수차례 했다. 이 실험 결과는 등반대원 선발 시 대원의 체력 수준을 판단하는 근거일 뿐만이 아니라 등반 시 산소를 효율적으로 이용할 수 있는 중요한 지침이 되었다. 대원들은 실험에서 해발 8,000-9,000m에 오를 때 극심한 산소결핍 증상을 호소했다. 이때 3분 정도 짧게나마 산소를 공급하면 10-15분 정도는 산소가 매우 희박한 환경에서 견딜 수 있었다. 이를 통해 고산등반 시 간헐적 산소 흡입이 효과가 있다는 명제를 증명했다.

중국 등반대는 고산 산소 문제를 두고 오랜 시간 동안 방법을 모색하고 실험을 거쳐 이론을 정리했다. 이후 그 결과를 바탕으로 다음과 같이 효율적인 방법을 몇 가지 제시했다.

1. 산소 사용량: 정밀하게 계산해서 최대한 아껴 쓰도록 한다.
2. 산소 사용 고도: 안전과 절약을 모두 고려했을 때 해발 7,500m부터 사용해야 효율적이다. 고소 적응력이 좋아서 견딜 수 있다면 더 높은 고도에서 사용해도 좋다.
3. 산소 사용 방식: 공격 캠프에 오르기 전까지는 간헐적으로 또는 단기간에 집중해서 사용하는 등 다양한 방법을 선택한다. 간헐적으로

산소를 흡입한다면 효과는 좋지만 산소통을 짊어지고 등반하는 시간이 길어질수록 무게 때문에 체력소모가 클 것이다. 산소를 단시간에 집중해서 마신다면 효과는 다소 떨어지더라도 산소통을 짊어질 시간이 줄어드니 체력소모가 적다. 정상 공격 직전에 체력을 최대한 쌓아두어야 할 때 산소를 흡입하는 방식도 다양하다. 정상 공격 시 간헐적으로 마시거나 공격 전날 저녁에 한꺼번에 마시는 등 상황에 따라 선택할 수 있다. 어떠한 방식을 택하든 공격 전에 산소를 다 마셔 산소통을 버리고 가야 장비 무게 때문에 필요 이상으로 체력을 소모하지 않을 수 있다.

중국 등반대가 1960년에 초모룽마에 올랐을 때 대원들이 사용한 산소량은 상당히 놀라운 수준이다. 3차 등반 당시 스잔춘, 왕펑퉁, 스징, 하빠체링, 공뽀, 쉬징은 각각 해발 8,695m, 8,500m, 8,300m에서 산소를 매우 적게 소모한 기록을 남겼다. 특히 스잔춘과 왕펑퉁은 해발 8,695m에서 캠프로 돌아갈 때 하룻밤 꼬박 산소통을 사용하지 않았다. 당시 등반대원은 산소통에 의존하지 않는 시간을 조금씩 늘리면 산소가 더욱 희박한 고지대까지 올라도 산소를 계획보다 적게 사용할 수 있다고 예상했다. 그러나 정상 등반을 앞두고 시간 계산상 큰 실수를 저질렀다. 초모룽마 정상까지 오르는 데 걸리는 예상 시간에 맞추어 산소장비를 준비했어야 하는데, 그만 해발 8,500m까지 오르는 데 걸리는 시간만 고려해버린 것이다. 이 때문에 계산에 없는 300m 정도 구간을 오르내릴 때는 늦어도 7-8시간 안에 모든 등반 임무를 마쳐야 했다. 대원들은 약 8시간 동안 사용할 수 있는 산소장비를 챙겼지만, 실제 등반시간은 총 36시간을 훌쩍 넘겨서 어쩔 수 없이 산소를 간헐적으로 마시거나 아예 산소장비를 사용하지 않은 채 등반할 수밖에 없었다. 왕푸저우, 공뿌, 취인화, 류롄만이 해발 8,500m 공격 캠프를 떠나서 정상에 올랐다가 다시 공격 캠프로 돌아오기까지 총 36시간이 걸렸다. 대원들은 각자 프랑스식 산소통을 2개씩 짊어진 채 오르내렸고, 이 시간 동안 대원 4명이 마신 산소량은 총 1,280ℓ였다. 매분 2ℓ씩 마신다고 가정하면 산소를 모두 소모하는 데 총 10시간이 걸린다. 대원 1명당 매분 3ℓ씩 마신다고 가정할 때 7시간이면 모두 소모할 양이었다. 즉, 대원들이 정상을 오르내리며 소요한 36시간 중 산소를 마신 시간은 전체 등반시간의 약 3분의 1에서 4분의 1 수준인 7-10시간밖에 안 된다. 이는 세계 등반 역사상 매우 이례적인 일일 뿐 아니라 생물학적으로도 경이로운 기록이다. 이 덕분에 사람이 고소환경에 적응할 때 해발 8,000m가 넘는 고지대에서 산소를 단시간 흡입하거나 전혀 흡입하지 않아도 인체에 영향이 크지 않다는 결론을 도출했다. 이는 훗날 저산소 환경을 극복하는 힘을 연구하는 데 유용한 자료가 되었다. 그리고 극한의 자연환경에서 견디는 인류의 저력을 다시금 확인할 수 있었다.

중국 등반대가 초모룽마에 오른 시기 전후쯤에 해외 여러 등반가도 중국 등반가와 비슷하게 무산소 등반에 도전했다. 일례로, 1924년 영국의 노턴과 소머벨은 북릉을 거쳐서 초모룽마에 오를 때 해발 8,534m까지 무산소로 등반했다.

1970년대 이후 출현한 무산소 등반 열풍은 중국 등반가가 실전에서 얻은 경험과 고산생리 과학의 발전을 토대로 발전을 거듭하며 세계 각지 수많은 등반가의 관심을 끌었다. 이는 전 세계 등산계에 긍정적인 반향을 일으켜 데드존을 극복해서 인류의 저력을 보여주자는 움직임이 더욱 활발해지는 계기를 마련했다.

분선, 분단, 분팀, 분기 등반

중국 등산계는 집단 영웅주의를 제창하며 발전했다. 즉, 개인보다는 단체의 승리를 우선시하여 팀의 역량과 상호 간 도움을 바탕으로 등반을 성공리에 진행하는 데 우선적 가치를 두었다. 그러나 등반 시 팀 역량에 근거한 전술을 구체적으로 시행하기까지는 다소 시간이 걸렸다.

중국 등반대는 1960년에 초모룽마를 오르기 전까지만 해도 실제 정상 공격에 투입할 주력대원을 선발할 때 다음과 같은 방법을 사용했다. 우선 운반부대를 따로 둘지를 결정했다. 이후 운반부대 대원도 정상 공격에 나설 주력대원과 마찬가지로 등반장비를 짊어지고 실제 등반에 참여하도록 했다. 등반대원은 모든 루트를 이동할 때 기본 운반 임무를 다 수행해야 했다. 등반일정이 길어질수록 등정을 포기하는 대원이 한두 명씩 생길 가능성이 크기 때문에 끝까지 남은 운반대원이 공격대원과 함께 정상에 오르기로 했다. 1960년 초모룽마 등반 때 시행했던 몇 차례 적응등반 중 초반 세 차례 등반에서도 이 방법으로 대원을 선발했다. 그러나 운반대원은 무거운 등반장비를 짊어진 상황에서 장기간 머나먼 거리를 이동해야 하므로, 아무리 체력이 좋더라도 임무를 모두 수행하기엔 역부족일 가능성이 컸다. 주력부대 역시 운반부대와 마찬가지로 무거운 장비를 짊어지고 장거리 등반을 해야 하니 체력소모가 상당히 컸다. 결국, 이 방법은 해발고도가 높은 산에서 운반과 등정 임무를 모두 완벽하게 수행하기에 적절하지 않았다.

등반대는 이러한 점을 고려하여 네 번째 등반에서 등반시기와 팀원 및 루트를 나누어서 등반하는 방법, 즉 공격대와 운반부대를 따로 편성하여 각자 자신의 임무를 수행하는 방법을 택했다. 우선, 공격대원이 오르는 해발고도와 등반 출발 시각을 기준으로 팀원과 등반시기를 나누고 운반구간도 상황에 맞추어 여러 곳으로 나누어 해당 구간에서 임무를 담당할 대원과 운반할 장비의 무게를 정한 후에 등반 전 각 구간에 미리 옮겨두는 방식이다. 이렇게 하면 운반부대가 책임져야 할 짐이 한층 가벼워지고 등반 루트도 단축되므로 체력 면에서 부담이 한층 줄어들어 임무를 끝까지 수행할 수 있다. 또한 등반하기 까다로운 구간에서도 서로 도우며 하나하나 극복할 여력이 생긴다. 무엇보다도 공격대 대원이 정상에 오르기 전까지 체력을 아낄 수 있다는 것이 가장 큰 장점이다. 특히 네 번째 등반에서 정상까지 오를 때 이 전략이 큰 역할을 했다.

중국 등반대는 1964년 시샤팡마에 오를 때도 이 방법을 응용했다. 등반대는 초모룽마 등반 시 시행했던 '분단, 분팀, 분기' 전략에 '분선' 항목을 추가하여 효율성을 극대화하고자 했다. 즉, 루트 정찰, 캠프 설치, 물자 운반, 적응 훈련, 정상 공격 등 대원이 맡은 임무를 해발고도와 난이도에 따라 총 3가지로 나누는 방법을 추가로 적용했다. 3선 대원은 베이스캠프에서 해발 6,900m에 캠프를 세우고 등반 루트 정찰 및 물자 운반 임무를 수행했다. 2선 대원은 해발 6,900m에서 7,776m에 이르는 구간에 캠프를 설치하고 정찰 및 물자 운반 임무를 맡았다. 1선 대원은 2, 3선 대원이 캠프 설치와 운반 및 정찰 임무를 마무리한 상황에서 기상조건이 좋은 시기를 기다렸다가 정상에 오르도록 했다. 등반대는 이 전술대로 임무를 충실히 수행하여 시샤팡마 정상을 원만하게 올랐다.

중국 등반대는 시샤팡마 등정 목표를 달성한 후에 새로 도입한 전술의 장단점과 주의사항을 다음과 같이 정리했다.

1. 각 대원의 과거 등반 이력과 현재 체력 및 몸 상태를 정확하게 파악해야 한다. 이는 등반 후에도 마찬가지이다. 훈련을 받은 경험이 없거나 고산 적응이 덜 된 신규 대원을 선발대에 포함해서는 안 된다.
2. 각 분대 대원이 해발고도가 낮은 곳에서 등반할 때 상황에 따라 짐의 무게를 달리 적용한다. 이렇게 하면 대원의 고산 적응력을 시험하면서 동시에 증진할 수 있으며, 운반 임무 또한 일부 완수할 수 있다.
3. 선별로 대원을 배치할 때 반드시 실력 있는 간부급 대원을 고루 포함시켜야 한다. 이는 선별 임무 수행 완성도를 높이기 위한 필수 조건이다.

시샤팡마 등정 이후에 중국 등반대는 장기 등반을 계획할 때마다 '분선, 분단, 분팀, 분기'를 주요 전술로 고려했다. 또한 이 등반 전술은 중국 등반대만의 독자적인 스타일과 특징으로 자리 잡았다.

모든 일이 그러하듯이 장점이 있으면 단점도 있게 마련이다. '분선, 분단, 분팀, 분기' 등반 전술 적용 초기에는 각 임무를 수행할 인력이 많이 필요해서 등반대 규모가 클 수밖에 없었다. 규모가 크다 보니 대원을 통솔하기가 쉽지 않았다. 중국 등반대가 1960년에 초모룽마에 오를 때, 1964년에 시샤팡마에 오를 때, 그리고 1975년에 초모룽마 등정을 다시 시도할 때 모두 전체 대원 수가 100명이 훌쩍 넘었다. 해외 등산계는 이를 두고 '인해전술'이라며 조롱 아닌 조롱을 했다.

중국 등반대는 전통 등반기술을 기반으로 새로운 전술을 도입하여 더욱 앞선 등반기술을 개발하고자 노력했다. 1983년 결성한

남차바르와 등반대는 전체 대원 수가 단 35명밖에 안 되는 소수정
예였다. 당시 대원은 최소 인력으로 물자조달과 등반 임무를 수행
하며 종전의 등반대 규모를 대폭 축소하는 데 일조했다. 남차바르
와 등반대가 파견한 정찰분대는 정병 역할도 수행했다. 전체 대원
중 실제로 등정에 투입된 대원 수는 16명에 불과했다. 운반 임무
를 전담하는 대원이 없으므로, 등반 외에도 장비나 식품, 연료, 통
신, 캠프 설치에 필요한 용품을 등반대원이 직접 옮겨야 했다. 이
방법은 대원이 각자 개개인의 역량과 적극성을 최대한 발휘할 수
있다는 면에서 '혁신적인 변화'라고 할 만했다. 대원들도 이러한 전
술을 적극적으로 수용하고 실천했다.

중국은 대외 개혁개방을 시행한 이후부터 외국 등산계와 활발
하게 교류했다. 중국 등산계도 해외의 선진 등반경험과 기술을 받
아들이기 위해 예전보다 적극적으로 움직였다. 중·일 합동등반대
가 나이모나니에 오를 당시, 어떤 전술을 채택할지를 놓고 양국 대
원 사이에 의견이 분분했다. 중국 등반대는 여러 의견을 분석한 결
과, 일본 등반대가 제시한 전술이 적합하다고 판단했다. 이에 따라
팀별로 정찰, 루트 개척, 운반, 캠프 설치, 정상 공격 등 임무를 나
누어 수행하자는 일본 측 의견을 따랐다. 이 방법이 대원 훈련 및
개개인의 적극성을 발휘하기에 매우 유리하기 때문이다. 또한 일
본이 제시한 전술을 배워 실전에 적용하면서 중국 등산계의 시야
를 전보다 넓힐 수 있으니 향후 발전에도 상당히 큰 도움이 되리라
고 기대했다.

이 전술은 중국 등반대가 전통적으로 채택한 '분선, 분단, 분
팀, 분기' 전술처럼 모든 대원의 역량을 효율적으로 집중하는 방

식과 거리가 멀었다. 그러나 중국 등반대의 저력은 매우 놀라웠다. 중국 등반대 대원은 외국 등반가보다 체력이 다소 떨어지는 편이다. 그러므로 1960년 초모룽마 등정, 1964년 시샤팡마 등정, 1975년 초모룽마 재등정 등 성과는 전 세계의 이목을 끌만큼 괄목할 만한 업적이었다. 하지만 오늘날 국제 등산계는 등반기술과 실력이 나날이 좋아지면서 점점 고난도 등반을 추구하는 추세이며, 등반대 규모도 점점 작아지는 분위기다. 중국 등반대도 이러한 흐름을 따르기 위해 기존 등반 전술을 대대적으로 개선하기 시작했다. 다행히 티베트 출신 대원은 다른 지역 출신 대원보다 기초 체력이나 고산 적응력이 상당히 우수했다. 이에 따라 티베트 대원의 활약이 나날이 커지면서 중국 등산계 발전에도 청신호가 켜졌다.

제4절

계절 선택과 날씨 이용

등반 역사를 살펴보면, 각국 등반대는 대체로 눈 또는 비가 오는 시기 및 기온이 매우 낮거나 강풍이 부는 절기를 피해 활동하기에 이상적인 계절을 골라 등반활동을 펼쳤다. 고산의 위치가 다양한 만큼 산별 기상상황도 상당히 다르다. 그러나 어느 산이든 봄과 가을에는 날씨 영향을 비교적 덜 받는다. 중국 등반대도 등반경험을 토대로 가을보다는 봄이 가장 이상적이라고 판단했다. 실제로 중국 등반대는 봄철에 등반을 가장 많이 했다.

날씨는 대체로 좋았다가 나쁘기를 주기적으로 반복한다. 하루에도 몇 번이고 날씨가 크게 변하는 일도 부지기수이다. 그러므로 기상상황에 구애받지 않고 날씨가 좋을 때 효율적으로 등반하려면 아래와 같은 요소를 포함한 정확한 기상정보를 반드시 사전에 파악해야 한다.

1. 등반할 산의 역대 기상자료를 모아 연구·분석해서 해당 지역의 날씨 상황을 대략 분석한 다음에 날씨가 좋은 시기를 파악한다. 그에 따라 구체적인 활동계획과 등반시기 등을 정한다. 해당 산지의 역대 기상자료가 많으면 많을수록 계획을 이상적으로 세울 수 있다. 중국 등반대는 1960년 초모룽마에 오르기 전에 영국 등반대가 북쪽 능선을 거처 등정하던 당시의 기상자료를 자세히 분석하여 초모룽마 등반 시 기술 난제 등과 관련한 실마리를 찾는 데 적잖은 도움을 얻었다.

2. 등반 중에 자세한 기상정보를 얻으려면, 등산 전문 기상예보망을 구축하고 인근 지역 기상대의 협조를 받아서 해당 산지의 단기 및 장기 일기예보 정보를 얻는 방법이 가장 좋다. 중국 등반대는 1960년 초모룽마에 오를 당시에 기상 담당 대원 16명을 차례로 현지에 파견하여 기상대를 설치했다. 기상 담당 대원 중 4명은 현지에서 장장 1년 2개월 동안 해발 5,000m에 융포사 기상대, 해발 5,120m에 초모룽마 기상대, 해발 5,500m에 기상소, 그리고 해발 6,400m에 기상서비스국을 설치했다. 이외에도 이동 중에 해당 루트와 빙하 지역 연구를 병행했다. 해발 7,400m까지 오르며 룽북빙하, 동룽북빙하, 융포하곡 등 약 30km²에 달하는 지역을 연구, 조사했다. 이 지역

중장기 일기예보는 북경 기상대 과학연구소, 성도 중심 기상대와 라싸 기상대의 지도에 따라 진행했다.

3. 오늘날 과학 발전 수준에 한계가 있어서 기상대나 전문 예보 기관이 있더라도 오차 없는 일기예보, 특히 중장기 기상상황을 정확하게 예보하기는 상당히 어렵다. 중국 등반대는 이러한 상황을 보완하고 최적의 시기를 포착하여 등반하기 위해서 아래와 같은 방법을 채택했다.

① 날씨 영향을 받지 않고 안전하게 등정하기 위해 등반하기에 좋은 시기를 적어도 두 차례 이상 제시하도록 한다. 이렇게 하면 첫 등반에 실패하더라도 다음 기회에 다시 도전하면 되니 부담이 적다. 예를 들어, 1964년에 시샤팡마를 등반할 당시 일기예보에 따르면 전체 등반 기간에서 약 세 차례 정도 날씨가 좋았다. 이에 따라 시샤팡마 등반대는 날씨가 좋은 첫 시기에 2선 대원이 해발 6,900m에서 7,700m까지 올라가 캠프 설치와 운반 임무를 수행하도록 했고, 그 다음 시기에 1선 대원이 정상에 오르도록 계획했다. 기상조건이 좋은 시기가 한 번 더 남아 있으니 혹시라도 계획에 차질이 생기면 한 차례씩 미루면 되었다.

② 날씨가 좋지 않은 시기에 비교적 낮은 고도를 등반하고 기상여건이 좋은 시기에 높은 고도를 집중해서 등반하도록 한다. 날씨가 궂으면 해발고도가 낮은 곳을 등반하더라도 어려움이 따를 수 있지만, 전체 등반일정을 고려하면 오히려 시간을 효율적으로 활용할 수 있다. 등반 전에 준비작업을 탄탄하게 해두면 크게 위험한 상황은 발생하지 않을 것이다. 이 방법은 중국 등반대가 1960년에 초모룽마에 오를 때 처음으로 시행했다. 당시 일기예보에 따르면 5월 17일부터 25일까지 날씨가 좋을 예정이었다. 이 시기를 효율적으로 활용하면서 동시에 급작스러운 날씨 변화 등 예기치 못한 사태에 대비하기 위해 운반부대와 주력대원이 함께 등반하기로 한 처음 계획을 수

정했다. 즉, 기상조건이 좋지 않은 14일에 운반부대가 주력대원보다 먼저 출발해서 캠프에 물자를 운반하기로 했다. 이로써 주력대원이 날씨가 좋을 때를 놓치지 않고 순조롭게 정상에 오를 수 있으리라고 기대했다. '악천후에서도 여유를 잃지 않고 전진'하는 이 방법은 훗날 수많은 등반가에게 좋은 본보기가 되었다.

③ 등반하기 좋은 시기가 예상보다 빨라져서 등정 기회를 놓치는 일이 없도록 전체 등반일정을 조금 앞당긴다. 중국 등반대가 1964년 시샤팡마에 오르던 당시에, 기상조건이 좋은 날에 등반하려던 계획을 하루 이틀 정도 앞당겨 시행했다. 예정보다 일찍 캠프에 도착한 후에 날씨가 좋아질 때까지 캠프에서 머무르도록 했다. 이렇게 하면 기상조건이 좋을 시기를 놓치지 않고 등반할 수 있으며, 등반대원이 컨디션을 최상으로 유지하며 정상에 오를 수 있다. 일기예보대로라면 5월 2일이나 3일쯤 날씨가 좋을 전망이었다. 대원들은 이 시기를 놓치지 않기 위해서 전체 등산계획을 사흘 정도 앞당겨 등반하여 해발 5,800m 캠프에 머무르면서 날씨가 좋아지기만을 기다렸다. 결국, 예상보다 날이 빨리 개어서 시기적절하게 정상에 오를 수 있었다.

④ 고산지대 날씨는 비록 변화폭이 크지 않은 시기라도 하루에도 몇 번이고 돌변할 가능성이 크다. 보통 오전에는 날씨가 좋고 오후에 접어들면서 점차 궂어진다. 중국 등반대는 시샤팡마에 오를 때 이른 오전에 등반일정을 시작해서 일찍 마무리하는 등반 패턴을 유지했다. 하루 중 온도가 비교적 높은 낮에 등반이나 야영을 진행한 덕분에 대원의 신변안전을 보장했고, 하루 일정을 마친 뒤에 캠핑 작업을 진행하거나 이튿날 일정을 진행하는 데 무리가 없었다.

⑤ 불가피한 경우에는 상황에 따라 야간 등반팀을 조직할 수 있다. 이는 중국 등반대가 이미 수차례 적용한 바 있는 독창적인 등반 전술이다. 1960년에 초모룽마 등정이 이 방법을 이용한 전형적인 사례이다.

정상 공격대 조직

등산은 높은 곳에 오르는 일이 주목적인 체육활동이다. 정상 공격은 전체 등반 과정 중 가장 마지막 단계이자 가장 중요한 순간이다. 그만큼 여러 등반 전술 중에서도 정상 공격 전술이 매우 중요하다.

중국 등반대는 다음과 같은 사항에 중점을 두어 공격대를 조직했다.

1. 공격대원은 엄격한 선발기준에 따라 신중하게 선발해야 한다. 팀 내에서 맡는 역할에 따라 선발요건이 다르지만, 기본적으로 등반경험이 풍부해야 하고 기술 수준이 높아야 하며 체력도 좋아야 한다. 보통 등반대에서 주요 역할을 담당하는 대원은 등반할 산보다 해발고도가 낮은 산에 한 번이라도 오른 경험이 있어야 한다. 정상에 이르는 구간은 상당히 어렵고 위험하므로 더 전력을 다해야 한다. 등정이 얼마 남지 않은 순간이야말로 가장 어렵고 위험하며 체력적으로도 힘든 시기이다. 이럴 때일수록 개개인의 강한 의지와 공격대원으로서의 자질이 등정 성패를 판가름하는 가장 중요한 요소이다. 그러므로 공격대원 선발 시 이 점을 반드시 고려해야 한다.

2. 정상에 오르기 전에 기존에 선발한 공격대원에게 갑자기 변수가 생길 가능성을 항시 염두에 두어야 한다. 그러므로 공격대원은 정상에 오르기 전에 자신의 몸 상태를 반드시 꼼꼼하게 확인해서 맡은 임무를 탄력적으로 조절하며 시행해야 한다.

여의치 않으면 공격대원을 일부 조정할 수 있다.

3. 정상을 공격하기 전에 공격대의 전방 지휘를 맡을 대원과 예비 대원도 적절하게 배치해야 한다. 전방에서 지휘를 맡은 대원이 사망하거나 임무를 더는 수행할 수 없는 상황 등 기존에 편성한 조직의 변동에 대비해서 예비 대원을 따로 배치한다. 이들은 추후 변동사항이 생길 시 전방지휘대의 권한을 위임받아 임무를 수행하도록 한다.

4. 정상 공격에 실패한다면, 일단 공격 캠프로 돌아와서 대열을 정비한 후에 다음 기회를 기다린다. 정상에 오를 예비 공격대원 수가 많거나 기상상황이 어떻게 바뀔지 예측하기 힘들다면 팀을 나누어서 하루 이틀 정도 간격을 두고 차례대로 등정을 시도한다.

5. 정상 공격에 소요하는 기간은 최소한 이틀에서 사흘 이상 예상해야 한다. 가장 기본이자 이상적인 조건은 이틀 연속 기상조건이 좋을 시기에 정상에 오르는 것이다. 이때 첫날은 공격 전술을 충분히 발휘하여 정상에 오르고 다음 날 무사히 캠프로 돌아오면 된다. 사흘 이상 날씨가 좋다면 등정과 하산 전 과정에서 안전을 보장할 수 있으니 더 좋다.

6. 정상 부근은 날씨 변화가 매우 뚜렷하니 등정시간을 최대한 앞당겨서 일찍 출발하여 하루 중 가장 이상적인 시기에 정상에 오르도록 한다. 이렇게 하면 정상에서 나머지 임무를 수행하기가 상당히 유리하며 날이 어두워지기 전에 더 낮은 고도에 있는 캠프까지 철수할 시간 여유가 생긴다.

7. 공격 캠프는 등반할 산의 고도와 지형, 등반 난이도, 기상조건,

대원의 고산 적응력, 체력, 고지대 활동 능력 및 기술 자재, 물자와 장비, 식품 저장 등 여러 상황과 조건을 고려하여 적절한 고도에 설치한다. 중국 등반대의 등반경험에 비추어보면 통상 목표 지점에서 비고차가 약 300-500m인 지점에 공격 캠프를 설치하는 것이 이상적이다. 과거 등반경험을 예로 들면, 중국 등반대가 초모룽마를 등반할 때 해발 8,500m에 공격 캠프를 세웠다. 당시 공격 캠프와 정상까지 표고차가 약 348.13m였다. 시샤팡마 등정 시 공격 캠프의 위치는 해발 7,700m로 정상까지 표고차가 약 312m였다. 무즈타그 등정 시 공격 캠프 위치는 해발 7,200m로 정상까지 표고차가 약 346m였다. 포베다 등정 시 캠프 위치는 해발 7,000m로 정상까지 표고차가 약 443m였다.

8. 등정 후에는 정상임을 증명할 수 있는 사진 또는 영상자료를 확보하는 데 중점을 둔다. 또한 사진이나 영상촬영, 녹음 등 임무는 신속하게 수행해야 하며 정상에서 너무 오랫동안 머물러서는 안 된다.

9. 정상에 오르면 심리적으로 해이해지기 쉬우며 그동안 쌓인 육체 피로가 한꺼번에 나타날 수도 있다. 이럴 때 등정 직전까지 특별히 주의했던 안전수칙에 소홀해지기 십상이다. 이를 방지하기 위해 철수할 때 반드시 대열을 정비하여 안전에 유의하도록 한다. 원칙대로라면 하산 시에는 안전이 보장된 상황에서 최대한 신속하게 행동해야 한다.

10. 정상에 오를 때는 각종 상황을 철저히 예측하고 대비해야 한다. 특히 본인 체력에 자만하면 절대로 안 된다. 만약 등반 도

중에 등반을 더 이어갈 여건이 안 되거나 심지어 대기할만한 상황조차 안 되면 과감히 철수해서 캠프로 안전하게 돌아와야 한다. 이 상황에서 절대로 무모하게 등반해서는 안 된다. 자칫 부주의했다가 사망 사고를 비롯한 안타까운 일이 발생할 가능성이 크다.

기타 전술 운영

1. 등반 루트 확정

사방팔방으로 퍼진 산군 어디를 통해서 등반하든 정상에 이를 수 있다. 등반 난이도에 따라 루트를 여러 곳으로 나누지만 정상까지 이르는 길이 단 한 곳만 있는 것은 아니다. 등반 루트 확정은 등반 전술 중 하나로써, 정상까지 이르는 루트를 거시적인 관점에서 정하는 작업을 의미한다.

등반 루트의 큰 줄기를 정하는 일은 단순히 등반 난이도에 따라 루트를 선정하는 일이 아니다. 등반 루트를 선택할 때는 일반적으로 다음과 같은 상황을 고려해야 한다.

우선, 아무도 오른 적이 없거나 정상까지 오르는 데 실패한 산에 오르는 경우이다. 이때는 주로 최초 등정기록을 세울 목적으로 등반 계획을 세우므로 난이도가 가장 쉬운 루트를 선택한다. 안전을 전제로 최대한 쉽고 편한 루트를 선택하여 정상에 오르는 데 중점을 둔다. 1964년 시샤팡마 등반이 그 예이다.

다른 등반가가 이미 등정한 기록이 있거나 또는 자신이 이미 올랐던 산에 다시 오르는 일도 있다. 이 경우에는 대체로 새로운 루트를 찾거나 예전보다 조금 어려운 루트를 찾아 도전하기도 한다. 예를 들면, 중국 등반대는 1960년 초모룽마를 등반할 때 누구도 성공한 적이 없는 북쪽 능선을 선택하여 정상에 올랐다. 같은 루트를 선택하더라도 산소장비를 사용하지 않거나 통상 등반일정에서 배제된 계절에 등반을 시도하는 등 조건을 달리하며 변화를 시도하여 새로운 목표를 달성하기도 한다. 중국 등반대가 1975년 초모룽마에 다시 오를 때에는 여성 대원을 앞세워 등반하며 이전에 채집하지 않았던 표본자료를 다수 확보했다. 그리고 1988년에는 중국·일본·네팔 초모룽마 합동등반대가 각자 다른 곳에서 출발해서 정상에서 모인 후에 각자 다른 방향으로 하산하며 세계 최초로 횡단 기록을 세우기도 했다.

또한 등반 루트를 결정할 때는 위에서 언급한 상황은 물론이고 등반할 산의 역사 자료를 반드시 자세하게 분석하고 연구해야 한다. 특히 등반경험이 없거나 아무도 등정한 적이 없는 산에 오른다면 산지 진입 교통편과 캠프 설치 위치, 등반 루트 등을 더욱 꼼꼼하게 신경 써서 파악해야 한다. 때로는 등반 대상을 더욱 자세하게 파악하기 위해서 등반 전에 여러 차례 현지를 정찰하기도 한다. 중국 등반대는 시샤팡마를 등반하기 전에 본격적인 등반을 앞두고 정찰대를 수차례 파견하여 현지 상황을 자세하게 파악했다. 우선 1961년과 1962년에 정찰한 자료를 토대로 1963년에 정찰대를 다시 파견하여 해발 7,160m까지 정찰했다. 이어서 시샤팡마 북릉 루트에서 가장 중요한 구간에 직접 올라서 전체 등반 루트를 파악했다. 정찰을 세 차례나 진행한 덕분에 등산 계획을 구체적으로 세우고 대략적인 등반 루트를 순조롭게 선정했다.

고산 지형은 빙하 운동 등 다양한 영향을 받아 크고 작은 변화가 생기기 쉽다. 그러므로 이미 올랐던 곳에 또 오르더라도 반드시 현지 정찰을 시행해서 최근 상황이 어떠한지 파악해야 한다. 1975년에 중국 등반대가 초모룽마에 다시 오를 때에도 정찰대를 보내서 현지 상황을 조사했다.

중국 등반대는 실전경험을 바탕으로 빙하를 건너서 능선에 오르기, 상황에 따라 필요하면 현장에서 계획을 수정하기, 고도와 방향을 잃지 않고 정상에 오르기 같은 원칙을 종합하여 구체적인 등반 루트를 선정해야 한다고 결론을 내렸다.

2. 기술력 안배

등반 성공률을 높이기 위해서는 전체 등반대원 중 등반경험이 많고 등반기술 수준이 높은 대원의 비중이 커야 한다. 중국 등반대는 경험을 토대로 등산 계획을 세울 때 각 대원이 맡은 임무에 따라 팀을 구성하며 팀 구성과 경비에 따라 규모를 달리했다. 또한 대원의 기술력을 충분히 고려하여 수준 높은 등반대를 결성해야 한다. 기술력이 우수한 대원을 많이 배치할수록 고산에서의 안전성 확보나 만일의 사태에 대비한 대책 마련 등이 유리해서 등반 효율성을 최대한 끌어올릴 수 있기 때문이다.

1970년에 들어서면서 세계 각국 등반대는 규모는 작되 기술 수준이 높은 소수정예 부대를 조직하는 추세로 변화했다. 중국 등반대 역시 이 영향을 받아 등반대를 결성할 때 이에 따르기 시작했다.

3. 장비 구성

등반에 필요한 기본 장비의 선진화 및 완비 정도를 의미한다. 기본 장비는 기술 장비, 방한 장비, 캠프 장비 및 산소 장비 등을 포함한다. 과학기술이 발전하면서 등반용 장비도 발전을 거듭했다. 일반적으로 등반할 때는 가능한 한 최신 장비를 사용한다.

그러나 등반 과정에서 사람의 힘으로 극복할 수 없어서 장비에 의존해야만 하는 상황에 부닥치면 등산 본연의 의미를 잃는다. 그러므로 등반할 때 장비에 무조건 의존해서는 안 되며 장비를 연구하고 활용할 때도 일정 범위를 넘어서면 안 된다. 1960년대에 한 등반가는 등산 탐험을 하던 중에 자신이 사용하던 기본 장비 때문에 스스로 제약이 생긴다는 느낌이 들어 사람 힘으로 극복할 수 있도록 잠재력을 끌어올리는 방법을 끊임없이 연구한 적이 있다. 어떤 등반가는 해발 8,000m가 넘는 고봉에 오를 때 필수 장비인 산소통을 사용하지 않기도 했다. 중국 등산계도 이러한 흐름에 따라 발전했다.

4. 캠프 설치

중국 등반대는 캠프 설치를 위한 각종 계획과 설치작업에 관련한 사항을 실제 상황과 등반경험을 토대로 다음과 같이 정리했다.

일반적으로 해발 8,000m 정도인 고산에 오를 때에는 베이스캠프에서 공격 캠프까지 캠프가 7-8개 정도 필요하다. 우선 등반 전에 각 캠프의 설치 위치를 정해야 한다. 각 캠프 간 거리는 보통 하루 동안 등반할 수 있는 거리로 책정한다. 캠프 간 거리는 등반 루트 상황과 직접 관련이 있다. 똑같은 하루치 루트라도 난이도가 제각각이라서 어떤 구간은 다소 길고 어떤 구간은 짧을 수도 있다. 그러나 어려운 루트일수록 하루 동안 오르는 직선 높이가 꽤 높기 때문에 루트 길이가 다르더라도 등반 상대 고차는 하루 평균 500m 정도로 거의 비슷하다. 그리고 캠프는 대원들이 휴식을 취하고 대열을 정비하는 임시 거처이므로 반드시 물을 확보할 수 있어야 하고, 캠프 주변에 얼음 사태나 눈사태, 낙석 등 안전을 위협하는 요소가 없어야 한다. 바람을 피할 수 있고 일조 시간이 충분히 길어야 한다.

캠프 설치지를 선택할 때는 베이스캠프와 공격 캠프의 위치를 충분히 고려해야 한다. 베이스캠프는 등반 시 설치하는 캠프 중 가장 낮은 곳에 설치한 캠프로, 대원들의 휴식처이자 등반에 필요한 각종 물자를 비축하는 곳이다. 각종 교신이나 등반활동을 지휘할 때 중요한 근거지 역할도 수행한다. 따라서 베이스캠프를 설치할 때는 운수 교통, 물자 확보, 응급 의료, 기상 조건, 통신 연락망 등을 철저하게 고려해야 한다. 공격 캠프는 각 캠프 루트 간격보다 반나절 정도 짧게 설치해야 한다. 그러나 정상에서 남은 임무를 수행한 후에 안전하게 하산할 수 있는 시간을 충분히 확보하기 위해서 너무 낮은 곳에 설치해서는 안 된다.

중국 등반대는 해발고도가 다소 높은 산을 탐험할 때 전체 등반 루트를 기준으로 중 하부 쪽에 있는 야영지를 주요 캠프로 삼았다. 이 캠프는 통상 전진 캠프라고 부르며, 장기 등반에 대비하여 물자를 비축하고 휴식을 보장하는 역할을 하는 제2베이스캠프로 활용했다. 전진 캠프는 등반 도중에 갑자기 날씨가 변하는 등 예기치 못한 상황에 부닥쳐서 잠깐 대기하며 대열을 정비해야 할 때나 다른 팀을 원조할 때 특히 중요한 역할을 한다.

5. 위험 루트 개척

등반 루트의 난제와 문제점을 해결하는 작업을 의미한다. 등반 전에 대략 파악해둔 등반 루트는 구간별 난이도 차이가 상당히 크며 매우 위험한 구간도 있다. 중국 등반대는 대규모 등반대가 고난도 위험구간을 지날 때 예상치 못한 사태에 고립되는 상황을 방지하기 위해서 루트 개척을 담당할 팀을 별도로 조직했다. 그리고 루트 개척팀을 선발대로 파견하여 해당 지역을 미리 정찰하는 방법으로 이를 해결했다. 루트 개척팀은 더 안전한 루트를 탐색하는 임무를 수행했다. 이 팀은 등반 경로에 등반 루트 안내 표지를 설치하거나 위험 지역에 안전로프 또는 기타 장비를 설치하여 등반 시 안전을 확보했다. 전진 캠프 설치지도 루트 개척팀이 선택했다. 중국 등반대는 초모룽마에 오를 때 루트 개척팀을 별도로 파견하여 북릉으로 통하는 길을 개척했다. 위험 루트 개척 전술을 활용한 전형적인 예이다.

제21장

중국 등산의 선구자, 허룽

—

허룽賀龍[111]은 중국 사회주의 체육사업의 개척자이자 창시자로, 오랫동안 중국 정치국 위원, 국무원 부총리, 중앙군사위원회 부주석 및 국가 체육위원회 주임을 맡았다. 허룽은 중국 현대 등산계를 적극적으로 이끌어나갔다. 또한 신중국의 체육사업을 발전시켜서 중국 체육사업의 위상을 드높이고 등반 수준을 향상하기 위해 활발히 활동하는 등 중국 등산운동 발전에 크게 공헌했다.

제1절

중국 초기 등산 지원 활동

중국이 등산활동을 시작한 초기에는 그야말로 바닥부터 시작해서

---

111   1896-1969, 근대 시기의 혁명가이자 군인으로 중국 인민해방군을 만들었고 중화인민
공화국 원수元帥가 되었다. 중국 신민주주의新民主主义 혁명과 사회주의 혁명 건설에 중
대한 공헌을 했다. [역주]

크나큰 발전을 이루었다. 허룽은 이제 막 움트기 시작한 중국 등산 계에 애착이 상당히 컸다. 허룽은 중국 노동조합 총연합회 소속 등 반대가 국가 체육위원회 소속으로 편입된 후에 체육위원회를 인 계해서 등산처를 세워 등산 계획과 지도를 책임졌다. 또한 등반대 를 체계적으로 이끌기 위해 지질, 수문, 기상, 지리, 생리, 무선전기 등 분야마다 전문 인력을 별도로 배치했다.

1957년 공가산 등반 당시 궈더춘, 스슈, 펑중무, 딩싱유 대원 이 예상치 못한 사고로 목숨을 잃었다. 이 사건 때문에 중앙정부에 서신을 보내는 사람도 있었고 내부 참고자료에까지 등재될 정도 로 충격이 컸다. 심지어 등산은 돈도 많이 들고 위험하기까지 하니 등반대를 해체하라는 목소리가 여기저기서 나올 정도로 중국 내 에서 한동안 논란이 끊이지 않았다.

그러나 허룽은 등반대 해체를 강하게 반대했다. 등산은 신체 적 활동 의미 이외에도 경제건설과 국방건설에 중요한 역할을 하 므로, 등반대를 해체하기는커녕 오히려 더욱 양성해야 한다고 주 장했다. 중국 혁명원로 천이陳毅[112]는 허룽의 의견에 적극적으로 동 의했다. 그는 혁명에는 희생이 따르는 법이고, 아무런 희생 없이 승리에 무임승차하려는 심리야말로 진정한 혁명 정신과 거리가 멀다고 주장했다. 또한, 나라를 세우려면 희생을 마다하지 않는 의 지가 필요한데, 등산도 이와 마찬가지라고 했다.

---

112 1901-1972, 50-60년대 중국 실권자로 바둑을 적극 지원한 정치가. 사천성四川省 출생. 상하이 시장, 정치국 위원을 거쳐 정협政協 전국위 부주석, 국무원 부총리, 외교부장으 로 강력한 외교활동을 펼쳤다. 문화대혁명 기간 중 공직에서 축출되었다. 부총리 시절 인 1950년대 후반 체육총회ACSF 산하 기예원棋藝院을 창설하고 중·일 바둑 교류를 제창 했으며, 천주더陳祖德, 네웨이핑聶衛平 등 중국 프로기사들을 후원, 중국 바둑계 발전에 크게 기여했다. [역주]

허룽은 등산을 보다 널리 알리기 위해 국가 체육위원회 주재로 경축회와 추도회를 연이어 열어서 등반대의 업적을 표창하고 등반 열사들을 기리도록 지시했다. 허룽은 등반에서 희생된 대원의 유가족을 만났다. 그는 고인이 된 딩싱유 대원의 부친을 만나서 손을 꼭 맞잡으며 심심한 위로를 건넸다. 딩싱유 대원의 부친은 중국의 8개 야당 중 하나인 구삼학사九三學社 출신이며 당시 탄광촌에서 일했다.

"딩싱유 대원은 중국 등산계를 위해 용감히 희생했습니다. 장한 아드님을 두셨습니다. 이렇게 만나 뵈어 참으로 영광입니다. 아드님은 비록 돌아올 수 없는 곳으로 떠났지만 당의 사업에 크게 공헌했습니다. 인민과 당을 대표하여 감사를 표합니다. 우리는 모두 아버님을 본받을 것입니다."

허룽은 잠시 머뭇거리다가 다시 말을 이었다.

"제 아들 녀석은 아직 너무 어리다 보니 딩 대원처럼 나라를 위해 희생하려면 멀었습니다…."

딩 대원의 부친은 이 말을 듣자마자 일면식 없는 허룽 앞에서 차마 말을 잇지 못한 채 뜨거운 눈물을 흘렸다. 한참 동안 울고 난 후 목이 잠긴 채 겨우 입을 열었다.

"아닙니다, 아닙니다…."

대회가 끝난 후에 딩싱유 대원의 부친은 아들의 유품과 허룽과 악수하는 모습을 찍은 사진을 들고 집으로 돌아왔다. 그는 정부가 지급한 위로금 전액을 북경대학교 도서관에 기부했다.

허룽은 1958년 4월 8일에 국가 체육위원회가 주관한 등산운동 좌담회에 참석하여 진행을 맡았다. 참가자들은 실력 있고 강대한 등반대를 조직해서 본부 차원의 등반 계획을 세우자고 의견을 모았다. 또한 전국 규모 등반대를 조직하여 전국체육총회 휘하의 단일 운동협회 중 하나인 중화인민공화국 등산협회를 설립하기로 했다.

허룽은 중국 등반대 결성 직후에 체계가 제대로 잡히지 않은 초창기부터 등산계 발전을 위한 여러 계획을 단호하게 추진했다. 이 덕분에 중국의 등산은 비약적으로 발전했다.

제2절

초모룽마와 시샤팡마 최초 등정 전후

중국 등반대가 출범한 지 얼마 지나지 않은 1955년, 소련 체육연합회는 중국 노동조합 총연합회 부주석 류닝이에게 합동등반대를 결성하여 초모룽마에 오르자고 제안했다. 1956년에 중국·소련 합동등반대가 무즈타그에 오르자 소련은 중국 측에 초모룽마에 합동등반 하자는 의견을 여러 차례 제시했다. 이후 중국 등반대는 1957년 공가산 정복에 성공해 세계 등산계의 이목을 끌었다. 소련은 그해 9월에 중국에 합동원정대를 조직해서 1959년 초모룽마 북릉을 등반하자고 정식으로 제안했다.

허룽은 소련의 제안을 적극적으로 수용하여 국가 체육위원회 측으로 하여금 중앙정부에 즉시 보고서를 보내도록 지시했다. 중앙정부는 합동등반 안건을 곧바로 승인했다. 이후 1958년 4월 8일에 등산 좌담회가 열렸다. 허룽은 좌담회에서 국가 체육위원회

측에 이른 시일 내에 작업 계획서를 작성해서 국무원에 제출하고, 관련 기관을 세워서 1959년에 초모룽마에 오를 등반대를 조직하라고 지시했다.

중국과 소련 양측 대표단은 1958년 7월에 초모룽마 등반 준비와 관련하여 구체적으로 의논하며 계획을 세웠다. 허룽은 8월 8일에 북대하北戴河에서 중국 협상대표 겸 체육위원회 부주임 황중黃中으로부터 보고를 받았다. 8월 9일과 10일에는 덩샤오핑과 저우언라이를 차례로 만나서 기초 방안을 논의했다. 저우언라이와 덩샤오핑, 허룽, 천이 등은 덩샤오핑의 제안대로 북대하에 갔고, 황중은 이들에게 초모룽마 합동등반과 관련한 사항을 자세히 보고했다. 덩샤오핑 등은 합동등반에 성공하면 초모룽마를 '우의봉友誼峰'이라고 부르자고 제안했다. 또한 티베트 군구와 공군이 등반 전반 과정을 지원하도록 했다.

허룽은 북경으로 돌아오자마자 초모룽마 등산지휘부를 세우고 직접 총지휘관을 맡았다. 황중, 탄관산, 장징우가 부총지휘관을 맡았다.

허룽은 티베트 공작위원회 소속 장징우와 장궈화에게 서신을 보냈다.

… 초모룽마 등반은 국방사업을 공고히 할 수 있고 과학연구 발전에도 이바지할 수 있으니 매우 중요합니다. 물론 국제정치적으로도 중요합니다. 그러니 등반일정을 순조로이 이행하기 위해서 반드시 사전에 철저하게 준비해야 합니다. 티베트 지역 위주로 등반을 진행할 예정이니, 원정대가 물자확보 관련 작업을 진행할 때 티베트 지방정부가 반드시 협조해야 합니다. 이를 위하여 티베트 현지에 지원팀을 조직하여 등반

대 대원과 물자운반, 통신, 필수물자 공급 작업 등 일련 작업 시 안전을
보장해야 합니다.

공항, 고속도로, 경호, 기상상황 등과 관련한 대비책도 자세히 설
명했다.

허룽은 1958년 12월 23일에 티베트 공작위원회 탄관싼에게
티베트 측 지원 작업이 매우 순조롭다는 전보를 보내 격려했다. 이
후에도 계속해서 잘 부탁한다는 당부도 잊지 않았다. 또한 원정대
의 주요 활동 내용을 달라이 라마와 판첸라마에게 공개할 수 있으
며, 내년에 달라이 라마와 판첸라마에게 인력을 파견해달라고 요
청할 예정이라고 했다.

티베트 지방정부는 허룽의 지시에 따라 지원위원회를 설립하
여 초모룽마 등반 준비에 필요한 사항을 분야별로 지원했다. 티베
트 군구는 별도로 팀을 파견하여 초모룽마 초입에서 융포사까지
이르는 고속도로를 정비했다.

중국 등반대는 항목별로 준비를 마친 후 1959년 3월에 라싸
로 떠났다. 선발대는 초모룽마 인근에 일찍부터 도착해 등정 준비
를 마쳤다. 그러나 이때 티베트에서 중국의 티베트 점령을 반대하
는 대규모 소요가 일어나 등반 계획을 이어갈 수 없었다. 허룽은
우선 등반대를 철수한 뒤에 내년쯤 다시 등반하도록 준비하라고
지시했다.

티베트 사태가 어느 정도 진정세에 접어들자 국가 체육위원
회는 소련 측에 즉시 전보를 보냈다. 초모룽마 합동등반 일정을
1960년 3월 중으로 변경하고 소련 측 대표를 중국으로 초빙해서

구체적인 협상을 진행하자는 내용이었다. 1959년 11월 말경 소련 대표단은 중국을 방문했다. 소련 측은 등반기술 관련 준비가 늦어진다는 이유로 등반일정을 1961년 또는 그 이후로 연기하자고 의견을 제시했다. 허룽은 초모룽마 등반 계획을 더는 미룰 수 없어 소련의 도움 없이 단독으로 등반하기로 계획을 과감하게 바꾸었다. 중국은 반드시 등정에 성공해서 중국의 위상을 드높이겠다고 다짐했다. 소련이 함께하지 않으면 단독으로라도 오르겠다는 의지를 강하게 드러냈다. 그러나 스잔춘의 보고에 따르면, 중국은 소련 측이 제공하기로 한 해발 8,000m 이상 고지대용 등산장비가 턱없이 부족했다. 게다가 당시 중국 자체 기술로는 이러한 장비를 생산할 수 없었다. 허룽은 장비 현황을 정리하여 중앙정부에 장비 수입 요청 보고서를 올리라고 지시했다. 덩샤오핑, 류샤오치, 천이 등 중앙정부 지도층은 즉시 장비를 수입하라고 허가했다. 스잔춘 일행은 곧장 스위스와 영국으로 떠나 등산장비를 사들였다. 허룽은 스위스에 전용기를 보내 스잔춘 등이 구매한 등산장비를 곧바로 티베트자치구 라싸에 옮겨두었다.

허룽은 소련의 협조를 얻고자 12월 하순에 소련 체육위원회 부주임 발루예프를 만나서 설득했다.

"초모룽마는 아주 높긴 하지만 전혀 승산이 없는 곳은 아닙니다. 처음 계획대로 내년 봄에 함께 오르는 쪽으로 다시 한번 생각해보기를 바랍니다."

그러나 발루예프는 여전히 미온적인 태도를 유지하며 묵묵부답이었다.

허룽은 저우언라이에게 소련 측의 모호한 입장을 알리며 중국 등반대가 단독으로라도 초모룽마에 오르겠다고 보고했다. 저우 총리는 현재 중국 등반대가 처한 여러 상황이나 등산장비가 미흡한 상황 등을 고려하여 등반 시기를 약간 늦춰서 성공률을 조금이라도 높이라고 권고했다.

허룽은 덩샤오핑과 함께 저우언라이를 찾았다. 허룽은 저우언라이에게 중국 등반대의 최근 등반 성적을 보고하고 초모룽마 등반 시 얻을 영향을 적극적으로 설명하며 단독등반을 허가해달라고 재차 요청했다. 저우언라이는 결국 허룽의 손을 들어주었다. 이때부터 중국 등반대는 본격적인 단독등반을 앞두고 준비 절차를 밟았다.

허룽은 초모룽마 등반의 성패가 등반대장의 지휘에 달렸다고 여기고, 북경에 있는 총지휘사무실에서 직접 주요 등반 전략을 지휘했다. 그리고 라싸에 지휘부를 세워서 탄관싼, 장궈화 두 사람에게 지휘를 맡겼다. 또한 국가 체육위원회에서 임무를 수행하던 한푸둥 참모총장 군사 훈련부 부부장을 초모룽마 베이스캠프로 파견하여 전방에서 등반대원을 지휘하도록 했다. 허룽은 한푸둥에게 이렇게 조언했다.

"이번 등반에 반드시 성공해야 합니다. 등반뿐만이 아니라 과학조사와 표본채집도 함께 진행해야 하는 것도 잊지 마세요. 영국은 수십 년도 넘게 초모룽마 일대를 연구하고 등반하려고 시도했지만 북쪽 능선을 거쳐서 오른 적은 한 번도 없었습니다. 그러니 지금이야말로 우리가 기지를 발휘해야 할 때가 아니겠습니까? 우리 등반대라면 그 정도 역량은 당연히 갖추어야 합니다. 등반대를 군대 조직처럼 일사불란하게 움직여야 등반일정을 효율적으로 이

끌 수 있을 겁니다. 한푸둥 동지는 참전 경력이 있으니 잘하시리라 믿습니다. 물자운반과 관련한 임무는 황중 동지가 전력투구할 예정이니, 전방은 한 동지에게 부탁하겠습니다. 등반하다가 맞닥뜨릴 중요한 순간마다 선두에서 잘 지휘해주시길 바랍니다."

허룽은 각 분야 대표단이 참석한 준비 회의에서 물자운반을 담당할 대원에게 이렇게 말했다.

"등반대와 과학 조사대가 필요로 하는 물품은 무엇이든 지원할 것입니다. 특히 해발 8,000m 이상 고지대에서 꼭 필요한 식수와 산소 등 필수 품목부터 우선순위로 지원하겠습니다. 물자운반이나 보급에 문제가 생겨 전체 등반일정에 차질을 빚어서는 안 됩니다. 알겠습니까?"

회의에 참석한 대원들은 이구동성으로 회답했다. 허룽은 등반대 부대장 쉬징에게 당부했다.

"네, 좋습니다. 대원 모두 임무를 잘 지키리라고 다짐하는 모습을 보니 다 잘 되리라는 확신이 듭니다. 각자 임무를 충실히 수행할 테니 쉬 동지는 등정에 전력을 기울이면 됩니다. 비용이 얼마나 들지 그런 걱정은 하지 마시고, 정상에 오르는 데 모든 힘을 집중하십시오."

허룽은 두 팔로 허공에 동그라미를 크게 그리며 다시 말을 이었다.

"초모룽마에서 돌아오면 이렇게 큰 상을 드리겠습니다!"

허룽은 출발 준비를 다 마치고 등반대를 인솔하려는 스잔춘에게 이렇게 당부했다.

"지금 중국 각계 인재들이 정상에 오를 날만을 기다리며 정진하고 있습니다. 하지만 지금 이 자리에 있는 여러분은 곧 진정한 최고봉에 오를 것입니다."

스잔춘은 허룽에게 임무를 반드시 완수하겠다고 출사표를 던졌다.

"우리 등반대의 패기와 기개가 하늘을 찌르고 있습니다. 당의 지도와 인민들의 열화와 같은 응원이 있으니 우리는 반드시 세계 최고봉에 오를 수 있습니다. 중국의 명예를 걸고 오르겠습니다!"

"좋습니다, 아주 훌륭합니다! 날씨, 산소, 등반 루트에 늘 주의하세요. 그리고 지금과 같은 패기를 절대로 잊어서는 안 됩니다. 이것만 잘 지켜도 틀림없이 성공할 겁니다. 아예 오르지 않으면 몰라도, 오르기 시작한 이상 끝까지 정진하십시오. 저는 북경으로 돌아가 수만 명이 모일 수 있도록 성대한 연회를 준비하고 여러분을 맞이하겠습니다."

허룽은 중국 등반대가 1960년 3월에 초모룽마 일대로 떠난 후에 사무실 벽에 큼지막한 초모룽마 지형도를 붙여두었다. 지도에는 등반대가 오를 루트와 각 캠프의 해발고도 등을 표기했다. 초모룽마 현지에 있는 등반대와 북경 측은 매일같이 긴밀하게 연락을 주고받으며 상황을 수시로 점검했다. 허룽은 비서에게 지도 위에 등반대의 이동 경로를 따라 붉은 깃발을 작게 그려서 표시하라고 지시했다. 이후 수시로 지도를 보며 등반대의 동선을 파악하고 일대 지형을 연구했다. 초모룽마에 직접 오르지 않고서도 등반대의 일거수일투족을 훤히 꿰뚫을 정도였다.

한푸둥은 4월 15일 등반대 대열에 합류하여 허룽의 지시 사항을 전달했다.

"허룽 동지가 우리 등반대에 상당히 관심이 큰 것은 다들 잘 아실 겁니다. 허룽 동지가 여러분에게 이 말을 전달해달라고 했습니다. 우선 계획대로 정상에 올라 오성홍기를 꽂되 반드시 안전에 유의해야 하며, 절대로 경거망동하지 않도록 당부했습니다. 다만 기초 준비가 잘 된 상황이라면 어느 정도 모험은 괜찮지 않겠냐고 말씀하셨습니다. 또한 외신을 보니 우리 등반대 외에도 몇몇 외국 등반대가 남쪽 능선을 거쳐서 정상에 오를 예정이라고 합니다. 그러니 만약 정상에서 외국 등반대와 마주친다면 서로 예의를 갖추라고 하셨습니다."

한푸둥을 비롯한 등반대 당 위원회는 허룽의 지시 사항을 토대로 3차 등반 방안을 함께 연구했다.

중국 등반대는 3차 등반 도중 폭풍과 폭설 때문에 적잖은 피해를 보았다. 수많은 주력대원이 동상을 입어서 더는 등반할 수 없었다. 게다가 등산하기에 유리한 시기마저 얼마 남지 않았다. 허룽은 등반대가 이렇게 곤란한 상황에 수차례 놓이자, 저우언라이의 지시를 받아서 베이스캠프 측에 대열을 재정비하라고 지시했다. 그리고 회의 참가 차 북경으로 돌아간 한푸둥에게 즉시 베이스캠프로 복귀하라고 했다. 또한 대원들에게 희생을 두려워하지 말고 대열을 재정비한 뒤 다시 등반하라고 지시했다. 몇 명이 오를 수 있는지는 신경 쓰지 말고 단 한 사람이라도 반드시 올라야 한다고 강조했다.

중국 등반대는 결국 외국 등반대의 도움 없이 단독으로 세계에서 가장 높은 산에 오르는 데 성공했다. 이 소식은 곧장 북경에 퍼졌다. 허룽은 너무 기뻐서 눈물이 그렁그렁한 채 곧바로 마오쩌둥 주석과 저우언라이 총리에게 이 소식을 알렸다. 또한 중국 전역에 이 소식을 빠르게 알리기 위하여『인민일보』특별 호를 발행해서 등정 소식을 게재하자고 건의했다. 이에 따라 인민일보는 창간 후 최초로 특별 호를 발행하여 중국 등반대의 등정 성공 소식을 널리 알렸다.

초모룽마 베이스캠프에는 등정 성공을 축하하는 연락이 쉴 새 없이 울렸다. 허룽은 가장 먼저 대원들에게 연락해서 축하 인사를 건넸다.

"여러분이 세계에서 가장 높은 산에 올랐다는 소식이 온 나라에 퍼졌습니다. 중국 전역이 이 엄청난 소식에 열광하고 있어요. 여러분이 초모룽마에 오른 덕분에 우리 중국은 크나큰 영광을 얻었고, 사회주의 체육사업 발전에도 눈부신 업적을 남겼습니다. 진심으로, 그리고 정말 축하합니다!"

"여러분이 승리한 덕분에 우리 인민의 끈기와 용기, 그리고 우수한 저력을 다시금 확인할 수 있었습니다. 여러분이 보여준 단체주의 정신 덕분에 조국의 명예가 더욱 빛나게 되었습니다. 우리의 힘으로 극복하지 못할 것은 없고, 그 무엇도 우리 앞을 막을 수 없다는 용기를 심어준 여러분에게 진심으로 고맙습니다. 여러분은 중국을 빛낸 진정한 영웅입니다!"

"여러분은 중국 체육사업 발전에 큰 공을 세웠고 수많은 체육인에게 좋은 본보기가 되었습니다. 이번 등정에 성공한 덕분에 중국의 체육사업뿐만이 아니라 일반 대중이 단체 등반활동에 관심을 두는 데 큰 역할을 해서 중국 등반계의 발전 가능성을 더욱 높였습니다. 그러나 초모룽마뿐 아니라 등정할 만한 산이 아직 많이 남았고, 연구해야 할 천연자원도 상당히 많습니다. 부디 여러분이 앞으로도 계속 역량을 발휘하여 고산 등반활동을 끊임없이 이어가기를 바랍니다. 그러면 우리 중국 등산 수준도 더욱 빠르게 발전해서 사회주의 건설에 박차를 가할 수 있지 않겠습니까?"

허룽과 황중은 6월 21일 오후에 북경에 가장 먼저 돌아온 등반대 대원들을 만났다. 허룽은 대원 한 명 한 명과 일일이 악수를 하고 나서 조금 아쉬운 듯 말을 이었다.

"원래 이 자리에 마오 주석을 모시고 축하연을 열어 상을 수여하려고 했습니다만 아쉽게도 마오 주석이 아직 상해에서 해야 할 일정이 남아 북경으로 오지 못하셨습니다. 여러분이 정상에서 채집한 귀중한 암석 표본을 마오 주석에게 기념으로 드리고자 합니다."

6월 26일에 북경 공인체육관에서 초모룽마 등정을 축하하는 연회가 성대하게 열렸다. 중국 전역에서 각계각층 인사 7만여 명이 모여 대원들의 공적을 축하했다. 대기실에 있던 허룽은 축하연이 본격적으로 열리기 전에 갑자기 묘안 하나를 떠올렸다. 허룽은 축하연에 참가한 각계 지도자와 등반대 대원 및 기자에게 이렇게 물었다.

"만약 우리 등반대가 다시 북쪽 능선을 따라 초모룽마에 올랐다가 남쪽 능선으로 내려간다면, 그러니까 초모룽마 북릉을 거쳐 올랐다가 남릉으로 하산하면 성공할 가능성이 얼마나 될까요? 그리고 만약에 이 방법이 가능하다면 한 500명 정도 되는 대규모 등반대를 조직해서 시도해보는 것도 좋지 않겠습니까?"

이로부터 28년 후에 중국은 일본, 네팔과 함께 합동등반대를 결성하여 실제로 초모룽마를 횡단 등반하는 데 성공했다. 누구도 예상하지 못한 결과였다.

허룽은 축하연 자리에서 등반대 대원의 업적을 일일이 언급하며 칭송했다. 특히 당과 인민을 향한 대원들의 깊은 충성심과 몸을 사리지 않는 전문가다운 정신, 과감하고 용감한 실천력, 두려움을 모르는 혁명 정신과 단결력 그리고 상호 간의 배려 등을 높이 평가했다.

"초모룽마 등반대 대원들은 세계에서 가장 높은 산 정상에 올라서 오성홍기를 꽂으며 등정의 백미를 장식했습니다. 또한 인류 역사상 처음으로 북릉을 통해 정상에 올라서 세계 등산역사에 길이 남을 위대한 업적을 세웠습니다. 중화인민공화국 수립 이후 우리 인민이 오르지 못할 곳이 없다는 명제를 다시금 증명했습니다. 이제 우리에게 난공불락이란 없습니다. 인류가 자연을 지배한다는 진리를 확인한 셈이지요."

허룽은 등반 관련 부처와 관련한 언급도 잊지 않았다.

"초모룽마 등정 성공은 등반대원의 힘으로만 얻은 공이 아닙니다. 여러 부처에서 임무를 잘 수행한 대원들의 역할도 상당히 컸습니다. 초모룽마 등정 성공에 이름 없는 여러 영웅의 공이 매우 크다는 점을 잊지 마십시오. 등반대원뿐 아니라 물자운반 등 각종 기술 임무를 맡은 대원들의 공을 함께 격려해야 합니다."

허룽은 축하연이 끝난 후에 곧장 병원으로 달려가서 동상 치료를 받는 취인화, 쉬징, 왕푸저우 등 대원을 찾았다. 대원들이 입원한 병실에 텔레비전이 없는 것을 보고 이상하게 여겨서 알아보았더니, 해당 병원은 방침에 따라 고위간부의 병실 외에는 텔레비전을 두지 않는다고 했다. 허룽은 즉시 병원에 요청했다.

"이분들은 중국을 위해 큰 공을 세운 등산 영웅입니다. 당연히 특별대우를 해야죠. 지금 바로 특실로 옮겨주십시오. 그리고 이분들이 먹고 싶어 하는 것은 무엇이든 제공해주십시오."

허룽은 중국 등반대가 시샤팡마에 오를 때에도 사전 준비부터 시작해서 대원 훈련 및 등정에 성공하기까지 모든 과정을 직접 통솔했다. 등반 중인 대원의 보고를 실시간으로 들으며 구체적으로 지시했다. 특히 등반대의 빙설기술을 극대화하기 위해 훈련 전에 한국과 일본 등반대의 열정과 집념을 본받으라고 했다. 이후 중국 등반대가 시샤팡마 등정에 성공하자 즉시 베이스캠프에 전보를 보냈다.

"여러분이 세계에서 14번째로 높은, 아무도 오른 적이 없는 해발 8,027m 시샤팡마 정상에 드디어 올랐다는 놀랍고도 기쁜 소식을 방금 들었습니다. 온 대륙이 여러분의 성공 소식에 들썩이며 기뻐하고 있습니다. 1960년 초모룽마 등정 성공 소식을 잇는 크나큰 기쁨 아니겠습니까? 여러분은 중국 등산 역사를 빛냈고 당과 조국을 위해 큰 업적을 세웠습니다. 등정 성공을 진심으로 축하합니다. 한 달 반이 넘는 기간 동안 고군분투하며 보여준 불굴의 정신과 책임감, 당과 마오 주석의 지시, 어려움에도 아랑곳하지 않고 담대한 자세로 극복한 여러분의 의지, 그리고 두려움에 맞서는 혁명 영웅의 기개와 철저한 연구 정신이 한데 어우러져 얻은 승리입니다. 흔들리지 않는 의지로 높디높은 자연과 당당히 맞서고 용감히 싸운 여러분의 투쟁 정신을 바탕으로 몸을 사리지 않고 당의 지시를 충실히 이행한 덕분에 모든 시련을 극복하며 시샤팡마 정상에 오성홍기를 꽂을 수 있지 않았겠습니까!"

"여러분은 중국 체육계에 오래도록 남을 좋은 본보기가 되었습니다. 잠들었던 중국 체육계와 여러 분야 선수에게 큰 힘을 주어 모든 고난에 맞서 이겨낼 수 있도록 용기를 준 일등 공신이 되었습니다. 또한 중국의 사회주의 체육사업과 고산 과학연구에 새로운 공헌을 했습니다."

허룽은 시샤팡마 등정을 축하하는 연회석상에서 두려움에 맞서 인내를 발휘한 등반대원의 의지와 정신력을 높이 칭송했다.

"지금까지 그 누구도 시샤팡마에 오른 적이 없었습니다. 하지만 우리가 오르지 못할 곳이 어디에 있겠습니까? 우리 등반대는 당의 지도에 따라 단결력을 발휘해서 두 팔과 두 다리의 힘으로 위험천만한 암석과 빙설 위에 길을 내며 정상까지 올랐습니다."

허룽은 중국 각계 체육 종사자와 선수에게 등반대를 본받아서 나약함을 극복하고 어려움에 기꺼이 맞서도록 노력하며 끊임없이 공부해서 실력을 키워야 한다고 당부했다. 허룽의 당부대로만 시행한다면 중국 각 분야의 선수들이 세계 최고의 반열에 오르는 일도 시간문제일 것이다.

제3절

고산 과학연구를 중시하다

중국의 등산은 항상 과학연구와 더불어 발전했다. 이는 허룽의 등산 지도 사상과 관련이 깊다. 허룽은 1958년 4월 8일에 열린 등산 좌담회에서 이렇게 언급했다.

"등반대를 결성하여 산에 오르기 시작한 주요 목적은 지하에 묻힌 자원을 발견하고 당이 추진하는 경제건설과 국방건설 그리고 과학연구에 힘쓰기 위해서였습니다. 현지 과학연구는 매우 중요합니다. 등반대도 사실상 과학 연구대의 일원이라고 할 수 있지요. 중국에는 세계에서 가장 크고 높은 산맥과 봉우리가 있습니다. 등산운동을 발전시키는 데 더없이 좋은 자연환경입니다. 산이 많은 만큼 매장 자원도 풍부할 테니 하나하나 다 올라서 조사해봅시다."

허룽은 등반대 대원의 평균 지식 수준을 고졸 이상으로 끌어올리는 데 집중했다. 지질, 수문, 기상, 지리, 생리, 무선전기 분야와 관련된 기초상식 수업을 진행했고, 모든 대원이 사진촬영, 응급구조 등을 할 수 있도록 지도했다. 국가 체육위원회는 허룽의 계획에 따라 각 분야 전문가를 배치하여 대원을 교육하는 데 힘썼다. 예를 들어, 1960년에 초모룽마에 올랐던 왕푸저우는 북경 지질대학교 출신이다. 초모룽마에 오를 때 혁혁한 공을 세운 북경대학교 생물학과 조교수 왕펑퉁은 허룽이 직접 이론물리학자 출신 저우페이위안과 상의한 끝에 선발한 대원으로, 훗날 대원 양성에 힘을 보탰다.

허룽은 중국 등반대가 초모룽마에 오르기 전에 관련 부처 책임자를 다시 소집하여 기상, 지질, 지리, 생물, 수문, 지형, 빙하 등 7개 분야 과학 조사팀을 조직했다. 조사팀은 등반대와 함께 초모룽마 일대에서 최초로 대규모 과학조사를 진행했다. 등반대와 과학 조사팀이 북경으로 돌아오자, 허룽은 이들이 정상에서 가지고 온 암석 표본 9개를 마오쩌둥 주석에게 기념으로 드리라고 지시했다.

중국 등반대가 초모룽마 등정에 성공하자, 허룽은 전 대원에게 등반가, 탐험가, 과학자로서 임무를 수행하라고 당부했다. 허룽은 1963년 8월에 열린 중국공산당 북대하 회의에 참석했다. 회의에서 허룽은 막간을 이용해 리멍화, 스잔춘과 함께 등산 계획과 과학연구와 관련하여 의견을 주고받았다.

"중국은 큰 나라이니 몇 십만 명이 한꺼번에 오르는 것도 불가능하진 않습니다. 위구르, 티베트, 감자티베트자치주, 청해성 등지에 분포한 한족, 장족, 묘족, 위구르족 등 수많은 민족이 모두 함께 일어나야 합니다."

허룽은 국가 체육위원회 측에 북경에서 '시샤팡마 과학조사 전람회'를 개최하자고 건의했다. 그는 전람회 최초 관람객으로서 등반대원이 고산에서 채집한 각종 표본자료를 하나하나 꼼꼼하게 살펴보았다. 허룽은 그중 야크 꼬리를 쓰다듬으며 우스갯소리를 했다.

"야크 꼬리가 정말 가볍네요. 경극에서 수염으로 쓰면 딱 좋겠어요. 배우가 극 중에서 화를 내면서 살짝 불기만 해도 저 멀리 날아가버릴 테니까요."

물론 조언도 아끼지 않았다.

"표본 개체 수가 더 많아야겠습니다. 특히 동물 표본이 너무 적어요. 고산지대에 분포한 초목은 전부 매우 희귀하고 가치가 있습니다. 한번 오를 때 육지에서 찾기 힘든 것들을 모두 가져오십시오. 동물도 마찬가지입니다. 크든 작든 모두 표본 삼아 가지고 오세요. 의문점이 생기면 과학자에게 자문하면 됩니다."

　　허룽은 등반대의 등산장비도 관람했다. 여러 장비 중에서 특히 돼지 방광을 덧씌워 방수성을 강화한 고산용 등산화에 관심을 보였다. 신발은 클수록 보온 효과가 좋다는 말도 덧붙였다. 일본식 털모자처럼 생긴 방한모를 가리키며 효율성이 단연 돋보인다고 호평했다. 또한 등반용 방한복은 오랜 등반에도 무리가 없도록 소재를 조금 더 개선하라고 조언했다. 등반대 대원이 사용하던 피켈이 다소 질이 낮다는 말을 듣고는 대추나무나 백양나무, 호두나무 등 나무 재질로 바꾸어 사용하는 것이 어떨지 의견을 제시했다.

　　1950-1960년대 중국 등산계는 허룽의 손길이 닿지 않은 분야가 없을 정도였다. 이 시기 중국 등산은 허룽의 적극적인 관심과 지원 덕분에 눈부신 발전을 이룰 수 있었다고 해도 과언이 아니다. 중국 현대 등산 발전사에 큰 공헌을 한 그 이름은 사람들의 가슴 속에서 오래도록 빛날 것이다.

제22장

대만의 현대 등산

—

대만에서는 등산이 상당히 보편적이라 남녀노소 누구나 등산을 즐긴다. 휴일이나 연휴에 등산을 즐기려는 인원이 어림잡아 만 명이 넘으며, 매년 산에 오르는 등산객 수도 연평균 100만 명이 넘는다. 대만 전 지역에서 등산 관련 동호회가 활발히 활동하며 등산 전문 간행물 종류도 매우 다양하다.

대만의 등산 현황

대만의 산지 면적은 총 35,998km² 정도로, 대만 전체 면적의 3분의 2가 넘는다. 대만 동쪽은 백악기에 형성된 변성암 산지가 주를 이룬다. 중앙산맥, 옥산산맥, 설산산맥 일대는 신생대 규질 점토암으로 이루어진 습곡산지로, 해발 3,000m가 넘는 산이 백여 좌가

넘는다.[113] 대만 산은 특징에 따라 오악五岳, 삼첨三尖, 십준十峻, 십
숭十崇, 구장九嶂, 구아九峨, 팔수八秀, 십윤十潤, 십취十翠, 칠소七峭,
십암十岩, 팔예八銳, 팔수八瘦, 육역六易, 구평九平, 구편九偏, 육견릉
六肩棱, 팔소만八小巒 등으로 분류하며, 명칭을 토대로 특징을 어느
정도 파악할 수 있다.

오악五岳은 높고 험준한 산이라는 뜻으로, 고대부터 진호鎮
護[114]로 유명하다.

삼첨三尖은 산봉우리가 피라미드처럼 뾰족한 산을 의미한다.

십준十峻은 산세가 험준하고 우뚝한 산을 가리킨다. 산지 대
부분 또는 최소한 한 면 이상이 깎아지른 듯한 절벽이라 등반하기
가 매우 어렵다.

십숭十崇은 해발고도가 매우 높고 규모가 큰 산을 의미한다.
산기슭과 산봉우리가 모두 넓고 평탄하며, 전반적으로 경사도가
완만하다.

구장九嶂은 산세가 좁고 길며, 봉우리가 전체적으로 병풍처럼
빽빽하게 밀집한 산을 가리킨다.

구아九峨는 장엄하고 우뚝 솟은 산이라는 뜻으로, 경사가 비교
적 가파르고 높은 산을 가리킨다.

팔수八秀는 산세가 수려하고 경사가 완만한 산이라는 뜻으로,
큰 바위 없이 수풀이 높이 우거진 산을 가리킨다.

십윤十潤은 초목이 물을 머금은 듯 반질반질한 모습이며 대부

---

113 대만 등산계는 320여 좌라고 주장한다. 그러나 대만 지도에는 단 61좌만 표기하였고,
  주봉을 제외한 부봉副峰은 대부분 표기하지 않았다.
114 마을이나 나라에 기근과 전란을 막아준다는 산

분 경사가 완만해서 산세가 전체적으로 온화한 기운을 띠는 산을
가리킨다. 등반할 때 힘이 많이 부치지 않는다.

십취十翠는 녹음이 우거져 산색이 짙푸르며 대나무가 높고 빽
빽하게 숲을 이룬 고산을 가리킨다.

칠소七峭는 산세가 매우 험준하고 경사가 가팔라서 곳곳에 낙
석이 즐비하고 깎아지른 듯한 절벽으로 이루어진 산이다.

십암十岩은 산 정상에 거대한 바위가 겹겹이 쌓여 있거나 산의
대부분이 암석으로 이루어져서 정상에 오르려면 반드시 암벽을
올라야만 하는 산을 가리킨다.

팔예八銳는 산봉우리가 아주 뾰족하고 절벽이 많거나 가파른
언덕이 많은 고산을 가리킨다.

팔수八瘦는 산등성이가 좁고 길며 산 옆구리가 뼈마디가 드러
나듯 움푹 꺼진 모습에, 산 양측이 절벽 또는 급경사면으로 이루어
진 고산을 가리킨다.

육역六易은 산세가 원만하고 산길이 비교적 잘 나 있어서 정상
에 오르기가 매우 쉬운 산을 가리킨다.

구평九平은 정상 부근이 평탄하고 광활하며, 큰 바위나 나무가
없고 작은 풀이나 어린 대나무만 조금씩 돋은 정도라 가볍게 오를
수 있는 고산을 가리킨다.

구편九偏은 산이 산맥 줄기에서 멀리 벗어난 외딴곳에 솟아서
산맥을 따라 올라가도 이 산에 오를 수 없으므로 반드시 따로 찾아
가서 올라야 하는 산을 가리킨다.

육견릉六肩棱은 산 어깨가 가파르거나 평탄하거나 갑자기 튀
어나온 모습을 하고 있으며, 인접 봉우리와 어깨를 나란히 하듯이

솟아오른 모습이다.

팔소만八小巒은 산 정상이 작고 뾰족하지만 경사가 완만해서 비교적 등반하기가 쉬운 산을 가리킨다.

이러한 산 중에서도 옥산玉山 주봉3,952m, 옥산 동봉3,940m, 옥산 북봉3,920m, 옥산 남봉3,900m, 설산雪山, 3,884m, 품전산品田山, 3,529m, 도산桃山, 3,324m, 대패첨산大霸尖山, 3,505m, 대검산大劍山, 3,593m, 대설산大雪山, 3,529m, 백고대산白姑大山, 3,341m, 남호대산南湖大山, 3,740m, 중앙첨산中央尖山, 3,703m, 무명봉無名山, 3,449m, 합환산合歡山, 3,416m, 기래奇萊 북봉3,605m, 기래 주봉3,559m, 태로각대산太魯閣大山, 3,282m, 능고 주산能高主山, 3,261m, 능고 남봉3,349m, 탁사대산卓社大山, 3,343m, 단대산丹大山, 3,240m, 동군대산東郡大山, 3,500m, 수고만산秀姑巒山, 3,860m 운봉3,562m, 신강산新康山, 3,335m, 향양산向陽山, 3,600m, 관산關山, 3,666m 및 태무산太武山, 3,090m 등이 유명하다. 대만은 이 30여 좌를 1급 산봉으로 지정했다.

대만은 일제강점기부터 등산활동을 이어갔다. 특히 타이베이臺北를 둘러싼 고산에는 이미 수많은 등반가의 발자취가 남았다.

대만에서 등산이 활발하게 발전한 시기는 다음과 같이 역사적으로 구분할 수 있다.

1. '최초 등정' 시기

1952년 1월 1일, 유미젠遊彌堅이 이끄는 옥산 과학 조사단 대원 19명이 처음으로 옥산에 오르면서 아마추어 고산등반 시대가 열렸다. 그 후 20년 동안 여러 등반대가 대만에 있는 고산 200여 좌 정상에 차례로 올랐다.

2. '백악百岳' 등반 시기

1970년대에 접어들면서 대만에 있는 고산은 미답봉이 거의 없을 정도였다. 대만 산악계의 사대천왕 중 하나로 일컫는 싱톈정邢天正, 1910-1994은 대만에 있는 해발 3,000m가 넘는 산[115]을 모두 등반했다고 한다. 또한 대만 출신 유명한 등반가 린원안林文安, 1910-1975은 중화민국 산악협회의 지류인 대만 백악클럽을 설립하여 대만에 있는 고산 100여 좌를 순조롭게 등반하고자 했다. 누구도 오른 적이 없는 산에 처음으로 오르기란 절대 쉽지 않다. 그러나 이 덕분에 등반 애호가의 열정이 더욱 불타올랐다. 백악 등반활동 열풍에 힘입어 대만 등산은 제2의 부흥기를 맞이했다. 타이베이시 등산회 소속 고산 클럽은 대만 내 120악을 등반하겠다는 목표를 세웠다. 이 120악은 모두 백악에 속하는 고산이며, 고산 클럽은 상황에 따라 목표를 탄력적으로 조절할 수 있도록 계획했다. 1993년까지 대만에 있는 고산 100좌에 오른 이른바 '백악 명인'은 총 162명이다.

3. 대종주 활동

대만에서는 백악 등반활동과 함께 중앙산맥 대종주 활동도 활발히 진행했다. 이는 기존 등반활동보다 조직적인 성격이 강하며 규모도 훨씬 컸다. 1971년 10월, 중화민국 산악협회의 전신인 산악위원회는 중앙산맥 대종주를 진행했다. 이는 남쪽과 북쪽에서 각각 단계별로 구간을 나누어 종주하는 방식으로, 훗날 이루어진 수

---

115   228좌라는 기록도 있음.

많은 대규모 등산활동의 선례가 되었다. 싱톈정邢天正, 딩퉁런丁同仁, 차이징장蔡景璋, 린원안林文安이 각각 중앙산맥의 남쪽과 북쪽에서 지휘를 맡아 올라서 칠채호七彩湖에서 회합하며 백미를 장식했다.

스황룽石煌榮과 천진룽陳金榮이 이끄는 타이베이시 등산회는 1978년 11월에 중앙산맥 남쪽에서 북쪽으로 대종주를 진행하여 장장 38일 만에 성공했다.

1984년 7월에는 장즈위안張致遠이 대원 두 명과 함께 중앙산맥 북쪽에서 남쪽으로 대종주를 시도한 끝에 성공하여 신기록을 세웠다.

4. 연합 활동

1980년대 이후부터 대만 등산계에 '연합' 열풍이 불어서 교내 등산동아리를 중심으로 급속하게 유행했다. 그중 규모가 비교적 컸던 연합 활동은 1982년 3월 가오슝 등산회가 주관한 삼의산 육로六路 대연합, 1984년 4월 가오슝 등산회가 주관한 대무산 십자형 사로四路 대연합, 1986년 3월 가오슝 등산회가 주관한 베이난 주산 오로五路 대연합, 1988년 5월 타이베이 쑤시 클럽과 장화산악협회가 공동으로 주관한 대패첨수 육삼로陸三路 대연합, 1988년 6월 담강대학교가 주최한 설산 칠로七路 대연합, 1988년 7월 대만대학교 소속 등산회가 주최한 남호대산 십일로十一路 대연합, 1989년 7월 해양대학교 해양등산회가 주최한 84인 육로六路 대연합 그리고 1989년 7월 봉갑대학교 만리등산회가 주관한 무명봉 육로六路 대연합이 있다. 이 중에서도 린구송林古松이 이끈 가오슝 등산회가 이룬 성과는 특히 주목할 만했다.

대만의 등산 열풍은 여행 성격이 강한 등산활동이 주류를 이루었다. 대만 등산계는 이를 '자연과 함께하는 등산', '하이킹형 등산', '휴식형 등산', '대중적인 등산'이라고 불렀다. 대만은 지형 특성상 해발 4,000m가 넘는 고봉이 거의 없으며, 열대기후에 속하는 기후 특성상 눈이 쌓이기 힘들다. 이 때문에 대만은 중국과는 다른 독특한 등산 문화가 발전했다.

암벽등반, 등산 탐험 및 해외 원정 등반

대만에서는 암벽등반이나 등산 탐험이 그다지 보편적이지 않다. 그러나 일부 등반가가 다음과 같은 성과를 이루기도 했다.

1984년 3월에 후젠샨胡建杉 외 다섯 명이 눈이 많이 내리는 시기에 가파른 카라루 절벽에 올라 기래 연봉 등반에 성공했다.

1985년 9월에 천무옌陳睦彥과 중화 산악협회 암벽등반클럽 소속 등반가 두 명이 대패산 남벽 등반에 성공했다. 1986년 1월 1일에는 대설을 뚫고 여러 대원과 함께 설산 북벽을 등반하는 데 성공했다.

1987년 3월에는 천무옌 일행이 눈이 많이 내리는 시기에 옥산 북벽을 등반하는 데 성공했다.

젠정더簡正德는 1974년 6월에 알래스카에 있는 북미 최고봉 데날리Mt. Denali, 6,194m에 오르며 해외 원정 등반의 첫 역사를 열었다. 비록 단독등반이 아니라 미국 등반대와 함께 했지만, 대만인 중에서 최초로 해외에서 등반을 시도했다는 데 큰 의미가 있다.

대만 등반가가 등반을 목적으로 가장 많이 찾은 나라는 일본이었다. 후지산3,776m 외에도 일본 내 해발 3,100m가 넘는 산을 두 좌나 등정했다.

대만 등반대의 원정 등반기록은 다음과 같다.

1970년 12월에 황이위안黃一元은 대원들과 함께 네팔 파르차모 Parchamo, 6,273m를 등반했고, 셰보쫑謝伯宗과 장정슝張正雄 두 대원이 정상에 오르는 데 성공했다.

1981년 4월에 장원시張文溪 등 대원들은 네팔로 원정 등반을 떠나서 해발 6,583m 산에 올랐다.

1981년 11월에 차이펑빈蔡楓彬은 대원들과 함께 인도로 가 해발 7,120m 산에 오르려고 했으나, 대설 때문에 어쩔 수 없이 해발 6,000m 에서 철수했다.

1982년 3월에 린팡쮜안林芳絹이 일행과 함께 네팔에 있는 해발 5,600m 산에 올랐으나 천둥번개가 너무 심했다. 이 때문에 대원들이 소지한 등반 허가증이 하산 중에 훼손되었다.

1982년 7월에 우샤슝吳夏雄이 이끄는 등반대가 카슈미르에 있는 해발 7,120m 노봉 등정에 실패했지만 해발 6,600m까지는 성공했다.

1983년 7월에 허우시룽侯西隆 등 여섯 명이 미국 데날리 북봉 등정에 성공했다.

1988년 6월에 라이장서우賴長壽가 대원 14명과 함께 남미 안데스산맥 최고봉인 아콩카과Mt.Aconcagua, 6,960m에 올랐고, 팡량方良, 우위룽伍玉龍, 량밍번梁明本, 천롄순陳聯順, 황더슝黃德雄 및 어우양타이성歐陽臺生 대원이 정상에 올랐다.

1989년 6월에 가오밍高銘이 노봉에 다시 오르려고 시도했으나 결국 서
룽에서 철수했다.

1989년 7월에 관샤슝關夏雄이 대원들과 함께 파미르고원 무즈타그
7,545m 원정길에 올랐다. 7월 23일 오후에 차이펑빈蔡楓彬, 판리윈潘麗
雲이 세르파와 함께 정상에 올랐다. 7월 28일 오후 6시경 린광옌林光彥,
마위선馬育伸 대원도 세르파의 도움을 받아 정상에 올랐다.

이외에도 중화 산악협회 소속 대원은 스위스와 프랑스를 비롯한
유럽 등지로 원정 등반을 떠나, 알프스산맥의 준봉 마터호른4,478m
등정에 성공했다. 또한 한국 설악산1,708m과 제주도 한라산1,950m
에도 올랐다.

제3절

유명한 등반가와 등반대 및 저서

대만의 등반 초창기에 활동한 유명한 등반가로는 리밍후이李明輝,
천마오슈陳茂修, 셰용허謝永和, 리룽셴李榮顯, 천용녠陳永年, 린원안
林文安, 차이징장蔡景璋, 라이장서우賴長壽, 허장밍이何張明儀, 천룽
쥔陳永鈞, 선송라이沈送來, 천진후이陳振輝, 예진젠葉錦鑒, 천궈딩陳
國定, 저우팅왕周廷旺, 딩퉁런丁同仁, 싱톈정邢天正 등을 들 수 있다.
이들 중에서도 특히 차이리러蔡禮樂, 차이징장蔡景璋, 한이韓漪, 린
원안林文安, 싱톈정邢天正, 딩퉁런丁同仁은 대만 등산계의 발전에
혁혁한 공을 세운 등반가로 유명하다.

가오즈취안高芝銓, 천옌찬陳淵燦은 주로 대만에서 중급 이상

산을 등반한 전문 등반가로 유명하다. 가오즈취안은 주로 대만 북부와 중부의 중급 산을, 천옌찬은 대만 남부의 중급 산에 올랐다. 대만 동부 해안선을 따라 이어진 해안산맥을 집중적으로 등반한 등반가는 션스저沈世哲가 유일하다. 션스저는 해안산맥의 크고 작은 산을 모두 등반했다고 한다.

대만의 유명한 암벽 등반가로는 라이장서우賴長壽, 장원시張文溪, 황더슝黃德雄, 좡자이좐庄再傳, 천루옌庄陸彥, 장이펑張益峰, 허중량何中良, 량밍번梁明本 등이 있다.

유명한 등반대도 많다. 초기에 활동한 등반대는 차이리러蔡禮樂가 대만 산악대와 대만성省 체육회 산악협회를 개편해서 조직한 중화 산악협회, 한이韓漪가 청소년을 대상으로 조직한 청년등산협회가 있다. 후기에는 황위이黃浴沂가 이끄는 중화 하이킹등산회, 옌건뤼顏艮呂가 대표를 맡은 타이베이시 등산회, 린구송林古松이 이끄는 가오슝시 등산회 등이 활발하게 활동했다.

이외에도 각종 등반대가 우후죽순처럼 생겼으며, 오늘날에도 활발하게 활동하는 등반대는 중화 산악협회, 중화 하이킹 등산회, 타이베이시 등산회, 타이베이시 하이킹회, 타이베이현지금의 신북시新北市 산악회, 기륭시 등산협회, 도원현 산악회, 신죽시 산악회, 묘률현 등산회, 타이중시 등산협회, 장회현 등산협회, 운림현 등산협회, 가의현 등산협회, 타이난시 등산협회, 가오슝시 등산회, 병동현 등산협회, 타이난현 미소협회, 타이중시 미소협회, 타이베이시 등산회 등이다.

각 대학에 조성된 등반대는 모두 17팀이다. 그중 가장 먼저 설립된 등반대는 1950년 12월 5일에 발족한 중화 산악협회이고, 대학교 등반대 중에서 가장 영향력이 큰 등반대는 중화 하이킹등산회이다. 중화 하이킹등산회는 1969년 설립 당시에 회원이 약 300명밖에 없었으나 20년 후에는 타이베이 본사 외에 각 지역에 지사를 설립할 정도로 규모가 상당히 커져서 개인 회원만 3만 명이 넘고 단체 회원도 32팀이나 되었다.

이러한 등반대는 대부분 민간 조직이다. 중화 하이킹등산회 소속 사무전담 담당자 두 명을 제외하면, 500명이 넘는 팀 소속 간부는 모두 자원봉사 차원에서 맡은 일을 수행했다. 이들은 개인 시간과 노력은 물론이고, 금전적인 부분까지 직접 부담하며 등반대 운영에 힘을 보탰다. 그러나 정부나 관련 기관의 지원이 없음에도 불구하고 상당히 체계적으로 운영될 뿐 아니라, 등반대 활약과 성과도 매우 뛰어나다. 예를 들어, 중화 건아健兒등산회는 다음과 같이 등반대를 운영하고 활약을 벌였다.

1. 활발한 활동

    매주 일요일이나 수요일마다 가벼운 하이킹이나 건강 등반대회, 장거리 등반 등 난이도와 방식이 다양한 등산활동을 시행했다. 매 분기마다 등반활동을 정리한 간행물을 발행하고, 만 부 정도를 무료로 배포하여 홍보 효과를 얻었다.

2. 대규모 활동

    매년 봄과 가을마다 근교에서 만인 등반대회를 실시했다.

3. 해외 등반활동

    등산회 소속 대원을 대상으로 해외 등산학교에서 암벽기술 훈련 및 빙설기술 훈련 연수를 지원했다.

4. 등반 루트 실제 조사

타이베이시 정부의 요청에 따라 정기적으로 대원을 파견해서 타이베이 근교 등산로를 조사했다. 필요할 때마다 새로운 루트를 개척하거나 등산로 표지판을 세우기도 했다.

5. 환경보호 활동

산에서 대규모 정화 운동을 자주 시행해서 대중에게 산림 자연 보호의 중요성을 일깨웠다.

6. 산지 구조작업

대만 북부 등반대 소속 구조센터 담당 기관은 등반사고 예방과 구조 업무를 책임졌다. 각종 산지 수색작업 및 구조작업을 수시로 시행했으며, 구조실습이나 구조와 관련된 각종 산지 안전사고 예방교육도 수시로 진행했다.

대만은 등산 관련 간행물을 상당히 많이 발행했으며, 연구 수준도 상당히 높다. 등반 관련 클럽 설립 초창기에는 『대만 산악臺灣山岳』, 『중화 산악中華山岳』, 『산산山山』, 『중화 등산中華登山』, 『등산登山』, 『가오슝시 등산회高雄市登山會』와 같은 간행물을 많이 출간했다. 그중에서도 특히 중화 하이킹등산회가 출간한 『중화 등산中華登山』은 내용이 깊이 있고 깔끔하다고 정평이 났다.

　한이는 1969년 2월에 등산 잡지 『야외野外』를 창간했다. 『야외』는 처음으로 대중에게 산을 깨끗이 하자고 주장했을 뿐 아니라 산악 구조 작업팀의 필요성을 알리고 추진하는 데 큰 역할을 했다. 리시성李希聖이 편집부장을 맡은 시기에는 당시 발생한 7·25 기래산 사건과 대첨산 사건 같은 굵직한 산악사고를 집중적으로 조사하여 특집으로 다루었다. 사건 생존자를 대상으로 당시 상황을 인터뷰하고, 이를 토대로 전문가의 관점에서 꼼꼼하게 분석하여 독자에게 경각심을 일깨웠다.

1976년 7월에 천위안젠은 월간지『아웃도어 라이프戶外生活』를 창간했다.

1978년 2월에『민생보民生報』는「아웃도어 편」을 별도로 발행했다.「아웃도어 편」은 등산 애호가에게 등산과 관련하여 수준 높은 지식과 소식을 제공하는 중요한 소식지 역할을 했다.『야외』와『아웃도어 라이프』가 차례로 발행을 중단하면서「아웃도어 편」이 차지하는 비중이 점점 커졌다.

1978년 5월에 싱톈정은 거의 혼자 힘으로『대자연 잡지』를 출간했다. 비록 재정난으로 두 차례 발간 후에 접어야 했지만, 등산 관련 간행물 중에서 학술 및 문학적 가치가 상당히 높다는 평가를 받았다.

1981년 7월에 천원슝陳文雄이『산수山水』라는 잡지를 발행했으나 반년도 안 되어서 발행을 중단했다.

대만 출판계는 수십 년 동안 등산과 관련한 다양한 서적을 발행했다. 그중에서도 특히 싱톈정이 저술한『대만 고산 산맥도』,『설산 산맥도』,『대둔산군 산맥도』,『대만성 고산 명세표』등은 오랫동안 등산 애호가 사이에서 필독서로 추천할 만큼 유명한 저서이다. 훗날 리시성이 각종 간행물이나 잡지 등 매체에 실린 싱톈정의 글을 모아서 정리해보니 무려 80만 자나 되었다고 한다. 리시성은 20여 년 간 약 250만 자나 되는 등산 관련 간행물을 저술했다. 리시성의 저서는 등산 기록을 '산림 문학'의 경지로 끌어올렸다는 호평과 함께 등반 애호가 사이에서 필독서로 널리 사랑받는다. 대표적인 저서로는『대만 고산 여행』4권,『대만 산수 잡기』2권 등이 있다.

부록 · 역자 부록

중국 현대 등산 주요 연표

(1955-1990년)

—

1955년 5월	중국 노총은 소련 전국노동조합 중앙이사회의 요청에 따라 쉬징, 스시우, 저우정, 양더위안 등 4인을 소련으로 파견하여 캅카스 등산캠프에서 각종 등반기술을 습득하도록 했다.
8월 14일	중국·소련 합동등반대가 소련 국경 내 파미르고원 단결봉6,673m에 올랐다.
8월 15일	중국·소련 합동등반대가 소련 국경 내 파미르고원 시월봉6,780m에 올랐다.
1956년 4월 25일	중국 노총 소속 등반대 대원 32명이 중국 동부에서 가장 높은 산이자 금령산맥의 주봉인 태백산3,767m에 올랐다.
6월 28일	중국·소련 합동등반대가 소련 국경 내 캅카스산맥 엘브루스5,633m에 올랐다.
7월 31일	중국·소련 합동등반대가 신강위구르 내 파미르고원 무즈타그7,546m에 올랐다.
8월 15일	중국·소련 합동등반대가 신강위구르 내 파미르고원 콩구르튜베7,530m에 올랐다.
1957년 5월 3일	중국 노총 등반대가 감숙성 기련산맥 경철산 주봉5,100m에 올랐다.
1958년 5월 16일	국가 체육위원회 소속 등산운동처를 공식적으로 설립했다.
6월	중국 등산협회를 공식 설립했다. 이후《중화인민공화국 등산협회 회장》및《등산 선수 등급 표준》을 공포했다.

6월	향산 등산훈련캠프를 열었다.
8월 10, 11일	중국 등반대 두 팀이 감숙성 기련산맥 칠일빙천 정상5,120m에 올랐다.
9월 7일	중국·소련 합동등반대가 소련 국경 내 파미르고원 레닌봉7,134m에 올랐다.
9월 8일	중국·소련 합동등반대가 소련 국경 내 파미르고원 무명봉6,852m에 올랐다. 이 무명봉은 훗날 모스크바–북경봉으로 개칭되었다.
9월 14, 15일	중국 등반대 두 팀이 차례로 청해성 기련산맥의 소륵산 정상6,305m에 올랐다.
1959년 2월 1, 4, 5일	중국 등반대 세 팀이 차례로 티베트자치구 니엔첸탕글라산맥에 있는 니엔첸탕글라 동북봉6,117m에 올랐다.
7월 7일	중국 남녀 혼성등반대가 신강위구르 파미르고원 무즈타그7,546m에 올랐다.
7월	금산 등산캠프를 열었다.
1960년 5월 25일	중국 등반대가 최초로 북쪽 능선을 거쳐서 세계에서 가장 높은 초모룽마8,848m 등정에 성공했다.
6월 2일	북경 지질대학교 소속 등반대가 청해성 아니마칭산맥 아니마칭 2봉적석산이라고도 함, 6,268m에 올랐다.
1961년 6월 17일	중국 남녀 혼성등반대가 신강위구르 파미르고원 콩구르튜베7,530m에 올랐다.
1964년 5월 2일	중국 등반대가 히말라야 14좌 중 14번째로 높은 시샤팡마에 최초로 올랐다.
1965년 봄, 여름	중국 등반대가 초모룽마 북동룽과 서산릉 일대를 정찰했다.
1975년 5월 27일	중국 등반대가 초모룽마 북룽을 거쳐 정상을 재차 등반하는 데 성공했다. 티베트 출신 대원 판톡은 여성 대원 중 세계 최초로 초모룽마 정상에 오른 산악인이 되었다.

1976년 6월~7월	중국 등반대가 포베다와 K2를 정찰했다.
1976년 7월~9월	보거다 훈련교실을 열었다.
1977년 6월	K2를 정찰했다.
7월 25, 30일	중국 등반대 두 팀이 신강위구르 천산산맥 최고봉 포베다7,435m를 등정했다.
1978년 5월	중국·이란 합동등반대가 초모룽마에서 합동훈련을 실시했다.
1979년 4월	쉬징, 왕전화가 네팔에서 현지 등산 관광 실황을 조사했다.
8월	중국 등산협회는 대외 입산 개방을 앞두고 보거다산에 대원을 파견하여 정찰하도록 했다.
9월	중국 정부가 1980년부터 초모룽마 등 중국 국경 내 고산 8좌를 해외 산악인에게 유료로 개방하기로 했다.
9월~10월	중국 등산협회가 일본 정찰대와 협력하여 초모룽마 북벽과 북동릉 루트를 탐색했다.
1980년 6월	중국 등산협회가 아니마칭에 정찰대를 파견하여 등반 루트를 탐색했다.
1983년 4월 21일	중국 등반대가 티베트 내 히말라야산맥 나이펑봉7,043m에 올랐다.
9월	중국 등산협회가 정찰대를 파견하여 설보정 등반 루트와 여행 루트를 탐색했다.
12월	중국 등산협회가 파견한 정찰대가 옥룡에 오르고 등반 루트를 탐색했다.
1984년 4월	중국 등반대 대원 중 티베트 내 히말라야산맥의 남차바르와7,782m 등정에 실패한 대원 2명이 나이펑봉을 재등정했다.
9월 12, 14일	중국 무한 지질대학교 등반대와 일본 나가노현 산악회 등반대가 결성한 중국·일본 연합 등산기술 훈련대 세 팀이 차례로 청해성 아니마칭2봉6,268m에 올랐다.

1985년 5월 1일	티베트자치구 등반대가 중국과 네팔 국경 사이에 있는, 세계에서 여섯 번째로 높은 초오유^{8,201m}에 올랐다.
5월 26일	중국·일본 합동등반대가 티베트 내 히말라야산맥의 나이모나니^{7,694m}에 올랐다.
10월 21일	미국·중국 합동등반대가 신강위구르자치구와 티베트자치구 사이에 있는 곤륜산맥 동쪽 최고봉인 울루무즈타그^{6,973m}에 올랐다.

1986년 4월 28일	티베트자치구 등반대가 티베트 노진캉창^{7,191m}에 올랐다.
4월 30일	중국 섬서성과 일본 교토부 등반대가 합동등반대를 결성하여 태백산^{3,767m}에 올랐다.
5월 10, 11일	중국·일본 합동등반대 두 팀이 차례로 티베트 창체^{7,543m}에 올랐다.
8월 5, 6일	중국·일본 합동등반대 두 팀이 차례로 민산산맥 주봉인 설보정^{5,588m}에 올랐다.

1987년 9월 24, 25일	중국·일본 합동등반대 두 팀이 차례로 티베트 라부체캉^{7,367m}에 올랐다.

1988년 5월 5일	중국·일본·네팔 합동등반대가 초모룽마 횡단 등반에 성공했다.
9월 24, 25일	중국·일본 합동등반대 세 팀이 차례로 사천성 촐라$^{Mt.\ Chola,\ 6,168m}$에 올랐다.
12월 2일	미국·중국 합동등반대가 남극 최고봉 빈슨 매시프^{5,140m}에 올랐다.

1989년 7월 24일	중국·홍콩 합동등반대가 창체^{7,543m}에 올랐다.
8월 19일	중국 란주 등반대와 일본 아키타 등반대가 합동등반대를 결성하여 위구르 남동부 알틴타그$^{Altyn-Tagh,\ 5,798m}$에 올랐다.

1990년 2월 6일	중국 등반대가 이란 다마반드$^{Mt.\ Damavand,\ 5,670m}$에 올랐다.
5월 7일~10일	미국·중국·소련 평화 합동등반대가 초모룽마에 올랐다.
5월 17일	중국 퉁루 대원이 일본 등반대와 함께 시샤팡마에 올랐다.

5월 19일	중국 티베트등반대와 일본 나가노산악회 합동등반대가 장서강르6,460m에 올랐다.
11월~12월	중국·일본 합동 정찰대가 남차바르와 상공과 육지를 정찰했다.
12월~1991년 1월	중국·일본 합동등반대가 매리설산에서 조난했다.

중국 등산 조직 기구 연혁 및 역대 책임자 명단

중국 국가 체육위원회는 1958년 5월 16일에 등산운동처를 설립하고, 같은 해 6월에 중국 등산협회를 정식 발족했다. 1990년 5월에는 중국 등산협회가 국가 체육위원회 등산처와 등반대를 합병했다. 이로써 중국 등산협회는 행정기구, 사업기관 및 민간조직이 한데 어우러진 삼위일체 기관이 되었다. 등산협회 조직도를 표로 나타내면 다음과 같다.

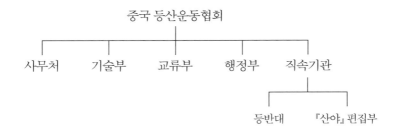

● 중국 등산협회 명예회장

양더즈楊得志   1984년~1993년

● 중국 등산협회 역대 회장

1기 회장	리수빈栗樹彬	1958년~1960년
2기 회장	한푸둥韓復東	1961년~1966년
3기 회장	차오자친喬加欽	1972년~1986년
4기 회장	스잔춘史占春	1986년~1990년

※ 1990년 합병 이후 스잔춘 회장 체제 유지 중.

● 중국 등산협회 역대 부회장

스잔춘史占春, 치커창漆克昌, 천와이어우陳外歐, 장원유張文佑, 위안양袁揚,

쉬징許競, 천밍이陳明義, 자오링윈趙凌雲, 위천쿠이於宸奎, 마오인쿤毛銀坤,

쥐밍左明, 치롄齊漣, 쑨훙례孫洪烈, 공뽀貢布, 쑤신蘇辛, 두징춘杜景春,

웨다이헝岳岱衡, 뤄쌍다와洛桑達瓦, 왕펑퉁王鳳桐, 청수성曾曙生

※ 왕펑퉁과 청수성은 1993년 현재 부회장

● 중국 등산협회 역대 비서장

스잔춘史占春, 주제朱傑, 왕푸저우王富洲, 왕펑퉁王鳳桐

● 중국 등산협회 역대 부비서장

왕펑퉁王鳳桐, 덩자산鄧嘉善

● 중국 국가 체육위원회 등산처 역대 처장

스잔춘史占春	1958년~1963년
스잔춘史占春	1975년~1986년
왕펑퉁王鳳桐	1986년~1990년

● 중국 국가 체육위원회 역대 부처장

왕펑퉁王鳳桐, 주제朱傑	1963년~1974년
왕푸저우王富洲	1975년~1985년

부록 3

역대 등반 활동별 등정 대원 명단

—

● 1955년 8월 14일 소련 단결봉, 8월 15일 소련 시월봉

쉬징許競(조장), 스슈師秀, 저우정周正, 양더위안楊德源

● 1956년 4월 25일 태백산

스잔춘史占春(조장), 왕펑샹王鳳祥, 왕쭝다王宗大, 왕젠페이王鑑非,

먼지우門積武, 쉬징許競, 스슈師秀, 류롄만劉連滿, 류다이劉大義,

차오쥔샹喬君庠, 리전환李振環, 양더위안楊德源, 양샤오쭝楊紹宗,

양더유楊德有, 천룽창陳榮昌, 추모쿵初撲孔, 궈더춘國德存,

저우징후이周經緯, 정페이젠鄭培倫, 장샹張祥, 장쿠張祜, 장쥔옌張俊岩,

후번밍胡本銘, 돤방푸段邦富, 량나이쥔梁乃鈞, 웡칭장翁慶章,

원톈마오溫田茂, 펑수리彭淑力, 펑중무彭仲穆, 장정원蔣正文, 웨이민魏民

● 1956년 7월 31일 무즈타그

스잔춘史占春(중국 등반대 대장), 쉬징許競, 스슈師秀, 후번밍胡本銘,

천룽창陳榮昌, 류롄만劉連滿, 궈더춘國德存, 류다이劉大義, 펑중무彭仲穆,

웡칭장翁慶章, 펑수리彭淑力, 천더위陳德禹

● 1956년 8월 15일 콩구르튜베

펑중무彭仲穆, 천룽창陳榮昌

● 1957년 6월 13일 공가산

스잔춘史占春(대장), 류롄만劉連滿, 류다이劉大義, 스슈師秀, 펑중무彭仲穆,
궈더춘國德存

● 1958년 5월 3일 경철산 주봉

쉬징許競(대장), 류다이劉大義, 류롄만劉連滿, 펑수리彭淑力, 장쥔옌張俊岩,
취핀돤區品端, 런푸탕任福堂, 리쉬룽李繼榮, 선제沈傑, 양융후이楊永輝,
양위더楊裕德

● 1958년 8월 10, 11일 칠일빙천 주봉

장쥔옌張俊岩(대장), 왕전화王振華, 류롄만劉連滿, 류다이劉大義 등
남성 대원 46명
저우위룽周玉瑢, 저우취안잉周泉英, 위안양袁揚, 야오후이쥔姚惠君 등
여성 대원 4명

● 1958년 9월 7일 소련 레닌봉

왕푸저우王富洲, 왕평퉁王鳳桐, 왕자쿠이王家奎, 덩자산鄧嘉善, 스징石競,
천싼陳三, 위화餘和, 양융충楊永忠, 웨차이원岳彩文, 취인화屈銀華,
장징진張景金, 후무친胡沐欽, 거랑格朗, 옌둥량閻棟樑, 펑수리彭淑力,
레이야오룽雷耀榮, 무빙쉬穆炳鎖

● 1958년 소련 무명봉(모스크바-북경봉)
중국 측 등정대원: 왕평퉁王鳳桐, 스징石競, 펑수리彭淑力, 무빙쉬穆炳鎖

● 1958년 9월 14, 15일 소륵산 주봉
• 14일: 쉬징許競(대장), 추이즈쥬崔之久, 롼쉐푸欒學富
• 15일: 왕평샹王鳳祥, 완디쿤萬迪堃, 원젠궈文建國, 왕시마오王喜茂,
  마원퍄오馬文樸, 선즈칭申芝清, 선제沈傑, 장샹張祥, 자오스신趙詩信,
  황완후이黃萬輝

● 1959년 2월 1, 4, 5일 니엔첸탕글라 북동봉

천룽창陳榮昌, 왕시마오王喜茂, 자오궈광趙國光, 스징石競, 다끼多吉,
왕푸저우王富洲, 마원퍄오馬文朴, 중푸다오鍾富道, 자오스신趙詩信,
위안양袁揚, 야오후이쥔姚慧君, 후번밍胡本銘, 미마米馬, 따스扎西,
왕뚜이旺堆, 쩌왕澤旺, 왕뚜이뤄吧旺堆羅布, 하빠체링拉巴才仁, 하마拉馬,
세우청謝武成, 쟈뽀加布, 스야오西堯, 저우위잉周玉英, 탕방싱唐邦興,
후무친胡沐欽, 리쉬민李繼民, 웨차이원岳彩文, 천싼陳三, 슝쯔징熊自敬,
취인화屈銀華, 류다이劉大義, 류치밍劉啟明, 샤푸차이夏富才, 자오충趙衝,
샤오푸부뽀小夫卜布, 덩자산鄧家善, 마라이링馬來令, 후더밍胡德明,
리전위李振雨, 장카이위안張凱元, 류자오창劉肇昌, 춥지窘吉, 스줴石覺,
레이야오룽雷耀榮, 궈칭우郭慶伍, 추이충이崔忠義, 주제朱傑,
자오충셴趙衝顯, 장가오진張高金, 펑춰자보彭錯迦博, 스줴石覺 등 72명

● 1959년 7월 7일 무즈타그
• 남성 대원: 스잔춘史占春(등산처장), 쉬징許競(대장), 스징石競,
  옌둥량閻棟樑, 장쥔옌張俊岩, 류다이劉大義, 천룽창陳榮昌,
  왕전화王振華, 장샹張祥, 왕푸저우王富洲, 무빙쉬穆炳鎖, 취인화屈銀華,
  후무친胡瀧欽, 추이즈주崔之久, 자오궈광趙國光, 사오즈칭邵子慶,
  웨바오와岳保娃, 저우신더周信德, 헝후린衡虎林, 세우청謝武成,
  공뽀貢布, 하파체링拉八才仁, 소남밍끼索南名吉, 다끼多吉, 미마米馬
• 여성 대원: 저우위잉周玉瑛, 왕이친王義勤, 충전叢珍, 왕구이화王貴華,
  스라오西繞, 판둑潘多, 지미齊米, 차모진查姆金

● 1960년 5월 초모룽마
• 8,882m(등정 대원): 왕푸저우王富洲, 공뽀貢布, 취인화屈銀華
• 8,700m: 류롄만劉連滿
• 8,695m: 스잔춘史占春(대장 및 당 위원회 서기 겸임), 왕펑퉁王鳳桐(당 위원회 부서기)
• 8,500m: 쉬징許競(부대장), 다쟈多加, 스징石競, 하빠체링拉巴才仁,

우쭝웨鄔宗岳, 초베걀첸群貝堅贊, 소남다끼索南多吉, 미마米馬,

윈덩雲登, 미마따스米馬扎西, 췌쟈卻加

- 8,100m: 장쥔옌張俊岩, 류다이劉大義, 헝후린衡虎林, 청톈량成天亮,

  장샤오루張小路, 마바오창馬保昌, 다끼푸多吉甫, 셰우청謝武成,

  타무쥔塔木君, 따스扎西, 샤오미마小米馬

● 1960년 6월 2일 아니마칭2봉(적석산)

바이진샤오白進孝, 아이순펑艾順奉, 류자오창劉肇昌, 허후이즈何誨之,

왕훙바오王洪寶, 왕원장王文章, 저우핀웨이週聘謂, 딩위안쭝丁源宗

● 1961년 6월 17일 콩구르튜베

판똑潘多, 스야오西堯, 천싼陳三, 우쭝웨鄔宗岳, 하빠체링拉巴才仁

● 1964년 5월 2일 시샤팡마

쉬징許競(대장), 장쥔옌張俊岩, 왕푸저우王富洲, 우쭝웨鄔宗岳, 천싼陳三,

소남다끼索南多吉, 청톈량成天亮, 미마따스米馬扎西, 다끼多吉, 윈덩雲登

● 1975년 5월 17일 초모룽마

- 등정: 판똑潘多, 소남뤄뽀索南羅布, 뤄쩌羅則, 허우성푸侯生福, 쌍쥬桑珠,

  따푼쵸大平措, 치린다끼次仁多吉, 공가빠쌍貢嘎馬桑, 아부친阿布欽

- 8,600m: 구이쌍桂桑, 따쌍扎桑, 창쵸昌措, 니마따스尼瑪扎西,

  뤄쌍갈첸洛桑堅贊, 왕훙바오王洪寶, 청톈량成天亮, 린칭푼쵸仁青平措,

  뼤빠치린邊巴次仁, 치왕다끼次旺多吉, 톈쩐다끼旦真多吉,

  미마잔둬米馬戰鬥, 샤오치린小次仁, 빠쌍치린巴桑次仁, 하왕拉旺,

  샤바이위夏伯瑜, 디구이위안邸貴元

- 8,500m: 우쭝웨鄔宗岳, 장차이江才

- 8,300m: 취니曲尼

- 8,200m: 치린빠중次仁巴仲, 쟈리加力, 왕무旺姆, 장쥔옌張俊岩,

  가쥬嘎久, 상쯔핑尚子平, 가마嘎瑪, 가야嘎亞, 다뽀키多布吉,

쑹즈이宋子義, 따치린大次仁, 뤄쌍羅桑, 진메이晉美, 양주후이楊久輝,

뤄랑羅朗, 쉬커許科, 진쥔시金俊喜, 류푸더劉福德, 천젠쥔陳建軍,

펑수리彭淑力, 류융언劉永恩

- 8,100m: 왕전화王振華

● 1977년 7월 25, 30일 포베다

- 25일: 류다이劉大義(부정치위원), 왕훙바오王洪寶, 다충達窮, 뻬빠邊巴,

  뤄쌍데칭羅桑德慶, 창쵸昌措(여), 다뽀끼多布吉, 위전玉珍(여),

  루쟈성陸家勝, 스쉐쩡史學增

- 30일: 천룽창陳榮昌, 다끼푸多吉甫, 구이쌍桂桑(여), 쌍쥬桑珠,

  마이마이티지라買買提齊拉, 진쥔시金俊喜, 판융닝樊永寧(여),

  쉬신徐新(여), 따스扎西(여), 청수성曾曙生, 진메이晉美, 장시구이張希桂,

  뤄쌍洛桑, 쑹즈이宋志義, 양주후이楊久輝, 런진시任進喜

● 1983년 4월 21일 나이펑봉

린칭푼쵸仁青平措, 치린다끼次仁多吉

● 1984년 9월 12일, 14일 아니마칭2봉

청수성曾曙生(중국 등반대 측 부대장), 천젠쥔陳建軍, 바오더칭包德卿,

왕융펑王勇峰, 류창劉強, 슝젠핑熊健平

● 1985년 5월 1일 초오유

치린次仁, 린칭푼쵸仁青平措, 왕쟈旺加, 거쌍格桑, 샤오다뽀자小多布加,

다다뽀끼大多布吉, 뻬빠邊巴, 텐쩐다끼旦真多吉, 하왕拉旺

● 1985년 5월 26, 28일 나이모나니

- 26일: 진쥔시金俊喜, 쑹즈이宋志義, 치린다끼次仁多吉, 쟈뽀加布

- 28일: 양주후이楊久輝, 지미齊米, 천젠쥔陳建軍, 차오안曹安,

  바오더칭包德卿

● 1985년 10월 21일 무즈타그아타

후펑링胡峰嶺, 장바오화張寶華, 마무티馬木提, 우첸싱鄔前星,
아미다시阿彌達西

● 1986년 4월 28일 노진캉창

쌍줍桑珠, 쟈뽀加布, 텐쩐다끼르眞多吉, 샤오켈쌍小格桑, 뻬빠邊巴,
하왕拉旺, 단찡旦增, 왕뒤旺多, 쟈쵸加措, 뻬빠따스邊巴扎西,
샤오치린小次仁, 푸뽀普布

● 1986년 4월 30일 태백산

쥐즈펑巨志峰, 당쥔커黨君珂, 쉬칭샹徐淸祥, 리후이李輝, 쑹궈치宋國琦,
샤오쥐러肖擧樂, 주이즈祝一志, 쑹젠쥔宋建軍(여), 안야리安亞麗(여),
허샤오랑何曉朗, 왕펑치王鳳歧, 장멍린張夢林, 류루이쥔劉銳軍

● 1986년 5월 10, 11일 창체
• 10일: 린칭푼쵸仁靑平措, 왕쟈旺加, 치린다끼次仁多吉, 구이쌍桂桑(여),
  다치미大其米, 샤오치미小其米, 린나仁娜, 하빠拉巴
• 11일: 가야嘎亞, 따치린大次仁, 다뽀갈多布傑, 쟈하加拉, 다츙達窮,
  카이춘開村, 뤄쩌洛澤, 따스치린扎西次仁

● 1986년 8월 5, 6일 설보정산

장장위안張江援, 양주후이楊久輝, 왕마터王馬特, 리칭李慶, 왕화산王華山

● 1987년 9월 24, 25일 라부체캉

왕쟈旺加, 아커뽀阿克布, 하끼拉吉(여), 퉁루佟璐(여), 다츙達窮, 푸뽀普布,
하빠拉巴, 쟈하加拉

● 1988년 5월 5일 초모롱마

치린다끼次仁多吉, 따치린大次仁, 린칭푼쵸仁靑平措, 리즈신李致新

● 1988년 9월 24, 25일 촐라

둥판董范, 정차오鄭超, 장즈젠張志堅, 장웨이張偉, 마신샹馬欣祥,

멍셴궈孟憲國, 장쥔張軍

● 1988년 12월 2일 남극 빈슨 매시프

리즈신李致新, 왕용펑王勇峰

● 1989년 7월 24일 창체

- 중국: 왕용펑王勇峰, 뤄선羅申, 쑨웨이치孫維奇
- 홍콩: 청뤄曾洛, 선이자湛易佳, 우자웨이吳嘉煒

● 1990년 5월 7, 9, 10일 초모룽마

샤뽀加布, 다지미大齊米, 다충達窮, 구이쌍桂桑(여), 뤄쩌洛則, 린나仁娜,

왕쟈旺加

● 1990년 5월 17일 시샤팡마

퉁루佟璐(여)

● 1990년 5월 19일 장서강르

쌍줍桑珠, 치린다끼次仁多吉, 텐쩐다끼르真多吉, 아커뽀阿克布,

따스치린扎西次仁, 하빠拉巴

등반 중 사망한 대원 명단

—

성명	산명	시간	성별	민족
궈더춘國德存	공가산	1957년 6월	남	한
스슈師秀	공가산	1957년 6월	남	한
펑중무彭仲穆	공가산	1957년 6월	남	한
딩싱유丁行友	공가산	1957년 6월	남	한
추이충이崔忠義	무즈타그	1959년 7월	남	한
왕지王璣	초모룽마	1960년 5월	남	한
사오즈칭邵子慶	초모룽마	1960년 5월	남	한
스야오西堯	콩구르튜베	1961년 6월	여	티베트
하빠체링拉巴才仁	콩구르튜베	1961년 6월	남	티베트
무빙쉬穆炳鎖	콩구르튜베	1961년 6월	남	한
헝후린衡虎林	콩구르튜베	1961년 6월	남	한
천훙지陳洪基	콩구르튜베	1961년 6월	남	한
마가오수馬高樹	초모룽마	1966년 봄	남	한
우쭝웨鄔宗岳	초모룽마	1975년 5월	남	한
스밍지石明紀	초모룽마	1978년	남	한
왕훙바오王洪寶	초모룽마	1979년 10월	남	한
니마따스尼瑪扎西	초모룽마	1979년 10월	남	티베트
뤄랑羅朗	초모룽마	1979년 10월	남	티베트
쑨웨이치孫維奇	매리설산	1991년 2월	남	한

성명	산명	시간	성별	민족
왕젠화王建華	매리설산	1991년 2월	남	한
쑹즈이宋志義	매리설산	1991년 2월	남	한
쓰나치리斯那次裡	매리설산	1991년 2월	남	티베트
린원성林文生	매리설산	1991년 2월	남	티베트
리즈윈李之雲	매리설산	1991년 2월	남	티베트

중국 등산협회 수석 코치 명단

———

왕펑퉁王鳳桐

왕전화王振華

스잔춘史占春

류다이劉大義

쉬징許競

청톈량成天亮

천룽창陳榮昌

상쯔핑尚子平

장쥔옌張俊岩

장샹張祥

뤄쩌羅則

뤄즈성羅志升

자오훙샤趙洪夏

청수성曾曙生

※ 중국 성씨 획순으로 기재

중국 스포츠 영웅 명단

—

● 중국 스포츠 영웅

- 1957년(6명): 스잔춘史占春, 류다이劉大義, 류롄만劉連滿,
  펑중무彭仲穆, 귀더춘國德存, 스슈師秀

- 1958년(3명): 쉬징許競, 천룽창陳榮昌, 펑수리彭淑力

- 1959년(17명): 왕펑퉁王鳳桐, 왕푸저우王富洲, 스징石競, 무빙쉬穆炳鎖,
  왕자쿠이王家奎, 옌둥량閻棟樑, 취인화屈銀華, 후무친胡沐欽,
  위안양袁揚(여), 저우위잉周玉英(여), 왕이친王義勤(여), 총전叢珍(여),
  왕구이화王貴華(여), 스야오西堯(여), 판둬潘多(여), 지미齊米(여),
  차무진查姆金(여)

- 1960년(12명): 장쥔옌張俊岩, 헝후린衡虎林, 우쭝웨鄔宗岳, 공뿌貢布,
  하빠체링拉巴才仁, 소남다끼索南多吉, 다끼푸多吉甫, 왕전화王振華,
  미마米馬, 천싼陳三, 레이웨룽雷躍榮, 장샹張祥

- 1964년(5명): 청톈량成天亮, 미마따스米馬扎西, 윈덩雲登 다끼多吉,
  샤오미마小米馬

- 1986년(26명): 삐빠邊巴, 린칭푼쵸仁靑平措, 다다뽀갈大多布傑,
  따치린大次仁, 하왕拉旺, 톈쩐다갈므真多傑, 샤오다뽀갈小多布傑,
  왕쟈旺加, 켈쌍格桑(여), 가야嘎 亞, 따치린다끼大次仁多吉, 다지미大齊米,
  구이쌍桂桑(여), 뤄쩌羅則, 쌍쥬桑珠, 따푼쵸大平措,
  샤오치린다끼小次仁多吉, 아부친阿布欽, 소남뤄뽀索南羅布,

공가빠쌍貢嘎巴桑, 쟈뽀加布, 허우성푸侯生福, 진쥔시金俊喜,

천젠쥔陳建軍, 양주후이楊久輝, 쑹즈이宋志義

● 국제 스포츠 영웅

• 1988년(4명): 치린다끼次仁多吉, 린칭푼쵸仁青平措, 따치린大次仁,

리즈신李致新

• 1990년(8명): 쟈뽀加布, 린나仁娜, 다지미大齊米, 왕자旺加,

샤오뤄쩌小羅則, 다츙達窮, 구이쌍桂桑(여), 퉁루佟璐(여)

국가급 수상 내역 및 명예 칭호 통계

(중국 등반대, 등산협회 단체 및 개인별)

● 1959년

국가 체육위원회는 지미, 스야오, 차모진, 판툭, 왕이친, 왕구이화, 저우 위잉, 총전, 위안양에게 스포츠 명예 메달을 수여했다.

● 1960년

국가 체육위원회는 왕푸저우, 공뽀, 취인화, 류롄만, 스잔춘, 쉬징, 쟈다, 쉬징, 하빠체링, 우쭝웨, 초베걀첸, 왕펑퉁, 소남다끼, 미마, 윈덩, 치린, 미마따스, 췌쟈, 장췬옌, 류다이, 헝후린, 청톈량, 마바오창, 다끼푸, 타무 췐, 따스, 미마에게 스포츠 명예 메달을 수여했다.

● 1961년

국가 체육위원회는 판툭, 차모진, 왕이친, 위안양에게 스포츠 명예 메달 을 수여했다.

● 1964년

1. 국가 체육위원회는 중국 등반대에 단체상을 수여했다.

2. 국가 체육위원회는 쉬징, 장췬옌, 왕푸저우, 우쭝웨, 천싼, 소남다끼, 청톈량, 미마따스, 다끼, 윈덩에게 스포츠 명예 메달을 수여했다.

3. 6월 11일~29일, 공뽀는 중국 공산주의 청년단 제9차 전국대표대회에 참석, 대회주석단 구성원으로 선발되어 마오쩌둥 주석을 접견했다.

4. 1964년 12월 21일~1965년 1월 4일, 공뽀는 제3회 전문 인민대표대

회 대표로 선출되어 제3회 인민대표대회 1차 회의에 출석했다.

● 1965년
1. 1월 15일~27일, 왕푸저우는 중화 전국 청년연합회 위원으로 선출되어 청년연합 4회 위원회 2차 회의에 출석했다.
2. 국가 체육위원회는 셰우청과 장샤오루에게 스포츠 명예 메달을 수여했다.

● 1975년
국가 체육위원회는 중국 등반대에게 '용감한 고산 등반대'라는 명예 칭호를 내렸다.

● 1978년
1. 국가 체육위원회는 소남뤄뽀, 판톡, 뤼쩌, 허우성푸, 쌍줍, 따푼쵸, 공가빠쌍, 치린다끼, 아부친, 구이쌍, 자쌍, 창쵸, 치린빠중, 쟈리, 왕무에게 스포츠 명예 메달을 수여했다.
2. 2월 26일, 판톡은 제5회 전국 인민대표대회 1차 회의에 출석했다.
3. 9월 9일~17일, 판톡은 중화 전국부녀연합회 제4차 전국대표대회에 출석했다.
4. 10월 16일, 린칭푼쵸는 중국 공산당 청년단 제10차 전국대표대회에 출석했다.

● 1981년
국가 체육위원회는 린칭푼쵸와 쟈뽀에게 스포츠 명예 메달을 수여했다.

● 1983년
1. 6월 6일, 판톡은 제6회 전국인민대표대회에 출석했다.
2. 8월, 중국·일본 등반기술 합동훈련 중국 측 코치 왕전화는 일본 최고 명예 은메달을 받았다.

● 1984년

10월, 왕푸저우와 판톡은 중국의 체육총국 기관 잡지『체육보體育報』와 중국 체육기자협회, 수도 철강공사의 초청을 받아 중화인민공화국 수립 35주년 기념행사에 참석했다. 이들은 각각 훌륭한 코치와 선수로 평가되어 '걸출한 운동선수'라고 호평을 받았다.

● 1988년

국가 체육위원회는 스잔춘, 치린다끼, 린칭푼쮸, 따치린, 리즈신에게 스포츠 명예 메달을 수여했다.

● 1989년

『체육보』는 중화인민공화국 설립 후 우수한 성적을 낸 왕푸저우, 판톡 등 선수 및 코치 80여 명을 선발하여 '걸출한 운동선수'로 호평했다.

● 1990년

1. 국가 체육위원회는 퉁루(여)에게 스포츠 명예 메달을 수여했다.
2. 국가 체육위원회는 중국 등산협회에 단체 부문 스포츠 명예 메달을 수여했다.

● 1991년

국가 체육위원회는 중국 등산협회에 체육공로상을 수여했다.

등반대원 기술등급 표준

(시행) (1986년 1월 제정)

1. 국제 스포츠 영웅 등급

일련의 기술훈련 과정을 거친 선수 중에서 아래 항목 중 하나에 해당하는 자는 국제 스포츠 영웅 자격을 받을 수 있다.

(1) 남성

　① 2개국 이상 대원이 참여한 국제 합동등반에서 해발 8,500m 이상 정상에
　　오른 자
　② 주요 국제 암벽등반 경기에서 3위 이내 수상자

(2) 여성

　① 2개국 이상 대원이 참여한 국제 합동등반에서 해발 8,000m 이상 정상에
　　오른 자
　② 주요 국제 암벽등반 경기에서 상위 6위 이내 수상자

2. 스포츠 영웅

일련의 기술훈련 과정을 거친 선수 중에서 아래 항목 중 하나에 해당하는 자는 스포츠 영웅 자격을 받을 수 있다.

(1) 남성

　① 해발 8,000m 이상 산 한 좌 정상에 오른 자
　② 해발 7,500m 이상 산 두 좌 정상에 오른 자
　③ 해발 7,500m 이상 산 한 좌에 오른 자 및 해발 8,000m 이상 고도에 한 번
　　오른 자
　④ 해발 8,000m 이상 고도에 두 번 오른 자

(2) 여성

　① 해발 7,500m 이상 산 한 좌 정상에 오른 자
　② 해발 7,000m 이상 산 두 좌 정상에 오른 자
　③ 해발 7,000m 이상 산 한 좌 정상 및 해발 7,500m 이상 고도에 오른 자
　④ 해발 7,500m 이상 고도에 두 번 오른 자

3. 1급 운동선수

일련의 기술훈련 과정을 거친 선수 중에서 아래 항목 중 하나에 해당하는 자는 1급 운동선수 자격을 받을 수 있다.

(1) 남성

　① 해발 7,500m 이상 산 한 좌 정상에 오른 자
　② 해발 7,000m 이상 산 두 좌 정상에 오른 자
　③ 해발 7,000m 이상 산 한 좌 정상 및 해발 7,500m 이상 고도에 오른 자
　④ 해발 7,500m 이상 고도에 두 번 이상 오른 자

(2) 여성

　① 해발 7,000m 이상 산 한 좌 정상에 오른 자
　② 해발 6,500m 이상 산 두 좌 정상에 오른 자
　③ 해발 6,500m 이상 산 한 좌 정상 및 해발 7,000m 이상 고도에 오른 자
　④ 해발 7,000m 이상 고도에 두 번 이상 오른 자

4. 2급 운동선수

일련의 기술훈련 과정을 거친 선수 중에서 아래 항목 중 하나에 해당하는 자는 2급 운동선수 자격을 받을 수 있다.

(1) 남성

　① 해발 7,000m 이상 산 한 좌 정상에 오른 자
　② 해발 6,500m 이상 산 두 좌 정상에 오른 자
　③ 해발 6,500m 이상 산 한 좌 정상 및 해발 7,000m 이상 고도에 오른 자
　④ 해발 7,000m 이상 고도에 두 번 이상 오른 자

(2) 여성

　① 해발 6,500m 이상 산 한 좌 정상에 오른 자
　② 해발 6,000m 이상 산 두 좌 정상에 오른 자
　③ 해발 6,000m 이상 산 한 좌 정상 및 해발 6,500m 이상 고도에 오른 자

④ 해발 6,500m 이상 고도에 두 번 이상 오른 자

5. 3급 운동선수

(1) 남성

① 해발 6,500m 이상 산 한 좌 정상에 오른 자
② 해발 6,000m 이상 산 두 좌 정상에 오른 자
③ 해발 6,000m 이상 산 한 좌 정상 및 해발 6,500m 이상 고도에 오른 자
④ 해발 6,500m 이상 고도에 두 번 이상 오른 자

(2) 여성

① 해발 6,000m 이상 산 한 좌 정상에 오른 자
② 해발 5,500m 이상 산 두 좌 정상에 오른 자
③ 해발 5,500m 이상 산 한 좌 정상 및 해발 6,000m 이상 고도에 오른 자
④ 해발 6,000m 이상 고도에 두 번 이상 오른 자

6. 등산 선수 호칭

일련의 단체 등산훈련을 받아 산지 활동 능력을 갖추어 해발 3,000m 이상 산 정상에 오르거나, 해발 3,000m 이상 고도에 오른 자는 등산 선수 호칭을 받을 수 있다.

히말라야 14좌 중국 명칭

순서	산 이름	높이	위치	초등일
1	에베레스트 Everest 珠穆朗玛峰	8,848m	중국, 네팔	1953. 5. 29.
2	K2 Godwin Austen 乔戈里峰	8,611m	중국, 파키스탄	1954. 7. 31.
3	칸첸중가 Kangchenjunga 干城章嘉峰	8,586m	네팔, 인도	1955. 5. 25.
4	로체 Lhotse 洛子峰	8,516m	중국, 네팔	1956. 5. 18.
5	마칼루 Makalu 马卡鲁峰	8,463m	중국, 네팔	1955. 5. 15.
6	초오유 Cho Oyu 卓奥友峰	8,201m	중국, 네팔	1954. 10.19.
7	다울라기리 Dhaulagiri 道拉吉利峰	8,167m	네팔	1960. 5. 13.
8	마나슬루 Manaslu 马纳斯鲁峰	8,163m	네팔	1956. 5. 9.
9	낭가파르바트 Nanga Parbat 南迦帕尔巴特峰	8,125m	파키스탄	1953. 7. 3.
10	안나푸르나 Annapurna 安纳普尔那峰	8,091m	네팔	1950. 6. 3.
11	가셔브룸1봉 Gasherbrum I 迦舒布鲁姆 I 峰	8,068m	중국, 파키스탄	1958. 7. 5.
12	브로드피크 Broad Peak 布洛阿特峰	8,047m	중국, 파키스탄	1957. 6. 9.
13	가셔브룸2봉 Gasherbrum II 迦舒布鲁姆 II 峰	8,035m	중국, 파키스탄	1956. 7. 8.
14	시샤팡마 Shisha Pangma 希夏邦玛峰	8,027m	중국	1964. 5. 2.

중국의 풍력 등급

—

중국은 보퍼트 풍력 계급으로 바람의 세기를 표기한다. 대만은 기존 보퍼트 풍력 계급에 몇 단계를 더 추가하여 17단계로 표기한다. 홍콩과 마카오는 보퍼트 풍력 계급의 13단계 표준 계급을 사용한다.

계급	풍속(%)	한국 명칭	중국 명칭	육상 상태
0	0.0-0.2	고요	无风	연기가 수직으로 올라간다.
1	0.3-1.5	실바람	软风	풍향은 연기가 날아가는 것으로 알 수 있으나, 풍향계는 잘 움직이지 않는다.
2	1.6-3.3	남실바람	轻风	바람이 피부에 느껴진다. 나뭇잎이 흔들리며, 풍향계가 움직이기 시작한다.
3	3.4-5.4	산들바람	微风	나뭇잎과 작은 가지가 끊임없이 흔들리고, 깃발이 가볍게 날린다.
4	5.5-7.9	건들바람	和风	먼지가 일고 종이조각이 날리며, 작은 가지가 흔들린다.
5	8.0-10.7	흔들바람	轻劲风	잎이 무성한 작은 나무 전체가 흔들리고, 호수에 물결이 일어난다.
6	10.8-13.8	된바람	强风	큰 나뭇가지가 흔들리고, 전선이 울리며 우산을 사용하기 어렵다.
7	13.9-17.1	센바람	疾风	나무 전체가 흔들리며, 바람을 안고서 걷기 곤란하다.
8	17.2-20.7	큰바람	大风	작은 나뭇가지가 꺾이며, 바람을 안고서 걸을 수 없다.
9	20.8-24.4	큰센바람	烈风	큰 나뭇가지가 꺾이고, 가옥에 다소 피해가 생긴다. 굴뚝이 넘어지고 기와가 벗겨진다.
10	24.5-28.4	노대바람	狂风	나무가 뿌리째 뽑히고, 가옥에 큰 피해가 일어난다. 내륙 지방에서는 보기 드문 현상이다.
11	28.5-32.6	왕바람	暴风	광범위한 피해가 생긴다.
12	32.7 이상	싹쓸바람	台风	매우 광범위한 피해가 생긴다.

에필로그

에필로그

(저자 후기)

—

중국은 비교적 늦게 등산을 시작했다. 반면, 같은 시기에 유럽 등 해외 다른 국가는 자본주의의 발전에 발맞추어 등산의 황금 시기를 한창 누리고 있었다. 전 세계에 이름난 고산은 대부분 아시아에 집중적으로 분포한다. 그러나 이 고산지역에서 등산이나 탐험 활동을 하는 사람은 대부분 아시아인이 아닌 유럽인이었다. 등산의 발전이 자본력과 깊은 관련이 있다는 증거라고 할 수 있다. 유럽 자본주의의 발전과 해외시장 확대도 등산의 발전에 직접적인 영향을 미쳤다.

중국의 등산은 신중국 설립 후에 민생 경제가 회복된 지 2년 만인 1955년부터 시작했다. 당시만 해도 여러 선진국에서는 등산이 매우 보편적이었으며, 등산기술 수준도 상당히 높았다. 그와 달리 중국보다 일인당 국민소득이 높은 개발도상국은 오늘날까지 등산과 관련한 어떠한 계획이나 활동을 하지 않은 나라가 부지기수였다. 이러한 점에서 보면, 신중국을 설립하고 얼마 지나지 않아 산악계에 첫발을 디딘 일은 사회주의 국가 체제가 아니라면 상상하기 힘들지도 모른다. 중국은 세계적으로 이름난 고산이 수없이 분포한 우수한 지리조건에도 불구하고, 신중국 설립 이전까지 등산 탐험과 관련하여 어떠한 움직임도 없었다. 이는 아마 국민 경제 수준이 낮은 이유가 가장 컸으리라고 추측한다.

우리가 사는 곳에서 일어나는 여러 자연현상이나 사회현상은 결코 우연히 발생하지 않는다. 발전과 변화에는 모두 필연적인 근거가 있다. 중국의 현대 등산은 선진국에 비해 다소 늦게 발걸음을 내디뎠다. 그러나 중국 등산의 발전 양상은 중화민족의 형성 및 발전과 상당히 비슷한 특징을 보였다. 고대 중국인의 생산 활동과 주거 이동, 종교, 전쟁, 통상, 수로 등 각종 경제활동과 문화생활은 산이 많은 나라답게 모두 산과 관련이 깊었다. 고대 중국인이 산에 오르던 경험과 기술은 오늘날 체육으로써의 의미에 온전히 부합하지는 않지만, 이는 중국 등산의 원류이자 매우 귀중한 재산이다. 그러므로 이 책을 집필할 때 가능한 한 관련 고서를 많이 찾아서 지금까지 정리되지 않은 자료를 한데 모으려고 노력했다.

이외에도 독자를 위하여 다음과 같이 민감한 사항 몇 가지를 설명하고자 한다.

1. 민국 시대1912-1949, 중화민국 지배 시기부터 신중국 설립 시기까지 중국의 등산 활동은 거의 백지상태였다. 당시 일부 간행물이나 잡지에서 등반 관련 소식을 다루는 게 전부였으나, 그나마도 내용이 상당히 부실했다.

2. 홍콩, 마카오, 대만의 등산 활동 발전 추이는 본 책에 수록한 1980년대 개혁개방 시기에 중국 본토와 공동으로 진행한 등산 활동 외에는 관련 자료가 부족해서 기록할 수 없었다. 본문에 단편

적으로 저술한 '대만 등산 개황' 역시 1980년대 초에 중국으로 건너와 정착한 대만 출신 산악인 싱톈정의 회고를 바탕으로 작성했다. 추후 재판 발행 시 조금 더 보충하여 더욱 알차게 저술하겠다.

3. 본 책을 집필하기 시작한 이후부터 출간하기까지 약 2년 정도의 시간이 걸렸다. 집필 당시에도 1991년 중·일 합동등반대의 남차바르와 등정 실패, 1992년 중·일 합동등반대의 남차바르와 재등정 도전 성공, 1992년 봄 미·중 합동등반대의 북미 데날리 등정 성공을 비롯하여 각종 국제 암벽등반 활동 등 대규모 등반 활동이 끊임없이 이어졌다. 저자인 나는 당시 이 소식을 신문 등을 통해 접했으나, 이 책에는 언급하지 않았다.

4. 부록 6의 스포츠 영웅 명단은 국가 체육위원회가 명단을 발표한 이후에 정리한 자료이다. 1985년 이전에 중국 체육 항목에는 국제 스포츠 영웅 칭호가 없었다.

5. 이 책의 고대 자료는 성도 체육대학교 도서관 자료실의 본부적인 지원을 받았으며, 현대 자료는 중국 등산협회와 국가 체육위원회의 기록을 위주로 참고했다. 지면을 빌어 진심으로 고마운 마음을 표한다.

6. 편집 과정에서 자료 제공 및 기록 열람에 물심양면으로 협조한 중국 등산협회의 류다이, 왕전화, 자오훙샤 코치와 황핑, 왕위친 여사의 협조에 진심 어린 감사를 표한다.

1993년 3월 장차이젠

에필로그

(역자 후기)

—

새해에 접어든 지 며칠이 채 안 된 추운 겨울 어느 날, 우연히 연이 닿아 이 책을 번역하기 시작했다. 그때만 해도 역자인 나는 고문古文과 역사에는 관심이 많지만, 등산은 잘 몰랐다. 실은 모르는 정도가 아니라, 어차피 내려올 텐데 왜 그렇게까지 고생하며 올라야 하냐는 쪽에 더 가까웠을 것이다. 이 책과의 심리적 거리도 고산의 높은 고도만큼이나 아득하리만치 멀다고 느꼈다. 지금 와서 생각해 보면 왜 그렇게까지 엄살을 부렸는지 모르겠다. 『중국 등산사』와 함께 한 짧지 않은 시간 동안, 역자인 나 역시 이 책에 나오는 여러 등반가와 함께 산에 오를 준비를 하고, 좌절도 하고, 정상에서 기쁨을 맛보고, 동료를 잃은 슬픔에 애통했다. 이 책을 통해 국내에 잘 알려지지 않은 중국 등산과 관련한 역사를 소개하게 되어 무엇보다 기쁘지만, 그만큼 어깨가 무겁다.

이 책은 수천 년 전부터 원서를 출간한 1993년까지 중국 등산 역사를 정리한 등산 역사서이다. 특히 초반에는 국내에 잘 알려지지 않은 등산 고대사를 간략하게 수록하여 독자 여러분의 폭넓은 이해를 돕고자 하였다. 그러나 고대 중국어 인용구와 현대 중국어가 뒤섞여 옮기기가 쉽지 않았다. 하루에 한쪽을 겨우 번역한 날도 부지기수였다. 우리에게 익숙하지 않은 문인의 작품이나 기록을 인용한 구절이 많아서 어떻게 풀이해야 단락 내용을 정확하게, 그리고 우리 정서에 맞게 표현할 수 있을지 고민을 많이 했다. 지금은 사용하지 않는 표현이나 기술이나 장비 등 전문용어가 명확하지 않은 부분도 더러 있었다. 게다가 하마터면 오역할 뻔한 오·탈자가 많아서 잘못 번역했다가 앞뒤 전개가 맞지 않아 미궁에 빠지기도 했다. 그러나 그런 시간은 생각보다 오래가지 않았다. 고비라면 고비인 순간을 넘기니 고비라고 여긴 시간이 무색한 느낌이 들었다.

중국 출판사는 크게 국영출판사와 민영출판사로 나뉜다. 중국 내 모든 출판사는 1949년 사회주의 인민공화국을 설립한 이후 1978년 개혁개방 시기까지 공산당 정부의 지원을 받아 당 정책을 선전하는 기관 역할을 하였다. 아직도 수많은 출판사가 국영기업 형태로 남아 있고, 운영 방식도 매우 관료 중심적이다. 중국에서 출판과 방송정책 심의를 총괄하는 부서인 국가신문출판광전총국이 출판물의 가격까지 통제할 정도다. 『중국 등산사 원제: 中國登山運動史』를 출간한 「우한출판사武漢出版社」는 우한시武漢市 인민정부 소속으로는 유일한 국영출판사다. 이 책도 국영출판사가 출간한 책답게 혹독한 검열과 검증을 거쳐 출간한 흔적이 더러 엿보였다. 역사상 민감한 사안이나 정황상 보충 설명이 필요하다고 여기는 부분에 역자 주를 달거나 보충 설명을 덧붙여 보편적으로 이해를 돕고자 하였다. 혹여 췌언이 지나쳐 가독성을 저해하지 않을지 조금 우려하는 바이다.

　중국은 서양보다 다소 늦게 등반 대열에 합류하였다. 또한, 중국 등반대는 공산당 지도에 따른 집단의 업적을 보여주기 위하여 등반하였다는 점에서 서양 등반대와 차이를 보였다. 그러나 당의 대대적인 지원 덕에 급속도로 발전하여, 1960년 5월 24일에 죽음의 코스라 부르는 에베레스트 북벽을 타고 정상에 오르는 등 전 세계가 괄목할 성과를 이루었다. 당시 중국 정부는 이러한 업적을 널리 선전하기 위하여 무즈타그, 에베레스트, 콩구르튜베, 시샤팡마 등 중국 등반대가 등정한 산 정경을 담은 등산 관련 기념우표를 발행할 정도였으니, 중국 내 관심이 얼마나 높았는지 짐작할 수 있다. 중국 등반대원은 소련에서 전문 등반 기술을 배우기 시작한 지 얼마 되지 않아 등반 선진국의 도움 없이 단독으로 정상에 여러 차례 올랐다. 고산이 많은 천혜의 지리조건도 눈부신 발전 비결 중 하나일 것이다. 그리고 천신만고 끝에 정상에 올랐을 때 서로 얼싸안고 기뻐하는 이야기, 동료 등반대가 올라오기를 기다리며 벅찬 마음으로 만두를 빚은 일화 등은 이념을 떠나 자연과 화합하는 순수한 인간미를 엿볼 수 있는 대목이다. 어떠한 목적과 배경을 갖고 오르든, 냉엄한 자연과 화합하며 느끼는 감정은 같으리라고 짐작한다.

　완역하고 나서야 중국에는 우리에게 관광지로 익숙한 오악五嶽 외에도 알려지지 않은 매력적인 산이 얼마나 많은지 알았다. 그러나 이 책은 국가 등반대의 활약을 중심으로 한 등산사 관점에서 기술하였으므로 모든 산을 담지는 않았다. 게다가 1993년에 출간한 책이라 이후 중국 등산계에 어떤 변화나 성패가 있는지 정보도 없다. 대만 등 중화권 나라의 등산계 정보도 상대적으로 부족하다. 그러니 부디 독자 여러분이 이 책으로 만족하지 않고, 향후 하루재 클럽이 출간할 중국 관련 등산서에 관심을 두고 읽기를 바란다.

2017년 12월 최유정

찾아보기